《云南政协年鉴（2011）》编纂委员会

云南政协年鉴

2011

云南人民出版社

图书在版编目（CIP）数据

云南政协年鉴．2011／车志敏主编．—昆明：云南人民出版社，2012.11

ISBN 978－7－222－10422－8

Ⅰ.①云… Ⅱ.①车… Ⅲ.①中国人民政治协商会议—地方委员会—云南省—2011—年鉴 Ⅳ.①D628.74－54

中国版本图书馆 CIP 数据核字（2012）第 282196 号

责任编辑 陈粤梅
责任校对 王 韬
责任印制 洪中丽

云南政协年鉴·2011
《云南政协年鉴（2011）》编纂委员会 编

出　　版	云南出版集团公司 云南人民出版社
发　　行	云南人民出版社
社　　址	昆明市环城西路 609 号
邮　　编	650034
网　　址	www. ynpph. com. cn
E － mail	rmszbs@ public. km. yn. cn
开　　本	787 × 1092　1/16
印　　张	37.25
字　　数	1100 千字
印　　数	1 ~ 2200 册
版　　次	2012 年 12 月第 1 版第 1 次印刷
印　　装	云南省地矿测绘院印刷厂
书　　号	978－7－222－10422－8
定　　价	110.00 元

中国人民政治协商会议会徽

EMBLEM OF CHINESE PEOPLE'S POLITICAL CONSULTATIVE CONFERENCE

中国人民政治协商会议云南省第十届委员会第

1月19日，省政协十届四次会议在昆明隆重开幕

王学仁主席在省政协十届四次会议上作常委会工作报告

管国忠副主席主持省政协十届四次会议开幕会

陈勋儒副主席在省政协十届四次会议上作提案工作情况报告

省政协十届四次会议会场

省政协十届四次会议举行《政府工作报告》及其他报告协商讨论会

省政协十届四次会议举行"两院"报告协商讨论会

省政协十届四次会议举行界别联组会

省政协十届四次会议举行界别联组会

省政协十届四次会议举行分组讨论会

2010年12月29日，云南省2011新年茶话会在省政协礼堂举行

中共云南省委书记、省人大主任白恩培，中共云南省委副书记、省长秦光荣，中共云南省委副书记李纪恒，省政协主席王学仁等领导同志，刘树生、李桂英、尹俊等省老领导出席新年茶话会

4月12日，西部十二省区市政协文史工作协作交流会议在昆明召开

4月13日，云南省政协第四届“政协好新闻奖”颁奖会在省政协礼堂举行

5月26日，企业家论坛“加快推进滇中经济区建设恳谈会”在省政协礼堂举行

6月6日,云南海外经济合作促进会三届四次理事会暨投资云南“桥头堡”建设策略研讨会在昆明举行

6月20日，省政协中心学习组进行杨善洲精神专题学习

6月29日，省政协机关庆祝中国共产党成立90周年表彰大会暨歌咏比赛在省政协礼堂举行

8月30日，云南省政协第四届民生论坛在省政协礼堂举行

9月8日，省政协举行2011年金秋戏曲演唱会

10月8日，云南省纪念辛亥革命100周年座谈会在省政协礼堂举行

11月18日，全省政协信息工作座谈会暨云南政协年鉴编纂工作会在省政协礼堂举行

1月14日，王学仁主席视察东风云南汽车有限公司，慰问困难职工

10月24日，王学仁主席等领导同志在昆明、曲靖进行旱情调研

4月24日，管国忠副主席在德宏进行云南边境旅游情况调研

5月25日，马开贤副主席在大理调研

6月17日，陈勋儒副主席在丽江进行加强生态建设和保护调研

4月21日，曾华副主席在西双版纳进行边境旅游情况调研

6月13日，罗黎辉副主席在昆明进行辛亥革命暨滇西抗战在滇纪念设施保护与利用情况调研

10月26日，王学智副主席在楚雄进行水资源情况暨抗旱保民生工作调研

6月14日，白成亮副主席在昆明进行城市民族工作调研

7月27日，顾伯平副主席在德宏进行特有民族历史文化情况调研

6月9日，倪慧芳副主席在普洱进行保障性住房建设调研

3月4日，车志敏秘书长在寻甸调研

编 辑 说 明

《云南政协年鉴》（2011）在云南省政协领导下由云南政协年鉴编纂委员会主持编纂。年鉴记述2011年云南省政协和各州市政协所发生的重要历史事件，是反映云南省、州市两级政协历史、现状的资料性科学著述，是一部综合性资料工具书和史料文献。年鉴采用文章和条目两种体裁，以条目体为主，用规范的语体文、记述体，直陈其事，文字力求言简意赅。

《云南政协年鉴》（2011）设特载、云南省政协篇和州市政协篇3个栏目。在特载栏目中，主要收有中共云南省委领导有关政协工作的重要讲话，中共云南省委关于全局性的重要文件；在云南省政协篇中，设领导讲话文章、重要文件、重要会议、重要活动、建议案及调研视察报告、提案工作、各部门工作、组织情况、机构概况、报刊社论、2011年大事记等11个类目。其中各部门工作由各部门分别撰写，并经各部门负责人审核，其他部分选自省政协机关已印发的各种文件，有的内容请相关部门撰写、收集提供；在州市政协篇中，收有全省16个州市政协主要工作和组织机构概况等内容，由各州市政协撰写提供，并经负责人审核。

目　录

特　载

云南省政协篇

领导讲话文章

重要文件

重要会议

重要活动

建议案及调研视察报告

提案工作

各部门工作

组织情况

机构概况

报刊社论

2011 年大事记

州市政协篇

特　　载

在省政协十届四次会议界别联组讨论会上的讲话

（2011 年 1 月 22 日）

白 恩 培

多年来，省政协在全体会议期间都要组织召开政协界别联组讨论会，围绕事关云南发展的重大问题进行联组发言，这已成为政协建言献策的重要形式。在 2010 年的界别联组会上，大家围绕“保持宏观经济政策稳定性，促进云南经济社会平稳较快发展”的主题进行讨论，共有 14 个界别的 17 名委员对促进我省各项事业发展，提出了许多好的意见和建议。这些意见建议分送 34 个单位进行了研究办理。召开这次会议前，省政协办公厅与相关委员进行了联系，委员们感到自己所提的意见建议得到充分重视，有的已解决，有的正在解决，对办理情况表示满意，这表明省委、省政府对大家的意见建议是高度重视的。今天共有 16 名委员作了发言，大家围绕“贯彻落实科学发展观，实现我省‘两强一堡’战略目标”这个主题，提了 58 条意见建议。对大家提出的意见和建议，省委、政府会很好地研究吸纳，使之转化为我省建设“两强一堡”的集体智慧与动力，推动全省工作迈上新台阶。

刚刚过去的 2010 年，是我省全面完成“十一五”目标任务的关键之年。面对国际金融危机带来的复杂局面和百年不遇的严重旱情，我们深入贯彻科学发展观，认真落实中央的一系列重大决策部署和胡锦涛总书记考察云南时的重要讲话精神，团结带领全省各族人民，紧紧围绕“两强一堡”战略目标，攻坚克难保增长，坚定不移转方式，千方百计惠民生，扎扎实实抓党建，全省继续保持了经济发展、社会进步、文化繁荣、民族团结、边境安宁、生态环境进一步改善、人民生活水平不断提高的良好局面，圆满完成了“十一五”的各项目标任务。

实施“十一五”规划的 5 年，是全省上下充满生机和活力的 5 年，是改革开放以来我省各项事业发展最好最快的 5 年，全省经济社会发展主要指标达到或超过了预期目标，为“十二五”发展打下了坚实基础。这些成绩的取得，是党中央正确领导的结果，是全省各族人民在省委、省政府领导下同心协力、开拓创新、顽强拼搏的结果，也是全省各级人大、政协和社会各界支持帮助的结果。2005 年来，全省各级政协组织始终高举中国特色社会主义伟大旗帜，牢牢把握团结和民主两大主题，坚持围绕中心、服务大局，解放思想、锐意进取，积极开展政治协商，完善民主监督机制，提高参政议政实效，为促进全省科学发展做了大量卓有成效的工作。借此机会，我代表中共云南省委、省政府向全体政协委员表示衷心的感谢！

2011 年是中国共产党成立 90 周年，也是“十二五”开局之年。做好今年全省经济社会发展各项工作具有十分重要的意义。我们要认真贯彻落实国家宏观调控政策，更加积极稳妥地处理好稳增长、调结构、防通胀的关系，努力保持经济平稳较快发展，促进社会和谐稳定。要顺利完成今年的各项工作，任务十分艰巨繁重。希望我省各级政协继续发挥优势，认真履行职能，进一步巩固和发展爱国统一战线，团结一切可以团结的力量，形成全省上下心往一处想、劲往一处使的生动局面，为“十二五”开好头、起好步作出新的更大贡献，以优异成绩向中国共产党成立90周年献礼。

一、抓住发展机遇，努力推进“两强一堡”建设

国家深入实施新一轮西部大开发战略，将在基础设施建设、生态环境保护、能源资源开发、装备制造和战略性新兴产业培育、边疆民族贫困地区发展、民生改善等方面，为我省加快发展提供强大支持；建设中国面向西南开放的桥头堡，将在对内对外开放上出台相关的政策，为我省对外开放开辟广阔的空间；国内外科技创新步伐加快，经济结构深刻调整，将为我省发挥比较优势，承接技术转移、产业转移，加快自主创新，创造有利的环境条件。这些都是我省在全面建设小康社会时期面临的重大发展机遇。要把这些机遇变为现实，需要包括政协委员在内的全省上下有明确的指导思想、清晰的发展思路、良好的工作作风和积极向上的精神状态，有解放思想、开拓创新、敢为人先的勇气和胆略。政协各界委员要发挥联系面广、包容性强的独特优势，把各党派团体和各族各界人士的思想统一到省委、省政府抓机遇、促发展的工作部署上来，为营造我省发展的宽松环境作出积极贡献。要围绕“两强一堡”战略的全面实施和深入推进，紧紧抓住基础设施建设、基础产业发展等根本性、长远性问题，在综合交通体系、口岸、信息通道、能源通道建设，水利设施建设特别是滇中引水工程建设，兴地睦边工程、中低产田地和中低产林改造，各类企业尤其是民营企业走出国门、兴业发展，人民币跨境贸易结算和多层次资本市场体系建设，生态建设和环境保护，繁荣文化事业、发展文化产业等方面，认真进行调研，提出切实可行的对策建议，为促进我省经济社会又好又快发展发挥更大作用。

二、紧扣第一要务，积极推动发展方式转变

发展不充分、发展不平衡、发展不协调、发展不可持续，仍然是制约我省经济社会发展的突出问题。坚持发展这个第一要务不放松，始终是我们当前和今后一个时期最重要、最紧迫的任务，是解决云南一切问题的基本前提。现在，我们工业化、城镇化所面临的环境已经发生了根本性改变，无论是从国家宏观政策的新要求、人民群众对发展的新期待来看，还是从资源环境的约束来看，粗放型发展道路已经行不通了，高能耗、高排放、高污染的路子难以维持。因此，必须把加快发展与加快发展方式转变有机结合起来，正确处理好当前与长远、总量与结构、速度与效益、保护与开发等一系列重大关系，在发展中促转变，在转变中谋发展，不断壮大经济实力，提高发展质量和效益。希望政协委员立足岗位优势和专业优势，立足我省实际，在调优一产、调强二产、调快三产，促进产业结构优化上，在培育新兴产业、做大做强特色优势产业上，在加快科技创新和管理创新上，在走经济生态化、生态产业化的发展道路上，在深化改革开放上，在促进领导干部观念转变上，选好题目、选准角度，抓住关键性问题，主动参与、深度跟进，多出思路、多献良策，积极为党委、政府进行决策、指导工作提供科学参考，努力推动云南加快经济发展方式转变取得实质性进展。

三、汇聚各界力量，全面参与“十二五”规划的制订实施

“十二五”时期是我省加快建设“两强一堡”的黄金期，是全面建设小康社会的关键期。“十二五”规划纲要作为统领未来5年云南经济社会发展的总体规划，事关我省长远发展和各族人民的切身利益，科学编制和全面实施“十二五”规划意义特别重大，需要凝聚全省上下各族各界的智慧和力量。希望大家深入贯彻落实科学发展观，以高度负责的态度，认真审议好云南省“十二五”规划纲要，为科学确定未来5年云南经济社会的发展战略、发展目标、发展重点贡献智慧。人民政协人才荟萃、智力密集，希望各位委员发挥专业特长，充分反映全省各族人民群众的新期待、新要求，准确把握发展形势和走向，积极参与“十二五”各专项规划的制定，把本次会议通过的《规划纲要》进一步具体化，落实到经济社会发展的各项工作中去。更重要的是，人民政协要充分发挥协调关系、汇聚力量、建言献策、服务大局的重要作用，围绕省委、省政府的决策部署，调动一切积极因素，汇聚社会各界力量，努力推动“十二五”的宏伟蓝图变成美好现实。

四、关注民生改善，不断促进社会和谐

民生问题是社会发展的根本问题。多年来，省委、省政府始终把改善民生作为一切工作的出发点和落脚点，结合我省边疆、民族、山区、欠发达的基本省情，出台了一系列惠民利民的政策措施，民生问题有了较大的改善。但由于基础差、底子薄、建设任务重，以致社会事业发展滞后，民生问题仍然较突出，维护社会和谐稳定的任务仍然很重。高度关注民生，切实改善民生，有效解决民生问题是推进科学发展、促进社会和谐的必然要求，更是人民政协的重要职责。要以实现好、维护好、发展好人民群众的根本利益为己任，围绕解决就业、分配、社会保障、医药卫生、住房问题，巩固九年义务教育和发展职业教育，安排好新老移民生产生活，推动边境民族贫困地区加快脱贫等方面，认真开展视察、调研、提案等各项活动，为改善民生想实招、出实力。要密切联系群众，体察群众疾苦，充分反映社情民意，多为群众做一些看得见、摸得着的实事好事，真心实意为群众排忧解难。要充分发挥政治优势、组织优势，紧紧围绕团结和民主两大主题，促进各党派、各团体、各界别、各阶层人士的团结合作，最广泛最充分地调动一切积极因素，形成构建和谐的强大力量，努力为建设平安和谐云南作出更大贡献。

五、认真落实省委政协工作会议精神，不断促进人民政协事业发展

2010年9月，中共云南省委召开了政协工作会议，并下发了《中共云南省委关于支持人民政协履行职能发挥作用的意见》。会议对加强政协工作、支持政协履职作出了全面的安排部署。全省各级党委、政府要认真贯彻会议精神，落实《意见》要求，进一步深化对人民政协地位、作用和政协工作重要性的认识，加强和改善对政协工作的领导，及时研究并统筹解决好政协工作中的重要问题。各级政协组织要认真把中央和省委对人民政协工作的各项要求落到实处，取得实实在在的成果；要加强民主监督，配合做好督查工作，确保省委工作会议精神和省委《意见》要求的各项任务分解落实到位；要不断深化对政协工作特点和规律的认识，努力加强自身建设，全面推进政协履行职能的制度化、规范化、程序化和科学化建设，不断推进人民政协事业实现新发展。

顺利实现我省“十二五”目标任务，加快建设“两强一堡”，是时代和人民赋予我们的重任，也是人民政协肩负的使命，职责光荣，大有可为。让我们更加紧密地团结在以胡锦涛同志为总书记的中共中央周围，同心同德，群策群力，开拓进取，扎实工作，为开创全省政协事业新局面、谱写云南科学发展新篇章而共同努力奋斗。

科学发展　和谐发展　跨越发展
为加快建设面向西南开放重要桥头堡而奋斗

——在中国共产党云南省第九次代表大会上的报告

（2011 年 11 月 25 日）

秦光荣

同志们：

中国共产党云南省第九次代表大会，是在深入实施“两强一堡”战略、全面建设小康社会关键时期召开的一次重要会议。大会的主题是：高举中国特色社会主义伟大旗帜，以邓小平理论和“三个代表”重要思想为指导，深入贯彻落实科学发展观，在新的起点上推动科学发展、和谐发展、跨越发展，为加快建设我国面向西南开放重要桥头堡而奋斗。

现在，我代表中国共产党云南省第八届委员会向大会作报告。

一、凝心聚力、克难奋进，圆满完成省第八次党代会确定的目标任务

5 年来，面对国内外复杂多变的环境和繁重的改革发展任务，在党中央的正确领导下，省委团结带领全省广大干部和各族群众，抢抓机遇、攻坚克难，有效应对国际金融危机严重冲击，战胜百年不遇特大干旱等严峻挑战，全力推动经济社会发展和党的建设，胜利完成省第八次党代会确定的目标任务。

综合经济实力大幅提升。坚持在发展中促转变、在转变中谋发展，着力打牢发展基础，培育壮大特色优势产业，实施创新型云南行动计划，产业发展协调性增强，发展条件改善。启动实施中低产田地改造、山区综合开发等重大工程，农业产业化经营水平不断提高，农业基础地位更加稳固。组织实施“双万亿”、“双百”工程和 12 个产业发展行动计划，工业带动经济发展的火车头作用更加突出。烟草税利突破千亿元，电力装机容量成倍增长，十种有色金属产量居全国前列，生物产业发展势头良好，旅游“二次创业”初显成效。信贷投放过万亿元，服务业发展迅速，对经济增长的拉动作用日益增强。现代新昆明、区域中心城市、中小城市和特色小镇建设步伐加快。综合交通骨干网络初步形成，中缅油气管道和石油炼化基地开工建设，通信保障能力快速提升。滇中

引水前期工作积极推进，骨干水源工程和“五小水利”、大型灌区建设进展顺利。经过5年努力，主要经济指标实现翻番，预计生产总值从3988亿元增加到8500亿元，年均增长11.9%；财政总收入从886亿元增加到2230亿元，年均增长20.3%。

城乡居民生活水平显著提高。坚持以人为本、民生为重，全省三分之二财政资金投向民生，各族群众享有的公共服务与日俱增。预计全省城镇居民人均可支配收入从10070元增加到18000元，年均实际增长8.7%；农民人均纯收入从2250元增加到4600元，年均实际增长11.0%，人民生活条件明显改善。积极统筹城乡发展，扎实推进新农村建设，农村基础设施逐步完善。扶贫攻坚力度加大，贫困发生率逐年下降。重视构建和谐劳动关系，就业形势保持总体稳定。“两基”攻坚目标如期实现，各级各类教育质量和水平进一步提高。公共卫生服务体系加快完善，社会保障体系受益面日益扩大。人口计生工作不断加强，社会福利、优抚安置、老龄工作、慈善和残疾人事业健康发展。保障性安居工程建设步伐加快。积极构建防灾减灾体系，快捷高效组织开展抗灾救灾和恢复重建，认真解决食品药品安全、征地拆迁、移民安置、安全生产等问题，各族群众合法权益和生命财产安全得到维护。

改革开放实现重大突破。坚持深化改革、扩大开放，积极谋划和推动桥头堡建设，云南在全国对外开放格局中的地位更加凸显。国际大通道建设取得新进展，口岸和通关便利化建设得到加强。招商引资取得实效，对外贸易大幅增长，“滇企出境”步伐加快。瑞丽沿边重点开发开放试验区建设正式启动，跨境贸易人民币结算试点顺利实施。国内外区域合作继续深化。重点领域和关键环节改革成效明显。农村综合改革、集体林权制度等改革深入推进。国资监管体制改革、国有企业战略重组取得积极进展，红塔、昆钢等8户大型企业进入全国500强，“央企入滇”初见成效。非公有制经济发展环境进一步改善，发展活力增强。新一轮政府机构改革顺利完成，法治、责任、阳光、效能政府建设深入推进。

民族团结进步事业蓬勃发展。坚持共同团结奋斗、共同繁荣发展，全面贯彻民族区域自治制度，千方百计加快边疆民族地区发展步伐，社会主义新型民族关系更加巩固。深入实施“兴边富民”工程，大力扶持人口较少民族、深度贫困少数民族群体，民族地区各项社会事业健康发展，主要经济指标增幅高于全省平均水平。民族团结宣传教育扎实推进，“三个离不开”思想更加深入人心。少数民族干部和人才工作力度加大。坚持依法管理宗教事务与保障信教群众基本权益相结合，宗教和顺有序局面得到巩固。认真落实促进藏区跨越式发展和长治久安的政策措施，保持了藏区和谐稳定。

民族文化强省建设成效明显。坚持推动文化大发展、大繁荣，把社会主义核心价值体系建设作为根本任务，着力推动民族文化大省向强省迈进，文化综合实力不断提升。哲学社会科学进一步发展，思想道德建设和精神文明创建活动深入推进，新闻舆论引导和媒体建设得到加强。公共文化服务体系覆盖城乡，文化惠民工程深得人心，群众文化活动更加活跃。体育事业健康发展。省级经营性文化单位实现转企改制。文艺创作持续繁荣，音乐、影视、歌舞、文学等艺术门类一批精品力作荣获国家级大奖，特色文化品牌不断涌现。文化产业增加值占地区生产总值比重位居全国前列。对外文化交流活动广泛开展。

生态文明建设步伐加快。坚持生态立省、环境优先，深入实施“七彩云南保护行动”，蓝天绿地、青山碧水的生态优势更加凸显。“森林云南”建设取得新进展，生物多样性保护范围不断扩大，森林覆盖率及固碳能力保持较高水平。“长治”、“珠治”等水土保持工程持续推进，湖泊和江河流域水污染综合防治力度加大，滇池由污染治理湖泊向生态恢复湖泊转变，其他湖泊水质保持稳定。城乡环保基础设施不断完善。循环经济试点工作全面展开，节能减排目标如期完成，环境质量进一步提高。

安定和谐的政治局面更加巩固。坚持发展社会主义民主政治、推进依法治省，齐心协力促发展的氛围更加浓厚。支持人大及其常委会依法履行职能，充分发挥人大代表的作用。社会法制化水平、依法执政能力不断增强。基层群众自治制度日益完善。支持人民政协围绕团结民主两大主题履行职能，推进政治协商、民主监督、参政议政制度化建设，政党、民族、宗教、阶层和海内外同胞关系进一步和谐，爱国统一战线巩固壮大。工青妇等人民团体的桥梁纽带作用有效发挥。群众工作和社会管理水平不断提高。“平安云南”创建活动深入开展，社会治安防控体系不断健全，毒品危害和艾滋病蔓延势头得到有效遏制，严厉打击各种违法犯罪，继续保持了边疆安宁和谐稳定。积极支持国防和军队建设，军政军民团结更加巩固。

党的建设全面加强。坚持党要管党、从严治党，为改革发展稳定提供坚强保证。深入开展学习实践科学发展观活动，积极推进学习型党组织建设，理论武装工作得到加强。组织开展解放思想大讨论和“三个一”主题实践活动，各级领导班子的凝聚力、执行力和创新力不断提高。深化干部人事制度改革，选人用人公信度稳步提升。干部教育培训取得实效，人才工作进一步加强。深入推进“云岭先锋”工程和边疆党建长廊建设，全面消除村民小组“党员空白”点，基本实现村级组织活动场所、远程教育站点、规模以上非公有制经济组织党的基层组织全覆盖。连续5年选派新农村建设指导员驻村帮扶。扎实开展创先争优活动，涌现出杨善洲等一批在全国有影响的先进典型。着力构建惩治和预防腐败体系，严格执行党风廉政建设责任制，加大巡视工作力度，查处了一批违纪违法案件，反腐倡廉建设取得新成效。

各位代表！过去的5年，是经济社会较快发展的5年，是城乡面貌发生深刻变化的5年，是各族群众得到实惠最多的5年，是社会和谐稳定的5年。成绩来之不易，这是党中央正确领导的结果，是全省各级党组织、广大党员，各民主党派、工商联和无党派人士，驻滇解放军、武警部队官兵和全省各族人民团结拼搏的结果，是历届省委打下良好基础和老同志关心支持的结果。在此，我代表中共云南省委，向所有为云南发展作出贡献的同志们、朋友们，表示衷心的感谢和崇高的敬意！

二、坚定信心、不辱使命，奋力推进科学发展、和谐发展、跨越发展

2009年7月，胡锦涛总书记考察云南时，提出把云南建设成为我国面向西南开放重要桥头堡。今年5月，国务院出台了支持桥头堡建设的意见，把云南对外开放提升到国家战略层面，标志着云南进入一个划时代的发展阶段，站在了新的历史起点上。

从封闭走向开放，从落后走向繁荣，是云南人民千百年来的不懈追求。早在两千多年前，云南就是中国通向东南亚南亚国家的陆路门户，延绵不断的马帮商队开辟了著名的南方丝绸之路。近现代历史上，云南建成第一条国际铁路，设立第一个内陆海关，修筑了滇缅公路和中印公路，开辟了驼峰航线，铺设了中印输油管道，彰显了云南在全国

的战略地位。上世纪末，云南提出并推进中国连接东南亚南亚国际大通道建设，为桥头堡建设奠定了坚实基础。历史证明，自强不息的云南各族人民从来就有敢为人先的勇气，从来就有开放包容的胸怀，从来就有奋发有为的精神。

桥头堡战略历史性地把云南推向全国对外开放的前沿。这一重大战略，是中央统筹国内国外两个大局作出的重大决策，对于打造国际陆路交通枢纽，培育西南地区重要经济增长极，推动中国—东盟自由贸易区发展，加强与印度洋周边国家的开放合作，完善中国全方位对外开放格局，维护国家能源和经济安全，意义十分重大。这一重大战略，提升了云南在全国开放格局中的重要地位，凸显了云南的区位优势，为构建第三欧亚大陆桥、开辟新的西向贸易通道提供了条件，为云南与西南乃至全国各省区市开辟了新的合作方向，拓展了更为广阔的发展空间。这一重大战略，为云南跨越发展提供了重大契机，有利于云南在更大程度上利用两种资源、两个市场，加快融入区域经济一体化和全球化；有利于吸引更多的生产要素汇集到这片充满希望的热土，加快经济发展方式转变；有利于加快民族贫困地区发展，实现各族群众共同富裕和边疆和谐稳定。这一重大战略，增强了云南跨越发展的重要动力，极大地提振各族人民加快发展的信心，激发广大干部群众团结奋斗的精神力量，释放巨大的发展潜力，成为跨越发展的强大引擎。

在重大的历史机遇面前，必须清醒地看到，当前国内外环境十分复杂，我们还面临着不少困难和挑战。一些主要经济体增速下滑，一些国家主权债务问题突出，新兴市场国家通胀压力加大，各种形式的保护主义明显增多，世界经济复苏的不稳定性不确定性上升。国内经济继续向好，但转方式任务繁重，物价高位运行，节能减排形势严峻，极端天气造成的灾害影响不可低估。就我省而言，纵向比，发展成就显著、变化令人鼓舞；横向看，各省区市你追我赶、竞相发展、差距仍然很大，到2020年与全国同步全面建成小康社会的任务十分艰巨，影响和制约我省发展的一些深层次矛盾和问题尚未得到根本解决。经济总量较小，民营经济发展不足，县域经济发展较差，贫困面大程度深，加快发展任务艰巨；产业层次较低，发展的资源环境约束凸显，城镇与乡村、山区与坝区、内地与边境以及经济与社会之间发展不平衡，转变经济发展方式任务艰巨；思想观念和体制机制障碍仍较突出，资金投入和基础设施的瓶颈制约尚未根本破除，科技和人才短板问题没有明显缓解，强化发展支撑的任务艰巨；社会利益关系日益复杂，群众诉求更加多样化，腐败现象不同程度存在，统筹兼顾各方、满足群众新期盼新要求的难度加大，防范各类突发事件的压力增大，化解各种风险、维护社会和谐稳定任务艰巨。

综合分析判断面临的形势，未来5年是云南全面建设小康社会的关键期，是加快转变经济发展方式的攻坚期，是扩大对内对外开放的黄金期，是深入实施西部大开发战略的加速推进期。立足边疆民族山区贫困四位一体的基本省情，紧扣发展不够快、不充分、不协调、不平衡的现实省情，着眼潜力巨大、特色突出、优势明显、前景广阔的发展省情，我们必须始终把科学发展观的要求同云南的具体实际紧密结合，全力推动科学发展、和谐发展、跨越发展。只有坚持科学发展这个主题，才能提升发展的全面协调可持续性；只有坚持和谐发展这个保障，才能营造安定团结的生动局面；只有坚持跨越发展这个关键，才能尽快缩小与全国发展的差距，早日实现云南人民富民强滇的美好夙愿。

今后5年全省经济社会发展的指导思想是：高举中国特色社会主义伟大旗帜，以邓小平理论和“三个代表”重要思想为指导，深入贯彻落实科学发展观，紧紧围绕建设绿色经济强省、民族文化强省和中国面向西南开放重要桥头堡战略目标，坚持科学发展、和谐发展、跨越发展，以加快转变经济发展方式为主线，以改善民生为根本，以奋力跨越为关键，解放思想、开拓创新，夯实基础、强化保障，拓展空间、壮大实力，加力提速全面建设小康社会步伐，建设开放富裕文明幸福新云南。

今后5年主要奋斗目标是：

——经济发展跃上新台阶。转方式、调结构取得显著进展，产业实力大幅增强，经济发展质量和效益明显提高，全省生产总值年均实现两位数增长，到2016年生产总值、人均生产总值、财政总收入、全社会固定资产投资比2011年翻一番以上，实现“四个翻番”。

——人民生活水平实现新提升。实现城镇居民人均可支配收入和农民人均纯收入“两个倍增”，就业更加充分，教育现代化加快推进，基本医疗卫生服务水平不断提高，社会保障体系更加健全，社会管理更加有序。

——民主法制建设迈出新步伐。社会主义民主政治建设不断加强，民族团结进步、边疆繁荣稳定示范区建设有效推进，法治云南建设进程加快，公民法制观念进一步增强，社会公平正义得到更好保障，法治和服务型政府建设成效显著。

——文化建设再创新辉煌。社会主义核心价值体系深入人心，公共文化服务体系日益完善，文化产业增加值占生产总值比重明显上升，文化软实力显著增强，各族人民的思想道德素质和科学文化素质进一步提高。

——生态文明建设取得新进展。“七彩云南保护行动”深入推进，“森林云南”建设取得重大进展，单位生产总值能耗和主要污染物排放总量控制在国家下达指标范围之内，生态安全屏障和生物多样性战略地位更加巩固，环境质量进一步改善，可持续发展能力不断增强。

——改革开放实现新突破。主要领域和关键环节改革取得明显成效，社会主义市场经济体制不断完善，对内对外开放合作步伐加快，国际大通道建设全面推进，沿边开放取得重大突破。

实现上述目标，必须做到八个坚持：

一是必须坚持立足云南、着眼全局，以宏大的气魄谋划云南改革发展。眼界绘宏图，魄力铸伟业。必须进一步解放思想，以更加宽广的胸怀、更加高远的视野、更加卓越的胆识，敢于摆脱束缚、推倒围墙、打破框框，自觉把云南发展放到全国和全球总体格局中定位，放在国家对西部大开发的总体部署中谋划，以国际视野、科学精神、战略思维认识云南、建设云南、发展云南。

二是必须坚持以跨越发展为关键，推动云南驶入发展快车道。推动云南科学发展、和谐发展、跨越发展，关键在跨越，重点在加快。没有较快的发展速度，就改变不了发展滞后的现状，解决不了前进道路上的矛盾和困难。必须坚持好字当头、快字当先，能快则快、好中求快，牢牢抓住扩大投资、消费、出口的关键环节，采取创新性举措，率先在最具潜力、最有优势、最能见效的领域实现突破，努力走出一条具有云南特点的跨越发展新路子。

三是必须坚持统筹城乡、优化布局，加快推进工业化、城镇化进程。坚持工业兴省、工业富省，坚持城镇带动、城乡联动，把城镇上山和农民进城作为推进工业化和城镇化的有效举措，在工业化、城镇化深入发展中同步推进农业现代化，加大制度创新和政策调整力度，促进公共资源在城乡之间有效配置、生产要素在城乡之间合理流动，使工业获得更多的发展资源、城市获得更广的发展空间、农村获得更大的发展扶持，努力构建城乡经济社会发展一体化新格局。

四是必须坚持以大开放促进大发展，大胆创造沿边开放新奇迹。开放是一种境界，是一种胸怀，是现代文明的显著标志。必须善于学习借鉴沿海地区敢闯敢试的开放经验，克服眼界不宽、固守本土的封闭观念，摒弃墨守成规、故步自封的狭隘思想，解决重招商轻服务的突出问题，消除制约和影响开放的体制机制障碍，着力实现大开放、促进大发展、构筑大通道、打造大基地、培育大平台、建设大窗口、维护大团结、保护大生态，为加快桥头堡建设拓展新空间、增添新活力。

五是必须坚持产业强省，发展壮大综合经济实力。云南要跨越，关键在产业。必须把发展产业作为全省经济工作的重中之重，作为转方式调结构的重要内容，积极引导生产要素向产业聚集、优惠政策向产业倾斜、人才资源向产业汇聚，加快发展特色优势产业，主动参与国际国内竞争，努力在竞争中培育产业、在竞争中提升产业，夯实云南跨越发展的坚实基础。

六是必须坚持富民优先，千方百计增进广大人民的幸福感。始终坚持以人为本、民生为重、富民为先。必须以增加城乡居民收入为核心，以解决发展不平衡为重点，以增强公共服务为突破口，以增进人民幸福为根本，逐步形成惠及各族人民、保障困难群众和低收入群体基本生活、切实改善民生的长效机制，把兴边先富民、强滇先富民、富省先富民的理念贯穿到经济社会发展的全过程，让各族群众尽快富裕起来。

七是必须坚持以发展促团结、以团结保发展，巩固和谐稳定的大好局面。各民族的团结进步事关改革发展稳定大局。必须始终高举民族团结旗帜，以建设民族团结进步、边疆繁荣稳定示范区为抓手，加大对边疆民族地区加大扶持力度，夯实发展基础，提升发展能力，促进各民族交往交流交融，谱写共同团结奋斗、共同繁荣发展的新篇章。

八是必须坚持科教兴滇、人才强省，增强发展的支撑能力。科技支撑发展，人才引领未来。必须牢固树立科技是第一生产力、人才是第一资源和优先发展教育的理念，把科技创新和人才队伍建设作为引领云南发展的重要驱动力，大力发展教育，提高全民素质，特别是要提高领导干部综合素质，加大人才培养、引进和使用力度，加快提升自主创新能力，借助科技和人才这一有力撑杆，推动经济社会发展跃上一个新台阶。

无论是历史的反思、还是现实的审视，云南正处在蓄势待发的重要历史关口。能否最大程度利用好桥头堡建设带来的宝贵机遇，是对我们胸怀和胆识、智慧和能力的重大考验。只有解放思想、勇于担当，乘势而上、强势突破，才能谱写云南科学发展、和谐发展、跨越发展的雄浑乐章。

三、统筹兼顾、重点突破，加快推动经济社会发展实现新跨越

推动云南科学发展、和谐发展、跨越发展，必须突出重点，创新举措，优化经济结构，转变发展方式，着力在关系全局和长远发展的重大问题上取得突破。

（一）兴产业、调结构，壮大发展实力

产业不强是云南的软肋。必须把调整经济结构、推动产业大发展作为跨越发展的重要支撑，加快调整三次产业、轻重工业、传统产业与新兴产业和所有制、投资、研发投入结构，推进产业特色化、规模化、集群化、高端化，构建多元发展的现代产业体系。

加快产业转型升级。坚持一、二、三产业协调发展。大力发展高原特色农业调快调优一产。继续实施百亿公斤粮食增产计划，确保粮食安全。发挥地域和气候优势，建设烟糖茶胶、花菜果药、畜禽水产、木本油料等特色原料基地，做大做强龙头企业，打造优势特色农产品品牌，以农业产业化推动农业现代化。加速新型工业化调快调强二产。工业是云南经济增长的主要支撑，必须坚定不移推进工业强省，推动信息化与工业化深度融合。提高轻工业比重，大力发展生物制药、食品饮料、纺织服装、家电日化等轻工业。整合提升钢铁产业，延伸有色产业链，加快发展石油炼化产业，增强化工产业竞争力，稳步壮大建材产业。实施工业跨越发展计划，确保工业增加值、销售收入、利税三年倍增。促进服务业发展调快调特三产。提升传统服务业，发展现代物流、金融保险、信息咨询等现代服务业，不断提高比重。积极构建扩大内需的长效机制，强化消费对经济增长的拉动作用。

做大做强特色优势产业。烟草产业要加快现代烟草农业建设，优化卷烟结构，做大骨干产品规模，推进减害降焦和综合利用，开创烟草绿色生态安全健康发展新境界。能源产业要加快“三江”干流水电开发，建设国家西电东送清洁能源基地、新能源示范基地。矿产业要加大地质找矿和精深加工力度，推进矿电结合，引导能源密集型工业向水电资源富集区域集中。生物产业要抓好原料基地建设、品牌培育和市场开拓，建设我国重要的生物产业基地。旅游产业要继续推进二次创业，打造国内一流、国际知名旅游目的地。大力培育现代生物、光电子、高端装备制造、新材料、节能环保、新能源等战略性新兴产业。

推进产业聚集。实施大企业培育工程，推动央企入滇和有实力的民企入滇，加快引进世界500强、中国500强企业，培育近10户销售收入超千亿元的企业集团。实施中小企业成长工程，发展一批专精特新中小企业和微型企业。实施园区升级工程，提高配套水平和服务能力，打造10个销售收入超千亿元的产业园区。实施产业集群打造工程，纵向延伸产业链，横向增强配套能力，推动优质生产要素向优势区域聚集，提高产业集中度，形成10个销售收入超千亿元的产业。

促进非公有制经济大发展。创新和落实对非公有制经济发展的扶持政策，切实改进服务，推进公平准入，破除体制障碍，实施融资服务创新、市场开拓推进、集群发展促进、信息化服务推进等工程，支持民间资本进入资源开发、基础产业、基础设施、公用事业、政策性住房建设、商贸流通、国防科技工业和金融服务等领域，使非公有制经济占生产总值比重超过50%，迎来非公有制经济蓬勃发展的春天。

强化产业保障。坚持扩大投资规模和优化投资结构并举，增强民间投资主体活力，建立多元化、多层次、多渠道投融资体系，发挥投资对经济增长的支撑作用。实施特色产业发展及财源建设行动计划，鼓励和调动更多的资金投向产业，力争产业投资比重达到50%以上，民间投资比重达到60%以上。利用好国家差别化产业政策，实行优势产业一产一策，建立省级领导联系督导重点产业制度。深入实施创新型云南行动计划和质量兴省战略，充分发挥公共财政对战略性、前瞻性、公益性领域创新能力建设的主导作用，支持大企业提高自主创新能力，鼓励中小科技型企业开展创新活动，引导企业和社会加大科技创新投入。实施企业家培育工程，壮大优秀企业家群体。

（二）谋长远、增后劲，夯实发展基础

基础设施是经济社会发展的重要支撑。必须坚持基础先行，适度超前谋划和推进一批重大基础设施项目，从根本上缓解发展瓶颈制约。

加快实施兴水强滇战略。富民强滇、必先兴水。千方百计加大投入，注重科学治水、依法治水，大力发展民生水利。创造条件尽快开工建设滇中引水工程，让金沙之水早日润泽滇中大地、造福各族群众。积极推进牛栏江和清水海补水工程建设，继续实施润滇工程，开工建设一批骨干水源工程。加强“五小水利”、病险水库除险加固、江河堤防治理等项目建设，做好灌区配套、节水改造和干支渠防渗工作。基本解决农村饮水安全问题。加快中低产田地改造、“兴地睦边”农田整治步伐。积极探索水电站综合利用有效途径。

构建现代综合交通运输体系。推动形成以航空为先导、铁路和公路为骨干、水运和管道运输为补充、区域综合枢纽为联结，多种运输方式相互衔接、高效便捷、内通外畅、城乡一体的交通运输网络，实现州市高速路、县县二级路、县乡柏油路、村村硬化路目标。重点推进“八出省四出境”铁路网、“七出省四出境”公路网、“两出省三出境”水运通道建设，推进民航大省向民航强省转变。探索矿产资源管道运输新模式。

加强能源保障能力和信息基础设施建设。围绕建设境内外电力交换枢纽，加快电网建设步伐，保障省内电力需求，抓好西电东送、云电外送。积极推进中缅油气管道及配套建设。提高信息网络传输能力和覆盖率，促进三网融合。重点推进物联网开发利用基础设施建设，完善信息服务体系，增强网络与信息的安全保障和通信、邮政普遍服务能力，建设面向东南亚南亚的通信枢纽和区域信息汇集中心。

（三）抢机遇、扩开放，拓宽发展空间

紧紧抓住桥头堡建设这个龙头，以更大的决心和勇气，构建全方位、多层次、宽领域的对外开放格局。

加快沿边开放步伐。抓好瑞丽沿边重点开发开放试验区建设，推进河口、磨憨、瑞丽跨境经济合作区和天保、孟定、猴桥、勐阿、片马边境经济合作区建设，加快昆明、红河综合保税区和水富、富宁、景洪等口岸保税物流区建设。推进跨境交通及沿边干线公路等基础设施，提升口岸和通关便利化水平。培育和发展商贸物流、边境旅游，建设外向型产业基地，把沿边地缘优势转化为经济优势。

拓展区域合作空间。立足云南、带动西南、服务全国、面向太平洋和印度洋，深化与东南亚南亚的全方位开放合作，打造对内对外经济走廊，积极融入中国—东盟自由贸易区，提升与大湄公河次区域和孟中印缅区域合作层次与水平。推进与周边国家通路、通电、通商、通关合作进程，拓展互惠互利合作领域。继续办好昆交会、南亚国家商品展等国际会展。推进泛珠三角、长三角、环渤海以及周边省区市区域合作，提升滇沪、滇浙等合作层次，实现联动发展。

提升对外经贸水平。推进外贸增长方式转变，促进一般贸易、边境贸易和加工贸易协调发展，大力发展服务贸易。优化进出口商品结构，支持优势产品、高新技术产品、绿色有机农产品和服务贸易产品扩大出口，支持资源性产品、先进技术、关键设备及零部件扩大进口。坚持引资和引智相结合，强化绩效考核，扩大利用外资规模，提高利用外资水平。加快实施“走出去”战略，积极参与国际经济合作。

营造良好开放环境。认真落实国家支持桥头堡建设的各项政策措施。畅通项目审批绿色通道，建立更加便利的出入境管理制度，提升招商引资项目跟踪服务水平，营造高效务实的政务环境、公平竞争的市场环境、安全舒畅的社会环境、包容开放的人文环境，大兴敬商重商之风，使云岭大地成为物流、商流、资金流、信息流的汇集之地、财富热土。

（四）加强统筹、促协调，构建发展新格局

坚持统筹城乡发展，优化区域发展布局，加快构建城乡互动、区域协调、多极支撑、多元发展新格局。

统筹区域协调发展。立足区域合理分工，科学确定主体功能，加快构建“一圈一带六群七廊”空间布局。加快昆明区域性国际城市建设步伐，推进滇中城市经济圈一体化，将滇中培育成为全省跨越发展的重要引擎。打破行政区划约束，跨地区优化资源和生产力配置，推动滇东北、滇东南、滇西及滇西北、滇西南加快发展，尽快形成新的经济增长极。深入实施新一轮“兴边富民”和边疆解“五难”惠民工程，加快沿边开放经济带建设。

统筹城乡发展。完善以工促农、以城带乡长效机制，积极探索促进“三化同步”的有效途径，推动公共财政向“三农”倾斜、公共设施向农村延伸、公共服务向农民覆盖、现代文明向农村推进。抓好省级重点建设村工作，扩大新农村建设试点、示范村建设范围。加强以水电路气房为重点的农村基础设施建设，改善群众生产生活条件，逐步缩小城乡发展差距。

走有云南特色的城镇化道路。优化城镇布局，积极发展城市群，促进大中小城市和小城镇协调发展。按照“守住红线、统筹城乡、城镇上山、农民进城”的要求，完善城镇发展思路，转变建设用地方式，严格保护耕地尤其是坝区优质耕地，用好用足国家低丘缓坡地综合开发试点省差别化土地政策，引导城镇、村庄、工业向适建山地发展，建设山地城镇。提高城镇规划、建设和管理水平，增强城镇综合承载能力。按照“放宽城镇户籍、同享城乡待遇、自愿有偿转变、分类协调推进”的原则，引导农村人口有序向城镇转移，解决进城农民在就业、住房、社保、医疗卫生、子女教育等方面的突出问题。

壮大县域经济实力。强滇之基在于强县。必须加快扩权强县步伐，最大限度下放经济领域、社会事务管理权限，赋予县市区更大的发展自主权。健全与主体功能区相配套的考核评价体系，完善激励约束机制，鼓励争先进位，把县域经济发展的成效作为领导干部考核任用的重要依据。强化分类指导，加大以奖代补力度，鼓励县市区发挥当地资源和区位优势，打造有自身特色的支柱和优势产业，增强县域经济自我发展能力，形成一批县域经济强县。

推动民族地区和贫困地区大踏步发展。继续采取特殊扶持政策，实施扶持人口较少民族、特困民族和散居民族发展等重大工程。支持民族地区大力发展特色优势产业，增强造血功能。加快发展民族地区社会事业。对边境沿线守土固边困难群体实行专项补助。坚持开发式扶贫方针，以边远、少数民族和贫困地区深度贫困群体为重点，以乌蒙山区、石漠化地区、滇西边境山区以及藏区等连片特困地区为主战场，推进专项扶贫、行业扶贫、社会扶贫，打好基础设施改善、产业培育、社会事业发展、生态修复攻坚战，让民族地区和贫困地区的广大群众走上共同富裕的康庄大道。

（五）抓改革、推创新，增强发展动力

改革创新是经济社会发展的强大动力。必须坚持用改革的办法破解难题，用创新的举措寻求突破，全面推进各领域改革。

完善农村发展体制机制。坚持农村基本经营制度，稳定和完善土地承包关系，在依法自愿有偿和加强服务基础上完善土地承包经营权流转市场。继续推进农垦、供销社、农村信用社、农村小型水利设施管理体制和林权制度改革。推进“三农”金融服务改革创新试点。

深化经济体制改革。加快国有资产战略性重组和产权多元化进程，推进国有资产监管全覆盖，发挥国有经济在跨越发展中的引领作用。加快垄断性行业和公用事业改革。健全公共财政体系，加大均衡性转移支付力度。推动金融改革、开放和发展，加快发展地方金融组织体系，创新融资方式，积极拓展人民币跨境金融服务，防范金融风险。抓好国家电力价格改革试点省建设，充分发挥电价引导作用，建立水能资源开发利益分享机制。构建资源价格市场化形成机制和生态补偿机制。

加快社会事业体制改革。深化科技体制改革，创新产学研结合模式，推进形成技术创新战略联盟，强化知识产权创造、运用、保护和管理。创新人才培养、办学和教育管理体制，改革质量评价和考试招生制度，全面推进素质教育。推进医药卫生体制改革，鼓励社会资本以多种形式兴办医疗机构。加快经营性文化事业单位转企改制，稳步推进公益性文化事业单位人事、收入分配、社会保障制度改革。

推进行政管理体制改革。进一步转变政府职能，强化社会管理和公共服务，减少和规范行政审批，加强重大项目督查，提升行政效能。推进行政执法体制改革，促进公正文明规范执法。改革各级政府机关事务管理体制，降低行政成本。积极稳妥推进事业单位分类改革，促进政事分开、事企分开、管办分离。

大胆推进政策创新。坚持发展靠政策推动、难题靠政策突破、活力靠政策激发，在政策创新上先行先试，切实用好现有政策，积极争取新的政策，借鉴发达地区的有效政策，探索发展中的突破性政策，构建更加灵活、开放、高效的政策体系，以政策创新带动体制机制创新。

（六）顺民意、惠民生，共享发展成果

保障和改善民生事关各族群众福祉。必须把准民生脉搏，关注民生热点，在重视经济建设的同时，更加重视社会事业发展，让各族群众得到更多实惠和发展机会。

增收是民生之要。建立与经济增长相适应的收入增长机制，大幅度提高城乡居民收入特别是中低收入群体收入。健全农民工工资支付保障体系，建立企业职工工资正常增长机制，推进事业单位实施绩效工资，完善公务员工资制度。健全物价上涨和低收入群体价格补贴挂钩联动机制。

就业是民生之本。实施更加积极的就业政策，引导和促进吸纳就业能力强的产业及企业加快发展，鼓励企业稳定并扩大就业。实施全民创业就业工程，深入落实“贷免扶补”优惠政策，发挥创业带动就业的倍增效应。完善面向城乡的公共就业服务体系，重点做好高校毕业生、农村转移劳动力、城镇就业困难人员的就业工作。加强劳动合同、平等协商和争议仲裁制度建设，构建和谐劳动关系。

保障是民生之安。稳步提高社会保险统筹层次和待遇水平，完善各类社会保险之间的衔接和转移接续机制，加快实现人人享有社会保障。加强社会救助体系建设，健全城乡居民最低生活保障制度。完善优抚安置政策，发展社会福利、慈善和残疾人事业。加快推进保障性住房建设，强化质量监管和分配管理，切实解决中低收入群众住房困难问题。

教育是民生之基。全面协调发展各级各类教育，继续加大投入，稳步推进教育现代化，促进教育公平。进一步巩固“两基”成果，促进义务教育均衡发展，推动边远地区中小学逐步实现相对集中办学。实施农村义务教育学生营养改善计划，提高家庭困难寄宿学生生活费补助标准，扩大覆盖面。加快发展高中阶段教育，扩大优质教育资源供给。加强特色优势重点学科建设，提高高等教育质量。加快发展职业教育、学前教育、继续教育，关心支持民族教育、特殊教育。强化师资队伍建设。加强现代信息技术在教育中的应用。鼓励引导社会力量兴办教育。

健康是民生之福。坚持大办卫生、多办医院，加强州市级区域医疗中心建设，完善县乡村医疗卫生服务网络，加快城镇社区卫生服务机构建设，有效解决群众看病难、看病贵问题。提高突发公共卫生事件防控和应急处置能力。积极扶持中医药和民族医药事业发展。广泛开展全民健身运动。健全食品药品监管机制，加大依法严厉打击假冒伪劣食品药品力度，保障各族群众饮食和用药安全。稳定低生育水平，提高出生人口素质。积极发展妇女儿童和老龄事业，做好离退休干部工作。

（七）重文化、强引领，增强发展软实力

文化是民族的血脉，是人民的精神家园。必须更加自觉、更加主动地推动文化大发展大繁荣，加快建设民族文化强省。

加强社会主义核心价值体系建设。坚持用中国特色社会主义理论体系武装干部、教育人民，广泛开展具有行业特点的社会主义核心价值体系教育实践活动，筑牢全省人民团结奋斗的共同思想道德基础。深化拓展群众性精神文明创建活动，建立城乡、区域、军民警民联创共建机制，重视非公有制经济组织、社会组织、流动人口和边境地区的精神文明建设。深入推进公民道德和社会诚信建设，继续推进重大典型宣传，突出抓好大学生思想政治教育和未成年人思想道德建设。坚持以重大现实问题研究为主攻方向，繁荣发展哲学社会科学。

加强和改进新闻舆论工作。坚持围绕中心、服务大局，牢牢把握正确导向，发挥新闻媒体宣传党的主张、弘扬社会正气、通达社情民意、引导社会热点、疏导公众情绪、搞好舆论监督的重要作用，抓好重大主题宣传，壮大主流舆论。完善舆情分析研判制度、新闻发布制度和重大突发事件新闻报道机制，提高舆论引导能力。高度重视互联网的建设和管理，实施网络内容建设工程，建立有效监管体系，规范网上信息传播秩序，发展健康向上的网络文化。

加快发展文化事业和文化产业。以农村和边境地区为重点，推进重大文化惠民工程建设，优先安排涉及群众切身利益的建设项目，建设标志性文化设施，改善群众文化条件。拓展大众文化消费市场，培育群众广泛参与的社区文化、农村文化、校园文化、企业文化。加强优秀民族文化的挖掘传承，加大重点文物和非物质文化遗产的保护开发力度。推进文化与旅游、资本、科技深度融合，提升文化产业规模化、集约化、专业化水平，把文化产业培育成支柱性产业。促进文化精品创作生产，不断推出思想性艺术性观赏性相统一的优秀文艺作品，保持云南文化创造活力持续迸发、精品力作不断涌现的繁荣局面。

（八）建生态、重保护，改善发展基本条件

始终坚持生态立省、环境优先，按照经济建设与生态建设同步进行、经济效益与生态效益同步提高、产业竞争力与生态竞争力同步提升、物质文明与生态文明同步前进的要求，走生态建设产业化、产业发展生态化之路，建设资源节约型、环境友好型社会，争当生态文明建设排头兵。

实施绿水青山计划。深入推进“七彩云南保护行动”，切实抓好重点生态功能区保护和以“森林云南”为重点的生态工程建设，森林覆盖率达到55%以上，增加森林碳汇。加强以滇西北、滇西南为重点的生物多样性保护，建立生物多样性监测、评价和预警机制，建设我国重要的生物多样性宝库和生态安全屏障。提升以滇池为重点的九大高原湖泊治理保护成效，加强出境跨界河流水环境综合防治。加快中低产林改造，加强石漠化综合治理及干热河谷生态恢复、水源涵养林建设和饮用水源地保护。切实做好移民工作，稳步推进生态移民。

实施节能减排计划。树立绿色发展理念，按照整体协调、循环再生、健康持续的要求，加大节能减排工作力度，大幅度提高能源利用效率，大幅度减少污染物排放。加快淘汰落后产能，积极发展清洁载能产业。强化新上项目节能评估审查和环境影响评价，抓好重金属等重点污染物的监管和污染防治，有效防范环境风险和妥善处置突发环境事件。全面推进低碳经济试点省各项工作，大力发展循环经济，积极推进清洁生产。以节能节水节材节地为重点，推进绿色制造，倡导绿色消费。

实施防灾减灾计划。以地震、地质、气象和生物灾害防治为重点，构筑应急救灾与常态防灾相结合、救灾减灾并重、城镇农村统筹、治标治本兼顾的科学防灾减灾体系，提高灾害应对能力，切实保障人民群众生命财产安全。

（九）聚人心、汇民智，凝聚发展强大合力

发展社会主义民主政治，是各族人民根本利益的具体体现。必须充分调动一切积极因素，把各方面的力量和智慧汇聚到推动发展中来。

积极推进社会主义民主政治建设。坚持和完善人民代表大会制度，支持和保障人大及其常委会依法履行职能，善于运用地方国家权力机关处理经济社会发展事务，加强和改进立法、监督工作。坚持和完善中国共产党领导的多党合作和政治协商制度，推进政治协商、民主监督、参政议政制度化、规范化、程序化建设。发挥爱国统一战线协调关系、化解矛盾、凝聚人心、增进团结的作用，加强党外代表人士培养和选拔，广泛团结新的社会阶层人士，密切联系港澳同胞、台湾同胞和海外侨胞。支持工会、共青团、妇联等人民团体依照法律和各自章程开展工作。健全完善基层群众自治制度。

推进法治云南建设。严格遵守宪法和法律，加快地方立法科学化、民主化进程，推进依法行政、公正廉洁执法，强化法律监督，维护法制权威，完善法律服务，提升社会管理法制化水平。深化司法体制和工作机制改革，着力破除影响司法公正、制约执法能力的体制机制障碍。促进公平正义，依法保障社会成员平等参与、平等发展的权利。抓好“六五”普法和“四五”依法治省规划的实施。

做好民族和宗教工作。以民族团结进步、边疆繁荣稳定示范区建设统领民族工作，坚持和完善民族区域自治制度，深入开展民族团结进步创建活动，巩固和发展各民族和睦相处、和衷共济、和谐发展的良好局面。坚持党的宗教工作基本方针，依法管理宗教事务，坚持独立自主自办原则，发挥宗教界人士和信教群众在促进经济社会发展中的积极作用。

重视边防和人民防空建设，推进国防动员和后备力量建设。深入开展双拥共建活动，不断巩固新型军政军民关系。

（十）保稳定、建和谐，营造良好发展环境

保持社会和谐稳定，是加快发展的基础和前提。大力加强和创新社会管理，实施社会和谐行动，把云南建成安全优美舒适的福地。

创新社会管理机制。进一步健全党委领导、政府负责、社会协同、公众参与的社会管理格局。以流动人口服务管理、特殊人群帮教管理、非公有制经济组织和社会组织服务管理、网络信息建设管理为重点，改进方式方法，完善政策法规，努力提升社会管理效能和服务质量。以推进和谐社区建设为载体，加强村规民约、社区公约等社会规范建设，加快完善社区治理结构，健全社区管理和服务体系，把社区建成社会和谐稳定的基础、人民安居乐业的港湾。

加强基层基础工作。把社会管理创新的重心下移到基层，推动目标任务、手段措施、机制保障向源头化解、前端管理和事前防范转移。建立健全社会舆情分析、社会稳定风险评估和多元化纠纷解决机制。深化人民调解，创新行政调解，强化司法调解，推进联动调解，努力把矛盾控制在源头、纠纷化解在基层、问题解决在一线，筑牢社会和谐稳定的根基。

深化平安创建活动。加强社会治安立体化、全方位防控体系建设，积极运用现代信息技术预防打击犯罪，把治安防范网络覆盖到城镇街区、农村村寨、居民楼院，形成平安创建人人参与、平安和谐人人共享的生动局面。继续深入推进禁毒防艾人民战争。强化安全生产监管，有效防范遏制重特大事故。加强国家安全人民防线建设，坚决防范和打击各种敌对势力的渗透、颠覆和破坏活动。

四、加强和改进党的建设，为推动科学发展、和谐发展、跨越发展提供坚强保证

办好云南的事情，关键在党。必须清醒地看到，在少数党员干部中，还存在一些突出问题，特别是精神懈怠、能力不足、脱离群众、消极腐败的问题，更加尖锐地摆在各级党组织面前。必须以改革创新精神全面推进党的思想、组织、作风、制度和反腐倡廉建设，不断提高党的建设科学化水平。

（一）针对精神懈怠的问题，着力强化奋起直追的责任感和紧迫感

心弱则志衰，志衰则不达。针对一些党员干部理想信念模糊、宗旨意识淡化、事业心不强等问题，必须深入推进学习型党组织建设，坚持不懈地用马克思主义中国化最新成果武装头脑，加强理想信念教育，树立正确的世界观、事业观、权力观，以理论的与时俱进引领行动的锐意进取，以思想的坚定统一保证工作的步调一致，增强为党和人民

事业不懈奋斗的坚定性和自觉性。坚定不移地解放思想，坚决破除阻碍发展的思想观念和体制机制，以思想的大解放推动大发展大跨越。牢记“两个务必”，树立强烈的事业心和责任感，满怀激情抓发展，心无旁骛干实事，勇于在困难条件下创造性地开展工作。树立开拓创新的意识，增强敢闯敢试的勇气、昂扬向上的锐气、追求卓越的志气，在不争论中发展，在不折腾中前进，在不甘落后中奋起。树立和弘扬党的优良作风，大兴密切联系群众、求真务实、艰苦奋斗、批评与自我批评之风，以优良党风促政风带民风，形成凝聚党心民心的强大力量。

（二）针对能力不足的问题，着力加强领导班子和干部人才队伍建设

干部的能力素质，是事业发展的决定因素。针对党员干部能力不足的问题，必须主动适应形势任务的发展变化，以提高领导水平和执政能力为重点，着力建设执行力强、创新力强、感召力强的领导班子，培养造就一支推动发展有激情、有招数、有能力、有贡献的高素质干部队伍。把思想政治建设摆在突出位置，加强各级领导班子执政意识教育、团结干事教育，引导各级领导干部讲政治、顾大局、守纪律。继续办好领导干部“时代前沿知识讲座”等活动，加大干部教育培训和实践锻炼力度，提高干部驾驭全局、领导发展、处理利益关系和务实创新的能力。紧紧围绕走活干部这盘棋，进一步深化干部人事制度改革，研究制定解决干部职务待遇、畅通干部出口渠道、合理使用各年龄段干部、加大干部交流力度等方面的政策措施，调动干部积极性。坚持德才兼备、以德为先用人标准，加强对干部德的考核，探索干部选拔任用提名制度，加大竞争性选拔干部力度，健全差额选拔干部办法，扩大干部工作信息公开，完善领导班子和领导干部考核评价指标体系，树立重视基层、注重实绩的选人用人导向，提高选人用人公信度。加大年轻干部培养选拔力度，注重培养选拔少数民族干部、党外干部和女干部。健全干部管理监督机制，严格要求和管理干部。认真落实人才优先发展战略，创新人才政策，积极面向经济发展主战场、面向产业、面向企业引才育才，形成培养引进一批人才、发展壮大一个产业、培育一个经济增长点的链式效应，充分发挥人才在经济社会发展中的引领和支撑作用。

（三）针对脱离群众的问题，着力增强党同人民群众的血肉联系

深入群众鱼得水，脱离群众树断根。针对当前少数党员干部群众观念淡漠、不会做群众工作、损害群众利益等问题，必须进一步改进新形势下的群众工作。深入开展群众观点、群众路线、群众利益、群众工作“四群教育”，组织实施党员干部深入基层、深入群众、深入实际“三深入”活动。建立干部直接联系群众制度，继续选派新农村建设工作队及指导员，每年从县以上机关选派五分之一的干部深入群众，通过领导蹲点、部门挂钩、干部结对、驻村入户、建立联系卡等形式，密切党群干群关系。坚持从群众最关心最直接最现实的利益问题入手，为群众办实事解难事。畅通群众利益诉求表达渠道，建立健全民情责任区、民情联席会议、工作巡视、信访接待等制度，注重在决策中体现和维护群众权益，正确反映和妥善处理不同方面群众的利益关系。加强对群众工作的监督检查，确保群众工作取得实效。

（四）针对基层基础薄弱的问题，着力加强党的基层组织和党员队伍建设

党的基层组织是党的全部工作和战斗力的基础。针对少数基层党组织功能不健全、一些党员发挥作用不明显的问题，组织实施“跨越发展先锋行动”，深化拓展“云岭先

锋”工程、边疆党建长廊建设，把基层党组织建设成为推动发展、服务群众、凝聚人心、促进和谐的坚强战斗堡垒。扎实开展创先争优活动，认真总结推广先进经验，形成创先争优长效机制。继续深入开展向杨善洲同志学习活动，引导党员干部把学习先进转化为推动发展的实际行动。突出抓好基层组织带头人队伍建设，提高基层干部应对突发事件、化解社会矛盾的能力。健全激励保障机制，充分调动基层干部的积极性。认真做好党员发展工作，强化党员教育管理，注重党员人文关怀。全面推进农村、机关、社区、国有企业、高校和非公有制经济组织、社会组织党的基层组织建设，整治软弱涣散的基层党组织，强化基层党组织动员群众、组织群众、引导群众、服务群众功能。充分运用网络信息技术，创新党建工作载体，完善为民服务体系，积极推进网络党建，推动基层党建工作向深度和广度拓展。

（五）针对制度落实不到位的问题，着力推进党的制度建设

制度具有根本性、全局性、稳定性、长期性。针对一些单位和部门制度挂在墙上、说在嘴上、落实不到行动上等问题，必须把制度建设贯穿党的建设始终。认真落实民主集中制，健全党委集体领导与常委分工负责相结合的制度，完善党委全委会、常委会议事规则和决策程序，重大决策、重要干部任免、重大项目安排和大额资金使用，必须由集体研究决定，决不允许个人或少数人独断专行。加强党委决策咨询工作，落实重大决策报告制度，健全决策失误纠错改正机制和责任追究制度。积极发展党内民主，完善党代表大会制度和党内选举制度，拓宽党员意见表达渠道，保障党员主体地位和民主权利，以党内民主推进人民民主。积极稳妥推进党务公开，健全党内信息公布制度和党委新闻发言人制度，探索党务公开新途径新方式，增强党务工作的公开性和透明度。加大对制度执行情况的监督检查力度，把制度内化为行为准则和自觉行动，形成尊重制度、服从制度、执行制度的良好氛围。

（六）针对消极腐败的问题，着力加强反腐倡廉建设

坚决惩治和预防腐败，关系到人心向背和党的生死存亡。必须针对当前一些领域消极腐败易发多发的问题，坚持标本兼治、综合治理、惩防并举、注重预防的方针，加快惩治和预防腐败体系建设，不断把党风廉政建设和反腐败斗争推向深入。坚持和完善反腐败领导体制和工作机制，全面落实责任制，举各方之力共同推进反腐倡廉建设。加强反腐倡廉宣传教育，把廉洁勤政理念渗透到党员干部日常工作和生活中。健全权力运行监控机制，加强对各级领导班子和党员干部特别是主要领导干部的监督，及时发现和解决苗头性、倾向性问题。积极探索从源头上防治腐败的有效机制，健全规范和制约权力运行的制度体系，铲除滋生腐败现象的土壤。加强对重点领域不正之风的专项治理，加大对案件的查处力度，严惩腐败分子。全省党员干部特别是领导干部必须做到自重、自省、自警、自励，带头讲党性、重品行、作表率，不断创造新业绩。

同志们！云南历史悠久、民风淳朴，千百年来创造了许多赶超跨越、勇攀高峰的骄人业绩，谱写了敢为人先、奋起直追的壮丽篇章。在推动科学发展、和谐发展、跨越发展的伟大征程中，全省各级党组织和广大党员，肩负着光荣而艰巨的历史使命，承载着各族人民的殷切期望。我们一定要继承和弘扬优良传统，树立高原情怀，倡导大山精神，坚韧不拔、勇往直前，创造无愧于时代、无愧于人民的新业绩。让我们紧密团结在以胡锦涛同志为总书记的党中央周围，以邓小平理论和“三个代表”重要思想为指导，

深入贯彻落实科学发展观，团结带领全省广大党员干部和各族人民，承前启后、继往开来，锐意进取、奋力赶超，为加快推进桥头堡建设，开启新征程，铸就新辉煌！

坚定信心　真抓实干　奋力推动科学发展和谐发展跨越发展迈出坚实步伐

——在中共云南省委九届二次全体会议上的报告

（2011年12月26日）

秦光荣

同志们：

这次全委会的主要任务是：深入贯彻落实党的十七届六中全会、中央经济工作会议和省第九次党代会精神，审议通过《中共云南省委关于贯彻落实党的十七届六中全会精神加快建设民族文化强省的意见》，总结今年工作，部署明年任务，动员全省广大党员干部和各族群众进一步解放思想、坚定信心、真抓实干，奋力推动科学发展和谐发展跨越发展迈出坚实步伐。

下面，我受省委常委会委托，向全委会作报告。

一、坚决落实中央重大决策部署，各项工作取得显著成效

今年以来，在党中央的坚强领导下，我们坚持以科学发展为主题，以加快转变经济发展方式为主线，紧紧围绕“两强一堡”战略目标，扎实做好强基础、调结构、稳物价、惠民生、促和谐各项工作，全力推进经济社会发展和党的建设。顺利召开了省第九次党代会，确定了今后5年的指导思想、奋斗目标和主要任务，选举产生了新一届省委和省纪委，开启了全省科学发展和谐发展跨越发展新征程，实现了“十二五”良好开局。一是经济保持平稳较快发展。继续大幅增加强农惠农投入，农业生产再获丰收，确保了主要农产品有效供给。积极扩大工业投资规模，实施工业重点项目“212”工程，积极推进节能减排，工业经济快速增长。促进旅游与文化、餐饮、娱乐健身等产业的融合，商贸流通、金融保险、信息咨询等现代服务业加快发展，消费需求持续走旺。预计今年全省生产总值完成8600亿元，增长13%左右；财政总收入完成2250亿元，增长24%左右。二是基础设施建设继续加快推进。坚持扩大投资规模与优化投资结构并举，努力拓宽融资渠道，一大批对结构调整和产业升级具有引领作用的大项目、好项目加快建设，全省固定资产投资预计突破7000亿元，增长27%左右。生物多样性保护、水污染综合治理、城乡环保基础设施等生态建设和环境保护工作不断加强。三是改革开放不断深化。抓住桥头堡建设这一重大历史机遇，与国家有关部委和企业签署了一大批共同推进桥头堡建设的战略合作协议，积极推进跨境、边境经济合作区建设和跨境贸易人民

币结算试点工作，对外合作继续深化，国内区域合作不断加强。预计全省外贸进出口总额完成154亿美元，增长15%左右。金融、财税、投资、科技、教育、文化、卫生等重点领域和关键环节的改革扎实推进。四是各族群众得到更多实惠。坚持富民强省、富民为先，全面加大保障和改善民生力度，预计农民人均纯收入达4600元，增长16%左右；城镇居民人均可支配收入达18000元，增长12%左右。促进重点群体就业，“贷免扶补”等创业就业政策深入落实，城镇新增就业24.7万人，新增转移农村劳动力110多万人。启动实施中长期教育改革和发展规划纲要，农村中小学校布局调整稳步推进。城乡居民养老保险参保率不断提高，医疗保障初步实现全覆盖。保障性住房建设力度明显加大。社会救助和保障标准与物价上涨挂钩联动机制不断健全。“兴边富民”工程、整村整乡推进试点、深度贫困群体和集中连片特殊困难地区扶贫开发成效明显。五是安定和谐的局面不断巩固。始终把稳定作为硬任务和第一责任，总结推广孟连县创新群众工作的经验和做法，基层基础工作进一步加强。坚决纠正损害群众利益的不正之风，高度重视食品药品安全，全力组织抗旱救灾，盈江等地区的抢险救灾和恢复重建工作扎实有效。平安云南建设深入推进，第三轮禁毒防艾人民战争全面启动，社会治安综合治理不断加强。六是党的建设全面推进。以纪念建党90周年、深入开展创先争优活动为契机，全面加强党的思想、组织、作风、制度和反腐倡廉建设。深入开展“学习杨善洲先进事迹、争做优秀共产党员”活动，激发了广大党员干部学先进、赶先进、创先进的内在动力。州市、县乡党委换届工作圆满完成。“云岭先锋”工程、边疆党建长廊建设深入推进，基层党组织的战斗力进一步提高。加快推进惩治和预防腐败体系建设，严肃查处了一批违纪违法案件。

实践证明，无论困难多么艰巨、挑战多么严峻、任务多么繁重，只要我们始终与党中央保持高度一致，创造性地贯彻落实中央决策部署，充分依靠全省广大党员干部和各族群众，真抓实干、克难奋进，就一定能把云南改革开放和现代化建设事业不断推向前进。

二、深入学习贯彻党的十七届六中全会精神，加快推进民族文化强省建设

党的十七届六中全会是在我国全面建设小康社会关键时期召开的一次重要会议。全会通过的《中共中央关于深化文化体制改革、推动社会主义文化大发展大繁荣若干重大问题的决定》，是当前和今后一个时期指导我国文化改革发展的纲领性文件。全会结束后，我们迅速传达学习，深入开展调查研究，在广泛征求各方面意见的基础上，起草了《中共云南省委关于贯彻落实党的十七届六中全会精神加快建设民族文化强省的意见》，提交这次全委会审议通过。这里，我着重强调六个方面的问题。

第一，必须突出社会主义核心价值体系建设，筑牢全省人民团结奋斗的共同思想道德基础。坚持把社会主义核心价值体系建设作为根本任务，深入开展中国特色社会主义理论体系宣传普及活动，推动当代马克思主义大众化，凝聚推动科学发展和谐发展跨越发展的精神力量。深入开展形势政策、国情省情、革命传统和改革开放教育，引导干部群众树立正确的世界观、人生观、价值观。

大力弘扬以爱国主义为核心的民族精神和以改革创新为核心的时代精神，树立和践行社会主义荣辱观，加强公民和未成年人思想道德建设，推进政务诚信、商务诚信、社

会诚信和司法公信建设，广泛开展群众性精神文明创建和志愿服务活动，深入推进重大典型和道德模范宣传。

第二，必须突出正确创作方向，推动文化精品力作不断涌现。全面贯彻“二为”方向和“双百”方针，不断推出思想性艺术性观赏性相统一的优秀文艺作品，为各族群众提供更好更多的精神食粮。实施哲学社会科学创新工程，巩固和发展马克思主义理论学科，推进哲学社会科学研究创新平台体系、重点研究基地和理论学术精品建设。加强和改进新闻舆论引导，加强重要新闻媒体特别是互联网等新兴媒体的建设、运用和管理，完善舆情分析研判制度、新闻发布制度和重大突发事件新闻报道机制，实施网络内容建设工程，加强网上思想文化阵地建设，发展健康向上的网络文化。深入实施文艺精品工程，把云南丰富深厚的历史文化、民族文化、生态文化、宗教文化、现代时尚文化、边屯文化资源转化为文化精品，保持和扩大云南文化创造活力持续迸发、精品力作不断涌现的繁荣局面。

第三，必须突出公共文化服务体系建设和完善，保障各族群众基本文化权益。加大公共文化产品和服务的供给力度，加快构建覆盖城乡、惠及各族群众的公共文化服务体系。加快建设重大标志性文化设施，把工作重点放到社区、农村、边疆民族地区，继续推进乡村综合文化站（室）、广播电视村村通、文化信息资源共享、农家书屋、农村电影放映等文化惠民重点工程建设。坚持建、管、用并重，创新公共文化管理运行机制和服务模式，开展国家和省级公共文化服务示范区创建活动，最大限度地发挥各类公共文化设施的社会效益。广泛开展群众性文化活动，打造社区、农村文化活动品牌，丰富群众精神文化生活。加大对重点文物、非物质文化遗产的保护，实现文化资源的可持续发展利用。

第四，必须突出文化支柱产业培育，增强文化综合实力和竞争力。实施大项目拉动、大集团牵动、大园区带动、大品牌驱动、大开放促动战略，扩大产业规模，提高发展质量。规划建设一批文化产业园区，培育壮大一批骨干文化企业，扶持发展一批特色文化产品，着力打造一批文化产业强市强州、特色文化产业县乡。加快调整文化产业结构，推动文化与旅游、科技深度融合，激发新的文化创意，打造特色文化品牌，催生新型文化业态。推动云南文化企业做大做强，形成若干资产和销售收入均超过百亿元、具有区域影响力的大型骨干文化企业。扶持发展一批民营文化骨干企业，提高民营文化企业在全省文化产业中的比重。构建现代文化市场体系，扩大文化消费，保持文化产业发展的强劲势头。

第五，必须突出文化改革开放，加快构建有利于文化科学发展的体制机制。深化文化体制改革，全面推进文化开放合作，最大限度地释放文化发展活力。继续推进文化管理体制改革，深化公益性文化事业单位改革，推进经营性文化单位转企改制，破除制约文化发展的体制机制障碍。加强我省与东南亚、南亚、西亚国家的文化交流合作，构建符合外宣发展规律、体现云南特色、与桥头堡战略地位相适应的大外宣格局。规划建设面向周边国家和地区的文化物流中心和文化博览基地，培育一批外向型骨干文化企业和具有国际竞争力的文化产品，鼓励在境外兴办文化实体，扩大文化商品出口在服务贸易中的比例。加强对周边国家的传播能力建设，支持主流媒体以独资、合资或合作方式在境外办报、办刊、办台、办网，提高云南文化的对外影响力。

第六，必须突出文化发展政策扶持，为文化大发展大繁荣提供有力保障。强化政策扶持措施，营造良好政策环境，为加快民族文化强省建设提供强有力保障。实施理论、新闻、出版、文学艺术“四个一批”人才工程和“文化名家工程”、“少数民族人才培养工程”，重视发现和培养扎根基层的乡土文化能人、民族民间文化传承人和文化活动积极分子，培养推出一批宣传文化领域的领军人物和少数民族优秀文化艺术人才。加大人才引进力度，打破地域和身份限制，吸引省外、国外优秀文化人才到云南创业，着力建设汇聚文化人才的高地。严格落实公共财政对文化投入的增长幅度高于财政经常性收入增幅的要求，各州市、县区要设立文化事业建设专项资金、文化产业发展专项资金、文艺精品创作扶持资金和农村文化建设专项资金，拓宽文化融资渠道，扩大文化建设的资金规模。落实税收优惠政策，完善金融支持政策。优先安排文化建设项目用地，依法简化文化企业用地审批程序。落实人员分流和社会保障政策，建立健全推进文化体制改革的社会保障政策体系。

三、认清形势、振奋精神，全力开创我省经济社会发展新局面

明年的发展形势不容乐观。世界经济形势总体仍将十分严峻复杂，经济复苏不稳定性不确定性上升，国际经济环境难以明显好转。我国经济增长存在下行压力，物价上涨压力仍然较大，部分企业生产经营困难加重，节能减排形势更趋严峻，缓解不平衡、不协调、不可持续的问题更为迫切、难度更大。我省转变经济发展方式、深化改革、扩大开放、加快发展、保障和改善民生的任务非常繁重。同时，我们更要看到，我国仍然处于发展的重要战略机遇期没有变，国家扶持西部地区发展力度逐步加大的态势没有变；我省处于加快推进“两强一堡”建设黄金期没有变，工业化城镇化加速推进的趋势没有变，广大干部群众加快发展的信心没有变。信心就是勇气，信心就是力量，信心就是未来。只要我们坚定信心、同心同德、不懈奋斗，就没有战胜不了的困难和挑战，就一定能够实现新的大发展。必须坚决把思想统一到中央对形势的分析判断上来，把行动统一到中央的各项决策部署上来，切实增强忧患意识，牢牢把握重大机遇，以更大的气魄和胆略、更加高昂的斗志和精神、更加务实的作风和举措，迎难而上、奋力拼搏，出新招、使实劲、破难题，在全省上下进一步形成以经济建设为中心的浓厚氛围，全力推动全省经济社会发展驶入快车道、实现新跨越。

做好明年工作，必须全面贯彻党的十七大和十七届三中、四中、五中、六中全会和中央经济工作会议精神，以邓小平理论和“三个代表”重要思想为指导，深入贯彻落实科学发展观，认真落实省第九次党代会精神，紧紧围绕建设“两强一堡”战略目标，加快转变经济发展方式和调整经济结构，以扩大投资消费、发展实体经济、推进城乡统筹、保障改善民生、深化改革开放、维护社会稳定为工作着力点，更加注重基础设施，更加注重产业培育，更加注重自主创新，更加注重生态环保，以特色经济、民营经济、园区经济、县域经济为抓手，加快新型工业化、城镇化和农业现代化进程，奋力推动科学发展和谐发展跨越发展迈出坚实步伐。明年经济社会发展的主要预期目标是：力争全省生产总值突破万亿元大关、增长12%以上，地方财政一般预算收入增长17%以上，全社会固定资产投资增长20%以上，城镇居民人均可支配收入实际增长12%以上，农民人均纯收入实际增长13%以上，居民消费价格涨幅控制在4%左右，城镇登记失业率控制在4.6%以内，单位生产总值能源消耗降低3.2%以上。

实现上述目标，必须把稳中求进、好中求快、变中求新作为明年工作的总要求。稳中求进，就是要在保持经济社会发展全局总体稳定的基础上，充分利用各种有利条件，推动转变经济发展方式取得新进展、深化改革开放取得新突破、改善民生取得新成效。好中求快，就是要坚持科学发展和谐发展跨越发展，在不断优化结构、提高质量效益的同时，千方百计加快发展步伐，努力实现全省经济社会又好又快发展。变中求新，就是要在加快转变经济发展方式、推进“两强一堡”建设的过程中，进一步解放思想、更新观念，着力创新发展思路、健全体制机制，善于用突破性的政策举措破解发展中的矛盾和问题，不断开创各项工作新局面。

（一）紧紧抓住发展实体经济、培育产业这个重中之重，着力在增强自主增长能力上实现新突破

培育壮大产业，就要大力发展实体经济。必须坚持把发展实体经济作为推动云南跨越发展的支撑，切实增强我省经济发展的内生动力和自主增长能力。要大幅提高产业投入占全社会投资的比重，积极争取并落实好国家差别化产业政策，落实省级领导联系产业制度，通过抓产业引项目、增投资、出速度，通过抓产业促就业、培财源、强实力，通过抓产业出政绩、出干部、出人才，通过抓产业创氛围、扩影响、树形象。一是大力发展高原特色农业。以基地建设和龙头企业培育为突破口，立足高原，突出特色，加快发展特色农业、设施农业、节水农业和外向型农业。继续实施“百亿公斤粮食增产计划”，启动大中小城市“菜篮子”和优质水稻、玉米、麦类基地建设。加快优化调整种养业结构，进一步打造优质烟叶、蔬菜、花卉、木本油料等特色种植业基地，培育生猪、肉牛、肉羊等畜牧业基地，力争5年内把畜牧业打造成2000亿元的大产业。进一步充实完善扶持政策，加大资金投入，明确扶持重点，培育一批高原特色农业的龙头企业。建立完善农业社会化服务体系，加快良种繁育、农业科技、农产品质量安全等农业服务体系建设。二是推动工业赶超发展、转型跨越。围绕工业三年倍增目标，实施工业跨越发展计划。推进重大工业项目建设，启动五年工业万亿投资行动计划，创新工业项目融资合作机制。进一步做大做强烟草、生物、矿产、电力、旅游等支柱产业，继续改造提升传统产业，推进钢铁企业兼并重组及生产力布局调整，加强锗、铟等稀贵金属开发秩序整顿与行业整合。加快培育石油化工、装备制造、新材料等一批优势产业集群。推进生物制药、林竹浆纸、纺织服装、食品饮料、家电日化等轻工业集聚发展。加快培育发展我省六大战略性新兴产业，注重扩大市场规模，推动技术突破，增强核心竞争力，确保战略性新兴产业销售收入占工业销售收入的比重每年提高一个百分点。把工业园区作为推进我省新型工业化的重要平台，制定和落实促进工业园区发展的相关政策，建立完善园区经营管理机制，适度超前谋划和建设一批标准厂房，促进工业园区加快发展。加快实施“央企入滇”战略，完善项目落实机制，重大“央企入滇”项目用地由省统筹安排，不占州市用地指标，力争明年再引进一批央企入滇合作发展。加强工业经济运行月度、季度分析研判，做好重点行业重点产品生产、销售、价格、库存等指标的监测分析，强化工业运行协调保障。加强重点技术改造项目建设步伐，强化企业技术创新能力建设，组织实施100项重点技术改造项目，着力突破制约产业、产品升级的关键核心技术。实施节能减排计划，加强重点领域节能减排和生态保护，逐步建立以先进企

业为标杆的节能减排标准体系。实施青山绿水和生态家园计划，继续深入推进“七彩云南保护行动”和“森林云南”建设，增加森林碳汇，推进绿色制造，推行清洁生产。三是加快发展以旅游为重点的服务业。坚持生产服务业与生活服务业并重、现代服务业与传统服务业并举，促进服务业发展提速、比重提高、水平提升。围绕建设国内一流、国际知名旅游目的地，加快推进休闲度假基地、民族文化旅游示范县和旅游小镇等重大项目建设。坚持“流通活省”，推进区域性城市、重点口岸物流节点建设，加强重点物流企业培育，大力发展第三方物流，推动传统物流企业转型升级。

（二）紧紧抓住扩大内需这个战略基点，着力在促进投资和消费良性互动上实现新突破

保持经济平稳较快发展，消费是基础，投资是关键。必须坚持积极扩大消费需求，促进投资和消费良性互动。一是千方百计扩大投资规模。围绕建设昆明区域性金融中心，加快推进昆明金融产业园区建设，启动实施金融倍增工程和金融产业创新工程。完善金融招商引资联动保障机制，积极争取各类金融机构支持桥头堡建设，保障在建续建项目信贷资金需求，进一步盘活信贷规模，保持信贷融资总量合理增长。加强新型投融资平台建设，强化资源资产化、资产资本化运作，加快发展股票、股权投资、债券融资和保险资金投资，促进产业资本与金融资本相融合，增强资本市场融资能力。积极开放投资领域，拓宽民间投资途径，优化民间投资环境，促进民间投资较快增长。二是着力优化投资结构。坚持有扶有控，加强项目储备、申报、审批和推介，有序推进“十二五”规划确定的重大项目开工建设。切实增强政府投资的引导作用，突出重点、加大力度，继续加强水利、交通、能源、市政等基础设施建设，支持科技创新、节能环保、战略性新兴产业项目，强化“三农”和民生投入，引导更多资金投向中小微型企业。加强对投资主体的引导和监管，严格执行投资项目准入和审核标准，加强重大投资项目的监管、督查，做好跟踪管理和绩效评价工作，防止盲目投资、产能过剩和“半拉子”工程，有效防范和及时化解金融风险，切实提高投资的质量和效益。三是积极扩大消费需求。完善促进城乡消费持续增长的政策，进一步增加政府支出用于改善和扩大消费的比重，改善城乡居民消费预期，增强消费能力。拓宽和开发消费领域，培育消费热点，鼓励创新消费产品，扩大消费信贷，积极发展网络购物等新兴消费业态，促进旅游休闲、文化娱乐、体育健身、家政养老等消费。四是努力改善消费环境。加快商贸流通基础设施、流通平台和流通网络建设，强化重要商品产运销衔接，提高流通效率，促进消费便利化。深入推进“万村千乡市场工程”，发展农产品进城、工业品下乡配送等服务。规范市场秩序，认真落实产品质量安全责任制，全面加强食品、药品等重点产品监管，严厉打击商业欺诈和制售假冒伪劣产品行为，切实维护消费者权益，让群众放心消费。

（三）紧紧抓住改革开放这个强大动力，着力在先行先试上实现新突破

桥头堡战略是我省深化改革开放的总抓手，体制机制改革先行先试是国家赋予我们推进桥头堡建设最可宝贵的政策财富。必须充分利用这一重大历史机遇，不断开创全省改革开放新局面。一是继续深化重点领域和关键环节改革。深入推进国有企业改革，支持重点企业做优做强。充分利用全国电力价格改革试点省机遇，积极推进电价改革试点。调整优化财政转移支付结构，增加一般性转移支付规模和比例，加强县级基本财力

保障。积极培育面向小型微型企业和“三农”的金融机构。深化行政审批制度改革，深入推进法治、责任、阳光和效能政府建设，努力提高政府执行力和公信力。继续积极稳妥地推进事业单位分类改革。二是大力发展非公有制经济。全面落实促进非公有制经济发展的各项政策措施，积极引进有实力的民营企业入滇，加大扶持力度，着力破除障碍，拓宽发展空间，加快提升非公有制经济比重。推进“中小企业成长工程”，更大程度地发挥民营经济在推动发展、促进就业上的重要作用。三是加快提升开放型经济水平。推动桥头堡建设部际联席会议更有效地发挥作用，建立健全省部（署）合作机制，深化与国内其他省（区、市）战略合作，落实相关合作协议，加强与东南亚、南亚合作。深入推进全国沿边开放试验区建设，大力推动与周边国家通路、通电、通商、通钱、通讯、通油、通气、通关，全面实现互联互通，加快建设综合保税区、边境经济合作区和跨境经济合作区。加快转变外贸发展方式，进一步扩大优势农产品和自主品牌、高技术、高附加值商品出口，积极扩大重要资源、先进技术设备和关键零部件进口，积极争取将南亚国家商品展更名为中国—南亚博览会，不断提升外贸规模和水平。以周边和发展中国家为重点，以有效防范境外投资风险为基础，以互利互惠、赢得当地百姓支持为保障，推动建立境外经济合作区，扩大能源、原材料、农业、基础设施等领域投资合作，着力打造西部地区实施“走出去”战略的先行区。四是全面加强招商引资。坚持规模、结构和质量并重，坚持与引进紧缺人才和先进技术相结合、与推动我省经济结构调整相促进，加快完善外来投资促进政策体系和服务平台。更加重视增强招商项目和服务环境的吸引力，切实加大引进国内外战略合作伙伴力度，引导外资更多地投向特色优势产业、高端制造业、高新技术产业、现代服务业和边疆民族贫困地区。

（四）紧紧抓住县域经济这个重要基石，着力在发展壮大县域经济实力上实现新突破

跨越发展的基础和支撑在县域，重点和难点在县域，潜力和希望也在县域。必须牢牢把握县域经济发展的新定位、新理念，探索县域经济发展的新举措、新途径，努力走出一条具有云南特色的县域经济差别竞争、超常突破、跨越发展新路子。一是加快转变县域经济发展方式。加快推进县域经济结构调整和产业转型升级，提高县域经济发展的质量和效益，促进经济效益、社会效益和生态效益相统一，在科学发展的基础上实现富民强县。二是大力培育县域产业。充分发挥县域资源和区位优势，从全省、全国乃至世界产业分工体系中明确产业定位，因地制宜地确定发展思路，宜农则农、宜工则工、宜商则商、宜旅则旅，大力发展特色经济、开放经济、园区经济，争取每县培育2至3个主导产业。三是推进县域经营主体民营化。把壮大民营经济作为县域经济发展的重要途径，推动县域经济发展由依靠政府为主，转向依靠市场为主，以启动民间资本为杠杆，以民间投资和消费为支点，撬动县域经济发展。四是改善县域经济发展条件。加快推进县域基础设施建设，通过纵横交错的交通、物流、通讯、信息等网络体系，连点成线、扩线覆面，形成贯通城乡的产业链、经济带。整治县域经济发展环境，大力营造依法依规的法制环境、公平公正的市场环境、重信守诺的诚信环境、细致周到的服务环境，为县域经济发展创造良好条件。五是推进政策创新。围绕推动县域经济发展明确政府职能定位，着力推进政府创新，按照“能放都放、责权统一”的原则，加快扩权强县步伐，最大限度激发县域经济发展的活力。财政投入要适度向发展县域经济、培植财源企业倾

斜。整合现有各类专项扶持资金，采取以奖代补、贴息补助等形式支持县域经济发展。强化分类指导，扶优扶强，充分发挥考核奖励对不同县域发展的导向作用，鼓励各县市区争先进位、赶超发展。六是改革干部考核评价机制。建立健全与县域经济发展相匹配的干部考核体系，把县域经济发展成效纳入省、市、县三级党政班子和主要领导考核评价体系，作为提拔任用干部的重要依据。

（五）紧紧抓住统筹城乡这个战略抓手，着力在推进特色城镇化上实现新突破

统筹城乡发展，关键在提升城镇辐射带动能力，重点在增强“三农”发展后劲，难点在确保进城农民安居乐业，出路在大力发展城镇经济。必须按照“守住红线、统筹城乡、城镇上山、农民进城”的总体要求，认真做好低山缓坡建设城镇试点工作，加快推进具有云南特色的城镇化进程。一是强化规划的引导作用。调整完善土地利用总体规划、林地保护利用规划，抓紧制定城镇近期建设规划，加快编制山地综合开发利用规划。健全城镇规划建设管理体制，促进各类规划有效衔接。二是促进大中小城市和小城镇协调发展。继续抓好昆明区域性国际城市、滇中城市经济圈和区域性中心城市建设。启动实施乡镇村庄农户搬迁上山、退出坝区试点。加强城乡基础设施建设，重点抓好210个特色小镇和30个重要工业园区的供水设施、污水和垃圾处理设施全覆盖，提升城镇综合承载能力。大力发展城乡基本公共服务，推动教育、文化、卫生、公租房、社会保障等公共服务资源向农村延伸，促进城乡基本公共服务均等化。三是构建城乡互补互惠的产业格局。把产业发展作为工农衔接、城乡对接的有效途径，大力发展劳动密集型产业和小型微型企业，推动城镇经济加快发展，切实发挥好城镇在发展产业、聚集资源、活跃市场、吸纳人口等方面的辐射带动作用。四是加快新农村建设。抓紧制定和完善新农村建设连片开发规划，推进产业连片开发、基础设施连片建设、村庄连片整治，改善农村生产生活条件。启动实施以水电路气房为重点的乡村改造工程，推动农村民居配套化、管理社区化。五是创新体制机制。细化和落实保护坝区耕地、鼓励建设项目“上坡进山”的配套政策措施，发挥好差别化耕地占补平衡政策的导向和激励作用，促进土地资源节约集约利用。探索建立政府主导、市场运作的城镇建设新路子，拓宽资金筹措渠道，发挥好财政资金引导作用。稳定和完善农村基本经营制度，加快推进农村产权制度、金融体制、土地经营权流转和流通体制、集体林权制度配套改革，不断增强农村发展活力。六是推动农民进城。以促进农民工特别是新生代农民工进城落户为突破口，全面放宽中小城镇落户条件，建立健全就业创业扶持、教育、住房、农村土地管理等机制，落实好进城农民“盖两床被子、穿十件衣服”的优惠政策，引导和鼓励符合条件的农业人口向城镇有序转移，确保明年实现120万农村人口在城镇落户。

（六）紧紧抓住提高城乡居民收入这个核心任务，着力在保障和改善民生上实现新突破

发展的根本目的就是造福群众。坚持从人民群众最期盼、最需要解决的事情做起，在民生大事要事上出实招见实效。一是启动实施居民收入倍增计划。突出农村居民、企业职工、困难群众等中低收入群体，在统筹平衡上着力，推动城乡居民收入普遍较快增长。落实企业工资指导线制度，推进工资集体协商机制，强化工资支付保障，促进企业职工工资稳步增长。提高低保补助水平，实现城乡低保标准、失业保险标准、企业最低工资标准和企业职工基本养老金增长高于城镇居民收入增长，确保低收入群众收入大幅

增长。加大强农惠农富农政策力度，继续推进农村劳动力转移就业特别行动计划，努力增加农民经营性收入、工资性收入、转移性收入和财产性收入。搞好物价调控，加强价格监督检查，使困难家庭不因物价上涨而降低生活水平。二是强化基本公共服务。加强就业服务体系建设，完善更加有利于促进就业的政策体系，深化拓展创业带动就业的模式与机制，创造更多就业岗位，保持就业形势总体平稳，保持“零就业家庭”动态清零。加强社会保障体系建设，推动社会保险扩面提标，实现新型农村社会养老保险、城镇居民社会养老保险制度全覆盖，落实各项救助机制，推进社会保障“一卡通”。加强现代教育体系建设，重点加强义务教育特别是农村义务教育，加快薄弱学校改造。因地制宜推进中小学区域布局结构调整和集中办学，统筹解决好集中办学后学校安全保障及学生食、住、行、营养餐等问题，坚决避免出现因管理不善造成的安全事故。加强基本医疗卫生体系建设，健全城乡基层医疗卫生服务网络，提高城镇居民医保和新农合补助标准，抓好国家基本药物制度的实施，加快推进公立医院改革。加强住房保障体系建设，继续加强房地产市场调控，落实保障性住房年度建设计划，统筹推进新开工和结转续建项目建设，确保工程质量，提高竣工率，强化分配管理。三是打好新一轮扶贫开发攻坚战。全面执行新的扶贫标准，科学编制重点片区扶贫规划，各级财政按照不低于地方财政一般预算收入增长比例增加扶贫投入，大力推进集中连片特困地区扶贫开发，深入实施兴边富民工程，对边境沿线守土固边困难群体实行专项补助，力争贫困地区农民人均纯收入增长高于全省平均水平。四是加强和创新社会管理。注重源头治理，深化综合治理，以深化平安创建为重要载体，从源头上预防和减少社会矛盾，坚决遏制重特大安全事故，切实解决好违法违规征地拆迁等损害群众利益的问题，营造和谐稳定的社会环境。

四、加强和改进党的建设，为完成各项任务提供坚强保证

贯彻落实好省第九次党代会精神，做好明年工作，关键在各级党组织。必须坚持以改革创新精神全面推进党的思想、组织、作风、制度和反腐倡廉建设，为推动改革发展稳定各项工作提供坚强保证。

第一，进一步加强理论武装，切实提高党员干部思想政治素质。坚持不懈地把理论武装工作摆在突出位置，坚持用中国特色社会主义理论体系武装头脑，加强理想信念教育，树立正确的世界观、权力观、事业观，不断提高思想政治素质和领导水平，更好地履行历史使命。切实加大干部教育培训力度，加强政策法规、业务知识、文化素养和工作技能培训，提高综合素养。始终不渝地推进思想解放，培养排难而上、敢闯敢试、不惧挫折、愈挫愈强的意志品格，提高理论联系实际的能力，把大胆探索的勇气和科学求实的精神结合起来，把认真吃透上情和准确把握下情结合起来，创造性地贯彻落实上级的政策和要求，形成鼓励探索、褒奖创新、宽容失误的浓厚氛围。

第二，深入推进干部人事制度改革，不断激发干部队伍活力。政治路线确定以后，干部就是决定因素。贯彻落实好中央的决策部署和省第九次党代会提出的目标任务，需要建设执行力强、创新力强、感召力强的各级领导班子，培养和造就一大批推动发展有激情、有招数、有能力、有贡献的高素质干部队伍。因此，必须千方百计走活干部这盘棋，进一步加大干部人事制度改革力度，推进干部政策创新，充分调动干部积极性。一

要树立鲜明的用人导向。用好一个干部，就是树立一面旗帜。必须着眼云南经济社会发展需要，切实破除思想观念、体制机制等方面的障碍，大力营造一个多选才、选好才、人才辈出的干部成长环境。要围绕推动云南实现科学发展和谐发展跨越发展来培养和使用干部，坚持德才兼备、以德为先，着力培养选拔那些政治坚定、敢于负责、真抓实干、清正廉洁，想干事、能干事、敢干事、会干事，在推动科学发展和谐发展跨越发展中实绩突出的干部，让“发展看实绩、进步靠实干”、“凭实绩论英雄、以发展用干部”蔚然成风。二要研究出台一批干部政策。针对各级各类干部的不同特点，进一步创新干部使用的政策和机制，使各级各类干部各尽所能、才尽其用。加大运用县域经济发展考核县委书记的力度，科学制定考核标准，对作出特别重大贡献的县（市、区）委书记，可以破格、越级提拔。在全国范围内公开选拔产业园区管委会负责人，从央企和发达省市引进一批熟悉园区经济发展、基础设施建设、工业经济和产业政策，能够引领产业发展、推进园区升级的高素质领军人才。三要大胆培养和提拔一批年轻干部。针对我省年轻干部源头培养不够、数量不足、竞争力不强的实际，切实把选拔任用年轻干部作为一项重要工程来抓，采取一些突破性的政策和举措，加大年轻干部培养选拔力度，使他们在最佳年龄段进入最佳任职期，着力打造一支堪当云南跨越发展重任的干部队伍。四要推进干部交流和交融。干部资源要活起来，关键一条就是要让干部队伍动起来。必须坚持海纳百川、五湖四海，推动干部内外交流，积极探索机关中层干部跨系统跨部门交流的有效途径和办法；推动干部上下交流，对那些长期在机关或基层工作的干部有目的地进行交流培养，做到干部到基层锻炼，人才从一线选拔；推动干部横向交流，有针对性地对干部进行地区间、部门间、岗位间的交流锻炼。通过交流促进交融，以交融推动发展。五要改革干部的考核评价办法。积极探索以能力和业绩为导向、面向社会的干部评价机制，建立健全由品德、知识、能力和业绩等要素构成的干部评价体系，坚持分类指导、各有侧重，突出岗位特点。通过用实绩考核干部，把一批真正为云南谋发展的干部选拔上来，引导干部把主要精力放到抓工作、促发展上，最大限度地调动干部的工作积极性和主观能动性。六要营造风清气正的干事氛围。严肃组织人事纪律，坚持公道正派，始终从讲政治、讲大局的高度来看待干部工作，以高度的政治责任感和历史使命感，把干部工作作为一项紧迫任务抓紧抓好。认真落实群众对选拔干部的知情权、参与权、选择权、监督权，扩大干部工作中的民主。建立健全管理干部责任制，对用人失察失误、疏于管理进行责任追究，坚决查处跑官要官、买官卖官、跑风漏气等干部选拔任用上的违纪违法行为，不断提高选人用人公信度，端正选拔干部风气。

第三，全面加强基层组织建设，不断提高基层党组织战斗力。认真落实县委书记抓基层党建的责任。做好我省出席党的十八大代表的推荐、遴选、考察、选举等工作。抓紧研究和组织实施“跨越发展先锋行动”计划。继续开展创先争优活动，着力在出经验、树典型、建机制、求实效上下功夫，抓好总结评比表彰工作。深入开展向杨善洲同志学习活动，引导各级党组织和广大党员干部把学习先进的热情转化为推动发展的实际行动。大力发展党内民主，推进基层组织党务公开。加强大学生村官队伍建设，继续做好新农村建设工作队员的选派工作，选好配强基层党组织领导班子，提高基层党组织带头人素质。统筹推进各领域基层党建工作，提升基层党组织和党员服务跨越发展的能力和水平。

第四，切实转变工作作风，不断密切党同人民群众的血肉联系。干部的作风是一面镜子，折射出党的形象，反映了党群干群关系。每个干部必须牢记职责和使命，始终做到谋事业、干事业，不辜负党和人民的信任。要以深入开展“四群”教育和实行干部直接联系群众制度为契机，进一步转变作风，大力推行党员干部深入实际、深入基层、深入群众，认真开展调查研究，积极为基层谋划发展思路，竭尽全力帮助群众解决困难，在与群众的朝夕相处中感知、感受、感觉、感想群众的酸甜苦辣，了解群众的诉求和疾苦，不断增进与群众的感情。坚定不移地推进反腐倡廉建设，严格执行党风廉政建设责任制。继续深化改革、健全制度，注重从源头上预防和解决腐败问题。加强对干部的日常管理和监督，严格要求和管理干部。强化对权力运行的监督制约，加大查办违纪违法案件的力度，严肃查处腐败案件。

同志们，做好明年的工作，在新的征程中推动云南科学发展和谐发展跨越发展，各级党组织和广大党员干部肩负着光荣而艰巨的使命。我们一定要紧密团结在以胡锦涛同志为总书记的党中央周围，高举中国特色社会主义伟大旗帜，深入贯彻落实科学发展观，团结带领全省各族干部群众，开拓进取，真抓实干，加快建设开放富裕文明幸福新云南，以优异成绩迎接党的十八大胜利召开！

云 南 省 政 协 篇

领导讲话文章

在省政协十届十三次常委会结束时的讲话

（2011 年 1 月 7 日）

王学仁

各位常委、同志们：

省政协十届十三次常委会今天就要结束了。这次会议听取了孔垂柱副省长关于省政协十届三次会议以来提案办理工作的情况通报，讨论了《政协云南省第十届委员会常务委员会工作报告》（草案）和《政协云南省第十届委员会常务委员会关于提案工作情况的报告》（草案），审议并通过了关于召开政协云南省第十届委员会第四次会议的决定以及会议议程、授权主席会议审定未尽事宜的决定等草案，通过了有关人事事项。会议期间，大家对两个《报告》（草案）认真讨论、积极发言，提出了许多很好的意见和建议，我们将采纳大家的意见并进行认真修改。这次会议各项议程的圆满完成，为召开政协云南省第十届委员会第四次会议创造了必要的条件。下面，我讲三点意见。

一、深入学习贯彻中共云南省委八届十次全委会精神，进一步统一思想认识、明确工作方向

中共云南省委八届十次全委会是在圆满完成“十一五”规划、即将实施“十二五”规划的关键时刻召开的。这次会议认真总结了我省去年及“十一五”时期取得的成就和经验，深入分析了当前国际国内经济形势，科学描绘了云南“十二五”发展的宏伟蓝图，明确提出了今年全省工作的主要任务。这是一次总结过去、谋划未来，统一思想、团结奋进的会议，对于动员全省各族人民积极投身全面建设小康社会伟大事业，确保我省经济社会发展在“十二五”开局之年开好头、起好步，具有十分重要的意义。深入学习好、贯彻落实好省委八届十次全委会精神，是当前和今后一个时期人民政协的重要任务。全省政协要组织广大政协委员、各界人士和机关干部认真传达学习，进一步认清形势、明确任务，增强信心、找准着力点，切实把思想和行动统一到中央和省委的决策部署上来，充分发挥政协优势，认真履行职能，积极为“十二五”规划的实施献计出力。

一是要充分肯定“十一五”取得的巨大成就，进一步振奋精神、坚定信心。“十一五”以来，在以胡锦涛同志为总书记的党中央正确领导下，中共云南省委团结带领全省各族干部群众，围绕建设绿色经济强省、民族文化强省和中国连接东南亚、南亚国际大通道三大目标，深入实施可持续发展、科教兴滇、城镇化和全方位开放战略，在应对各种新情况和新问题中，开启了我省科学发展的新时代，增强了云南经济社会发展的新优势，出色地完成了“十一五”经济社会发展各项目标任务，为“十二五”乃至更长一个时期加快发展奠定了坚实的基础。在“十一五”期间，省政协自觉服务云南改革发展稳定的大局，广泛团结广大政协委员和各族各界人士，抓住关系云南经济社会发展的重大问题开展协商议政，围绕重大民生问题进行深入调研，积极在统一战线内部营造民主协商、团结和谐的良好氛围，最广泛地调动一切积极因素，推动科学发展、促进社会和谐、增进民族团结、维护边疆安宁，人民政协事业不断开创出新局面。

二是要认清形势明确任务，进一步增强履职的责任感和使命感。“十一五”时期，我省经济社会发展取得了显著的成就。但发展不充分、发展不平衡、发展不协调、发展不可持续的问题仍然突出，发展的环境和条件还会继续发生新的变化。但我们仍然处于加快发展的重要战略机遇期，新一轮西部大开发战略的深入实施、桥头堡建设的大力推进、国内外经济结构的深刻调整、全省巨大的内需潜力、改革开放以来特别是近十年来奠定的坚实基础等有利条件和内在优势，有利于我们把经济平稳较快发展的形势长期保持下去。省委认为“十二五”时期是加快转变经济发展方式的攻坚期，是加快建设“两强一堡”的黄金期，是全面建设小康社会的关键期。我省政协组织要进一步强化政治意识、大局意识和责任意识，切实肩负起自己神圣的职责和光荣的使命，坚持围绕核心、服务大局、关注民生、认真履职，努力为推动云南科学发展再上新台阶作出新的更大贡献。

三是准确把握奋斗目标，进一步服务好全省工作大局。在“十二五”新的发展阶段，省委提出要紧紧围绕建设绿色经济强省、民族文化强省和中国面向西南开放的桥头堡战略目标，以科学发展为主题，以加快转变经济发展方式为主线，坚持推进农业产业化、新型工业化、城镇化和教育现代化，加快改革创新，加大开放步伐，加强统筹协调，不断推进富裕民主文明开放和谐云南建设迈上新台阶。在今后的工作中，我们必须牢牢把握省委的决策部署，紧紧围绕进一步增强综合经济实力；提高统筹城乡、区域、经济社会发展水平；增强发展活力；拓展发展空间；推进文化大发展大繁荣；加强生态文明建设；巩固民族团结、社会和谐的良好局面；保障和改善民生，这八个关系全省经济社会发展全局的重大问题，充分发挥人民政协人才荟萃、智力密集的优势，深入开展调查研究，积极反映社情民意，广泛进行协商议政，努力为党委、政府科学决策和推动工作提供依据和参考。今年是实施“十二五”规划的第一年，做好今年的工作对“十二五”开好局、起好步至关重要。在谋划省政协今年的工作计划中，要突出重点，找准切入点和结合点，集中研究推动科学发展、加快转变经济发展方式中的重大问题，自觉在更高层次、更重要领域和更关键环节上谋大思路、出大主意。

二、认真学习和把握“十二五”规划《建议》，积极为协商讨论“十二五”规划纲要做好准备

省委八届十次全委会审议通过的《中共云南省委关于制定国民经济和社会发展第十二个五年规划的建议》，全面贯彻了中央关于“十二五”时期发展的指导思想、战略部署和目标任务，充分体现了科学发展这一主题和加快转变经济发展方式这一主线，顺

应了全省广大干部群众加快发展的愿望和过上更好生活的期待，适应了国际国内形势的新变化和我省经济社会发展的新情况，反映了广大政协委员和各族各界群众的意见和要求，是一个全面贯彻中央精神、充分代表群众意愿、完全符合云南实际、鲜明体现时代特征的规划建议。根据省委的“十二五”规划《建议》，省政府正在编制我省“十二五”规划纲要。在即将召开的省政协十届四次会议上，我们要对这个规划纲要进行协商讨论。为切实把这个纲要协商好、讨论好，我们要注重从以下四个方面准确把握省委的战略考虑和总体思路。

一要深刻认识“十二五”发展的战略意义。省委认为“十二五”时期是我省全面贯彻落实科学发展观和全面建设小康社会建设的关键时期，提出要通过推进“十二五”发展，使云南丰富的资源优势、优越的区位条件、多年积累的基础条件以及各族人民加快发展的激情和干劲迸发出巨大的活力，推动全省经济社会更好更快地发展。省委之所以这样定位我省“十二五”发展的战略意义，主要是考虑到国际国内的发展趋势和条件，考虑到我省经济社会发展中的突出矛盾与问题，考虑到各方面的发展热情，考虑到我们的现实基础以及可能的风险和挑战。省委对于“十二五”发展的这种战略考虑，有利于在“十二五”规划纲要的编制和实施中，既积极进取、振奋人心，又科学务实、稳妥可靠；既注重满足人民群众日益增长的物质文化需要，又能够切合实际、量力而行；既有高昂的热情又保持清醒的头脑，不动摇、不懈怠、不折腾。

二要深刻认识“十二五”发展的主题和主线。以科学发展为主题、以加快转变经济发展方式为主线，是“十二五”规划《建议》的鲜明特点。坚持发展是硬道理的本质要求就是坚持科学发展，推动科学发展的重大举措就是加快转变经济发展方式。现阶段，我省坚持“主题”就是要更加注重提升经济发展质量和效益、更加注重自主创新和结构调整、更加注重生态建设和环境保护、更加注重社会发展和民生改善、更加注重城乡统筹和优化区域经济布局、更加注重体制机制创新和全方位改革开放；贯穿“主线”就是要着力解决需求结构失衡、供给结构不协调、要素利用效率低、环境损害大、产业布局和空间布局不够合理等突出问题，着力提升我省国民经济整体素质和抗风险能力。

三要深刻认识“十二五”发展的目标任务。省委按照全面建设小康社会的总体部署，积极回应广大人民群众对发展的关切和期望，既着眼于五年、又考虑到长远，立足于推动经济社会更好更快发展、“两强一堡”建设取得重大进展，提出了经济发展、结构调整、社会建设、人民生活水平、资源节约型和生态友好型社会建设、对外开放六个方面迈上新台阶的奋斗目标。这些目标任务，贯彻了中央要求与云南实际相结合的精神，体现了长期目标与短期目标的衔接，注重了科学发展与加快发展的统一，实现了经济社会发展与民生改善的协调，反映了人与自然的和谐，是顺应时代发展潮流的现实选择，是经过艰苦奋斗可以顺利实现的美好前景。

四要深刻认识“十二五”发展的重大举措。省委立足现阶段实际，着眼于解决事关我省发展的全局性、战略性、关键性问题，从加快发展现代农业、大力推进新型工业化、进一步搞活流通和扩大消费、促进区域协调发展、着力完善基础设施、增强自主创新能力、加快民族文化强省建设、高度重视生态建设和资源节约、加强防灾减灾体系建设、全力保障和改善民生、扩大对内对外开放、深化重要领域和关键环节改革这 12 个方面，提出了一系列的重大举措。这些举措体现了十七届五中全会提出的“五个坚持”的基本要求，是科学发展这个主题和加快转变经济发展方式这条主线在工作部署中的具体化。抓住了这些重大举措，就把握住了“十二五”发展的关键；落实好这些重大举措，就能够为建设富裕民主文明开放和谐云南和全面小康社会奠定坚实的基础。

总之，省委“十二五”规划《建议》的内容非常丰富、含义非常深刻，体现了中央一系列的重大决策部署，概括了我省近年来在实践中的新探索新创造。我们要认真学习、深刻领会，在准确把握省委对“十二五”发展的战略考虑和总体部署的基础上，深入开展调查研究，找准改革发展中最需要解决、人民群众最关心的问题，积极提炼履职成果，认真准备在省政协十届四次会议上的发言材料，争取在会议期间的有关协商讨论中，多方位、多角度、多层次地提出真知灼见，努力为谋划和实施好云南“十二五”发展蓝图贡献智慧、奉献力量。

三、扎实做好各项工作，确保省政协四次全会的顺利召开

这次会议确定省政协十届四次会议在本月19至24日召开，现在已经到了会议的最后准备阶段。这次会议不仅要总结省政协去年的工作情况、部署省政协今年的工作重点，更重要的是要协商讨论全省“十二五”规划《纲要》，这直接关系到云南今后五年的长远发展。希望参加会议筹备工作的每一个同志充分认识开好十届四次会议的重要性，高度重视，精心安排，认真组织，加强协作，主动配合，狠抓工作落实，大事要认真，小事不马虎，高质量、高水平、高效率地完成大会的各项筹备任务。要抓紧修改好会议的有关文件，特别是要修改好常委会工作报告。这次常委会上，大家对《常委会工作报告》和《常委会关于提案工作情况的报告》进行了认真的讨论，提出了许多很好的修改意见，起草班子的同志要充分吸纳、认真修改，努力使这两个报告充分体现去年省政协工作的亮点与特色、充分反映今年全省经济社会发展的大局和省政协工作的思路和重点。在大会召开期间，各工作组要在大会秘书组的领导下，紧紧围绕会议的各项议程，切实加强协调配合，注意做好各次会议和活动的衔接，做到各个环节不出差错、运转顺畅，周到细致地完成好会议的各项服务工作，确保省政协十届四次会议圆满成功。

各位常委、同志们，刚刚过去的2010年是不平凡的一年。一年来，在省委的领导和省政府的支持下，在政协各参加单位、全省各级政协组织和各有关方面的积极支持配合下，通过广大委员的共同努力，省政协以科学发展观为指导，按照省委对政协工作的部署要求，坚持围绕中心、服务大局、凝聚人心、服务群众，紧紧围绕我省制订“十二五”发展规划和经济社会发展中的重大问题以及人民群众普遍关注的热点问题，深入调查研究，积极建言献策，做了大量卓有成效的工作，取得了丰硕的成果。各位常委为此付出了辛勤的劳动，奉献了智慧和心血。在此，我代表主席会议的全体同志向大家表示衷心的感谢。希望大家在新的一年里，继续加强学习和研究，时刻关注大局，全力推动发展，密切联系群众，积极服务社会，严格要求自己，珍惜政治荣誉，不断提高履行职责的能力和素质，努力在省政协各项工作中作出新的更大的贡献。

在政协云南省委员会十届三次会议优秀提案表彰会上的讲话

（2011年1月18日）

陈勋儒

各位委员：

今天，我们在这里召开优秀提案表彰大会，对省政协十届三次会议51件优秀提案进行表彰，让我们以热烈的掌声，向认真履行政协职能，积极建言献策，为推动我省“两强一堡”建设、促进民生改善、维护边疆稳定的省政协委员和提案单位表示热烈的祝贺和诚挚的感谢！

提案工作是人民政协具有全局意义的工作，是推进社会主义民主政治建设的重要方面。随着政协提案领域的不断拓展，提案工作的不断创新，办理成效的不断提高，着眼于关注民生，服务大局的政协提案工作，越来越受到人民群众的关注和党委政府的重视。省政协十届三次会议期间，广大政协委员和政协各参加单位，紧紧围绕中共云南省委、省人民政府的中心工作和人民群众普遍关注的问题，切实履行职能，深入调查研究，积极建言献策，提出的大量高质量提案，在促进全省经济社会又好又快发展、构建富裕民主文明开放和谐云南的进程中发挥了重要作用。

提案之所以通过反复遴选被评为优秀，主要表现在两个方面，一是提案本身的质量高，二是办理的效果好。二者相辅相成、缺一不可。一件高质量提案的价值在于其建议可行、针对性强，通过办理能够带来极佳的社会、经济效益。优秀提案的产生既凝聚着政协委员和提案单位的大量心血，更离不开各承办单位在办理过程中付出的艰辛劳动。如八个民主党派省委、省工商联、省侨联联合提出的《关于进一步加强我省节能减排工作的建议——“七彩云南保护行动”系列联合提案》，从调研、撰写、论证到提交就历时三个月时间。提案质量归根结底要体现在办理实效上，建议具体、可操作性强的提案必定会引起办理部门的重视，就能取得很好的办理效果。如提案《关于改善云南省金融服务中网点缺失问题的建议》切中了新农村建设的要害，引起了省政府的高度重视，通过认真办理促成了《关于切实解决农村金融服务缺失问题的实施意见》的出台，省政府计划用两年时间在金融服务缺失的122个乡镇实现金融服务全覆盖。

同志们，全国政协第六次提案工作座谈会、省委政协工作会议为加强人民政协工作，改进政协提案工作提出了更高的要求。政协委员使命光荣、责任重大。希望广大政协委员和政协各参加单位要以小平理论和“三个代表”重要思想为指导，全面落实科学发展观，不断适应新形势、探索新思路、创造新经验，以高质量提案切实履行好人民政协的参政议政职能，不断开创政协提案工作新局面。下面，我就进一步做好提案工作讲几点意见：

一要着眼形势，提高认识。贾庆林主席在全国政协提案工作第六次座谈会上特别强调，新形势下的政协提案工作必须恪守服务大局的科学原则，着力服务于科学发展，要以质量为导向，不断提高提案工作实效健全协调配合的科学机制，弘扬与时俱进的科学精神，扎实推进提案工作创新。省政协学仁主席说，做好提案工作既是贯彻落实科学发展观的需要，又是人民政协履行职能的需要，必须增强全局意识和质量意识，重点调研、深入研究，把提案做深、做实、做出特色，做到既提高办理实效，又推动政府工作。我们要充分认识人民政协在构建社会主义和谐社会中协调关系、汇集力量、建言献策、服务大局的重要作用，切实履行好政协职能。政协委员、各民主党派、有关人民团体和政协各专门委员会是提案工作的主体，肩负着通过提案反映民意、集中民智、为国家经济社会发展建言献策的使命，要按照政协章程和云南省政协提案工作条例的要求，进一步增强责任意识，通过建言献策履行好职能。

二要围绕中心，出谋划策。提案质量是提案的生命。要充分发挥人民政协的参政议政职能，就必须把提高提案质量作为基础工作来抓。政协提案要牢固树立精品意识，紧紧围绕科学发展这个第一要务，着眼省情，立足于围绕中心、参与国是、顺应时事、关注民生、研究大事、致力发展，重点反映全省改革发展中的全局性、前瞻性和战略性问题。党派团体和省政协各专委会提出的集体提案，质量都很高，要继续发挥好各自的优势，及时将调研、视察成果上升为高质量集体提案，推进提案质量的整体提高。要紧紧围绕我省“两强一堡”建设的要求，结合本省小康社会、和谐社会和新农村建设实际，坚持以人为本，倾听群众呼声，关心群众疾苦，围绕群众普遍关心的民生问题开展调查研究，抓住问题的关键和要害，确保提案问题准、观点明、对策实，促进实现全体人民学有所教、劳有所得、病有所医、老有所养、住有所居，推动形成社会和谐人人有责、和谐社会人人共享的生动局面。

三要加强研究，创新方法。创新是做好提案工作的关键。要坚持用科学发展观统领政协提案工作，积极探索提案工作发展的内在规律，努力开创提案工作新局面。要以新的思路、新的方法、新的机制，努力提高提案质量、办理质量。近年来，八个民主党派省委和省工商联联合提出的系列提案，着眼民生热点问题联合提案，使提案在内容、形式和规模上更有高度，加之省政协主要领导一直亲自参与调研和督办，每年的系列提案都引起了办理单位的高度重视，确保了办理效果。运用媒体向社会征集提案线索、发函向承办单位征求提案线索的做法很好，有助于开阔提案视野，拓展建言范畴，应当继续坚持并不断创新。广泛深入地进行良性互动，是提案得到高效办理的根本保证，提案面商不能只局限于提办双方，应该赋予更多新意，要积极探索委员、承办单位、督办单位三位一体的互动模式，必要时可将提案所涉及领域的专家和普通群众吸纳到面商中来，多渠道听取提案办理的意见和建议，让各阶层、多层次的群体关注提案工作，点评提案办理效果。

四要立足需求，做好服务。要结合提案工作涉及面广，政治性、政策性强的特点，着眼于新形势和新任务，不断强化服务意识，拓宽服务领域，积极改进工作方法，切实提高服务效能，努力把为提案者和承办单位提供优质服务贯穿于提案工作全过程。提案要得到高效办理，离不开多方的良性互动，而这种互动必须依靠周到细致的提案服务工作来连接和促成。提案服务部门要充分发挥好协调各方、联系内外的桥梁、纽带作用，积极为委员撰写提案提供更好的知情服务。要高度重视与党派团体的联络协调，搞好重点提案在选题、调研和办理中的服务保障工作。进一步加强“提”“办”双方的协调，及时向党政部门反馈提案者对办理工作的意见建议。省政协提案网络建设已日臻成熟，但在优化服务上还需要进一步研究和探索，提案工作网络化和信息化建设的不断推进，将为提案提交和办理创造更加便利的条件，使提案工作逐步实现资源化、传输网络化和管理科学化。

各位委员，全国政协提案工作座谈会和省委政协工作会议，对政协提案工作提出了新的要求，我们要深入贯彻落实科学发展观，为我省“两强一堡”建设多建睿智直言，多献务实之策，为建设富裕民主文明开放和谐云南作出应有的贡献。

立足新起点　致力新作为
努力为实现“十二五”宏伟目标作出新贡献

——在政协云南省第十届委员会第四次会议闭幕会上的讲话

（2011 年 1 月 24 日）

王学仁

各位委员、同志们：

中国人民政治协商会议云南省第十届委员会第四次会议，已经圆满完成了各项议程，今天就要闭幕了。在本次会议上，各位委员审议了政协云南省第十届委员会常务委员会工作报告和政协云南省第十届委员会常务委员会关于提案工作情况的报告，列席了省十一届人大四次会议，协商讨论了省政府工作报告、我省“十二五”规划纲要、“两院”报告和其他重要报告，审议通过了大会的有关决议。省委、省政府高度重视这次会议，白恩培书记、秦光荣省长、李纪恒副书记等省委、省政府领导同志参加界别联组讨论，听取大会发言，和委员们一起共绘“十二五”美好蓝图、共商科学发展大计。各位委员以高度的政治责任感和饱满的履职热情，紧紧围绕全省工作大局和人民群众关心的热点难点问题，认真参政议政，积极建言献策，提出了许多好的意见和建议，充分体现了人民政协这一政治组织和民主形式的独特优势，充分展示了广大政协委员致力科学发展、情系民生改善的精神风貌。这次会议始终充满着团结民主、求真务实的气氛，是一次总结过去、谋划未来，统一思想、催人奋进的大会。

刚刚过去的“十一五”时期，是极不平凡的五年。在以胡锦涛同志为总书记的党中央正确领导下，中共云南省委团结带领全省各族干部群众，深入贯彻落实科学发展观，改革创新、扎实工作，在应对各种新情况和新问题中，开启了我省科学发展的新时代，增强了云南经济社会发展的新优势，为“十二五”乃至更长一个时期加快发展奠定了坚实的基础。在“十一五”期间，省政协自觉服务云南改革发展稳定的大局，广泛团结广大政协委员和各族各界人士，抓住关系云南经济社会发展的重大问题开展协商议政，围绕群众关心的热点难点问题进行调研视察，努力推动科学发展、促进社会和谐，人民政协事业不断开创出新局面。现在，我们站在了“十二五”新的起点上。这是加快转变经济发展方式的攻坚期，是加快建设“两强一堡”的黄金期，是全面建设小康社会的关键期。面对着新的形势和任务，我们要自觉肩负起人民政协神圣的职责和光荣的使命，进一步强化政治意识、大局意识和服务意识，着眼于推动科学发展，着力于“十二五”战略目标的顺利实现，以更加坚定的信念、更加振奋的精神和更加扎实的工作，努力在促进发展上有新成效、在凝心聚力上有新作为、在协商监督上有新突破、在建言献策上有新提高，在不断推进富裕民主文明开放和谐云南建设的伟大实践中，创造新业绩、作出新贡献。

一要坚决维护核心，高举伟大旗帜不动摇。始终不渝地用中国特色社会主义伟大旗帜来统一思想、坚定信念、凝聚人心，不断筑牢参加政协的各党派团体、各族各界人士团结奋斗的共同思想基础，促进不同党派、不同信仰、不同民族、不同界别的群众在中国共产党的领导下，为推进中国特色社会主义伟大事业而共同奋斗。自觉维护党的领导核心地位，积极在党委总揽全局、协调各方的工作格局中明确职责、找准位置，坚持与党委在思想上同心、工作上同步，努力使政协履行职能的各项活动有利于巩固党的领导、实现党的政策主张。

二要紧紧围绕中心，推动科学发展不懈怠。始终把握实现“两强一堡”这一战略目标，牢牢抓住科学发展这一主题，突出加快转变经济发展方式这一主线，切实把开展工作的立足点放在推进我省“十二五”发展目标的实现上，把议政建言的重点放在促进事关发展全局的重大问题的解决上，把协商监督的着力点放在推动“十二五”规划提出的主要任务和重大举措的落实上，议推动科学发展的大事，谋促进转变发展方式的大计，努力为推进科学发展、和谐发展与可持续发展，建睿智之言、献务实之策。

三要努力凝聚人心，促进和谐稳定不放松。始终坚持人民政协为人民，自觉站在最广大人民群众的立场上说话办事，高度关注群众最直接最现实的利益问题，多建反映民情的真言，多献改善民生的良策，多办顺应民意的实事，尽心尽力协助党委和政府做好新形势下的群众工作。进一步把增进团结、维护稳定放在政协工作的突出位置，充分发挥人民政协广泛代表性和巨大包容性的优势，努力把参加政协的各党派团体、各族各界人士的思想认识统一到中央和省委的决策部署上来，把大家的智慧力量凝聚到“十二五”的发展蓝图上来，万众一心、团结一致开创我省科学发展新局面。

各位委员、同志们，省政协过去五年的工作已经融入云南“十一五”的辉煌成就之中，人民政协事业更加美好的前景正等待着我们去创造。我们要牢记人民的期望和社会的重托，充分认识肩负的责任，主动适应形势任务的新变化、顺应经济社会发展的新要求、回应人民群众的新期盼，进一步加强学习、注重实践，不断提高政治把握能力、参政议政能力、合作共事能力，深入实际、走向基层，带着感情去倾听群众的呼声，带着责任去关心群众的疾苦，珍惜政治荣誉，热爱政协工作，胸怀全局，立足本职，努力推动科学发展、促进社会和谐，积极为人民政协事业贡献智慧和力量。

各位委员、同志们，今年是“十二五”的开局之年，是云南发展进程中承前启后、继往开来的重要一年。做好今年的工作，既关系当前，又影响长远，意义十分重大。让我们更加紧密地团结在以胡锦涛同志为总书记的党中央周围，在中共云南省委的领导下，坚定信心、同心同德，充分发挥独特优势，认真履行各项职能，努力以促进经济社会科学发展的新成绩、推动中国共产党领导的多党合作和政治协商制度不断巩固发展的新成效，迎接中国共产党成立90周年。

服务科学发展 提高办理实效

——在省政协2011年提案交办会上的讲话

（2011年2月21日）

陈勋儒

同志们：

省政协决定今天召开十届四次会议提案交办会，我代表省政协向前来参加会议的提案承办单位的同志表示热烈欢迎！省政协十届四次会议共收到提案材料625件，经审查立案608件。这些提案是政协委员和参加单位在认真调研、深入思考、反复论证的基础上提出的，既凝聚了他们的大量心血，又体现了他们的参政议政热情。

提案工作是人民政协履行职能的一项历史悠久、运作规范、效果显著的基础性、全局性、经常性工作，是党委政府重视、支持，人民群众关注、认可的具有政协特色的工作，在推进社会主义民主政治建设，促进决策民主化、科学化，实现经济社会又好又快发展中发挥着不可替代的重要作用。人民政协的提案是保障人民知情权、表达权、参与权、监督权的重要形式，也是发挥好中国共产党领导的多党合作和政治协商制度在政治参与、利益表达、社会整合、民主监督和维护稳定等功能的具体体现。办理好提案是提高提案工作科学化水平的关键，各承办单位一定要从加强党的领导，巩固党的执政地位，提高党的执政能力和执政水平的高度认真做好提案办理工作，切实提高办理实效。下面，我就如何做好提案办理工作和提案服务工作讲三点意见：

一、要做学习型提案办理者

各办理单位要研究新形势下提案办理工作的特点和规律，牢固树立服务意识，增强办好提案的责任感和使命感。办理人员要认真向提案者学习，要把学习作为一种工作状态和生活责任，把学习作为做好提案办理工作的基础，准确了解提案者的初衷，了解世情、国情、省情和各项工作的具体情况，学习法律法规、多党合作、政治协商和提案工作的有关政策，对提案做出准确判断，结合各自工作实际对提案提出的意见建议认真采纳落实，把办理作为为政治协商制度服务的重要工作，作为广纳群言、集中民智、为民服务的过程。把办理作为改进工作作风、促进工作、实现科学发展的重要手段，把办理作为党和政府为民服务的具体体现，把办理落实作为推进统一战线，实现社会和谐稳定和促进经济平稳较快发展的重要工作。

二、要做学习型提案服务者

提案工作者要认真学习提案，准确了解提案者提出提案的目的和用意，通过学习才能将提案人的想法准确传达到办理者，要明确怎样办理才能取得实效，要认真为提案提出者和办理者做好服务，要学习有关法律法规和政策，熟悉各部门分工情况，对办理及时推进、认真督办，为提高办理实效做好服务。要学习提案工作条例，特别重视重点提案的办理调研，调研学习的过程就是了解情况、总结经验、发现不足、明确解决或推进工作的办法意见的过程；既是政治协商，又是民主监督的过程，也是参政议政的过程，更是促进工作落实的过程；是向群众学习、向实际学习、向基层学习，也是向提案者学习的过程。多学习，勤学习，善学习是提案者、提案服务者和办理者都应做好的基础工作，也是建设学习型组织，提高提案工作科学化水平的重要基础。

三、今年的提案办理中应注意的几个问题

一是提案的改退办问题。尽管每年全会期间提案组都要抽调一些主要提案承办单位的工作人员进行审查把关，但仍有10%左右的提案在交办会后更改承办单位。今年，为确保提案交办的准确性，提案组在全会期间对承办单位的确定进行了严格把关，提案委员会在全会后又进行了复核，还邀请部分提案承办大户对本单位承办提案进行了确认，应该说交办的准确性明显提高，交办会后各单位如果确有需要更改承办单位的提案，请于交办时现场提出更改意见，视情况协调后进行更改。此后如需更改承办单位的请与相对应的省委督查室、省政府办公厅议案处提出并协调，更改意见送提案委员会备案并办理相应的变更手续。

二是提案分类和提案办理结果分类问题。为了适应新形势下提案工作需要，省政协结合本省提案工作实际，借鉴省外政协做法，对提案和提案办理结果重新进行了分类。提案分类由以前的计划工交、科教文卫体、财贸金融、党群政法、农林水气五类重新划分为经济建设、教科文卫体、政法社会保障三类；提案办理结果分类由以前的A、B、C、D四类重新划分为A、B、C三类，请在提案办理中参照省政协下发的《政协云南省委员会关于提案分类和提案办理结果分类的办法》执行。

三是我们主张提办双方要形成良性互动，希望在今年的提案办理中提办双方能够开展相互评议，提案者与承办单位就提案质量和办理质量进行实事求是、客观公正的双向评议，同时与社会公众进行互动，使提案工作接受社会监督，扩大社会影响。通过良性互动，彼此监督，促进提案质量提高，促进办理落实。这个问题请提案委研究，选取几个提案为试点，目的是促进提案工作质量提高。

最后，我代表省政协向各办理单位表示衷心感谢！

在政协云南省第十届委员会经济委员会第四次全体委员会议上的讲话

（2011 年 3 月 18 日）

王学智

各位委员、同志们：

在全国两会刚刚胜利闭幕之际，今天我们在这里召开政协云南省第十届委员会经济委员会第四次全体委员会议，对去年工作进行总结，对今年工作进行部署，会议开得很及时也很重要。首先，我代表省政协、代表学仁主席、国忠常务副主席及各位副主席向出席会议的各位委员和同志们致以亲切的问候，向对这次会议给予大力支持的省工商局表示衷心的感谢！刚才，先明副主任传达了全国“两会”精神；元书主任总结了去年省政协经济委工作取得的成绩，提出了今年的工作思路和重点。他们讲得都很好，我都赞同，也希望大家对会议精神认真学习领会，把今年的工作做得更好。下面，我就如何做好今年经济委的工作讲两点意见，供大家参考。

一、2010 年省政协经济委员会工作成绩显著

2010 年是我省发展历程中极不平凡的一年。一年来，省委、省政府团结带领全省各族人民，努力克服国际金融危机的后续影响和百年不遇的特大干旱带来的重重困难，团结拼搏，扎实工作，全省经济运行呈现又好又快发展势头，农业增长，农民增收，工业平稳较快发展，消费需求旺盛，对外贸易恢复性增长，金融运行良好，全面完成或超额完成了年初确定的主要预期目标。为云南“十一五”任务的完成画上了圆满的句号。省政协经济委员会工作也和全省工作一样取得了显著成绩，主要表现在两个方面。

（一）积极履职，去年经济委员会工作成绩显著

去年以来，省政协经济委员会在增庆同志的带领下，围绕省委、省政府的中心工作，按照省政协主席会议和常委会议的安排，紧紧围绕关系云南经济社会发展中的重大问题开展了一系列的专题调研、年度视察和企业家论坛活动。成果丰硕，成绩显著。如：“把云南建成我国面向西南开放的桥头堡”的专题调研；“云南经济发展方式转变和经济结构调整重点”专题调研；“国际大通道建设推进情况”的年度视察和“各界共议大战略，全省共建桥头堡”的恳谈会，都是着眼云南经济社会发展中具有全局性和前瞻性的大事有针对性的开展工作，为省委、省政府的正确决策提供了很好的意见和建议，这些活动参与单位之多，参与委员之广，社会影响之大是这几年来少有的。

（二）尽心尽责，去年委员们工作成效明显

去年，在经济委组织的调研、视察和有关活动中，经济委员会的委员牢记使命，坚持以科学发展观为统领，认真履行政协委员的职责，充分发挥政协委员的主体作用，在

各项活动中成效明显。一是积极主动参加经济委员会组织的调研和视察，为党委政府民主决策提供了重要依据。在两个重点调研（“把云南建成我国面向西南开放的桥头堡”和“云南经济发展方式转变和经济结构调整重点”专题调研）和年度重点视察工作中，委员们积极参与，充分发挥各自优势，为调研报告和建议的提出发挥了重要作用。二是积极主动参与企业家论坛活动，为把我省建设成面向西南开放的桥头堡献计出力。经济委员会的广大政协委员积极主动投稿，踊跃参加恳谈会，很多委员的发言和书面建议得到了省委、省政府领导的高度重视，也充分展示了经济界委员良好的精神风貌。三是积极参加抗旱保民生活动，为促进社会和谐稳定尽心出力。在省政协组织的抗大旱、保民生、促春耕重点视察中，委员们踊跃参与，还主动捐款捐物帮助灾区协调项目，为受灾群众解决实际困难，充分体现了各位委员的无私大爱精神。四是立足本职认真履行职责，为本单位和本部门发展尽职尽责。经济委员会的各位委员大部分都是各单位的主要负责同志，大家都能按照省委、省政府部署和要求，认真履行职责，做好工作，为全省经济社会又好又快发展作出了贡献。去年，经济委员会显著成绩的取得，是在座各位委员的辛勤劳动和真情付出换来的，是各位委员的忘我工作和尽职尽责得来的。在此，我代表省政协向大家表达衷心的感谢！

三年来，省政协经济委在增庆同志的带领下，经济委的工作紧扣全省经济社会发展大局中具有全局性、前瞻性的课题，紧扣保障和改善民生的重点、热点问题进行建言献策，体现了时代性、把握了规律性、富于创造性。2008 年以来，分别围绕“农业产业化”“打造旅游龙头企业”“云南省高等级公路建设可持续发展”“兴边富民实施情况”“云南企业应对国际金融危机”“实施南向互利合作，加快国际大通道建设”“把云南建成我国面向西南开放的桥头堡”以及“云南省经济发展方式转变和经济结构调整重点”等问题进行了调研和视察。并利用云南省企业家论坛平台，举办了“解放思想，增加云南企业自主创新能力”、“推进云南农村改革发展”、“云南企业如何应对当前经济形势”、“各界共议大战略、全省同建桥头堡”等恳谈会。形成了一批操作性、针对性很强的意见和建议。体现了围绕中心，建真言、献良策；体现了服务大局，参大政、议大政的能力。为促进我省经济社会平稳较快发展发挥了重要作用，得到了全国政协和省委、省政府、省政协领导的高度评价。其中和全国政协联合调研和视察的三件事：2008 年的“兴边富民实施情况”；2009 年的“实施南向互利合作，加快国际大通道建设”；2010 年的“把云南建成我国面向西南开放的桥头堡”连续三年都写进了贾庆林主席所作的全国政协常委会工作报告。这些成绩是广大经济委委员和以增庆同志为主任的经济委以及经济委办公室所有同志共同努力的结果，最近，省委已批准增庆同志和万兴同志退休，让我们对他们无私的奉献和对省政协经济委所作的辛勤工作表示衷心感谢。

二、结合实际，贯彻落实好中央和省有关会议精神努力做好今年各项工作

今年，是“十二五”的开局之年，我们省面临西部大开发和桥头堡建设千载难逢的历史机遇。省政协经济界委员和经济委员会要按照中央和省有关会议精神的要求，围绕主题和主线，建睿智之言，献务实之策。

（一）认真学习贯彻落实好中央和省的重要会议精神

当前要认真学习深刻领会好党的十七届五中全会、全国“两会”、省委八届十次全

会及全省“两会”精神。通过学习，准确把握“十二五”时期我国经济社会发展的指导思想，指导方针、总体思路、主题、主线、主要任务、目标和重大举措。通过学习，准确把握省委八届十次全会确定的紧紧围绕建设“两强一堡”战略目标任务，以科学发展为主题，以加快转变经济发展方式为主线，坚持农业产业化、新型工业化、城镇化和教育现代化，加快改革创新，加大开放步伐，加强统筹协调，强基础、快发展，调结构、上水平，惠民生、促和谐，不断推进富裕民主文明开放和谐云南建设迈上新台阶的思路。通过学习，准确把握省“两会”确定的“十二五”时期和今年我省工作的指导思想、目标要求、重要任务、工作措施。更加有效地协助党委、政府维护好、发展好人民群众的利益；更加有效地把握大局、抓住重点、找准着力点，积极协助党委、政府做好各项工作，进一步增强政协工作围绕中心、服务大局的针对性和有效性，努力为顺利完成今年的各项目标任务、实现“十二五”的良好开局作贡献。

（二）围绕主线，推动科学发展

学仁主席在省政协十届四次全会的报告中对政协工作提出的总体要求、目标任务和措施，充分体现了党的十七届五中全会、全国“两会”和省委八届十次全会、省“两会”精神。我们要认真学习，深刻领会，贯彻落实好。元书主任对今年工作的安排，也完全符合这些会议精神，我完全赞同。今天上午，主席会议审定了今年重点工作，我们要认真抓好贯彻落实。下面，我就经济委今年的重点工作强调三点：一是要高质量组织实施好“在实施西部大开发和‘桥头堡’战略中加快推进滇中经济区建设”企业家论坛活动；二是要高质量组织实施好“在实施西部大开发和‘桥头堡’战略中加快推进滇中经济区建设”重点调研；三是要高质量组织实施好“云南省经济发展方式转变和经济结构调整重点”年度重点视察。这些工作，体现了政协工作围绕中心、服务大局，参大政、议大政的特点，体现了政协工作的前瞻性、全局性特色，高质量完成这三项重点工作，经济委今年的工作就会有新的亮点。

（三）进一步发挥经济界委员的作用

政协委员是政协工作的主体，政协的优势在委员、活力在委员。广大委员既要倍加珍惜来之不易的荣誉，更要自觉肩负起一名委员的责任，切实发挥好在本职岗位中的带头作用、政协工作中的主体作用和界别群众中的代表作用。一是要牢固树立终身学习的思想。主动提高学习的自觉性，把学习作为一种责任和追求，坚持不懈抓学习，不断强化理论武装和专业武装。二是要提高认识，增强履职意识。要不断强化荣誉感和使命感，认真履行委员的权利和职责。通过政协的各种活动来参政议政和进行民主监督，通过多种渠道建言献策。三是要充分发挥政协委员的智力优势，为经济社会发展献计献策。要充分发挥“智囊团”“人才库”的优势，围绕中心，服务大局，努力为云南的发展贡献自己的聪明才智。四是要紧紧围绕转变经济发展方式这条主线，促进我省经济社会又好又快发展。在座的各位委员，都是所在单位和部门的领导，在转变经济发展方式中负有重要责任，希望大家按照省委、省政府的要求，切实做好转变经济发展方式、调整经济结构中的工作，为“十二五”规划开局之年的工作开好头、起好步。为推动科学发展实现我省经济社会又好又快发展再作贡献。

（四）经济委办公室要为委员开展工作搞好服务

专委会办公室是专委会的办事机构，主要职责就是为省政协经济界委员服务，为委员会领导服务，为委员会工作正常开展服务。要努力做到：牢固树立服务意识，提高服务能力和水平；规范工作程序，完善岗位责任制；加强纵向横向联系，形成工作合力；根据新形势、新任务，不断探索和把握办公室工作的规律，努力提高工作水平。

各位委员、同志们，今年是中国共产党成立90周年，也是“十二五”发展的开局之年。人民政协事业面临着难得的历史发展机遇，有着广阔的舞台。让我们深入贯彻落实科学发展观，以良好的精神状态做好今年工作，以优异成绩迎接中国共产党成立90周年。

最后，祝各位同志身体健康，工作顺利！

在全省政协民族和宗教工作座谈会上的讲话

（2011年3月27日）

白成亮

同志们：

在全国政协会议召开之后不久的今天，省政协民族和宗教委员会在美丽神秘的佤山沧源县，召开全省政协民族和宗教工作座谈会。这是贯彻落实全国政协和省政协会议精神的一次会议，是对全省政协系统民族宗教工作的总结会，也是一次互相探讨、交流经验的会议。在此，我谨代表省政协向为政协民族和宗教工作付出了心血和劳动的同志们表示诚挚的问候，对支持、安排这次会议的中共沧源县委、人大、政府、政协等单位及同志表示衷心的感谢！

新的形势和新的任务对于我们如何做好政协民族和宗教工作提出了新的更高的要求。借此机会，从政协的角度，就如何做好新时期民族宗教工作，我讲四个方面的意见，供大家在工作中参考。

一、充分认识新时期民族宗教工作的重要性

中共中央政治局常委、全国政协主席贾庆林强调：“民族关系、宗教关系始终是涉及党和国家工作全局的重大关系，民族工作、宗教工作始终是关系党和人民事业发展的重要工作。”能否正确认识和处理好民族、宗教问题，关系到国家的命运、社会的稳定，关系到经济的发展、边疆的巩固，这是个世界性、长期性的复杂问题，对过去、现在和未来社会，都具有重大影响。我国基本的三项制度就是人民代表大会制度、中国共产党领导的多党合作和政治协商制度、民族区域自治制度；而政协需要正确协调和处理好的“五大关系”（政党关系、民族关系、宗教关系、阶层关系和海内外同胞关系）中，民族和宗教就占了两大关系。据统计，当今世界共有2000多个大小民族，交错分布在200多个国家和地区，每个民族都有自己的宗教，宗教至今仍影响着全世界近2/3的人口。我国是一个多民族的国家，也是一个有着多种宗教的国家，少数民族人口有1

亿，信教群众1亿多人，民族和宗教方面的国情十分复杂。云南是全国世居民族最多、特有民族最多、跨境民族最多、民族自治地方最多、少数民族人口居全国第二的省份，少数民族人口有一千四百多万人，占全省总人口的1/3以上，其中15种为云南独有，16种民族跨境而居；云南也是多宗教省份，全省信仰佛教、道教、伊斯兰教、基督教、天主教的群众有430多万人，占全省总人口的10%左右（少数民族信徒占90%以上），涉及到全省16个州市129个县市区，正式登记的宗教活动场所达5738处。在历史和现实中，有的一个民族信仰一种宗教，有的一个民族信仰多种宗教，有的一种宗教跨越多个民族。所以，民族问题与宗教问题往往相互交织，民族关系与宗教关系往往相互渗透，民族矛盾与宗教矛盾往往相互影响，民族工作与宗教工作往往不可分割。

当今世界，和平与发展仍然是时代的主题。但国际形势处于深刻变化之中，人口大流动、文化大交流难以阻挡，科技进步日新月异，经济全球化、政治多极化正在深入发展，不确定不稳定因素大量存在，各种矛盾错综复杂，民族问题和宗教问题也日益成为热点问题，对当代世界的经济、政治、社会、生活的各个方面发生着重大影响，甚至被某些势力利用成为引起地区不安宁的重要因素。远的教训如东欧剧变、苏联解体，民族危机在其解体中起了重要作用；近的如中东地区的动荡等比比皆是。在国内，经济发展方式和社会管理模式正在发生深刻变革，处于经济社会快速发展和进一步扩大开放、深化改革的关键时期，经济体制深刻变革、社会结构深刻变动、利益格局深刻调整、思想观念深刻调整，民族和宗教问题也十分突出，如拉萨“3·14”和新疆“7·5”打砸抢烧严重暴力事件等。我们既面临难得的战略机遇期，也面临矛盾凸显期。

一直以来，省委省政府高度重视民族宗教工作，全方位帮助和支持民族地区加快发展，少数民族群众生产生活水平有了很大的提高，民族团结进步事业取得了显著成绩；党的宗教信仰自由政策得到了全面贯彻，宗教界的合法权益得到了充分保障，宗教领域保持了和谐稳定的良好局面。但由于历史、社会等多方面的原因，多数民族地区地处边远山区，基础设施落后，经济基础薄弱，教科文卫水平较低，经济社会发展相对滞后；宗教领域存在的一些老问题需要研究解决，出现一些新情况需要慎重对待。认真贯彻落实党的民族宗教政策和国家法律法规，努力促进民族团结进步、宗教关系和顺，是我们义不容辞的责任。

二、加强学习，认真贯彻落实好党的各项民族宗教政策

民族宗教工作是一项政治性、政策性、敏感性都很强的工作。高度重视民族宗教工作是我们党一贯的传统，先后制定了一系列科学的关于民族宗教工作的方针政策。随着社会的发展、形势的变化，这些方针政策也在不断地进行修订、补充和完善，并注入新的内涵和时代精神。

首先，必须认真系统地学习马克思主义民族观、宗教观及党和国家的民族、宗教政策法规，深刻领会其精髓，结合实际，与时俱进，进一步充实、更新相关知识，才能全面地贯彻落实好党的各项民族宗教政策，促进民族团结发展，宗教和顺稳定。

民族平等团结和民族区域自治是我国关于民族工作的基本方针和基本政策。民族区域自治制度是我国的一项基本政治制度，是发展社会主义民主、建设社会主义政治文明的重要内容，是党团结带领各族人民建设中国特色社会主义、实现中华民族伟大复兴的

重要保证。实践证明，这一制度符合我国国情和各族人民的根本利益，是解决我国民族问题的伟大创举，是实现少数民族当家做主的重要保障。民族问题归根到底是发展问题，落实民族区域自治制度的关键也是促发展。

宗教信仰自由是我们党一项长期的基本政策。全面贯彻执行党的宗教信仰自由政策，依法加强对宗教事务的管理，积极引导宗教与社会主义社会相适应，坚持独立自主自办的原则，这是我党的宗教工作基本方针。做好宗教工作，最根本的就是要全面贯彻落实党的宗教工作基本方针，发挥宗教在促进社会和谐方面的积极作用。

其次，只有加强学习，熟悉掌握实际情况，才能辨别真伪，把握形势。当前我国社会生活正处转型时期，各类社会矛盾错综复杂，民族问题在一些地方和宗教问题交织在一起，民族感情与宗教感情交织在一起，如果宗教问题处理得不慎，也会影响民族关系，发生民族冲突；少数民族分离主义分子常披着宗教外衣进行破坏活动，做出伤害民族感情、损害民族团结的事，如一些治安案件，本来是个别问题，而通过别有用心的人煽动，会上升为民族、宗教问题；有些地方利用宗教干涉行政、司法、教育、婚姻、计划生育和群众生产生活的现象时有发生；国外敌对势力从未放弃过利用宗教进行渗透破坏活动，扶植地下势力，建立邪教等非法组织，同爱国宗教团体争夺领导权，严重干扰合法宗教的正常发展。对上述种种现象，我们要透过现象看本质，有个清醒的认识，才能做好民族宗教工作。

第三，要注重思考、研究、探讨。民族和宗教是古今中外人类社会普遍存在的社会历史现象，两者有着密切的联系，宗教的影响几乎渗透到各民族社会生活的许多方面。宗教与民族的联系尽管十分密切，但毕竟不是一回事，之间有着严格的区别。宗教是一种信仰，属于意识形态或思想领域、精神生活领域，而民族则是指人们在一定的历史发展阶段形成的有共同语言、共同地域、共同经济生活以及表现于共同民族文化特点上的共同心理素质的稳定的共同体，完全属于社会群体。另外，由于宗教对民族有很深的影响，在其长期的发展过程中，有些内容和形式已经演变成了民族的风俗习惯，但也不能由此就认为民族风俗习惯同宗教就是一回事。民族风俗习惯主要是指一个民族在物质文化、精神文明等社会生活方面的传统，是各族人民历史相沿而形成的风尚、习惯，比宗教包含的内容要广泛的多，不能将民族及民族风俗习惯与宗教等同起来。改革开放以来，民族宗教领域又出现了很多新情况新问题。如城市民族工作中如何界定“城市”、“民族”的区域、空间等问题。在广大农村，民族宗教方面的情况也越来越复杂，与民族风俗习惯交融在一起，很难分清楚，需要我们不断地去研究和探讨。通过深入研究探讨，进一步认识和把握新形势下民族宗教工作的特点和规律。

当然，同时要加强其他综合理论及各类科学文化知识的学习，不断提高自身综合素质，拓宽思路，提高工作水平。

三、积极探索，开拓政协民族宗教工作新局面

民族宗教无小事。当前，民族宗教工作点多、面广、任务重。但是有一点一定要明确，政协不是政府主管民族宗教工作的部门，我们不能取代政府部门，政协的职能是政治协商、民主监督、参政议政，所以要巧妙的开展工作，才能达到预期效果。那么，政协做好民族宗教工作的优势在哪里呢？我们有联系广泛、人才密集、位置超脱、渠道畅通等优势，通过充分发挥民族宗教界委员的作用，建言献策，为党委政府决策提供具有参考价值的意见建议，发挥桥梁纽带作用。应当说，这几年全省政协民族宗教工作成效是明显的，主要是一年抓住一两件事并把事情做好。比如就去年的工作来说，省政协民宗委在专题调研方面取得了较好的成绩。大家跑了将近两个月，到了6个州（市）、12个县的11个乡镇29个村寨、3个边境口岸及学校；听取了相关部门的情况介绍，进村入寨走访农户，与群众座谈，并召开专家咨询会，最后形成了《关于云南民族地区“十二五”经济社会发展思路的调研报告》。这个专题调研有理有据，具有可操作性，发挥了较大的作用和影响，成为省政协第23次主席会议的建议案，被省政府有关部门采纳，然后经全国政协委员形成《关于把云南作为全国“少数民族团结进步事业发展示范区”建设的提案》，提交今年的全国政协会议。

关注民生、履职为民是人民政协工作的出发点和落脚点。今后一个时期的人民政协民族宗教工作，要进一步强化政治意识、大局意识、群众意识、履职意识、委员意识，积极探索，提升履职水平，创造性地开展工作，以“三抓三促”开拓政协民族宗教工作新格局。

（一）抓机遇，促发展

发展是解决中国所有问题的关键，也是现阶段解决民族宗教问题的根本途径。今年是“十二五”开局之年，是建党90周年。要突出重点，围绕科学发展这一主线，深入研究在“十二五”规划和实施桥头堡战略中的民族、宗教元素，充分挖掘提升，抓住“十二五”和实施桥头堡战略机遇，力争民族地区经济社会各项事业和宗教各项工作有个大的发展、上个新台阶。

（二）抓创新，促提升

要在继承和发扬以往好的经验、好的传统、好的做法的基础上，注重创新，不断探索履行职能新途径、开拓新境界。专门委员会工作是政协工作的基础，民宗委履行职能，重在按照“尽职而不越位，帮忙而不添乱，切实而不表面”要求，围绕民族宗教工作中热点、难点、焦点等突出问题的解决开展政治协商、民主监督、参政议政。具体要在以下几个方面下功夫：一是要在拓宽工作领域上下功夫。政协民族宗教工作涉及政治、经济、文化、社会的方方面面，要紧紧围绕中心工作，拓宽工作领域与工作思路，充分发挥协调关系、汇聚力量、建言献策、服务大局的重要作用，努力促进民族关系、宗教关系的和谐。二是要在创新工作方式方法上下功夫。要继承和挖掘以往行之有效的民主协商、广交朋友、教育引导、真诚服务等工作方法，积极借鉴和创造性运用现代管理学、政治学、社会学、心理学以及电子网络、多媒体等现代科学，形成一套图文并茂、有声有色，适应时代发展需要、符合政协民族宗教工作特点、有利于履行政协职能的工作方法。三是要在增强工作成效上下功夫。调研是政协履行职能的重要手段，要在深入调研的基础上将调研报告打造成为精品，提出的意见和建议要力求进入党委、政府决策程序。同时要注意把专题调研与组织视察结合起来，促成有关方面采取切实措施解决民族宗教工作领域存在的困难和问题。四是要在彰显界别特色上下功夫。界别作用是人民政协的突出优势，要进一步增强界别意识和为界别委员服务的意识，通过多种渠道和多种形式充分发挥少数民族界和宗教界的界别作用。五是要在发挥主体作用上下功夫。政协委员是政协工作的主体，政协工作的活力在政协委员。要积极探索发挥委员主体作用的新途径新办法，切实服务委员，不断创造政协民族宗教工作新业绩。

（三）抓优势，促和谐

在今年的全国政协全会上，贾庆林主席在报告中强调："充分发挥少数民族界、宗教界政协委员的积极作用，努力开创政协开展民族地区群众工作和信教群众工作新局面。"各级政协要进一步密切与民族、宗教界委员和各民族、各宗教团体代表人士的联系，大力宣传党的民族宗教政策，加强引导，使各界人士树立政治意识、大局意识、群众意识、发展意识、团结意识，通过充分发挥各界人士的作用，让"三个离不开"的思想广泛根植于各族群众的心中，不断巩固和发展平等、团结、互助、和谐的社会主义新型民族关系；让爱国爱教、正行修德等宗教和谐因素充分体现，实现宗教和顺稳定。

四、加强沟通联系，提高工作有效性

沟通是一门艺术，交流则明，沟通则灵。要切实加强交流、沟通、联系，通过努力，提高成果转化的有效性，力争一个建议改进一项工作。

一是要主动与党委、政府及相关职能部门沟通联系。通过沟通联系，达成共识，促进政协的调研成果有效转化成为党委政府科学决策的重要依据。积极探索对事关我省少数民族地区经济社会全面协调发展和宗教和谐问题等重大调研课题与政府有关部门开展联合调研的模式，把政协的调研和党委政府决策直接对接。

二是要广泛与民族、宗教界委员和各民族、各宗教团体代表人士联系，加深理解，增进友谊。可以经常性召开各种研讨会，为全省州市政协领导、政协民宗委和政府宗教局以及各宗教团体负责人提供学习交流探索新形势下开展我省民族宗教工作的新思路、新经验和新方法的良好平台。

三是要加强与人大民工委、民委、宗教局等部门的工作联系，互通情报、交流经验。

四是要加强政协系统内的沟通联系，确保信息畅通，上情下达，下情上达，促进工作。

同志们，做好新形势下的政协民族宗教工作，使命光荣，责任重大。让我们高举中国特色社会主义伟大旗帜，以邓小平理论和"三个代表"重要思想为指导，深入贯彻落实科学发展观，牢牢把握民族工作主题和宗教工作基本方针，进一步解放思想，开拓进取，为开创全省政协工作新局面，为建设绿色经济强省、民族文化强省、中国面向西南开放的桥头堡作出新的更大的贡献！

围绕中心　服务大局　突出重点　准确选题
共同把政协教科文卫体委员会工作做得更好

——在全省政协教科文卫体委员会工作座谈会上的讲话

（2011 年 4 月 1 日）

顾伯平

同志们：

今天，全省政协教科文卫体工作座谈会在委员活动中心召开，其主要任务是总结去年工作和交流今年的工作安排。会议期间，我认真阅读了报送的工作总结，听取了会议交流发言，进一步了解了各州市政协教科文卫体委员会去年的工作情况和今年的工作打算。总的来讲，去年省政协教科文卫体委员会和各州市政协教科文卫体委员会在主席会议和常委会议的领导下，围绕中心，服务大局，扎实工作，努力探索，团结联系社会各界，组织委员参与各项活动，为我省社会事业的改革、发展和构建和谐社会作出了努力，取得了新的成绩，较好地发挥了专委会的基础作用，有力地推动了我省各级政协工作的开展，准确地说 2010 年工作是各有亮点，成绩突出；2011 年的工作安排各有各的高招，丰富多彩，主要表现在以下几个方面：

一、积极发挥教科文卫体委员会的基础性作用，围绕中心，服务大局

省政协教科文卫体委员会和各州市政协教科文卫体委员会始终围绕党委、政府的中心工作，全面贯彻科学发展观和构建社会主义和谐社会的重大战略思想，紧密联系建设“两强一堡”的战略部署，发挥各自特长，开展了卓有成效的工作。各州市政协教科文卫体委员会以政协当年的一些重要会议和重大活动为重点，组织委员参与调研、视察、考察，围绕“十二五”规划中的教育、科技、文化、卫生、体育等重大民生问题建言献策，取得了较好的效果。

二、重点突出，选题准确，加强事关民生重大问题调查研究

去年以来，省政协教科文卫体委员会和各州市政协教科文卫体委员会在开展专题调研视察方面，紧紧围绕“桥头堡”建设，以及中小学危房改造、职业教育、发展文化产业、科普推广、基层卫生服务、体育设施建设等，从选择课题、组织委员研究论证、撰写报告和促进成果转化等各个环节入手，充分发挥各界别委员和专家学者的作用，群策群力，深入细致地做好各项工作，有效地提高了建言献策的质量。在调研视察中，摸实情，说真话，进诤言，提出了许多较好的意见建议，有的为当地党委政府决策提供了重要参考，有的直接推动了相关政策的落实，有的为党政部门决策出了好主意，履行职

能取得了实效。

三、加强协作，交流情况，形成合力，共同推进工作向前发展

为增强工作的有效性，省政协教科文卫体委员会和各州市政协教科文卫体委员会加强了与党政对口部门的联系，加强了各州市政协教科文卫体委员会之间的联系，加强了与各民主党派和工商联的联系。通过加强联系，密切协作，形成合力，提高了工作效率。去年，各州市政协教科文卫体委员会分别组织和承办了一些研讨会和调研视察活动，得到了有关兄弟省州市政协的充分肯定。各州市政协教科文卫体委员会之间密切协作，共同完成了和协助完成了一些重要课题，取得了良好的社会和经济效益。

四、创新工作方法，丰富活动内容，增强了教科文卫体委员会的凝聚力

去年，省政协教科文卫体委员会和各州市政协教科文卫体委员会坚持业已形成的工作制度，并根据形势发展的需要，进一步发挥特长，围绕中心工作，不断丰富活动内容，改进调研视察方法，改进了座谈、研讨等活动方式，坚持经常性的文体联谊活动，增强了对委员的吸引力，扩大了委员的参与面。同时，进一步密切与各界别的联系，积极推动和协助开展界别活动，使专委会成为发挥界别作用的重要依托，建立了切实可行的界别活动机制，不断丰富委员履行职能的形式和内容。

五、搞好“三化”建设，健全规章制度，加强自身建设

省政协教科文卫体委员会和各州市政协教科文卫体委员会始终把强化学习，加强自身建设，提高参政议政能力摆在突出位置。根据各级政协党组和常委会议与主席会议的部署，积极开展争先创优活动，加强思想、组织、作风和制度建设。在组织各种形式的学习活动中，既有专题讲座，又有专家辅导，既有自学思考，又有会议交流。通过学习，同志们强化了学习意识，进一步加深了对人民政协性质、地位与作用的理解，提高了履行职能的水平和能力，促进了制度化、规范化、程序化建设，增强了服务意识，提高了工作效率。

当然，省政协教科文卫体委员会和各州市政协教科文卫体委员会工作也还有一些值得探索研究的方面，比如如何进一步提高调查研究的质量和水平，推动调研成果转化，增强调研工作的实效；如何更好地体现政协教科文卫体工作的特色，找准参政议政与发挥自身优势的结合点；如何进一步增强凝聚力、扩大委员对专委会工作的参与面，更好地发挥委员的特长等等。我所谈到的上述情况，希望同志们在实际工作中认真研究探讨。总的看来，在去年，各州市教科文卫体委员会做了大量卓有成效的工作，在新形势下取得了新的成绩，积累了许多新的经验，为今后更好地开展工作打下了一个很好的基础。借此机会，我代表省政协，代表学仁主席、国忠常务副主席向同志们表示亲切的问候和良好的祝愿！

今年是中国共产党成立90周年，是“十二五”发展的开局之年，也是我省建设中国面向西南开放桥头堡的黄金期，调动起全省人民的力量，开好局，起好步，至关重要。全国“两会”刚结束，全国人大十一届四次会议表决通过了《中华人民共和国国民经济和社会发展第十二个五年规划纲要》。温总理的政府工作报告提出了今年政府工作的基本思路和任务。贾主席在工作报告中提出了今年全国政协的主要工作。春节前后闭幕的我省“两会”和各州市的“两会”，进一步明确了今年我省改革和发展的目标任务。我们要认真学习、深刻领会这些会议精神，紧密结合各地实际，发挥自身优势，突出工作重点，认真履行职能。各州市政协教科文卫体委员会要结合今年各地的工作安排，从中精心筛选出课题，主动与政府有关部门联系，有计划、有针对性地组织委员调研、视察，积极建言献策。总之，政协教科文卫体工作涉及面很广，可以做也有能力做的事很多，我们的工作没有最好，只有更好，工作方法也需要大家进一步去努力研究探索。下面，我就做好政协教科文卫体工作谈几点希望。

一、要认真刻苦学习，努力提高工作能力和水平

当前，我们正处于一个经济和社会发展的转型期，形势发展快、社会变革快，新观念、新事物层出不穷，我们要跟上形势的发展，切实履行好自己的职责，发挥应有的作用，就必须加强学习。各州市政协要切实安排好中共十七届四中、五中全会精神，以及全国、全省“两会”精神和省委八届十次全委会精神学习，不断提升学习层次，提高学习效果，使学习真正成为我们统一思想、提高认识的重要武器，成为我们开阔胸襟、增长才干的自觉追求，成为我们知情明政、增进共识的重要途径。

二、要大胆实践探索，认真总结经验，不断推进工作向前发展

长期以来的实践证明，要做好政协教科文卫体工作，一是靠成熟的经验推动工作；二是用科学的理论指导工作。对近年来工作学习中形成比较成熟的经验，要认真梳理、归纳和总结，有的好经验要以制度的形式规范起来，有的要上升到理论的高度提炼出来，作为指导我们今后工作的宝贵财富。对在工作中存在的一些薄弱环节和突出问题，要善于运用科学的理论认真研究分析，敢于运用创新的思维大胆实践探索，突出重点，准确选题，力争能够形成一些新的思路，创造一些新的做法，积累一些新的经验，全力服务我省的民生改善和“两强一堡”建设。

三、要强化制度和作风建设，努力做好各项服务工作

加强制度和作风建设是全面贯彻落实科学发展观、构建和谐社会，以及做好政协教科文卫体工作的必然要求。要根据形势发展和工作需要，不断完善已有的规章制度，积极制定一些新的工作规范，使专委会的职责更加明确，参政议政的具体做法更加便于操作，意见建议报送和反馈渠道更加畅通。此外，要把作风建设作为今后的一项重要工作抓紧抓好：一是要在关注民生、反映民意上下功夫。调查研究要深入基层，贴近群众，倾听群众的呼声；二是要在求真务实、提高效能上下功夫。鼓励讲真话、进诤言、道实情，不讲空话、套话，依靠质量提高工作效率；三是要在发扬民主、增进团结上下功夫。工作中要互相尊重、互相信任、互相支持、合作共事；四是要保持良好的工作状态。保持敢于争先创优、奋发昂扬的精神状态，发扬刻苦钻研的敬业精神。

同志们，政协教科文卫体的工作涉及我省社会事业建设和民生问题的许多方面，在促进我省社会事业协调发展和民生问题解决方面，我们有着义不容辞的责任。我们要高举中国特色社会主义伟大旗帜，以邓小平理论和“三个代表”重要思想为指导，在中共云南省委及省政协党组和主席会议的领导下，深入贯彻落实科学发展观，集思广益，开拓创新，扎实工作，共同把政协教科文卫体工作做得更好。

在普洱民族团结誓词碑建碑六十周年纪念大会上的讲话

（2011 年 4 月 6 日）

白成亮

同志们：

今天，我们在美丽的茶乡宁洱，隆重举行普洱民族团结誓词碑建碑六十周年纪念大会，借此机会，向长期坚守在边疆民族工作一线的同志们和所有关心、支持民族团结进步事业的同志们，致以崇高的敬意！

新中国成立初期，为了巩固新生红色政权，增进各民族的团结进步，促进边疆地区的社会稳定。1951 年元旦，普洱地区 26 种各兄弟民族的 48 名代表在普洱红场隆重举行建碑签名仪式，并按民族风俗举行“剽牛”仪式，喝“咒水”，立下了“民族团结誓词碑”。誓词碑被誉为“新中国民族团结第一碑和新中国民族工作第一碑”，象征着新中国成立后，边疆各民族人民在中国共产党的领导下，一个崭新的社会主义民族关系的开始，是新中国民族团结进步事业发展的历史见证，具有极其重要的历史意义和现实指导意义。如今，民族团结誓词碑建碑已有六十年，经过六十年的风雨历程，民族团结誓词碑依然庄严肃穆，威严依旧。六十年来，普洱民族团结誓词碑记载了云南各民族和睦相处，团结奋斗，紧跟共产党，创造幸福大家庭的伟大历程，是中国边疆各民族大团结的具体体现，是党的民族政策在云南边疆取得伟大胜利的重要物证，是今天进行爱国主义教育、革命传统教育和民族团结教育的最好教材。六十年来，云南边疆各族人民恪守碑上的誓言，在党和政府的领导下，始终不渝坚持盟誓精神，团结奋进，艰苦创业，为社会主义建设和边防巩固作出了重大贡献。在长期的生产生活中，少数民族群众和汉族群众互相尊重、互相学习、互相帮助，形成了共同参与、共同创业、共同致富的良好氛围。“汉族离不开少数民族，少数民族离不开汉族，各少数民族之间也相互离不开”的“三个离不开”思想越来越深入人心，各族人民和睦相处、和衷共济、和谐发展，平等、团结、互助、和谐的社会主义新型民族关系得到不断巩固和发展。

当今世界共有 2000 多个大小民族，交错分布在 200 多个国家和地区。我国是一个多民族的国家，拥有 56 个民族，少数民族人口达 1 亿多，民族方面的国情十分复杂。云南是全国世居民族最多、特有民族最多、跨境民族最多、民族自治地方最多的边疆地区。民族团结誓词碑的历史意义充分表明，能否正确认识和处理好民族问题，关系到国家的命运、社会的稳定，关系到经济的发展、边疆的巩固，对过去、现在和未来社会，都具有重大影响。一直以来，省委省政府高度重视民族工作，全方位帮助和支持民族地区加快发展。坚持民族平等，认真贯彻民族区域自治制度，实施西部大开发战略，开展“兴边富民行动”；重点扶持人口较少民族的发展，培养少数民族干部；发展少数民族教育文化事业，使用和发展少数民族语言文字；尊重少数民族风俗习惯，尊重和保护少数民族宗教信仰自由，坚持不懈地推进各民族共同团结进步、共同繁荣发展，少数民族群众生产生活水平有了很大的提高，民族团结进步事业取得了显著成绩。但由于历史、社会等多方面的原因，基础设施落后，经济基础薄弱，教科文卫水平较低，经济社会发展相对滞后。认真贯彻落实党的民族方针政策，努力促进民族团结进步，是我们义不容辞的责任。

当前，和平与发展仍然是时代的主题。但国际形势处于深刻变化之中，人口大流动、文化大交流难以阻挡，科技进步日新月异，经济全球化、政治多极化正在深入发展，不确定不稳定因素大量存在，各种矛盾错综复杂，民族问题也日益成为热点问题，对当代世界的经济、政治、社会、生活的各个方面发生着重大影响，甚至被某些势力利用成为引起地区不安宁的重要因素。远的教训如东欧剧变、苏联解体，民族危机在其解体中起了重要作用；近的如中东地区的动荡等比比皆是。在国内，经济发展方式和社会管理模式正在发生深刻变革，处于经济社会快速发展和进一步扩大开放、深化改革的关键时期，经济体制深刻变革、社会结构深刻变动、利益格局深刻调整、思想观念深刻调整，民族问题也十分突出，如拉萨“3·14”和新疆“7·5”打砸抢烧严重暴力事件等。我们既面临难得的战略机遇期，也面临矛盾凸显期。

民族平等团结和民族区域自治是我国关于民族工作的基本方针和基本政策。民族区域自治制度是我国的一项基本政治制度，是发展社会主义民主、建设社会主义政治文明的重要内容，是党团结带领各族人民建设中国特色社会主义、实现中华民族伟大复兴的重要保证。实践证明，这一制度符合我国国情和各族人民的根本利益，是解决我国民族问题的伟大创举，是实现少数民族当家做主的重要保障。民族问题归根到底是发展问题，落实民族区域自治制度的关键也是促发展。

民族团结进步事业的根基深植于各族群众。做好新形势下的民族团结进步工作，使命光荣，责任重大。让我们在中国共产党的正确领导下，高举中国特色社会主义伟大旗帜，以邓小平理论和“三个代表”重要思想为指导，深入贯彻落实科学发展观，牢牢把握民族工作主题，恪守前辈丰碑誓言，践行民族团结伟业，再次铭刻他们爱党爱国的坚定信念，继续弘扬边疆各民族共同团结进步精神，再次谱写民族团结进步事业新篇章，向建党90周年献礼！

最后，祝愿纪念活动圆满成功！

祝愿普洱各族人民团结、和谐、幸福安康！

祝愿在座的各位领导、各位朋友身体健康、合家幸福！

政协全国委员会十一届四次会议主要精神和贯彻意见

（2011 年 4 月 7 日）

曾　华

全国政协十一届四次会议于 3 月 3 日至 13 日在北京隆重举行。受主席会议委托，我就会议精神作传达，并就如何贯彻落实会议精神讲几点意见。

一、会议概况和主要特点

本次大会，是在我国发展进入“十二五”时期、全国各族人民满怀信心迎接中国共产党成立 90 周年的形势下召开的。大会于 3 月 3 日下午在人民大会堂举行开幕会，3 月 13 日上午举行闭幕会。开幕会上，贾庆林主席代表政协第十一届全国委员会常务委员会作工作报告，王志珍副主席作关于政协十一届三次会议以来提案工作情况的报告。全国政协委员 2186 人出席会议。党和国家领导人胡锦涛、吴邦国、温家宝、李长春、习近平、李克强、贺国强、周永康等到会祝贺。中共中央、国务院有关部门负责人，国务院参事室参事、全国政协文史专员、部分海外侨胞，以及有关方面负责同志列席会议。各国驻华使节应邀旁听开、闭幕会。

本次会议会期共 10 天。安排 5 次全体会议，包括开幕会、闭幕会和 3 次大会发言。列席人大全体会议 2 次。安排 11 次小组（联组）讨论，其中界别联组讨论 1 次。安排主席会议和常委会议各 1 次。会议牢牢把握主题，以交流凝共识，以协商谋国是，各项议程圆满完成，达到了预期目的。

会议期间，委员们认真审议政协常委会工作报告、提案工作情况报告以及各项决议草案；认真讨论政府工作报告和计划报告、预算报告，“十二五”规划纲要草案，“两高”报告。委员们本着对国家、对人民高度负责的精神，认真履行政治协商、民主监督、参政议政职能，积极围绕经济社会发展中的重大问题议政建言，充分体现了人民政协为党分忧、为国尽责、为民服务的价值追求，充分展现了人民政协这一中国特色政治组织和民主形式的生机活力。

这是一次意义重大、成效卓著的大会。主要有以下几个方面的突出特点：

一是中共中央、国务院及其有关部门高度重视这次会议。“两会”开幕前，中共中央政治局常委会听取了中共全国政协党组关于会议筹备情况的汇报。胡锦涛总书记在“两会”党员负责人会议上发表重要讲话，分析了国际国内形势，对做好人大、政协工作和开好“两会”提出了明确要求。会议期间，胡锦涛、吴邦国、温家宝、贾庆林、李长春、习近平、李克强、贺国强、周永康等中央领导同志，分别到委员小组看望委员，参加讨论。王岐山、刘云山、刘延东等领导同志到会听取委员大会发言。

中共中央、国务院领导同志及各有关部门和“两高”的负责同志到会听取大会发言，参加小组讨论，听取委员意见。会议期间，中共中央纪委专门来函，征求了全国政协委员对党风廉政建设和反腐败工作的意见。

二是委员们围绕会议主题参政议政，充分表达意见和建议。共收到大会发言 810 件，编发 774 件。47 名委员分别以“经济建设”、“社会建设和生态文明建设”、“政治建设、文化建设和统战政协工作”为主题，作了大会口头发言。共收到委员提案 5762 件，经提案委员会审查，立案 5408 件。

三是会议新闻报道形式多样、内容丰富，取得了良好效果。报名采访的中外记者达 3410 人。中央人民广播电台、中国国际广播电台、中央电视台，对开幕会上贾庆林主席作常委会工作报告和闭幕会上贾庆林主席发表重要讲话进行现场直播；新华网、人民网、中国网、央视网等中央主要新闻网站作了实时报道。按照近年惯例，小组讨论继续对媒体开放。大会开幕前和会议期间，在人民大会堂举行了 1 场新闻发布会；举行了 2 场记者会，分别以“加快转变经济发展方式，促进‘十二五’时期经济社会科学发展”“推进基本公共服务体系建设，保障和改善民生”为主题。在“两会”新闻中心举行 5 场记者会，分别以“政协委员谈协调推进城镇化与新农村建设”“政协委员谈公共外交”“政协委员谈科技自主创新”“政协委员谈文化建设”“政协委员谈实施教育规划纲要”等为主题，通过报刊、电视、广播、网络等各种媒体，发表社论、开辟专栏专题、人物专访、网络在线问答、电视专题片等多种方式，增强了新闻宣传的吸引力、传播力和感染力，受到社会各界高度关注。

四是会议的各项组织和服务保障工作努力做到优质化、精细化。今年政协会议增加了讨论“十二五”规划纲要草案的内容，小组讨论相应比去年增加一次。这次大会将列席的海外侨胞发言单独编发一期综合简报，全面反映了他们建言献策的情况。会议进一步完善了电子文件发送和阅读系统，委员们通过委员办公平台，在网上提交提案 1733 份，大会发言 465 份，提高了会议效率。今年继续实行大会会场席次调整制度。会议制定了周详的保密方案，专门设立保密工作组，严格执行保密制度。会议期间，组织委员赴国家博物馆参观《复兴之路》展览。今年开始试运行视频会议系统，使机关与各驻地的沟通联络更为便捷、高效。会议期间，共收到委员和群众来信 7319 件，接待来访 2 批 4 人次，编发《信访动态》3 期，及时反映委员和人民群众的关切、期待和利益诉求，为会议顺利进行和社会维稳工作作出了积极贡献。会议安保工作周密得当，增派了人员，启用了车辆智能验证设备。根据大会总体部署和要求，会议的组织、联络、警卫、总务、技术以及文件翻译等保障性工作协调有序，有力保证了大会的胜利召开和各项议程的顺利进行。

二、大会的主要精神

这次会议的主要精神，集中体现在胡锦涛总书记在“两会”期间所作的重要讲话、温家宝总理的《政府工作报告》、贾庆林主席的《政协常委会工作报告》及其他几个报告之中。

（一）胡锦涛总书记在“两会”党员负责人会议以及农工、九三界委员联组讨论会上的重要讲话精神

胡锦涛总书记在 3 月 3 日召开的“两会”党员负责人会议上发表了重要讲话。在

讲到政协工作时，他高度评价了全国政协十一届三次会议以来的工作，并就做好人民政协工作提出了四点要求：

第一，进一步夯实团结合作的共同思想政治基础。要坚持把加强思想理论建设摆在首要位置，深入开展中国特色社会主义理论体系和社会主义核心价值体系主题教育活动，牢固树立中国特色社会主义共同理想。要以纪念中国共产党建党90周年为契机，认真总结我们党创立和发展多党合作和人民政协事业的宝贵经验，增强参加人民政协的各党派团体、各族各界人士坚持中国共产党领导的自觉性和坚定性。要按照中央部署要求，举办好辛亥革命100周年纪念活动，为推进祖国和平统一大业、实现中华民族伟大复兴凝聚力量。

第二，进一步为“十二五”规划实施献计出力。要把智慧和力量凝聚到实现“十二五”时期经济社会发展目标任务上来，形成推动科学发展、加快转变经济发展方式的强大合力。要充分发挥人民政协人才和智力优势，围绕经济社会发展综合性、全局性、前瞻性重大课题深入开展调查研究，努力提出质量高、针对性强的对策建议，为顺利完成经济社会发展目标任务贡献力量。要精心筹备各项协商议政活动，深入开展协商讨论，为党和政府科学决策提供参考。

第三，进一步做好群众工作。要牢固树立群众观点，充分发挥联系群众的桥梁和纽带作用，总结各级政协组织开展群众工作的好经验好做法，探索开展群众工作的新办法新途径，完善联系群众工作机制，提高群众工作能力和水平。要更加关注民生，重点围绕民生领域最突出、最紧迫的问题搞好调研视察和协商讨论，为加强和创新社会管理建言献策。要围绕事关群众利益的全局性、苗头性、倾向性问题，反映社情民意、开展民主监督，协助党和政府做好协调关系、化解矛盾、理顺情绪工作，维护群众合法利益，促进社会和谐稳定。

第四，进一步提高政协工作科学化水平。要深刻把握新形势下人民政协工作特点和规律，推进履行职能制度建设，提高经常性工作制度化、规范化、程序化水平。要扎实推进人民政协理论研究，健全各民主党派和无党派人士在人民政协履行职能、发挥作用工作机制，积极探索开展界别活动的新方法新途径，加强委员队伍建设，发挥好专门委员会作用，推进学习型政协机关建设，提高机关干部队伍素质和为委员履职服务能力。

3月4日胡锦涛总书记参加了农工、九三界委员的联组讨论会。会上，在听取了包括我省陈勋儒委员在内的十名委员就教育、科技、卫生、粮食生产等问题的发言后，胡总书记作了重要讲话。讲话提出了“推动科学发展，加快转变经济发展方式，建设创新型国家，在日趋激烈的国际竞争中赢得发展主动权，根本靠科技，基础在教育，关键在人才”的科学论断，引起了委员们的热烈反响。特别是，当有委员谈到目前我国装备投资的60%以上需要购买国外产品和核心技术问题时，胡总书记关于大力增强自主创新能力的论述；当有委员谈到如何按照教育规律办好高等教育，解答“钱学森之问”，加强培养一流创新人才问题时，胡总书记关于推动教育内涵式发展，营造人才发展良好环境的论述等，让委员们感到受益匪浅。

（二）温家宝总理代表国务院所作政府工作报告的主要精神

3月5日，温家宝总理向全国人大十一届四次会议作了政府工作报告。报告共分三部分：一是“十一五”时期国民经济和社会发展回顾；二是“十二五”时期的主要目标和任务；三是2011年的工作。温总理在报告中指出，“十一五”时期是我国发展进程中极不平凡的五年。这五年，社会生产力、综合国力显著提高，各项社会事业加快发展、人民生活明显改善，改革开放取得重大进展，国际地位和影响力显著提高。报告同时也指出了我国发展中存在的问题，强调要以对国家和人民高度负责的精神，加快解决这些问题。报告对“十二五”时期的主要目标任务作了部署，强调要坚持以科学发展为主题，以加快转变经济发展方式为主线，深化改革开放，保障和改善民生，巩固和扩大应对国际金融危机冲击成果，促进经济长期平稳较快发展和社会和谐稳定，为全面建成小康社会打下具有决定性意义的基础。关于今年的工作，报告强调要重点做好以下十个方面：（1）保持物价总水平基本稳定。（2）进一步扩大内需特别是居民消费需求。（3）巩固和加强农业基础地位。（4）加快推进经济结构战略性调整。（5）大力实施科教兴国和人才强国战略。（6）加强社会建设和保障改善民生。（7）大力加强文化建设。（8）深入推进重点领域改革。（9）进一步提高对外开放水平。（10）加强廉政建设和反腐败工作。委员们高度评价温家宝总理代表国务院所作的政府工作报告，对“十一五”期间我国经济社会发展成就给予高度评价，充分肯定国务院去年的工作。一致认为报告对过去五年工作的总结客观实在，鼓舞人心；提出的“十二五”时期的主要目标和任务明确具体，催人奋进；对今年工作的部署思路清晰，切实可行，是一个求真务实、改革创新的好报告。

（三）“十二五”规划纲要的主要精神

“十二五”规划纲要是根据党的十七届五中全会提出的建议编制的，共16篇62章，对我国今后五年的经济社会发展作了全面部署。委员们普遍赞同“十二五”规划纲要草案，纷纷表示，要把思想统一到中央部署上来，为实现“十二五”时期目标内容，作出应有的贡献。讨论纲要草案，我个人有两点较深的感受：一是更加突出发展的质量。“十二五”时期仍是我国发展处于大有可为的重要战略机遇期，发展仍是解决我国所有问题的关键，但今后的发展将更加注重质量而不是速度，以加快转变经济发展为主线，将是推动科学发展的必由之路。这次纲要草案将我国GDP年均增长指标定为7%，以及多项有关教育、科技、资源环境、人民生活的约束性指标的提出，充分说明了这一点。“十二五”期间，国家将更加重视发展中的“短板”问题。比如，纲要草案提出，坚持把深入实施西部大开发战略放在区域发展总体战略优先位置，给予特殊政策支持。我省去年向国家提出的多项建议和请求，在规划中都得到了直接体现。如，把云南建成中国面向西南开放的桥头堡列入加快沿边开放国家战略，加快推进滇中调水和建设云南中小型水库列入国家水利重点工程；将滇中城市经济圈列为新的国家培育增长极，乌蒙山区和滇西边境地区列入实施集中连片特殊困难地区扶贫开发攻坚工程；云南煤炭基地、太阳能电站和中缅油气管道境内段列入国家能源建设重点；滇西北地区列入国家黄土高原—川滇生态屏障；昆明轨道交通列入国家交通建设重点等，令人振奋。二是更加注重民生，强调将保障和改善民生作为“十二五”工作的根本出发点和落脚点。实施就业优先政策，五年新增就业4500万人；合理调整收入分配关系；城镇居民人均可支配收入和农村居民收入年均增长7%以上；城乡基本养老、基本医疗保障制度实现全覆盖；城镇保障性安居工程建设3600万套，覆盖面达20%左右等。

（四）贾庆林主席讲话的主要精神以及提案工作报告的有关情况

贾庆林主席所作的政协常委会工作报告，从七个方面回顾了去年的主要工作和取得的成绩。总结过去一年的工作，贾主席指出，推动人民政协事业持续发展，必须树立“五种意识”：一是必须牢固树立政治意识。充分认识人民政协作为中国共产党领导的多党合作和政治协商的重要机构，担负着重要的政治责任，具有广泛的政治影响，努力在纷繁复杂形势下保持清醒头脑，在大是大非面前站稳坚定立场，在社会深刻变革中坚持正确方向，自觉坚持中国共产党的领导，坚定不移地走中国特色社会主义政治发展道路。二是必须牢固树立大局意识。充分认识围绕中心、服务大局是人民政协履行职能的重要原则，始终服从服务于党和国家中心工作，围绕改革开放和社会主义现代化建设谋事，紧扣服务科学发展、促进社会和谐干事，努力在全面建设小康社会中成事，进一步彰显人民政协的独特优势和重要作用。三是必须牢固树立群众意识。顺应人民期待是人民政协发展的动力，始终情牵人民、心系群众，全面反映民思、民盼、民忧，积极协助党和政府妥善处理各方面利益关系，使广大人民群众共享改革发展成果。四是必须牢固树立履职意识。充分认识人民政协是我国政治体制的重要组成部分，是党和政府科学民主决策的重要环节，是扩大公民有序政治参与的重要途径，把履行政治协商、民主监督、参政议政职能作为重大历史使命，积极发挥政治优势、组织优势、智力优势和渠道优势，为促进经济平稳较快发展和社会和谐稳定作出实实在在的贡献。五是必须牢固树立委员意识。充分认识人民政协作用发挥在委员、活力展现看委员、事业发展靠委员，切实维护委员民主权利，尊重委员首创精神，提高委员整体素质，支持帮助广大委员深入实际、走向基层、贴近群众，在做好本职工作的同时履行好委员职责，在报效国家、服务人民的实践中施展才华、建功立业。

贾庆林主席的报告从六个方面部署了今年的工作，并强调指出，当前我国的经济社会发展正处在必须紧紧抓住并且可以大有作为的重要战略机遇期。人民政协要切实增强机遇意识，既要抓住机遇、用好机遇，又要珍惜机遇、维护机遇，更好地调动各党派团体、各族各界人士的积极性、主动性，全面推进各领域工作坚定不移地朝着既定奋斗目标前进。在新的一年，人民政协要紧紧围绕党和国家中心工作，切实履行好职能、发挥好作用，为实现“十二五”时期良好开局，夺取全面建设小康社会新胜利作出积极贡献。

贾庆林主席在闭幕会讲话指出，会议期间广大委员以对国家和人民高度负责的精神，以尽心竭力履行职责的态度，以讲真话，建净言的作风，紧紧围绕各项工作报告和一些重大问题提出了许多有价值，有分量的意见和建议，充分体现了人民政协这一政治组织和民主形式的独特优势，生动展现了广大政协委员心系国事、情牵民生的精神风貌。贾主席强调，“十二五”的蓝图已经描绘，目标已经明确，关键是心无旁骛抓落实，同心协力开新局。要认真贯彻落实本次会议精神，团结一切可以团结的力量，凝聚一切可以凝聚的智慧，激发一切可以激发的活力，向着“十二五”规划和全面建设小康社会的宏伟目标，向着中华民族伟大复兴的光明前景奋勇前进。

王志珍副主席代表政协第十一届全国委员会常务委员会，向大会报告政协十一届三次会议以来提案工作情况。一年来，政协委员、政协各参加单位和专门委员会共提交提案5678件，经审查，立案5300件。截至2011年2月20日，提案已办复5273件，占立案总数的99.49%。

特别要指出的是，在贾庆林主席所作的常委会工作报告和王志珍副主席所作的提案工作情况报告中，分别提到了我省桥头堡建设。从2010年初，33名驻滇全国政协委员联名向全国政协十一届三次会议提交《关于建设桥头堡实施大战略的提案》，到全国政协组织调研组来滇调研桥头堡建设，再到如今写入常委会工作报告，这是对驻滇全国政协委员一年来所作工作的充分肯定，极大的鼓舞和激发了我省广大委员参政议政的工作热情和动力。

三、委员们提出的主要意见和建议

大会期间，委员们紧紧围绕经济建设、政治建设、文化建设、社会建设、生态文明建设和政协自身建设等六个方面的重大问题，以及人民群众普遍关心的热点、难点问题，积极建言献策，提出了以下意见和建议：

（一）关于经济建设

——委员们认为，谋划好“十二五”时期的经济社会发展，对于推动科学发展、加快转变经济发展方式至关重要。“十一五”时期我国经济社会发展取得了辉煌成就，经济总量已跃居世界第二，但经济实力仍然不强，发展质量仍然不高，经济结构不合理的深层次矛盾仍然存在，社会民生和资源环境等方面问题仍然是制约我们发展的短板。如果不加快发展方式的转变，我们仍将回到重速度、轻质量的老路。委员们提出，实现“十二五”良好开局，不能拼速度，宁肯步子慢一点，也要在转变发展方式上起好步。

——不少委员提出，通胀预期已成为国民经济平稳运行的一大障碍。应当坚持实施稳健货币政策，综合运用多种政策手段，切实提高调控措施的针对性、灵活性、有效性。严厉打击扰乱市场秩序的投机行为，加快公营公益性农产品市场的建设，做好基本农副产品供应保障工作，稳定供求关系和市场预期。科学地设定监管范围、临时价格管制触发与终止条件，将针对过快上涨价格的应急干预管理常态化、法制化。

——委员们认为，经济结构战略性调整和构建现代产业体系，是转变经济发展方式的基础。为此，应当把握世界产业服务化大趋势，加快生产服务业集聚化、生活服务业便利化、公共服务业均等化进程，推动我国产业结构优化升级。战略性新兴产业在起步阶段，往往处于技术创新的高度活跃期，应当避免行政指定技术路线和发展重点，加强产业发展动向信息服务，让企业自主选择创新策略，借助高速成长的本土市场，走出中国特色的产业自主创新道路。

——委员们提出，大力加强农业生产，保持粮食稳定增产，关系到能否有效管理通胀预期，实现经济平稳较快发展和社会和谐稳定。一些委员提出，资源环境约束增强、种粮比较效益低、基础设施薄弱、科技支撑能力不足，仍是我国现代农业发展的制约因素。应当采取标本兼治的办法，加大强农惠农政策力度，着力完善农业技术推广体系，切实加强农产品流通体系建设，夯实现代农业发展的基础。有的委员提出，应鼓励社会资本进入农业产前、产中、产后各环节和发展农产品加工、营销，为家庭经营的农业提供社会化服务。有的委员建议，完善对粮食主产区县级财政的补偿奖励机制，健全增量补贴与粮食产量特别是商品量挂钩的补贴办法，切实改变“产量多、实惠少”的状况，充分调动主产区种粮积极性。

——委员们表示，今年中央一号文件作出的加快水利改革发展的决定，十分及时，意义深远。水沛则粮足，2010年我国遭受严重旱涝灾害侵袭，与我国水利建设滞后有一定关系。应当进一步加强统筹规划，强化农田水利基础设施的建设与管护。一些委员建议，统筹推进中小微型水源工程建设，增加水资源供给和储备能力，建设好战略性水利工程，提高应对大水灾、大旱灾的能力。

——一些委员提出，推进城镇化，离不开政府的统筹规划。“大城市病”已开始侵扰部分特大城市，市政设施压力不断增大，公共服务相对滞后，不仅降低了市民的幸福感，也制约着城市的发展。不少委员提出，应当因地制宜，合理引导城镇化的规模、速度和节奏。有的委员反映，一些地方热衷于通过“撤村并居”，从农村挖取更多城镇建设用地，这不仅可能影响农民增收，在土地所有权、村民管理等方面也易引发新的矛盾。在农民变市民的过程中，尤其要处理好农民的土地权益问题，并通过完善户籍政策、健全基本公共服务体系，解除农民进城的后顾之忧。

——委员们一致认为，加快经济发展方式转变，必须以科技进步和创新为支撑。一些委员提出，科技管理应从以项目为主逐步转向以科技规划和协调管理为主，使科技资源分配从集中管理转向稳定支持。制定科技项目指南，应听取企业第一线骨干研发人员的意见。一些委员建议，完善科学的科研评价评估体系，开辟体现科技人员和管理人员不同特点的职业发展道路。强化对科研经费使用效益的评估，完善以质量和创新为导向、以成果和贡献为依据的科研评价制度。应当适当减少科学评比和评价，让广大科技人员心无旁骛，有一些冷静思索和奇思妙想的时间。有的委员提出，实行自主创新扶持政策，应当对所有在华注册的企业和机构一视同仁，推动相关技术的创新发展。

——一些委员提出，政府已为鼓励民间投资开了绿灯，但还应划出“斑马线”，尽早出台操作性强的扶持政策实施细则，切实帮助民企解决生存、发展中的困难和问题。部分委员建议，在推动大中型企业做精做大做强的同时，“十二五”时期应把政策着力点放在小型微型企业上，使其以各具特色的产品和灵活多样的经营，为国民经济和社会发展增添活力。

——委员们认为，改革是加快转变经济发展方式的强大动力，应当以更大决心和勇气推进重点领域的改革。一些委员提出，国有经济不应在一般竞争性行业与民营经济争利，要健全国有资本有进有退、合理流动机制，不断深化国有企业改革，继续推进国有经济战略性调整。一些委员认为，财税体制改革的当务之急，是厘清各级政府事权，健全地方税体系，扎实推进增值税、营业税改革，保障基层政府基本财力。一些委员建议，继续深化金融体制改革，大力发展多层次资本市场，让投资者分享经济发展成果。一些委员提出，应完善成品油、天然气价格形成机制和各类电价定价机制，推进水价改革，加快建立能够灵敏反映市场供求关系、资源稀缺程度、环境损害成本的要素价格形成机制。委员们建议，深入研究人民币汇率形成机制改革。遵循自主、可控及渐进性原则，科学制定人民币国际化时间表，积极稳妥地应对人民币升值压力。

——委员们普遍认为，要进一步提高对外开放水平，必须实施更加积极主动的开放战略，不断拓展新的开放领域和空间。一些委员提出，应着力优化我国对外贸易结构，大力发展服务贸易，鼓励我国企业积极承接信息管理、技术研发、工业设计等国际服务外包业务，促进出口结构转型升级。有的委员建议，应当积极参与全球经济治理和区域合作，充分运用 WTO 等国际组织规则，防范各类风险，维护我国企业海外权益。有的委员建议，用好、用活我国的外汇储备，增加先进设备和短缺资源的进口，利用部分外汇储备支持国内企业走出去。一些委员提出，应建立我国对外投资环境研究机制，协助企业对投资东道国经济社会发展情况、投资环境、法律法规、宗教信仰、风俗习惯等进行深入了解和研究，加强实施“走出去”战略的宏观指导和服务，构建公平互惠、包容发展的对外经济合作新格局。

（二）关于政治建设

——今年是中国共产党成立90周年。委员们普遍认为，90年来中国共产党从小到大，由弱变强，领导革命、建设、改革所取得的伟大成就，进一步增强了各族各界人士坚持中国共产党领导的多党合作和政治协商制度、走中国特色社会主义政治发展道路的自觉性和坚定性。

——委员们建议，建立以保障民生、维护经济秩序和创新社会管理方式为重点，符合科学发展、和谐发展要求的服务型政府政绩考核机制。加强政府信息公开，充实公开内容，使决策全过程在阳光下运行，提高政府的公信力。

——一些委员提出，作为拥有13亿人口的发展中大国，艰苦奋斗、勤俭节约的作风要长期坚持。政府、公共机构、国有企业要带头厉行节俭。有的委员建议，严格文件、会议的审批和管理，精简会议数量，压缩会议规模，控制会议经费。有的委员建议，以中央深入开展公务用车问题专项治理为契机，开展公车情况专项检查，出台全国统一的指导性文件，建立刚性财政预算约束的管理体系，切实推进公务用车管理制度改革。

——委员们提出，要继续发挥密切联系群众的优良传统。公共决策形成之前，政府应当就征求群众意见的范围、时间、程序、组织管理、意见反馈等作出明确规定，拓宽与民意的互动平台。有的委员建议，创新社会管理，切实发挥城乡群众自治组织自我管理、自我教育、自我服务、自我监督的作用。有的委员建议，加强基层党的建设，尤其是农村和街道党组织建设，及时协调矛盾，把问题解决在基层。

——委员们普遍认为，反腐倡廉建设关系国家的前途和命运。在经济转型、改革攻坚、社会变革、矛盾凸显等大背景下，党风廉政建设和反腐败工作难度加大，任务艰巨。应当不断提升反腐倡廉建设的科学化、系统化、制度化水平。一些委员建议，充分发挥网络强大的民意汇集功能，开辟反腐新通道，鼓励知情人大胆提供线索；同时设立专门机构，负责网络信息的收集、处理和管理。

——委员们高度评价司法体制改革所取得的成果。认为司法公正是社会公正的种子，也是维护社会公平正义的最后防线。司法应成为国家的“集体良心”。为此，应完善审判公开制度，进一步树立法院系统阳光、透明、可信的形象。一些委员建议，用法律和行业规则明确规定法律职业道德标准，细化行为规范内容，完善法律职业道德和行为准则遵守情况的评价、激励、监督和惩戒机制。有的委员建议，有效发挥人民调解和行政调解的前沿阵地作用，共同创建人民调解、行政调解为主，司法调解为辅，三种调解序贯衔接的纠纷解决方式。

——委员们提出，未来5到10年，是西部地区特别是少数民族聚居地区实现跨越式发展的关键时期，要认真贯彻中央第五次西藏工作座谈会、中央新疆工作座谈会精神，不断完善民族区域自治制度，使少数民族聚居地区的人民早日过上幸福生活。进一步重视少数民族地区的人才培养，扶持开发少数民族地区优势产业，加大扶贫扶弱的力度，保护好少数民族文化。不少委员建议，进一步发挥民族宗教界人士和信教群众在促进经济社会发展和构建和谐社会方面积极的作用，加强基层宗教工作，落实好《宗教事务条例》。

——港澳委员们提出，“十二五”规划纲要就“保持香港澳门长期繁荣稳定”单设一章，充分体现出国家对于港澳地区的支持与厚爱。香港、澳门特别行政区政府应抓住这一机遇，进一步提高与内地合作的机制化水平，推动粤港澳深化区域合作，在国家整体发展战略中发挥独特作用。有的委员建议，推动粤港澳共同编制发展规划，加强港深金融合作，建设好前海示范区和绿色低碳的环珠江口宜居湾区。委员们认为，做好港澳台青少年的工作关乎“一国两制”事业发展，有关各方应当携手共同做好这项工作。

——委员们认为，推动两岸关系和平发展，维护来之不易的大好局面，已经成为两岸各界共识。不少委员建议，进一步支持海峡西岸经济区在推进两岸交流合作中先行先试，深入开展两岸各界的交流。有的委员建议，构建海峡文化交流合作平台，打造知名品牌，推进产业对接，促进文化融合。有的委员建议，抓住辛亥革命 100 周年这一契机，举办一系列庆祝活动，推动两岸关系进一步发展。有的委员提出，两岸佛教、道教等宗教一脉相承密不可分，应当充分利用“天时、地利、人和”圆满具足的殊胜因缘，推动两岸宗教友好交流的制度化和经常化。

——委员们普遍认为，我国在利比亚的撤侨行动，在国际上树立了“以人为本”的良好形象。海陆空三路共同进行，得到约 40 个国家的配合，将 35000 多人安全撤出。这次撤侨规模大、人数多、反应快，充分展示了我国的综合实力和国际地位，是一次凝聚民心、侨心的壮举。有的委员建议，要加强对侨居海外少数民族侨胞的关心和服务，做好少数民族地区归侨侨眷的工作。

——有的委员建议，把提升国际话语权上升为国家战略。大力推进区域合作，积极参加国际组织的工作和改革，推动新兴国际组织完善运行机制。大力发展智库及研究机构，推动公共外交，为提升国际话语权和话语质量提供理论支持。

（三）关于文化建设

——委员们认为，中华文化在世界文明史上独树一帜，是中华民族的精神记忆和不竭动力。一些委员提出，弘扬中华传统文化，应当大力倡导我国经典作品中蕴含的审美价值取向和道德伦理观念。有的委员提出，“十二五”时期应加强公民理想信念教育和诚信教育。

——委员们对中华传统文化走出去十分关注。有的委员认为，对中华文化自信心的缺乏，是传统文化走出去的障碍之一。应通过强有力、全方位、持续性的倡导，重建中华优秀传统文化的自信心。有的委员建议，选择一批有实力、有社会责任感的优秀文化企业，加强引导、监督和扶持，打造出一批具有国际影响力的文化精品。有的委员提出，我国不仅要出口电视机，也要出口电视剧。应注重搭建由海外华人文化精英组成的团队，编纂图文并茂的中华文化宣传册，打造代表国家水准的“中国文化节”等综合节目，向世界充分展示中国独具魅力的文化形象。

——一些委员认为，增强公共文化产品的供给和服务能力是文化建设的重要组成部分。目前公共文化设施地域、城乡差距较大，建议加大财政投入，为构建公共文化服务体系提供切实保障。一些委员认为，西部地区公共文化服务体系建设尚处起步、培育阶段。建议科学制定西部地区区域性公共文化服务体系发展中长期规划。不少委员反映，全国美术馆、公共图书馆、文化馆免费开放政策，受到群众普遍赞誉。建议进一步改革文博体制，加大管理力度，丰富国家馆和省市馆的藏品，提升陈展水平，发挥博物馆这个国家文化窗口的作用。部分委员反映，一些文化艺术院团和演员的生存现状不容乐观，很多对外文化艺术交流活动依靠国外友好团体和个人资助，呼吁国家加大对文化艺术的投入和支持。

——有的委员提出，在一些地方，利润成了评价文化的价值尺度，文化的人格塑造功能和长远社会效益受到漠视。应当遏制金钱至上的倾向，防止对传统文化资源的过分商业化、过度经营化。一些委员认为，生活实践是艺术创作的根基，应当列为艺术家的必修课，把支持文艺工作者深入基层、体验生活列为文化投入的重点。

——一些委员提出，作为领土、领海、领空之外的第四空间，网络已成为国际争夺的重要战略资源。我国的网络信息管理尚未建立一体化协同管理模式，事后管理多，引导性管理少，网络管理技术创新相对滞后。建议对网络信息管理进行系统性研究，通过科技管理手段抓关键部位，建立预见性的舆论引导和管理机制。有的委员提出，对网络文学应采取鼓励、支持和引导的态度，网络文学发展起来了，也能出文学大家。有的委员对“网络水军”现象表示担忧，建议疏堵结合，妥善应对。

——委员们认为，大力发展文化产业有利于传承我国悠久历史文化，丰富群众精神生活，形成区域经济新的增长点。建议学习国际经验，拓宽文化产业发展的思路和空间，增强文化产业的原创力。有的委员建议，实施出版创新工程，完善有利于创新性文化出版物生产的体制机制，从资源配置、基金支持、出版物评奖、机构评价等方面，给创新性出版物更多支持。有的委员提出，文化企业大部分资产都是无形资产，民营文化企业时常遭遇贷款融资难的问题。建议尽快完善文化产业投资市场，成立有公信力的文化产业资产评估公司，设立相应的文化产业基金，支持质优文化企业的发展和公益性文化项目的实施。

——委员们建议，采取有效措施，加大对“国庆十大工程”、“首钢工业遗产”等20世纪文化遗产的保护。一些委员认为，建设国家考古遗址公园，有利于整合文化遗产资源，突出城市文化特色，促进经济社会发展，值得推广。

——有些委员建议，利用中国共产党成立90周年和辛亥革命100周年的时机，加大对近代史和革命史的宣传。一些委员反映，许多民国时期重要文献缺乏有效保护，相当部分已经变成碎片，建议开展全国性文献普查，加强海峡两岸的合作与交流，抢救和保护民国时期文献特别是革命文献。

（四）关于社会建设

——委员们一致认为，发展社会事业和改善民生是促进科学发展的重要任务，“十二五”时期应以更大决心和力度，在社会事业和改善民生方面取得重大进展。

——委员们指出，就业是保障和改善民生的头等大事。应当采取有效措施，提升积极就业政策实施效果，促进就业创业。切实发挥政府、工会和企业的作用，努力形成企业和职工利益共享机制，构建和谐劳动关系。一些委员建议，完善创业政策支持体系，扶持一批大学生实现自主创业。有的委员建议，进一步完善残疾人就业政策，健全残疾人就业服务体系，保障残疾人就业权利。落实福利企业发展的优惠政策，保障残疾人集中就业。

——委员们普遍认为，“十二五”规划纲要提出的“努力实现居民收入增长与经济发展同步，劳动报酬增长与劳动生产率提高同步”的目标，是我国收入分配制度的一大突破。“十二五”时期应当树立“民富优先”的理念，从中央层面强化统筹协调，加强改革顶层设计，把收入分配体制改革的方案做细做实。进一步发挥政府在初次分配中的调节作用，完善企业职工工资分配体制，增强对工资增长的引导作用，适当提高最低工资的增长幅度，改革完善企业职工工资收入分配制度。有的委员提出，国有企业上缴的国有资本收益应更多用于社会建设，使广大民众公平享有改革发展成果。

——委员们建议，严格落实《国家中长期教育改革和发展规划纲要（2010～2020）》，把义务教育均衡发展纳入各地经济社会发展规划，“一盘棋”统筹规划城乡教育规模、结构、布局，“一个标准”配置城乡办学条件，“一体化”配备城乡教师队伍，加大对农村教育政策和资金倾斜力度，推进教育公平。有的委员建议，充分认识发展学前教育的紧迫性，坚持走以政府办园、示范幼儿园为龙头，各级各类幼儿园并存、公办民办互补的发展道路，逐步解决学前教育资源紧张和布局不合理问题。有的委员建议，加快发展以农民工为对象的中等职业教育，缩小东西部职业教育发展差距，加快发展西部地区职业教育。引导和督促高校加强对创业教育的规划，提升创业教育和创业培训的服务水平。对现有的民办教育机构进行评估，鼓励和扶持优质的非营利民办教育机构。

——委员们提出，“十二五”时期，应通过制度整合、提高统筹层次、加大公共投入、吸引社会资源等措施，使社会保障体系从形式普惠达到实质公平，为民众织好解除后顾之忧的安全网。继续加大公共福利投入，加强社会保障体系薄弱环节建设，尽快弥补相关制度缺失，使社会救助、基本医疗保障、基本养老保险等保障制度覆盖全民。

——委员们认为，医药卫生体制改革已经迈出坚实步伐，今年是医改三年实施方案的攻坚年，要完善有关政策，确保完成各项目标任务。一些委员建议，积极探索低成本、集约化医疗服务和管理模式，建立公立医院之间、公立医院与城乡基层医疗卫生机构之间的分工合作机制，逐步形成基层首诊、分级医疗、双向转诊的医疗模式。进一步健全基层医疗卫生服务体系，促进基本公共卫生服务均等化，逐步改变以药养医现状。有的委员建议，加强对医疗行业的规范引导，坚决遏制抗生素滥用状况，切实保障人民群众身体健康。

——委员们普遍认为，近段时间以来国家房价调控政策力度很大，这表明了中央抑制房价过快上涨、促进房地产市场健康发展的坚定决心。基层群众对房价调控政策非常关注，在一定时期应保持政策的衔接和连续性。建议采取有效措施遏制部分地区、城市房价过快上涨，加强对房产税制度的调查研究。同时，加强保障性住房建设，增加对中低收入居民的住房供给。

——委员们一致认为，加强和创新社会管理，是我国经济社会发展过程中一项系统工程和重大课题。应通过整合和优化政府的行政管理资源，把社会管理体制改革同行政管理体制改革有机结合起来。一些委员建议，推进以城乡社区为主要载体的基层社会管理体制改革，整合基层社会管理资源，增强基层自治功能。建立健全公共风险的预警机制，整合应急管理资源，提高危机管理和抗风险能力，有效应对自然灾害、事故灾难、公共卫生事件、社会安全事件。

——委员们提出，民以食为天，食以安为先。食品安全关乎人民身体健康、生命安全和国家安定和谐，也是群众高度关注的焦点。应当遵循国务院提出的“一个环节由一个部门监管”的原则，明确各个环节的监管责任主体，建立统一指挥、职责明确、协调配合、监管有力的联动机制。有些委员提出，安全、放心的食品是种出来的，是生产加工出来的。应当提高食品行业的产业化、规模化、标准化程度，从源头上消除安全隐患。有的委员建议，加大食品安全监管和惩治力度，从重从严惩处食品安全领域各种违法行为，让人民群众吃得安全，吃得放心。

（五）关于生态文明建设

——委员们充分肯定我国应对气候变化工作取得的新进展。建议高度重视气候变化适应问题，未雨绸缪，趋利避害，最大限度减少气候变化和极端气候事件的不利影响。有的委员建议，在全国分解“十二五”温室气体减排指标时，也应体现“共同但有区别的责任”原则，统筹考虑欠发达地区的社会经济发展水平和资源禀赋，合理分解减排指标。有的委员建议，大力开展应对气候变化科普宣传，设立“国家应对气候变化日”。一些委员建议，摸清全国各地碳排放情况和总量，发展低碳技术和产业，逐步建立碳汇交易市场。

——委员们提出，节能减排工作要坚持把节约资源能源、提高资源能源利用效率放在首要位置，大力依靠科技和管理的创新。有的委员建议，加大环境保护力度，尽快制定出台生态补偿条例，逐步建立健全环境公益诉讼制度，加大对节能环保产业的政策和资金支持。有的委员建议，完善国家土壤环境质量标准和土壤环境污染修复标准，鼓励制定地方标准作为补充，保障土壤生态安全。

——委员们认为，必须加强资源节约和管理。有的委员建议，把淡水资源的拯救及合理利用作为基本国策。有的委员提出，合理的控制蒸发，减少降水资源的蒸发损耗，高效利用降水资源，是解决水资源短缺问题的新思路。有的委员建议，积极探索建立煤炭等重要资源战略储备制度。在现行阶梯电价中引入分时电价，调节用电量的峰谷变化。有的委员强烈呼吁，叫停城市亮化工程，大力提倡节约观念，切实保护资源。委员们充分肯定我国核电发展的成就，建议国家尽快谋划解决核电产业上游铀资源开发保护及核电产业下游乏燃料（即在反应堆中燃耗的核燃料）处理的问题。

——委员们提出，要合理开发和利用海洋资源，加强海洋环境保护。有的委员建议，科学规划海岸带开发，改善分散用海过多的局面；像保护耕地一样，对生态敏感的海岸带和现阶段不开发的海岸带，划出红线保护起来。有的委员建议，在“十二五”期间，建造一些用于调查研究海洋水文、地质、气象、生物、能源等特殊任务且有远洋能力的科学调查船。有的委员建议，东海渔区要实行从春分到秋分的半年休渔制度，保障海洋渔业的健康可持续发展。

——委员们建议，加强生态保护和防灾减灾体系建设。有的委员建议，尽快制定出台退耕还林工程总体规划，在水源涵养区、水土流失严重区域和地质灾害频发区域，继续实施退耕还林，有计划地推进陡坡耕地和严重沙化耕地退耕还林，并适当提高补助标准。有的委员建议，结合集体林权制度改革，借鉴“粮食直补”的做法，实施林木年度直补政策。委员们建议，编制湿地保护的“十二五”规划，尽快出台湿地保护法律法规，推进湿地保护生态补偿试点工作。有的委员建议，加快自然保护区立法和规划编制工作，加大财政投入。

（六）关于政协自身建设

——委员们高度评价2010年人民政协的各项工作。普遍认为，一年来，人民政协抓大事，重实效，求创新，工作科学化水平不断提高，履行职能成效显著，为中国特色社会主义建设各项事业的发展作出了重要的贡献，人民政协事业呈现团结和谐、务实进取、蓬勃发展的良好局面。

——委员们一致认为，《中共中央关于加强人民政协工作的意见》颁布五年来，各级党委认真贯彻落实，相关部门大力支持，各级政协组织积极履行职能，形成了许多好的经验和做法，对于提高党的执政能力，巩固党的执政地位，推动科学发展，促进社会和谐发挥了重要作用。委员们建议，对贯彻落实《意见》的情况进行全面总结，提炼出具有普遍意义的好经验，向全国推广。

——不少委员建议，进一步加强人民政协政治协商的制度化建设，制定出台全国性的制度化文件，对人民政协开展政治协商的性质、内容、形式、程序等作出统一、明确的规定，更好地发挥人民政协政治协商作为我国实行协商民主的主要载体和实现形式的作用。部分委员提出，政协的民主监督是我国社会主义监督体系的重要组成部分，建议进一步完善相关制度和程序，探索民主监督的新形式。

——委员们认为，人民政协是党联系群众的桥梁和纽带，建议进一步加强新形势下人民政协的群众工作，丰富政协团结和民主主题的内涵，不断完善界别联系群众等工作机制，提高人民政协开展群众工作的能力和水平，协助党和政府做好团结群众、联系群众、服务群众的工作。

——委员们认为，人民政协的对外友好交往，是国家形象的重要窗口和公共外交的重要平台。不少委员提出，要加强人民政协公共外交研究，鼓励和支持政协委员成为公共外交的践行者。

——有些委员建议，加大提案办理力度，在人民政协和承办单位之间建立提案办理监督机制，形成“提好案、审好案、办好案”的良性循环，更好地调动委员参政议政积极性。不少委员认为，人民政协反映社情民意还有很大空间。应当建立政协网络民意收集、分析、反映和互动机制，重视网民诉求，集中网民智慧，探索互联网汇集民意信息的新方式。

——委员们提出，要以改革创新为动力，以提高工作科学化水平为目标，认真研究政协工作面临的新情况新问题，全面加强自身建设。有的委员建议，根据社会发展变化，及时完善界别设置，积极为界别活动创造条件。有的委员建议，继续组织好学习讲座、部门交流等活动，帮助委员开阔视野，知情明政，拓宽委员履行职责的渠道。不少委员建议，进一步加强全国政协对地方政协的指导，适时召开地方政协工作经验交流会，促进各级政协工作整体水平的提高。

我省40名驻滇全国政协委员全部到京参加了全国政协十一届四次会议。会议期间，我省委员积极建言献策，围绕事关科学发展、改善民生、促进社会和谐稳定以及有关我省经济社会发展大局的重大问题提出了许多好的意见和建议，体现了对国家、对人民、对政协事业高度负责的精神，很好地展现了我省各族群众的风采和形象。

会议期间，王学仁委员就如何发挥政协优势，做好群众工作接受了媒体的专访。管国忠委员就如何增强民族地区发展后劲提出了系列的意见和建议。马开贤委员针对我省民族工作存在的困难和问题，建议应进一步加大对民族地区的扶持力度。陈勋儒委员就进一步规范各种创建评比活动作了大会口头发言，引起了委员们的共鸣。曾华委员就大力弘扬“滇西抗战”的民族精神，呼吁尽快将“滇西抗战”故地列为我国“海峡两岸交流基地”。罗黎辉委员就促进教育均衡发展，提交了多份提案和建议案。倪慧芳委员针对我省基本公共服务保障水平落后的现状，建议应继续加大对云南的财政扶持力度。其他委员也在不同的界别讨论中发言，受到了关注。

截至3月8日，我省出席会议的委员共向大会提交提案163件，其中有《关于把云南作为全国“少数民族团结进步事业发展试验示范区”建设的提案》《尽快建立健全西部地区生态补偿机制的建议》《关于把德宏州设立为面向东南亚经济特区的提案》《关于支持西南少数民族地区“五小水利”工程建设的提案》等提案。这些提案分别以个人或联名两种方式向大会提交，都是委员们在深入调研的基础上，经过反复研究提出的。提案中，加快云南对外开放步伐、加大水利建设工作力度、关注教育均衡发展问题、进一步推动边疆少数民族地区经济社会发展等成为委员们共同的呼声。

四、省政协学习贯彻的初步意见

（一）要深入学习会议精神，统一思想，提高认识

本次大会，是在我国发展进入“十二五”时期召开的一次重要会议。会议全面贯彻中共十七大和十七届三中、四中、五中全会精神，以邓小平理论和“三个代表”重要思想为指导，深入贯彻科学发展观，广泛动员人民政协的各党派、团体和各界人士，坚定信心，锐意进取，以科学发展为主题，以加快转变经济发展方式为主线，认真履行政治协商、民主监督、参政议政职能的一次大会。各级政协组织要把学习贯彻会议精神作为近期一项重要任务，认真组织广大政协委员和各相关部门进行深入学习，切实领会会议精神实质。要把学习贯彻这次会议精神和学习贯彻中共十七大、十七届三中、四中、五中全会精神结合起来，和学习贯彻胡锦涛总书记在庆祝政协成立60周年上的讲话精神以及省委政协工作会议精神结合起来，努力推动本职工作上新台阶。要通过学习，认清形势，提高认识，坚定信心，真正把思想统一到中央的要求、会议的精神以及省委对政协的工作部署上来，增强工作的针对性和有效性。

（二）要紧扣“十二五”规划布局，为推动科学发展献良策

要着眼于促进“十二五”开好局、起好步，切实把履行职能的着力点放在服务“十二五”规划的实施上，放在推动科学发展的思考上。要紧紧围绕建设“两强一堡”这一战略目标，紧扣科学发展这一主题，突出加快转变经济发展方式这一主线，牢牢抓住实施“十二五”规划中的重大问题，选择滇中经济区建设、生态建设和保护、兴水强滇、产业布局等问题深入开展调查研究；组织政协委员就转变经济发展方式、调整经济结构、滇中引水、医药卫生改革、规范执法等进行视察和开展协商议政，努力建睿智之言，献务实之策。

（三）要关注民生，为改善民生办实事、办好事

发展社会事业和改善民生是促进科学发展的重要任务，各级政协组织和广大委员要结合自身实际，把更多的精力放在民生改善上。要始终坚持把人民群众的利益作为政协

工作的出发点和落脚点，切实把关系群众切身利益的重大问题和群众反映强烈的热点难点问题作为履行职责的重要内容，重点围绕收入分配、社会保障、劳动就业、医疗卫生、保障性住房、公共服务均等化、职业教育发展、妇女儿童权益保护、控制物价和抑制通胀等方面履职尽责、献计献策。

（四）要树立大局意识，为维护社会和谐稳定做好群众工作

政协作为党委、政府联系群众的桥梁，各级政协组织和广大委员要树立大局意识，团结和动员各党派、各团体、各民族、各阶层、各界人士共同致力于和谐云南建设。要深入到各界群众之中，了解民生、体察民情、集中民智、反映民意，积极探索联系和服务群众的新方法，密切关注复杂形势下可能引发的各种矛盾和问题，高度重视特殊时期的民情民意，主动协助党委、政府做好新形势下的群众工作，积极协调关系、化解矛盾、理顺情绪，进一步巩固发展民族团结、社会和谐稳定的良好局面。

在省政协十届十四次常委会议上的讲话

（2011 年 4 月 8 日）

王学仁

各位常委、同志们：

这次省政协常委会议传达学习了全国政协十一届四次会议精神，审议了《政协云南省委员会 2011 年重点工作安排意见》。会议期间，大家围绕贯彻落实全国“两会”精神、进一步做好今年的各项工作进行了认真的讨论，提出了许多很好的意见和建议，这对于我们做好今年的工作具有重要的意义。下面，我讲三点意见。

一、深刻领会全国“两会”精神，进一步增强工作信心、明确履职方向

今年全国“两会”，是在我国发展进入“十二五”时期，全国各族人民满怀信心迎接中国共产党成立 90 周年的形势下召开的重要会议。关于会议的基本情况、主要精神以及如何贯彻落实，曾华副主席在昨天下午已经做了详细的传达、提出了明确的要求。希望大家在这次会议后继续深入学习领会、认真抓好贯彻落实。在学习贯彻中，要抓住三个重点：一是充分认识人民政协在“十一五”时期发挥的重要作用，进一步增强做好政协工作的信心。“十一五”时期是中国特色社会主义事业取得辉煌成就的五年。各级政协组织和广大政协委员坚持协商议政谋发展、履职为民促和谐，为应对各种风险挑战、推动经济社会又好又快发展发挥了重要作用。在“十一五”期间，云南省政协积极团结广大政协委员和各族各界人士，紧紧抓住关系全省经济社会发展的重大问题如加快“桥头堡”建设、推进“滇中调水”、实施“兴边富民工程”、保障和改善民生、应对金融危机等，深入调查研究、积极献计献策，得到了省委、省政府的采纳，引起了党中央、国务院、全国政协的高度重视，获得了社会各界的关注和好评。过去 5 年的生动

实践充分证明，中国共产党领导的多党合作和政治协商制度，反映了人民当家做主的社会主义民主的本质要求，具有强大的生命力。在今后的工作，我们要更加自觉地坚持中国共产党的领导，坚定不移地走中国特色社会主义政治发展道路，不断开创人民政协事业的新局面。二是准确把握“十二五”时期发展的目标任务，更加积极地履行职责。这次全国两会的一个重要成果，是批准了“十二五”规划纲要。特别让人振奋的是，在这个规划纲要中，除了把云南建成我国面向西南开放的桥头堡正式上升为国家战略外，还有许多事关云南今后发展的重要内容，比如加快推进“滇中调水”工程前期工作，推动滇中经济区加快发展，建设生态屏障、加强生态环境保护和治理，加大对民族地区、边疆地区和贫困地区扶持力度，扶持人口较少民族发展，深入推进“兴边富民”行动，在滇西边境山区实施集中连片扶贫开发，建设中缅油气管道境内段等都被列了进去。这对于实施我省的“十二五”规划纲要、加快推进“两强一堡”战略目标，具有十分重大的意义。我们要充分认识贯彻落实好“十二五”规划纲要的重要性，深刻领会“十二五”时期我国经济社会发展的目标任务和政策措施，准确把握国家总体发展布局中有关我省的内容和要求，广泛动员参加人民政协的各党派、团体和各族各界人士，着力于国家和我省“十二五”战略目标的顺利实现，紧紧抓住科学发展这一主题和加快转变经济发展方式这一主线，以更加坚定的信念、更加振奋的精神和更加扎实的工作，努力为实现“十二五”发展目标、夺取全面建设小康社会新胜利作贡献。三是牢固树立“五种意识”，努力推动人民政协事业不断发展前进。在新的形势下，人民政协要全面履行政治协商、民主监督、参政议政职能，充分体现为党分忧、为国尽责、为民服务的价值追求，进一步增强工作的生机和活力，就必须牢固树立政治意识，自觉坚持中国共产党的领导，坚定不移地走中国特色社会主义政治发展道路。牢固树立大局意识，始终服从服务党和国家中心工作，围绕改革开放和社会主义现代化建设谋事，紧扣服务科学发展、促进社会和谐干事，努力在全面建设小康社会中成事。牢固树立群众意识，始终情牵人民、心系群众，全面反映民思、民盼、民忧，积极协助党和政府妥善处理各方面利益关系。牢固树立履职意识，积极发挥政治优势、组织优势、智力优势和渠道优势，努力为促进经济平稳较快发展和社会和谐稳定作出应有的贡献。牢固树立委员意识，切实维护委员民主权利，尊重委员首创精神，提高委员整体素质，支持帮助广大委员深入实际、走向基层、贴近群众，在做好本职工作的同时履行好委员职责，在报效国家、服务人民的实践中施展才华、建功立业。

二、紧紧抓住重点，切实做今年的各项工作

今年是“十二五”的第一年。为做好今年省政协的各项工作，从去年年底以来，省政协党组、主席会议就一直在认真谋划今年的工作。今年春节刚过，省政协党组就制定下发了《党组工作要点》。经主席会议认真讨论，拟定了《政协云南省委员会2011年重点工作安排意见》。3月29日省委召开常委会听取了省政协党组的工作汇报。省委对省政协去年的工作给予了充分肯定，对省政协《2011年重点工作安排意见》表示完全赞成。在本次省政协常委会上，各位常委对省政协今年的工作重点进行了认真的审议。会后，主席会议将根据大家的意见建议，对《意见》做进一步的修改完善，并认真抓好贯彻实施。总体上看，省政协今年的工作就是要抓好进一步加强我省生态建设和

保护、加快推进滇中经济区建设、推进“兴水强滇”战略实施、在桥头堡建设中构建云南高水平教育平台、我省保障性住房建设、云南省城市民族工作情况、云南边境旅游问题、云南特有民族历史文化保护和利用、充分发挥民主党派在政协工作中的重要作用等9项重点调研，开展好“云南转变经济发展方式、调整经济结构的推进情况”“滇池补水——清水海及牛栏江工程进展情况”“我省医药卫生人才队伍建设情况”“政法机关规范化执法情况”“云南石产业发展情况”等5项重点视察，督办好各民主党派、工商联关于“七彩云南保护行动”的系列联合提案等10件重点提案，举办好以“加快推进滇中经济区建设”为主题的企业家论坛和以“创新社会管理”为主题的省政协第四届民生论坛这2个论坛会，筹办好庆祝中国共产党建党90周年、纪念辛亥革命100周年等重要活动。今年的这些重点工作，有的涉及“两强一堡”战略，有的涉及加快经济发展方式转变，有的涉及重大民生问题，有的涉及经济社会发展中的热点难点问题，都是党委政府高度重视、社会各界高度关注的工作。这些重点工作的选择，紧紧围绕着“十二五”规划的目标任务，较好地体现了围绕中心、服务大局的工作原则，反映了履职为民、关注民生的工作宗旨，贯穿了抓大事、议大事的工作思路，充分考虑到了政协工作的实际。切实完成好这些重点工作，将有利于省政协的自身优势得到进一步发挥、履行职能的实效得到进一步提高，有利于政协工作在全省大局中占有更重要的位置、在经济社会发展中发挥更大的作用、在人民群众中产生更广泛的影响。为顺利完成省政协今年的重点工作，希望大家在三个方面做好工作。

第一，狠抓工作落实，进一步增强履职成效。今年省政协的大事多、活动多、会议多，要高质量地完成好各项任务，必须狠抓落实，努力在“做精、求深、出新”上下功夫。做精，就是工作要精益求精，坚持高标准、严要求，力求使每项活动都精心组织、没有失误，每份材料都精心起草、没有差错。求深，就是调查研究要深入，能够深入基层和群众掌握第一手资料，善于多角度、多层次地分析问题，切实按照科学发展的要求去思考和选取对策，力求揭示事物的本质、找出发展的规律、得出科学的结论。出新，就是内容要有新意，力求调研视察的成果观点新颖、见解独到，提出的对策建议有所创新而不老调重弹，努力使我们所建之言是可信之言、所立之论是可取之论、所献之策是可用之策。

第二，注意方式方法，进一步提高工作的科学化水平。运用科学的工作方法，是推进政协工作科学化的有效途径。在今年工作中，我们要着眼于新的工作实践，更加重视探索和运用适应时代发展、符合政协特点、有利于履行职能的工作方法，着力提高工作的针对性和实效性。要在履行职能上更加突出统战性，开展各项工作和组织各种活动都要紧紧围绕团结、民主两大主题，坚持体谅包容不同声音、尊重理解不同意见，通过充分发扬民主，促进真正团结，最大限度地统一思想、凝聚力量。要在工作推进上更加突出有序性，按照省委、省政府的工作部署和省政协的工作安排，精心谋划全年的工作计划，有条不紊地开展各项工作和活动，确保调查研究有充足的时间，工作成果能在最适当的时机为党委、政府决策提供参考。要在职责分工上更加突出全局性，对各项工作任务要进一步抓好分解细化，明确分工、明确职责、明确质量标准和时限要求，更要牢固树立“一盘棋”思想，切实把工作的出发点放在推动省政协全局工作的开展上，自觉使各项工作和活动服务服从于省政协顺利完成全年的工作任务。要在力量组织上更加突出广泛性，开展专题调研、委员视察的人员要精干、得力，但在咨询论证、征求意见时，就要切实发挥政协人才荟萃、联系广泛的优势，尽可能多地把熟悉情况的委员、民主党派成员和有关方面的专家吸收进来，广泛听取意见，多渠道收集信息，努力汇集各方智慧、体现各界民意。

第三，加强自身建设，进一步打牢政协履职基础。加强自身建设是政协切实履行职能、充分发挥作用的前提和基础。要进一步激发广大委员参政议政的积极性，不断提高服务委员的质量和水平，积极支持委员履行职责，全力维护委员的履职权益，广泛宣传委员的先进事迹，更好地营造支持委员履行职责的良好社会氛围。要进一步探索新形势下各民主党派、工商联、人民团体和无党派人士在政协工作中发挥作用的新方式、新途径，不断拓展参与政协工作的广度和深度。要进一步发挥专委会的组织、协调、服务功能，不断增强工作活力和成效，使专委会成为联系广大委员的重要纽带，成为政治协商、民主监督、参政议政的重要层次，成为各民主党派、工商联、人民团体和广大委员知情出力的重要场所，切实在凝聚委员的智慧和力量方面发挥基础性作用。要进一步密切与基层政协的联系，认真按照中央的指示精神和省委的统一部署，积极协助有关部门做好州市县政协的换届工作。要进一步提高机关的服务保障能力，以继续开展创先争优活动为契机，以深入学习杨善洲同志的先进事迹和崇高精神为动力，以抓学习为基础，以抓服务为根本，以抓落实为重点，不断提高机关办文、办会、办事的能力和水平，深入推进学习型、服务型、创新型、和谐型机关建设，不断增强政务性服务能力和统筹协调能力，切实为省政协有效履行职能、顺利开展工作提供有力的保障。

三、充分发挥政协优势，积极做好群众工作

当前我国正处在社会转变阶段，经济体制深刻变革，社会结构深刻变动，利益格局深刻调整，思想观念深刻变化，社会矛盾集中多发。这使得现阶段我国社会在总体相对稳定、和谐、有序的同时，由各种因素引发的众多矛盾也凸显出来。这些社会矛盾绝大多数是人民内部矛盾，也是社会发展过程中必然会经历的阶段，但都涉及到人民群众这个社会主体和做好新形势下群众工作问题。胡锦涛总书记在中共十七届五中全会上强调，新形势下群众工作需要大家共同来做，各级党委、政府、政协和工会、共青团、妇联等人民团体都要高度重视和主动开展群众工作，形成加强和改进新形势下群众工作合力。今年2月19日至23日，中共中央在中央党校举办了省部级主要领导干部社会管理及其创新专题研讨班，胡锦涛总书记就“加强和创新社会管理，做好群众工作”作了重要讲话。省委昨天召开了全省群众工作会议，并将举办为期三天的领导干部专题研讨班。这次会议传达了中央领导同志的重要讲话精神，结合云南实际部署了我省加强和创新社会管理的工作。我们要认真学习、深刻领会，并结合政协实际做好工作。

人民政协作为爱国统一战线组织，由社会各党派、人民团体和社会各界代表人士组成，与社会各界群众具有广泛的密切联系。这种广泛的群众性决定了人民政协在做好群众工作、促进社会和谐稳定中，具有深厚的群众基础，也完全可以发挥重要的作用。在全国政协十一届四次会议上，贾庆林主席也强调，政协在今年的工作中，要发挥独特优势，切实加强新形势下的群众工作。在今年的工作中，我们要充分认识做好新形势下群众工作的重要性和紧迫性，准确把握中央和省委关于做好新形势下群众工作的总体要

求，切实把群众工作放到更加突出的位置，以更加鲜明的群众观点、更加坚定的群众立场、更加深厚的群众感情，充分发挥政协在组织上的广泛代表性、政治上的巨大包容性、工作方法上的多样灵活性，积极做好联系群众、宣传群众、服务群众、团结群众的工作，凝聚各方智慧、汇聚发展合力，努力为实施“十二五”规划、实现经济社会又好又快发展创造更加良好的条件。

一要坚持履职为民，始终以人民群众利益为重、以人民群众期盼为念，在思想上尊重群众、感情上贴近群众、工作上依靠群众，自觉站在最广大人民群众的立场上说话办事，进一步把做群众工作、为人民服务贯穿到履行职能的各个领域和各个环节，真诚倾听群众呼声，真实反映群众意愿，真情关注群众疾苦，真心帮助群众解难，多建反映民情的真言，多献改善民生的良策，多办顺应民意的实事，努力使所有的政协工作部门都成为做群众工作的部门，所有的政协工作都成为服务群众的工作。

二要积极推进协商民主，不断增强政协组织的代表性、包容性和政协工作的开放性、参与性，使社会各界人士有更多的途径和机会在政协的会议、论坛、活动中开展对话、协商、讨论，让社会各阶层的诉求可以通过政协组织得到充分表达、各种利益关系得到有效协调，使党委、政府的决策部署能够更加全面地平衡社会各方面的诉求，进一步减少社会的利益冲突和矛盾，进一步形成推动科学发展的思想共识和工作合力。

三要全力协助党委、政府加强和创新社会管理，积极支持和引导社会团体参与社会管理和公共服务，深入研究影响社会管理的源头性、根本性、基础性的问题，积极提出新形势下加强和创新社会管理、做好群众工作的思路和措施，努力为提高社会管理科学化水平、确保社会既充满活力又和谐稳定献计出力。

四要认清形势自觉维护社会稳定。去年底以来，中东、北非部分国家局势持续剧烈动荡，给这些国家的人民带来了巨大的灾难。值得注意的是，境内外一些别有用心的人企图把乱局引向中国。他们通过互联网煽动非法聚集，妄图制造事端，挑起“街头政治”。他们打着民主的旗号，实际却干着扰乱人心、破坏社会秩序的勾当。广大群众对此强烈不满。人心思稳、人心思安、人心思发展，这是大势所向、人心所向。维护稳定是全国人民的共同意志，是各族群众的根本利益。我们要始终保持头脑清醒，认清境内外一些别有用心的人利用各种手段挑起“街头政治”的本质，十分珍惜来之不易的大好局面，自觉维护和谐稳定，立足本职，做好工作，聚精会神搞建设、一心一意谋发展。

各位常委、同志们，今年是“十二五”的开局之年，又逢中国共产党成立90周年和辛亥革命100周年，做好今年的工作意义重大。希望大家认真学习贯彻全国“两会”精神，切实把智慧和力量凝聚到实现“十二五”时期的目标和任务上来，积极开展工作，认真抓好落实，齐心协力完成好今年的各项任务，努力使省政协工作每年都有新气象、新进步、新成效。

在西部十二省区市政协文史工作协作交流会议上的致辞

（2011年4月12日）

管国忠

尊敬的卞晋平副主任，各位副主席，同志们、朋友们：

今天，我们在美丽的春城昆明，荣幸地迎来了西部十二省（区、市）政协文史工作协作交流会议的隆重召开。在此，我谨代表政协云南省委员会，向莅临本次会议的各位嘉宾、各位朋友表示最热烈的欢迎！向长期以来关心支持云南经济社会发展的全国政协和兄弟省区市政协的各位领导表示衷心的感谢！

西部十二省（区、市）政协文史工作协作交流会议，是西部各省（区、市）政协交流文史工作经验、相互学习提高的重要平台。这次会议是继去年甘肃会议之后的第二次西部十二省（区、市）政协文史工作协作交流会议。会议在云南召开，为我们学习兄弟省区市政协文史工作好经验、好做法提供了宝贵的机会。借此机会，我就云南基本省情及经济社会发展情况，向大家作一简要介绍。

云南意为“彩云之南”。在中国文化中，“彩云”意味着吉祥、幸福和希望。云南地处祖国西南边陲，是一个气候温和、资源丰富、风光优美、历史悠久、民族文化多姿多彩的省份。全省国土面积39.4万平方公里，2010年末全省总人口近4600万，辖16个州市，129个县市区。与缅甸、老挝、越南3国接壤，国境线长4060公里。境内山谷相间，平坝占土地面积的6%，山区、半山区占94%。

自然资源极其丰富。云南资源总量居全国第6位，人均资源量是全国平均水平的2倍。资源优势突出表现为五个方面：一是气候。云南气候类型呈垂直分布，具有我国从海南岛到黑龙江的各种气候类型，这在中国是绝无仅有的。二是生物。云南拥有热带、亚热带、温带、寒带地区所拥有的多种类型的生物资源种类，高等动物、植物和花卉的种类皆占我国的一半左右，是中国最重要的生物资源宝库，被誉为“植物王国”“动物王国”“花卉之乡”“药材之乡”和“生物资源基因库”。三是旅游。秀丽雄奇的自然风光、浓郁的民族风情同悠久的历史文化交相辉映、完美融合，旅游资源品位高、种类全。全省有景区景点200多个，国家级A级以上景区有134个，其中列为国家级风景名胜区的有石林、滇池、丽江玉龙雪山、腾冲地热火山等12处，有昆明、大理、丽江、建水、巍山等5座国家级历史文化名城，丽江古城被列入世界文化遗产，三江并流、石林被列入世界自然遗产。四是水能。全省水能资源蕴藏量达1.04亿千瓦，可开发量9000多万千瓦，占全国可开发水力资源的20.5%，居中国第2位。五是矿产。云南矿产种类多、储量大、经济价值高。已探明储量的92种矿产中，有35种储量居全国前5位，尤其是有色金属和磷矿储量丰富，铅矿、锌矿保有储量居全国第1位。

区位条件极其优越。云南地处约占世界总人口一半的中国、东南亚、南亚三大市场结合部，是我国通往东南亚、南亚的窗口和门户。全省边境线占中国陆上边界的五分之一，拥有国家一类口岸 13 个、二类口岸 7 个，与东盟的缅甸、越南、老挝 3 国接壤，与泰国和柬埔寨通过澜沧江—湄公河相连，并与马来西亚、新加坡、印度、孟加拉等国邻近，是我国毗邻周边国家最多、边境线最长的省份之一。早在 2000 多年前，云南就是中华民族与印度和东南亚人民友好交往和开展贸易往来的重要通道。近年来，随着中国连接东南亚、南亚国际大通道建设的推进，云南已经初步形成了通往东南亚、南亚国家的三条较为集中的对外通道：一是源于“南方丝绸之路”的西路通道，沿滇缅（昆畹）公路、中印（史迪威）公路和广大铁路西进，通过多个口岸出境，可分别到达缅甸的密支那、八莫、腊戍等地并直达仰光。二是由澜沧江—湄公河航运、昆明至打洛等 3 条公路和西双版纳机场构成，通往老挝、缅甸、泰国并延伸至马来西亚和新加坡的中路通道。三是以现有滇越铁路、昆河公路及待开发的红河水运为基础，通往越南河内、海防及其南部各地的东路通道。

民族文化极其浓郁。云南是我国少数民族种类最多的省份，全省少数民族人口 1600 万，是全国少数民族人口超过千万的省区（广西、云南、贵州）之一，在全国居第 2 位。人口超过 5000 人的世居少数民族有 25 个，其中 15 个少数民族是云南特有的；人口超过 100 万的少数民族有彝、白、哈尼、傣、壮 5 个；全省有 15 种少数民族跨国境而居；有非物质文化遗产 8589 项。在新中国成立初期，由于历史、自然、地理等多方面的原因，云南各民族经济社会发展极不平衡，人类社会发展过程的几种社会形态同时存在，堪称“一部活的社会发展史”。经过千百年的发展，云南各民族创造了各具特色、丰富多彩的民族文化和民俗风情，如纳西族的东巴文化、傣族的贝叶文化、彝族的太阳历文化、哈尼族的梯田文化等。这些文化和习俗源于自然，顺乎天道，发乎人性，在今天仍然有着重要的现实意义。

发展历史极其悠久。这个论断已经通过云南开远森林古猿（1500 万年前）、禄丰腊玛古猿（800 万年前）、元谋古猿（170 万年前）和智人化石的先后发现而被证明。在玉溪澄江帽天山发掘出土的“澄江动物化石群”，与澳大利亚的“伊迪卡拉动物化石群”和加拿大的“伯吉斯动物化石群”共同被誉为“地球历史早期生物演化实例的三大奇迹”，为人类打开了探索距今 5.5 亿和 5.3 亿年前地球生命演化进程的“窗口”。历史上有名的“南方丝绸之路”、大理国、南诏国等，也充分印证了云南历史上的繁荣。悠久的历史和文化传统，不仅遗留下大量文物古迹，也为云南的发展造就了深厚的文化底蕴。全省共有文物古迹 5300 多处、馆藏文物 30 余万件、国家级文物保护单位 76 处、各级文物保护单位 2000 多处。深厚的文化底蕴和多样化的民族文化，不仅极大地丰富了中华文化的宝库，也为云南的发展提供了更加持久和强大的动力。

进入新世纪以来，在党中央、国务院的正确领导下，云南省委、省政府团结带领全省各族人民，通过全省人民的生动实践和埋头苦干，云岭大地发生了广泛而深刻的变化，焕发出蓬勃生机和旺盛活力，在全面建设小康社会道路上迈出了更加坚实的步伐。“十一五”期间，全省经济总量从 3462 亿元增加到 7220 亿元，年均增长 11.8%，人均生产总值从 7809 元增加到 15749 元；社会消费品零售总额从 1041 亿元增加到 2500 亿元；财政总收入从 766 亿元增加到 1809 亿元；全社会固定资产投资从 5600 亿元增加到

1.86万亿元，增长2.3倍。全省城镇居民人均可支配收入达16065元，年均实际增长8.1%；农民人均纯收入达3952元，年均实际增长9.9%。累计完成外贸进出口总额460亿美元，实际利用外资37亿美元，引进省外到位资金4037亿元，分别是“十五”的3倍、5.6倍和5.7倍，其中与东盟国家的贸易增长了2.6倍，对南亚国家的贸易增长了4倍。更为重要的是，通过多年持续争取，云南沿边开放开发得到中央重视，确立了建设我国面向西南开放的桥头堡这一重大战略，从根本上提升了云南在全国对外开放格局中的地位。目前全省上下正按照《云南省国民经济和社会发展第十二个五年规划纲要》确定的紧紧围绕建设绿色经济强省、民族文化强省和中国面向西南开放的桥头堡战略目标，加快推进富裕民主文明开放和谐云南建设。

各位来宾、各位朋友，我们相信，在全国政协领导的精心指导下，在座各位的共同努力下，这次会议必将进一步增进友谊、扩大交流、深化协作，开启推动西部十二省区市政协文史工作科学发展的新篇章。

最后，预祝本次会议圆满成功！祝大家在云南期间工作顺利、生活愉快、万事胜意！

扎实工作　开拓创新
努力开创政协新闻宣传工作的新局面

——在省政协第四届“政协好新闻奖”颁奖会上的讲话

（2011年4月13日）

顾伯平

正当全省上下认真学习贯彻党的十七届五中全会精神、2011年全国两会精神和省两会精神之际。我们大家相聚在这里隆重召开云南省政协第四届“政协好新闻奖”颁奖会议。首先，我谨代表省政协、代表学仁主席、国忠常务副主席，向关心、支持和重视政协新闻宣传工作的省委宣传部、各新闻单位和广大新闻工作者，表示衷心的感谢！向获得表彰奖励的同志们表示热烈的祝贺！

在过去的一年里，云南省政协新闻宣传工作高举爱国主义、社会主义旗帜，把握团结和民主两大主题，在省委、省政协党组的正确领导下，在省委宣传部的大力支持下，紧紧围绕中心工作，牢牢把握正确地舆论导向，有计划、有重点、有广度、有深度地进行宣传报道，大力宣传省政协履行职能取得的丰硕成果，较好地宣传了人民政协事业发展的新篇章。全年共组织省政协重要会议、重要活动、重点调研、重点视察、重点提案等工作的宣传报道80多场次，中央、省级等媒体共刊播2000多篇，对省政协履行政治协商、民主监督、参政议政职能，充分发挥协调关系、汇聚力量、建言献策、服务大局的重要作用进行了多角度、全方位宣传报道，营造了良好的社会氛围，成绩突出、成效显著。省政协新闻宣传工作成绩的取得，与中央、省级和各州市新闻单位的支持及广大新闻工作者汗水与智慧的付出，有着直接而重要的关系。几年来，省政协的重点调研、视察和重点建言，如“滇中调水”“兴边富民”“中小学危房改造”“抗旱救灾”等，从组织调研视察到提出建言意见，自始至终，各新闻单位配合有力，广大新闻工作者投入积极，报道深入、影响深远，为成果的转化发挥了重要作用。特别是2010年，在省政协“推进桥头堡建设”重点工作中，从驻滇全国政协委员联名提出提案，向全国政协及相关部委汇报情况，到开展专题调研、组织论坛建言献策，在整个过程中，随时随处都有广大新闻工作者辛勤忙碌的身影，各种新闻媒体每天都有既充满激情、又富有理性，既鼓舞人心、又启迪思考的深度报道。“把云南建设成为中国面向西南开放的桥头堡”能够上升为国家战略，中央和我省各新闻单位及广大新闻工作者的作用至关重要，成绩不可替代。在此，我代表省政协，特别是学仁主席对大家的辛勤努力表示衷心的感谢！

今年，是“十二五”的开局之年，我们将迎来中国共产党建党90周年和辛亥革命100周年，政协新闻宣传工作大事多、喜事多、亮点多、任务重。面对难得的历史机遇和诸多挑战，在座的各位新闻工作者更要加倍地珍惜来之不易的良好局面，在新的一年里，人民政协新闻宣传工作要坚持以邓小平理论和“三个代表”重要思想为指导，深入贯彻落实科学发展观，认真贯彻中共十七届五中全会和中央经济工作会议精神、全国和全省“两会精神”贯彻落实省委政协工作会议精神。为圆满完成今年各项工作任务，我谈三点意见：

一、贯彻落实省委政协工作会议精神，推动我省政协宣传工作再上新台阶

去年9月下旬，省委召开了政协工作会议，总结了近5年来我省政协工作取得的成绩和经验，深入分析了政协工作面临的形式和任务，出台了《关于支持人民政协履行职能发挥作用的意见》，制定了进一步加强和改进人民政协工作的政策和措施。会上，白恩培书记、秦光荣省长和王学仁主席发表了重要讲话。白恩培书记站在建设中国特色社会主义伟大事业的战略高度，充分肯定了5年来全省政协工作取得的成绩和经验，深刻阐述了做好新形势下政协工作的重大意义，明确提出了进一步推进我省政协事业发展的工作重点和主要任务。秦光荣省长在充分肯定政协工作的同时，就政府支持政协参政议政、自觉接受民主监督、做好提案办理工作、创造良好履职条件等提出了明确要求。王学仁主席就全省各级政协组织认真贯彻落实会议精神、进一步做好政协工作提出了四点要求，一是强化政治意识，更加坚决地维护核心；二是强化大局意识，更加自觉地服务中心；三是强化团结意识，更加有效地凝聚人心；四是强化责任意识，更加坚定做好政协工作的决心。贯彻落实好这次省委政协工作会议精神，是全省政协当前的一项重要任务。各级新闻宣传工作部门、新闻单位和广大新闻工作者要认真贯彻落实政协工作会议精神，不断深化对政协新闻宣传工作重要性的认识，进一步拓宽工作思路，激发工作热情，努力探索政协新闻宣传工作的新思路、新途径，不断丰富宣传形式和内容，努力开创我省政协新闻宣传工作新局面。

二、按照省委宣传部和省政协办公厅联合下发的《关于加强和改进政协新闻宣传工作的意见》要求，着力提高政协新闻宣传工作的制度化、规范化和程序化水平

省政协高度重视加强政协新闻宣传工作的“三化”建设。去年，为进一步加强和改进政协的新闻宣传工作，省政协在深入调研，并广泛征求和吸纳各新闻单位、基层政协和广大新闻工作者意见建议的基础上，起草了加强政协新闻宣传工作的意见，经协商后，统一意见，以省委宣传部和省政协办公厅的名义联合下发了《关于加强和改进政协新闻宣传工作的意见》。我们要认真贯彻落实《意见》精神，提出更加确实有效的具体措施，不断加强和改进新时期人民政协的新闻宣传工作，一是充分认识加强和改进政协新闻宣传工作的重要意义。加强政协新闻宣传工作是发展社会主义民主政治的必然要求，是构建社会主义和谐社会的客观需要，是营造有利于人民政协事业发展良好社会氛围的有效途径，是提高全省新闻宣传整体水平的重要举措。二是进一步明确政协新闻宣传工作的指导思想和主要任务。要高举中国特色社会主义伟大旗帜，坚持以邓小平理论和“三个代表”重要思想为指导，深入贯彻落实科学发展观，坚持新闻宣传工作的党性原则，坚持服务人民的宗旨，坚持正确的舆论导向，坚持团结稳定鼓劲、正面宣传为主的方针，围绕人民政协团结和民主两大主题，发挥政协优势，体现政协特色。三是加大对政协工作的新闻宣传力度。要加强对政协重要会议和活动、政协经常性工作、政协履行职能成效、政协委员事迹、政协领导重要活动和驻滇全国政协委员参政议政的新闻宣传。四是巩固和扩大政协新闻宣传工作阵地。坚持办好专版、专栏和专题节目；发挥政协所属新闻宣传载体的作用；重视网络宣传的作用；探索建立新闻发布制度；推进省级媒体和州市媒体的上下联动。五是切实加强对政协新闻宣传工作的组织领导。要紧密配合形成宣传合力，建立健全政协新闻宣传工作机制，不断提高新闻宣传策划水平，加强政协新闻宣传工作队伍建设，加强对州市政协新闻宣传工作的联系和指导。

三、扎实工作，开拓创新，圆满完成今年各项宣传工作任务

同志们，今年的各项工作已经全面展开，《中共政协云南省委员会2011年度党组工作要点》已经下发执行，《政协云南省委员会2011年重点工作安排意见》也已经十届十四次常委会议审议通过。我们要认真贯彻落实全国政协十一届四次会议和省政协十届四次会议精神，严格按照省政协党组工作要点和重点工作安排意见的要求，紧紧围绕建设绿色紧紧强省、民族文化强省和中国面向西南开放的桥头堡战略目标，全面履行政治协商、民主监督和参政议政职能，努力为实现“十二五”的良好开局、实现经济社会又好又快发展努力工作。第一，全力抓好省政协重点调研视察的宣传。今年，省政协确定了“在实施西部大开发和桥头堡战略中加快推进滇中经济区建设”“贯彻落实中央1号文件，推进兴水强滇战略实施”“我省保障性住房建设”“云南省城市民族工作情况”“充分发挥民主党派在政协工作中的重要作用”等9个重点调研，“云南转变经济发展方式、调整经济结构的推进情况”“滇池补水——清水海及牛栏江工程进展情况”“我省医药卫生人才队伍建设情况”“政法机关规范化执法情况”“云南石产业发展情况”等5个重点视察，省政协新闻工作部门和各新闻单位要认真策划、紧密配合、大力宣传好这些工作，通过报刊、电台、电视台、网络等多渠道、多形式的报道，提高人民政协

的影响力。第二，精心组织好省政协重要会议活动的宣传。今年，省政协将召开4次常委会议、2次中心组学习会，组织以“在实施西部大开发和桥头堡战略中加快推进滇中经济区建设”为主题的企业家论坛和以“创新社会管理，建设和谐云南”为主题的民生论坛，举办西部十二省区市政协文史工作协作交流会、云南海外经济合作促进会三届四次理事会、庆祝中国共产党建党90周年、纪念辛亥革命100周年、优秀提案评选等8项重要活动，各新闻单位要紧紧围绕这些重要活动进行宣传报到，做到宣传深，宣传到位，宣传出好的效果。今年，省政协所有的履职活动都将围绕我省“十二五”规划的实施开展，各新闻单位和广大新闻工作者除抓好上述工作，还要重点宣传好广大省政协委员对实施“十二五”的协商监督中的意见建议，参政议政中的睿智之言、务实之策，务必使之在推进“十二五”建设中产生最大化的作用。人民政协工作是一座新闻富矿，大家在这方面下大功夫，把你们的注意力，把你们的笔端、镜头和版面用来宣传人民政协事业，大智慧策划，大手笔创作，大篇幅报道。在选取新闻题材时，要抓住重点，关注热点，呈现亮点，就人民政协如何推进各项工作进行报道，写出大量人民群众愿意看，喜欢看的作品。只要坚持这样做，相信各位新闻工作者都必然会大有作为，取得丰硕的成果。

同志们，做好政协新闻宣传工作是一项十分重要的工作。从事政协新闻宣传工作的同志，一定要振奋精神，扎实工作，为推动人民政协事业不断向前发展作出积极贡献！

在全省人口资源环境委员会工作会议上的讲话

（2011年5月10日）

白成亮

同志们：

今天，我们在景色诱人、如诗如画的丘北普者黑召开全省政协人口资源环境委员会工作会议，这是贯彻落实全国政协和省政协会议精神的一次会议，是对全省政协系统人口资源环境委员会工作的总结会议，也是一次互相探讨、交流经验的会议。首先，我谨代表省政协向出席这次会议的全体同志表示诚挚的问候！对支持、安排这次会议的文山州政协和丘北县委、政府、政协等单位及同志表示衷心的感谢！

近年来，全省政协人口资源环境委员会深入贯彻落实科学发展观，紧紧围绕地方经济和社会发展中的重大问题，党委政府迫切需要解决的难点问题，以及人民群众关注的热点问题开展调查研究，认真履行职能，积极建言献策。一些重点调研成果，引起有关方面的高度重视，为推动我省经济社会实现可持续发展发挥了重要作用。借此机会，就如何进一步加强政协人口资源环境委员会工作，我讲四个方面的意见，供大家在工作中参考。

一、进一步强化对全省人口资源环境严峻形势的认识

人口、资源、环境问题是全球性的重大问题，事关我国三大基本国策，事关我省建设“两强一堡”（建设绿色经济强省、民族文化强省和中国面向西南开放的桥头堡）的大局。当前，我省正处于加快转变经济发展方式的攻坚期，加快建设“两强一堡”的黄金期，全面建设小康社会的关键期，工业化和城镇化发展的加速期。人口资源环境问题始终是制约可持续发展的最基本的问题，人口资源环境工作将是贯穿全省推动科学发展过程中的一项长期、复杂、艰巨的工作。

党的十七届五中全会审议通过了《中共中央关于制定国民经济和社会发展第十二个五年规划的建议》，把提高生态文明水平作为“两型”社会建设的目标，并对提高生态文明水平、加大环境保护力度提出了具体措施和要求。最近，胡锦涛总书记主持中共中央政治局会议就世界人口发展和全面做好新形势下我国人口工作进行第28次集体学习。胡总书记强调，人口是影响经济社会发展的关键因素，关系改革开放和社会主义现代化建设的成功，关系中华民族的未来。对统筹解决好人口问题，促进人口与经济、社会、资源、环境协调可持续发展作了一系列深刻的论述。党中央领导一直十分关注云南的生态文明建设，指出“云南有良好的生态和自然禀赋，这是云南宝贵的发展条件，一定要倍加珍惜，要以对国家、对人民、对子孙后代高度负责的精神，自觉承担起生态环境保护和建设的责任。”省第八次党代会确立了坚持生态立省、环境优先的工作思路。在省委、省政府的正确领导下，全省各族人民群众积极投身云南生态文明建设，在经历了从单项治理到综合治理，从被动治理到治理开发相结合的曲折而艰难的探索过程之后，推出了“七彩云南”保护行动、滇西北生物多样性保护行动、国家公园建设试点等重大举措，实施九大高原湖泊及重点流域水污染防治、生物多样性保护、节能减排、生物产业发展等生态建设十大工程，2010年又作出了《关于加快林业发展建设森林云南的决定》，目标是力争在2020年前将我省全面建设成为“生态云南”。

云南以独特的地理位置，丰富的文化、生物、民族多样性和秀丽的自然风光为世人瞩目。这些年经过全省上下的不懈努力，在经济社会加快发展的同时，环境质量保持基本稳定，生态环境总体良好。但我们必须清醒地看到，人口不断增长、资源紧张短缺、环境污染恶化仍然是制约我省经济社会持续健康发展的瓶颈。

首先，人口形势依然严峻，综合素质亟待提高。第六次全国人口普查显示，我国总人口已达13.4亿，云南的常住人口为4596万人，普查数据反映出了我省人口与经济、社会、资源、环境协调可持续发展所面临的矛盾和挑战。如：人口的不断增长和城市化进程的加快，土地资源的约束越来越明显，耕地尤其是高稳产良田正在逐年减少。发展不充分、发展不平衡、发展不协调的问题仍然明显；城乡差距不断拉大，贫困人口多、面广、程度深；生育水平高于全国平均水平、人口老龄化、性别比例失调、边境跨国婚姻、外出生育、流动人口管理等问题突出，统筹控制人口增长与提高人口综合素质仍然是云南人口工作的难点。

其次，资源分布不均衡，利用效率整体偏低。我省是全国自然资源最富集的省份之一，拥有丰富的生物资源、矿产资源和水能资源，人均资源量居全国前列。“天育物有时，地生财有限”，不突破资源约束的瓶颈，今后的发展将难以为继、缺乏后劲。目前

我省的资源开发利用效率整体偏低，较为滞后，如：云南是森林资源大省，森林覆盖率达53%，森林蓄积总量占全国12.5%、居全国第二位，但林业产业化水平较低，还不是森林资源强省；再以水资源开发为例，我省水资源总量排全国第三，人均水资源量为全国的2.4倍，但由于水资源时空分布不均，开发利用率偏低。水资源主要集中在滇西，而经济重心集中在滇中，水资源分布与我省生产力发展格局不匹配。

再次，环境污染还未根本上得到遏止，保护与发展矛盾突出。我省经济粗放型发展方式还没有根本改变，经济发展与资源、能源、环境的矛盾比较突出，污染物减排任务十分艰巨。水环境污染严重，全省114条河流有36.8%的水污染严重，77条主要河流150个监测断面中，已受污染或严重污染的高达42%，湖泊18.8%水质恶化、湖面萎缩，一些地区饮用水安全问题还未根本解决；农村环境治理投入不足，普遍存在脏、乱、差，农业面源污染突出，局部地区水土流失严重，环境恶化的趋势还在继续，116个县不同程度地存在土地石漠化现象；城市环境问题依然严峻，污水和垃圾处理率低，废水、废气、废物排放呈逐年增长态势；一些地方片面追求发展速度、不重质量，不惜牺牲环境，掠夺式开发资源、破坏生态和污染环境的现象仍然存在。

二、结合实际，突出重点，围绕推动科学发展履职尽责

胡锦涛总书记指出："人民政协要深入领会科学发展观的科学内涵、精神实质、根本要求，切实把政协各参加单位和广大政协委员的思想和行动统一到中共中央决策部署上来，把积极性、主动性、创造性引导到推动科学发展上来，共同为转变发展方式、破解发展难题献计出力，形成推动科学发展的强大合力。"要认真贯彻落实胡锦涛总书记的要求，在新的历史时期完成我们政协人资环委肩负的使命。

今年是"十二五"开局之年，我们要立足全省经济社会建设的大格局，围绕推动科学发展，紧扣"十二五"规划的实施和创新社会管理等重大问题，以及各级党委、政府工作的总体部署、重点任务，深入开展调查研究，切实搞好协商议政，加大民主监督力度，致力新作为、谋求新发展、实现新目标、作出新贡献。

一要围绕人口、资源、环境领域影响我省经济社会发展全局、综合性的重大问题，深入开展调查研究。调查研究是政协履行职能、开展工作的重要途径和方式。调查研究是谋事之基，成事之道，献策之要。"没有调查研究就没有发言权"，政协是通过调查研究来赢得话语权的。要选择具有综合性、全局性、前瞻性的重大课题开展专题调研，多想科学发展大事，多谋科学发展大计，努力为实现科学发展建睿智之言、献务实之策。人口、资源、环境是当今的热门话题，热点、难点问题很多，如大气、水等人类赖以生存的环境状况，自然生态环境保护和生态功能恢复，如何应对气候变化、建设生态文明、发展循环经济、发展低碳技术等涉及科学发展的战略性、综合性前沿问题。研究这些课题，要更多地从战略、规划、制度设计上入手，提出前瞻性的意见和建议。贯彻落实中央1号文件，推进"兴水强滇"战略实施专题调研，是今年省政协重点调研课题。这个课题涉及层面广、部门多、难度大，开展好这一课题调研对贯彻落实中央1号文件精神，推进我省"兴水强滇"战略实施，加快推进水利改革发展，破解我省水利基础设施薄弱的瓶颈制约，保障粮食安全、经济安全、生态安全和社会安全意义重大，希望各州市政协要积极配合、加强协作。各州市政协也要结合实际，精心选择各级党委和政府重视、人民群众关心、政协具备条件做好的调研课题，深入基层、深入群众、深入一线调查论证，建有据之言，献务实之策，谋发展之道。

二要坚持以人为本，从关注民生的角度，认真思考统筹解决人口资源环境问题的途径。改革开放三十多年来，我省经济和社会发展取得了巨大成就，综合实力明显增强，人民生活明显改善。但也应看到，我省经济发展方式尚未根本改变，城乡、区域和贫富差距不断扩大的趋势尚未根本改变，经济社会发展与人口、资源、环境矛盾日益突出，面临着人口压力、资源短缺、环境污染、生态破坏的严重制约，必须深刻认识和把握人口自身发展规律以及经济社会与人口、资源、环境协调发展的规律，关注人的生存环境、生活质量和健康状况。要坚持以人为本，注意倾听群众呼声，关心群众疾苦，围绕群众普遍关心的民生问题开展调查研究，反映社情民意，积极建言献策。协助党政部门从战略层面、决策层面和操作层面进行系统的研究和设计，帮助化解矛盾，防范风险，未雨绸缪，科学决策。

三要认真组织视察和协商，着力为推动各地经济发展方式转变和经济结构调整建言献策。组织好视察工作，是委员知情明政、学习提高、参政议政的重要方式，是党委、政府实行科学决策、民主决策的重要环节，也是委员会履行职能做好工作的当家本领。要发挥委员会整体优势，汇聚人才、集中智慧，着力为推动各地经济发展方式转变和经济结构调整建言献策。要深刻认识加快经济发展方式转变是经济领域的一场深刻变革，既是攻坚战，也是持久战。全省政协人口资源环境委员会要围绕这个重大问题积极议政建言，为加快推进我省经济结构战略性调整、转变发展方式提出前瞻性、可操作性的意见建议，推动全省各地加快产业优化升级步伐，加快战略性新兴产业，如新能源、节能环保新材料、新医药、生物育种等产业发展。

四要提高工作标准，注重质量和成果转化。调研、视察的质量决定着参政议政，建言献策的水平。开展调研、视察的目的在于发现问题、反馈问题、解决问题，关键环节又在于成果的转化上。人口资源环境问题涵盖面很广，要从专委会的实际情况出发，从政协的工作性质和工作周期性特点出发，从实际需要和可能性出发，坚持少而精的原则，不求多，但求精，一个一个地加以认真研究，讨论研究与实际考察相结合，省内外与国内外考察相结合，企业、政府部门和专委会相结合的办法拿出好的成果来。

三、加强自身建设，探索创新，不断提升委员会工作水平

委员会是政协工作的基础层面，是政协委员履行职能的重要平台，也是展示政协委员风采的重要窗口。中央政协工作会议要求：“要切实发挥好政协专门委员会作用，提高专门委员会组成人员政治和业务素质，积极探索专门委员会工作新思路新方式，切实增强工作活力和成效。”要把学习放在突出位置，加强人口资源环境领域党和国家重大方针政策的学习，加强相关法律法规的学习，加强专业知识学习，丰富学习内容，拓展学习领域，强化政治意识、大局意识、发展意识、群众意识、履职意识、委员意识。要加强委员会制度化、规范化、程序化建设，总结经验，开拓创新，继承和挖掘以往行之有效的民主协商、广交朋友、教育引导、真诚服务等工作方法，积极借鉴和创造性运用现代管理学、政治学、社会学、心理学以及电子网络、多媒体等现代科学，形成一套图文并茂、有声有色，适应时代发展需要、符合政协人口资源环境工作特点、有利于履行

政协职能的工作方法。要切实改进工作作风，调研要深，研究要透，不浮于表面，不粗制滥造。要努力提高工作水平，调研视察、反映社情民意信息要在“求实求真、求准求精、求深求效”上下功夫，努力提出具有前瞻性、富有现实性、可操作性比较强的意见建议。

四、加强沟通，密切协作，形成合力

任何工作都离不开相互配合、相互支持，协作配合是提高工作效率的有效途径。通过加强交流、沟通、联系，提高成果转化的有效性，力争一个建议改进一项工作。

一是要主动与党委、政府及相关职能部门沟通联系，达成共识，促进政协的调研成果有效转化为党委政府科学决策的重要依据。积极探索对事关我省人口资源环境问题等重大调研课题与政府有关部门开展联合调研的模式，把政协的调研和党委政府决策直接对接。

二是要加强与计生、水利、环保、国土等部门的工作联系。要取得各部门和社会力量的支持，很重要的一点是尊重、理解、支持他们的工作，互通情报、交流经验，而不是指手画脚。再一点就是我们自己要干正事，干有价值的事，取得人家的共识，让人家觉得支持你有价值。

三是要加强政协系统内的沟通联系，密切协作，努力发挥全省政协人口资源环境委员会的整体优势。省政协人资环委要主动加强与各地政协包括县（市、区）政协的联系与交流，主动向他们通报工作打算和安排，听取他们的意见和要求，有些带有全局性的区域性、流域性课题可以联合起来调研。要对过去一些协作性工作进行总结、研讨，必要时可上升到制度层面，固定下来，经常活动。要结合新情况，适应形势，积极探索协作领域和拓宽协作形式。各州市一些需要省政协人资环委帮助反映和解决的情况和问题，我们要及时给予支持和帮助。

同志们，新时期、新形势、新任务，对政协工作提出了新的更高的要求，人口资源环境委员会工作任务艰巨，责任重大，可大有作为。希望大家认真学习贯彻全国政协和省政协会议精神，深入贯彻落实科学发展观，切实把智慧和力量凝聚到实现我省“十二五”时期的宏伟目标和任务上来，开拓创新、扎实工作、锐意进取，以优异的成绩向建党90周年献礼！

在云南省企业家论坛上的讲话

（2011年5月26日）

王学仁

同志们：

在今天的恳谈会上，各位专家、学者、企业家和其他各界人士，怀着加快云南经济社会发展的真诚愿望，本着严谨、求实的科学精神，从不同角度、不同领域、不同层次，对加快推进滇中经济区建设提出了许多有益的意见和建议，不少建议值得深入研究和认真采纳。光荣省长在百忙当中出席了这次恳谈会，仔细听取大家的发言，并就认真学习贯彻《国务院关于支持云南省加快建设面向西南开放重要桥头堡的意见》精神和加快推进滇中经济区建设作了重要讲话。我们要认真学习、深刻领会，并在今后工作中抓好贯彻落实。

在“十二五”这个我国全面建设小康社会的关键时期，中央和省委、省政府做出加快滇中经济区建设的决策部署，是一项具有战略意义的重大举措，是关系云南发展大局的重要工作。我省各级政协特别是滇中地区的政协组织，要把推动滇中经济区建设作为义不容辞的责任，充分发挥自身优势，广泛凝聚共识，积极协商议政，努力为滇中经济建设贡献力量。当前，要重点抓好三项工作。

一是认真学习领会《国务院关于支持云南省加快建设面向西南开放重要桥头堡的意见》重要精神。刚刚批准出台的《国务院关于支持云南省加快建设面向西南开放重要桥头堡的意见》，是当前和今后一个时期指导云南经济社会发展和扩大对外开放的纲领性文件，对于促进我省经济社会又好又快发展，具有重大的现实意义和深远的历史意义。国务院的这个《意见》立足国家发展大局，着眼于深入实施西部大开发战略，明确了云南在我国区域发展和对外开放大格局中的特色和应发挥的作用，并提出了一系列支持桥头堡建设的政策措施。这充分体现了中央对云南经济社会发展的新要求和新期待，体现了对云南各族人民群众的深切关爱和殷切希望。我们要按照省委、省政府的部署和要求，高度重视、认真学习《意见》精神，全面把握《意见》的丰富内涵，充分认识桥头堡建设的美好前景，深刻理解桥头堡建设上升到国家战略的重大意义，深入领会桥头堡建设给我省转变经济发展方式、提升对外开放水平、拓展发展空间、打造区域竞争新优势带来的重大机遇，准确掌握桥头堡建设5个方面的发展战略定位、7个方面的主要任务和工作重点以及支持桥头堡建设的有关政策措施，真正把思想统一到《意见》的精神上来、把行动统一到《意见》的实施上来，切实贯彻落实好省委、省政府的决策部署，努力推动全省经济社会发展和对外开放不断迈上新台阶。

二是充分认识加快滇中经济区建设的重要意义。在当今经济全球化和区域一体化的大背景下，深化区域经济合作是加快发展的根本途径和关键所在。我省滇中地区具有建设区域经济、实现一体化发展的深厚基础和良好条件。现在，中央把滇中经济区建设列入国家西部大开发战略和“十二五”规划纲要，这为我们加快推进滇中经济区建设创造了难得的机遇，对云南经济社会发展具有重要的意义。推进滇中经济区建设，为我省加快转变经济发展方式、实现科学发展提供了有效的抓手，为我省建设面向西南开放重要桥头堡提供了有力的支撑，为我省抓住深入实施西部大开发战略的重大机遇提供了有利的载体。我们要深刻认识建设滇中经济区的重大意义和任务目标，深刻理解加快建设滇中经济区对于桥头堡建设的重要性和紧迫性，准确把握桥头堡建设对滇中经济区建设提出的新要求和新任务，充分认识深入实施西部大开发给滇中经济区建设带来的机遇和挑战，进一步把思想认识统一到中央和省委、省政府的决策部署上来，切实增强为建设滇中经济区履职尽责的使命感和责任心，主动参与，积极建言，多办实事，努力为滇中经济区建设作出应有的贡献。

三是积极为加快滇中经济区建设献计出力。建设滇中经济区是一项艰巨、复杂的工作，涉及面广、系统性强，层次多、头绪多、利益多、矛盾多，有许多问题需要认真研究。全省各级政协要充分发挥政协智力密集、人才荟萃的优势，积极组织政协委员、专家学者以及各方人士，围绕经济区建设中的重点和难点问题开展协商议政活动，选择综合性、全局性、前瞻性的问题进行深入调查，抓住推进中出现的新情况、新问题、新矛盾进行认真研究，多建诤言多献良策，努力为推动滇中经济区建设贡献智慧。今年省政协把“加快推进滇中经济区建设”作为一项重点调研课题，由经济委员会负责开展。这次会议后，省政协将认真总结采纳大家提出的意见建议，找出滇中经济区建设中事关全局的重点问题和需要统筹完善的机制问题，广泛组织政协委员、专家学者及有关方面的领导，深入开展调查研究，以各种形式听民言、集民意、聚民智，到实地、查实情、说实话，充分吸收各方面的意见和建议，综合分析、反复论证，形成具有战略性、科学性和可操作性的意见建议，为省委、省政府加快推进滇中经济区建设提供有用的决策参考。

同志们，云南省企业家论坛，是省政协为加强我省企业家和专家学者交流而搭建的有益平台，是省政协密切与各方联系的重要载体。创办6年来，在各方的支持和参与下，得到了长足的发展，规模不断扩大，影响逐步增强，越来越受到省委、省人大、省政府以及各级政协、各党派团体的重视和支持。在今后，云南省企业家论坛将继续围绕我省经济发展中的重大问题积极开展活动。希望各位企业家、专家学者和各界人士一如既往地支持和参与企业家论坛的各项活动，并借助论坛这一平台积极贡献真知灼见、更好服务科学发展。

着力强化人民政协提案督办工作

——在全省政协第二十次提案工作座谈暨研讨会上的讲话

（2011年5月29日）

陈勋儒

同志们：

今天我们在文山召开全省第二十次提案工作座谈暨研讨会，传达学习全国政协第六次提案工作座谈会议精神、通报省政协十届三次会议以来的提案工作，对“政协提案督办方法与途径”等问题进行研讨。首先，我代表省政协和参加会议的全体代表对文山州委、州政府、州政协对本次会议的精心筹备表示衷心的感谢！

这次会议确定的“政协提案督办方法与途径”研讨题目，对进一步提高提案办理实效具有很强的针对性。提案委分别到部分州（市）、县进行了调研，收集整理了各级政协提案督办的经验和做法。各州（市）政协做了精心准备，我们相信，通过交流研讨将对提高提案办理实效，强化提案督办起到积极的促进作用。

提案办理实效是政协提案的目的和落脚点。提案办理落实，党委、政府要重视、各承办单位要尽力、政协组织要主动，要强化监督，加大督办力度。目前的现状是重点提案督办较好，一般提案督办薄弱，总体上还是督办制度无保障、程序无规范、落实无措施。提案督办是促进提案成果转化的重要环节，也是政协组织履行政治协商、民主监督、参政议政职能的重要途径。借此机会，我对加强提案督办讲几点意见，供大家参考：

一要着力提升运行模式。办理好提案是党委政府的一项重要职责，是立党为公、执政为民的具体体现，通过办理提案有利于党委政府集思广益，听取各方意见，改进工作，实现科学、民主决策，对推进民主政治建设有着促进作用，所以要积极争取党委、政府主要领导对提案办理工作的重视和支持。要与党委、政府一起召开提案交办会，最好能请党委、政府领导参加提案交办会，确保工作部署有力。争取党政“一把手”部署提案办理，主要领导领衔督办，争取党委、政府领导领衔督办提案，对提案作出办理批示。省政协每年10件重点提案，省政协领导每人督办一件，交办前，省政协将办理意见签转省委、省政府分管领导，再由他们签批承办单位。由于督办有力，重点提案办理效果明显，起到示范带动作用。这些年来我们还重点将部分党派、团体的提案由政协分管提案领导签转省委省政府相关领导批示，促进提案办理，也取得了较好效果。

二要着力健全督办工作机制。目前不少提案办理单位均建立了结合实际的提案督办机制，提案办理质量不断提高，今后仍要在健全督办机制上下功夫。要研究建立提案办理情况通报和意见征询机制，请党委、政府向政协通报提案办理情况，征询对办理的意见和建议。要研究健全提案办理评议制度。党政部门要将提案办理工作列入年终考核，与办理单位及人员的德能勤绩挂钩。政协提案服务部门在督办中要承担相应测评职能，客观公正地对各承办单位的提案办理情况作出评价，为党政部门年终考核提供依据。提案面商时可进行双向评议，让委员评议承办单位的提案办理质量，承办单位评议委员的提案质量，既有利于提高提案质量，又有助于提高提案办理质量。要健全承办部门提案办理责任制，真正做到“一把手”负总责，做到人员、责任、措施、时间落实。

三要着力强化督办中的调研和视察。确保办理质量必须形成提案者、提案承办单位、提案服务部门的良性互动。对于重点提案和一些前瞻性、宏观性和综合性较强，办理难度较大的提案，要着力强化调研视察的督办功能。通过深入细致的调研，形成调研报告后再提升为办理意见建议，促进工作落实。八个民主党派省委和省工商联相继在省政协九届、十届会议提出的“食品放心工程”和“七彩云南保护行动”系列提案，由于提案宏观性强、办理难度很大，每年都由省政协主要领导领衔督办，学仁主席和两位分管副主席带队，组织提案者、提案承办单位、提案服务部门以及专家学者参加调研，以调研报告的形式向省政府及承办单位提出提案办理意见建议，为省委、省政府决策提供参考，促进了提案的办理落实。提案承办单位办理前组织调研也有助于提案办理落实，省工信委在办理《关于加快云药产业发展的建议》时，组织政协委员和相关部门进行调研，广泛吸纳了药企和委员的意见和建议，为省政府《关于云药产业发展的补充意见》出台奠定了基础。对提案承办单位办理工作视察是很好的督办方式。省政协每年都要针对提案承办大户，组织委员进行一次年度视察，通过视察总结经验，查找不足，提出意见建议，今后要加强此项工作。

四要着力强化续办续复提案的督办。由于前瞻性、综合性和宏观性提案不断增多，提案当年办结率减少，很多提案办理需要一定的时间跨度。各级政协提案办复率都近100%，但办结率明显偏低，省政协提案当年办结率也仅20%左右，办结率高的基层政协也不过40%。提案续办续复是一项必须引起重视的共性问题，应着力强化续办续复的督办。要研究建立提案续办续复制度，解决好提案续办续复有人管、有人办的问题。要形成督办续办续复合力，省委督查室、省政府办公厅议案处、省政协提案委要建立联系协调机制，做好监督检查，强化续办续复。很多提案未得到续办续复的情况应引起高度重视。省政协每年都选出20件左右的B类提案要求承办单位续办续复，虽然效果很好，但毕竟数量太少。今后B、C类提案受制于条件未能办理的，条件成熟后要进行续办续复，列入办理计划的A类提案，无论办理周期多长，也要根据办理进度随时做好续办续复工作。要建立健全表彰奖励机制，调动提案者和提案承办单位的积极性，促进提案质量提高和办理落实。

总之，各级政协一定要从全局性定位出发，把提案工作放在全局性位置，加强对提案工作的领导。要做好服务，把提高提案质量放在首位，不断提高提案质量；要着力建立健全机制，形成提案工作合力；着力强化督办，不断增强提案办理实效；要建立激励机制，不断开创提案工作新局面。

适应新形势　把握新机遇
努力创造提案工作新业绩

——在省政协第二十次提案工作座谈会暨研讨会上的讲话

（2011年5月30日）

管国忠

同志们：

这次全省政协提案工作座谈会暨提案工作研讨会即将结束。大家紧紧围绕“提案督办的方法和途径”这个会议主题，总结交流了提案督办工作的情况，研究探讨如何加强和改进督办工作，这些都为我们进一步做好政协提案工作有着重要的意义。

今天上午，勋儒副主席对做好提案督办工作讲了很好的意见，我都赞同。文龙主任传达了全国政协提案工作座谈会精神，通报了省政协2010年提案工作情况和2011年提案工作的要点，对加强提案的督办讲了具体意见。刚才，听了同志们的发言，也看了各州市政协的交流材料，很受启发，很受感动。长期以来，各州市政协立足于提案工作新的实践，积极探索，勇于创新，着眼提高提案质量、增强提案办理实效和优化提案服务水平，采取了许多新的举措，取得了许多新的成效，提案工作整体质量有了新的提高。

尤其在提案督办工作上，大家的做法各有特色，可谓是亮点纷呈，成绩斐然。希望通过这次会议的座谈和研讨，通过大家相互的学习和借鉴，能够对我省政协提案工作整体水平的提高起到积极的促进作用。

下面，我就如何做好新形势下的政协提案工作讲两点意见。

一、深入贯彻全国政协第六次提案工作座谈会精神，理清工作思路，提高提案工作科学化水平

去年全国政协召开了第六次提案工作座谈会，贾庆林主席、王刚、钱运录副主席等领导同志到会作了重要讲话，这次会议十分重要，对我们做好政协提案工作提出了新的要求，我们一定要认真地学习和贯彻。

一是要以科学的理念认识提案工作。提案工作是人民政协一项具有全局意义的工作，进一步加强提案工作，对于人民政协履行好政治协商、民主监督、参政议政职能，发挥好协调关系、汇聚力量、建言献策、服务大局的作用，具有十分重要的意义。我们一定要从政治和全局的高度，充分认识提案工作在人民政协事业中的重要地位、在促进党和国家事业发展中的重要作用，进一步增强责任感和使命感。

二是要以科学的导向引领提案工作。要坚持以质量求发展，把提高提案质量、办理质量和服务质量作为提案工作的出发点和落脚点。要把提高提案质量作为重要的基础性工作，充分发挥广大政协委员、政协各参加单位和各专门委员会的优势，坚持“严肃性、科学性、可行性”原则，努力提出立意高、分析准、建议实的高质量提案。要进一步提升服务水平，帮助委员知情明政。要严格程序，加强引导，搞好审查立案，为提高提案质量提供坚实保障。要加强沟通协调，加大督办力度，不断增强提案办理实效。

三是要以科学的机制保障提案工作。科学的工作机制是提案工作有序运转的重要保障。要逐步完善各级领导参与提案工作机制，加强对提案工作的领导和统筹协调；完善政协专委会开展提案工作机制，增强政协履行职能的整体效力；完善提案办理协商机制，促进提案的办理落实。通过各方面共同努力，形成一个广泛参与、联合办理、整体推进、协调高效的提案工作运作机制，使提案更好地为经济社会发展服务。

四是要以科学的方法推动提案工作。近年来，各级政协坚持从实际出发，积极探索，不断创新，形成了许多行之有效的好做法，我们要不断总结、不断完善、坚持下去、形成制度。要以改革创新的精神进一步推进提案工作，积极探索和把握新形势下提案工作的特点和规律，不断创新工作手段，规范工作流程，提高工作效率，全面提升提案工作水平。

二、以贯彻全国政协提案工作条例为契机，加强督办工作，提高办理实效

提案的建议要能落到实处，要在经济社会发展中切实发挥作用，这才是提案的价值所在。鉴于提案督办在推动提案办理中所发挥的重要作用，新修订的《全国政协提案工作条例》将提案的督办单列成一章，不仅增加了提案督办的内容，明确了提案督办工作的有关要求，还从第二十二条至二十六条明确规定了提案督办工作的程序、重点督办提案的确定方式和办理要求，特别是强调了要加强党派、人民团体、政协专门委员会提案和其他重要提案的督办工作。贯彻《全国政协提案工作条例》，就是要不断创新督

办模式，明确督办重点，形成工作机制，汇聚各方力量，切实抓好提案督办工作。

一是注重创新，探索提案督办新模式。在多年的工作实践中，各地政协采取了多种形式来加强提案督办工作。譬如，党政领导领办提案，政协主席督办重点提案，调研视察与提案督办工作相结合，提办双方双向评议等，这些督办方法尽管在形式上有所不同，但都取得了非常好的效果。对于这些已经成熟的经验做法，我们一定要坚持。同时，在继承和发扬现有做法的基础上，要不断探索新形势下提案督办工作的新方法、新路子。

二是突出重点，牵引督办工作全面推进。要坚持马克思主义的方法论，既要注重统筹兼顾，又要善于抓住重点，以加强重点提案、重要提案督办为突破口，带动提案督办工作整体推进。要坚持党政领导批办重点提案，政协领导牵头督办重点提案，开展重点提案办理调研，摘编《重要提案摘报》送领导参阅等，突出工作重点，提升运作层次，增强办理实效。要深入开展办理工作“回头看”活动，督促承办单位对B类提案进行二次办理，推动续办续复工作。

三是健全机制，确保督办工作规范有序。要着力完善重点提案、重要提案的遴选和督办机制，结合新形势下提案督办工作的特点、规律，规范重点提案调研、重点提案办理协商会等督办形式。同时，积极推动承办单位结合部门工作选择重点提案进行重点办理。要积极推动将提案办理工作纳入绩效考评，推动承办单位提高办理质量。要注重发挥评先评优的激励作用，进一步细化优秀提案和先进承办单位评选标准，完善评选表彰程序，充分发挥典型示范的带动效应。要着力完善提案内容及办理复文的公开机制，逐步扩大公开提案全文和办理复文的范围。

四是汇聚力量，形成督办工作整体合力。要广泛调动各方力量，积极参与到提案督办工作中来。充分发挥政协委员的主体作用，充分调动党派团体的参政议政热情，充分发挥各专委会的专业优势，邀请他们参加提案办理调研、面商、视察等督办活动。要加强与各承办单位之间的联系，共同研究解决提案办理过程中遇到的问题，确保办理工作顺利开展。要加大舆论监督力度，及时宣传提案办理落实情况，不断扩大提案工作社会影响。

同志们，新的形势给政协提案工作提出了新的要求。人民政协事业在阔步前行，政协提案工作大有可为。让我们在中共云南省委的坚强领导下，深入贯彻落实科学发展观，不断提高提案工作科学化水平，为人民政协事业的发展和中国特色社会主义建设作出新的更大贡献！

在云南海外经济合作促进会三届四次理事会上的讲话

（2011年6月6日）

管国忠

各位荣誉会长、名誉会长、顾问，各位理事：

在第十九届昆交会和第四届南亚国家商品展举办之际，云南海外经济合作促进会三届四次理事会议在这里隆重召开了。受王学仁主席的委托，我谨代表云南省政协向大会的召开表示热烈的祝贺，对来自海内外的各位理事、嘉宾和朋友们表示诚挚的问候！同时，我还要代表云南海外经济合作促进会，向以各种方式支持、帮助云南海外经济合作促进会开展工作的各位领导和朋友们表示衷心的感谢！

云南海外经济合作促进会三届理事会成立以来，认真贯彻协会宗旨，广泛宣传党和国家的路线方针政策，主动建言献策，为云南经济社会发展作出了积极贡献，协会自身建设在实践中不断加强。特别是去年以来，通过各位荣誉会长、名誉会长、顾问、理事和工作人员的不懈努力，在海内外各界人士的大力支持下，海促会发挥自身优势，按照我省巩固和扩大应对金融危机成果、加快转变经济发展方式、着力改善民生、齐心协力抗旱救灾的要求，团结携手，努力进取，做了许多富有成效的工作。精心筹备会议，成功举办了“海促会三届三次理事会暨把云南建设成中国面向西南开放桥头堡论坛”。加强与周边国家云南各商会、团体的联系，促进了我省与周边国家的经济合作。做好服务理事工作，积极联系和组织广大理事为抗旱救灾、扶贫帮困和希望小学建设捐款、捐物。同时，还就《云南省人民政府关于促进台商投资，扶持台资企业发展的若干意见》的贯彻执行情况组织视察，推动了滇台经贸合作。在去年工作取得良好局面的基础上，今年云南海外经济合作促进会要进一步高举爱国主义旗帜，紧紧围绕云南经济社会发展的大局，依托港澳，面向海外，充分发挥自身优势，努力使各项工作再上新水平，为云南经济社会又好又快发展再作新贡献。下面，我就投资云南桥头堡建设和做好今年云南海外经济合作促进会的工作讲几点意见，供各位理事参考。

一、提高投资水平，对云南发展至关重要

云南是集边疆、民族、山区、贫困为一体的省份。改革开放以来，特别是实施西部大开发等重大战略以来，我省经济和社会事业有了长足的进展，全省人民的生活水平不断提高。但是，由于多种原因，我省特别是少数民族聚居地区的经济社会发展总体滞后，发展极不平衡，发展质量不高，贫困面大、贫困程度深的状况依然存在，与发达地区差距越拉越大。云南是国家扶贫开发任务最重的省份之一，贫困人口占全国贫困人口的15%，居全国第二位。投资是带动经济增长的重要因素之一，也是解决我省发展起步晚、起点低、基数小、基础差、发展慢的现实，与强烈的发展愿望之间矛盾的主要途径。我省与发达地区的差距表面上看是经济总量的差距，实质上是投资的差距。投资总量相对偏小，投资总体水平不高，对云南经济快速增长造成不利影响。2009 年，全省固定资本投资形成总额3502.4 亿元，占全国固定资本形成总额的1.8%，在全国排名24 位，仅仅是山东的19.7%，江苏的20.4%，广东的25.0%，河南的26.9%。没有钱办事，再理想的思路都是空谈，再美好的蓝图都无法实现。因此，在消费需求和自我“造血功能”都明显不足的情况下，解决我省的发展和稳定问题，加快贫困地区经济社会发展，尽快缩小云南与发达地区的差距，最关键是要加大投资。特别是要加快构建以财政资金为引导、银行信贷资金和社会资金为主体的多元化长期稳定的投资体制，不断扩大投资规模，以投资规模的扩张来实现经济总量的扩张，以投资的持续增加带动经济的快速增长。

二、积极投资云南，在创业兴业中实现共赢

今年年初，全国“两会”通过的“十二五”规划纲要明确提出，要坚持把深入实施西部大开发战略放在区域发展总体战略优先位置，给予特殊政策支持。5月6日，国务院批准并出台了《国务院关于支持云南省加快建设面向西南开放重要桥头堡的意见》。《意见》从五个方面对云南桥头堡建设进行了战略定位，并明确了七个方面的主要任务和工作重点，从财税、金融、投资与产业、土地、价格和生态补偿、人才和体制机制改革等方面提出了一系列支持桥头堡建设的政策措施。《意见》的出台，旨在更好地利用我省丰富的自然资源和已有的经济基础，充分发挥云南在国际国内区域合作中的区位优势，多方面挖掘云南的发展潜力，体现云南的发展特色，明确云南在我国区域发展和对外开放大格局的特色和应发挥的作用。中共云南省委及时对贯彻实施《意见》进行周密的部署，提出把《意见》作为当前和今后一个时期指导我省经济社会发展和扩大对外开放的纲领性文件，要求抓紧《云南省加快建设我国面向西南开放重要桥头堡总体规划（2011～2020）》的制定，号召全省要紧紧抓住桥头堡建设这一重大历史机遇，努力推动全省经济社会发展和对外开放不断迈上新台阶。随着面向西南开放桥头堡建设工作的进一步推进，我省已从后发地区变为投资热点地区，将吸引国内外大量资金来云南投资、建设和发展。目前是投资云南的最佳时机。各位理事和广大海内外朋友通过投资云南，可以相对较低的成本获得发展所需的资源、劳动力、土地等生产要素，通过云南这个平台共同谋划东南亚、南亚的广阔市场，其资金、技术及先进管理经验等可以得到充分发挥，实现更大的经济效益。而云南通过承接外来投资，可以进一步优化生产要素配置，增强经济发展活力，把资源优势转变为经济优势，实现经济又好又快地发展。

三、加强自身建设，为投资云南作出新贡献

云南海外经济合作促会是促进我省经济发展和社会繁荣稳定的重要民间团体组织。多年来，协会致力于服务全体理事，切实加强自身建设，把增进云南各界人士同港澳台同胞、海外侨胞和各国友好人士的了解和友谊，作为全部工作的出发点和落脚点，为我省经济又好又快发展和社会繁荣稳定作出了重要贡献。下一步，协会要进一步健全各项工作制度，在巩固和完善现有的各种有效活动形式的基础上，积极探索新形势下开展工作的新途径、新方法，为调动各方力量加快投资云南桥头堡建设作出新贡献。要继续丰富为各位理事提供服务的方法、手段和途径，加强与各位理事的联系沟通，及时了解理事们的愿望和要求，主动帮助理事排忧解难，多为理事办实事、办好事，不断扩大协会的影响力和号召力。要加强和改善与政府的沟通协作机制，努力拓展各位理事为云南献计出力的有效渠道，使广大理事能积极参与到我省经济社会发展的重大活动中来。要进一步解放思想，积极创新，不断拓展协会活动的新形式，在支持理事们投资云南，为云南改革发展多作贡献的同时，真诚关心他们在云南的发展，切实维护他们的合法权益。

各位理事，朋友们！今年是“十二五”的开局之年，也是按照中央和中共云南省委、省政府战略部署，积极推进我省桥头堡建设的重要一年。桥头堡建设需要我们用10年左右的时间，完成我省战略通道、合作平台、产业基地、交流窗口、生态屏障等

建设，推动我国与东南亚、南亚的交流合作向更宽领域、更深层次、更高水平迈进。这些战略目标的顺利实现，离不开各位理事的积极参与，需要各位理事的大力支持。希望大家积极投资云南，一如既往地关心、支持、帮助我省经济社会发展。

学习杨善洲　履职为人民

——在省政协中心组学习结束时的讲话

（2011 年 6 月 20 日）

王学仁

同志们：

这次为期两天半的省政协中心组理论学习就要圆满结束了，大家按照通知的要求，深入学习杨善洲同志的先进事迹和崇高精神。在学习中，大家结合胡锦涛总书记的重要指示精神和省委的要求，对照杨善洲精神，认真查找自己在理想信念、宗旨意识、工作作风等方面存在的差距和不足，深入分析思想根源，进一步明确努力方向。今天有 16 位同志发言谈了自己的学习体会，重点围绕杨善洲同志“如何为政、如何干事、如何做人”深入讨论，追忆杨善洲同志的先进事迹，缅怀他的高尚情操，并结合政协工作和个人的实际，谈了如何把向杨善洲同志学习的成果体现到具体工作当中、体现到党性修养当中。大家讲得都很好，听了很受启发。

在“七一”建党节前，省政协中心组专门组织这次杨善洲精神专题学习会，这既是根据省委的要求，把向杨善洲同志学习活动作为今年理论学习中心组学习的重点内容，做到领导干部带头认真学习杨善洲同志先进事迹、模范践行杨善洲精神，这也是省政协纪念建党 90 周年的一项重要活动。中国共产党从 1921 年成立到今天，已经走过了 90 年的光辉历程。90 年来，中国共产党带领全国各族人民、各民主党派和各界人士，建立了人民当家做主的新中国，确立了社会主义基本制度，开创了中国特色社会主义道路。中国共产党从小到大，由弱变强，在极其艰苦的环境下战胜强敌，在充满曲折的探索中不断奋进，始终是领导中国革命、建设、改革事业的核心力量，始终在剧烈变动的国际国内环境中立于不败之地，一个根本的原因是，我们党始终坚持解放思想、实事求是、与时俱进的思想路线和全心全意为人民服务的宗旨，教育培养了一代又一代自愿为党和人民奉献一切的共产党员，锻炼出一大批德才兼备的优秀领导干部。广大党员无论是在革命战争年代出生入死、浴血奋战，还是在和平建设时期开拓进取、甘于奉献，都能时刻与人民群众同甘苦、共患难，为人民的幸福不懈奋斗。杨善洲同志的先进事迹集中体现了共产党员的优秀品质和作风。今天我们通过学习杨善洲的先进事迹和崇高精神，又一次受到了深刻的思想教育和强烈的精神激励，进一步加强了党性修养、牢记了党的宗旨，坚定了做人民满意的好党员、好干部的决心。这是对建党 90 周年最好的一种纪念。

刚才听了大家的发言，并结合我自己的学习，我认为杨善洲同志的先进事迹确实感人至深，他的崇高精神确实令人敬仰。杨善洲同志是出生在云南、成长在云南的领导干部，几十年如一日，坚定信仰、对党忠诚，牢记宗旨、一心为民。无论是在职期间还是退休以后，他始终把党和群众的利益放在个人利益前面，淡泊名利，无私奉献。他用自己平凡而光荣的“一辈子”，为党员干部特别是领导干部为政、干事、做人树立了一面光辉的旗帜，不愧是当代共产党员的优秀代表、领导干部的楷模、老干部中的优秀典型。杨善洲同志的先进事迹和崇高精神得到了各级党委政府的充分肯定，受到了社会各界的高度评价。胡锦涛总书记等中央领导先后作出重要批示，号召广大党员干部向杨善洲同志学习。省委也两次发出通知，要求全省广泛深入开展向杨善洲同志学习的活动。深入学习杨善洲同志的先进事迹和崇高精神，无论是对于推动党和国家事业的发展，还是对于每一个党员干部加强自身修养，都具有十分重要的意义。杨善洲同志忠诚于党的政治品格、一心为民的公仆情怀、不懈奋斗的崇高境界、大公无私的奉献精神，永远值得我们发扬光大。去年以来，我们多次聆听和学习过杨善洲同志的先进事迹。每次我们都会被深深感动，心灵都会受到震撼，思想都会受到触动。但我们学习杨善洲同志的先进事迹，不光是为了受感动，更主要是为了有行动。我们不仅要学习杨善洲同志的思想品质、精神境界和人生态度，更重要的是要把杨善洲精神转化为我们坚定信念、牢记宗旨、无私奉献的自觉行动。杨善洲同志的事迹和精神体现在许多方面，值得我们学习的内容很多。我认为，我们政协在学习过程中，需要牢牢把握以下四个最重要的方面，并切实体现到具体的实践当中。

一是要学习杨善洲同志始终坚定理想信念、对党忠诚的高贵品质，更加自觉地坚持正确的政治方向。坚定的理想信念，是共产党员的立身之本和动力之源。杨善洲同志最突出的特点，就是不管世事如何变迁、职务如何变动、年龄如何变化，始终坚定理想信念不动摇。正是怀着对党的忠诚、对家乡和人民群众的无比热爱，他把全部精力倾注到山区的治理和发展，把整个身心献给了山区人民，退休后放弃省城的舒适条件，带领家人和群众扎根荒山、植树造林，以自己的实际行动，忠实履行了共产党员的神圣职责和光荣使命。对照杨善洲同志的高贵品质，我们在坚定理想信念、对党忠诚等方面还存着差距和不足。我们这些人是在党和人民的培养下成长起来的，对党和人民有着深厚的感情，对建设中国特色社会主义的信心和信念是坚定的。但近年来由于受社会多元化利益趋向和党内一些不良风气的影响，在革命意志的坚定性、不为名不为利的纯洁性、全心全意为人民服务的彻底性上不如过去了，在不同程度上都需要克服理想信念淡化、宗旨意识退化等不良倾向。我们要以杨善洲同志为榜样，始终坚定理想信念，一辈子都忠诚党的事业，坚持党的基本理论、基本路线、基本纲领、基本经验不动摇，坚定不移地走中国特色社会主义政治发展道路，坚定不移地坚持和完善中国共产党领导的多党合作和政治协商制度。始终不渝地用中国特色社会主义伟大旗帜来统一思想、坚定信念、凝聚力量，不断筑牢参加政协的各党派团体、各族各界人士团结奋斗的思想政治基础，促进不同党派、不同信仰、不同民族、不同界别的群众在中国共产党的领导下，为推进中国特色社会主义伟大事业而共同奋斗。

二是要学习杨善洲同志始终坚持为人民服务的人生追求，更加积极地履职为民。我们党的一切奋斗和工作都是为了造福人民。杨善洲同志最感动人的，就是一辈子都把人民利益放在第一位，尽心竭力为老百姓干实事、办好事，真正做到了权为民所用、情为民所系、利为民所谋。他无论是当县委书记还是地委书记，为了改变贫穷落后面貌、让老百姓过上好日子，常年奔走在基层一线，诚心诚意为群众谋利益，碰到群众插秧就帮着插秧，碰到群众收稻就帮着收稻，被老百姓亲切地称为“草鞋书记”“泥腿书记”。退休后植树造林二十多年，建成了5万多亩的大亮山林场，为当地群众创造了宝贵的财富。对照杨善洲同志崇高的人生追求，我们在宗旨意识、群众观点、群众路线等方面还存着差距和不足。如到政协工作后，泡在文山会海的时间多了，深入基层调查研究少了；听干部汇报多了，直接听取群众的呼声、反映群众要求、维护群众利益、为群众办实事少了，在不同程度上都需要克服群众观念淡薄、高高在上、脱离群众等不良现象。我们要以杨善洲同志为榜样，更加牢固地树立马克思主义的群众观点，始终坚持党的群众路线，进一步在思想上尊重群众，在感情上贴近群众，在行动上深入群众，在工作上依靠群众，始终站在最广大人民群众的立场上说话办事。更加自觉地把全心全意为人民的宗旨贯彻到工作中，进一步把做好群众工作、保障和改善民生、服务社会管理作为省政协履行职能的重要内容，紧紧围绕群众反映突出的问题多献务实之策，力所能及地为群众排忧解难，更加主动地协助党委和政府做好协调关系、化解矛盾、增进团结的工作，积极维护群众的合法权益，努力让人民群众享受到更多的发展成果。

三是要学习杨善洲同志始终保持共产党员本色、无私奉献的思想境界，更加严格地要求自己。一个共产党员一时按党员的标准要求自己并不难，难的是一辈子按共产党员的标准要求自己。杨善洲同志最令人敬佩的，就是一辈子严格要求自己，廉洁奉公、无私奉献。当领导干部几十年，始终坚持原则、公私分明，从没有利用手中的权力为自己办个人的私事。他公道正派，提拔和使用干部，他从不打招呼，对表现优秀的干部，他不拘一格提拔任用。在他身上，集中体现了一名领导干部来自人民、服务人民、造福人民的共产党员本色。对照杨善洲同志高尚的思想境界，我们在加强自身修养、讲党性、重品德、守纪律等方面还存着差距和不足。如不同程度地存在着学习松懈、不思进取，国家大事不过问，群众的利益不关心，饱食终日、无所用心，遵守中央和省委关于厉行节约的有关规定不严格，在禁止利用职权和职务上的影响谋取不正当利益等方面也或多或少地存在着一些问题。我们要以杨善洲同志为榜样，更加严格地要求自己，自觉接受组织的监督，始终做到自重、自省、自警、自励。严格遵守党的政治纪律，自觉贯彻执行党的路线方针政策，树立全局观念，增强大局意识，在大是大非面前保持坚定的信念和清醒的头脑，在复杂斗争和突发事件中站稳立场，经得住各种风浪的考验，始终对党忠诚老实、言行一致。自觉抵制腐朽思想的侵蚀，艰苦朴素、勤俭节约，努力养成良好的生活作风，以高尚的追求对待事业和生活，自觉抵御拜金主义、享乐主义、极端个人主义的影响，始终保持共产党员的政治本色。

四是要学习杨善洲同志始终勤奋敬业的工作作风，更加扎实地做好本职工作。作风是一面镜子，清晰地展示出党员干部的党性修养和政治本色。杨善洲同志一辈子都保持着勤奋敬业的作风。在领导岗位上，他始终怀着一种重任在肩的使命感，脚踏实地而不漂浮，埋头苦干而不张扬，把全部心思和精力用在了干事创业上。他深入实际，有一半以上的时间都在基层跑，走遍了保山各县的山山水水，每一个乡村都留下了他的足迹。

退休后，不愿坐享清福，而是有一分热、发一分光，长年在条件艰苦的大亮山义务植树造林，为改变家乡贫穷落后面貌一直奋斗到生命的最后一刻。对照杨善洲同志优良的工作作风，我们在锐意进取、奋力拼搏、求真务实等方面还存着差距和不足。如存在着“船到码头车到站”的思想，工作的热情不高，开拓进取和勇于创新的劲头不足，调查不细致、研究不深入、做事不扎实，工作只求过得去、不求过得硬等。我们要以杨善洲同志为榜样，始终保持勤奋敬业、奋发有为的精神状态，牢记责任不懈怠、认真履职不放松，把所有的心思都放在做好政协工作上，把所有的智慧都用在服务群众上，努力在推动科学发展、建设和谐社会中发挥出自己的作用、贡献出自己的力量、体现出自己的价值。

同志们，这次中心组学习的成效很好，达到了预期的目的。但这只是我们深入学习杨善洲同志先进事迹和崇高品质的一次再动员。我们要以这次学习作为进一步开展向杨善洲同志学习活动的契机，更加自觉、更加模范地贯彻落实胡锦涛总书记的重要指示和省委的要求部署，深入不断地向杨善洲同志学习，并切实把对杨善洲同志的感动和崇敬，转化为做好本职工作、推动科学发展的强大动力，以优异的成绩迎接中国共产党成立 90 周年，努力为实现“十二五”宏伟目标贡献我们的智慧和力量。

在全省妇联系统第三轮禁毒防艾人民战争宣传教育活动启动仪式上的讲话

（2011 年 6 月 21 日）

倪慧芳

同志们：

今天省妇联在这里举行全省妇联系统第三轮禁毒防艾人民战争宣传教育活动启动仪式，这是贯彻落实全省开展新一轮禁毒防艾人民战争电视电话会议精神的一项重要举措，对于进一步巩固前两轮禁毒防艾人民战争工作成果，进一步组织动员全省广大妇女参与禁毒防艾宣传教育活动，在第三轮禁毒防艾人民战争中发挥积极作用，具有十分重要的意义。

在前两轮禁毒防艾人民战争中，我省各级妇联组织在省委、省政府的正确领导和全国妇联的关心指导下，在社会各界的大力支持下，发挥优势，面向妇女、立足家庭，动员组织广大妇女积极参与全省禁毒防艾人民战争，深入开展了“拒绝毒品、抗击艾滋、建设家园、共创平安”的主题活动。在活动中，对有裂痕的家庭送去法律和帮助，对有吸毒人员的家庭送教育和健康，对有艾滋病感染者/患者的家庭送关爱和援助。受到社会各界的广泛赞誉，取得很好的成效。妇联组织坚持重心下移，推进基层禁毒防艾宣传教育工作阵地建设，在不同地区、针对不同情况建立了“云南省妇联社区禁毒防艾宣传教育及扶助工作示范点”“社区流动妇女及儿童服务示范工作站”，及时总结推广有效经验，为基层妇女和家庭提供了良好服务。各级妇联对基层妇女群众自发组织成立的“妇女攻心队”“妇女禁毒防艾联防队”“女子护村互助队”“家庭联谊会”“女房东联谊会”等6000余个民间自治组织，给予扶持和指导，充分发挥这些民间组织在开展禁毒防艾宣传、帮教和管控等工作中的独特作用，为推动全省经济发展、社会和谐稳定作出了积极贡献。

在此，我代表省综治维稳委，代表省政协对在前两轮禁毒防艾人民战争工作中做出积极贡献来自全省各级妇联的同志们、禁毒防艾宣传教育一线的工作者和禁毒防艾巾帼志愿者代表，表示衷心的感谢！对大家为平安和谐云南建设作出的努力表示诚挚的敬意！

下面，我就做好新一轮禁毒防艾人民战争宣传教育工作讲几点意见。

一、认清形势，切实增强参与第三轮禁毒防艾人民战争宣传教育活动的责任感和紧迫感

禁毒防艾是事关我省经济社会发展全局、事关社会和谐稳定的大事，也是事关我省“两强一堡”战略顺利实施的大事。在党中央、国务院的亲切关怀和国家有关部门的大力支持下，通过全省人民的共同努力，我省为期三年的第二轮禁毒防艾人民战争成效显著，为下一步的工作打下了坚实基础。但是当前我省面临的毒情和艾滋病疫情形势仍不容乐观，禁毒防艾工作还存在许多困难和问题，要圆满完成党中央、国务院交给的这一光荣使命，夺取新一轮禁毒防艾人民战争的更大胜利，我们面临的任务还十分艰巨。

为此，省委、省政府决定与“十二五”规划同步推进全省为期五年的第三轮禁毒防艾人民战争。当前，我省正面临“十二五”规划的开局之年、新一轮西部大开发、桥头堡战略启动实施的重要发展机遇。在新的历史时期，打好新一轮禁毒防艾人民战争，对于推进经济平稳较快发展和社会和谐稳定具有十分重要的意义。各级妇联组织要按照全省开展第三轮禁毒防艾人民战争电视电话会议的要求，深刻认识禁毒防艾工作面临的形势、禁毒防艾宣传教育工作的极端重要性以及存在责任感、义务感不强，“重打击、重防范”两手并重不够等问题。充分认识深入开展新一轮禁毒防艾人民战争，是省委、省政府针对我省禁毒防艾工作面临的形势作出的一项重大决策，是得民心、顺民意、护民利的“民心工程”，是维护社会和谐稳定的重要内容，是促进云南经济社会发展、维护发展成果的客观需要，进一步增强开展禁毒防艾宣传教育工作的紧迫感和责任感，更加扎实深入地组织发动全省妇女积极参与到第三轮禁毒防艾人民战争中，为建设富裕民主文明开放和谐云南作出积极贡献。

二、明确任务，积极参与第三轮禁毒防艾人民战争宣传教育工作

根据第三轮禁毒防艾人民战争实施方案，我省将通过5年的努力，全面推进毒品禁种、禁制、禁贩、禁吸“四禁”工作，扩大堵源截流、禁种除源、禁吸戒毒、宣传教育、齐抓共管综合治理“五个成果”，把好艾滋病防治监测检测、干预、治疗、关爱“四关”，使禁毒防艾工作取得更大进展。省委、省政府要求，要抓住关键、突出重点，争取在提高工作针对性和有效性、加强宣传教育、完善防控体系、重点场所和重点人员管理等方面取得突破性进展。各级各部门要突出组织保障，形成工作合力；突出责任落

实，完善考评机制；突出队伍建设，不断提高禁毒防艾队伍的整体素质和战斗力；突出全社会共同参与，最大限度地动员全社会各方面力量投入禁毒防艾工作，确保圆满完成新一轮禁毒防艾人民战争的目标任务。

近期，云南省禁毒委、省防艾委专门对深化全民禁毒防艾宣传教育工作的目标任务进行了部署。妇联组织要以“平安家庭”创建为依托，继续深化“拒绝毒品、抗击艾滋、建设家园、共创平安”主题活动；要以单亲家庭、流动人口家庭、涉毒和受艾滋病侵蚀的家庭和妇女为重点，广泛开展面向家庭的禁毒防艾宣传教育，使禁毒防艾知识家喻户晓、深入人心；要进一步扩大“无毒家庭”的覆盖面，积极引导家庭成员开展防范毒品、艾滋病侵蚀的自我教育，推动父母对未成年子女进行禁毒防艾预防教育；要利用妇女之家、家长学校和家庭教育指导中心等阵地，组织禁毒防艾巾帼志愿者、家长、青少年参加培训班，提高家庭防范意识，充分发挥家庭在禁毒防艾中的作用。

三、强化责任，扎实做好第三轮禁毒防艾人民战争宣传教育工作

全省妇联系统第三轮禁毒防艾人民战争宣传教育活动启动之后，希望各级妇联认真贯彻落实省委、省政府的决策部署，进一步把思想和行动统一到党中央、国务院和省委、省政府的要求上来，充分认识禁毒防艾是妇联工作的重要内容，按照新一轮禁毒防艾人民战争实施方案，发挥妇联组织的独特优势，进一步深化“拒绝毒品、抗击艾滋、建设家园、共创平安”主题宣传教育活动。最大限度地动员全省广大妇女群众和社会各界力量，共同参与禁毒防艾宣传教育工作。扎实开展好禁毒防艾宣传普及工作，使禁毒防艾真正成为广大人民群众自觉自愿的行动，确保圆满完成新一轮禁毒防艾人民战争的目标任务，为保障人民群众的健康和生命安全作出最大努力。

在省政协机关老党员老干部庆祝建党九十周年座谈会上的讲话

（2011年6月22日）

王学智

尊敬的各位老党员、老干部、同志们：

今天，我们欢聚一堂，召开省政协机关老党员老干部庆祝建党九十周年座谈会，共同回顾我党90年来走过的光辉历程和创造的丰功伟绩，抒发爱党爱国情怀，畅谈美好发展前景和宏伟蓝图，征求老同志对省政协工作的意见和建议。在此，我代表省政协党组，代表学仁主席，代表省政协机关全体干部职工，向所有为中国革命、建设、改革以及云南政协事业发展作出积极贡献的各位老党员、老干部表示诚挚的问候并致以崇高的敬意！

中国共产党从成立之日起就以实现人民当家做主为己任。在1921年以来90年的伟大征程中，我们党在以毛泽东、邓小平、江泽民为核心的三代领导集体的坚强领导下，团结带领全国各族人民，为民族解放、国家独立、社会进步和人民幸福进行了不屈不挠、艰苦卓绝的斗争，通过长期的探索和实践，最终取得了新民主主义革命、社会主义革命和建设的胜利以及辉煌成就，成为推动历史前进的强大的政治力量，成为中国特色社会主义事业的坚强领导核心。进入新世纪新阶段，在复杂多变的国内外形势和重大挑战面前，以胡锦涛同志为总书记的党中央带领全国各族人民同心同德，艰苦奋斗，在建设有中国特色的社会主义道路上取得一次又一次飞越，中国的国际地位、综合国力、人民生活水平和精神面貌等都发生了巨大变化。“中国模式”所展示出来的独特魅力，越来越受到世界的瞩目。我们党走过的90年历程，是为中华民族独立、解放、繁荣和中国人民自由、民主、幸福而不懈奋斗的90年，是领导全国各族人民不断开创历史新篇章的90年，也是一代又一代中国共产党人在革命、建设、改革进程中发挥先锋模范作用、团结带领人民战胜艰难险阻、奋勇前进的90年。在党的90岁生日即将到来之际，回顾党的光辉历程，畅谈经济社会发展取得的巨大成就，我们倍感骄傲和自豪，对伟大祖国灿烂未来更加充满信心。此时此刻，我们更加深切地感受到，没有中国共产党，就没有中国的独立和富强，就没有人民的自由和幸福，就没有中国的社会主义现代化。让我们衷心地祝愿我们的党更加伟大、光荣、正确。

各位老党员、老干部是党和国家的宝贵财富，是历史的功臣。在我们党成立90年、执政60多年、领导改革开放30多年的历程中，老党员、老干部们始终发挥着中坚骨干作用，创造了伟大业绩，作出了不可磨灭的历史贡献，培育和形成了优良的革命传统，是人民共和国的奠基者、社会主义事业的建设者、改革开放和现代化建设的开拓者。在革命战争年代，你们浴血奋战，为民族解放奉献了自己的青春和力量，作出了巨大的贡献。在社会主义革命和建设时期，你们艰苦奋斗，为国家富强、人民幸福和社会各项事业的发展付出了辛勤的汗水。离退休后，你们“老骥伏枥，志在千里”，用长期积累起来的丰富知识和宝贵经验，为云南的改革、发展、稳定献计出力，用实际行动赢得了全社会的尊敬和爱戴。

当前，在省委的领导下，全省各族干部群众抓住国家深入实施西部大开发和建设中国面向西南开放的桥头堡的历史机遇，在《国务院关于支持云南省加快建设面向西南开放重要桥头堡建设的意见》指导下，围绕我省“十二五”规划绘制的宏伟蓝图，全力推进绿色经济强省、民族文化强省和中国面向西南开放的桥头堡建设。在新的历史起点上实现新的跨越，需要我们自觉坚持和发扬革命前辈和老党员、老干部们的优良传统和作风，注重体现政协的特点和优势，坚定地维护核心，围绕中心，凝聚人心，以更加务实的态度、更加扎实的作风，更加有效的措施，抓住富裕民主文明开放和谐云南建设中的重大问题，深入调研视察，多方咨询论证，积极建言献策，努力使人民政协履行职能、开展工作的实效更加突出，社会影响进一步扩大。

尊重历史就是尊重现实，尊重历史就是尊重自己。我们要始终牢记老党员、老干部们对中国革命特别是云南建设发展作出的巨大贡献和丰功伟绩，继承和发扬老一辈的优良传统和作风；要深入开展向杨善洲同志学习的活动，教育引导省政协机关全体党员、离退休老同志学习杨善洲同志坚定信念、对党忠诚的政治品格，牢记宗旨、一心为民的公仆情怀，鞠躬尽瘁、不懈奋斗的崇高境界，大公无私、淡泊名利的奉献精神；要严格落实中央、省委关于老干部工作的各项政策措施，认真研究和解决老干部工作遇到的新情况和新问题，切实在政治上进一步尊重，思想上进一步关心，生活上进一步照顾，服务上进一步改进，努力使老党员、老干部老有所养、老有所学、老有所乐、老有所为。

革命人永远年轻。真诚希望各位老党员、老干部一如既往地关心支持省政协党的建设，继续关注我省经济社会发展，继续关心、支持人民政协工作。同时，真诚地希望你们始终保持乐观的精神风貌，积极参加锻炼，保持健康的身体，使自己的晚年更加幸福和美满。

深入学习贯彻“七一”讲话精神
高举旗帜坚定不移跟党走

（2011 年 7 月）

王学仁

胡锦涛总书记在庆祝中国共产党成立 90 周年大会上的重要讲话，站在时代发展和战略全局的高度，全面回顾了中国共产党 90 年走过的光辉历程和取得的伟大成就，精辟概括了中国共产党保持和发展马克思主义政党先进性的历史经验，明确提出了新的历史条件下提高党的建设科学化水平的目标任务，深刻阐述了在新的历史起点上把中国特色社会主义伟大事业全面推向前进的大政方针。总书记的重要讲话，高屋建瓴、内涵丰富、思想深刻、论述精辟，通篇贯穿着解放思想、实事求是、与时俱进的思想路线，体现着为民务实的执政理念和开拓进取的创新精神，具有很强的思想性、理论性、战略性、时代性和指导性，是一篇马克思主义纲领性文献，对于全面推进党的建设新的伟大工程和中国特色社会主义事业，对于进一步做好新时期人民政协工作，都具有重大深远的指导意义。我省政协组织要按照中央和省委的部署要求，把学习贯彻胡锦涛总书记重要讲话精神作为当前一项重大政治任务，认真学习、深刻领会，切实把讲话精神融入政协履行职能的各个方面，努力推动政协工作不断取得新的进步。

充分认识伟大成就，进一步增强在党的领导下发展中国特色社会主义的自觉性和坚定性。胡锦涛总书记在讲话中指出，90 年来，中国共产党领导全国各族人民前赴后继、顽强奋斗，不断夺取革命、建设、改革的重大胜利，集中体现在紧紧依靠人民完成和推进了三件大事：一是完成了新民主主义革命，实现了民族独立、人民解放；二是完成了社会主义革命，确立了社会主义基本制度，建立起独立的比较完整的工业体系和国民经济体系；三是进行了改革开放新的伟大革命，开创、坚持、发展了中国特色社会主义。广大政协委员要充分认识这三件大事从根本上改变了中国人民和中华民族前途命运，使具有 5000 多年文明历史的中国面貌焕然一新、中华民族伟大复兴展现出前所未有的光明前景，在世界上产生了深刻而广泛的影响。充分认识在近代以来中国社会发展前进的进程中，是历史和人民选择了中国共产党，没有共产党，就没有新中国，就没有中国特色社会主义，中国共产党不愧为领导中国人民不断开创事业发展新局面的核心力量。充分认识站在新的历史起点，必须继续毫不动摇地坚持党的领导，始终高举中国特色社会主义伟大旗帜，进一步增强坚持和拓展中国特色社会主义道路、坚持和丰富中国特色社会主义理论体系、坚持和完善中国特色社会主义制度的坚定性。政协组织要坚定不移地用中国特色社会主义伟大旗帜来统一思想、坚定信念、凝聚力量，坚定不移地把各党派团体和各族各界人士的力量团结凝聚到坚持和拓展中国特色社会主义道路上来，坚定不移地以中国特色社会主义理论体系来指导和推动政协工作，始终在纷繁复杂形势下保持清醒头脑、在大是大非面前站稳立场、在社会深刻变革中坚持正确方向，广泛宣传党的方针政策，积极把党委的主张和意图转化为广大政协委员及各界群众的广泛共识和自觉行动，努力使各族各界群众更加紧密地团结在党的周围、凝聚在社会主义的旗帜下。

全面把握主要任务，进一步发挥政协优势服务桥头堡建设。胡锦涛总书记在讲话中指出，在未来前进道路上我们要做到“四个坚定不移”，即坚定不移地走科学发展道路、走中国特色社会主义政治发展道路、发展社会主义先进文、推进社会主义和谐社会建设。这“四个坚定不移”包括了政治、经济、文化、外交、军事等方方面面，不但为未来中华民族复兴、实现民富国强指明了方向、构建了蓝图，同时也是给人民政协履行职能、发挥作用提出了明确的任务。政协组织和政协委员要深刻认识在新的历史条件下全面推进中国特色社会主义事业的大政方针，进一步增强政治意识、大局意识、责任意识、服务意识，坚决贯彻执行中央和省委、省政府对各项工作的要求和部署，扎实有效地履行好政治协商、民主监督、参政议政职能，切实发挥好协调关系、汇聚力量、建言献策、服务大局作用。要更加紧紧地抓住科学发展这一主题，突出加快转变经济发展方式这一主线，切实把议政建言的重点放在促进事关发展全局的重大问题的解决上，把协商监督的着力点放在推动“十二五”规划提出的主要任务和重大举措的落实上，议推动科学发展的大事，谋促进转变发展方式的大计，努力为实现科学发展建睿智之言、献务实之策。要更加自觉地促进和谐，切实把发扬民主、增进团结、协调关系、化解矛盾作为履行职能的重要着力点，维护社会公平正义，关注不同阶层的利益诉求，协助党委和政府妥善处理好各方面利益关系，进一步促进团结合作，努力把参加政协的各党派团体、各族各界人士的智慧力量凝聚到实现经济社会又好又快发展上来。要更加积极地服务桥头堡建设，充分发挥政协优势，紧扣贯彻实施《国务院关于支持云南省加快建设面向西南开放重要桥头堡的意见》中最紧迫、最突出、最适合政协发挥作用的问题开展协商议政，选择桥头堡建设中综合性、全局性、前瞻性的问题进行深入调查，抓住实践中出现的新情况、新问题、新矛盾进行认真研究，广泛宣传桥头堡建设的重大意义，积极以美好的前景凝聚人心、以宏伟的目标汇聚力量，大力营造关心、支持、参与桥头堡建设的良好氛围，努力为扎实推进桥头堡建设多作贡献。

深刻领会前进方向，进一步在中国特色社会主义政治发展道路上推进人民政协事业。胡锦涛总书记在讲话中充分肯定了我们国家发展社会主义民主政治取得的重大进展，指出我国社会主义民主政治具有强大生命力、中国特色社会主义政治发展道路是保证人民当家做主的正确道路，并强调发展社会主义民主政治关键是要坚持党的领导、人民当家做主、依法治国的有机统一。人民政协是我国政治生活中发扬社会主义民主的重要形式，是我国社会主义民主政治建设的伟大创造。政协组织要充分认识人民政协在推进我国社会主义民主政治建设中的重要作用，进一步发挥中国共产党领导的多党合作和政治协商制度的优越性，毫不动摇地坚持走中国特色社会主义政治发展道路，不断增进对中国特色社会主义的政治认同和思想认同，不断夯实参加政协各党派团体、各族各界人士团结奋斗的共同思想基础。坚定不移地坚持中国共产党对政协的领导，始终服从服务党和国家中心工作，始终全面贯彻落实党的路线方针政策，始终保持政协工作与党委的工作在总体目标上相一致、在工作部署上相协调。切实发挥政协在扩大公民有序政治参与中的重要渠道和平台作用，广泛吸收各党派、各团体、各民族、各阶层、各界人士参与国事，调动和发挥他们的积极性和主动性，凝聚各方面智慧和力量，不断巩固和发展多党合作的政治局面。坚持用改革创新的精神推进政协事业，不断探索政协履行职能的新方式、新途径，不断完善富有时代特征、切合实际情况的工作载体和工作平台，充分发挥专门委员会的基础作用和政协委员的主体作用，充分发挥民主党派、工商联和有关人民团体在人民政协中的重要作用，进一步提高机关服务水平和工作效率，积极推进履职的制度化、规范化、程序化、科学化，努力使政协各项工作始终保持蓬勃生机和活力。

牢固树立宗旨意识，进一步在政协工作中贯彻落实党的群众路线。胡锦涛总书记在讲话中指出，来自人民、植根人民、服务人民，是中国共产党永远立于不败之地的根本，密切联系群众是我们党的最大政治优势，脱离群众则是我们党执政后的最大危险，并且要求全党牢固树立马克思主义群众观点，始终保持同人民群众的血肉联系。人民政协作为爱国统一战线组织，由社会各党派、人民团体和社会各界代表人士组成，与社会各界群众具有广泛的联系。这决定了人民政协在协助中国共产党做好群众工作、密切联系群众方面，可以发挥重要的作用。政协组织要自觉把党的群众路线贯穿于各项工作的始终，以更加鲜明的群众观点、更加坚定的群众立场、更加深厚的群众感情，充分发挥政协在组织上的广泛代表性、政治上的巨大包容性、工作方法上的多样灵活性，积极做好联系群众、宣传群众、服务群众、团结群众的工作，当好党委、政府与群众联系的桥梁纽带。要坚持履职为民，始终以人民群众利益为重、以人民群众期盼为念，在思想上尊重群众、感情上贴近群众、工作上依靠群众，自觉站在最广大人民群众的立场上说话办事，真诚倾听群众呼声，真实反映群众意愿，真情关注群众疾苦，真心帮助群众解难，多建反映民情的真言，多献改善民生的良策，多办顺应民意的实事。要切实把群众工作放到更加突出的位置，全力协助党委、政府加强和创新社会管理，积极支持和引导社会团体参与社会管理和公共服务，深入研究影响社会管理的源头性、根本性、基础性的问题，积极提出新形势下加强和创新社会管理、做好群众工作的思路和措施，努力为提高社会管理科学化水平、确保社会既充满活力又和谐稳定献计出力。

更加突出先进性建设，进一步发挥政协党组织的领导作用和党员的先锋模范作用。胡锦涛总书记在讲话中指出，我们党保持和发展马克思主义政党先进性的关键在于“四个根本点”；在世情、国情、党情发生深刻变化的形势下，我们党要经受住“四个考验”，防止“四个危险”；在新的历史条件下提高党的建设科学化水平，要做到“五个必须”。政协组织要深刻领会和全面把握胡锦涛总书记讲话中关于在新形势下推进党的建设新的伟大工程的基本要求，着眼全省发展大局和人民政协事业发展全局，以加强先进性建设为着力点，全面推进政协组织内中共党组织的思想建设、组织建设、作风建设、制度建设和反腐倡廉建设，扎扎实实地做好加强和改进党的建设的各项工作，广泛吸收、积极培养优秀人才，勇于变革和创新，不断提高党组织的创造力、凝聚力、战斗力，更好地发挥政协内各级党组织和政协委员、政协机关干部中广大党员的作用，努力把党的政治优势和组织优势充分转化为推动政协事业科学发展的强大力量。政协组织中的共产党员要不断增强为党和人民事业不懈奋斗的自觉性和坚定性，切实把人民放在心中最高位置，积极贯彻党的方针政策，加强党性锻炼，深入学习杨善洲同志的先进事迹和崇高精神，进一步把杨善洲精神转化为坚定信念、牢记宗旨、无私奉献的自觉行动，始终保持勤奋敬业、奋发有为的精神状态，牢记责任不懈怠、认真履职不放松，把所有的心思都放在做好政协工作上，把所有的智慧都用在服务群众上，大力继承和发扬人民政协的优良传统，努力成为合作共事的模范、发扬民主的模范、求真务实的模范、廉洁奉公的模范。

在省政协十届十五次常委会议上的讲话

（2011 年 7 月 13 日）

王学仁

各位常委、同志们：

省政协十届十五次常委会在大家的共同努力下，圆满完成了各项议程。省委、省政府高度重视这次会议，副省长刘平同志到会通报了我省上半年经济社会发展的情况并做了重要的讲话，省级有关部门的负责同志也到会听取了大家的发言。在会上，各位常委围绕《国务院关于支持云南省加快建设面向西南开放重要桥头堡的意见》和省委八届十一次全会精神，认真学习、深入思考、积极发言，进一步深化了认识，增强了抓住用好桥头堡建设这一历史性机遇的责任感和紧迫感，并对贯彻落实《意见》精神、加快推进桥头堡建设，提出了许多具有重要参考价值的意见和建议。会后，省政协办公厅要对这次会议的成果进行认真的综合和整理，及时送报省委、省政府领导参阅。下面，我结合大家的发言，讲几点意见。

一、认真学习胡锦涛总书记“七一”重要讲话精神，高举旗帜坚定不移跟党走

在中国共产党成立 90 周年之际，党中央隆重召开庆祝大会，回顾我们党发展进步的伟大历程，展望中国发展繁荣的光明前景。胡锦涛总书记发表的重要讲话，站在历史和全局的高度，全面评价了我们党 90 年波澜壮阔的奋斗历程，系统总结了 90 年来党领导革命、建设和改革的宝贵经验，明确提出了新的历史条件下提高党的建设科学化水平的目标任务，深刻阐述了在新的历史起点上把中国特色社会主义伟大事业全面推向前进的大政方针。讲话高屋建瓴、总揽全局，内涵丰富、思想深刻，有很强的理论性、战略性、指导性，对我们做好党和国家的各项工作具有重大而深远的指导意义。中央和省委

先后发出通知，要求各地各部门认真学习贯彻胡锦涛总书记的重要讲话精神。我们要按照中央和省委的要求，切实把认真学习贯彻胡锦涛总书记重要讲话精神作为省政协当前和今后一个时期的重大政治任务，充分认识讲话的重大意义，深刻领会和牢牢把握精神实质，扎扎实实地抓好贯彻落实。

一要深刻把握党在不断探索中创造的伟大成就，进一步增强在党的领导下坚持和发展中国特色社会主义的自觉性和坚定性。胡锦涛总书记在讲话中指出，90 年来，中国共产党领导全国各族人民不断夺取革命、建设、改革的重大胜利，集中体现在紧紧依靠人民完成和推进了三件大事：一是完成了新民主主义革命，实现了民族独立、人民解放；二是完成了社会主义革命，确立了社会主义基本制度；三是进行了改革开放新的伟大革命，开创、坚持、发展了中国特色社会主义。我们要充分认识到，这三件大事从根本上改变了中国人民和中华民族前途命运，使具有 5000 多年文明历史的中国面貌焕然一新、中华民族伟大复兴展现出前所未有的光明前景。充分认识到，在近代以来中国社会发展前进的进程中，是历史和人民选择了中国共产党，没有共产党，就没有新中国，就没有中国特色社会主义，中国共产党不愧为领导中国人民不断开创事业发展新局面的核心力量。充分认识到，站在新的历史起点，我们必须继续毫不动摇地坚持党的领导，进一步增强坚持和拓展中国特色社会主义道路、坚持和丰富中国特色社会主义理论体系、坚持和完善中国特色社会主义制度的坚定性。从而在工作中更加自觉地做到，坚定不移地用中国特色社会主义伟大旗帜来统一思想、坚定信念、凝聚力量，坚定不移地把各党派团体和各族各界人士的力量团结凝聚到坚持和拓展中国特色社会主义道路上来，坚定不移地以中国特色社会主义理论体系来指导和推动政协工作，努力在坚持和发展中国特色社会主义中发挥更大的作用。

二要深刻领会社会主义民主政治建设的前进方向，进一步在中国特色社会主义政治发展道路上推进人民政协事业。胡锦涛总书记在讲话中充分肯定了我们国家发展社会主义民主政治取得的重大进展，指出我国社会主义民主政治具有强大生命力、中国特色社会主义政治发展道路是保证人民当家做主的正确道路，并强调发展社会主义民主政治关键是要坚持党的领导、人民当家做主、依法治国的有机统一。人民政协是我国政治生活中发扬社会主义民主的重要形式，是我国社会主义民主政治建设的伟大创造。我们要充分认识人民政协在推进我国社会主义民主政治建设中的重要作用，进一步发挥中国共产党领导的多党合作和政治协商制度的优越性，毫不动摇地坚持走中国特色社会主义政治发展道路，不断夯实参加政协各党派团体、各族各界人士团结奋斗的共同思想基础；坚定不移地坚持中国共产党对政协的领导，紧紧围绕党的重大决策和工作部署履行职能、开展工作，确保党的路线方针政策在政协得到全面贯彻落实；切实发挥政协在扩大公民有序政治参与中的重要渠道和平台作用，充分调动各方面积极性和主动性、广泛凝聚各方面智慧和力量，共同为实现“两强一堡”的奋斗目标而不懈努力。

三要深刻领会不断提高党的建设科学化水平的部署要求，进一步发挥政协党组织的领导作用和党员的先锋模范作用。胡锦涛总书记在讲话中指出，在世情、国情、党情发生深刻变化的形势下，我们党要经受住“四个考验”，防止“四个危险”；在新的历史条件下提高党的建设科学化水平，要做到“五个必须”。我们要深刻领会和全面把握胡锦涛总书记讲话中关于在新的历史条件下提高党的建设科学化水平的基本要求，着眼全省发展大局和人民政协事业发展全局，全面推进省政协中共党组织的思想建设、组织建设、作风建设、制度建设和反腐倡廉建设，扎扎实实地做好加强和改进党的建设的各项工作，不断提高党组织的创造力、凝聚力、战斗力，更好地发挥政协内各级党组织和政协委员、政协机关干部中广大党员的作用，努力把党的政治优势和组织优势转化为推动政协事业科学发展的强大力量。省政协组织中的共产党员要不断增强为党和人民事业不懈奋斗的自觉性和坚定性，切实把人民放在心中最高位置，积极贯彻党的方针政策，加强党性锻炼，加强作风养成，带头遵守政协章程，大力继承和发扬人民政协的优良传统，努力成为坚定理想信念的先锋模范、牢记党的根本宗旨的先锋模范、创造一流业绩的先锋模范、实践社会主义核心价值体系的先锋模范。

二、深入贯彻落实省委全会精神，积极为加快推进桥头堡建设作贡献

经过长期不懈的努力，今年5月国务院制定下发了支持云南加快建设面向西南开放桥头堡的《意见》，即国务院11号文件。国家专门出台支持云南经济社会发展的文件，是云南发展史上一件具有里程碑意义的大事。省委、省政府高度重视，及时召开了动员大会，全省上下掀起了学习贯彻的热潮。前不久省委召开八届十一次全委会，对扎实推进桥头堡建设进行了部署，并确定将在今年四季度召开中国共产党云南省第九次代表大会。这次省委全会是在我省加快推进桥头堡建设、加快经济发展方式转变的关键时期召开的一次重要会议，对于全省上下牢固树立机遇意识、全局意识、开放合作意识和改革创新意识，切实形成加快桥头堡建设的强大合力，具有十分重大的意义。大通道和桥头堡建设，一直是省政协长期关注的重点工作和履职的重要内容，曾经多次开展专题调研和视察，多次组织协商议政。现在桥头堡建设已正式进入实施阶段，我们要把认真学习贯彻国务院《意见》的精神、深入贯彻落实省委十一次全会的决策部署、积极推进桥头堡建设，作为一个重大的政治任务、一件长期的重点工作、一项义不容辞的重要责任，充分发挥政协优势，广泛凝聚共识，积极协商议政，努力为桥头堡建设贡献力量。

一是深入学习、认真领会，切实把思想和行动统一到中央和省委的决策部署上来。在新的起点上，政协服务桥头堡建设，首要的是加强学习。要准确把握桥头堡建设的指导思想、战略定位、发展目标、主要任务、政策措施，充分认识贯彻落实好国务院《意见》对于云南推动科学发展、加快转变经济发展方式、扩大对内对外开放、促进边疆民族地区脱贫致富的重大意义，明确努力方向，真正把思想和行动统一到省委、省政府的决策部署上来，切实增强责任感、使命感和紧迫感，自觉以加倍的努力和勤奋的工作来全力推动桥头堡建设。

二是发挥政协优势，积极为贯彻落实省委全会精神建言献策。桥头堡建设是一项艰巨复杂的工作，有许多问题需要认真研究。我们要充分发挥政协智力密集、人才荟萃的优势，立足建设民族团结进步、边疆繁荣示范区的总目标，紧扣贯彻实施国务院《意见》中最紧迫、最突出、最适宜政协发挥作用的问题开展协商议政，选择桥头堡建设中综合性、全局性、前瞻性的问题进行深入调查，抓住实践中出现的新情况、新问题、新矛盾进行认真研究，努力为省委、省政府决策提供及时有效的意见建议。

三是营造氛围、扩大共识，努力为桥头堡建设汇聚力量。全面贯彻落实国务院《意见》和省委全会的各项要求，需要汇聚全省各族群众的智慧和力量，需要各方面的大力支持和积极参与。我们要广泛宣传桥头堡建设的重大意义，积极以美好的前景凝聚人心、以宏伟的目标汇聚力量，利用各种渠道，抓住各种机会，大力营造关心、支持、参与桥头堡建设的良好氛围，不断扩大加快桥头堡建设的思想共识，努力推动形成全社会共同关心、支持桥头堡建设的强大合力。要开展好云南省海外促进会、云南省企业家论坛、省政协民生论坛等活动，多搭建交流的平台和载体，让关心桥头堡建设的各界人士有更多的机会充分交换意见、不断增进共识、共谋发展良策，努力为扎实推进桥头堡建设不断提供新的思路、充实新的内容、注入新的活力。

三、扎实工作，努力圆满完成今年的各项任务

今年是“十二五”的开局之年，做好今年的各项工作十分重要。今年以来，省政协紧密团结和依靠各界委员，紧紧围绕省委、省政府的中心工作，认真履行政协职能，切实加强自身建设，各项工作开展得紧张有序、成效明显。现在时间已经过半，接下来的几个月还有许多工作要做。我们要再接再厉、齐心协力，努力完成好下半年的各项任务。

要认真开展好重点调研、重点视察和重点提案的各项工作。常委会确定的九个重点调研课题，是省政协今年工作的重要内容，是服务党委政府决策和经济社会发展的重要方式，也是体现省政协履职水平的重要方面。现在重点调研课题的大部分调研工作已经完成，正在进行研究分析和报告起草，有的课题调研报告已交主席会议审议。希望各专委会和研究室要抓紧完成调研任务、起草好调研报告，切实在深入分析研究、认真修改完善上下功夫，力求形成有深度、有水平的调研报告，真正让党委、政府感到我们提出的建议和措施实在管用。今年的5个重点视察还是由各个专委会和研究室共同组织完成。在即将开展的视察中，各专委会的分工和工作重点虽然各有侧重，但都要密切协作、加强配合，互相支持、形成合力，充分发挥各自优势，进一步提高视察成效。在视察过程中，要突出视察的知情性、议政性和监督性，悉心听取各方面的意见和呼声，努力为党委政府领导决策和部门改进工作提供有价值的参考意见。要继续抓好主席会议督办的《“七彩云南保护行动”的系列联合提案》等10件重点提案的办理，切实做好面商和落实工作，争取在解决问题、推动工作上产生明显的作用，并以此促进省政协其他提案的办理工作。

要精心组织好重要会议和活动。下半年，我们还将要召开一次专题协商议政的常委会议。办公厅要认真关注我省经济社会发展中的重大问题和省委、省政府的工作部署，尽早确定下一次常委会的专题议政内容，让各位常委有足够的时间进行精心准备、深入调研、反复论证，确保为省委、省政府提供科学的决策依据。8月份，将举办省政协第四届民生论坛，主题是创新社会管理。现在，党委、政府和全社会都对加强和创新社会管理十分重视。希望社法委与民盟省委加强协作，进一步调动政协委员、专家学者以及党派团体、基层政协参与的积极性，围绕社会管理中的热点、难点问题，总结经验，把握规律，创新思路，多方位、多角度、多层次地提出加强和改进社会管理的意见建议。要按照省委的部署，认真组织好纪念辛亥革命100周年的活动，激发广大政协委员和社会各界群众继承和发扬辛亥革命精神，努力为实现民族复兴和祖国统一贡献力量。

要进一步抓好各项工作的落实。抓落实，是做好一切工作的关键。为圆满完成今年的工作任务，我们要进一步以良好的工作作风抓好落实。去年以来，省政协机关按照省委的部署，开展了向杨善洲同志学习的活动，广大干部职工在思想上受到了深刻教育、在精神上受到了巨大鼓舞。在下半年，我们要继续深入开展向杨善洲学习的活动，切实把杨善洲同志的崇高精神转化为进一步振奋精神、抓好工作落实的强大动力，始终保持昂扬向上、奋发有为、开拓进取、争创一流的精神状态，满腔热情地投身政协事业，切实把精力和心思集中到狠抓落实上来，积极主动地履行职责，扎扎实实地做好本职工作，努力为圆满完成今年的各项任务作贡献。各专委会要在全力以赴完成常委会确定的重点工作的同时，还要根据经济社会新的发展情况，主动开展一些调研和视察，及时向党委、政府提出政协的意见和建议，使我们的工作能够始终紧跟形势的发展和党委政府工作的步伐。

各位常委、同志们，做好今年省政协的工作，对于推动我省“十二五”规划实现良好开局、加快桥头堡建设具有重要的意义。我们要扎扎实实地做好各项工作，努力以更加饱满的政治热情、更加优异的工作成绩，迎接中共云南省第九次党代会的胜利召开。

在云南省政协第四届民生论坛上的致辞

（2011 年 8 月 30 日）

王学智

尊敬的季允石副主任、温思美副主席；尊敬的孟苏铁书记、高峰副省长；各位领导、各位来宾、同志们：

今天我们在这里举办云南省政协第四届民生论坛，受学仁主席的委托，我谨代表云南省政协向全国政协和民盟中央对云南省政协工作的关心和支持表示衷心的感谢！向前来指导这次论坛的省委常委、省政法委孟苏铁书记，高峰副省长表示衷心的感谢！向前来出席论坛活动的各位领导、各位朋友、各位同志表示热烈的欢迎！

社会管理是人类社会必不可少的一项管理活动。在我国，加强和创新社会管理，事关巩固党的执政地位，事关国家长治久安，事关人民安居乐业。云南省各级党委、政府一直高度重视、认真开展社会管理工作，积极探索加强和创新社会管理的思路和办法，积极协调社会关系、规范社会行为、解决社会问题、化解社会矛盾，促进了我省经济又好又快发展，保持了社会和谐稳定。

社会管理也是全社会共同参与的管理，必须充分发挥各方面的作用和力量。人民政协作为中国人民最广泛的爱国统一战线组织，中国共产党领导的多党合作和政治协商的重要机构，发扬社会主义民主的重要形式，应该也可以在社会管理中有所作为、发挥积极作用。多年来，云南省政协把加强和创新社会管理作为保障和改善民生、推动和谐社会建设的重要工作来抓，认真履行政治协商、民主监督、参政议政职能，积极协调关系、汇聚力量，努力整合社会管理资源、化解社会矛盾，为推进我省社会建设与管理做了大量富有成效的工作。

当前，由于改革开放的深入和社会主义市场经济的发展，社会结构的快速转型和人们思想观念的深刻变化，社会管理工作存在着一些深层次的矛盾和问题，面临着许多新情况和新问题。全面加强社会建设，创新社会管理，是大家十分关注而又必须解决的紧迫问题。按照党中央、国务院以及中共云南省委、省政府对在新形势下加强和创新社会管理的总要求，云南省政协更加重视服务和推动社会管理工作。王学仁主席明确提出，要准确把握中央和省委关于做好新形势下群众工作的总体要求，切实把推动加强和创新社会管理放到更加突出的位置，积极做好联系群众、宣传群众、服务群众、团结群众的工作，努力为我省不断提高社会管理科学化水平、不断促进社会和谐稳定多作贡献。我省政协组织要认真学习、深入贯彻中央和省委、省政府关于加强和创新社会管理的精神和部署，按照王学仁主席的要求，切实把服务社会管理作为履行职能的重点，找准工作方位，健全工作机制，拓展工作领域，创新工作载体，不断提高履职能力和服务水平，努力为我省加强和创新社会管理献计出力。要发挥桥梁作用，深入基层，贴近实际，体察民情，畅通渠道，准确地把握全局性、苗头性、倾向性问题，及时向党委和政府反映群众的意愿和要求，努力使政协提供的社情民意信息成为密切联系人民群众、反映群众意见诉求的重要渠道，成为党委和政府舆情汇集的重要方面。要发挥参谋作用，充分发挥人民政协人才荟萃、智力密集的优势，围绕党政重视、群众关注的社会管理创新问题，开展调查研究，努力提出有见地、有分量、操作性强的意见和建议。要发挥协调作用，大力营造团结、民主的氛围，增进团结、化解矛盾，相互包容、求同存异，通过充分协商，既保障多数人的民主权利，又照顾少数人的合理要求，使利益关系、社会关系得到调节，分歧和矛盾得到缩小，积极促进政党关系、民族关系、宗教关系、阶层关系、海内外同胞关系的和谐。要发挥民主监督作用，出于善意、出自公心，立足于帮助、立足于支持，以平等协商的方式，通过专题调研、提出提案、专项视察、提案督办等形式，针对社会建设与管理中的薄弱环节，开展切实有效的民主监督，积极推动党委、政府加强社会管理各项任务的落实，努力为不断提高我省社会管理科学化水平作出应有的贡献。

云南省政协民生论坛，是由省政协社会和法制委员会与民盟云南省委共同承办的，以促进民生改善、维护社会和谐稳定为主题，为政协委员和各党派团体交流思想、建言献策、参政议政而搭建的平台。从 2008 年成立至今，已成功举办了三届论坛活动。希望省政协社法委和民盟云南省委认真总结成功经验，积极借鉴全国政协和兄弟省区市的好经验、好做法，进一步把论坛办出特色、办出实效，使省政协民生论坛真正成为党委政府了解民情民意的一个重要渠道，成为省政协为保障和改善民生履行职能的一个重要载体，成为各民主党派和有关人民团体参政议政的一个宽广舞台，成为社会各界建言献策共同促进社会事业发展的一个有效平台。最后，祝云南省第四届民生论坛圆满成功！

在省政协庆祝 2011 年教师节联谊会上的讲话

（2011 年 9 月 2 日）

罗黎辉

各位委员、老师们、同志们：

在这金风送爽的美好季节，我们迎来了 2011 年的教师节。值此喜庆之日，我代表省政协和学仁主席、国忠常务副主席，向辛勤耕耘在全省教育战线上的老师们、同志们致以节日的祝贺、亲切的问候和崇高的敬意！

强国先强教，强教先强师。优先发展教育，是党中央、国务院的强国方略。教师队伍建设是教育发展最重要的基础。教师是先进文化的传播者。长期以来，在党中央、国务院以及省委、省政府的正确领导下，我省教育事业得到蓬勃发展，取得了显著成效。教育投入大幅增长，办学条件不断改善，教育改革不断深化，办学水平不断提高，教育为提高各族人民的素质，加强我省经济建设、政治建设、文化建设，促进我省文明进步和民生改善作出了重要贡献。广大教师忠实贯彻党的教育方针，认真做好本职工作，教书育人，无私奉献，为我省教育事业的健康发展作出了积极贡献。特别是教育界的广大政协委员，既教书育人，又参与国是、议政建言，创造了许多平凡而伟大的业绩，赢得了全省人民的广泛赞誉。在此，再次向你们致以崇高的敬意！

我省教育事业经过不懈的努力，虽然取得了较快发展，但从整体上看，仍然还低于全国的平均水平，差距较为明显，我们要认真学习胡锦涛总书记和温家宝总理在全国教育工作会议上的讲话精神，以及《国家中长期教育改革和发展规划纲要（2010～2020)》精神，坚持党的教育方针，抓住机遇，深化改革，扩大开放，加快云南现代化教育进程，办人民满意的教育。前不久召开的全省教育工作会议上，进一步明确了我省教育改革发展的指导思想、工作方针和目标任务，对我省今后一个时期教育改革和发展作出了具体部署。各级教育行政部门和各级各类学校要把建设高素质教师队伍作为提高教育质量、实现教育现代化的核心工作来抓，认真落实《中华人民共和国教师法》的有关规定，在加强教师队伍建设的同时要为广大教师排忧解难多办一些好事、实事，要尽最大的努力提高教师的社会地位和待遇，真正使教师成为受人尊敬、令人羡慕的职业。要大力宣传和表彰作出突出贡献的优秀教师，带动和激励广大教师献身人民教育事业。我们每一位教师要充分认识到努力办好人民满意的教育，是时代赋予教师的神圣职责，也是人民对教师的殷切希望。每一位教师都应当认识自己的人生价值，增强职业崇高感，树立强烈的社会责任感和为人师表的敬业精神，努力提高自己的思想业务素质，担负起教育改革和教书育人的重任。

人民政协是推动教育改革和发展的一支重要力量，省政协和教科文卫体委员会要一如既往的关心、关注我省教育事业的发展，组织界别委员对我省各级各类教育进行调研视察，提出更多具有建设性的意见建议，引起省委、省政府及相关部门的重视，使一些调研成果转化为省政府及相关部门的决策依据。政协委员中的教师和教育工作者是教育战线上的杰出代表，在履行政协职能中具有特殊的优势，我们要利用好、发挥好这些优势，积极推动教育优先发展战略地位的全面落实。

各位委员、老师们、同志们，强国必先强教，强教必先强师，大力发展云南现代教育，实现云南教育跨越式发展，根本在教师，希望在教师。下面，我提四点希望：

一是加强学习，进一步提高认识。要认真学习领会胡总书记在清华大学百年校庆大会上的重要讲话和全国、全省教育工作会议精神，把思想和行动统一到贯彻落实科学发展观的要求上来，自觉用科学理论武装头脑，把发展教育事业作为自己的义务和责任，积极促进我省教育事业的科学发展。

二是抓住机遇，助推“桥头堡”建设。“桥头堡”建设，关键在人才，基础在教育。今年 6 月 15 日，教育部、云南省人民政府在北京签署加快云南教育事业发展推进云南桥头堡建设的战略合作协议。根据战略合作协议，教育部、云南省将重点在构建基本公共教育服务体系、大力发展职业教育、加快高等教育发展、全面实施素质教育、加强师资队伍建设、推进教育信息化建设、完善学生资助体系、加强教育对外合作与交流、创新教育体制机制等方面加强合作。4 至 6 月，省政协教科委根据“桥头堡”建设发展战略思想，对我省在“桥头堡”建设中构建高水平教育平台课题进行了重点调研，对我省高等教育面临的形势和任务，构建高水平教育平台的重要性、必要性，以及方法、路径进行了深入分析探讨，提出了意见和建议。我希望教育工作者也参与进来，抓住“桥头堡”建设这一难得的战略机遇，勤奋工作，努力推动云南教育事业再上新台阶。

三是爱岗敬业，加强师德师风建设。要倡导广大教师自觉在思想政治、道德修养和学识学风等方面为人师表、身体力行、率先垂范，争做忠诚于党的教育事业模范，言传身教的榜样，勇于创新的楷模，社会风尚的引领者，为云南教育事业发展作出新的更大贡献。

四是认真履职，充分发挥专委会的基础性作用。省教科文卫委员会要创造有利条件，调动界别委员参政议政的积极性，要定期组织他们认真学习政协理论知识和有关教育事业发展的方针政策，紧紧围绕我省教育发展中的一些重大问题和群众关心的热点问题，深入基层，深入实际，认真搞好调查研究，多建睿智之言、多献务实之策，充分发挥政协委员的桥梁和纽带作用，努力推进云南教育事业科学发展，以优势的成绩迎接中共云南省第九次代表大会的召开。

最后衷心祝愿全省教师和教师中的政协委员节日愉快，身体健康，工作顺利，万事如意！

在首届云南省科协学术年会开幕式上的讲话

（2011年9月27日）

白成亮

各位院士、各位专家、各位来宾，同志们：

今天，首届云南省科协学术年会在昆明隆重开幕了。借此机会，我谨代表云南省政协，向大会的召开表示热烈的祝贺！向出席大会的省内外各位院士、专家学者和科技工作者表示热烈的欢迎和衷心的感谢！向工作在我省各条战线上的广大科技工作者表示诚挚的问候和崇高的敬意！

本届学术年会以“战略性新兴产业的培育和发展”为主题，紧密结合我省当前经济社会发展的重点和难点，创意新颖，突出了科技与经济的融合，体现了社会各界对加快发展战略性新兴产业、促进我省跨越式发展的共识与期待，是省科协积极服务于我省经济社会发展的一项重要措施，也是我省科技界的一次盛会。

战略性新兴产业是以重大技术突破和重大发展需求为基础，对经济社会全局和长远发展具有重大引领带动作用，具有知识技术密集、物质资源消耗少、成长潜力大、综合效益好等特征的新兴产业，是推动未来经济社会发展的重要力量。

当前，我国正处在改革发展的关键阶段，为应对日趋激烈的国际竞争，抢占未来经济和科技制高点，国家把加快培育和发展战略性新兴产业作为全面建设小康社会、实现可持续发展的必然选择，作为推进产业结构升级、加快经济发展方式转变的重大举措和构建国际竞争新优势、掌握发展主动权的迫切需要。为此，国务院出台了《关于加快培育和发展战略性新兴产业的决定》，明确提出现阶段重点培育和发展节能环保、新一代信息技术、生物、高端装备制造、新能源、新材料和新能源汽车等产业。

“十二五”时期，我省面临难得的重要历史机遇和有利条件。国家新一轮西部大开发战略及将云南建设成为我国面向西南开放的桥头堡，对推进云南走新型工业化道路，加快产业转型升级和转变经济发展方式，具有十分重要的意义。

为此，省委、省政府顺势而谋，把发展战略性新兴产业列为我省“十二五”规划的重要内容，明确提出要重点发展生物产业、光电子产业、高端装备制造业、新材料、新能源、节能环保等战略性新兴产业，以此作为引领云南调整产业结构、转变经济发展方式和实现可持续发展的战略重点。

培育和发展战略性新兴产业，要遵循“市场主导、政府推动，创新驱动、内生增长，重点突破、引领发展，统筹内外、开放引进，优化布局、集聚发展，立足当前、着眼长远”的原则。要围绕我省特色优势产业，建立以企业为主体，涵盖科技研发、孵化、成果转化和产业化全过程的服务体系，吸引国内外一流科技要素聚集，构建云南研发创新平台。要培育和扶持一批从事战略性新兴产业的科技型企业，开展技术攻关、开发高附加值的新产品，实现企业的产品、产业升级。要制定中长期人才引进战略，大力引进多层次、高水平的科技和管理创新型人才。要构建战略性新兴产业发展的金融支撑体系，充分发挥政府引导资金对社会资金的带动效应。

要发展好战略性新兴产业，至关重要的是加强科技创新，突破关键核心技术。科技创新能力和水平决定着产业发展的能力和水平，只有依靠创新占据科技的制高点，产业发展才能赢得先机。科技工作者是科技活动的直接承担者，也是先进生产力的开拓者和先进文化的传播者。面对经济社会发展的迫切需求和广大人民群众的殷切期待，我省广大科技工作者要认清形势、明确任务，紧紧围绕“两强一堡”战略和加快转变经济发展方式这一主线，积极行动起来，勇于担负起提高我省自主创新能力、建设创新型云南的历史使命，不畏艰难、奋力拼搏、勇攀科技高峰。要着力突破一批关键技术、核心技术和共性技术，提高主导产业的核心竞争力。要紧紧围绕培育发展生物、光电子、高端装备制造、节能环保、新能源、新材料等战略性新兴产业，努力抢占具有自主知识产权的科技制高点和产业发展的战略制高点，为我省未来科技和经济的可持续发展开辟广阔空间。

科协是党领导下的人民团体，是党和政府联系科技工作者的桥梁和纽带。科协工作是国家科技工作的重要组成部分，也是党的群众工作的重要组成部分。科协组织要团结和带领广大科技工作者，认真学习、深刻领会、全面贯彻胡锦涛总书记在纪念中国科协成立50周年大会上的重要讲话精神和近期召开的省委常委扩大会议精神，切实把思想和行动统一到中央和省委的决策部署上来。要进一步深化对科技工作在促进经济社会发展中的重要地位的认识，进一步明确科协组织推动我省科技事业发展的战略重点和主攻方向，充分发挥科技社团在做好新形势下党的群众工作方面的独特作用，努力把省委的要求转化为服务科学发展、促进社会和谐的自觉行动，在我省实施“两强一堡”战略、全面建设小康社会的伟大征程上再创佳绩、再立新功。

各位专家、同志们，我省产业结构调整的紧迫性日益突出，产业发展面临着资源约束、环境约束和市场约束，现在到了必须全力突破的时候。加快培育和发展战略性新兴产业，对推进我省现代化建设具有十分重要的战略意义。希望与会专家学者和科技工作者充分利用本届学术年会这一很好的平台，就我省战略性新兴产业发展的重点问题进行深入研讨，汇聚起你们的学识和智慧，积极向省委、省政府献计献策，为推动云南经济社会又好又快发展作出新的更大的贡献。

最后，预祝本届学术年会取得圆满成功！

在第六届“云南希望工程爱心圆梦大学”奖学金发放仪式上的讲话

（2011 年 9 月 28 日）

倪慧芳

尊敬的各位嘉宾、老师们、同学们、新闻界的朋友们：

丹桂飘香，金风送爽。在这收获的季节里，我们齐聚一堂，隆重举行第六届“云南希望工程爱心圆梦大学”奖学金发放仪式，这充分体现了社会各界“奉献爱心、凝聚力量、传递希望、放飞理想”的精神实质，非常有意义。在此，我谨向热心公益事业、关心和支持“云南希望工程爱心圆梦大学”公益活动的相关部门、社会各界及爱心人士表示衷心的感谢！向受到资助的同学和家庭致以亲切的问候和良好的祝愿！

胡锦涛总书记在庆祝中国共产党成立 90 周年大会上的讲话中指出：“青年是祖国的未来、民族的希望，也是我们党的未来和希望，全党都要关注青年、关心青年、关爱青年，倾听青年心声，鼓励青年成长”。党从社会发展进步的高度对我们如何关心、支持青少年的成长提出了目标和要求，这就需要在政府不断加大引导、支持力度的同时，广泛动员社会力量，团结一心，抓紧培养造就一大批各级各类青年人才，形成人才辈出、人尽其才、百舸争流的生动局面。

“云南希望工程”20 周年的历程，除了从事传统的学校援建、学生资助项目外，还积极拓展了希望学校升级服务项目、生命救助计划、微公益等多种公益项目；积极倡导“人人公益、阳光公益、快乐公益”的理念，“创新公益 100”等多种公益参与模式。通过深入持久、扎实有效的开展工作，推动了我省公益事业的健康发展，弘扬了扶贫济困、助人为乐的传统美德，倡导了良好的社会新风尚，促进了富裕、文明、开放、和谐云南的建设，是一项功在当代、利及千秋的事业。

“云南希望工程爱心圆梦大学”公益活动开展六年以来，为成千上万名品学兼优但家庭经济困难的青年学子雪中送炭，缓解了很多家庭的经济负担，在服务民生、知民忧解民急中作出了积极的贡献，是一项惠及民生教育事业的民心工程，是省委、省政府及社会各界关心、关爱青少年的重要体现，是我省推进人才强省战略、构建云南和谐社会进程中的一件实事好事。

当前，云南省经济社会发展处于一个新的战略机遇期。希望工程的实施机构要抓好和利用好这次机遇，完善机制、创新形式，总结经验，积极服务我省“两强一堡”建设，在创新社会管理中发挥卓有成效的作用！同时也希望，通过新闻媒体的爱心宣传和舆论导向，让更多的人“了解公益、接触公益、参与公益、热爱公益”，让美丽的七彩云南的公益事业开出更加绚烂的“公益之花”。

刚才听了受助大学生代表的发言，让我感触很深、深受感动。从纵向看，改革开放以来，云南经济建设虽然取得了可喜的成就，但从横向比，与东部沿海发达地区，我们还存在较大差距。贫困面广、贫困程度深、山区贫困少数民族众多的客观实际，在一定程度上制约了我省经济社会文化等各项事业的健康发展。受助大学生代表的讲话，让我们看到，现在有的孩子，缺乏的只是物质，但从不缺乏精神。他们不惧困难、迎难而上、发愤图强、志在千里的精神，值得我们学习。希望我们受助的同学进入大学后，能够一如既往地努力学习，在学好专业知识的同时博览群书、积极参加社会实践，努力使自己成为一名合格的人才。

借此机会，我也向同学们提几点希望：

第一，希望同学们提高道德修养、树立正确的理想信念，做一个德才兼备的人。

当今世界形势复杂多变，我们伟大的祖国正处于一个快速发展的转型时期，面临社会的大发展、大变革、大调整，机遇和挑战并存，面对复杂多变的国际和国内形势，同学们更应该提高自己的道德修养、树立自己正确的理想信念，形成正确的世界观、人生观、价值观。高尚的品德和良好的理想信念对人的成长成才至关重要，理想信念是一面旗帜，是人为之奋斗的方向；理想信念是一种精神，只有具有“壁立千仞、无欲则刚”的高尚情怀，努力在各种实践活动中锤炼自己，才能在未来的人生之路上不会迷失自我、迷失方向，才能肩负起建设我们伟大祖国的重任。

第二，希望同学们学会学习、学会做事、学会生存、学会感恩，做一个勇于担当的人。

在当今知识经济时代，需要造就一大批勤于学习、善于学习、综合素质高的优秀人才，才能在激烈的国际竞争中立于不败之地。希望同学们在努力学习的同时，也要学会做人做事、学会感恩，希望你们将这份爱心化作学习的无限动力，等自己以后成才了，更好地回报社会、回报祖国，将这份爱心永远的传递下去。

第三，希望同学们勇于实践，志存高远，做一个现代化事业的推动者和建设者。

希望在座的同学们进入大学之后，不要做一个“两耳不闻窗外事，一心只读圣贤书”的书生，而要把自己培养成一个“风声雨声读书声，声声入耳。家事国事天下事，事事关心”的全面发展的优秀人才，因为只有很好的将书本理论知识与社会实践相结合，才能在未来的工作岗位上发挥作用，才是一名合格的大学生。你们进入大学后，可以多参加一些大学社团活动，将自己未来的职业规划，与在大学参加的社会实践很好地结合起来，历练自强不息、奋斗不止的品格。

“送人玫瑰，手留余香。”帮助别人，传递的不仅仅是爱心，而是中华民族千百年来互爱互助传统美德的延伸。相信这次“爱心圆梦大学”活动在社会各界的大力支持和团省委、省青基会的共同努力下，一定会传递更多的温暖和爱心，一定会取得更大的成绩！

最后，国庆节就要到了，我衷心祝愿所有大力支持社会公益发展的各界爱心人士以及在座的各位朋友、同学们身体健康、万事如意、阖家幸福！衷心祝愿同学们学业有成，早日成才！

宣传贯彻十七届六中全会和省九次党代会精神
努力开创全省政协新闻宣传工作新局面

——在全省政协宣传暨《云南政协报》发行工作会议上的讲话

（2011 年 10 月 18 日）

顾伯平

同志们：

在中国共产党十七届六中全会胜利召开、云南省第九次党代会即将隆重召开之际，我们在这里召开全省政协宣传暨《云南政协报》发行工作会议，具有特殊的意义。在此，我代表省政协、代表学仁主席，对会议的召开表示热烈祝贺！向为推动全省政协新闻宣传工作和《云南政协报》发行工作作出突出贡献的同志们表示衷心的感谢！

一、全省政协 2011 年新闻宣传工作成绩斐然，精彩纷呈

今年以来，在省政协党组的领导下，省政协新闻宣传工作以庆祝建党 90 周年和纪念辛亥革命 100 周年的宣传活动为契机，以宣传制定实施云南“十二五规划”和桥头堡建设为重点，深入学习贯彻省委政协工作会议精神，认真贯彻落实省政协办公厅和省委宣传部联发的《关于加强和改进政协新闻宣传工作的意见》，全面推动政协新闻宣传工作不断发展。在各新闻媒体的大力支持下，充分运用各种宣传渠道，不断创新宣传形式，宣传全省各级政协履行职能取得的新成果，在努力营造有利于人民政协事业发展的良好氛围方面，取得了明显的成效。

一是围绕庆祝建党 90 周年和纪念辛亥革命 100 周年活动开展新闻宣传，营造人民政协事业发展良好氛围。今年省政协为隆重庆祝建党 90 周年和纪念辛亥革命 100 周年，组织了“读红色经典”“颂歌献给党”歌咏比赛等系列活动；举办了云南省纪念辛亥革命 100 周年座谈会，省委副书记、代省长李纪恒同志在座谈会上发表重要讲话，社会各界代表作了发言。民革云南省委和各州市县政协也举行了庆祝建党 90 周年和纪念辛亥革命 100 周年的丰富活动，以纪念大会、研讨会、调研革命遗址遗迹等形式，缅怀革命先烈，弘扬振兴中华、民族复兴的伟大精神。省政协和各州市政协着力组织省内各主要媒体对纪念活动进行了全方位、浓墨重彩的宣传报道。通过对这些重要活动的宣传，进一步彰显了中国共产党领导的多党合作和政治协商制度，进一步扩大了人民政协的社会影响力，进一步营造了开创政协事业新局面的良好社会氛围。

二是围绕省政协重点工作开展新闻宣传，充分展示了云南省各级政协围绕“十二五规划”的实施和桥头堡建设广聚智慧、建言献策的履职成果。“十二五规划”是全国和云南今后五年的发展蓝图。在省政协十届四次会议上，省政协委员们凝心聚力为云南

"十二五规划"建言献策；在全国政协十一届四次会议上，驻滇全国政协委员们激情满怀为国家"十二五规划"奉献真知灼见。在省政协统筹组织下，省内各主要媒体对政协委员们的睿智之言、务实之策作了真实而生动的报道。

2011 年 5 月，省政协通过云南企业家论坛举办"在实施西部大开发和'桥头堡'战略中加快推进滇中经济区建设"恳谈会，探讨在桥头堡机遇中加快滇中地区发展从而带动桥头堡建设。省政协十届十五次常委会议还举行桥头堡建设专题论坛。同时，省政协还通过开展边境旅游、文化桥头堡建设、推动"走出去"战略实施等重点调研，多方面多角度全面推动桥头堡建设。

省内各主要媒体都对省政协推动桥头堡建设的重点活动和重点调研作了集中报道，同时还对省政协第四届"民生论坛"和其他重点提案、重点视察和调研及时进行了重点报道，对省政协委员围绕滇中经济区、社会管理创新等我省重大热点、难点问题建诤言献良策等方面的情况，都在省内各种媒体上得到了充分展示和宣传。

三是各民主党派、工商联、各州市县政协加大了对重点工作和履职成果的宣传力度。各民主党派、工商联、各州市县政协的重点工作和履职成果在《云南政协报》等媒体上做了大量宣传报道。这些宣传有声势有特色，如对滇中四州市政协创造性地建立合作机制的宣传、部分州市县政协对政协全会的宣传等。彰显了政协新闻宣传的特色，展示了政协委员和各界名流的风采，反映了各级政协、民主党派、工商联对全省经济社会发展的重要贡献。

四是拓展了政协新闻宣传渠道，创新了宣传报道形式。省政协通过主动与省级各有关新闻媒体及时沟通协商，多形式、多渠道对我省政协履行职能的实践、成绩和经验以及政协委员的先进事迹及时进行报道。开展了第四届全省"政协好新闻奖"评选活动，激发了各新闻单位、新闻工作者做好政协新闻宣传的积极性。

各州市县政协都在积极探索创新政协新闻宣传的渠道和形式。许多州市政协在主动联系《云南政协报》宣传的同时，还在当地报纸、广播、电视等媒体上开辟专栏宣传政协工作，昆明、楚雄等地设立了"政协好新闻奖"，普洱市政协最近还举办了政协新闻写作培训班。这些做法，有利于加强政协新闻宣传，值得提倡和推广。

二、深入宣传贯彻中国共产党十七届六中全会和云南省第九次党代会精神，努力开创全省政协新闻宣传工作新局面

（一）进一步明确政协新闻宣传工作的指导思想和主要任务

全省政协新闻宣传工作的指导思想是：高举社会主义伟大旗帜，坚持以邓小平理论和"三个代表"重要思想为指导，深入贯彻科学发展观，认真学习贯彻中国共产党十七届六中全会精神、云南省第九次党代会精神和省委政协工作会议精神，把《关于加强和改进政协新闻宣传工作的意见》的各项要求融入政协宣传具体工作实践中，具体地更多地做好促进团结、促进和谐、促进发展的工作，坚持正确的舆论导向，坚持团结鼓劲、正面宣传为主的方针，围绕人民政协团结和民主两大主题，发挥政协优势，体现政协特色，使政协工作体现时代性，把握规律性，富于创造性，努力开创全省政协新闻宣传工作新局面。

政协新闻宣传工作的主要任务是：广泛宣传中国共产党领导的多党合作和政治协商制度，积极宣传人民政协的性质、地位和作用，宣传各级政协组织履行职能的情况；着

力宣传人民政协探索履行职能的新思路、新举措、新成绩和新经验；具体宣传各级政协组织在推动政治协商纳入决策程序、完善民主监督机制、提高参政议政实效方面所做的工作；主动宣传人民政协加强履行职能的制度建设和自身建设所取得的进展。形成有利于人民政协事业发展的良好社会氛围。

（二）积极宣传贯彻好中国共产党十七届六中全会精神和云南省第九次党代会精神

正在召开的党的十七届六中全会，是我国改革开放和现代化建设进入新的历史时期、在“十二五”开局之年召开的一次重要会议。将于11月召开的云南省第九次党代会，是我省深入推进新一轮西部大开发、加快推进桥头堡建设的关键时期召开的一次历史性重要会议。宣传贯彻好十七届六中全会精神和省第九次党代会精神，是当前和今后一个时期全省政协新闻宣传十分重要的政治任务。

全省各级政协组织、各级政协新闻宣传部门要高度重视，要迅速传达学习和宣传贯彻十七届六中全会精神。同时，要做好回顾总结省八次党代会以来巨大成就，要宣传报道各级政协组织和政协委员围绕六大建设积极履职、献计出力的新举措、新成果，为省九次党代会的胜利召开营造良好的舆论氛围。在省九次党代会胜利闭幕后，各级政协新闻宣传部门要及时、深入宣传省第九次党代会精神，使每一个政协委员、民主党派人士和人民团体成员都能尽快学习掌握会议精神；各级政协新闻宣传部门要以十七届六中全会精神和省第九次党代会精神为指导，积极主动地做好工作，全面推动全省政协新闻宣传各项工作再上台阶。

（三）加强领导，形成政协新闻宣传的合力

省委政协工作会议要求，党委宣传部门要把政协新闻宣传纳入党委宣传工作的总体布局中统一部署和安排，要把宣传人民政协工作作为重要的工作任务加以部署，全方位、多层次、大范围宣传中国共产党领导的多党合作和政治协商制度。

各级政协组织要继续按照《关于加强和改进政协新闻宣传工作的意见》的要求，把新闻宣传工作纳入政协全局统筹安排，定期研究和布置。要在党委宣传部门和政协党组的领导下，整合宣传资源，形成合力，做好六个结合：一是政协的宣传媒体与各新闻媒体相结合；二是报纸、杂志、广播、电视、网站等各种新闻媒体相互结合；三是大会集中宣传与日常宣传工作相结合；四是政协宣传部门与政协其他部门工作相结合；五是国内宣传和对外宣传相结合；六是省政协和州市政协的宣传工作相结合，构建全方位、多层次的政协新闻宣传新格局。

（四）突出特色，加强对政协工作和履职成效的新闻宣传

政协新闻宣传要充分体现政协的统一战线特色、民主协商特色、界别特色和人才荟萃的特色。要做好省政协十届五次会议的宣传，为会议召开营造良好的舆论氛围；要做实重要会议、重要活动的宣传，要做好重点调研、重点视察、重点提案、企业家论坛、民生论坛等重要工作的宣传，认真策划，深度报道，重点宣传；要做亮政协经常性工作宣传，要进一步加大对各民主党派、工商联和省政协各专委会工作的宣传力度，大力宣传履行职能的各类活动，进一步加大对省政协提案办理、视察、调研、文史等经常性工作的宣传，增强主题宣传吸引力，使经常性宣传出亮点。

（五）面向基层，加强对基层政协工作的新闻宣传

今年8月，中央宣传部要求全国新闻战线开展“走基层、转作风、改文风”活动，

各种新闻媒体的记者纷纷到基层去，到一线去，采写了许多鲜活生动的报道。政协新闻宣传同样要面对基层，面向基层政协，因为基层政协有丰富的履职经验、有很多效果显著的创新措施，履职针对性强，影响较大，亮点较多，新闻题材丰富，但往往宣传报道的较少，没有得到很好的传播和推广。因此基层政协要增强新闻宣传意识，主动向《云南政协报》等新闻媒体投稿、主动联系宣传。同时，新闻记者也要主动到基层政协采访，到工作一线搜集更多更好的政协新闻素材，加大对基层政协的报道力度。

（六）面向界别，加强对民主党派、人民团体的新闻宣传

界别是人民政协的重要特色，各民主党派、人民团体是人民政协的重要参加单位。各民主党派、人民团体有很多重要的履职成果，每年都有许多重要的调研视察和重点提案，每年都要开展社会服务活动，对社会事业的发展有很大贡献；民主党派、人民团体中人才济济，有许多先进模范人物值得宣传。因此各民主党派、人民团体要加强新闻宣传，新闻媒体要经常性报道各民主党派、人民团体的履职成果，扩大各民主党派、人民团体的影响力。

（七）面向委员，加强对政协委员先进事迹的新闻宣传

政协委员是政协履行职能的主体，是社会各界的精英名流。要宣传政协委员中体现时代精神的典型人物和先进事迹，要宣传政协委员在政协履行职能中发挥的重要作用，要宣传政协委员深入调研形成提案的生动故事，调动政协委员履行职责的积极性、主动性和创造性，激发政协委员参政议政的热情。

（八）创新机制，打造一支高素质的政协新闻宣传队伍

要创新新闻宣传工作机制，建立和完善表彰激励机制、督促检查机制、网络宣传联动机制，建立新闻发布制度、新闻联络员制度、审读阅评制度和管理工作制度，积极开展政协好新闻评选活动。要努力打造一支政治上清醒坚定、思想理论修养好、熟悉新闻宣传业务、热爱政协事业的政协新闻宣传队伍。新闻单位负责政协新闻宣传的编辑记者，要加强统战理论、政协理论的学习，真正成为政协新闻宣传的行家。

三、充分体现政协特色，发挥三大作用，努力使《云南政协报》的办报水平和影响力再上台阶

近几年来，云南政协报社狠抓报纸质量，努力提高办报水平，加强内部管理，提高队伍素质，积极开展广告经营和报纸发行工作，报社各方面工作都取得了明显成绩，有了很大变化。

王学仁主席以五个“根本性转变”高度评价云南政协报近年来所取得的进步。一是报社风气、精神风貌有了根本性的转变。二是在政治意识、责任意识、大局意识的把握方面有了根本性的变化。三是在充分发挥政协特色，办出政协报自身特点方面取得了根本性的转变。四是在内部管理、制度化管理方面有了根本性转变。五是经营工作、报社经济状况都有了根本性的转变。

报社所取得的成绩，与省政协、省政协办公厅两级党组的支持分不开，也与报社广大干部职工的艰苦奋斗和共同努力分不开。报社全体职工要认真学习领会王学仁主席的指示要求，认真贯彻到报社各项工作中。希望报社全体职工团结一致，发扬成绩，不断总结，继续创新，积极工作，努力使政协报的工作再上新台阶。

四、努力做好2012年度《人民政协报》《云南政协报》等政协类报刊的征订发行工作

提高了报纸质量，还要把报纸发行出去，报纸才会产生影响力。只有让各级政协委员和社会各界人士看到《云南政协报》，《云南政协报》才能发挥全省政协新闻宣传主阵地的作用，才能发挥联系社会各界、反映社情民意的桥梁和窗口作用，才能发挥政协委员参政议政的助手作用。

全省各级政协应该做到政协委员每人一份《云南政协报》。这是一项政治任务，是各级政协委员履行职责的需要。今年由于各级政协组织的大力支持，《云南政协报》的发行量有了明显增长。但红河、昆明、昭通、迪庆等地的少数县市仍然有没有完成《云南政协报》的征订任务。希望各级政协组织为所有委员订阅《云南政协报》，让每一个政协委员和政协工作者都能看到《云南政协报》。

各民主党派，工商联、工会、共青团、妇联、侨联、科协等人民团体应积极订阅《云南政协报》。《云南政协报》也是各民主党派、各人民团体自己的报纸，大家都应该给予关心和支持。各民主党派、各人民团体不仅要将《云南政协报》覆盖省级机关，还要力争订阅到本系统各级各个基层组织。

同时，《人民政协报》是各级政协组织宣传工作的重要阵地，多年来，人民政协报对宣传云南各级政协工作发挥了重大作用，提供了很多支持，在全国媒体的平台上充分展示了云南各级政协组织履职的经验成果和政协工作者的精神风貌，在全国范围内进一步增加了云南政协组织的知名度，让社会各界进一步加深了对云南各级政协的了解，因此做好人民政协报的征订发行工作责无旁贷。各级政协组织要根据自身经济条件积极做好《人民政协报》的征订工作。

同志们，我们要乘实施“十二五规划”开局和桥头堡建设及新一轮西部大开发的东风，深入宣传贯彻十七届六中全会精神和省第九次党代会精神，进一步加大政协新闻宣传力度，继续改革创新，积极努力工作，不断开创全省政协新闻宣传工作新局面。

在当前全省水资源情况暨抗旱保民生工作专题调研和清水海调水及牛栏江—滇池补水工程进展情况视察座谈会上的讲话

（2011年10月26日）

王学仁

各位委员、专家，同志们：

根据省委领导的要求，省政协牵头，组织省级各民主党派、工商联以及有关政府部门，对当前全省水资源情况暨抗旱保民生工作进行专题调研。这次调研，共有5个组，由我和管国忠、马开贤、王学智、白成亮、倪慧芳副主席带领5个组分别到昆明、曲靖、红河、文山、楚雄、昭通、玉溪、临沧等9个州市进行调研。从23日到昨天，我和马开贤副主席带领我们这个组到昆明、曲靖进行了调研。同时，结合省政协的委员重点视察工作安排，组织委员对清水海调水及牛栏江—滇池补水这两项省委、省政府确定的重大水源工程进行视察。通过四天来的调研、视察，我们查看了云龙、花山、清水河、西河等水库的蓄水情况，视察了清水海调水及牛栏江—滇池补水工程的建设情况，调研了人畜饮水和晚秋作物种植的情况，听取了昆明、曲靖两市分管领导以及省级相关部门和两个工程指挥部负责人的汇报，对全省特别是昆明、曲靖的抗灾保民生工作有了全面的认识，对清水海调水及牛栏江—滇池补水工程的进展情况有了深入的了解。我和前来调研视察的各位委员、专家的体会是一样的，感到在应对严峻的旱灾中，昆明、曲靖市委、市政府，高度重视、责任落实，积极应对、科学谋划，措施有力、成效明显。

上午，垂柱副省长作了重要的讲话。刚才，省委常委、常务副省长正富同志也作了重要讲话。参加调研和视察的委员和专家也发表了很好的意见．他们的讲话和发言客观分析了全省水资源情况和抗旱工作形势，充分肯定了工作成绩，提出了下一步工作措施和要求。大家要认真领会，结合各地各部门工作实际抓好贯彻落实。下面，我就今年怎么过、明年怎么办讲三点意见：

一、今冬明春抗旱形势相当严峻，务必高度重视

从2009年到现在，全省已遭遇三年连续干旱，滇东北、滇中、滇东南等地区发生了有气象记录以来最为严重的夏季干旱。特别是今年滇中和滇东地区遭遇春夏连旱，旱区工农业生产和人民群众生活受到不同程度影响。我感到今年的旱灾的主要特别：一是降雨严重偏少。今年给人的感觉是降雨天数不少，但实际上降雨量偏少，一些地区虽然有降雨过程，但雨量不够、地湿不透，全省平均降雨量比历年同期少了21%，昆明和曲靖少得就更多。二是江河来水明显不足。受降雨减少的直接影响，很多地方未形成径流，无水可蓄，全省河道平均来水量与多年同期平均值相比明显偏少，导致一些中小河流断流，不少水库塘坝干涸。三是库塘蓄水供需矛盾非常突出。目前，全省库塘蓄水总量41.6亿立方米，完成年度蓄水目标任务的55%，是同期蓄水最少的年份，缺口34.03亿立方米。特别严重的是向滇中地区人口聚集城镇供水的重点骨干水库蓄水很少，有些已经快无水可调。如昆明的云龙、松华坝水库和曲靖的花山、西河、潇湘等水库蓄水之少，是有史以来未出现过的。四是旱情灾情持续发展。现在已进入后汛期，降雨将逐渐减少，持续三年干旱已成定局。现在有一些村寨就已经出现人畜饮水困难，昨天我们看的沾益石羊村就是一个典型。

面对灾情，省委、省政府以及各地区都高度重视，采取了许多措施，积极组织开展抗旱减灾、生产自救和社会稳定，做了大量富有成效的抗旱保民生工作。如昆明、曲靖的党委、政府始终保持高度清醒，密切关注旱情灾害发展和对群众生产、生活的影响，帮助受灾农民群众改种、重种、扩种抗旱农作物；始终把确保人民群众饮水和供水安全放在首位，统筹抗旱水源和用水需求；始终坚定信心采取多种措施加快水利建设，昆明市采取自筹和省、市补助相结合的方式，实施533件抗旱应急工程建设，曲靖市千方百计抓好库塘蓄水、保障城市供水和农业生产灌溉用水。但是由于三年连续干旱，特别是去年的特大旱灾，范围广、强度大、持续时间长、损失程度深，消耗了大量的物力和财力，用光了许多储备水源，使今冬明春的抗旱工作面临着十分严峻的形势。现在，干旱造成损失的后果还没有完全显现，全社会对灾情还没有形成共识，许多领导干部对今年旱灾严重性和造成深层次影响的认识不够。目前抗旱工作未形成全党动员、全民动手的局面。面对今冬明春的旱情，全省各级党委、政府应当高度重视，深入调研、把握实情，切实采取有效措施，动员社会力量一起行动起来，早想办法、早动手。只有这样，才能有效应对最严重的灾情，切实保障人民群众的饮水安全和经济的持续发展，最大限度地减少干旱造成的损失。

二、加强领导、攻克难关，务必按质按期完成两项重点工程

今年干旱最严重的地区是滇中和滇东地区，昆明和曲靖是当前抗旱工作的重点。对于昆明和曲靖来说，清水海调水及牛栏江—滇池补水工程是事关昆明地区城市供水、经济发展、生态环境治理保护的重大水利建设工程。两项工程自开工以来，在省委、省政府的坚强领导下，两个指挥部、省级有关部门和昆明市、曲靖市区域工程沿线各相关市县乡镇领导有力，措施落实，各项工作扎实稳步推进，两项工程已进入到最后的攻坚阶段，整个工程的建设取得显著成绩。同时，我们也要看到，这两项工程在建设中还存在一些困难和问题，如：牛栏江—滇池补水工程的初设审批，两项工程的资金保障和及时到位问题，工期紧、压力大，制约工期的关键环节需要尽快突破。牛栏江—滇池补水工程大五山隧洞 8 号和 9 号施工支洞已滞后计划工期 1 年多，清水海调水工程余家庄隧洞、大平地隧洞尚未贯通，板桥河引水不能按期实现，清水海水库无水可调，等等。

清水海调水及牛栏江—滇池补水工程是全省各族人民关注的重大工程。这两项工程的顺利建成，将为滇池水污染综合治理和现代新昆明及空港经济区建设发展，提供强有力的水资源保障和支撑，也将为曲靖市今后的发展提供后备水源保障，实现区域协调发展良好的经济效益、政治效益、社会效益和生态效益。按照规定时间完成好这两项工程，既关系长远，又是明年的抗旱工作的需要。希望进一步加强组织领导，加大协调配合力度，针对影响工程进度的主要问题，切实帮助基层和企业解决各种困难，认真抓好施工安全、质量安全和资金安全，全力攻克难关，高标准高质量高效率地推进工程建设各项工作，坚决打好工程建设的决胜攻坚战。同时，要做好移民安置工作和解决好后期的发展问题。尽快提前谋划工程建成后，运营管理相关的管理模式、机构性质、人员编制、水费水价、债务偿还和运行调度等。

另外，要采取更加果断措施，尽快解决调补水工程流域的水污染问题。当前，牛栏江寻甸段、德泽段部分时段水质并未好转，还的恶化的趋势，水环境保护治理任务十分艰巨。因此，要以最坚决的态度、最有力的措施，确保工程流域的水质。有关部门要切实加强执法和监管力度，进一步做好流域工业污染源、城乡生活污水、农村面源、入河口排污等的管理工作。昆明市、曲靖市要按照属地管理原则，围绕明年 7 月德泽水库下闸蓄水，倒排完成治理任务的时间表，逐一对污染治理重点区域、单位、项目、部位，尤其是工业园区的污染源等进行认真督查和治理，真正达到工业废水的循环利用和零排放，确保清澈优质的水源调入滇池。要把牛栏江流域水环境保护治理与全面推进滇池综合治理结合统筹推进实施，对流域产业布局、结构调整进行优化升级和总体规划，科学编制优化开发、重点开发、限制开发、禁止开发的功能区规划，限制、减少流域高能耗、高污染、低水平产业项目发展。尽快研究出台流域生态环境补偿政策，对在水资源保护和生态环境建设中作出牺牲、付出代价的群众、村寨和县乡进行合理的补偿。

三、采取有效措施、加大工作力度，务必在抗旱工作中确保民生、促进发展

面对今冬明春严峻的旱情，我完全赞同罗副省长、孔副省长及其他领导同志提出的措施办法，也非常赞同今天政协委员提出的意见建议。为切实做好抗旱保民生工作，我们要充分认识做好当前抗旱工作的极端重要性，进一步增强抗旱救灾的责任感，把抗旱工作摆到重要位置，以更加强烈的责任、更加有力的措施、更加务实的作风，深入贯彻落实省委、省政府对抗旱工作的决策部署，全力以赴抗旱保民生，确保城乡居民饮水安全，确保受灾群众的基本生活，确保民生和社会稳定，努力把灾害损失减轻到最低程度，奋力夺取今冬明春抗旱保民生的全面胜利。为做好今后的抗旱工作，我提几点建议供大家参考。

一是突出重点，全力保障群众饮水安全。要把保障城乡居民饮水安全放在抗旱工作的首位，想尽一切办法，调度一切力量，采取最有力的措施，不惜代价保证群众的生活用水，绝不能让一名群众没有水喝。要严格管理和科学调配现有水源，明确用水秩序，按照“先生活、后生产”的用水原则，调度和安排水资源的使用，首先确保城乡居民的生活用水，其次保障与民生问题关系密切行业的生产用水，然后才能安排其他行业的生产用水。要对旱区的缺水状况进行全面摸底排查，区别不同情况，制定和落实供水保障措施，根据水源状况，从最不利的情况来考虑，制定人饮解困计划，认真落实工作措施，让受灾群众的饮水安全得到有效保障。特别是对大石山区、偏僻地区、学校等重点部位和老弱病残、五保户等重点群体，要格外关注、格外保障，确保他们有水喝、有饭吃。

二是抓住机遇，进一步加快水利基础设施建设。党中央、国务院和中央有关部委对我省的灾情十分重视，积极帮助云南抗旱救灾。我们要积极主动地向中央和有关部委汇报灾情，争取得到更大支持，努力把这次灾情转变为一次机遇，加快推进“兴水强滇”战略，全面加强水利基础设施建设，尽快改变“靠天吃饭”的现状，增取我省水利工程建设上一个新台阶。省有关部门要强化项目前期工作，加强与国家有关部委的汇报、请示和沟通，努力争取国家对云南水利建设给予更大的政策倾斜和更多资金支持，加快实施一批具有支撑带动作用、利于长远发展的大项目好项目。要搞好农村小型水利工程建设，利用今冬明春农闲这一有利时机，集中力量开展水利基础设施建设，鼓励农民兴建集雨水窖、泵站提水、集中供水等农村饮水安全工程，加快建设小水库、小山塘、小水窖等“五小水利”工程。要加快在建应急水源工程的建设进步，在保证质量的前提下，尽可能使有条件在今冬明春发挥作用的项目，尽快完工，早日投入使用。要重视做好水利项目前期工作，争取“十二五”规划期间有尽可能多的项目开工建设，努力为实现云南水利建设跨越式发展打下坚实的基础。

三是下更大的决心，切实把节约用水放在更加重要位置来抓。云南是水资源大省，水资源总量排名全国第三，人均拥有水资源的绝对数量超过5000立方米，但水资源时空分布不均、生产力布局和水土资源不相匹配，现实中一些地方或部门重建设轻管理，重利用轻节约，对水资源管理重视不够；一些企业和群众节水意识不强、浪费水资源的现象还比较普遍。同时，面对当前的旱情，可挖掘利用的水源毕竟有限，光靠增加供水也不是办法。因此，无论是对于当前的抗旱保民生，还是对于今后的可持续发展，加强节约用水都是解决我省水资源供需矛盾的根本途径。在抗旱中，必须首先抓节水。要通过宣传报道，引导广大干部群众充分认识灾情的严重性，进一步增强节约用水意识，积极配合政府做好水资源的合理利用。有关部门要在党委、政府的领导下，在充分做好宣传解释工作和切实解决受影响群众实际困难的基础上，采取更加严格的节水措施，有计划地减少供水量，强化用水定额管理，加大工业和城市生活用水重点行业和关键环节的节水力度，提高水资源的利用率，最大限度地使用好现有水资源。

四是趁势而上，力争滇中引水工程早日开工建设。实施滇中引水，是从根本上解决滇中地区“十年九旱”、长期严重缺水问题的战略举措。在长期不懈的努力下，经过有关部门大量艰苦细致的工作，滇中引水工程前期工作取得了实质性进展，被列入国家“十二五”规划，并且完成了历时 8 年的规划阶段，正式进入了审批立项的关键阶段。这个成绩的取得来之不易，令人鼓舞、让人振奋。希望有关部门要以对党、对国家、对子孙后代高度负责的精神，再接再厉、继续做好工作，抓住当前这个好的势头，立足建设桥头堡战略目标和加快滇中经济区建设战略决策的实现，针对目前滇中地区严重的旱情，进一步加强汇报、重点攻关、沟通协调，认真做好项目建议书的修改、咨询工作，争取项目建议书尽快通过审批，完成立项工作。同时，要继续做好规划衔接工作，适时组织开展可行性研究，为项目早日开工建设争取时间、创造条件。

以上意见和建议只是个人看法，仅供大家参考。今天的调研视察结束后，省政协还将把各个组开展调研的情况进行汇总，认真研究今年怎么过、明年以至今后怎么办，切实做好“摸情况、算水账、献良策”这篇文章，最后形成综合报告，向省委、省政府汇报。

扎实开展“走、转、改”活动
进一步提高政协新闻宣传水平

——在省政协新闻宣传暨云南政协报
“走基层　转作风　改文风”活动座谈会上的讲话

（2011 年 10 月 26 日）

顾伯平

新闻界的朋友们、同志们：

党的十七届六中全会闭幕不久，中共云南省委即召开省委常委扩大会和全省干部大会，省委书记秦光荣同志作了重要讲话，对全面学习贯彻十七届六中全会精神作了安排

部署。同时，全国新闻战线正在深入开展“走基层、转作风、改文风”活动，现在，这项活动开展得越来越深入，影响越快越好，效果也越来越明显。

今天，省政协召开这个座谈会，就是要具体地落实好省委的部署和省政协主席、党组书记王学仁同志的重要指示精神，深入学习宣传贯彻十七届六中全会精神，研究如何通过开展“走基层、转作风、改文风”活动，进一步提高全省政协新闻宣传水平，进一步办好《云南政协报》。刚才，各主要媒体的负责人和报纸阅评专家提出了意见和建议，都提得很好，非常有价值。我代表省政协表示衷心的感谢。下面，我讲三点意见。

一、提高认识，认真学习贯彻十七届六中全会精神，把思想和行动统一到全会精神上来

（一）精心组织，迅速兴起学习宣传贯彻六中全会精神的热潮

十七届六中全会在总结历史经验、科学分析形势的基础上，阐明了中国特色社会主义文化发展道路，确立了建设社会主义文化强国的宏伟目标，为推动文化改革发展、促进党和国家事业发展指明了前进方向。全会必将对推动社会主义文化大发展大繁荣，对全面建设小康社会、推进中国特色社会主义伟大事业产生重大而深远的影响。10 月 20 日，省委分别召开常委（扩大）会议和全省领导干部大会，会议提出：认真学习、深入宣传、全面贯彻好六中全会精神，是当前和今后全省各级党组织和广大党员干部一项重要的政治任务。最近几天，根据省委秦光荣书记的指示，王学仁主席安排五个调研组分赴全省各州市，并亲自带领其中一个调研组就我省今冬明春严重缺水问题开展专题调研，这是省政协最具体地贯彻中共十七届六中全会精神的实际行动。另外，11 月初，省政协还将召开常委会，系统传达贯彻十七届六中全会精神。全省各级政协新闻宣传部门也要按照中共云南省委的要求，高度重视，精心组织，迅速兴起学习宣传贯彻十七届六中全会精神的热潮，把思想和行动统一到全会精神上来，以优异的成绩迎接省九次党代会顺利召开。

（二）认真宣传贯彻十七届六中全会精神，是当前和今后全省各级政协新闻宣传部门的一项重要政治任务

十七届六中全会精神的贯彻落实，需要广泛深入、扎实有效的宣传动员。各级政协新闻宣传部门要按照《关于加强和改进政协新闻宣传工作的意见》的要求，制定宣传工作方案，开展形式多样的宣传活动，在全省政协系统营造学习贯彻全会精神的浓厚氛围，全面推进全省政协新闻宣传工作。同时，要及时宣传报道各级政协组织、民主党派、人民团体积极学习贯彻十七届六中全会精神的活动，要充分宣传报道各级政协组织和政协委员围绕我省文化改革发展的八个方面的内容认真履职、建言献策的事迹，充分展示政协委员的风采，进一步扩大人民政协的影响力。

二、以十七届六中全会精神为指导，深入开展“走基层、转作风、改文风”活动

（一）各级政协新闻宣传单位要积极开展“走基层、转作风、改文风”活动

“走基层、转作风、改文风”活动是新闻战线贯彻落实胡锦涛总书记“七一”重要讲话精神的重要举措。当前，要把十七届六中全会精神全面贯彻到“走基层、转作风、改文风”活动中。要在活动中结合具体生动的事例，宣传建设社会主义文化强国的宏

伟目标；要宣传新形势下推进文化改革发展的指导思想、重要方针、目标任务、政策举措；要宣传云南民族文化强省的新进展、新成就。

走基层，关键是“走”、实质是“转”、体现是“改”。我认为，各级政协新闻宣传部门和新闻单位要把“走基层、转作风、改文风”活动作为一项长期任务，要立足当前、着眼长远，坚持边实践边总结，形成长效工作机制。要将“走基层、转作风、改文风”同原来新闻战线要求的“三贴近”结合起来，进一步健全基层联系点、蹲点调研等制度，通过“走基层、转作风、改文风”活动，把“三贴近”更进一步推向深入、推向基层。

（二）通过开展“走基层、转作风、改文风”活动，让《云南政协报》更加贴近实际、贴近生活、贴近群众

今年8月以来，云南政协报社按照省委宣传部的要求，积极开展了“走基层、转作风、改文风”活动并取得了初步成效。这些成绩需要认真总结，再接再厉。

但是，云南政协报社开展的“走基层、转作风、改文风”活动，与《云南日报》、云南电视台、云南人民广播电台等媒体相比，还有明显差距，还有很大的提升空间。云南政协报社要进一步深化“走基层、转作风、改文风”活动，使报纸更加“贴近实际、贴近生活、贴近群众”，就要做到以下四点：

1. 要进一步狠抓“走基层、转作风、改文风”活动的工作落实。报社要确保新闻采编人员人人参加活动、个个得到提高。要分批组织编辑记者赴基层厂矿、农村、社区采访，通过融入实际、换位思考，帮助编辑记者更加全面深入地了解国情省情民情。要加强走基层报道的选题策划，优化专题专栏设置，突出版面安排，采写一批反映基层实际的精品力作，打造一批报道活动的名牌栏目，防止栏目“贴标签”、报道碎片化。

2. 要进一步丰富“走基层、转作风、改文风”活动的形式。要因时制宜、因人制宜，探索适合政协工作特点和报社实际的活动方式方法。要丰富活动载体，组织专题报道、专题讨论等，促进编辑记者交流思想认识、提高采编业务能力。在走基层的过程中，要注意广泛听取基层干部群众对新闻报道的意见建议，更好地把群众意见、基层呼声体现在新闻报道中。

3. 要进一步建立健全“走基层、转作风、改文风”活动的工作机制。报社要制定和完善新闻采编工作制度，将中宣部、省委宣传部对活动的要求转化为报社内部工作准则，将编辑记者深入基层调查研究制度化，体现在编辑记者日常工作中。完善报社内部考评和奖励制度，将下基层采访情况作为编辑记者业务考核的重要内容，在评奖考核、收入分配等方面予以倾斜，编辑记者提拔任用前应具备一定时间的基层采访工作经历。

4. 开展“走基层、转作风、改文风”活动切忌走样变形，切忌搞“花架子”、搞形式主义。提倡新闻工作者走基层，是党的优良传统，也是新闻事业新形势新要求。我们必须真正把重点放在基层，把功夫下在基层。此外，新闻采编作风实际上是一个党性问题党风问题。这往往是人们评价党风、政风、民风的一个重要标尺。报社和新闻工作者不能转弯抹角，也不能“隔靴搔痒”，既要弘扬主旋律、谱写正气歌，针对不正之风也要敢于揭露阴暗面，实事求是地进行监督。“党八股”文风今天并未绝迹，表现为人们深恶痛绝的“长、假、空”文风。改文风是时代对新闻工作者的深切呼唤。一定要克服“长、假、空”不良文风，积极倡导“短、实、新”优良文风。

三、精心办报，体现特色，不断提高《云南政协报》的办报水平

为进一步提高《云南政协报》的办报水平，在坚持开展“走基层、转作风、改文风”活动的基础上，我还要提两点要求。

（一）把握导向，不断提高《云南政协报》的可读性和吸引力

首先要始终坚持正确的舆论导向。要牢固树立政治意识、大局意识和责任意识，围绕团结、民主两大主题，宣传主旋律。其次要不断加强理论学习，进一步打牢采编工作的基础，提高干部职工的素质。其三要精心办报，勇于创新，不断增强报纸的可读性和吸引力。做到这些，我们的报纸才具有影响力，才会越来越有地位。

（二）充分体现政协特色，发挥三大作用，进一步提升《云南政协报》影响力

一是充分发挥省政协机关报的政协新闻宣传主阵地作用。《云南政协报》要认真贯彻落实中国共产党十七届六中全会和省委政协工作会议精神，把《关于加强和改进政协新闻宣传工作的意见》的各项要求融入到报社具体工作实践中，积极宣传全省各级政协探索履行职能的新举措和取得的新成绩，宣传各级政协加强自身建设所取得的新进展，宣传各民主党派、工商联、人民团体参政议政的新实效，充分发挥政协新闻宣传主阵地的作用。二是充分发挥《云南政协报》联系社会各界、反映社情民意的桥梁和窗口作用。《云南政协报》应该具有人民政协联系社会各界的桥梁作用，应该具有反映社情民意的窗口作用，要进一步提高质量和水平，就要在发挥联系社会各界的桥梁作用方面多下功夫，就要在发挥反映社情民意的窗口作用方面多下功夫。三是充分发挥《云南政协报》作为政协委员参政议政好助手的作用。《云南政协报》要始终把政协委员的履职工作作为宣传报道的重点，充分报道各级政协委员深入基层调研视察、殚精竭虑撰写提案献计献策的履职情况，充分报道政协委员的先进事迹和感人事迹，充分报道政协委员正在关注的或需要关注的经济社会难点热点问题。

同志们，在党的十七届六中全会精神的指引下，我们要更加积极地投入到“走基层、转作风、改文风”活动中，努力使全省政协新闻宣传工作水平迈上新台阶，也希望全省各级政协一如既往地支持、帮助、指导《云南政协报》的工作，各大媒体各位老师也继续关注关心《云南政协报》的发展，努力使《云南政协报》又好又快地向云南一流报纸迈进，在全省政协新闻宣传中发挥更加重要的作用。

在省政协十届十六次常委会议上的讲话

（2011年11月4日）

王学仁

各位常委、同志们：

省政协十届十六次常委会已经圆满完成各项议程，今天就要结束了。本次会议认真

学习了中共十七届六中全会精神，传达了全国政协十一届十五次常委会议精神，审议通过了有关人事事项。省委、省政府高度重视这次会议，省委常委、省委宣传部长张田欣同志和副省长高峰同志到会听取意见并讲话，省级有关部门的负责同志也到会听取了大家的发言。会议期间，各位常委高度评价六中全会的重要意义，充分肯定中央对新形势下繁荣发展社会主义文化作出的战略部署，围绕“深化文化体制改革，推动我省民族文化强省建设，促进社会主义文化大发展大繁荣”这个主题，进行大会发言、开展分组讨论。大家的发言，汇集了社会各界的意见，凝聚了各位常委对推动文化改革发展深入思考的成果。经过深入协商讨论，这次会议不仅形成了广泛的共识，而且提出了许多有见地的意见和建议。会议结束后，省政协办公厅要将这次会议的成果进行认真的综合整理，及时报送省委、省政府领导参阅。下面，结合大家的发言，我讲三点意见。

一、认真学习贯彻中共十七届六中全会精神，切实统一思想、凝聚力量

中共十七届六中全会是在全面建设小康社会关键时期和深化改革开放、加快转变经济发展方式的攻坚时期召开的一次十分重要的会议。胡锦涛总书记发表的重要讲话，深刻阐述了新形势下推进文化改革发展的重大意义，明确提出了贯彻落实全会决定的具体要求，全面部署了当前党和国家的各项工作，讲话政治性、思想性、针对性、指导性都很强。全会通过的《关于深化文化体制改革、推动社会主义文化大发展大繁荣若干重大问题的决定》，系统总结中国共产党领导文化建设的成就和经验，深刻分析文化改革发展面临的形势和任务，阐述了中国特色社会主义文化发展道路，确立了建设社会主义文化强国的战略目标，提出了新形势下推进文化改革发展的指导思想、重要方针、目标任务、政策举措，充分体现了中国共产党对文化建设的高度重视，反映了社会主义文化建设的客观要求，丰富和深化了对中国特色社会主义道路的认识，理论上有新概括，政策上有新突破，举措上有新实招，是当前和今后一个时期指导我国文化改革发展的纲领性文件。我们要把学习贯彻全会精神作为当前的首要政治任务，切实把思想认识统一到全会精神上来，把智慧力量凝聚到落实全会各项决策部署上来，共同开创社会主义文化建设新局面。在学习中，要把握好以下几点：

一是充分认识我国文化建设取得的巨大成就。要通过学习领会，深刻理解在革命、建设、改革各个时期，中国共产党坚持不懈推进文化建设，有力地推动了党和人民事业的发展；深刻理解经过改革开放以来的不懈努力，我们走出了中国特色社会主义文化发展道路，为进一步兴起社会主义文化建设新高潮奠定了坚实基础、积累了宝贵经验，从而增强进一步深化文化体制改革，推动文化大发展大繁荣的自觉性和坚定性。

二是准确把握推进文化改革发展的重要性和紧迫性。要通过学习领会，深刻理解当今世界处在大发展大变革大调整时期，文化在综合国力竞争中的地位和作用更加凸显，维护国家文化安全任务更加艰巨，增强国家文化软实力、中华文化国际影响力要求更加紧迫；深刻理解文化越来越成为民族凝聚力和创造力的重要源泉、综合国力竞争的重要因素、经济社会发展的重要支撑，丰富精神文化生活越来越成为我国人民的热切愿望；深刻理解全面建设惠及十几亿人口的更高水平的小康社会，既要让人民过上殷实富足的物质生活，又要让人民享有健康丰富的文化生活，必须抓住和用好我国发展的重要战略机遇期，自觉推动文化大发展大繁荣；深刻理解我国文化领域正在发生深刻变革，文化发展取得了巨大成就，同时也面临一系列新情况新问题，从而进一步增强推动文化大发展大繁荣的使命感和责任感。

三是准确把握推进文化改革发展的指导思想和总体要求。要通过学习领会，深刻理解推动社会主义文化大发展大繁荣，必须坚持中国特色社会主义文化发展道路，以科学发展为主题，以建设社会主义核心价值体系为根本任务，以满足人民精神文化需求为出发点和落脚点，以改革创新为动力，发展面向现代化、面向世界、面向未来的，民族的科学的大众的社会主义文化，培养高度的文化自觉和文化自信，提高全民族文明素质，增强国家文化软实力，弘扬中华文化，努力建设社会主义文化强国。深刻理解建设社会主义文化强国的总体要求是着力推动社会主义先进文化更加深入人心，推动社会主义精神文明和物质文明全面发展，不断开创全民族文化创造活力持续迸发、社会文化生活更加丰富多彩、人民基本文化权益得到更好保障、人民思想道德素质和科学文化素质全面提高的新局面，建设中华民族共有精神家园，为人类文明进步作出更大贡献，从而进一步明确推动文化大发展大繁荣的努力方向。

四是准确把握推进文化改革发展的工作部署和重大举措。要通过学习领会，深刻理解社会主义核心价值体系决定着中国特色社会主义发展方向，满足人民的基本文化需求是社会主义文化建设的基本任务，发展文化产业是社会主义市场经济条件下满足人民多样性精神文化需求的重要途径，改革创新是文化发展的强大动力，推动社会主义文化大发展大繁荣人才是关键，从而进一步明确文化改革发展的任务目标和工作重点。

二、积极发挥政协优势，努力为云南民族文化强省建设贡献力量

长期以来，省政协一直把促进社会主义文化建设，作为履行职能的重要内容，围绕民族文化强省建设，作出了许多有益的工作，取得了明显的成效。本届政协以来，我们先后就“我省城镇化进程中文化遗产保护与利用”、“百年米轨滇越铁路文化遗产保护与利用”、“云南特有民族历史文化保护和利用”等问题开展了重点调研，对“历史自然文化遗产保护利用”、“文化产业发展”等工作进行了重点视察，征编了《云南名人故居》《云南独有民族百年实录》等重要文献书籍，广大政协委员围绕文化建设和发展提交了大量的提案和社情民意信息，有关专委会也通过专题调研视察和其他履职活动积极推动文化建设。省政协还利用政协的特点和优势，搭建文化平台，组织文化活动，如开展的金秋戏曲演唱会以高质量的文艺节目扩大了民族传统文化的社会影响，组织特聘艺术家开展的深入基层采风、艺术创作和作品展览等活动，促进了我省书画摄影艺术的发展，推动了政协系统的文化建设。这些成绩既反映了省政协对我省民族文化强省建设作出的贡献，也说明了人民政协在推动文化发展中是大有可为的。我们要认真学习贯彻中共十七届六中全会精神和中共云南省委的工作要求，不断增强推动文化大发展大繁荣的责任感和使命感，把主动服务文化发展作为政协应尽的职责，科学谋划、统筹推进，在履职思路上更好地体现全会的战略部署，在履职内容上更好地把握文化建设的方针政策和目标任务，在履职成效上更好地推动民族文化强省建设，在参与中加深了解，在协商中形成共识，在建言中展现智慧。

要大力弘扬社会主义核心价值体系。我国社会主义核心价值体系是五千年文明史中形成的优秀文化传统与时代发展的先进文化的结晶，是维系社会和谐与进步的基石。我

们要把大力弘扬社会主义核心价值体系，作为促进社会主义文化大发展大繁荣的首要任务，积极在国民教育、精神文明建设的全过程，在改革开放和社会主义现代化建设的各领域，在精神文化产品创作生产传播的各方面，推动形成统一的指导思想、共同的理想信念、强大的精神支柱和基本的道德规范，努力巩固各族人民团结奋斗的共同思想基础，凝聚起推进现代化建设的强大力量。正确把握文化发展方向，始终坚持马克思主义指导地位，坚定不移地用中国特色社会主义伟大旗帜来统一思想、坚定信念、凝聚力量，坚定不移地把各党派团体和各族各界人士的力量团结凝聚到坚持和拓展中国特色社会主义道路上来，努力使各族各界群众更加紧密地团结在党的周围、凝聚在社会主义的旗帜下。积极弘扬以爱国主义为核心的民族精神和以改革创新为核心的时代精神，积极倡导和树立以“八荣八耻”为主要内容的社会主义荣辱观，弘扬科学精神，引导社会热点，疏导公众情绪，努力用社会主义核心价值体系鼓舞斗志、引领风尚、凝聚力量、提升素质。

要积极为我省加快文化改革发展建言献策。深入开展调研、积极建言献策，是人民政协推动文化大发展大繁荣的重要着力点。要精心选择党委政府重视、群众关心、政协有条件做好的课题，特别是对建设民族文化强省具有全局性影响、对繁荣文化事业具有重大意义、对发展文化产业起到关键性作用、对群众共享文化发展成果有切实成效的重大问题进行调查研究，积极为发展繁荣我省文化事业建真言、献良策。要重点围绕大力推进公共文化服务体系建设、全面深化文化体制改革、加快培育文化支柱产业、深入实施文艺精品工程、实施文化“走出去”战略这些我省加快文化改革发展的重要工作任务，多角度、多层次地开展形式多样的协商议政活动，谋划长远之计，贡献务实之策，努力提出有价值的见解和主张。要针对在文化改革发展中，群众最关心、最直接、最需要解决的热点、难点问题，广泛开展调查研究，深入实际、深入基层，切实把群众最迫切的愿望、最真实的声音反映上来，及时提出解决问题的意见和建议。要重视保护和发展少数民族文化，广泛宣传繁荣和发展少数民族文化的重要意义，积极推动少数民族非物质文化遗产的传承和保护，深入调查研究少数民族文化建设方面存在的困难和问题，努力为充分挖掘和保护我省丰富深厚的民族文化献计出力。

要尽力为我省文化建设多办实事。繁荣文化事业、建设民族文化强省，需要汇聚全省各族人民的智慧和力量，需要全社会的大力支持和积极参与。政协委员中文化工作者多，既有文学艺术和新闻出版方面的领导干部，又有文化造诣很高的专家学者。政协在服务文化建设上有优势，也有责任。我们在开展工作、履行职能时，要始终关心和推动文化事业发展，找准结合点，突出着力点，积极主动参与，满腔热地为文化建设办实事、解难事、做好事。省政协各专门委员会、各参加单位和广大政协委员，特别是文化艺术界别的委员，要积极主动地做促进文化大发展大繁荣的宣传者、推动者和参与者，努力为我省民族文化强省建设发挥应有的作用。政协委员要切实发挥来自不同界别、各条战线，联系面广、代表性强、影响力大的优势，利用各种机会和场合，宣传加快文化改革发展的重要意义，大力营造文化事业良好的发展环境，积极做好牵线搭桥工作，不断推动我省与国内外的文化交流与合作。政协委员中的文学艺术工作者和专家学者，要切实按照六中全会精神，努力创作反映时代精神、引领良好社会风尚的优秀作品，满足人民群众日益增长的文化需求。要深入文化事业单位和文化产业企业，调研了解他们发展的实际情况和存在的主要问题，及时向党委、政府反映他们的愿望和要求，帮助他们解决实际困难，推进文化建设的各项政策措施落到实处，努力为文化发展、社会进步和群众得实惠多作贡献。

三、再接再厉，圆满完成今年的各项工作任务

今年以来，在各专委会、各部门和广大政协委员的共同努力下，省政协的各项工作总体进展不错，无论是调研视察、提案督办、会议活动，还是在其他经常性工作方面都取得了较好成绩，为完成全年的任务打下了良好的基础。现在到年底只有两个月的时间，我们还有不少事情要办，工作任务还十分繁重。我们要以学习贯彻中共十七届六中全会精神为动力，继续保持饱满的精神状态和求真务实的工作作风，切实按照年初常委会通过的《重点工作安排意见》的要求，优质高效地完成今年的各项工作任务。重点要抓好以下三个方面：

第一，要抓紧完成调研视察报告的起草工作。今年省政协确定的9个重点调研课题，现在基本已经完成了报告起草工作，有7个课题报告经过了主席会议的审议，剩下的2个正在进行修改完善。希望有关专委会要多下一点功夫，充分论证，反复修改，尽量做到调研的材料更充实一点，报告的观点更新颖一点，提出的意见和建议更具操作性一点。另外，根据省委领导的指示，省政协临时增加了一个专题调研。今年以来特别是入汛后，我省降水异常偏少、河道来水持续偏少、库塘蓄水严重不足，今冬明春的供水保障面临严峻的形势。省委、省政府高度抗旱救灾工作，采取了各种措施积极应对灾情。为了更加广泛地凝聚各方面智慧、更加有力地做好抗旱救灾工作，省委书记秦光荣同志希望省政协就灾情和有效开展抗旱工作进行一次调研。省政协根据指示，在近期组织了全省水资源及抗旱保民生工作的专题调研，由我和国忠、学智、成亮、倪慧芳副主席带领各民主党派省委负责人、部分省政协委员、省直有关部门领导，组成5个组，分别到昆明、红河、楚雄、昭通、临沧等9个州市进行了调研。在这次常委会期间，主席会议审议通过了调研报告，并将作为主席会议的建议案报送省委、省政府。从我们这次调研掌握的情况看，我省今冬明春面临的旱情相当严峻，希望广大政协委员立足本职岗位、发挥自身优势，积极关心、支持和参与抗旱保民生工作。今年的5个重点视察按照主席会议确定的《委员重点视察工作方案》，已经全部完成了视察工作，目前正在起草视察报告。委员视察是政协的重要工作方式，高质量的视察报告反映了我们参政议政的水平，是体现政协履职成效的重要方面。希望各专委会认真做好视察报告的起草工作，争取形成一批高质量的视察成果。

第二，要重视做好调研视察的成果转化工作。政协开展专题调研和委员视察的最终目的在于建言立论，帮助党委、政府科学决策、解决问题、促进工作。在认真完成好调研视察报告的同时，要高度重视调研视察成果的转化工作。除了调研视察报告要及时报送省委、省政府及有关部门外，还要进一步丰富和完善促进调研视察成果转化的渠道和手段，切实把调研视察成果与政协例会、提案、反映社情民意信息以及新闻宣传工作结合起来。要善于将调研视察成果转化为提案，交由党政职能部门直接办理，从而更加有效地推动问题的解决和意见建议的落实。要及时将调研视察成果提炼整理成社情民意信息，直接报送党政领导，促进有关意见和建议尽快落实到工作中。要积极将调研视察成

果转化为委员的会议发言，以引起党政领导和有关部门对问题的重视，促进问题的解决。要充分利用新闻媒体宣传调研视察成果，努力使我们调研视察的问题引起社会各界的关注，使我们提出的意见建议得到广大群众的认可和赞同，从而为党委、政府开展工作、解决问题创造舆论氛围和群众基础。

第三，要扎实开展好省政协十届五次会议的筹备工作。十届五次会议是本届省政协最后一次全体会议，开好这次会议具有特别重要的意义。要按照“民主、求实、团结、鼓劲”的指导方针，认真做好省政协十届五次会议的各项准备工作。这次常委会议后，就要抽调精干的工作人员，组建相关工作班子，全力以赴地做好会议的各项筹备工作。《常委会工作报告》对于开好全会非常重要，既要对省政协今年的履职成果进行认真总结，也要对十届省政协工作中的好做法、好经验进行思考提炼，同时还对明年的工作提出意见。希望抓紧起草《常委会工作报告》，《提案工作报告》也要及早动手，保证有充足的时间征求意见和进行修改。各专委会、机关各部门都要积极支持和参与《常委会工作报告》和《提案工作报告》的起草工作，认真按照要求搞好本部门的全年工作总结和明年工作规划，为这两个工作报告的起草提供丰富的素材、打下坚实的基础。希望省政协各参加单位、各专委会、各位常委和全体委员都能认真调研、深入思考、精心准备，积极撰写出高质量的提案和大会发言材料，努力把五次全会开成一次水平高、成效好的会议。

同志们，今年是实施“十二五”规划的开局之年。做好今年的工作，对确保“十二五”开好局、起好步，意义重大而深远。希望大家进一步明确自己肩负的职责，力争多出高质量的参政议政成果，努力为省政协今年工作任务的顺利完成和我省全年经济社会发展目标的圆满实现作贡献。

在全省政协信息工作座谈会暨云南政协年鉴编纂工作会上的讲话

（2011 年 11 月 18 日）

管国忠

同志们：

我们这次全省政协信息工作座谈会暨云南政协年鉴编纂工作会，是在全省各族人民深入学习贯彻党的十七届六中全会精神、喜迎省第九次党代会胜利举行的形势下召开的。会议的主要任务是全面贯彻邓小平理论和“三个代表”重要思想，深入落实科学发展观，总结交流近年来开展政协信息工作的经验和做法，研究探讨新形势下不断做好政协信息工作的思路和措施，部署《云南政协年鉴》（2011 年卷）编纂工作。省政协办公厅、研究室对会议作了精心的准备与安排。为配合开好这次会议，省民主党派、工商联和州市政协也向会议提交了各具特色的交流材料。我相信，通过交流研讨和培训学习，本次会议一定能在总结以往经验的基础上，形成加强和改进工作的明确思路，推动反映社情民意信息工作跃上一个新台阶，圆满完成《云南政协年鉴》（2011 年卷）编纂工作任务。

下午，研究室要对《云南政协年鉴》（2011 年卷）编纂的有关工作任务进行部署安排。我这里主要就做好反映社情民意信息工作，谈一些认识，提几点要求。

人民政协反映社情民意信息工作，是各级政协组织、政协各参加单位、广大政协委员以及各族各界代表人士，围绕国家和地区大政方针，经济、政治、文化、社会生活中，党委政府重视、人民群众关注的重要问题、热点问题，通过各级政协的内部刊物，向党委政府及有关部门和上一级政协组织反映重要情况，提出意见建议，供领导机关了解掌握舆情、分析判断形势、进行有效决策的一项重要的经常性基础性工作。中共十六大以来，以胡锦涛同志为总书记的中共中央十分重视政协反映社情民意工作，《中共中央关于加强人民政协工作的意见》明确提出，反映社情民意是人民政协履行职能的重要形式。近年来，全省各级政协组织、政协各参加单位和广大政协委员认真贯彻中央文件精神，坚持围绕中心、服务大局，向党委和政府报送了大量高质量的具有政协特色的信息，推进了党委政府大政方针的贯彻落实，促进了许多重要民生问题的解决，赢得了社会各界的好评。一是反映社情民意信息工作在政协履行职能中的基础性作用得到加强。为适应新形势、新任务的要求，省政协十届二十次主席会议通过了《政协云南省委员会进一步加强反映社情民意信息工作的意见》，进一步明确了反映社情民意信息工作的指导思想和基本要求，把反映社情民意信息工作纳入政协总体工作布局，有条不紊地予以推进。二是省各民主党派、工商联、各级政协组织以及广大政协委员反映社情民意信息的积极性普遍提高。省各民主党派、工商联、各级政协组织以及广大委员都把反映社情民意信息作为一项重要工作，切实把这项工作贯穿于履行职能的各个环节、体现在委员发挥作用的各个方面，自觉保持同本界别群众的联系，悉心体察群众的情绪和诉求，认真开展重要情况的收集和研究，反映了许多有价值的情况、提出了许多可操作的建议。三是工作制度日趋健全，良好的工作格局正在形成。省政协办公厅制定了《社情民意特邀信息员和直报点管理办法》和《云南省政协系统信息工作目标考核评比办法》，进一步规范了有关工作环节、工作程序。从全省的总体情况来看，一个以反映社情民意信息为重点，以政协组织、政协各参加单位为依托，以政协委员和各方面代表人士为基础，以信息直报点、特邀信息员和政协机关信息工作者为骨干的政协信息工作良好格局正在形成。四是反映社情民意信息质量不断提高，成效日益显著。就省政协来说，2009 年 8 月以来共收到各个层面反映的社情民意信息 500 多条，编报《云南政协信息》380 期，被全国政协以政协信息、政协信息专报等形式采用 18 条（今年 1 ~ 10 月采用 6 条），《“超级细菌”监控防疫机制的建议》被国家领导人批示。省委省政府领导对其中的 19 期《云南政协信息》作了批示。省委主要领导在对《云南政协信息》（2010 年第 143 期）的批示中，肯定政协委员的建议是事关全省经济社会发展的重大问题或群众关心的热点难点问题，很有价值；要求省委、省政府两办能始终如一地将建议分门别类，送达有关部门和州市，希望能引起重视，并对合理可行的建议积极采纳。

在充分肯定成绩的同时，我们也应清醒地看到，与新形势新任务新要求相比，我省政协反映社情民意信息工作还存在一些不足和差距，主要是：对反映社情民意信息工作的重视程度不一，各州市政协之间、各民主党派之间、政协各专委会之间工作开展不平衡，委员参与面还不够广泛，高质量、深层次的精品信息还不多，政协特色、云南特色不够鲜明等。对于这些问题，我们要深入分析，认真研究，找准原因，提出对策，切实解决，力争使反映社情民意信息工作有新的突破、新的发展。

下面，我就进一步做好全省政协反映社情民意信息工作，讲几点意见。

一、统一思想、提高认识，进一步增强做好反映社情民意信息工作的责任感和使命感

政协反映社情民意信息工作始于八届全国政协。近20年来，政协反映社情民意信息工作为坚持和完善中国共产党领导的多党合作和政治协商制度，为人民政协拓宽履行职能渠道、丰富履行职能实践，为发展社会主义民主政治作出了积极贡献。当前，我国经济、政治、文化和社会生活的各个方面都发生了深刻变化，已进入改革发展的关键时期，机遇前所未有，面临的复杂问题和挑战也前所未有。随着改革开放的不断深入，广大人民群众的民主意识普遍增强，政治参与的主动性和积极性不断提高。中共十六届四中、六中全会从加强党的执政能力建设和构建社会主义和谐社会的战略高度，提出要拓宽社情民意表达渠道，充分反映群众诉求，健全社会舆情汇集和分析机制。中共十七大顺应时代要求和人民意愿，强调坚定不移地发展社会主义民主政治，更好地保障人民合法权益和维护社会公平正义，扩大公民的有序政治参与。所有这些，都对政协反映社情民意信息工作提出了新的要求。可以说，在全面建设更高水平小康社会的新时期新阶段，做好政协反映社情民意信息工作，比过去更为重要、更为迫切。

（一）了解和反映社情民意信息，是政协贯彻落实科学发展观的重要体现

科学发展观是马克思主义中国化的最新成果，是我国经济社会发展的重要指导方针，也是发展中国特色社会主义必须坚持和贯彻的重大战略思想。科学发展观突出以人为本这一核心，强调发展为了人民、发展依靠人民、发展成果由人民共享。政协履行职能、开展工作，必须坚持以科学发展观为统领，始终把人民群众的呼声作为第一信号，把服务人民群众作为第一责任，把人民群众满意作为第一标准。政协通过开展反映社情民意信息工作，可以广泛关注广大群众的生产生活问题，推动人民群众关心的问题及时得到解决；可以广求善策，广集群言，谋发展之计，建发展之言，献发展之策，最大限度地集中全体社会成员的智慧和力量，使人民群众的积极性、主动性和创造性得到充分发挥。我们要把了解和反映社情民意信息作为政协学习实践科学发展观的重要体现，努力维护好、实现好、发展好最广大人民群众的根本利益。

（二）了解和反映社情民意信息，是政协参与构建和谐社会的有效途径

伴随着经济社会快速发展，利益群体多元化的格局已经形成。不同的利益群体有不同的利益诉求，各种群体的利益诉求之间，就可能产生摩擦和碰撞，从而酿成新的社会矛盾，需要党委政府及时合理调整。同时，由于社会管理、利益分配机制等方面还不完善，给广大群众的生产和生活带来一些困难，形成了一些社会热点难点问题，也需要向党委政府以及有关部门反映。人民政协是大团结大联合的象征，政协委员是各界别的代表人士，他们具有广泛的人脉关系，群众基础厚实，能够随时听到基层群众的呼声和要求，感受到基层群众的愿望和期盼。政协通过开展反映社情民意信息工作，可以把大量

分散于各界别、各阶层、各群体的意见，系统、综合、直接地反映给党政领导机关，从而为调节利益分配、化解利益冲突、维护社会公平正义、科学制定符合人民愿望的方针政策，提供广泛的决策信息和智力支持；可以协助党委、政府及时做好各方面的团结工作，促进政党关系、民族关系、宗教关系、阶层关系、海内外同胞关系的和谐，形成全体人民各尽所能、各得其所而又和谐相处的社会。我们要把了解和反映社情民意信息作为政协为构建和谐社会服务的重要渠道，在党委政府和广大群众之间架起联系沟通的桥梁，使下情及时上达，并促进问题和矛盾的解决，推动和谐社会建设。

（三）了解和反映社情民意信息，是政协履行职能的重要基础和关键环节

人民政协作为最广泛的爱国统一战线组织、中国共产党领导的多党合作和政治协商的重要机构、国家政治生活中发扬社会主义民主的重要形式，要围绕团结和民主这两大主题，履行好政治协商、民主监督、参政议政三大职能，就必须重视民情、反映民意、广集民智。社情民意是协商讨论的客观依据，从大量社会情况和群众意见中能够归纳出重要的课题和许多好的建议；社情民意是开展民主监督的重要内容，有不少社情民意就是对不合理的社会现象直接或间接的批评和揭露；社情民意也是参政议政的基本素材，人民群众普遍关心的热点难点问题和社会上发生的一些重要情况，有许多就是委员们视察调研、议政建言的好题目。

总之，人民政协履行职能的各项工作都与反映社情民意信息工作密切关联，做好反映社情民意信息工作，政协的工作就会增添新的活力。

二、注重质量、多出精品，不断提高反映社情民意信息工作的成效

质量是反映社情民意信息工作的核心，信息质量的高低，直接关系到信息受重视的程度和对决策参考价值的大小。如何提高信息质量，主要把握以下三点。

（一）要围绕中心，服务大局

围绕中心、服务大局是政协履行职能的重要原则，也是做好反映社情民意信息工作必须遵循的重要原则。要着眼于党和政府工作的大局，准确把握上级和同级党委政府的信息需求，了解党政部门关注的重点。要围绕经济、政治、文化、社会、生态文明建设中的重大问题，围绕改革发展稳定的重大问题，围绕事关全省乃至全国长远发展的战略性问题，紧扣云南绿色经济强省、民族文化强省、中国面向西南开放重要“桥头堡”三大目标要求，精心选择涉及调整优化经济结构、转变经济发展方式、培育支柱和新兴战略产业、打造对外开放新格局、统筹城乡发展、推进扶贫开发建设、加快少数民族和民族地区经济社会发展、促进文化大发展大繁荣、构建云南生态安全屏障等方面的问题，深入了解、及时反映来自社会方方面面的意见和建议，为党委和政府的决策提供参考依据。要关注和反映关系群众切身利益的突出问题，及时掌握群众的所思所想所盼，积极从中捕捉重要信息，并在第一时间内报送党政领导及有关部门，使党委和政府及时把握群众的思想脉搏和甘苦冷暖，协助党委和政府切实解决好医疗、就业、扶贫、社保、安居、环保、教育和社会管理等直接关系人民群众根本利益和现实利益的问题。要关注和反映带有苗头性、倾向性的问题，发挥反映社情民意信息工作灵活、快捷的特点，及时捕捉和反映那些影响社会稳定团结和谐的潜在问题，做到快搜集、快编报、快反映，协助党委和政府及早发现、有效化解不和谐因素，维护改革发展稳定的大局。

（二）要发挥优势，突出特色

政协的社情民意信息既不同于党政部门信息，也有别于社会舆论信息，具有来源的广泛性、内容的综合性、建议的前瞻性的特点。开展反映社情民意信息工作，要充分发挥政协的优势，体现政协的特色。政协人才荟萃、智力密集，反映的信息应当有风格、有分量、有见地，切忌一般化、随大流、不痛不痒。政协位置超脱，视角独特，提出的信息应当如实反映事实全貌和真实想法，多些民意，少些官气；多些“原汁原味”，少些人工雕琢；多些直截了当，少些拐弯抹角。政协由界别组成，具有政治上的巨大包容性和组织上的广泛代表性，要侧重反映其他渠道不易掌握、不易反映、难以得到的社会情况和群众意见；侧重反映统一战线内部中高层人士的看法，包括少数人的不同意见；侧重反映各个界别和特殊群体的要求，包括人数不很多、但需要合理兼顾的意见，避免与其他渠道信息的简单雷同。政协渠道畅通，信息网络健全，要广泛收集社情民意信息，通过政协专门渠道准确规范、快捷畅通地向党政领导和有关部门反映，使政协反映社情民意信息工作成为党和国家汇集和分析社会舆情的重要来源。

（三）要深入思考，注重调研

向党委、政府报送高质量的社情民意信息，不能只当“二传手”，绝不能道听途说、捕风捉影，更不能主观臆断、凭空猜想，而要做深入细致的调查研究。只有深入基层、深入群众、调查研究，才能听到真实声音，掌握第一手资料，了解实际情况；才能鉴别是非，去伪存真，避免虚假信息。政协反映的社情民意信息不仅要反映问题，而且要对反映的问题作深层次的思考，探求产生问题的原因，提出解决问题的对策和建议。要将政协反映社情民意信息工作与调查研究有机结合起来，确保反映的情况和信息准确无误，做到言之有物、论之有理，使提出的意见建议真正体现时代性、把握规律性、富于创造性。同时，政协每年都要开展大量的专题调研与视察，我们可以把课题涉及的一些重要问题及研究成果，进行加工提炼，作为重要信息反映上去，这样作用会更大一些。

三、拓宽渠道、广辟来源，切实把反映社情民意信息工作融入政协履行职能的各项活动中

反映社情民意信息事关政协工作全局，加强和改进这项工作不仅仅是社情民意信息工作部门的事情。要把反映社情民意信息工作纳入重要议事日程，进行总体谋划和部署，统筹各方力量，整合信息资源，努力形成各方支持、共同参与、密切配合的工作局面。

（一）要切实发挥委员的主体作用

政协委员是政协履行职能的主体，也是反映社情民意信息的主体。目前全省有各级政协委员近3万人，仅省政协委员就有630多人。从近年政协信息的来源构成看，2010年，政协各参加单位报送的信息占了多数；今年，各级政协组织、社情民意信息直报点和政协委员、特邀信息员个人直接提供的信息逐步增加。这说明在依靠委员提供信息和挖掘信息方面，还有相当大的潜力。省政协已经将反映社情民意信息作为委员做好履职工作的一项要求，办公厅也定期、不定期地给政协委员、特邀信息员发函，提供报送社情民意信息的重点和参考要目。要积极营造宽松和谐的氛围，切实维护政协委员依照宪法、法律和政协章程反映社情民意信息的民主权利；要做好政协委员的宣传动员和组织发动工作，充分反映他们在政协的各种会议、各项活动中提供的重要情况和意见建议。广大政协委员要进一步增强责任感和使命感，密切联系群众特别是本界别群众，积极主动地反映他们的愿望和诉求，保障他们的合法权益。

（二）要切实发挥各民主党派、工商联的作用

各民主党派、工商联是人民政协的重要参加单位，在反映社情民意信息工作中具有十分重要的作用。各民主党派、工商联聚集着众多有代表性的人士和专家学者，反映社情民意信息有着独特的优势。政协信息工作部门要更多地采取调研、培训、座谈、走访等方式，注重加强与各民主党派、工商联的沟通与协作，经常主动上门征集社情民意信息，及时把党派、工商联成员的一些意见和建议、愿望和要求，通过政协这个渠道反映上去。

（三）要切实发挥专委会的作用

政协各专门委员会汇聚了一批经验丰富的领导同志和见解独到的专家学者，是社情民意信息资源的富集区；而且，他们反映的社情民意信息层次高、针对性强，容易引起党委、政府的重视。各级政协要把反映社情民意信息工作作为考核专委会工作成效的一项重要内容。各专委会要建立必要的工作制度，明确任务职责，把反映社情民意信息贯穿于专委会的各项工作之中，作为体现和转化专委会工作成果的重要渠道，有计划、有组织地收集、整理委员们在专题调研和视察等活动中的真知灼见，既郑重反映委员们达成共识的意见，也注重收集少数委员的独到见解和不同意见。要发挥自身联系各界委员多、接触实际多、涉及领域多、组织委员活动多等优势，主动收集本界别、本领域、本行业委员的意见和建议，对委员关注的焦点问题进行综合提炼，形成高质量的社情民意信息后报送党政机关决策参考。

（四）要切实发挥各级政协组织的作用

各级政协既是反映社情民意信息工作的组织者，又是实践者，一定要把反映社情民意信息工作富有成效地开展起来。要广泛发动和组织政协委员、各界人士参与反映社情民意信息工作，通过他们反映基层的情况和最普通群众最想反映的意见与最迫切的愿望。省、州市、县区政协组织之间要加强联系和协作，充分利用现代信息技术，建立反映社情民意信息工作的“直通快车”，形成上下通达、反应灵敏的工作网络，保持社情民意信息的畅通传递和资料共享。县区政协处于宏观和微观的结合部，了解和反映的社情民意信息更贴近基层、贴近群众、贴近生活。作为省政协社情民意信息直报点的县区政协，要把这一渠道作为一种为地方经济和社会发展服务的载体和资源，在做好为本级党委政府服务的同时，继续加大工作力度，为省政协多提供一些涉及全省带有普遍性的，或者是属于苗头性但有可能产生较大影响的，以及需要省委、省政府帮助解决的重要问题的社情民意信息，努力在为全局服务中发挥更大作用。

四、强化领导、完善机制，为反映社情民意信息工作提供可靠保证

反映社情民意信息工作是一项政治性、政策性很强的工作，责任大、任务重、要求高，必须加强领导、完善机制、协调推进。

（一）要强化组织领导

领导重视，是做好反映社情民意信息工作的关键。各级政协组织要真正把反映社情

民意信息工作摆在政协工作的重要位置，安排领导同志专门分管，经常了解工作的进展情况，及时分析、研究解决工作中的突出问题，对加强和改进工作提出指导意见。要通过培训、宣讲，让政协委员了解和利用好反映社情民意信息这一履行职责的有效途径，并将反映社情民意信息工作的情况，作为考核委员履行职责的重要内容。要加强工作机构和队伍建设，建立健全反映社情民意信息工作的机构，选派政治素质好、业务水平高、工作责任心强的优秀干部充实到信息工作部门，加大学习培训力度，不断提高他们的整体素质，切实解决他们在实际工作中遇到的困难和问题，为他们开展工作创造条件、提供便利。要充分利用各种新闻媒体，采取多种形式，宣传政协反映社情民意信息工作的重要作用，宣传这项工作的新进展、新成效，努力营造重视和支持政协反映社情民意信息工作的良好氛围。

（二）要完善工作机制

完善的工作机制，是做好反映社情民意信息工作的重要保证。经过努力，反映社情民意信息工作建立了基本规范和工作机制。要努力适应新形势新任务对政协反映社情民意信息工作提出的新要求，继续下力气加强信息工作的制度化、规范化、程序化建设，确保反映社情民意信息工作协调统一、规范有序、高效灵活地运转。要建立健全与党政部门的沟通联系机制，及时了解党政决策的信息需求，使政协信息工作有的放矢、“适销对路”。要建立健全反映社情民意信息的收集和分析机制，拓展信息来源，加强专题分析，增强信息工作的针对性，提高信息的系统性和科学性。要建立健全社情民意信息的跟踪和反馈机制，推动社情民意信息进入党政领导机关受理程序和反馈程序，对一些重要的社情民意信息进行跟踪了解，促进问题的妥善解决。要建立健全反映社情民意信息工作的情况通报、激励机制，及时通报信息的采用、处理、批示和落实情况，定期举行总结评比和表彰活动，鼓励先进，推动工作。

同志们，做好反映社情民意信息工作，任务光荣，大有可为。希望大家以这次会议为契机，认真学习贯彻省第九次党代会精神，再接再厉，扎实工作，不断开创政协反映社情民意信息工作的新局面，为推进我省政协事业的发展，为建设发展更加协调、生活更加富裕、民族更加团结、社会更加和谐的云南作出新的贡献！

在省政协主席会议上的讲话

（2011 年 12 月 1 日）

王学仁

同志们：

这次省政协主席会议开得很好，昨天大家进行了认真的自学，今天大家开展了热烈的讨论。通过学习讨论，大家提高了对省第九次党代会重要意义的认识，进一步领会了会议的基本精神，明确了今后的奋斗目标和努力方向。同时，大家还围绕省党代会提出的指导思想、战略目标、主要任务，结合政协工作，就抓好贯彻落实发表了很好的意见。经过大家的共同努力，这次主席会议的学习达到了预期的目的，为省政协认真学习贯彻省第九次党代会精神，开了一个好头，打下了一个良好的基础。认真学习贯彻省第九次党代会精神，是政协今后一个时期的首要政治任务。我们要按照省委的统一部署，结合政协工作的实际，认真抓好学习贯彻。下面，我就省政协学习贯彻省第九次党代会精神，讲三点意见。

一、认真学习省第九次党代会精神，切实统一思想认识

刚刚闭幕的中国共产党云南省第九次代表大会作了一个好的报告，提出了一个好的主题，绘制了一个好的蓝图，确定了一个好的思路，选举产生了一个好的班子。这是一次是继往开来、与时俱进，鼓舞士气、凝聚人心，民主求实、团结奋进的大会。秦光荣同志代表八届省委所作的工作报告，实事求是总结了过去 5 年的工作，明确提出了今后 5 年乃至更长一段时期全省经济、政治、社会、文化、生态建设和党的建设的总体思路、奋斗目标、主要任务和工作措施。报告立意高远、主题鲜明，气势恢宏、论述精辟，具有鲜明的时代特色和云南特点，全面体现了科学发展观的要求和中央对云南的殷切希望，全面贯彻了解放思想、实事求是的思想路线和以人为本、执政为民的执政理念，充分反映了时不我待、奋起赶超的使命意识和勇于创新、奋发有为的精神状态，凝聚了全省广大党员的集体智慧，体现了我省各族群众的共同愿望和根本利益，展示了云南未来发展的美好前景，是指导加快建设面向西南开放重要桥头堡的纲领性文件。大会选举产生的中共云南省委新一届领导集体，为把我省的改革开放和社会主义现代化建设事业不断推向前进，提供了坚强的政治保证和组织保证。省政协要认真学习领会省第九次党代会精神，全面掌握会议的基本内容，切实把思想统一到会议作出的决策部署上来，把力量凝聚到实现大会提出的奋斗目标和各项任务上来，围绕中心，服务大局，立足本职工作，努力为实现省第九次党代会提出的各项目标任务做出应有的贡献。

一要深刻领会省第九次党代会的重大意义。省第九次党代会是在我省深入实施“两强一堡”战略、全面建设小康社会的关键时期，云南改革开放和现代化建设进入新的历史时期、“十二五”规划顺利开局的新形势下，召开的一次十分重要的会议。省第九次党代会的召开，标志着我省发展进入了一个新的阶段，意义特别重大，影响十分深远。会议对于团结动员全省广大党员和各族群众，进一步解放思想、开拓进取，鼓舞斗志、凝聚力量，艰苦创业、团结奋斗，加快经济社会发展，顺利推进“十二五”规划，深入实施桥头堡战略，在新的起点上推动科学发展、和谐发展、跨越发展，努力建设开放富裕文明幸福新云南，具有十分重要的意义。我们要深刻认识省第九次党代会的重要性，进一步增强学习贯彻会议精神的自觉性和积极性，积极主动地学习领会，自觉努力地贯彻落实。

二要充分认识过去 5 年取得的辉煌成就。省第八次党代会以来的 5 年，是我省奋力开创经济社会发展新局面的 5 年。5 年来，在党中央的正确领导下，中共云南省委团结全省广大干部群众，有效应对各种冲击和挑战，转方式、调结构、保增长、保民生、保稳定，全省综合经济实力大幅提升，城乡居民生活水平显著提高，改革开放实现重大突破，民族团结进步事业蓬勃发展，民族文化强省建设成效明显，生态文明建设步伐加快，安定和谐的政治局面更加巩固，党的建设全面加强。这5年辉煌成就的取得来之不易，是通过全省人民奋力拼搏取得的，是依靠党中央和省委、省政府正确领导取得的，其中也离不开我省各级政协组织所发挥的作用和作出的贡献。我们要充分认识过去5年取得的辉煌成就，进一步坚定走中国特色社会主义发展道路，奋力开启新征程、创造新业绩、铸就新辉煌的信心和决心，进一步增强做好政协工作的责任感和使命感。

三要准确把握今后5年的目标任务。省第九次党代会在综合分析面临形势的基础上，确定了未来5年乃至更长一段时期云南发展的指导思想、奋斗目标和主要任务，描绘了开放文明富裕幸福新云南的宏伟蓝图。会议指出，未来5年是云南全面建设小康社会的关键期，是加快转变经济发展方式的攻坚期，是扩大对内对外开放的黄金期，是深入实施西部大开发战略的加速推进期。为提速全面建设小康社会步伐、建设开放富裕文明幸福新云南，会议提出了今后5年跨越发展要实现的6个方面的奋斗目标，8个“必须坚持”的发展方略，10个方面的战略举措，并从提高党的建设科学化水平的高度，对加强党的建设作出了全面部署。省第九次党代会对我省今后发展的谋划，思想深刻、内容丰富，涉及经济、政治、文化、社会建设和生态文明建设以及党的建设各个方面，我们既要从整体上把握，又要着力抓住重点。要准确把握桥头堡建设这个历史性机遇的重要性，深刻认识实施桥头堡战略是富民、强省、利国之举，是云南赢得主动、赢得优势、赢得未来的关键所在，对于我省深化对外开放、凸显区位优势、实现跨越发展、促进各族群众共同富裕与边疆和谐稳定有着重大的意义，从而进一步增强机遇意识和紧迫感，更加振奋加快发展的信心，聚精会神搞建设，奋发有为促开放。要准确把握坚持跨越发展这个关键，深刻认识坚持跨越发展是缩小我省与全国的发展差距、实现奋力赶超的迫切需要，深刻认识推动科学发展、和谐发展、跨越发展是从云南省情出发，科学分析新的历史起点上发展的阶段性特征做出的必然抉择，从而更加牢固树立和全面落实科学发展观，切实增强为加快发展和提高经济发展质量服务的责任意识。要准确把握改善民生这个根本，深刻认识无论是推动科学发展、和谐发展、跨越发展，还是实现“四个翻番”、“两个倍增”等奋斗目标，都是为了千方百计增进广大人民的幸福感，让各族群众尽快富裕起来，从而自觉地把“以人为本、民生为重、富民为先”的理念贯穿到履行职责的全过程，始终坚持把谋求最广大人民群众的幸福作为政协一切工作的出发点和落脚点。

二、结合政协工作实际，认真抓好贯彻落实

学习贯彻省第九次党代会精神，不仅要把握未来前进方向、坚定加快发展信心，更要用党代会精神指导实践、推动工作，明确履职重点，找准着力方向，以更加开放的意识和更加宽广的眼界、更加昂扬奋进的精神状态和更加求真务实的工作作风，切实把会议提出的宏伟目标和任务要求贯彻落实到政治协商、民主监督、参政议政的全过程，服务大局更有高度，建言献策更有深度，努力在推动科学发展、和谐发展、跨越发展上发挥更大作为，在加快桥头堡建设上取得更好成效，在建设开放富裕文明幸福新云南上作出更多贡献。

（一）坚持把推动科学发展、和谐发展、跨越发展，作为政协工作的首要任务

科学发展、和谐发展、跨越发展是今后5年我省发展的主旋律。实现科学发展，就

是在发展中要继续深入地贯彻落实科学发展观。坚持和谐发展，就是在发展中要更加紧密地结合云南民族众多和地位边疆的省情。突出跨越发展，就是在发展中要进一步加快步伐，尽快改变云南发展差距大、经济总量小、产业层次低的现状。政协工作要紧扣科学发展这一主题和加快转变经济发展方式这一主线，切实把握跨越发展这个关键，增强责任意识和大局观念，进一步把各界人士的力量凝聚到科学发展、和谐发展、跨越发展上来，共同为加快推动云南经济社会发展实现新跨越而努力奋斗。要牢牢抓住经济建设这个中心，紧紧围绕实现“四个翻番”的目标，注重选择调整经济结构、推动产业发展、推进基础设施建设、夯实发展基础、统筹城乡发展、优化发展布局、提升自主创新能力、深化经济体制改革、推进工业化和城镇化等方面的重大问题，深入开展专题调研和视察活动，多提具有前瞻性、开创性的意见和建议，多出新思路、新举措，集思广益谋发展、议发展，同心协力求发展、促发展，努力为打牢全面建设小康社会的物质基础、推动云南驶入发展快车道多作贡献。

（二）坚持把保障和改善民生、增进广大群众的幸福感，作为政协工作的中心环节

为人民谋幸福，是党和国家一切工作的出发点和落脚点，也是检验政协工作成效的根本标准。我们要始终站稳群众立场，深入贯彻群众路线，牢固树立“人民政协为人民”的工作理念，积极顺应人民群众追求美好生活的新期待，紧紧围绕“两个倍增”的奋斗目标，全力协助党委、政府解决好涉及人民群众切身利益的民生问题，切实做到参政为民着想、议政为民谋利、监督为民维权，让广大群众更加充分地享受改革发展带来的实惠，不断增强全省人民的幸福感。要密切关注群众的就业、增收、住房、社会保障和文化教育医疗卫生等方面的民生问题，注重从科学制定宏观政策和解决深层次矛盾上加强研究，进一步在推动解决实际问题上下功夫，多办利民惠民之事，多献富民安民之策。要把群众工作放到更加突出的位置，充分发挥政协在组织上的广泛代表性、政治上的巨大包容性、工作方法上的多样灵活性，认真做好联系群众、宣传群众、服务群众、团结群众的工作，深入体察民情，准确反映民意，关注不同阶层的利益诉求，促进社会公平正义，积极协助党委、政府协调关系、化解矛盾、理顺情绪、稳定人心，努力让人民群众在安定和谐的环境中共享富裕美好的幸福生活。

（三）坚持把广泛凝聚各方力量、推进社会主义民主政治建设，作为政协工作的着力点

推动科学发展、和谐发展、跨越发展，必须充分调动一切积极因素，汇聚各方面的力量和智慧。人民政协在增进团结、促进联合中具有独特的优势，承担着重要的任务。我们要始终不渝地用中国特色社会主义伟大旗帜来统一思想、坚定信念、凝聚力量，不断筑牢参加政协的各党派团体、各族各界人士团结奋斗的共同思想政治基础。充分利用人民政协的影响力，广泛宣传党的方针政策，积极引导群众准确理解和把握党委的决策部署，努力把党委的主张和意图转化为广大政协委员及各界群众的广泛共识和自觉行动。充分发挥人民政协在扩大公民有序政治参与中的重要渠道和平台作用，坚持民主协商、平等议事、求同存异、体谅包容的原则，努力营造民主、宽松、和谐的环境和氛围，广泛吸收各党派团体、各族各界人士参与国事，切实在党委、政府和群众之间架起相互沟通、相互理解、相互支持的桥梁。充分运用民主协商、说服教育的方法，积极引导各个群体正确认识各种利益关系，扩大共识、理顺情绪，更加广泛地增进不同党派、

不同民族、不同阶层群众间的相互理解和友谊，更加有力地促进各党派团体和各族各界的大团结、大联合，不断巩固以团结保发展、以发展促团结的大好局面。

（四）坚持把促进开放、推动加快桥头堡建设，作为政协工作的重要职责

桥头堡战略历史性把云南推到了全国对外开放的前沿，为云南扩大开放拓展了广阔的空间，为云南实现跨越发展创造了难得的机遇。我们要树立高原情怀，倡导大山精神，强化开放意识，增强合作理念，充分发挥政协优势，广泛凝聚共识，积极协商议政，努力为加快桥头堡建设、创造沿边开放新奇迹贡献力量。要积极选择桥头堡建设中综合性、全局性、前瞻性的问题进行深入调查，抓住对外开放中出现的新情况、新问题、新矛盾进行认真研究，努力为省委、省政府决策提供及时有效的意见建议。要深入宣传桥头堡建设的重大意义，积极以美好的前景凝聚人心、以宏伟的目标汇聚力量，大力营造关心、支持、参与桥头堡建设的良好氛围，努力推动形成全社会共同关心、支持桥头堡建设的强大合力。要充分发挥桥梁作用，广泛进行海外联谊活动，加强联系，增进友谊，扩大交流，促进合作，进一步增进云南各界与台湾同胞、港澳同胞、海外华侨华人及国际友好人士的友谊和交往，多渠道、多形式地引进资金、技术和人才，竭力为海内外客商在云南开展经贸活动排忧解难、牵线搭桥，努力推动我省构建全方位、多层次、宽领域的对外开放格局。

（五）坚持把推动文化大发展大繁荣、加快建设民族文化强省，作为政协工作的重要内容

文化是引领风尚、教育人民、服务社会、推动发展的强大力量。云南正在新的历史起点上向着新的奋斗目标迈进，文化的作用更加广泛深刻。我们要把主动服务文化发展作为政协应尽的职责，科学谋划、统筹推进，在履职思路上更好地把握文化建设的方针政策和目标任务，在履职内容上更好地体现省第九次党代会的战略部署，在履职成效上更好地推动民族文化强省建设。要大力弘扬社会主义核心价值体系，坚定不移地把各党派团体和各族各界人士的力量团结凝聚到坚持和拓展中国特色社会主义道路上来。要积极为我省加快建设民族文化强省建言献策，围绕加强社会主义核心价值体系建设、完善公共文化服务体系、加快培育文化支柱产业、提高各族群众思想道德素质和科学文化素质等这些我省加快文化改革发展的重要工作任务，多角度、多层次地开展形式多样的协商议政活动，建真言、献良策。要尽力为我省文化发展多办实事，及时反映群众对文化建设的关切和期盼，满腔热地帮助文化部门和企业解决困难，搭建文化交流平台、组织文化创作活动，努力为我省文化建设再创新辉煌多作有益的工作。

三、迅速兴起学习贯彻省第九次党代会的热潮，努力做好当前的各项工作

省第九次党代会的胜利召开，标志着云南发展进入了新的历史阶段。省政协要按照省委的要求，扎实做好省第九次党代会的学习贯彻，精心组织、周密安排，着力在领会精神实质上下功夫，在深入人心上下功夫，在结合实际上下功夫，迅速兴起学习贯彻省第九次党代会精神的热潮。省政协机关要带头学、深入学、系统学，加强组织领导、丰富学习形式、密切联系实际，采取会议传达、集体学习、个人自学等方式，认真学习会议精神，全面掌握基本内容，深刻领会精神实质，充分认识会议的重大意义和五年来我省取得的成绩和经验，准确把握会议提出的新思路、新举措、新任务，积极思考在政协

工作中如何贯彻落实，切实做到融会贯通、学深学透。

学习贯彻省第九次党代会精神，贵在行动迅速，重在取得实效。现在已近年底，各项工作任务还很繁重。我们要以学习贯彻省第九次党代会精神为动力，集中精力抓好当前工作。要认真谋划好明年的工作，围绕党代会确定的目标任务，明确履职重点方向，选好调研视察题目，争取使省政协明年履行职能的各项工作能够更好地围绕中心、体现民心、凝聚人心，开展得更富新意、更具特色、更有成效。要精心筹备好省政协十届五次会议，思想上要重视，时间上要抓紧，责任上要明确，工作上要过细，加强协作，密切配合，扎扎实实地做好各项筹备工作，努力使大会能够为贯彻落实省第九次党代会精神多建睿智之言、多献务实之策。

同志们，这次主席会议只是省政协学习贯彻省第九次党代会精神的开始。我们要继续认真学习、深入思考，切实把思想统一到党代会对形势的分析判断上来，把力量统一到党代会确定的目标任务上来，把行动统一到党代会提出的部署要求上来，努力在党代会精神指引下推动省政协工作进一步向前发展。

发扬优良传统　促进宗教和谐

——在和谐宗教建设研讨会上的讲话

（2011 年 12 月 8 日）

马开贤

各位领导、同志们、宗教界的朋友们：

在全省上下认真学习贯彻中共十七届六中全会和中共云南省第九次党代会精神的重要时刻，省政协民宗委在这里举行“和谐宗教建设”研讨会，我省五大宗教的代表、宗教工作者、宗教领域的专家和学者济济一堂，表达促进社会和谐、维护团结稳定的心声，为我省建设绿色经济强省、民族文化强省和中国面向西南开放重要桥头堡，实现“十二五”经济社会发展的宏伟目标建言献策，是一件非常有意义的事情。我谨代表省政协对各位与会人员的到来表示热烈的欢迎和衷心的感谢！

当前，我国经济取得了举世瞩目的飞速发展，社会也在发生前所未有的深刻变化。宗教领域呈现出许多新变化、新特点，在社会生活中的影响有所增强。作为政治领域和社会领域中涉及党和国家工作全局的重要关系，宗教日益引起人们的关注。宗教和谐理念越来越受到重视，政府宗教事务部门把促进宗教和谐作为开拓宗教工作局面的新动力，宗教界把实现宗教和谐作为共同追求的价值目标。

正确认识和处理宗教关系，保持和促进宗教关系和谐，发挥宗教在促进社会和谐方面的积极作用，对构建社会主义和谐社会具有重要意义，已经成为党和政府以及宗教界的广泛认识。近年来宗教界开展的创建和谐寺观教堂活动，就是实践宗教和谐理念的积极尝试，取得了很好的效果。此次研讨会的召开具有重要的意义，对促进我省宗教和谐必将起到有力的推动作用。

一、宗教和谐：宗教关系的新内涵

和谐是中国传统文化的重要特征。和谐是差异性和多样性基础上的协调与统一，是由丰富多样、矛盾对立的诸多事物遵循一定规律构成的统一体，是各种因素相互作用、相辅相成、交感转化而形成的一种错落有致、各得其所、相得益彰的理想境界，正所谓不同以相辅相成，和谐以共生共长。宗教作为重要的社会现象和价值体系，其内外各种关系的和谐对社会整体的和谐不可或缺。宗教和谐，就是在宗教的多样性、平等性、和平性的基础上，追求“万物并育而不相害，道并行而不相悖”的和合境界，达到多元共存、和而不同、美人之美、美美与共的和谐状态。

宗教作为一种价值系统和现象，涉及个人、群体、社会和国家等诸多层面，与政治、经济、文化、民族等问题相互交织，具有特殊的复杂性。宗教和谐作为处理宗教关系的新境界，需要统筹协调涉及宗教的各种关系，不仅要努力实现宗教内部的和谐，还需要努力实现宗教与自身赖以存在和发展的现实环境的共融。各层面宗教关系的和谐，核心是以人为本。要通过倡导宗教和谐理念，促进宗教和谐，实现信教与不信教群众、信仰不同宗教群众之间以及宗教与社会之间的和睦相处。

二、宗教和谐：时代提出的新要求

当今世界，和平与发展仍然是时代主题，但国际形势处于深刻变化之中，不确定不稳定因素大量存在，各种矛盾错综复杂。在经济全球化、政治多极化的进程中，宗教因素的影响和作用不断增强，成为影响国家安全、国际关系与世界和平的重要因素。在人口大流动、文化大交流中，宗教多元化趋势加快，各种不同宗教之间的碰撞与交融日趋频繁，以宗教为背景或有宗教因素参与其中的矛盾和纷争不断。

党的十七大明确指出：“发挥宗教界人士和信教群众在促进经济社会发展中的积极作用”，这是对我们宗教界的高度信任和殷切希望。宗教界应积极顺应时代潮流，响应党和政府号召，坚持爱国爱教、遵纪守法，把保持和促进宗教和谐作为自己的责任和义务，把宗教和谐理念转化为自觉意识、行为准则和生动实践，深入开展创建和谐寺观教堂活动，践行宗教正信，化解宗教冲突，促进宗教和谐，发挥积极作用，为国家繁荣、民族复兴贡献力量。

三、宗教和谐：宗教工作的新境界

我国是一个多宗教的国家，宗教有着广泛的群众基础和重要的社会影响。近年来，中央以科学发展观为指导，着眼于构建社会主义和谐社会，把宗教关系明确为政治领域和社会领域涉及党和国家工作全局的重大关系之一，提出要正确认识和处理宗教关系，保持和促进宗教和谐，发挥宗教在促进社会和谐方面的积极作用。

和谐社会的建构需要相对完备相对发达的社会主义精神文明作为动力，去调动社会各方面的积极因素，去凝聚社会各阶层的有生力量，去协调社会各群体的利益关系，去维护社会的公平和正义，去实现人与自然的和谐相处。如果我们从宗教的角度思考和谐社会，我们会清晰地领会和谐社会也是宗教梦寐以求的社会理想；如果我们从和谐社会的角度观察宗教，我们也会清楚地发现宗教也是和谐社会不可替代的精神资源。因此我们的历史使命是让社会因宗教的存在而更加和谐；让宗教因社会的和谐而更加圣洁、更加祥和。

和谐理念具有历史的穿透力，在不同的时代和社会总能散发出非比寻常的精神魅力。当前，促进政党关系、民族关系、宗教关系、阶层关系、海内外同胞关系的和谐，已经成为我国政治领域和社会领域的新话语，成为党和政府治国理政的新要求。我们要进一步弘扬和谐理念，保持和促进宗教和谐，开拓宗教工作新境界，为实现对内构建和谐社会、对外共建和谐世界作出应有贡献。

促进宗教和谐，是各宗教的共同使命和共同责任，神圣而又光荣。希望大家积极行动起来，相互鼓励，精诚合作，把此次研讨会的成果转化为具体而生动的实践，共同谱写我省各宗教和谐发展的新篇章。以积极的行动践行云南省第九次党代会提出的“科学发展、和谐发展、跨越发展”的要求，为实现“5 年四个翻番以上和两个倍增”的奋斗目标做出宗教界应有的贡献。

最后，祝本次研讨会取得圆满成功。

在全省政协社会和法制工作座谈会议上的讲话

（2011 年 12 月 19 日）

倪慧芳

同志们：

全省政协社会法制工作座谈会，是在省第九次党代会刚刚闭幕，全省上下都在贯彻学习党代会精神的形势下召开的一次非常重要的会议，也是根据今年省政协社会和法制委员会的工作计划，经主席会议同意而召开的。此次会议的目的，就是为了传达学习省第九次党代会精神，总结今年政协社法工作，交流经验，谋划明年的重点工作，加强各级政协间的联系，增进团结和友谊，为今后更好地卓有成效地开展全省政协社会和法制工作打下基础。

刚才朱主任对省政协社法委的工作作了总结，内容丰富，也很全面。各州市政协的交流发言和对明年工作的打算，都讲得很好，对于我们制定好明年的工作计划很有启发。

全省政协社会和法制工作，在各级党委的重视、政府和有关部门的支持下，在政协常委会议和主席会议的领导下，在政协社法委全体同志的共同努力和委员们的积极参与下，认真履行政治协商、民主监督、参政议政的职能，做了大量卓有成效的工作，工作突出了重点、有特点，取得的成绩十分明显。省政协社法委今年开展的调研、视察、民生论坛三项工作都是省政协的重点工作，社法委在作计划、选题时都作了认真研究，抓住了重点。希望通过我们认真总结、交流，再接再厉，一如既往地发挥好社法委的作用，发挥好委员的主体作用，在今后的工作中做得更好。为了今后更好的开展政协社会法制工作，更好地履行职能，发挥专委会的基础作用，我谈几点意见：

一、认真学习贯彻中共十七届六中全会精神和省委第九次党代会精神，统一思想，凝聚力量

中共十七届六中全会通过的《决定》，立足中国特色社会主义事业总体布局，对新形势下繁荣发展社会主义文化作出全面部署，符合世情、国情、党情和文化发展规律，凝聚了全党全国人民的智慧，是当前和今后一个时期指导我国文化改革发展的纲要性文件。我们要把学习贯彻全会精神作为当前和今后一个时期的一项重大而紧迫任务，深刻理解文化在综合国力竞争中的地位和作用更加凸显，维护国家文化安全的任务更加艰巨，增强国家软实力、中华文化国家影响力的要求更加紧迫；深刻理解文化越来越成为民族凝聚力和创造力的重要源泉、综合国力的重要因素、经济发展的重要支撑，丰富精神文化生活越来越成为我国人民的热切愿望；深刻理解全面建设惠及十几亿人口的更高水平的小康社会，既要让人民过上殷实富足的物质生活，又要让人民享有健康丰富的文化生活；深刻理解我国文化领域正在发生深刻变革，文化发展取得了巨大成就，同时也面临一系列新情况新问题，切实把思想认识统一到全会精神上来，把智慧力量凝聚到落实全会各项决策部署上来，抓住和用好我国发展的重要战略机遇期，把主动服务文化发展作为政协应尽的职责，科学谋划、统筹推进，在履职思路上更好地体现全会的战略部署，在履职内容上更好地把握文化建设的方针政策和目标任务，深入开展调研、积极建言献策，自觉推动文化大发展大繁荣，共同开创社会主义文化建设新局面。在调研和视察中要精心选择党委政府重视、群众关心、政协有条件做好的课题，特别是对建设民族文化强省具有全局性影响、对繁荣文化事业具有重大意义、对发展文化产业起到关键性作用、对群众共享文化发展成果有切实成效的重大问题以及在文化改革发展中群众最关心、最直接、最需要解决的热点、难点问题，广泛开展调查研究，深入实际、深入基层，切实把群众最急迫的愿望、最真实的声音反映上来，积极为发展繁荣我省文化事业建真言、献良策。要深入文化事业单位和文化产业企业，调研了解他们发展的实际情况和存在的主要问题，及时向党委、政府反映他们的愿望和要求，帮助他们解决实际困难，推进文化建设的各项政策措施落到实处，努力为文化发展、社会进步和群众得实惠多作贡献。

省第九次党代会秦光荣书记作的报告，站在新的历史起点，确定了科学发展和谐发展跨越发展、为加快建设面向西南开放重要桥头堡而奋斗的主题，是今后一个时期全省各族人民继续开拓奋进的行动纲领。光荣书记在报告中提出“四个翻番”（全省生产总值年均实现两位数增长，到2016年生产总值、人均生产总值、财政总收、全社会固定生产投资比2011年翻一番以上）、“两个倍增”（到2016年实现城镇居民人均可支配收和农民人均纯收入比2011年增加一倍）、“六个新任务”（经济发展跃上新台阶、人民生活水平实现新提升、民主法制建设迈出新步伐、文化建设再创新辉煌、生态文明建设取得新进展、改革开放实现新突破）、“八个坚持”（必须坚持立足云南、着眼全局，以宏大的气魄谋划云南改革发展；必须坚持以跨越发展为关键，推动云南驶入发展快车道；必须坚持统筹城乡、优化布局，加快推进工业化、城镇化建设；必须坚持以大开放促进大发展，大胆创造沿边开放新奇迹；必须坚持产业强省，发展壮大综合实力；必须坚持富民优先，千方百计增进广大人民的幸福感；必须坚持以发展促团结、以团结促发展，巩固和谐稳定的大好局面；必须坚持科技兴滇、人才强省，增强发展的支撑能力），振奋人心，我们全省各级政协组织要用党代会提出的目标和举措激励人心、凝聚人心、振奋人心、最大限度地把人民群众的智慧和力量凝聚起来，把社会各界的积极性调动起来，把方方面面的创造性激发出来，加快形成推动科学发展、和谐发展、跨越发展的强大合力，围绕省第九次党代会的上述目标，积极发挥政协优势，在维护核心、围绕中心、服务大局中有所作为。

二、结合实际，选准题目，认真开展调研视察

政协社会和法制委员会，要结合自身实际，根据党代会提出的目标、任务，找准切入点，选好题目，搞好调研视察，切实为党委、政府献良策。本届省政协各个专门委员会，根据主席会议要求，每年都要搞一个重点调研，开展一个重点视察，提出一个重点提案。省政协社会和法制委员会本届以来，每年都围绕民生问题认真开展了这“三个一”的工作。同时，还承办了省政协的民生论坛，每年的工作都有新进步，新亮点、效果较明显。今年开展的“云南省保障性住房建设情况的调研”，题目选得准，工作开展较扎实，写出的调研报告有分量。省委、省政府主要领导对调研报告作了重要批示：“代省长李纪恒批示：省政协此调研报告，情况搞得清，问题抓得准，建议实在可行，确实是一篇高质量的参政议政报告”。刘平副省长批示：“请应光、建成同志亲自抓，按照纪恒同志的批示要求，把此份报告与前段省人大询问活动提出的建议一起研究，尽快形成《云南省保障性住房建设与管理办法》报省政府出台。同时，精心组织指导好全省保障房建设与管理工作”。这些充分说明我们的调研工作扎实，效果明显。希望我们各州市政协社法委也要好好结合本地区实际，围绕党委、政府的中心工作，做好调研视察工作，为党委政府多建睿智之言，多献利民之策，为当地经济社会发展作出新贡献。

省政协社法委明年准备开展的调研拟定“建设法治云南—依法行政”，待下次主席会议确定。希望各州市政协一如既往支持、配合做好调研工作。

三、认真组织和积极参与省政协第五届民生论坛的各项工作

省政协社法委与民盟云南省委承办的前四届民生论坛，主题都是选得非常好，都是结合当年人民群众关注的热点和省的中心工作提出的。如去年选择的是“完善社会保障体系，促进平安和谐云南建设”，今年选择了“创新社会管理，建设和谐云南”，得到了各级党委、政府、政协领导的高度重视，得到了各方的大力支持，受到了各界的广为关注，收到了很好的社会效果，是这几年省政协工作的一大亮点。民生论坛已成为了省政协的一张名片。

明年论坛的主题初步考虑是“建设幸福新云南”，这个主题紧扣省第九次党代会提出的“建设开放富裕文明幸福新云南”，待下次主席会确定。我希望各州市政协继续关注、重视、支持这一工作，认真组织和积极参与这项工作，征集好论文，把好文字关，

多出精品文章，多提好建议，为云南跨越式发展作出新贡献。

四、再接再厉，力争明年工作再上新台阶

今年，在大家的共同努力下，在广大政协委员的积极参与下，政协社会和法制各项工作都取得了较好成绩，现在离2012年元旦还有12天，大家要加把劲，把还未完成的工作抓紧做好。同时，注重成果的转化工作，善于将调研视察成果转化为提案，交由党政职能部门直接办理，从而更加有效地推动问题的解决和意见建议的落实。

根据此次会议精神，按照大家所谈对明年的工作思路，结合自身实际，把明年的工作谋划好，力争明年工作再上新台阶。

同志们，希望大家进一步加强联系，互通情况，互相支持配合，把我们政协社会和法制工作做得更加出色。最后，祝大家新年事业有成！身体健康！家庭幸福！谢谢大家！

浓墨高原情怀　重彩大山品质
倾心描绘云南最新最美画卷

——在2011年省政协特聘艺术家座谈会暨省政协书画室工作总结会上的讲话

（2011年12月23日）

顾伯平

党的十七届六中全会通过的《中共中央关于深化文化体制改革、推动社会主义文化大发展大繁荣若干重大问题的决定》，提出了新形势下推进文化改革发展的指导思想、重要方针、目标任务、政策举措，是当前和今后一个时期指导我国文化改革发展的纲领性文件。省第九次党代会确定了一个好的主题，绘制了一张好的蓝图，明确了一条好的思路，选举产生了一个好的班子，对于团结动员全省广大党员和各族群众，在新的起点上奋力推动科学发展、和谐发展、跨越发展，努力建设开放富裕文明幸福新云南，具有十分重要的意义。认真学习、深刻领会、全面贯彻党的十七届六中全会和省第九次党代会精神，是当前和今后一个时期全省的首要政治任务。在学习贯彻中，需要把握好这样一个方向，就是贯彻党的十七届六中全会精神必须紧扣云南实际、认真落实省第九次党代会精神，而落实好省第九次党代会精神就是认真贯彻六中全会精神的具体化。

省第九次党代会明确提出了科学发展、和谐发展、跨越发展的奋斗主题，科学谋划了建设开放富裕文明幸福新云南的奋斗目标。无论是实现宏伟奋斗目标，还是战胜风险困难，都要有强大的精神力量和昂扬的精神风貌。特别是当前，改革进入深水区，矛盾进入凸现期，前进的道路上不但不可能一帆风顺，而且充满了风险、曲折和困难。没有那么一股子劲，没有那么一点“精气神”，就难以战胜困难挑战，达到发展的新境界。对于云南来说，要实现跨越式发展，首先要实现思想上、精神上和文化上的跨越。要实现省第九次党代会制定的宏伟蓝图和美好前景，不仅需要全省各族人民群众大胆解放思想、勤奋努力工作，也需要全省广大群众建立起更加切合时代发展要求的性格、思维和行为体系。因此，省第九次党代会强调要继承和弘扬优良传统，树立高原情怀，倡导大山品质。高原情怀就是高远、开放、包容，大山品质就是坚定、担当、务实。高原情怀、大山品质，是云南各族人民千百年来形成的优良品质的继承和发扬，也是云南谋求新一轮大跨越、实现大发展的动力和源泉。树立高原情怀，倡导大山品质，需要全省各族人民为之共同作出努力，其中，书画摄影艺术家们是一支高举着民族精神的火炬，承担着以文载道、以文化人职责的生力军。因此，我省的书画摄影艺术家们学习贯彻省第九次党代会精神，就是要以对党、对云南各族人民的一腔热情、一片深情，以手中的笔墨、油彩、相机等工具，具体形象地浓墨高原情怀、重彩大山品质，描绘出开放富裕文明幸福新云南的最新最美画卷，为“树立高原情怀，倡导大山品质”作出应有的贡献。

一、自觉用高原情怀来提升创作境界

伟大的时代需要优秀的思想文化来激扬，高尚的精神需要杰出的文艺作品来颂扬。浓墨高原情怀、重彩大山品质，不仅需要各位艺术家能够深刻认识肩负的责任和使命，自觉在艺术创作中融入和贯穿，而且也需要艺术家们能够创作出艺术性强、影响力大的精品佳作，让人民群众喜爱文化艺术、乐于接受艺术作品的熏陶。这就要求艺术家遵循先进文化的前进方向，以高原情怀来不断探索、创新艺术形式和表现手法，不断提升艺术思想、艺术境界的高度。

要像高原一样宽广，用开阔的视野，深刻理解波澜壮阔的改革进程和如火如荼的发展实践，深入把握时代最迫切的前进要求和人民最深刻的心灵呼唤，以全球的理念、世界的襟怀、历史的眼光，立足中华文化丰沃的土壤，从源远流长的传统文化、激昂奋进的革命文化、争奇斗妍的民族民间文化中汲取养分，积极借鉴世界各个国家的一切先进文明成果和其他文化艺术的优点长处，海纳百川、融会贯通，激发创作活力，丰富艺术表现形式，不断增强作品的时代感和吸引力。

要像高原一样生生不息，始终保持创新的勇气和激情，积极适应时代变化和人民精神文化生活发展的要求，坚持古为今用、洋为中用，与时俱进，推陈出新，勇于突破已有的风格模式，敢于另起炉灶、独辟蹊径、独树一帜，大胆创新艺术创作的观念、内容、风格、流派，积极发展艺术作品的体裁、题材、形式、手段，不断挖掘作品的深刻主题，不断丰富作品的表现形式，不断提升作品的艺术境界，着力增强作品的表现力、吸引力、感染力，努力在继承传统中开辟新风、在博采百家中创造辉煌。

要像高原一样包容万物，不断学习新知识，不断丰富知识积累，不断更新知识结构，为创作出具有厚重历史积淀、鲜明时代特色的优秀作品奠定坚实基础。要积极借鉴前人和其他艺术门类的经验，学习社会科学和自然科学多方面的知识，从整体上提升创作的境界，将自己的创作潜力更为有效的发挥出来。要积极向实践和群众学习，学习来源于现实生活的一切生动知识，自觉地参加社会生活实践，真正深入生活、熟悉生活、参与生活，体验人民的痛苦和欢乐，积累具有审美意义的生活素材，从人民群众创造历史的奋发精神中，挖掘艺术创新的丰富矿藏，获取艺术灵感，不断提高作品的思想含量和艺术表现力。

二、积极用大山精神来陶冶艺术修养

文艺是时代精神的写照、社情民意的折射，作用于人们心灵，塑造着民族品格。当今社会，文艺工作者的社会影响越来越大，对文艺工作者思想道德素质的要求也越来越高。各位艺术家应该以人类灵魂工程师的标准要求自己，自觉把德艺双馨作为一生为之奋斗的追求目标，提高精神境界，培养高尚人格，攀登人生和艺术高峰，做到修身与创作共进，人品与艺品齐升，努力成为既具有高尚精神追求又具有高超艺术才华的艺术家，成为经受得起历史检验的名家大师。

要学习大山那种坚定执著的精神，不断坚定自己的理想信念，始终秉持崇德尚艺的优良传统，开阔胸襟，在现实中寻求心灵与时代的共鸣、思想与社会的对话；俯下身子，体会百姓的喜怒、黎民的哀乐、苍生的疾苦，追求真理、反对谬误，崇尚科学、反对愚昧，把实现个人艺术追求和促进社会进步有机结合作为毕生信念，始终做真善美的追求者和传播者。要坚守艺术理想，笃定志向、坚定信念，关注现实、潜心创作，拓宽创作视野，提高洞察社会和适应时代的能力，增强对艺术的感悟和表现能力，更好地传播先进文化、弘扬人间正气、塑造美好心灵。要弘扬职业精神，恪守职业道德，认真对待和积极追求作品的社会效果，自觉抵制低俗之风，用人格力量赢得社会尊重、赢得群众赞誉。

要学习大山那种稳重沉着的品质，始终保持宁静致远的心态，严肃对待自己所从事的高尚职业，淡泊名利，甘于奉献，追求积极的人生价值，培养健康向上的审美情趣，始终牢记艺术工作的社会责任，始终保持高尚的精神境界和道德情操，不媚时、不流俗、不趋炎附势、不追名逐利。越是知名，越要注意自己的言行可能带来的影响；越是有成就，越要谦虚谨慎、戒骄戒躁；越是被社会关注和推崇，越要自尊自重、自珍自爱。要树立高远的艺术追求，耐得住寂寞、守得住清苦，克服浮躁心态，克服急功近利，不为金钱和名利所动，发扬十年磨一剑的精神，砥砺磨炼、刻苦钻研，千锤百炼、厚积薄发，努力多创作出一些思想精深、艺术精湛、制作精致的优秀作品。

要学习大山那种历经风霜而巍然屹立的品质，永远保持积极进取、勇于担当的劲头，面对艺术上的创新与模仿、生活中的天真与世故、人生道路上的善良与邪恶等矛盾与是非之间的冲突，始终保存着心底的那份纯真和对美好的追求，自信、自省地表达对社会的关注，表达自己的人生理想，表达艺术家的人文情怀。要勇于担当引领风尚、教育人民、服务社会、推动发展的责任，始终坚持为人民服务、为社会主义服务，树立人民至上理念，自觉投身时代的潮流，着力歌颂人民的生动实践、展示人民的精神风貌，多宣传人民群众的生产生活，多表现平凡人物的精神世界，努力在人民的创造性实践中进行艺术创作，实现艺术进步，提高精神境界，完善人格修养。

三、倾心描绘开放富裕文明幸福新云南的最新最美画卷

任何文艺创作都有其主题，有对当下现实的关照，有对历史的探究，有对心灵的表达，有对精神的呼唤。但是真正优秀的艺术作品，都应当紧跟时代步伐，紧扣社会主题。当前，艺术家创作的一个重要主题，就是要描绘开放富裕文明幸福新云南的最新最美图画，努力用艺术的力量引导全省各族人民奋力向着美好的未来前进。这既是时代的

要求，也是义不容辞的责任，应成为各位艺术家的文化自觉。

要憧憬美好的未来，用最合适的题材、最生动的画面、最艺术的形式，描绘经过5年或者更长一段时间的努力，云岭大地上将会出现的开放、富裕、文明、幸福的新景象，描绘建设面向西南开放重要桥头堡给人们生活带来的巨大变化，用强烈的艺术感染力、崇高的精神感召力、真实可信的艺术品质、浓郁的生活气息，让美好的未来可以感觉得到、想象得到，从而增强人民为实现省第九次党代会制定的宏伟蓝图而奋斗的信心和力量、克服困难的决心和勇气。

要讴歌勤劳的人民，全面反映云南勤劳智慧的各族群众在建设开放富裕文明幸福新云南的进程中表现出来的自觉奉献、勇于拼搏、积极进取的精神风貌，深入描绘人民的喜怒哀乐，多角度地表现他们的美好心灵、优秀品格和崇高精神，让普通人、“小人物”身上所折射出的时代精神激励群众以昂扬的精神状态、饱满的工作热情投入到建设幸福美好家园的伟大实践。

要歌颂幸福的生活，全景式地展现我省改革开放和社会主义现代化建设的伟大实践，生动反映从柔美热带雨林到雄峻雪域高原、从边陲山寨到繁华都市、从红河谷畔到三江并流地区，我省各族群众灿烂的民族文化、多彩的民风民情、幸福的生活场景以及丰硕的劳动成果，让一个经济发展、社会进步、民族团结、边疆巩固的开放富裕文明幸福新云南展现在世人面前。

四、努力以富有震撼力的艺术作品树立高原情怀、倡导大山品质

精神状态的优化，精神力量的激发，不仅需要个体的自觉努力，更需要外在环境的催化作用。文化，能够陶冶人的情操、愉悦人的心灵、拓宽人的视野，是改变社会风气和人们精神面貌的重要力量，承担着塑造人、鼓舞人的重要职责。而文艺是思想道德最丰富、表现形式最生动、群众参与最广泛、社会影响最深远的文化形态，文艺作品在推动全省各族群众树立高原情怀、倡导大山品质上，有着特别重要的地位、发挥着不可替代的作用。艺术家们应更加自觉、更加主动地承担起用社会主义先进文化引领社会进步的历史责任，高举民族精神火炬，以文载道、以文化人，用自己的辛勤耕耘为树立高原情怀、倡导大山精神作出贡献。

要把高原情怀、大山品质的丰富内涵融入文艺创造当中，以“高原情怀”、“大山品质”为灵魂，用充沛的激情、生动的笔触、优美的光影、感人的形象，颂扬开阔的视野、创新的勇气、包容的胸怀、学习的态度，倡导坚定执著、扎实苦干、图强进取、勇于担当的精神风貌。通过润物无声的文艺作品，弘扬中国特色社会主义共同理想，礼赞高尚道德情操，鼓励一切有利于国家统一、民族团结、经济发展、社会进步的思想道德，用真善美来感染人、引导人、鼓舞人、塑造人。

要在潜移默化、寓教于乐中，让群众受到鼓舞、得到陶冶、获得启迪，唤起人们关注现实、思考社会、展望未来，引导人们自觉继承传统优良品质、博采外来先进理念、摈弃原有落后意识，把积极的人生追求、高尚的情感境界、健康的生活情趣传递给人民，努力推动高原情怀、大山品质真正化为云南人民高尚的人格、坚定的信念、创造的激情和奋进的力量。

重 要 文 件

中国人民政治协商会议
云南省第十届委员会常务委员会工作报告

——在政协云南省第十届委员会第四次会议上

（2011 年 1 月 19 日）

王学仁

各位委员：

我代表中国人民政治协商会议云南省第十届委员会常务委员会，向大会报告工作，请予审议。

一、2010 年工作回顾

过去的一年，是我省巩固和扩大应对国际金融危机冲击成果、加快转变经济发展方式、着力改善民生、齐心协力抗旱救灾、经济社会发展取得显著成效的一年。在中共云南省委的领导下，政协十届常委会以邓小平理论和“三个代表”重要思想为指导，用科学发展观统领政协工作，深入学习贯彻中共十七届四中、五中全会精神和省委的各项工作部署，坚持团结和民主两大主题，紧紧围绕“两强一堡”战略目标，把推动经济平稳较快发展作为履行职能的首要任务，把促进民生改善与社会和谐作为开展工作的着力点，以奋发有为的精神状态和求真务实的工作作风，认真履行政治协商、民主监督、参政议政职能，为圆满完成我省“十一五”各项任务，科学制定“十二五”规划，实现经济社会又好又快发展作出了重要贡献。

（一）发挥政协优势，为保持经济平稳较快发展献计出力

常委会牢牢把握推动科学发展的新要求，紧紧抓住关系云南发展大局的重要问题，积极开展协商议政活动，努力为促进我省加快发展、科学发展贡献智慧和力量。

紧扣转方式、调结构开展调研视察。自觉把服务我省经济发展方式转变和经济结构调整作为中心任务，把重点调研和重点视察作为开展工作的主要抓手，组织政协委员、联合有关部门，就我省经济结构的现状和问题进行专题调研，提出了“转方式、调结构”的基本思路、工作重点和保障措施，并形成建议案报送省委、省政府。发展战略性新兴产业是我省转变经济发展方式、调整优化产业结构的重要突破口，常委会重点围

绕产业结构调整，就加快我省文化产业、云药产业、三石产业[①]发展和矿产资源开发整合，组织开展专题调研视察，提出要大力发展特色产业，抓好重大产业化项目建设，培育创新型龙头企业，加快形成战略性新兴产业集群等建议，为党委政府决策提供了重要的参考。为推进农业产业化发展，促进农民持续增收，围绕“中低产田地、中低产林改造”等工作重点进行视察，形成的具体建议引起了党政有关部门的重视。为促进我省全面完成“十一五”节能减排目标，将八个民主党派省委、省工商联和省侨联联合提出的关于加强我省节能减排工作的提案列为重点提案，由省政协领导带队开展督办调研，针对存在问题提出意见建议，推动了我省节能减排工作的进一步开展。

努力推进桥头堡建设。把云南建成中国面向西南开放的桥头堡，事关我省经济社会发展的大局。常委会按照中共云南省委的决策部署，充分发挥政协人才荟萃的优势，举办论坛、召开云南海外经济合作促进会，组织政协委员、港澳台侨人士、有关部门负责人和企业家，围绕桥头堡建设建真言、献良策，提出意见建议600多条。针对桥头堡建设中的重点问题组织开展专题调研视察，提出了我省国际大通道建设要进一步争取中央支持、抓好项目建设、优化产业布局等建议。为争取国家的支持，省政协多次向全国政协和有关部委汇报情况。在全国“两会”期间，精心组织桥头堡建设的有关提案素材，由驻滇全国政协委员联名提出的《关于把云南建设成为我国面向西南对外开放的桥头堡的提案》，受到中央领导的重视和社会各界的关注，被全国政协列为5件重点调研提案之一。去年5月，全国政协调研组到我省进行重点调研，形成调研报告上报中共中央、国务院。7月，由国家发改委牵头，46个部委到云南开展专题调研，推动了桥头堡建设。

积极为编制“十二五”规划建言献策。切实把协助党委政府编制“十二五”规划，作为人民政协围绕中心、服务大局的重要内容，广泛动员并组织政协各参加单位和政协委员，为科学制定“十二五”规划建睿智之言、献务实之策。召开两次常委会议，就我省编制“十二五”规划进行专题议政协商，提出了许多有见解、有深度的意见和看法。以重点调研、重大活动为平台，积极组织各党派团体参与省政协为“十二五”规划建言献策的各项活动。重点围绕经济社会发展的全局性、关键性问题，深入调查研究，形成了一些有重要参考价值的建议，提出了在转变发展方式、调整经济结构中要注重完成五项任务，着力五大重点，完善六大保障措施[②]；在加快社会事业发展中，提出

---

① 三石产业：珠宝玉石产业、建材石产业和观赏石产业的总称。2009年省政协主席会议《关于加快我省石产业发展的建议案》提出把珠宝玉石产业、建材石产业和观赏石产业打造成云南优势特色产业。

② 2010年省政协主席会议《关于云南省经济发展方式转变和经济结构调整重点的建议案》，提出我省在“十二五”期间转变发展方式、调整经济结构应采取的几项重要举措。

五项任务：一是进一步增强三次产业发展的协调性；二是进一步促进非公经济加快发展，提高非公经济比重；三是进一步提高创新能力；四是着力推进城镇化建设；五是大力发展循环经济和培育低碳产业。

五大重点：一是提升五大支柱产业，提高产业核心竞争力；二是全面推进农业产业化，加快现代农业发展步伐；三是优化提升重化工业，突破新型工业化关键领域；四是大力发展战略性新兴产业，培植优势特色产业和新经济增长点；五是抓好城乡统筹，促进区域协调发展。

六大保障：一是大力推动自主创新；二是要实施人才兴业战略；三是要强化生态文明建设；四是要构建产业发展载体；五是要加强产业资本运作；六是要改善产业发展环境。

了要优先解决好民生问题、推动教育全面协调发展、提高科技创新能力、加快文化产业发展和体育产业培育、提高医疗卫生服务能力等建议。针对我省边疆民族地区特点和经济社会发展现状，提出的编制“十二五”云南省民族团结进步事业发展专项规划的建议案①，得到了省政府及有关部门的重视和采纳。

（二）高度关注民生，努力促进社会和谐

常委会始终把关注和改善民生作为履行职能的出发点和落脚点，积极协助党委政府解决人民群众生产生活中的实际困难，为民生改善与社会和谐稳定作出了贡献。

全力参与抗旱救灾。面对百年不遇的特大旱情，常委会把参与抗旱救灾作为最紧迫的任务，全力参与抗大旱、保民生、保春耕工作，及时将抗旱救灾列为重点视察，组织委员、各党派团体和有关部门负责人，深入重灾区，全面了解受灾情况，认真督促救灾措施的落实，并通过全国政协有关会议呼吁中央加大对云南水利建设的支持力度。广泛动员政协委员、机关干部和社会各界捐款捐物，筹集到500多万元资金和大量物资支持抗旱救灾。根据视察中掌握的情况和政协委员调研的成果，向省委、省政府提出应当更加重视水利建设、合理开发利用水资源、全力解决人畜饮水问题、努力满足工农业生产和生态建设的用水需要等建议。

着力推动社会事业发展。紧紧围绕就业、医疗、教育、社会保障、环境保护等人民群众最关心的问题举办民生论坛，组织政协委员、党派团体和各界人士，就推进基本公共服务均等化、构建和谐劳动关系、加强和创新社会管理等重要问题，提出意见建议上千条。围绕云龙水库及水源区保护、抚仙湖生态环境保护、边民通婚及生育管理、废弃物资源化利用等问题，进行深入调研视察，向省委、省政府提出对策建议。组织力量对我省人口老龄化问题开展调研，提出将发展养老服务业纳入经济社会发展规划，把养老产业培育成云南新的经济增长点等建议。进一步开展政协智力扶贫工作，广泛动员政协委员和社会各方力量，围绕推进“兴边富民”工程、贫困地区农业综合发展等办实事，解难事。积极巩固和拓展与民间组织、企业和各界人士的联系合作，引进资金1900多万元，开展援建学校、科技培训、送医支教、扶贫救灾、社区服务等活动，得到了社会各界的广泛好评。

竭力促进社会团结和谐。坚持把发扬民主、增进团结、协调关系、化解矛盾作为履行职能的重要着力点，积极推动各党派团体和各族各界人士的大团结大联合。支持各民主党派和无党派人士参与我省重大问题的讨论协商，积极为各民主党派和无党派人士在政协合作共事创造良好条件，促进了民主团结、生动活泼的政党关系。认真贯彻党的民族宗教政策，围绕加快少数民族地区经济社会发展、依法加强宗教管理等问题，深入调研视察，为促进民族团结、改善群众生活、实现宗教和睦有序献计出力。编辑出版

① 《关于编制“十二五”云南省民族团结进步事业发展专项规划的建议案》：2010年省政协主席会议通过，从指导思想、目标、范围和期限、基本原则和基本内容等方面对我省编制“十二五”云南省民族团结进步事业发展专项规划提出了具体建议。

《云南特有民族百年实录》①，对滇西抗战历史遗产保护利用进行重点调研，大力弘扬优秀民族文化，深度发掘爱国主义精神，增进了社会各界人士的共识，巩固和发展了爱国统一战线共同的思想文化基础。关注不同阶层的利益诉求，通过政协例会、座谈会、新年茶话会和来信来访等渠道和形式，广泛了解、及时反映人民群众的意愿和要求，促进各种利益、各种关系协调一致，营造了团结和谐的氛围。

（三）激发工作活力，不断增强履行职能的实效

常委会突出政协工作的广泛参与性，坚持发挥各方面的作用，切实调动政协各参加单位的主动性和创造性，推动各项工作取得新的成效。

重视发挥整体优势。努力为各民主党派、工商联和无党派人士参政议政搭建平台、创造条件，积极支持各党派团体与省政协办公厅、专门委员会开展联合调研和共同承办民生论坛、全省政协系统书画摄影展，举办金秋戏曲演唱会等联谊活动，密切了与各民主党派、工商联和人民团体的联系。进一步发挥专门委员会在政协履行职能中的基础性作用，积极探索开展工作的新思路、新途径，不断增强专门委员会工作的活力和成效。按照常委会的要求，各专门委员会把调研视察作为履行职能的重点工作，结合各自的特点和优势，共组织专题调研视察活动34项，形成调研视察报告26份。同时，按照全面履职的要求，各专门委员会开展了多种形式的协商活动，对全省经济、科技、法制、教育、文化、卫生、民族、宗教等方面的一些重点问题进行对口协商，组织委员就法律、法规、规章草案开展立法协商48件（次），促进了立法的科学化和民主化。进一步加强与委员的联系，切实做好委员的服务保障工作，推进委员履职情况考核，激发了委员履职的积极性。

增强提案工作实效。省政协十届三次会议以来，共收到提案材料755件，经审查立案726件。常委会切实把提案工作作为全局性的重要工作来部署和推进，着力形成广泛参与、联合办理、整体推进、协商高效的运行机制，提案质量和服务水平进一步提高，办理实效进一步增强。坚持省政协领导牵头督办重点提案，以重点提案督办为牵引，积极促进提案成果转化落实。连续几年通过提案督办和协商等方式，对滇中引水工程进行跟踪推进。关于加强滇越铁路保护和利用的提案，受到全国政协和省有关领导的高度重视，促成了纪念滇越铁路通车100周年系列活动的举办，推动了滇越铁路的保护和开发。召开全省提案工作座谈会、优秀提案表彰会和提高提案办理实效研讨会，继续加大对提案工作的宣传力度，进一步扩大了政协提案的社会影响。

密切各方联系协作。积极争取全国政协支持和指导，精心组织驻滇全国政协委员开展活动，认真配合全国政协赴滇视察调研，拓宽了反映云南经济社会发展情况的渠道。多次组织委员考察学习，增进了省区市政协之间的交流合作。加强与基层政协的联系和指导，召开全省政协系统秘书长、办公室主任联席会议以及形式多样的座谈会，与州市

① 《云南特有民族百年实录》：根据全国政协制定的中国少数民族百年实录征编规划，云南省政协对哈尼、白、傣、傈僳、佤、景颇、布朗、阿昌、拉祜、纳西、普米、怒、德昂、独龙、基诺15个云南特有世居少数民族近百年来的历史、文化和经济社会各方面的情况进行了汇集实录，历时近三年，2010年11月编辑出版了《云南特有民族百年实录》。全书分15册，共1500万字，精选了全省各级政协文史资料、省民族委员会及社科系统等有关云南特有民族研究的成果。

县政协开展联合调研，扩大州市政协机关干部到省政协机关交流学习的规模，组织州市县政协领导外出学习考察和参加培训，积极向省委、省政府反映基层政协工作中的实际困难和问题，帮助基层政协改善工作条件。围绕我省对外开放重点，组团考察东盟“东西经济走廊”建设情况，积极推进跨境经济合作区建设，多层次、多渠道推动我省与周边国家的联系交流。

（四）坚持学习创新，切实提高政协工作水平

常委会按照中共中央、中共云南省委关于加强人民政协工作的新要求，着眼于人民政协事业的长远发展，努力夯实履职基础，推动政协工作水平不断提高。

抓理论武装，提高思想认识。坚持把学习科学理论摆在突出位置，着力丰富学习内容和形式，通过常委会议专题学习、中心组学习、专题报告会和委员培训等方式，有计划、分层次、多形式地组织学习。一年来，结合学习实践科学发展观和省委“三个一”主题实践活动，重点学习了胡锦涛总书记在庆祝人民政协成立60周年大会上的重要讲话和省委政协工作会议精神，不断深化对人民政协工作的特点和重要性的认识，增强了做好政协工作的责任感和使命感。

抓制度建设，推动工作创新。坚持以制度建设为抓手，以工作创新为动力，不断提高政协工作的科学化水平。结合全国政协关于检查贯彻落实《中共中央关于加强人民政协工作的意见》要求，按照省委的统一部署，对全省贯彻落实中央和省委文件精神情况进行了广泛深入调研，为中共云南省委出台《关于支持人民政协履行职能发挥作用的意见》提供了重要参考。注重政协理论创新，开展了关于发挥专委会基础性作用、加强政协反映社情民意信息和新闻宣传工作等方面的专项调研，认真总结政协工作中好的做法和经验，着力探讨政协工作规律。积极推进履行职能的制度化、规范化、程序化建设，先后制定和修订了《关于加强和改进政协新闻宣传工作的意见》《政协云南省委员会进一步加强反映社情民意信息工作的意见》《政协云南省委员会关于提案分类和提案办理结果分类办法》等10多项规章，进一步建立健全了制度体系。

抓机关建设，提升服务水平。以开展创先争优活动为契机，大力加强机关思想、组织、作风和制度建设，不断巩固和扩大学习实践科学发展观活动的成果。认真开展“三读书”活动，通过举行读书演讲、学习交流、座谈会等活动，不断强化干部职工的学习意识，大力推进学习型机关建设，机关的服务意识、工作效率和保障水平有了新的提高。进一步加强干部队伍建设，全年举办中央和省委重要会议精神学习传达和干部职工素质教育讲座6期，组织和选派70多名干部参加各种学习培训，干部思想理论素养和工作能力明显提高。重视加强老干部工作，支持政协之友协会、西部经济发展促进会根据自身特点开展工作。

各位委员，以上成绩的取得，是在中共云南省委的领导和全国政协的指导下，在各级党委政府和社会各方面的关心支持下，全体委员和省政协各组成单位团结协作、共同努力的结果。在这里，我谨代表十届省政协常委会，向所有关心、支持省政协工作的领导和同志们表示衷心的感谢和崇高的敬意！

各位委员，在总结成绩的同时，也要看到我们的工作还存在一些薄弱环节，与省委的要求、与社会各界对人民政协的期望还有差距。如还需进一步提高政协履行职能的科学化水平，努力解决协商议政成效不够突出、调研视察成果转化不够充分等问题；还需

进一步发挥人民政协的优势和作用，努力拓宽履行民主监督职能的途径，丰富反映群众意愿的形式；还需进一步加强政协自身建设，努力调动委员履职积极性，发挥好界别的特点和优势，提高机关的服务水平，等等。这些都需要我们在今后工作中高度重视，采取有效措施逐步加以解决。

二、2011年的主要任务

2011年是"十二五"规划的开局之年，也是加快转变经济发展方式、推进云南科学发展的重要一年。我们要深入贯彻落实科学发展观，认真学习贯彻中共十七届五中全会和中央经济工作会议精神，按照省委八届九次、十次全委会和省委政协工作会议的决策部署，紧紧抓住桥头堡建设和深入实施西部大开发战略的重大机遇，牢牢把握团结民主两大主题，团结参加政协的各党派团体以及各族各界人士，进一步统一思想，深化认识，突出重点，充分发挥人民政协协调关系、汇聚力量、建言献策、服务大局的重要作用，为推进绿色经济强省、民族文化强省和中国面向西南开放的桥头堡建设，为实现全省经济社会又好又快发展作出新的贡献。

（一）进一步明确和把握政协工作的目标和方向

着眼于促进"十二五"开好局、起好步，我们要准确把握"十二五"时期国家和我省经济社会发展的指导思想、总体思路、主题主线、目标任务和重大举措，切实把思想和行动统一到中央对形势的分析判断和对工作的总体部署上来，把智慧和力量凝聚到省委提出的奋斗目标和主要任务上来，努力在领会精神中统一思想，在把握实质中明确方向，在深化认识中推动工作，始终做到同党委政府方向一致、目标一致。要深入学习贯彻省委政协工作会议精神，进一步明确省委对政协工作的新部署和新要求，准确把握人民政协的科学定位，积极探索政协工作的特点和规律，充分发挥人民政协在推进"两强一堡"战略目标中的优势和作用，更加坚定地维护核心、围绕中心、凝聚人心，切实把人民政协履行职能的着力点放在服务"十二五"规划的实施上，放在对全省经济社会发展趋势的把握上，放在对统筹兼顾、科学发展的思考上，放在对改革发展稳定深层次问题的分析上，努力使政协工作的思路更加清晰，目标和方向更加明确，作用和实效更加突出。

（二）紧紧围绕加快转变经济发展方式建言献策

加快转变经济发展方式是我国经济领域的一场深刻变革，是推动科学发展的必由之路。我们要牢固树立科学发展理念，始终坚持发展是硬道理的战略思想，把转变经济发展方式、保持经济平稳较快发展作为人民政协履行职能的首要任务，积极为加快转变发展方式、提高发展质量和效益贡献力量。要紧紧围绕经济结构调整、发展方式转变中的综合性、全局性、前瞻性的重大问题，选择滇中经济区建设、滇东北生态环境综合治理、边境旅游、产业布局、投融资体制改革、非公经济发展、文化产业发展等重要问题开展专题调研，积极建言献策。要精心组织政协委员，通过例会、论坛、座谈、视察等形式开展协商议政活动，就我省转变经济发展方式、调整经济结构，滇池补水、清水海及牛栏江工程进展，云南石产业发展等重要问题提出对策建议，服务党委政府科学、民主决策。要广泛团结动员各方力量，调动一切积极因素，切实把参加政协的各党派、团体的积极性、主动性、创造性引导到推动科学发展上来，努力为全省转变经济发展方式、保持经济平稳较快发展作出新贡献。

（三）全力服务民生改善与和谐社会建设

关注民生、履职为民是人民政协工作的出发点和落脚点。要坚持以人为本，牢固树立群众观点，积极探索完善联系和服务人民群众的新载体、新方法，把人民群众的呼声作为第一信号，把反映人民群众的要求作为第一责任，把促进民生改善作为第一目标，广泛动员政协委员和社会各界人士，全方位、多角度地关注民情、反映民意，实实在在地为群众排忧解难。要更加关注公平正义，重点围绕人民群众普遍关注的收入分配、社会保障、教育公平、劳动就业、医疗卫生、保障性住房等重大民生问题履职尽责，就公共服务均等化、职业教育发展、儿童权益保护、控制物价和抑制通胀等提出对策建议，精心组织以创新社会管理为主题的第四届民生论坛。要高举大团结大联合的旗帜，团结和动员各党派、各团体、各民族、各阶层、各界人士致力于和谐云南建设。积极开展纪念辛亥革命100周年活动，进一步巩固和壮大最广泛的爱国主义统一战线。组织对城市民族工作、宗教团体促进社会和谐等开展调研视察，积极协助党委政府做好民族宗教工作。切实发挥政协作为党委政府联系群众的桥梁纽带作用，广辟信息来源，畅通信息渠道，高度关注不同群体、不同阶层的利益诉求，积极做好统一思想、协调关系、化解矛盾、理顺情绪的工作，进一步巩固发展民族团结、社会和谐的良好局面。

（四）继续扩大合作交流与友好往来

发展的活力在于对外开放。要充分发挥人民政协在公共外交方面的优势和作用，在省委统一部署下，积极、稳妥、务实地开展同有关国家、相关机构和民间组织的友好往来，加深了解，增进友谊，扩大交流，努力形成对外交往新格局，为我省引进资金、技术和人才，拓展对外开放的广度和深度贡献力量。加强与全国政协及兄弟省区市政协的联系和沟通，主动争取全国政协赴滇开展调研、视察和考察活动，积极反映云南经济社会发展中的重大问题和我省的意愿请求。不断拓展云南海外经济合作促进会的活动内容和形式，注重发挥港澳委员、海外华侨华人和国际友好人士的作用，认真组织好我省港澳政协委员的学习视察活动，加强同港澳台同胞、海外侨胞的联系交流，努力促进滇港、滇澳和滇台合作。

（五）更加重视加强人民政协自身建设

加强政协自身建设是做好政协工作的重要基础。要按照《中共云南省委关于支持人民政协履行职能发挥作用的意见》精神，切实加强自身建设，不断提高履职能力和工作水平。积极配合省委做好《意见》贯彻落实的督查工作，认真分析在贯彻过程中出现的新情况，提出解决问题的意见建议，努力使省委、省政府支持政协开展工作的政策措施落到实处、取得实效。进一步探索新形势下各民主党派、工商联、人民团体和无党派人士在政协工作中发挥作用的新方式、新途径，不断拓展参与政协工作的广度和深度。进一步突出政协会议、活动的界别特色，不断丰富委员履职的形式和内容，切实发挥委员在政协工作中的主体作用。进一步发挥专门委员会的组织优势和专业优势，更好地依托专门委员会开展调研视察活动，不断增强专门委员会工作的活力和成效。继续深入开展“创先争优”活动，大力加强机关思想、组织、作风、制度建设，认真做好干部的培养、选拔、使用、考核和交流工作，不断提高机关的服务保障能力。及时修订和完善相关规章制度，继续推进政协履行职能的制度化、规范化、程序化建设。认真开展理论研究，切实做好政协新闻宣传工作。加强对州市县政协的工作指导，积极构建经常性的情况互通、联系协作机制，努力帮助基层政协解决工作中的困难和问题。

各位委员，云南“十二五”的美好蓝图已经描绘。在全面实施“十二五”规划、推进我省经济社会又好又快发展的伟大征程中，人民政协责任重大、使命光荣。让我们紧密团结在以胡锦涛同志为总书记的中共中央周围，在中共云南省委的领导下，开拓创新，扎实工作，为建设绿色经济强省、民族文化强省、中国面向西南开放的桥头堡，谱写云南政协事业发展新篇章，作出新的更大贡献。

中国人民政治协商会议
云南省第十届委员会常务委员会
关于十届三次会议以来提案工作情况的报告

——在政协云南省第十届委员会第四次会议上

（2011 年 1 月 19 日）

陈勋儒

各位委员：

我受政协云南省第十届委员会常务委员会委托，向大会报告省政协十届三次会议以来的提案工作情况，请予审议。

一

省政协十届三次会议以来，提案工作坚持以邓小平理论和“三个代表”重要思想为指导，全面贯彻落实科学发展观，认真贯彻中共十七大、十七届四中全会和省委八届八次、九次会议精神，坚持“围绕中心，服务大局，注重质量，讲求实效”，紧紧把握全局性要求，不断提高提案工作科学化水平，在推动“两强一堡”建设、促进民生改善、维护边疆和谐稳定等方面作出了积极贡献。

省政协十届三次会议以来共收到提案材料 755 件，其中全会期间收到 710 件，会后收到 45 件，经审查立案 726 件。在立案的提案中，委员提案 606 件，占 83.5%，集体提案 120 件，占 16.5%。不立案的 29 件，已用其他方式处理。提案送交 111 个承办单位办理，截止 12 月 31 日，724 件已办复完毕，办结率 99.7%。另有 2 件因办理时限未到，仍在办理中。在办结提案中，所提问题已经解决的 144 件，占 19.9%；所提问题正在解决或列入计划逐步解决的 493 件，占 68.1%；因各种因素暂时不能解决的 75 件，占 10.3%；所提问题留作参考的 12 件，占 1.7%。有 10 件提案经主席会议确定为重点提案，分别由省政协主席、副主席和秘书长领衔督办。省政协主席会议建议案 2 件，已交由省人民政府办理，目前正在办理中。评选表彰优秀提案 51 件。

提案紧紧围绕我省经济建设、政治建设、文化建设、社会建设和生态文明建设中具有综合性、全局性、前瞻性的重要问题以及群众关心、社会关注的热点问题建言献策，选题准确，情况真实，分析客观，建议可行，具有较强针对性和可操作性，为党委政府科学民主决策提供了参考，为推动科学发展、构建社会和谐发挥了积极作用。

二

一年来，常委会坚持提案工作全局性定位，以提高提案质量为重点，增强提案办理实效为目标，提升提案服务水平为保障，统筹兼顾，多措并举，扎实推进，提案更好地围绕党委政府中心工作，更好地关注我省经济社会发展，更多地关注民生、促进和谐，形成了党委重视、政府支持、政协主动、各方参与、社会关注的工作局面。

（一）坚持全局性要求，注重协调，不断增强提案工作合力

提案工作是人民政协具有全局意义的重要工作，是人民政协运作规范、群众关注认可、委员认真履职、效果显著的经常性工作。一是坚持从全局的高度重视和研究部署。常委会将提案工作纳入重要议事日程，纳入政协工作统筹安排，周密部署。充分调动专委会力量，把提案工作与专委会工作紧密结合，及时将专委会调研成果转化成提案，并将专委会调研、视察工作与提案督办工作相结合。二是充分发挥党派团体的集体优势和政协委员的主体作用。加强与党派团体的沟通联系，召开党派团体座谈会，认真听取意见建议，不断加强和改进提案工作。充分发挥各民主党派和有关人民团体的组织优势和人才优势，经过大量调查研究，精炼升华为提案，利用提案履行职能。突出委员主体地位，邀请委员参与各种调研视察，充分调动委员参政议政的积极性，拓宽知情明政渠道。三是积极争取党委政府支持。省委、省政府领导高度重视政协提案工作，省委书记白恩培要求，省委、省政府办公厅和各承办单位要“引起重视，并对合理可行的建议积极采纳”。提案服务部门加强与省委、省政府相关部门沟通协调，在确定提案承办单位、提案交办、办理调研、面商协商、推荐优秀提案等方面加强协作，共同分析工作中面临的情况和问题，研究解决问题的方法和途径。

（二）坚持科学导向，注重服务，全面提升提案工作质量

提案工作质量直接关系到政协履职的能力和水平。提高提案质量、办理质量和服务质量，全面提升提案工作水平，是做好提案工作的出发点和落脚点。一是妥善处理提案数量与质量的关系。坚持结合工作实际，发挥自身优势，在提高提案质量、打造精品提案上下功夫。通过新闻媒体向社会各界广泛征集提案线索，相关部门提供提案素材，共征集整理提案素材 130 条，及时送委员选题参考。严把审查立案关，在充分尊重和保护提案者民主权利的基础上，按照《提案工作条例》，规范审查程序，严格立案标准，维护提案严肃性。对内容相似度高的提案材料进行并案处理，对不符合立案条件的提案材料不予立案作信访件处理。邀请党政有关部门召开提案材料征集会，整理准备参考资料 22 份，供驻滇全国政协委员了解我省工作中存在的困难，通过全国政协提案这个渠道在国家层面呼吁，促进问题解决落实。二是不断提高办理质量。为规范提案办理，省委办公厅、省政府办公厅、省政协办公厅召开提案交办会，明确办理要求。各提案承办单位建立健全办理工作机制，形成行之有效的制度，提案办理制度化、程序化、规范化。提案督办单位加强办理过程中的沟通协商，认真做好催办督办。为进一步加强办理工作

的跟踪问效，省政协组织部分委员对省人民检察院、人力资源和社会保障厅、交通运输厅等8个单位的办理情况进行视察，对各单位提案办理情况进行评议，就进一步改进办理工作提出建议，并对视察情况进行通报。召开提案办理实效研讨会，邀请20个承办单位和各民主党派省委、省工商联、有关人民团体交流办理经验，探讨提高提案办理实效的新途径、新办法，有力推动了提案办理工作。三是不断提高服务质量。加强提案服务部门自身建设，定期组织提案工作人员学习培训，强化服务意识，转变工作作风，着力提高综合服务水平和做好本职工作的能力。充分发挥提案服务部门联系内外、协调各方的桥梁作用，为提办双方搭建良性互动的平台，把提供优质服务贯穿于提案工作始终。加强对州市提案工作指导，通过调研、座谈等形式与基层政协交流工作经验，组织州市政协提案委主任赴省外学习考察。加快提案工作信息化建设，逐步完善提案网络系统，不断提高提案工作效率。

（三）坚持与时俱进，注重创新，不断增强提案工作活力

创新是政协提案工作不断进步的动力，是提案工作适应新形势、开创新局面的重要前提。在坚持现有工作机制、工作方法基础上，针对工作中遇到的问题，结合我省提案工作实际，不断探索新形势下政协提案工作的新路子。一是切实加强理论研究。组织召开全省提案工作座谈会暨理论研讨会，会议以“重点提案的确定与督办”为主题，探讨和交流重点提案确定的工作机制和督办的有效方法，推动全省提案工作创新发展。结合参加全国政协第六次提案工作座谈会和西部12省区市政协提案工作第21次联席会，省政协梳理总结全省各级政协提案工作经验做法，围绕“提案数量与质量的关系”“科学细化审查立案标准”“客观评价提案办理实效”“重点提案督办”等问题形成经验材料，代表西部省区市在全国政协第六次提案工作座谈会作交流发言。整理西部12省区市政协提案工作第20次联席会议理论研讨成果，吸纳部分省市政协提案工作优秀论文，编撰《提案工作研究与探索》。二是完善工作制度。随着经济社会发展，现行提案分类和提案办理结果分类已不适应新时期提案工作需要。在深入调研基础上，学习借鉴全国政协和兄弟省区市经验，反复征求各方意见，制定《关于提案分类和提案办理结果分类办法》，重新界定提案分类和提案办理结果分类标准，为提案的科学分类、科学管理、科学评价提案办理实绩和统计信息统一规范奠定基础。三是创新工作方法。首次召开重点提案交办会，对重点提案办理提出明确要求，推动重点提案办理规范化。摘录部分立意高、思路清、观点新颖、建议可行的高质量提案，编印《重要提案摘报》16期，送省委、省政府、省政协领导参阅，让领导了解更多提案内容，更好地发挥提案作用。

（四）坚持突出重点，注重落实，切实提高提案工作实效

一是深入调研促落实，着力服务科学发展。5月，全国政协组织国家相关部门对省政协王学仁主席领衔、33位驻滇全国政协委员联名提出的《关于把云南建设成为我国面向西南开放的桥头堡的提案》赴滇调研，省政协积极做好相关服务，配合形成调研报告报送全国政协和国务院，推动了桥头堡建设相关工作。7月，省政协组织10个提案承办单位、10个提案单位和部分省政协委员，就《进一步加强我省节能减排工作的建议——“七彩云南保护行动”系列联合提案》深入昆明、曲靖、红河开展联合调研，总结经验、查找问题、提出建议，促进七彩云南保护行动落实。5月中旬，组织部分省政协委员和提案承办单位到玉溪、昆明开展《关于加快云药产业又好又快发展的提案》

办理调研，就加快云药产业科学发展提出意见建议，为云药产业又好又快发展献计出力。省质监局在办理李元书等委员提出的《结合云南实际，大力实施“质量兴省”战略的提案》过程中，多次组织人员到相关部门和州市深入调研，反复论证，推动了《云南省人民政府关于实施质量兴省战略的意见》颁布实施。二是坚持重点提案重点办理，促进提案更好履行参政议政职能。省政协主席会议确定10件重点提案，由省政协领导牵头督办，省委、省政府、省政协领导对每件重点提案的办理都作了重要批示。提案承办单位组织召开重点提案办理面商会，充分表达提办双方意见，形成共识，推进了协商民主。承办单位充分吸纳提案建议，制定政策措施，推进了省委、省政府决策科学民主。致公党省委提出的《关于改善云南省农村金融服务中网点缺失问题的建议》省委、省政府高度重视，出台了《关于切实解决农村金融服务缺失问题的实施意见》，目前在金融服务缺失的122个乡镇已实现金融服务全覆盖。三是加强续办续复，切实提高办理实效。选择部分十届二次会议B类提案交有关承办单位继续办理。公安厅对十届二次会议提案《在省内实行交通违规联网处理和跨地区银行代收罚款的提案》进行续办续复，开发了全省统一的交通违法异地处罚及缴款系统，并邀请委员视察科技管控项目基础设施建设现场，续办续复工作成效显著。四是加强宣传，不断扩大提案工作社会影响。充分运用电视、广播、报刊、网络等新闻媒体宣传政协提案工作动态。做好大会期间集中宣传，重视经常性宣传，及时通报重点提案面商、重点提案调研、提案办理视察、优秀提案评选表彰等活动开展情况。大力宣传承办单位的好经验、好做法，发挥典型示范带动作用。宣传提案落实后产生的作用和效益，不断扩大提案工作社会影响。

各位委员，2010年的提案工作在中共云南省委的正确领导和省人大、省政府的大力支持下，在广大政协委员、各民主党派省委、省工商联和有关人民团体的积极参与下，在各承办单位的辛勤努力和社会各界的热情关注下取得了较好成效，但也存在一些不容忽视的问题。从政治和全局的高度认识提案工作在人民政协事业中的重要地位、在党和国家事业发展中的重要作用仍有差距；提案质量仍需进一步提高；平时的提案工作需进一步加强；提案办理工作有待进一步加强；提案工作制度还需进一步完善。这些问题需要我们在今后的工作中认真加以解决。

三

2011年提案工作要坚持以邓小平理论和“三个代表”重要思想为指导，深入贯彻落实科学发展观，按照中共十七届五中全会、全国政协第六次提案工作座谈会、省委政协工作会议要求，围绕中心，服务大局，把提案工作置于推进党和国家事业的高度来对待，放在关系人民政协事业发展的全局来谋划，作为人民政协的一项重要工作来部署，锐意进取，扎实工作，提高提案工作科学化水平，努力创造出无愧于时代、无愧于历史、无愧于云南人民的新业绩。

（一）紧紧围绕“十二五”规划实施建言献策，着力在提高提案质量上下功夫

要坚持把推动科学发展作为提案工作的第一要务，围绕“两强一堡”战略，突出加快经济发展方式转变这个重点，结合制定和实施“十二五”规划，针对事关经济发展、民生改善、和谐稳定等重大问题，深入调研、认真思考，在提出高质量提案上下功夫，多建睿智之言、多献务实之策。充分发挥政协委员的主体作用，在深入实际、深入

群众、认真调研、反复论证的基础上提出有价值、有分量的提案，为服务科学发展、促进社会和谐、破解发展难点发挥更大作用，在全面建设小康社会的历史进程中作出新的贡献。

（二）进一步提高提案办理质量，着力在增强办理实效上下功夫

要充分调动提案承办单位的积极性、主动性，强化责任意识、大局意识。加强提办双方中的良性互动，落实好提案办理面商制度。突出办理重点，强化跟踪督办，搞好重点提案督办、提案办理视察、B类提案续办续复等工作。要充分发挥党派团体专委会集体提案的引领示范作用，继续组织好八个民主党派省委、省工商联、省侨联联合提案调研。继续做好《重要提案摘报》编印工作，真正把质量高、分量重的提案报送省委、省政府领导，推动提案办理进入决策层，进一步增强提案办理实效。

（三）以修订《条例》为契机，着力在完善提案工作机制上下功夫

要认真学习新修订的《全国政协提案工作条例》，修订好《云南省政协提案工作条例》。结合提案工作实际，细化提案审查标准，规范审查程序。改进和完善提案的交办机制，规范办理程序，推动承办单位完善规章制度。着力完善重点提案遴选、督办机制，完善重点提案调研、重点提案办理面商等督办形式，拓展提案督办渠道。完善提案工作评选表彰机制，细化优秀提案和先进承办单位评选标准，完善评选表彰程序。

（四）进一步提升提案工作服务水平，着力在形成提案工作合力上下功夫

加强政协提案工作队伍建设，把提高政治水平与增强业务本领结合，把注重实践锻炼与加强学习培训结合，把严格要求与热情关心结合，努力建设一支高素质的提案工作队伍。加强提案工作人员学习培训，强化服务意识和责任意识，提高政治理论素养和业务水平，不断提高服务质量。要严格工作程序，改进工作方法，注重组织协调和联络服务，切实做好线索征集、审查立案、分类交办、沟通协调、指导面商、重点提案遴选和优秀提案评选等服务工作。加强对基层政协提案工作指导，逐步在全省范围内统一提案分类和提案办理分类。贯彻落实全国政协第六次提案工作座谈会精神，开好全省第二十次提案工作座谈会暨理论研讨会。各专委会要加强对调研和视察成果的提炼概括，及时转化为提案。要加快信息化平台建设，进一步完善提案处理网络系统，逐步实现网上提交、审查、交办、答复和督办等工作。要加大宣传力度，进一步扩大提案工作社会影响。

同志们，今年是“十二五”规划开局之年，新的起点，新的征程，提案工作责任重大、使命光荣。让我们在中共云南省委的坚强领导下，深入贯彻落实科学发展观，不断提高提案工作科学化水平，为云南经济社会又好又快发展作出更大贡献。

中国人民政治协商会议
云南省第十届委员会第四次会议决议

（2011年1月24日政协云南省第十届委员会第四次会议通过）

中国人民政治协商会议云南省第十届委员会第四次会议，于2011年1月19日至24日在昆明举行。会议听取和审议了《中国人民政治协商会议云南省第十届委员会常务委员会工作报告》《中国人民政治协商会议云南省第十届委员会常务委员会关于十届三次会议以来提案工作情况的报告》。与会委员列席了云南省第十一届人民代表大会第四次会议，听取并协商讨论了《政府工作报告》《云南省国民经济和社会发展第十二个五年规划纲要》《云南省高级人民法院工作报告》《云南省人民检察院工作报告》及其他有关报告。会议期间，中共云南省委和省人民政府领导同志听取了大会发言，参加了分组或界别联组讨论，与各民主党派、工商联、无党派人士、各人民团体和各族各界代表人士协商交流，共谋云南发展大计。全体委员以高度负责的精神，围绕全省经济社会发展中的重大问题积极建言献策。会议团结、民主、务实，是一次统一认识、明确目标、凝聚人心的大会。

会议审议通过了王学仁主席代表政协云南省第十届委员会常务委员会所作的工作报告和陈勋儒副主席代表政协云南省第十届委员会常务委员会所作的提案工作情况的报告。

会议认为，过去的一年，是我省巩固和扩大应对国际金融危机冲击成果，积极抗大旱、保民生、抓生产、促发展，加快转变经济发展方式，经济社会发展取得显著成效的一年。在中共云南省委的领导下，常委会以邓小平理论和“三个代表”重要思想为指导，深入贯彻落实科学发展观，认真学习贯彻中共十七届四中、五中全会和中央经济工作会议精神，切实把推动云南经济平稳较快发展作为履行职能的首要任务，把促进民生改善和社会和谐作为开展工作的着力点，以奋发有为的精神状态和求真务实的工作作风，认真履行政治协商、民主监督、参政议政职能，充分发挥协调关系、汇聚力量、建言献策、服务大局的重要作用，为圆满完成我省“十一五”的各项任务，科学制定“十二五”规划，实现经济社会又好又快发展作出了重要贡献。

会议一致赞同秦光荣省长所作的《政府工作报告》，赞同《云南省高级人民法院工作报告》和《云南省人民检察院工作报告》。

会议认为，“十一五”是云南发展史上极不寻常的五年。面对国际金融危机冲击、严重自然灾害等一系列困难和挑战，省委、省政府深入贯彻落实科学发展观，坚决贯彻执行党中央、国务院的决策部署，紧紧围绕建设绿色经济强省、民族文化大省和中国连接东南亚、南亚国际大通道三大目标，不断完善发展思路，加快转变经济发展方式，团结带领全省各族人民，迎难而上，扎实工作，全省综合实力显著增强，经济结构调整取得新的进展，保障和改善民生力度持续加大，文化建设扎实推进，生态文明建设步伐明显加快，改革开放不断深化，安定和谐局面进一步巩固，圆满完成了“十一五”规划的目标任务。

会议指出，“十二五”时期是我省全面建设小康社会、实现经济社会发展历史性跨越的关键时期。《云南省国民经济和社会发展第十二个五年规划纲要》符合科学发展要求，体现了中央精神和云南省情，反映了全省各族人民的根本利益和共同愿望，对于进一步统一全省各族干部群众的思想认识，凝心聚力推进绿色经济强省、民族文化强省、中国面向西南开放的桥头堡建设具有十分重要的意义。委员们对未来五年的发展充满期望，对全面完成“十二五”期间的各项任务充满信心。

会议强调，2011 年是中国共产党成立 90 周年，是实施“十二五”规划的开局之年，也是加快转变经济发展方式、推进云南科学发展的重要一年。我们要深入贯彻落实科学发展观，认真学习贯彻中共十七届五中全会和中央经济工作会议精神，按照省委八届十次全委会和省委政协工作会议的决策部署，紧紧抓住桥头堡建设和深入实施西部大开发战略的重大机遇，紧扣科学发展这一主题和加快转变经济发展方式这一主线，全力促进民生改善与和谐社会建设，认真履行政协职能，多建睿智之言，多献务实之策，更加重视政协自身建设，不断把人民政协事业推向前进。

会议号召，全省各级政协组织、政协各参加单位和广大政协委员，更加紧密地团结在以胡锦涛同志为总书记的中共中央周围，在中共云南省委的坚强领导下，开拓创新，真抓实干，以优异成绩迎接中国共产党成立 90 周年，为促进富裕民主文明开放和谐云南建设作出新的更大贡献。

中国人民政治协商会议
云南省第十届委员会第四次会议
关于政协云南省第十届委员会常务委员会工作报告的决议

（2011 年 1 月 24 日政协云南省第十届委员会第四次会议通过）

中国人民政治协商会议云南省第十届委员会第四次会议审议通过了王学仁主席代表政协云南省第十届委员会常务委员会所作的工作报告。会议充分肯定过去一年常务委员会所取得的成绩，认为报告总结 2010 年工作全面客观，安排 2011 年工作体现了中共中央的精神和中共云南省委的决策部署，符合政协工作实际。会议要求常务委员会在新的一年里认真组织实施，扎实推进各项工作，努力开创政协工作的新局面。

中国人民政治协商会议
云南省第十届委员会第四次会议
关于政协云南省第十届委员会常务委员会
提案工作情况报告的决议

（2011 年 1 月 24 日政协云南省第十届委员会第四次会议通过）

中国人民政治协商会议云南省第十届委员会第四次会议审议通过了陈勋儒副主席代表常务委员会所作的提案工作情况的报告。会议充分肯定 2010 年提案工作，要求常务委员会在 2011 年更加努力地推进提案工作。

政协云南省委员会 2011 年重点工作安排意见

（2011 年 4 月 15 日）

2011 年，云南省政协要在中共云南省委的领导下，坚持以邓小平理论和“三个代表”重要思想为指导，深入贯彻落实科学发展观，全面贯彻中央和省委的决策部署，紧紧围绕建设绿色经济强省、民族文化强省和中国面向西南开放的桥头堡战略目标，全面履行政治协商、民主监督、参政议政职能，努力为我省实现“十二五”良好开局、经济社会又好又快发展作出应有的贡献。根据省政协十届四次会议及《中共政协云南省委员会党组 2011 年工作要点》精神，提出省政协 2011 年重点工作安排意见如下：

一、围绕中心，服务大局，全力抓好重点调研视察

（一）突出抓好 9 个重点调研

充分发挥政协人才荟萃、智力密集的优势，组织政协委员和有关专家学者，就以下 9 个专题进行深入调查研究，提出意见建议供省委、省政府决策参考。1. 进一步加强我省生态建设和保护工作；2. 在实施西部大开发和桥头堡战略中加快推进滇中经济区建设；3. 贯彻落实中央 1 号文件，推进“兴水强滇”战略实施；4. 在桥头堡建设中构建云南高水平教育平台；5. 我省保障性住房建设情况；6. 云南省城市民族工作情况；7. 云南边境旅游问题；8. 云南特有民族历史文化保护和利用；9. 充分发挥民主党派在政协工作中的重要作用。

（二）精心组织 5 个重点视察

改进视察组织方式，提高视察实效，组织委员开展“云南转变经济发展方式、调整经济结构的推进情况”“清水海调水及牛拦江滇池补水工程进展情况”“我省医药卫生人才队伍建设情况”“政法机关规范文明执法情况”“云南石产业发展情况”等5个重点视察，提出有针对性的意见建议，促进党委政府决策的贯彻落实。

二、统筹协调，周密部署，精心组织重要会议活动

（一）召开好4次常委会议

年内组织召开4次常委会议，组织政协委员围绕云南经济社会发展的重大问题进行协商议政，对省政协重要工作进行研究部署。

（二）组织好2次中心组学习

适时组织2次省政协中心组学习，重点学习胡锦涛总书记在中国共产党建党90周年大会上的重要讲话和中国共产党云南省第九次代表大会精神，结合加强和改进政协工作进行研讨。

（三）举办好2个论坛

举办以“在实施西部大开发和桥头堡战略中加快推进滇中经济区建设”为主题的云南省企业家论坛，以“创新社会管理，建设和谐云南”为主题的省政协第四届民生论坛，集中各方意见建议，为滇中经济区建设和社会管理创新贡献智慧和力量。

（四）筹办好8项重要活动

统筹安排、精心组织西部十二省区市政协文史工作协作交流会、云南海外经济合作促进会三届四次理事会、庆祝中国共产党建党90周年、纪念辛亥革命100周年、2011年优秀提案评选、第四届“政协好新闻奖”评选、全省政协系统秘书长办公室主任联席会、2012年新年茶话会等活动，办出特色，办出成效。

三、注重质量，完善制度，切实提升提案工作水平

（一）不断提高提案质量

始终把提案质量放在提案工作的首位，积极引导委员提高提案质量。组织委员参与重点提案调研，不断拓宽委员知情明政渠道，增强提案精品意识。严把提案入口关，从严掌握立案标准，进一步改进审查方式，加强提案质量控制，不断提高提案质量。

（二）抓好提案办理工作

着力提高提案办理质量，认真抓好省政协十届四次会议提案办理工作，督办落实10件重点提案，组织好提案办理视察，不断增强提案工作实效。

（三）修订完善《云南省政协提案工作条例》

认真学习新修订的《全国政协提案工作条例》，研究分析我省政协提案工作的成功经验和存在问题，做好《云南省政协提案工作条例》修订完善工作。

四、拓宽渠道，密切联系，不断扩大对外交流合作

（一）切实加强人民政协对外交往

发挥人民政协在公共外交方面的优势和作用，进一步加强与周边国家的友好往来，密切与国外云南商会等民间组织的联系，认真组织好省政协领导的出访考察活动，接待好来访客人，增进云南与有关国家和地区的合作交流，努力为“桥头堡”建设营造良好外部环境。加强与港澳台人士及海外华人华侨的联系，积极开展经贸、科技、教育、

文化交流，积极为引进资金、技术、人才和项目以及开展文化交流牵线搭桥、搞好服务。

（二）加强政协系统内部的交流和联系

主动邀请全国政协领导到云南检查指导工作，配合全国政协做好在滇开展的有关活动，通过全国政协反映我省的意愿和请求，争取国家更多支持和帮助。有计划地组织云南政协委员和政协机关干部赴省外学习考察，做好兄弟省区市政协来滇考察的接待工作，加强交流，争取支持。密切与各州市县政协的工作联系，加强指导，互通情况，联合开展调研视察，努力帮助解决实际困难。

五、发挥优势，关注民生，努力做好群众工作

（一）积极做好新形势下的群众工作

深刻理解并准确把握新形势下群众工作的新情况新特点，发挥好人民政协开展群众工作具有的独特优势，逐步探索完善政协组织、政协委员和界别联系群众的工作机制。广泛了解收集社情民意，积极反映各界人士、广大群众的呼声和意愿，切实做好人民群众来信来访接待工作，协助党委政府做好化解矛盾的工作。

（二）努力为改善民生办实事好事

广泛动员政协委员和社会各方力量，积极参与扶贫救灾、兴边富民、送医支教等活动，努力为群众办实事办好事。以改善民生为重点，努力推动社会管理创新，使发展成果更好地惠及人民群众，促进社会和谐稳定。

六、加强学习，夯实基础，推动自身建设上台阶

（一）切实加强理论学习

引导政协委员和政协参加单位深入学习和实践中国特色社会主义理论体系和社会主义核心价值体系，不断深化对社会主义理论体系、核心价值体系和中国特色社会主义政治发展道路的认识，巩固人民政协团结合作的共同思想政治基础。

（二）认真贯彻落实省委政协工作会议精神

全面贯彻省委政协工作会议精神，带头落实《中共云南省委关于支持人民政协履行职能发挥作用的意见》。认真研究分析全省在贯彻过程中出现的新情况新问题，研究提出解决问题的意见建议，努力使省委、省政府支持政协开展工作的各项政策措施落到实处、取得实效，为全省政协工作深入开展创造更好的条件。

（三）发挥党派团体、政协委员和专门委员会的作用

充分调动政协各参加单位的积极性、主动性，组织各民主党派、人民团体、无党派人士积极参与省政协的重大调研视察活动。注重发挥委员的主体作用，加强委员队伍建设，加强和改进对委员的联系服务和管理工作。突出专委会分工明确、特色鲜明的优势，充分发挥各专委会的基础性作用，以专委会为骨干组织开展重要调研和视察活动。

（四）积极推进政协机关建设

以建设“学习型、服务型、创新型、和谐型”政协机关为目标，继续深入开展“创先争优”活动，切实加强机关思想建设、组织建设、制度建设、作风建设和廉政建设。抓好机关干部职工政治理论和业务学习，不断提高机关干部的理论水平和服务能

力。继续改善机关工作条件，不断增强服务保障能力和工作效率。进一步建立健全和落实机关工作制度，推进机关工作科学化上水平。

重 要 会 议

【全体委员会议】

政协云南省第十届委员会第四次会议 2011 年 1 月 19 ~ 24 日在昆明举行。省政协主席王学仁，常务副主席管国忠，副主席马开贤、陈勋儒、曾华、罗黎辉、王学智、白成亮、顾伯平、倪慧芳，秘书长车志敏出席会议。会议应出席委员 638 人，开幕大会实到委员 553 人，符合法定人数。白恩培、秦光荣、李纪恒等省领导同志出席开幕会和闭幕会。

管国忠常务副主席主持开幕会，王学仁主席代表政协云南省第十届委员会常务委员会作《中国人民政治协商会议云南省第十届委员会常务委员会工作报告》。

王学仁从 4 个方面总结了过去一年省政协的工作。他指出，过去的一年，是我省巩固和扩大应对国际金融危机冲击成果、加快转变经济发展方式、着力改善民生、齐心协力抗旱救灾、经济社会发展取得显著成效的一年。在中共云南省委的领导下，省政协十届常委会以邓小平理论和“三个代表”重要思想为指导，用科学发展观统领政协工作，深入学习贯彻中共十七届四中、五中全会精神和省委的各项工作部署，坚持团结和民主两大主题，紧紧围绕“两强一堡”战略目标，把推动经济平稳较快发展作为履行职能的首要任务，把促进民生改善和社会和谐作为开展工作的着力点，以奋发有为的精神状态和求真务实的工作作风，认真履行政治协商、民主监督、参政议政职能，为圆满完成我省“十一五”各项任务，科学制定“十二五”规划，实现经济社会又好又快发展作出了重要贡献。2010 年，常委会发挥政协优势，为保持经济平稳较快发展献计出力；高度关注民生，努力促进社会和谐；激发工作活力，不断增强履行职能的实效；坚持学习创新，切实提高政协工作水平。王学仁在报告中指出，2011 年是“十二五”规划的开局之年，也是加快转变经济发展方式、推进云南科学发展的重要一年。要深入贯彻落实科学发展观，认真学习贯彻中共十七届五中全会和中央经济工作会议精神，按照省委八届九次、十次全委会和省委政协工作会议的决策部署，紧紧抓住桥头堡建设和深入实施西部大开发战略的重大机遇，牢牢把握团结民主两大主题，团结参加政协的各党派团体以及各族各界人士，进一步统一思想，深化认识，突出重点，充分发挥人民政协协调关系、汇聚力量、建言献策、服务大局的重要作用，为推进绿色经济强省、民族文化强省和中国面向西南开放的桥头堡建设，为实现全省经济社会又好又快发展作出新的贡献。一要进一步明确和把握政协工作的目标和方向，二要紧紧围绕加快转变经济发展方式建言献策，三要全力服务民生改善与和谐社会建设，四要继续扩大合作交流与友好往来，五要更加重视加强人民政协自身建设。省政协副主席陈勋儒受政协云南省第十届委员会常务委员会委托，向大会作《中国人民政治协商会议云南省第十届委员会常务委员会关于十届三次会议以来提案工作情况的报告》。

全体委员列席了云南省第十一届人民

代表大会第四次会议，听取并协商讨论了《政府工作报告》《云南省国民经济和社会发展第十二个五年规划纲要》《云南省高级人民法院工作报告》《云南省人民检察院工作报告》及其他有关报告。

委员们进行了分组讨论。在讨论常委会工作报告和提案工作情况报告时，委员对政协十届委员会过去一年的工作给予积极评价。委员们对常委会工作报告和提案工作情况报告表示赞同，并对两个报告提出了一些修改意见。在讨论《政府工作报告》《云南省国民经济和社会发展第十二个五年规划纲要》时，委员们对过去一年政府工作给予充分肯定，认为，“十一五”是云南发展史上极不寻常的五年。面对国际金融危机冲击、严重自然灾害等一系列困难和挑战，省委、省政府深入贯彻落实科学发展观，坚决贯彻执行党中央、国务院的决策部署，紧紧围绕建设绿色经济强省、民族文化大省和中国连接东南亚、南亚国际大通道三大目标，不断完善发展思路，加快转变经济发展方式，团结带领全省各族人民，迎难而上，扎实工作，全省综合实力显著增强，经济结构调整取得新的进展，保障和改善民生力度持续加大，文化建设扎实推进，生态文明建设步伐明显加快，改革开放不断深化，安定和谐局面进一步巩固，圆满完成了“十一五”规划的目标任务。

委员们认为，“十二五”时期是我省全面建设小康社会、实现经济社会发展历史性跨越的关键时期。《云南省国民经济和社会发展第十二个五年规划纲要》符合科学发展要求，体现了中央精神和云南省情，反映了全省各族人民的根本利益和共同愿望，对于进一步统一全省各族干部群众的思想认识，凝心聚力推进绿色经济强省、民族文化强省、中国面向西南开放的桥头堡建设具有十分重要的意义。委员们对未来五年的发展充满期望，对全面完成“十二五”期间的各项任务充满信心。

讨论中，委员们着眼我省经济社会发展全局，就“十二五”时期我省如何进一步转变发展方式、调整经济结构，保持全省经济平稳较快发展和社会和谐稳定，建设绿色经济强省、民族文化强省和中国面向西南开放的桥头堡，进一步开创人民政协事业新局面等方面提出了许多意见建议。

会议就云南经济社会发展中的重大问题组织了一次大会发言，一次“两院”报告协商会，三组界别联组会。16 位委员代表各自界别或以个人名义进行了大会发言，围绕进一步推进“桥头堡”建设、加快转变经济发展方式、调整经济结构、发展现代农业、促进创新型云南建设、推进生态文明建设等方面积极建言献策。会议收到各参加单位和委员提交的重点交流材料 144 份。委员提交提案 755 件，经审查立案 726 件。

会议期间，中共云南省委和省人民政府领导同志听取了大会发言，参加了分组或界别联组讨论，与各民主党派、工商联、无党派人士、各人民团体和各族各界代表人士协商交流，共谋云南发展大计。省委、省人大、省政府领导同志，省高级人民法院和省人民检察院主要负责同志，原省级老领导，在昆的全国人大常委和全国政协常委、委员应邀出席了会议的开幕和闭幕大会。

全体委员以高度负责的精神，围绕全省经济社会发展中的重大问题积极建言献策。会议团结、民主、务实，是一次统一认识、明确目标、凝聚人心的大会。

会议通过了政协云南省第十届委员会第四次会议关于政协云南省第十届委员会常务委员会工作报告的决议、政协云南省第十届委员会第四次会议关于政协云南省第十届委员会常务委员会提案工作情况报告的决议、政协云南省第十届委员会第四次会议决议和政协云南省第十届委员会提案委员会关于十届四次会议提案审查情况的报告。会议审议通过了有关人事事项。

闭幕会由管国忠副主席主持。王学仁主席在闭幕会上作了重要讲话。他指出，2011 年，全省各级政协组织、政协各参加单位和广大政协委员要深入贯彻落实科学发展观，认真学习贯彻中共十七届五中全会和中央经济工作会议精神，按照省委八届九次、十次全委会和省委政协工作会议的决策部署，紧紧抓住桥头堡建设和深入实施西部大开发战略的重大机遇，牢牢把握团结民主两大主题，进一步统一思想，深化认识，突出重点，充分发挥人民政协协调关系、汇聚力量、建言献策、服务大局的重要作用，为推进绿色经济强省、民族文化强省和中国面向西南开放的桥头堡建设，为实现全省经济社会又好又快发展作出新的贡献。一要进一步明确和把握政协工作的目标和方向。二要紧紧围绕加快转变经济发展方式建言献策。三要全力服务民生改善与和谐社会建设。四要继续扩大合作交流与友好往来。五要更加重视加强人民政协自身建设。

【常务委员会会议】

政协云南省第十届委员会常务委员会第十三次会议 2011 年 1 月 6 ~7 日在昆明举行。会议应到会常委 133 人，实际到会 119 人，王学仁主席、管国忠副主席分别主持会议。会议的主要议题是听取副省长孔垂柱关于省政协十届三次会议以来省政府系统提案办理工作情况的通报；审议省政协十届四次会议有关事宜；审议通过《中国人民政治协商会议云南省第十届委员会常务委员会工作报告》（草案）、《中国人民政治协商会议云南省第十届委员会常务委员会关于十届三次会议以来提案工作情况的报告》（草案）和关于授权主席会议审定政协云南省第十届委员会常务委员会第十三次会议未尽事宜的决定。会议通过了有关人事事项。

省政协主席王学仁出席闭幕会并作了重要讲话。王学仁要求全省各级政协组织和广大政协委员要认真贯彻落实省委八届十次全委会精神，切实把思想和行动统一到中央和省委的决策部署上来，充分发挥政协优势，认真履行职能，积极为“十二五”规划的实施献计出力。他提出了三点要求：一是要深入学习贯彻中共云南省委八届十次全委会精神，进一步统一思想认识、明确工作方向。二是要认真学习和把握“十二五”规划《建议》，积极为协商讨论“十二五”规划纲要做好准备。三是要扎实做好各项工作，确保省政协四次全会的顺利召开。

省政协常务副主席管国忠，副主席马开贤、陈勋儒、曾华、王学智、白成亮、顾伯平、倪慧芳，秘书长车志敏出席会议。省政协副秘书长，研究室、各专门委员会主任、副主任，办公厅巡视员、副巡视员等列席会议。

政协云南省第十届委员会常务委员会第十四次会议 2011 年 4 月 7 ~8 日在昆明举行。会议应到会常委 128 人，实际到会 110 人。王学仁主席、管国忠副主席分别主持会议。会议传达学习了全国政协十一届四次会议精神，审议了《政协云南省委员会 2011 年重点工作安排意见》。

会议期间，省政协副主席曾华传达了全国政协十一届四次会议精神，并对贯彻落实会议精神提出了明确要求。与会常委围绕贯彻落实全国“两会”精神、进一步做好政协工作进行了深入讨论，提出了许多很好的意见和建议。

省政协主席王学仁出席闭幕会并作了

重要讲话。王学仁指出，今年是“十二五”的开局之年，又逢中国共产党成立90周年和辛亥革命100周年，做好今年的工作意义重大。全省各级政协组织和广大政协委员要深入学习贯彻全国“两会”精神，切实把智慧和力量凝聚到实现“十二五”时期的目标和任务上来，积极开展工作，认真抓好落实，齐心协力完成好今年的各项任务。一是要深刻领会全国“两会”精神，进一步增强工作信心、明确履职方向。二是要紧紧抓住重点，切实开展好今年的各项工作。三是要充分发挥政协优势，积极做好群众工作。

省政协常务副主席管国忠，副主席陈勋儒、罗黎辉、王学智、白成亮、顾伯平、倪慧芳，秘书长车志敏出席会议。省政协副秘书长，研究室、各专门委员会主任、副主任，办公厅巡视员、副巡视员等列席会议。

政协云南省第十届委员会常务委员会第十五次会议 2011年7月12~13日在昆明举行。会议应到会常委127人，实际到会98人。王学仁主席、管国忠副主席分别主持会议。会议的主要议题是：听取省政府副省长刘平通报我省今年以来经济社会发展情况；与会常委围绕学习贯彻《国务院关于支持云南省加快建设面向西南开放重要桥头堡的意见》和省委八届十一次全会精神进行了大会发言和分组讨论，就贯彻落实《国务院关于支持云南省加快建设面向西南开放重要桥头堡的意见》精神、加快推进桥头堡建设，提出了许多意见和建议。会议通过了有关人事事项。

省政协主席王学仁出席会议并在会议结束时作了重要讲话。王学仁主席指出，做好今年省政协的工作，对于推动我省“十二五”规划实现良好开局、加快桥头堡建设具有重要的意义。要扎扎实实地做好各项工作，努力以更加饱满的政治热情、更加优异的工作成绩，迎接中共云南省第九次党代会的胜利召开。王学仁主席提出三点要求，一是认真学习胡锦涛总书记“七一”重要讲话精神，高举旗帜坚定不移跟党走。二是要深入贯彻落实省委全会精神，积极为加快推进桥头堡建设作贡献。三是要扎实工作，努力圆满完成今年的各项任务。

省政协常务副主席管国忠，副主席陈勋儒、曾华、罗黎辉、王学智、白成亮、顾伯平、倪慧芳，秘书长车志敏出席会议。省政协副秘书长，研究室、各专门委员会主任、副主任，办公厅巡视员、副巡视员等列席会议。

政协云南省第十届委员会常务委员会第十六次会议 2011年11月3~4日在昆明举行。会议应到会常委127人，实际到会96人。王学仁主席、管国忠副主席分别主持会议。会议的主要议题是传达中共中央十七届六中全会精神和全国政协十一届十五次常委会议精神；围绕“深化文化体制改革，推动我省民族文化强省建设，促进社会主义文化大发展大繁荣”建言献策；会议通过了有关人事事项。

会议期间，与会常委围绕“深化文化体制改革，推动我省民族文化强省建设，促进社会主义文化大发展大繁荣”进行了大会发言和分组讨论，就加快推进我省文化体制改革创新，加快建设民族文化强省开展分组讨论，提出了很多有益的意见建议。省委、省政府主要领导及有关部门负责人到会听取常委发言。

省政协主席王学仁出席会议并讲话。王学仁主席提出，省政协要认真学习贯彻中共十七届六中全会精神和中共云南省委的工作要求，把主动服务文化发展作为政协应尽职责，在履职内容上更好地把握文化建设的方针政策和目标任务，在履职思路上更好地体现全会的战略部署，在履职成效上更好地推动民族文化强省建设。一是认真学习贯彻中共十七届六中全会精神，切实统一思想、凝聚力量。二是积极发挥政协优势，努力为云南民族文化强省建设贡献力量。三是再接再厉，圆满完成今年的各项工作任务。

省政协常务副主席管国忠，副主席马开贤、陈勋儒、罗黎辉、白成亮、顾伯平、倪慧芳，秘书长车志敏出席会议。省政协副秘书长，研究室、各专门委员会主任、副主任，办公厅巡视员、副巡视员等列席会议。

【主席会议】

第二十四次会议 2011年3月18日在昆明召开。省政协主席王学仁主持会议。省政协常务副主席管国忠，副主席马开贤、曾华、王学智、白成亮、顾伯平、倪慧芳，秘书长车志敏出席会议。会议议题：一是传达学习全国“两会”精神；二是审议政协云南省第十届委员会第十四次会议的有关事宜，决定3月30日召开第十四次常委会；三是审议《政协云南省委员会2011年重点工作安排意见》；四是审定政协云南省第十届委员会第四次会议重点提案；五是审定《省政协机关领导干部外出报备规定》；六是审定省政协纪念辛亥革命100周年活动方案。

第二十五次会议 2011年6月29日在昆明召开。省政协主席王学仁主持会议。省政协常务副主席管国忠，副主席马开贤、曾华、罗黎辉、王学智、白成亮、顾伯平、倪慧芳，秘书长车志敏出席会议。会议议题：一是审议政协云南省第十届委员会常务委员会第十五次会议的有关事宜，决定7月12日至13日召开第十五次常委会；二是审定《关于尽快恢复和提升云南边境旅游的调研报告》；三是审议有关人事事项；四是听取有关经费汇报。

第二十六次会议 2011年8月31日在昆明召开。省政协主席王学仁主持会议。省政协常务副主席管国忠，副主席陈勋儒、曾华、罗黎辉、王学智、顾伯平、倪慧芳，秘书长车志敏出席会议。会议议题：一是传达学习省委常委（扩大）会议精神；二是审定《关于在实施西部大开发和桥头堡战略中加快推进滇中经济区建设的调研报告》；三是审定《关于我省在桥头堡建设中构建高水平教育平台的调研报告》；四是审定2011年省政协委员重点视察工作方案；五是审议有关人事事项。

第二十七次会议 2011年10月17日在昆明召开。省政协主席王学仁主持会议。省政协常务副主席管国忠，副主席马开贤、陈勋儒、曾华、罗黎辉、白成亮、顾伯平、倪慧芳，秘书长车志敏出席会议。会议议题：一是审议省政协十届十六次常委会议的有关事宜，会议决定，省政协十届十六次常委会于11月3日至4日在昆明召开；二是审定《关于充分发挥各民主党派在人民政协中重要作用的调研报告》《关于进一步加强云南省生态保护和建设的调研报告》《关于云南省保障性住房建设情况的调研报告》和《关于云南特有民族历史文化保护和利用的调研报告》；三是审议《关于云南石产业发展情况的视察报告》。

第二十八次会议 2011年11月4日在昆明召开。省政协主席王学仁主持会议。省政协常务副主席管国忠，副主席罗黎辉、顾伯平、倪慧芳，秘书长车志敏出席会议。会议听取了关于省政协十届十六次常委会议有关讨论事宜的情况汇报；审定了政协云南省委员会关于抗旱保民生的建议案。

第二十九次会议 2011年12月2日在昆明召开。省政协主席王学仁主持会议。省政协常务副主席管国忠，副主席马开贤、陈勋儒、罗黎辉、顾伯平、倪慧芳，秘书长车志敏出席会议。会议议题：一是学习贯彻省第九次党代会精神，与会领导结合政协工作实际交流体会；二是审定《关于贯彻落实中央1号文件，推进“兴水强滇”战略实施的调研报告》；三是审定《关于城市民族工作情况的调研报告》；四是审定《关于云南转变经济发展方式和调整经济结构推进情况的视察报告》；五是审定《关于对清水海调水及牛栏江—滇池补水工程进展情况的视察报告》；六是审定《关于我省卫生人才队伍建设情况的视察报告》；七是审定《关于我省政法机关规范文明执法情况的视察报告》；八是审议有关人事事项。

第三十次会议 2011年12月29日在昆明召开。省政协主席王学仁主持会议。省政协常务副主席管国忠，副主席马开贤、曾华、罗黎辉、王学智、白成亮、顾伯平、倪慧芳，秘书长车志敏出席会议。会议议题：一是学习贯彻省委九届二次全会精神；二是审议省政协十届十七次常委会议的有关事宜；三是审议省政协十届五次会议的有关事宜；四是审议《中国人民政治协商会议云南省第十届委员会常务委员会工作报告》（草案）；五是审议《中国人民政治协商会议云南省第十届委员会常务委员会关于十届四次会议以来提案工作情况的报告》（草案）；六是审定省政协十届四次会议优秀提案；七是审议《政协云南省委员会提案工作条例》（修订草案）；八是审议各专委会2011年工作总结。

【秘书长会议】

第二十次会议 2011年3月15日在昆明召开。省政协秘书长车志敏主持会议。省政协副秘书长、办公厅主任张宁，副秘书长、研究室主任马孝初，副秘书长雷耀民、孟庆红、高德明、刘琪琳、彭桓、徐宁、阎堃、张宽寿、周勇、陈俊骢出席会议。会议议题：一是传达学习全国两会精神；二是审议政协云南省第十届委员会常务委员会第十四次会议的有关事宜；三是审议《政协云南省委员会2011年重点工作安排意见》；四是审议政协云南省第十届委员会第四次会议重点提案；五是审议《省政协机关领导干部外出报备规定》；六是审议省政协纪念辛亥革命100周年活动方案。

第二十一次会议 2011年6月21日在昆明召开。省政协秘书长车志敏主持会议。省政协副秘书长、研究室主任马孝初，副秘书长雷耀民、孟庆红、高德明、刘琪琳出席会议。会议议题：一是审议政协云南省第十届委员会常务委员会第十五次会议的有关事宜；二是审议《关于尽快恢复和提升云南边境旅游的调研报告》；三是审议有关人事事项。

第二十二次会议 2011年8月24日在昆明召开。省政协秘书长车志敏主持会议。省政协副秘书长、办公厅主任张宁，副秘书长、研究室主任马孝初，副秘书长雷耀民、高德明、彭桓、王宏、阎堃、张宽寿、周勇、陈俊骢、刘可杰出席会议。会议议题：一是审议《关于在实施西部大开发和“桥头堡”战略中加快推进滇中经济区建设的调研报告》；二是审议《关于我省在“桥头堡”建设中构建高水平教育平台的调研报告》；三是审议2011年省政协委员重点视察工作方案；四是审议有关人事事项。

第二十三次会议 2011年10月12日在昆明召开。省政协秘书长车志敏主持会议。省政协副秘书长、办公厅主任张宁，副秘书长、研究室主任马孝初，副秘书长雷耀民、孟庆红、高德明、刘琪琳、彭桓、王宏、阎堃、张宽寿、陈俊骢出席会议。会议议题：一是审议省政协十届十六次常委会议有关事宜；二是审议关于充分发挥民主党派在人民政协中重要作用、进一步加强云南省生态保护和建设、云南省保障性住房建设情况、云南特有民族历史文化保护和利用4个调研报告；三是审议《关于云南石产业发展情况的视察报告》。

第二十四次会议 2011年11月2日在昆明召开。省政协秘书长车志敏主持会议。省政协副秘书长、办公厅主任张宁，副秘书长、研究室主任马孝初，副秘书长雷耀民、孟庆红、高德明、刘琪琳、童凤华、王宏、张宽寿、周勇出席会议。会议议题：一是审议政协云南省第十届委员会第五次会议的有关事宜；二是审议政协云南省委员会关于抗旱保民生的建议案。

第二十五次会议 2011年11月29日在昆明召开。省政协秘书长车志敏主持会议。省政协副秘书长、研究室主任马孝初，副秘书长雷耀民、孟庆红、刘琪琳、徐宁、王宏、张宽寿、陈俊骢、刘可杰出席会议。会议议题：一是审议《关于贯彻落实中央1号文件，推进“兴水强滇”战略实施的调研报告》和《关于城市民族工作情况的调研报告》；二是审议《关于云南转变经济发展方式和调整经济结构推进情况的视察报告》《关于对清水海调水及牛栏江—滇池补水工程进展情况的视察报告》《关于我省卫生人才队伍建设情况的视察报告》和《关于我省政法机关规范文明执法情况的视察报告》；三是审议有关人事事项。

第二十六次会议 2011年12月21日在昆明召开。省政协秘书长车志敏主持会议。省政协副秘书长、办公厅主任张宁，副秘书长、研究室主任马孝初，副秘书长孟庆红、刘琪琳、童凤华、彭桓、陈俊骢出席会议。会议议题：一是审议政协云南省第十届委员会常务委员会第十七次会议的有关事宜；二是审议政协云南省第十届委员会第五次会议的有关事宜；三是审议《中国人民政治协商会议云南省第十届委员会常务委员会工作报告》（草案）；四是审议各专委会2011年工作总结。

重要活动

云南省2011年新年茶话会 2010年12月29日在昆明隆重举行。我省党政军领导和各族各界人士欢聚一堂、同庆佳节，畅叙友情、共谋发展，共同迎接2011年新年的到来。中共云南省委书记、省人大常委会主任白恩培出席会议并讲话。省政协主席王学仁主持会议。白恩培代表中共云南省委、省人大常委会、省人民政府、省政协向各民主党派、工商联、各人民团体和各族各界人士，向全省广大工人、农民、知识分子和各级干部，向驻滇解放军指战员、武警官兵和公安干警，向云南籍港澳特区同胞、台湾同胞和海外侨胞，向所有关心、支持云南改革开放和现代化建设事业的海内外朋友致以节日的问候。白恩培说，即将过去的2010年，是云南省完成“十一五”目标任务的关键之年，我们深入贯彻落实科学发展观，紧紧围绕“两强一堡”战略目标，攻坚克难保增长，坚定不移转方式，千方百计惠民生，扎扎实实抓党建，保持了全省经济平稳较快发展和社会和谐稳定。实施“十一五”规划以来，云南省各项主要指标全面达到或超过了预期目标，为“十二五”的更大发展打下了坚实基础。这些成绩的取得，是党中央、国务院正确领导的结果，是全省各族干部群众团结奋斗、努力拼搏的结果，也凝聚着全省各级政协和各民主党派、工商联、社会各界人士的心血和汗水。5年来，全省各级政协坚持围绕中心，服务大局，按照中央和省委的决策部署，把推动经济平稳较快发展作为履行职能的首要任务，把促进民生改善作为开展工作的重要着力点，以奋发有为的精神状态和求真务实的工作作风，认真履行职能，为推动云南省经济社会又好又快发展作出了重要贡献。白恩培指出，未来5年是云南省全面建设小康社会的关键时期，要在新的起点上，实现更大的发展，就必须牢牢把握科学发展这个主题，紧紧抓住加快转变经济发展方式这条主线，大力推进农业产业化、新型工业化、城镇化和教育现代化，强基础、快发展，调结构、上水平，惠民生、促和谐，加快推进“两强一堡”建设，不断把云南的改革开放和现代化建设事业推向前进。在新的一年里，希望全省各级政协组织牢牢把握团结和民主两大主题，紧紧围绕全省改革发展稳定大局，多做建言献策、参政为民的工作，多做协调关系、化解矛盾的工作，多做凝聚人心、团结鼓劲的工作，努力在促进科学发展、社会和谐上作出新的贡献。各级党委要认真贯彻落实省委政协工作会议精神，进一步加强和改善对政协工作的领导，更加重视、关心和支持人民政协的工作，推动政协工作再创新业绩，再上新台阶。王学仁在主持茶话会时说，全省各级政协组织要深入学习贯彻中共十七届五中全会、中央经济工作会议和中共云南省委八届十次全委会精神，全面落实省委的各项决策部署，紧紧围绕“两强一堡”的战略目标，认真履行政治协商、民主监督、参政议政职能，充分发挥协调关系、汇聚力量、建言献策、服务大局的重要作用，努力为云南“十二五”开好局、起好步，为实现全省经济社会平稳较快发展作出新的更大的贡献。各民主党派云南省委、省工商联、人民团体代表，民族宗教界代表，港澳台侨代表在茶话会上发言。中共云南省委、省人大常委会、省人民政协、省政协领导同志，省老领导，省直各部委办厅局的负责同志，在昆全国人大常委会委员、全国政协常委和委员，在昆省政协党委，省级各民主党派、工商联、人民团体的负责同志，驻昆解放军和武警部队独立师以上单位的代表，省政协机关副厅以上领导出席了会议。茶话会还举行了精彩的文艺演出。

省政协2011年“团结杯”牌艺邀请赛 2011年3月26日在省政协礼堂举行。省政协党务副主席管国忠，省政协秘书长车志敏，省老领导刘树生、张学文、和占钧等出席开幕式并参赛。省政协秘书长车志敏在开幕式上致词。省政协“团结杯”桥牌邀请赛已举办了15届，自去年开始，省政协桥牌邀请赛更名为“牌艺邀请赛”，在原来桥牌基础上增设了“步步高”双抠牌艺赛内容。牌艺邀请赛的举办，加深了社会各族各界人士的沟通和友谊，充实了业余文化生活，启迪了心灵智慧，为推动我省群众性文化体育娱乐事业的繁荣发展起到了积极的促进作用。他希望“团结杯”牌艺邀请赛越办越好，成为省政协对外联系交往的有效平台，以及与社会各界密切往来、增进友谊的重要渠道，为建设和谐社会发挥积极的促进作用。

西部十二省区市政协文史工作协作交流会 2011年4月12日在昆明召开。本次会议的主题是：展示民族文化，交流文史工作。全国政协委员、全国政协文史和学习委员会副主任卞晋平出席会议。省政协常务副主席管国忠致辞，省政协副主席顾伯平主持会议。出席会议的各省、区、市政协领导还有李晓东、黄选平、马国权、阿尤甫·铁衣甫、韩玉贵、蒋培兰、黄润秋、陈海峰。卞晋平在讲话中说，2007年以来，政协文史资料工作正处在一个好的发展时期，贾庆林主席高度评价文史工作“硕果累累，蔚为壮观，功德无量。”要着重宣传文史工作的必要性、紧迫性，要有“人在史料在，人去史料亡”的忧患意识，要抢救性地把当代文史资料保护下来。要把注意力集中到“三亲”（亲历、亲见、亲闻）史料的征集上来；把主要的精力集中到改革开放阶段的“三亲”史料上来，把征集的重点放在多党合作、民族宗教工作、港澳台侨上来，力求真实，最大可能地还原历史事件，对历史负责，做到存史资政，团结育人，为时代立鉴，为祖国立史，为人民立言。卞晋平充分肯定了《云南特有民族百年实录》的出版对充实中国民族史料宝库的重要意义。管国忠在致辞中说，西部十二省、区、市政协文史工作协作交流会议，是交流文史工作经验，相互学习提高的重要平台。会议在云南召开，为我们学习兄弟省、区、市政协文史工作好经验、好做法提供了宝贵的机遇。

省政协第四届“政协好新闻奖”颁奖会 2011年4月13日在省政协礼堂举行颁奖仪式。省政协副主席顾伯平出席会议并讲话，省政协副秘书长、研究室主任马孝初主持会议。省政协副秘书长、办公厅主任张宁，省政协副秘书长孟庆红、刘琪琳出席会议。经中央驻滇新闻单位，省、州市各新闻媒体推荐，有近90件作品参评。经评委会认真评审，评出一等奖7件，二等奖12件，三等奖16件，优秀奖20件。获奖作品对省政协履行政治协商、民主监督、参政议政职能，充分发挥协调关系、汇聚力量、建言献策、服务大局的重要作用进行了多角度、全方位的宣传报道，营造了良好的社会氛围。顾伯平指出，今年是“十二五”的开局之年，同时也是中国共产党建党90周年和辛亥革命100周年，政协新闻宣传工作大事多、喜事多、亮点多、任务重。各级新闻宣传工作部门、新闻单位和广大新闻工作者要认真贯彻落实政协工作会议精神，不断深化对政协新闻宣传工作重要性的认识，进一步拓宽工作思路，激发工作热情，努力探索政协新闻宣传工作的新思路、新途径，不断丰富宣传形式，丰富报道内容，努力开创我省政协新闻宣传工作新局面。顾伯平强调，各级新闻宣传工作部门、新闻单位和广大新闻工作者要按照省委宣传部和省政协办公厅联合下发的《关于加强和改进政协新闻宣传工作的意见》要求，充分认识加强和改进政协新闻宣传工作的重要意义；进一步明确政协新闻宣传工作的指导思想和主要任务；加大对政协工作的新闻宣传力度；巩固和扩大政协新闻宣传工作阵地；确实加强对政协新闻宣传工作和组织领导，扎实工作，开拓创新，全力抓好省政协重点调研视察的宣传，精心组织好省政协重要会议活动的宣传。努力推动我省政协新闻宣传工作向前发展。

省政协企业家论坛“在实施西部大开发和桥头堡战略中加快推进滇中经济区建设”恳谈会 2011年5月26日省政协在昆明举行。省委副书记、省长秦光荣，省政协主席王学仁出席会议并讲话。省政协副主席马开贤，省政府秘书长丁绍祥，省政协秘书长车志敏及省老领导和占钧等出席会议。省政协副主席王学智主持会议。我省各界人士和专家汇聚一堂，献计献策。云南省企业家论坛创办6年来，我省企业家和专家学者通过这一平台，围绕我省经济社会发展中的问题积极贡献智慧和力量。今年5月6日，国务院出台关于支持云南省加快建设面向西南开放重要桥头堡的意见后，省政协企业家论坛以“在实施西部大开发和桥头堡战略中加快推进滇中经济区建设”为主题举办恳谈会，抓住重大机遇、凝聚各方智慧，为加快推进“桥头堡”建设建言献策。恳谈会上，各界人士畅所欲言，各部门有关负责人倾心聆听，共图发展良策。“加快建设滇中经济区，努力打造中国面向西南开放桥头堡的‘核心区’和云南经济社会发展的重要‘增长极’”成为了与会者的共识。恳谈会上，省发展和改革委员会副主任王喜良、省政府研究室副主任李坚、昆明市政协主席田云翔、曲靖市政协主席赵建华、玉溪市市长高劲松、楚雄州政协主席延荣科、云南冶金集团董事长董英、云南世博旅游控股集团总经理王云等23人相继发言，大家认为，滇中地区具有建设区域经济、实现一体化发展的深厚基础和良好条件，应进一步完善领导机制、协调机制，准确定位发展方向，做好规划统筹，加强基础设施，加大科技支撑力度，打造面向东南亚、南亚的区域教育中心，积极促进非公有制经济发展，加强生态环境保护力度；应按照发挥比较优势、产业集聚发展的要求，加快推进烟草、有色金属、石油炼化、装备制造、战略性新兴、休闲旅游、文化、花卉和生态蔬菜、生物医药和木本油料等产业，将滇中经济区真正打造成集竞争力、发展力、辐射力、带动力于一身的“龙头”。在认真听取发言后，秦光荣说，大家的建议很有针对性和可操作性，有关部门要认真研究，加以采纳。他指出，贯彻落实“桥头堡”战略，推进西部大开发，必须加快滇中经济区发展。建设我国面向西南开放重要桥头堡，是云南新时期全面推进改革发展的重大任务，是历史的反思、时代的呼唤、现实的突破和战略的选择。滇中经济区建设是桥头堡建设的重要内容，也是国家西部大开发和“十二五”规划纲要提出的明确要求，要建立协调机制，制定发展规划，加强统筹协调，调动相关州市的积极性，全面加快滇中经济区建设。他强调，滇中经济区发展，要着力在推进经济区内部的一体化方面下功夫，积极推进基础设施、产业布局、市场体系、社会管理、公共服务、城乡建设6个一体化，建立布局合理、功能协调、政策统一、服务到位的发展体系。王学仁在讲话中说，我省各级政协特别是滇中地区的政协组织，要认真学习领会国务院关于支持云南省加快建设面向西南开放重要桥头堡的重要精神，充分认识加快建设滇中经济区对于桥头堡建设的重要性和紧迫性，把思想和行动统一到中央和省委、省政府的决策部署上来，充分发挥智力密集、人才荟萃的优势，围绕滇中经济区建设的重点和难点问题开展协商议政活动，多建诤言多献良策，努力为推动滇中经济区建设贡献力量。会议对参与本次论坛征文并获得一、二、三等奖和优秀奖的183篇稿件进行了表彰奖励。

云南海外经济合作促进会三届四次理事会暨投资云南桥头堡建设策略研讨会 2011年6月6日在昆明举行。省政协主席、云南海促会荣誉会长王学仁，全国政协港澳台侨委员会副主任、云南海促会荣誉会长杨崇汇，省委常委、常务副省长罗正富，省政协副主席、云南海促会名誉会长曾华，省老领导、云南海促会名誉会长许克敏出席会议。省政协常务副主席、云南海促会会长管国忠主持会议。省委常委、常务副省长罗正富说，云南海外经济合作促进会成立以来，遵循“促开放、促发展、促和谐、促统一”的方针，充分发挥“桥梁、纽带、载体、平台、窗口”的作用，在开展海外联谊、扩大对外交往、引进海外资金等方面做了大量工作，为云南经济社会又好又快发展作出了积极贡献。他在介绍了我省“十二五”规划及桥头堡建设的相关情况后指出，随着桥头堡建设的推进，将带来无限商机。希望云南海外经济合作促进会充分发挥自身优势，打造平台，吸收广大海外企业更广泛、更深入地参与到桥头堡建设中来，共襄盛举、共谋发展；希望各位理事更加深入地了解云南、宣传云南，参与云南地方经济社会发展，为建设富裕民主文明开放和谐云南作出新的更大的贡献。受省政协主席王学仁委托，省政协常务副主席管国忠代表省政协向大会的召开表示祝贺。管国忠说，随着面向西南开放重要桥头堡建设工作的进一步推进，我省已从后发地区变成投资热点地区，将吸引国内外大量资金来云南投资、建设和发展，目前是投资云南的最佳时机。今年，云南海外经济合作促进会要进一步高举爱国主义旗帜，紧紧围绕云南经济社会发展的大局，依托港澳，面向海外，充分发挥自身优势，积极投资云南，通过云南这个平台共同谋划东南亚、南亚的广阔市场，为云南经济社会又好又快发展再作新贡献。会议审议通过了云南海外经济合作促进会三届四次理事会工作报告。

与会领导、专家、云南海外经济合作促进会理事就投资云南桥头堡建设策略进行了研讨。

省政协中心组专题学习杨善洲精神 2011年6月18日至20日，省政协举行中心组理论学习暨党组专题学习生活会，深入学习杨善洲精神。会议提出以进一步开展向杨善洲同志学习活动为契机，切实把学习成果转化为做好本职工作、推动科学发展的强大动力，以优异的成绩迎接中国共产党成立90周年，努力为实现“十二五”宏伟目标贡献智慧和力量。省政协主席王学仁主持学习并讲话。省政协常务副主席管国忠，副主席马开贤、陈勋儒、曾华、罗黎辉、王学智、白成亮、顾伯平、倪慧芳，秘书长车志敏参加学习。学习中，大家围绕杨善洲同志“如何为政、如何干事、如何做人”进行了深入讨论，认为杨善洲同志几十年如一日，始终把党和群众的利益放在个人利益前面，淡泊名利、无私奉献，为党员干部树立了一面光辉的旗帜。学习杨善洲精神不仅要学习杨善洲同志的思想品质、精神境界和人生态度，更重要的是要把杨善洲精神转化为我们坚定信念、牢记宗旨、无私奉献的自觉行动。王学仁指出，深入学习杨善洲同志的先进事迹和崇高精神，无论是对推动党和国家事业发展，还是对每一个党员干部加强自身修养都具有十分重要的意义。把向杨善洲同志学习活动作为今年省政协的重点学习内容，做到领导干部带头认真学习杨善洲同志先进事迹、模范践行杨善洲精神，是省政协庆祝中国共产党成立90周年的一项重要活动。学习杨善洲精神要牢牢把握4个方面：一是要学习他始终坚定理想信念、对党忠诚的高贵品质，更加自觉地坚持正确的政治方向。二是要学习杨善洲同志始终坚持为人民服务的人生追求，更加积极地履职为民。三是要学习杨善洲同志始终保持共产党员本色、无私奉献的思想境界，更加严格地要求自己。四是要学习杨善洲同志始终勤奋敬业的工作作风，更加扎实地做好本职工作。民革省委、民盟省委、民建省委、民进省委、农工党省委、致公党省委、九三学社省委、台盟省委，省工商联、省侨联及省政协办公厅、研究室、各专门委员会负责人参加学习。

开展庆祝中国共产党成立90周年系列活动 在中国共产党成立90周年之际，省政协机关组织开展了系列活动。一是开展学习教育活动。组织全体党员认真学习胡锦涛总书记“七·一”重要讲话精神，为全体党员购阅《中国共产党历史》书籍，回顾了解党的历史，加深对党的认识，坚定广大党员对党的信念和信心。二是举行上党课活动。6月22日，请王学智副主席就党的建设和加强党性修养给大家作辅导报告。王学智副主席以到延安干部学院学习的亲身经历和体会，为省政协机关党员干部讲了一堂生动感人的党课。三是举行“颂歌献给党”歌咏活动。组织机关合唱队参加省直机关工委举行的纪念建党90周年歌咏比赛，获得二等奖。“七一”前夕，省政协机关还举行了庆祝中国共产党成立90周年表彰大会暨歌咏比赛，对综合处等五个先进党支部和74名优秀党员给予表彰奖励。四是开展走访慰问活动。集中走访慰问新中国成立前入党的老党员、困难党员和优秀党员，通报机关近期工作情况，征询对机关工作的意见和建议，帮助解决生活中的一些实际困难。

省政协第四届民生论坛 2011年8月30日在昆明举行。省政协主席王学仁，全国政协社会和法制委员会副主任季允石，民盟中央副主席温思美，省委常委、省委政法委书记孟苏铁，副省长高峰，省政协副主席陈勋儒、曾华、罗黎辉、王学智、顾伯平，省政协秘书长车志敏出席会议。省政协副主席、民盟云南省委主委倪慧芳主持会议。季允石、温思美分别代表全国政协社会和法制委员会和民盟中央对论坛的举行表示祝贺，希望通过论坛不断深化对加强和创新社会管理理论和实践的研究和探讨，认真思考完善社会管理的新思路新举措，共谋社会管理良策，为云南的社会管理工作起到积极的推动作用。王学智在致词中说，多年来，云南省政协把加强和创新社会管理作为保障和改善民生、推进和谐社会建设的重要工作来抓，为促进我省社会建设与管理做了大量富有成效的工作。在新形势下，我省各级政协组织要认真学习、深入贯彻中央和省委、省政府关于加强和创新社会管理的精神部署，发挥桥梁、参谋、协调、民主监督作用，不断提高履职能力和服务水平，努力为我省加强和创新社会管理献计出力。我省各界人士围绕“创新社会管理、建设和谐云南”这一主题畅所欲言，共同探讨社会管理的创新之举。论坛上董家禄、王惠萍、廖鸿志等12位同志围绕社会管理创新积极建言献策，内容涉及公安机关治安部门社会管理创新工作、推动企业履行社会责任、构建和谐劳动关系、加强网络建设、维护流动人口生存发展权利、加强我省食品药品安全的社会监督等多个方面。与会者认为，社会管理创新是一项复杂的系统工程，应积极探索采取法律、行政、道德、教育、引导、协商、沟通等多种方式进行管理，把“以人为本”的理念贯穿其中，让更多的发展成果惠及人民，更多的政策利及人民。在认真听取发言后，孟苏铁说，论坛形式新颖、内容翔实，许多意见建议充满感情和智慧，对于各级党委政府进一步做好社会管理工作起到积极的推动作用。要在实际工作中急群众之所急、想群众之所想、排群众之所忧，借鉴论坛提出的意见建议，共同推动社会管理创新，构建和谐社会。他希望省政协继续发挥桥梁纽带作用，高质量地办好民生论坛，使之成为社会各界建言献策共同促进社会事业发展的有效平台。高峰说，“十二五”期间，我省将重点做好转变政府职能、着力强化社会管理，加快民生改善、逐步完善社会建设，创新管理机制、大力提升服务水平，强化危机意识、健全公共安全体系，注重标本兼治、维护全省社会稳定，坚持以人为本、切实维护群众利益6个方面的工作，不断提升社会管理工作的水平。希望省政协一如既往地关心和支持政府工作，继续建净言、献良策。论坛为68位优秀论文作者和13个组织单位颁奖。

省政协举行2011年金秋戏曲演唱会 2011年9月8日，省政协2011年“金秋戏曲演唱会”在省政协礼堂举行。省政协主席王学仁，省委常委、省委宣传部部长张田欣，省人大常委会常务副主任晏友琼，省政协常务副主席管国忠，副主席陈勋儒、王学智、顾伯平，省老领导刘树生、赵廷光、和占钧，省政协秘书长车志敏等观看了演出。部分在昆省政协委员与各民主党派云南省委、省工商联、有关人民团体负责人和无党派人士代表共聚一堂，喜迎中秋佳节。

云南省举行纪念辛亥革命100周年座谈会 2011年10月8日在昆明举行。缅怀革命先辈为民族独立和国家富强艰苦奋斗的光荣历史，激励全省各族人民继承和发扬辛亥革命伟大精神，肩负时代重任，不断开拓创新，努力开创云南科学发展、和谐发展、跨越发展新局面。省委副书记、代省长李纪恒出席会议并讲话，省政协主席王学仁主持会议。省委常委、省委统战部部长黄毅，省人大常委会副主任李春林，省政协常务副主席管国忠，省政协副主席马开贤、陈勋儒、曾华、罗黎辉、王学智、顾伯平、倪慧芳，秘书长车志敏出席会议。李纪恒说，辛亥革命推翻了清王朝，结束了在中国延续几千年的君主专制制度，开创了完全意义上的近代民族民主革命，开启了民族复兴的百年征程。云南人民的“重九”起义是辛亥革命的重要组成部分，为辛亥革命的成功作出了重要贡献，在中华民族的史册上留下了光辉的一页。他说，回顾历史，我们深切缅怀先烈，展望未来，我们更觉任重道远。今天的云南已站在我国对外开放的前沿，进入一个科学发展、和谐发展、跨越发展的新时期。我们要牢记百年以来的历史结论，更加坚定地走中国特色社会主义道路，更加紧密地团结在中国共产党的周围、凝聚在社会主义的旗帜下；要肩负振兴中华的崇高理想，积极投身富裕民主文明开放和谐云南建设，把握发展这个第一要务，大力推动社会主义民主政治、社会主义核心价值体系建设，加强和创新社会管理，真诚倾听群众呼声，真实反映群众愿望，真情关心群众疾苦，确保人民安居乐业、社会和谐稳定；要树立高原情怀、弘扬大山精神，进一步解放思想、打破僵化的思维方式，坚定开放决心，以开放促改革、以开放促发展；要始终不渝高举爱国主义旗帜，加强各族各界的大团结、大联合，共同承担起实现民族复兴的历史使命，共同致力于全面建设小康社会的伟大实践。王学仁说，纪念辛亥革命100周年，对于缅怀和宣传孙中山先生等革命先辈致力振兴中华的光辉业绩，高举爱国主义和社会主义旗帜，巩固壮大最广泛的爱国统一战线，促进祖国统一大业，实现中华民族的伟大复兴有着十分重要的意义。我们要不断发扬辛亥革命的伟大精神，同心同德，勤奋工作，锐意进取，为建设富裕民主文明开放和谐云南而努力奋斗。省级各民主党派、省工商联，港澳台侨，黄埔军校同学会，文史工作者代表从不同的角度回顾了百年前波澜起伏的反帝反封建斗争。大家表示，要继承爱国主义优良传统，进一步增强历史责任感和使命感，紧紧围绕我省中心工作，充分发挥自身特色，为促进民族团结进步、维护边疆和谐稳定作出积极贡献，为建设社会主义伟大祖国贡献一切力量。座谈会前，参会领导参观了纪念辛亥革命100周年图片展。

2011年全省政协宣传工作会议 2011年10月18日在昆明召开。会议提出，要围绕中心、服务大局，创新宣传形式，努力开创全省政协新闻宣传工作新局面。省政协副主席顾伯平出席会议并讲话。顾伯平说，今年以来，在省政协党组的领导下，省政协新闻宣传工作以庆祝建党90周年和纪念辛亥革命100周年的宣传活动为契机，以宣传制定实施云南“十二五规划”和桥头堡建设为重点，深入学习贯彻省委政协工作会议精神，认真贯彻落实省政协办公厅和省委宣传部联发的《关于加强和改进政协新闻宣传工作的意见》，全面推动政协新闻宣传工作不断发展。顾伯平指出，政协新闻宣传要充分体现政协的统一战线特色、民主协商特色、界别特色和人才荟萃的特色。要进一步明确政协新闻宣传工作的指导思想和主要任务，把新闻宣传工作纳入政协全局统筹安排，定期研究和布置；要在党委宣传部门和政协党组的领导下，整合宣传资源，形成合力；要创新新闻宣传工作机制，建立和完善表彰激励机制、督促检查机制、网络宣传联动机制，全面推动全省政协新闻宣传各项工作再上新台阶。省政协副秘书长、办公厅主任张宁出席会议并讲话。省政协副秘书长、研究室主任马孝初主持会议。省委宣传部副部长李涛出席会议并代表省委宣传部对会议的召开表示祝贺。全省16个州市政协有关负责人及各民主党派、有关人民团体相关负责人等参加会议。

全省政协信息工作座谈会暨云南政协年鉴编纂工作会 2011年11月18日，全省政协信息工作座谈会暨云南政协年鉴编纂工作会在昆明召开。会议总结交流近年来开展政协信息工作的经验和做法，研究探讨新形势下不断做好政协信息工作的思路和措施，围绕怎样写好社情民意信息开办了培训讲座，并对2010年信息工作先进单位和先进个人进行表彰。会议对云南政协年鉴2011卷编纂工作进行了安排部署。省政协常务副主席管国忠出席会议并讲话，省政协秘书长车志敏主持会议。省政协研究室领导，省政协机关各处室，各州（市）政协、省级各民主党派、省工商联联系和分管联系信息工作的办公室领导、社情民意信息直报点负责人、特邀信息员代表参加了会议。

建议案及调研视察报告

政协云南省委员会
关于加快滇中经济区建设的建议案

（2011 年 8 月 31 日政协云南省第十届委员会第二十六次主席会议通过）

近年来，全国主体功能区规划、新一轮西部大开发、国家“十二五”规划、云南桥头堡建设等国家战略都把建设滇中经济区上升到国家层面进行决策，省委、省政府进行了具体部署。省政协高度重视滇中经济区建设，根据 2011 年重点工作安排，5 月底成功举办了以“加快推进滇中经济区建设”为主题的云南省企业家论坛恳谈会；6 月以来，由王学智副主席率队，省政协经济委牵头，邀请发改委、工信委、政府研究室、昆明市政协等有关部门，组成专题调研组进行了深入调研，并形成了调研报告。为贯彻落实党中央、国务院和省委、省政府的决策部署，加快推进滇中经济区建设，省政协主席会议研究提出如下建议案。

一、加快滇中经济区建设意义重大

滇中是全省经济最具竞争力、发展力、带动力、辐射力的地区，紧紧把握重大历史机遇，充分利用国家战略优惠政策的叠加效应，加快滇中经济区建设具有十分重要的战略意义。一是实施国家全面开放战略的重要抓手。新世纪以来，我国在继续实施面向太平洋开放战略的同时，积极推进陆路开放，开辟我国面向“一洋四区”[①]发展的新方向，构建东西互动、海陆并进的完整开放格局。滇中地区处于中国、南亚、东南亚三大市场的结合部，是连接“一洋四区”的陆上枢纽，位于全国“两横三纵”[②]城市化战略格局中“包昆”通道纵轴的南端，是建设我国面向西南开放重要桥头堡的核心区域。紧紧围绕滇中“一枢纽三基地”[③]战略定位，加快滇中经济区建设，努力构建我国面向西南最具活力和国际竞争力的城市区域，增强以昆明为核心的 4 条对外经济走廊和 3 条对内经济走廊的纽带作用，带动沿边经济带和东南亚、南亚、西亚、非洲东部各国跨境经济合作区建设，必将成为实施国家全面开放战略的重要抓手。二是实现区域统筹协调发展的必然要求。建设重点开发区是实施国家新一轮西部大开发战略的重要载体。加快建设滇中经济区，打造带动全省、辐射周边、具有全国意义的西部开发新引擎，是推动西部区域统筹协调发展的必然要求；加快滇中经济区建设，建立全面、紧密的协调联动机制，弱化行政区划界限，扩大结构调整空间，增强发展承载能力，实施联动式、一体化的发展战略，也是解决滇中四州市发展不充分、发展不平衡、发展不协调、发展不可持续问题，实现滇中地区内部统筹协调发展的必然选择。三是构建民族团结进步示范区的引领先锋。把云南建成我国民族团结进步、边疆繁荣稳定的示范区是桥头堡建设的总目标，事关云南改革、发展、稳定大局。滇中地区是全省重要的少数民族居住区，各方面条件较好。加快建设滇中经济区，在经济发展中发挥骨干作用，在社会建设中发挥表率作用，在扶贫攻坚中发挥带头作用，在民族团结中发挥先锋引领作用，因此，率先建设中国特色、云南模式的“民族团结进步边疆繁荣稳定示范区”，滇中经济区势在必行。我们一定要切实增强使命感、责任感、危机感，以时不我待、只争朝夕的精神，抢抓机遇，顺势而谋，乘势而上，努力建设功能定位准确、空间结构优良、发展环境良好、引领作用显著的滇中经济区。

二、加快滇中经济区建设的主要设想

加快滇中经济区建设，重点是推进六个一体化。基础设施规划建设一体化是先导，产业分工布局一体化是核心，城乡统筹一体化是动力，市场体系一体化是活力，社会管理和公共服务一体化是支撑，生态建设环境保护一体化是保障。通过认真调研，综合各方面意见建议，我们提出如下设想。

（一）主要思路

以科学发展观为统领，紧紧围绕“两强一堡”战略目标，以转变经济发展方式为主线，以一体化规划建设为抓手，以制度创新和体制创新为突破，整合滇中经济区资源，构建基础设施体系完备、产业结构互补、市场高度开放、城市布局合理、社会管理和公共服务高效、生态环境优化、制度建设完善、资源集约共享的区域经济共同体，从而有效降低发展成本，全面调整和提升滇中经济结构、社会结构、生态结构，有效发挥区域经济的“累积效应”和“扩散效应”，增强滇中整体实力、综合承载力、国际竞争力和辐射带动力，实现人口、资源环境与经济社会的全面、协调和可持续发展。

（二）基本原则

加快滇中经济区建设，重点要坚持以人为本，科学发展；优势互补，共赢发展；资源管治，集约发展；重点突破，协调发展；保护环境，持续发展五大基本原则。

（三）主要目标

1. 总体目标

立足大西南，承接珠三角、长三角，面向“一洋四区”，将滇中地区逐步建设成为城镇化、新型工业化、教育现代化、信息化、国际化和具有民族团结示范的特色城市区域；成为四州市共荣共建，带动全省经济发展的开放经济区；成为全国重要的特色产业基地、承接产业转移基地和出口加工基地，先进装备制造、战略性新兴产业、现代服务业重点区域，辐射东南亚、南亚的区域性国际交通枢纽、信息枢纽、金融中心、人才中心和市场物流中心；成为我国西部加快发展的强大引擎和支撑全国经济的重要增长极。

2. 阶段目标

——到2015年，基本突破制约滇中一体化进程的体制障碍，区域协调机制初步完善，昆明和连接滇中各主要城市的高速公路、城际轨道交通网络框架初步建成。统筹、共建、共享的综合基础设施体系初步建成，三次产业结构明显优化、市场体系完善、资源节约、环境友好初见成效，城市特色开始显现，半小时经济圈和一小时经济圈的“累积效应”明显；区内人口占全省人口的比例从现在的37.4%增加到42%以上

(2000万人以上)；GDP占全省的比例从现在的59.1%增加到65%以上（约9000亿元）；地方财政一般预算收入占全省的比例从现在的48.4%增加到60%左右（约1500亿元），城、乡居民收入增幅超过10%，各项生态环境指标明显好转。

——到2020年，滇中地区一体化管理体制更为健全，区域协调机制更加完善，滇中辐射圈层的环状高速公路圈以及与环滇中紧密相连的综合交通运输体系和综合基础设施体系全部建成，产业特色、城市特色显著，半小时经济圈和一小时经济圈的“累积效应”突出，“扩散效应”明显；区内人口占全省人口的50%左右；GDP、地方财政一般预算收入分别占全省的70%左右，城、乡居民收入增幅与GDP增幅同步，率先建立资源节约型和环境友好型社会，建成生态文明示范区，经济社会发展与人口、资源、环境协调发展的格局基本形成。

（四）建设重点

1. 基础设施规划建设一体化。滇中地区要率先实现基础设施规划建设一体化，为高效整合区域内资源、加速区域经济一体化进程提供坚实的基础条件。以交通一体化为先导，以枢纽型、功能性、网络化的重大基础设施建设为重点，提升交通、能源、水利、信息等基础设施的共建共享和互联互通水平，建设形成能力充分、衔接顺畅、运行高效、服务优质、安全环保的滇中现代基础设施一体化体系，构建滇中“一核、两轴、三圈、四极、五通道”的空间格局。并加强与“一带七走廊”以及其他城市区域的衔接，在更高层次、更广范围、更大空间发挥交通、能源、水资源、信息等基础设施对社会经济的支撑和带动作用，为加强经济区内部经济联系和扩大对内对外开放奠定坚实基础。

2. 产业分工布局一体化。遵循产业发展规律，强化市场基础性作用，打破行政区划障碍，采用“市场+园区+基地”和“一园多片”的模式，建立“存量不动，增量分成”的利益分配机制，以地区差别化的产业政策为导向，以定量指标控制为目标，以项目控制为手段，以用地审批为抓手，加快昆明、曲靖、玉溪、楚雄、武定（禄劝）各具特色的产业发展，推动四州市产业横向错位融合、纵向分工协作，促进产业结构的优化调整，促进优势产业跨行政区划空间集聚，形成“一个核心、四大特色产业发展中心、两条十字形产业走廊、四大产业带、十大产业基地”的产业空间布局。大力发展非公经济，积极推进“央企入滇”，大力打造国家级产业园区、边境口岸产业园区，建设跨境经济合作区，大力建设“一枢纽三基地”。进一步发挥滇中对全省经济发展的先行示范和辐射带动作用。

3. 城乡统筹一体化。实现城乡统筹一体化，必须“变革一个规划、突出两个定位、实现八大结合”。必须变革“城市规划”为“城乡规划”，将广大农村纳入各项规划范畴。必须突出打造全国重要的经济增长极和“一枢纽三基地”两大定位。必须实现八个方面的紧密结合，即：和产业布局、基础设施及市场体系建设紧密结合；和“引城入山、引园入山”紧密结合；和创建新的城市组团、促进滇中城市群融合发展紧密结合；和创建特色城市紧密结合；和打造北部武定（禄劝）增长极紧密结合；和保护优质耕地紧密结合，和破解“睡城”、空城难题紧密结合；和推进城乡户籍制度一体化、破解城乡二元结构难题紧密结合。进而形成大中小城镇相结合，多层次、开放型城市体系，城乡统筹、相互衔接、全面覆盖的“全域滇中地区”规划体系和监督执行体系。

4. 市场体系一体化。市场体系一体化建设的重点是商贸物流、金融、劳动力三种市场的一体化。加快商贸物流市场的一体化，即通过培育现代化流通主体，实现市场观念和流通体制机制突破，实施“改、建、促”工程，大力发展商贸连锁经营，建设综合保税区，建设国际性物流市场，建设多个边境口岸物流园区，构建“一中心四枢纽多节点”的空间布局，建设国家级滇中电子商务试点区域，打造各类国际商务官方门户网站、信息服务平台和电子商务平台，将滇中建成区域性国际物流中心。加快金融市场一体化，核心是建设昆明面向东南亚、南亚的区域性金融中心，促进金融体制改革，资本市场发展，金融产品创新和服务创新。促进劳动力市场一体化，就是建立滇中经济区统一的劳务市场，实现统一信息发布、统一运行规则、统一收费标准等，促进区域内人才和劳动力自由流动。

5. 社会管理和公共服务一体化。社会管理和公共服务一体化是以建设公共服务型政府为目标，打破行政区划界限，提高公共事务处理效率，提升公共服务的质量和水平，在保障公民权利、维护社会秩序、提供社会安全网、解决社会危机，提供公共服务等方面，逐步实现资源共享、制度对接、待遇互认、要素趋同、流转顺畅、差距缩小、城乡统一和指挥协同，努力实现公共交通，公共文化体育服务，各种社会保险，住房公积金和旅游服务一卡通，病历一本通，交通出行咨询服务、投诉、维修救援“一号通”，最终使滇中城乡户籍人口和非户籍常住人口享有同等待遇的基本公共服务。

6. 生态建设环境保护一体化。生态保护环境优化一体化是以山脉、水系为骨干，以山、水、田、林等为要素，以控制污染源为根本，以饮用水源地优先保护和珠江、南盘江、牛栏江、滇池、星云湖、阳宗海、抚仙湖、杞麓湖等河流和湖泊水环境综合治理为重点，建立“八大体系”即建立全防全控的产业环境调控体系、齐防共治的跨界水体污染综合防治体系、联防联控的大气复合污染综合防治体系、同保共育的生态体系、共建共享的基础设施体系、协同联动的环境监管体系、统筹协调的环境管理体制和完善统一的环境政策体系。构建以森林、水系及湿地生态系统为主体的区域生态保护屏障。

三、加快滇中经济区建设的有关建议

加快滇中经济区建设，既需要滇中四州市及全省上下干事创业的内部力量，也需要国家有关部门的大力支持，还需要周边国家的紧密合作。结合实际情况，提出以下建议。

1. 解放思想，敢于创新。思想是行动的灵魂。要先行先试，首先要敢于突破传统观念的束缚，敢于创新。一是创新管理体制。坚持“小政府，大服务”的原则，大胆创新管理体制，整合管理资源，提高管理效率。二是创新利益协调机制。制定和实施跨地区的税收分成、资源开发补偿、生态补偿以及区域环境共建共享的协调机制。三是创新干部管理评价机制。培养造就一支想干事、能干事、干实事、干好事的高素质干部队伍。

2. 加强领导，强势推进。尽快成立由省政府主要领导任组长，省级相关部门，昆明、曲靖、玉溪、楚雄四州（市）政府主要领导为成员的滇中经济区建设强有力领导小组，下设办公室。其主要职责：一是编制并执行滇中经济区发展规划；指导协调各专项规划、州市规划和滇中经济区规划的衔接；指导四州（市）确立产业定位和发展方向。二是负责滇中经济区重大事项、重要项目、重要政策的争取、协调和落实。三是对滇中经济区建设政策措施落实情况进行监督检查。四是深化行政审批制度改革。五是充分发挥宣传舆论的引导作用，动员和发挥广大干部群众的积极性和创造性，形成普遍共识和强大合力。六是积极加强与周边省市和周边国家的高层协商，充分利用泛珠三角“9+2”和GMS及“10+1”合作平台，争取国内外的支持，吸引人力、技术、资本等生产要素的聚集。强势推进滇中经济区加快发展。

3. 立足全局，规划先行。一是科学编制《滇中经济区发展总体规划》。该规划不能是四州市的简单相加，而必须是四州市相互联系，并和省内省外、国内国外相联系的整体，是乘数效应的科学设计。确保规划的权威性、先进性和高起点。二是根据《滇中经济区发展总体规划》《滇中经济区国土资源开发利用规划》和《滇中经济区城市群规划》，尽快制定出台《加快滇中经济区发展指导性意见》以及四州市和县域发展规划；并赋予规划法律地位，确保《滇中经济区发展总体规划》落实。

4. 争取支持，用足用活政策。一是按《国务院关于支持云南省加快建设面向西南开放重要桥头堡的意见》要求，用好用活政策。要争取设立国家、省、市三级财政支持的滇中经济区共同开发基金；鼓励和支持各大银行和金融机构加大对滇中经济区基础设施建设项目的信贷投入；争取中央在共享税上给予滇中经济区照顾，在地方税上给予云南制定权，在项目上给予云南重大项目审批权，在土地上单列滇中经济区用地指标；在对外开放上帮助协调，加强与周边国家合作，共建越老缅柬泰、东盟、南盟合作开发区和国际市场。二是省级给予四州市优惠政策。支持产业重大项目、重要产业基地开展多种方式的融资工作；对市场前景好、规模大、效益好的省级重大项目和投资超过10亿元的产业项目，其用地计划由省统筹解决；在财税政策方面给予四州市倾斜。

5. 强化考核，加强督查。建立规划实施的评估和考核制度，强化对规划实施情况的跟踪考核，加强督查，把主要任务和目标纳入地方政府政绩考核和环保责任考核，分年度对分解落实的各项任务和目标进行考核，考核结果纳入滇中各地和省直部门领导干部考核内容，并向社会公布。开展规划实施阶段性滚动评估，根据评估结果及一体化发展的需求变化，适度调整规划目标和任务。

关于抗旱保民生的建议案

（2011年11月4日政协云南省第十届委员会第二十八次主席会议通过）

我省自2009年以来遭遇三年连续干旱，特别是今年入汛以来，滇中及东部地区发生了较为严重的干旱灾害，给群众生活和工农业生产造成了较大影响。根据省委主要领导关于开展抗旱保民生专题调研的重要指示精神，省政协牵头组织五个调研组，分别由王学仁主席、管国忠常务副主席、马开贤副主席、王学智副主席、白成亮副主席、倪慧芳副主席带队，于10月23～29日，先后赴昆明、曲靖、文山、大理、红河、楚雄、昭通、玉溪、临沧等9个州市，围绕“今年怎么过、明年怎么办”，深入到受灾较重的25

个县市（区），采取实地察看旱情、听取汇报、座谈交流、集中研讨等方式，摸情况、算水账、谋良策，就全省水资源情况暨抗旱保民生工作开展了专题调研。

各民主党派省委负责人、部分省政协委员、省直有关部门领导和省政协有关人员参加了调研。省委常委、常务副省长罗正富，省委常委、昆明市委书记仇和，副省长孔垂柱先后参加调研。所到州市的各级党委、政府对这次调研活动高度重视，作了扎实的准备，提供了翔实的资料，并表示要认真研究采纳调研组提出的意见和建议。为进一步推动我省抗旱保民生工作，特提出以下建议案。

一、当前旱灾的基本情况

今年 7 月下旬以来，我省滇东北、滇中、滇东南等地区发生了有气象记录以来最为严重的夏季气象旱，特别是东部地区遭遇了春夏连旱，工农业生产和群众生活受到了不同程度的影响。全省旱情呈现以下六个突出特点：

一是降雨异常偏少。截至 10 月 17 日，全省平均降水 802 毫米，比历年同期平均少 211 毫米、偏少 21%，比严重的 2010 年同期还减少 132 毫米，偏少 14%，为有气象记录以来同期最少年份。其中旱情较重的曲靖、昆明、昭通、楚雄平均降雨量较历年同期分别偏少 44%、34.3%、27%、26.8%，曲靖和昭通的降雨量是 1961 年、1963 年以来同期最低值。全省共有 11 个州市的 98 个县雨量偏少至特少，偏少幅度最大的马龙县达到 58%。

二是江河来水持续偏少。截至 10 月 10 日，全省河道平均来水量比多年同期均值偏少 49%，六大流域干流及其主要支流除怒江偏多外，其余偏少 28% ~89%。目前已有 137 条中小河流断流、407 座小型水库干涸。其中昭通市内的洒渔河、白水江等主要河流，平均来水量较正常年份偏少 70% 以上，全市 17 条河沟出现断流。

三是库塘蓄水严重不足。今年给人的感觉是降雨天数不少，但雨量不够、地湿不透，地表未形成径流，目前全省库塘蓄水总量为 41.6 亿立方米，仅完成年度蓄水目标任务的 55%，与去年同期相比少蓄水 10.72 亿立方米，是 1994 年以来同期蓄水最少的年份。截至 10 月 20 日，昆明市库塘蓄水量 7.06 亿立方米，比去年同期少 34.2%，比 2009 年同期少 36.4%。曲靖市库塘蓄水量 3.7 亿立方米，比上年同期减少 3.7 亿立方米，仅完成计划的 43%。昭通市库塘蓄水量仅为 2.08 亿立方米，比上年同期减少 2.4 亿立方米，仅完成计划的 41%。大理州库塘蓄水总量为 2.62 亿立方米，比去年同期减少 1.11 亿立方米，仅完成计划的 53.8%。特别是砚山县蓄水仅 2417 万立方米，只占计划的 19.8%。其中最令人担忧的是，负责向城镇人口密集区供水的骨干水库蓄水量之少，为有史以来所未见。如昆明的云龙水库仅蓄水 1.47 亿立方米，较去年同期减少 9800 万立方米；曲靖的花山水库只蓄水 2789 万立方米，只是正常蓄水量的 38%。

四是人畜饮水困难增大。截至 10 月 10 日，全省人饮困难人数达 291.6 万人，而昭通、曲靖、昆明、文山四州市人饮水困难人数就有 220.1 万，占全省人饮水困难总数的四分之三。全省因旱造成 161 万大牲畜饮水困难，其中旱情较重的昭通 26.1 万、昆明 25.3 万、大理 8.6 万，随着旱情延续发展，到明年春季将更为严重。

五是干旱造成的损失严重。全省农作物受旱面积 196.6 万亩，成灾 120 万亩，绝收 24 万亩；林地受灾面积 1476 万亩，成灾面积 830 万亩，报废面积 337 万亩，全省直接经济损失75.71亿元。因灾造成全省需救助人口225.75万人。因为工业用水紧张，全省一些企业、厂矿已经处于停产停工或半停产状态。除可以用数字量化和货币衡量的损失外，因干旱带来的其他隐性损失则难以估算。

六是受灾地区目前相对集中。鉴于我省的地理条件，当前的旱灾主要集中在滇中的昆明、曲靖、楚雄、玉溪等地区和滇东的昭通、红河、文山的部分地区以及大理、丽江的局部地区。随着时间的推移，旱情还会扩大。据分析预测，明年3至4月份，云南旱情将最为严重，同时不排除雨季延迟，出现四年连旱的可能。

二、旱情持续可能带来的影响和问题

目前已进入后汛期，降雨量将逐渐减少，持续三年干旱基本已成定局。虽然现阶段干旱带来的问题还没有完全显现，但我们认为，今冬明春我省抗旱工作面临的形势极其严峻，决不可麻痹大意。

1. 城市供水存在较大缺口。由于降水不足，为城镇供水的水库大都处于低水位，据现有数据，截至2011年8月，全省有45个县（市区）供水形势严峻。特别是滇中、滇东地区的不少城市将会在明年春季遇到供水存在较大缺口的问题，到初夏甚至会出现无水可供的极端情况。如昆明主城区，按照目前日供水量93万立方米计算，从10月1日至明年6月30日，共需原水约2.55亿立方米，但以现有蓄水量来测算，原水缺口高达9800万立方米。按现在的供水量估算，昆明市主城区明年3月起就将无水可供。除昆明以外，滇中主要城市玉溪、曲靖也存在较大的供需缺口。玉溪市中心城区用水缺口达1900多万立方米，曲靖中心城区供水可再维持150天，明年3月主供水的西河水库将无水，全城生活用水和生产用水将无法保障。

2. 保障人畜饮水安全的难度增大。农村人畜饮水困难是我省的老问题，即使在丰水年景也难以完全避免。但是今年的情况有所不同，相当多的地方还在雨季期间就出现了人畜饮水困难，这是相当罕见的。如在沾益县西平镇石羊村委会青山村民小组，调研组目睹了村民排长队领水的情况，上至80多岁的老人，下至五六岁的孩童每天都要领水吃，目前该村依靠消防车送水已有两个半月时间。嵩明小街镇的山区、半山区，目前就有4550多人面临饮水困难。随着旱季的到来，我省人畜饮水困难的问题将更加突出、涉及范围将更广、影响程度将更加深。另外，由于连续三年干旱，特别是去年的特大旱灾消耗了以往的存水，许多应急水源的水量没有得到恢复，基层政府和老百姓抗旱的财力、物力消耗较大，解决今冬明春的人畜饮水困难将面临比2010年更加严峻的形势。

3. 农村遭受的损失比较严重。去年干旱，受灾群众主要是小春损失，可以通过大春作物扩大种植来弥补。今年遭受的是伏旱，大春损失比较严重。由于农民在大春生产中已经投入了大量的种子、化肥、农药等农资，绝收给农民在经济上造成的损失是相当大的。另外大春作物是我省农户的主要口粮，成灾或绝收对灾区群众生活的影响很明显，群众生活困难的问题将在明年春夏之交更加突出。由于缺水无法有效浇灌，今年已种植的晚秋作物生长受到了影响，明年小春的丰收难以保证。同时，如果明年雨季不提前，明年的大春种植也将面临无水可供耕种的局面，农业损失将不可避免。

4. 工业生产受到明显影响。当前我省旱情主要集中在经济比较发达的滇中和滇东地区，今冬明春为确保城乡居民饮水安全，除保障影响国计民生的重点企业继续供水外，其他的工业项目和企业已逐步进行供水限制，部分工业企业的正常生产将会因此受到影响。如旱情较重的曲靖市，因缺水被迫停产或半停产的企业预计产值将减少70亿元。多晶硅、弛宏锌锗等企业处于停产状态，曲靖卷烟厂、双友钢铁等7户处于半停产状态。此外，为切实压减省内用电负荷，自9月1日开始，我省实施有序用电，按照“五保四压”的原则进行用电调整，这将导致今冬明春新增工业项目全部推迟投产。

在调研中我们发现，在实际抗旱工作中，也存在着一些不容忽视问题。若不及时纠正弥补，产生的不利影响可能更大。一是对旱情认识不充分。今年降雨量异常偏少，但由于下的是“插花雨”，大多数地区包括旱情较重地区的农业生产表面上并未受到明显的影响，全年粮食产量还有所增加。这给不少领导干部和很多群众一种风调雨顺、不缺水的错觉，对今年旱灾严重性和造成深层次危害的认识普遍不够、紧迫感和危机感不强，参与抗旱的积极性不高。此外，仍有少数受灾群众把抗旱保民生工作看成是政府的事，等、靠、要的思想比较严重，存在上面急、下面不急的现象，参与抗旱保民生、保稳定的主动性、积极性没有完全调动起来。二是节水意识较差。目前我省全社会的节水意识不强，城市循环用水设施建设薄弱，用自来水进行城市绿化、建筑施工乃至工业生产的现象仍普遍存在，对耗水多、污染大、效益差的项目和企业还没有采取有效的限制用水措施。如在寻甸县，为保证县城及周边生产生活需要，每天需要从清水海死库容下抽取原水3万立方米，而南磷集团仍每天耗水1万多立方米、排放污水5000立方米，造成了水资源的极大浪费。三是水利基础设施抗旱能力弱。我省大多数水利基础设施建于20世纪五六十年代，建设时间早、技术水平低、管理维护成本大，有水蓄不住，输水损耗严重，很多已经不能正常发挥作用。缺少骨干水源工程，仍然是受灾地区最根本的问题。同时，农村小水利的建设和使用上尚有不足之处，有些小水窖建设不合理，选址不当、取水不便，从未启用过，成为摆设。四是抗旱保民生资金缺口大。虽然各级财政前期不断加大投入，安排大量资金用于抗旱救灾工作。但因为干旱持续时间长，抗旱保民生涉及面越来越广，解决灾区群众生产生活问题的困难更大，人畜饮水、工农业生产用水成本进一步提高，计划实施的抗旱应急工程逐步增加，对资金需求仍在不断增大，地方现有抗旱资金存在较大缺口。五是“西电东送”加剧了我省抗旱保民生压力。西电东送是实现我省与广东等沿海省份资源互补的重大举措。但在我省受灾严重的情况下，西电东送成了我省抗旱保民生的一项沉重负担。送电送走了水。无论水电还是火电，发电越多，需用水量越大，且火电厂大部分都集中在旱情严重的滇中和滇东北地区，这进一步加大了干旱地区的供水缺口。送电送走了效益。西电东送目前日送电量1.1亿千瓦时，占我省全部发电量的1/3，按上网电价0.36元/千瓦时和省内居民用电0.5元/千瓦时计算，自今年11月至明年5月底雨季到来前，西电东送将导致我省直接经济损失30多亿元。送电送走了生产力。西电东送是在压抑我省现有生产力情况下向东部沿海城市输送电力，使我省现有工业企业的正常生产受到严重影响。送电送走了环境。由于上网电价过低，发电带来的环境影响得不到合理补偿，发电导致的环境破坏要由我省承担，环境修复问题留给了生态脆弱的云南。

三、做好我省抗旱保民生工作的建议

今年的旱情严峻，面临的困难很多，但省委、省政府、省政协主要领导提前部署安排，及时有力应对，这从根本保证了我们能够战胜灾害。省政协在此次调研的基础上，为进一步做好我省抗旱保民生工作，特提出以下建议，供省委、省政府决策参考。

第一，广泛动员，提前全面部署抗旱工作。面对今冬明春的旱情，全省各级党委、政府应当高度重视，充分认识旱情的严峻性，把思想统一到省委、省政府的决策部署上来，把抗旱工作放在工作全局中去安排部署，深入调研、把握实情，立足当前、谋划长远，科学制定完善水资源保护及抗旱保民生的规划。切实采取有效措施，明确工作职责，完善工作制度，加强督查检查，扎实做好抗旱保民生的各项工作。全省应进一步形成抗旱保民生的社会氛围，通过新闻媒体及时、准确、科学的宣传报道，使广大群众充分认识旱情的严重性，增强节约用水的自觉性以及积极支持、配合党委政府开展抗旱工作的主动性，同时又要让群众树立信心，认识到我们完全能够战胜旱灾。要适时向社会公布水情、灾情，积极回应不实传言，及时辟谣，避免引起社会恐慌，切实维护社会和谐稳定。只有这样，才能全党动员、全民动手，有效应对最严重的灾情，最大限度地减少干旱造成的损失。

第二，以供定需，实行计划供水。应尽早依据现有水资源的供给能力确定今后生产生活的用水量，严格管理和科学调配现有水源，明确用水秩序，按照“先生活、后生产”的用水原则，调度和安排水资源的使用，有计划、有节制地进行科学供水。首先要确保城乡居民的生活用水，其次保障与民生问题关系密切行业的生产用水，然后才能安排其他行业的生产用水，切实减少高耗水行业、企业的供水量。对于昆明市主城区、曲靖市主城区等供水缺口较大的地区，必须根据现有蓄水量，把用水计划至少安排到明年6月底，并且严格按计划执行。

第三，突出重点，全力保障农村群众饮水安全。应把保障农村居民饮水安全放在抗旱工作的首位，想尽一切办法，调度一切力量，采取最有力的措施，不惜代价保证群众的生活用水，绝不能让一名群众没有水喝。应对旱区的缺水状况进行全面摸底排查，区别不同情况，制定和落实供水保障措施，根据水源状况，从最不利的情况来考虑，制定人畜饮水解困计划，认真落实工作措施，让受灾群众的饮水安全得到有效保障。特别对岩溶山区、偏僻地区、学校等重点地区以及老弱病残、五保户等重点人群，要格外关注、重点保障，及时救助，确保他们有干净水喝。

第四，抓紧时机，千方百计增加蓄水。现在雨季虽已基本结束，但今后可能还有降雨，同时地表还有水可收集。应最大限度地利用好现有的自然水源，采取堵水、引水、集雨、库塘清淤等措施，充分挖掘“五小水利”工程蓄水潜力，发动群众用抽水、提水、拉水、运水等方式，引水入库、入塘、入窖、入池，千方百计增加库塘蓄水。科学进行人工增雨作业，积极协调有关方面，争取今后只要有条件，就实施人工增雨作业，有效增加降水量。严格做好饮用水源地的保护工作，采取果断措施，尽快解决水源保护区的水污染问题，加大生态建设力度，改善自然环境。必须坚持把地下水源作为战略储备水源，科学合理开采使用地下水，避免对地下水资源的无序开采，做到科学论证、合理使用。国土资源部门应抓紧对地下水资源的勘查，积极为旱灾地区寻找应急水源，及早打井以备急需。

第五，狠抓节水，进一步提高水资源的利用率。无论是对于当前的抗旱保民生，还是对于今后的可持续发展，加强节约用水都是解决我省水资源供需矛盾的根本途径。在抗旱中，必须重点抓节水。应在全社会大力倡导低水生活，鼓励使用中水，引导广大干部群众进一步增强节水意识。有关部门要在党委、政府的领导下，在充分做好宣传解释工作和切实解决受影响群众实际困难的基础上，采取更加严格的节水措施，有计划地减少供水量，强化用水定额管理。大力发展低水经济，加强城市循环水和中水设施建设，加大工业和城市生活用水重点行业和关键环节的节水力度，限制或暂停利用水库水发电，用优好水、用妥差水，分类使用、各尽其用，最大限度地使用好现有水资源。

第六，加强管理，切实发挥现有抗旱设施的作用。对现有水利设施特别是农村小水利设施进行全面清理，摸清设施使用情况，认真查找存在问题，及时修缮损坏及失效的设施，不造成闲置浪费。特别是对去年旱灾中的抗旱设施要重点清理，力求保持完好，已打出的水井需要继续使用的应当管理维护好，抽水泵、运水车应当集中到县级进行管理、维护，并在需要时由全省进行统一调配使用。抓好自来水厂生产设备、输水管网的检修维护，集中管理好现有抗旱应急物资，并提前进行补充和储备。对财政投入、社会捐赠等方式多方筹集的资金和物质，应当向较为贫困、灾情较重的地区和少数民族聚居区倾斜，在资金分配上优先考虑、在物质分配上优先划拨，在水利建设上给予重点支持。

第七，及早谋划，努力减少干旱对工农业的影响。灾情对工农业生产的影响已经难以避免，应当及早准备，提前应对。应及早部署今冬明春的农业生产，及时调整灾区作物种植结构，引导群众因水定种，减少耗水作物种植，扩大旱作种植面积。建立健全应急水源调度机制，如在特殊情况下将滇池的水资源调度利用，满足部分工农业生产及城市建设的用水需求。建立“西电东送”长效机制，积极协调有关方面，适当提高输出电价，减少对外输电量，将 1.1 亿千瓦时的现有外输电量往下调至5000 万千瓦时左右，以应对当前缺水、缺煤的现实情况，确保我省用电安全，保障全省各族群众的切身利益。

第八，加快进度，进一步推动我省水利基础设施建设。努力把这次灾情转变为一次机遇，加快推进“兴水强滇”战略。省有关部门应强化项目前期工作，加快实施一批具有支撑带动作用、利于长远发展的大项目好项目。搞好农村小型水利工程建设，利用今冬明春农闲这一有利时机，提高补助标准，鼓励农民兴建集雨水窖、泵站提水、集中供水等农村饮水安全工程，加快建设小水库、小水塘、小水窖等“五小水利”工程。应加快在建应急水源工程的建设，在保证质量的前提下，尽可能使有条件在今冬明春发挥作用的项目，尽快完工，早日投入使用。应重视做好水利项目前期工作，争取“十二五”规划期间有尽可能多的项目开工建设，努力为实现云南水利建设跨越式发展打下坚实的基础。

第九，抓住根本，力争滇中引水工程早日开工建设。实施滇中引水，是从根本上解决滇中地区长期严重缺水问题的战略举措。希望有关部门充分利用滇中引水已经列入国家“十二五”发展规划的重大机遇，立足建设桥头堡战略目标和加快滇中经济区建设战略决策的实现，针对目前滇中地区严重的旱情，再接再厉、继续做好工作，进一步加强汇报、重点攻关、沟通协调，认真做好项目建议书的修改、咨询工作，争取项目建议书尽快通过审批，完成立项工作。同时，要继续做好规划衔接工作，适时组织开展可行性研究，为项目早日开工建设争取时间、创造条件。

第十，积极反映，争取中央的更大支持。工程性缺水、资源性缺水和灾害性缺水是我省抗旱面临的突出问题。应加大向中央反映的力度，就“十二五”期间我省大、中型水库待建项目，争取国家有关部委的支持，尽快批准立项和开工建设。积极向民政部等部委反映我省在抗旱保民生中存在的困难和问题，争取更多的资金和物资支持，用于保障旱区困难群众的生活以及工农业生产。

关于尽快恢复和提升云南边境旅游的调研报告

（2011 年 6 月 29 日政协云南省第十届委员会第二十五次主席会议通过）

今年 4 月中下旬，省政协港澳台侨和外事委员会调研组就恢复和提升云南边境旅游问题进行了调研。现形成如下调研报告：

一、发展边境旅游的重要战略意义

边境旅游是我国陆地边疆省份旅游业的一大特色。随着我国对外开放步伐的加快，云南边境旅游蓬勃发展，这对云南旅游业的快速发展，云南旅游业国际化水平的不断提升起到了举足轻重的作用，而且对云南建设睦邻、安邻和富邻周边国家关系，以促进全省经济社会全面发展都发挥了积极的作用。

1. 推动云南桥头堡建设的实施。根据《国务院关于支持云南省加快建设面对西南开放重要桥头堡的意见》精神，及把云南建成向西南开放的重要门户，构建从陆上通往印度洋的战略大通道，成为我国沿边开放的试验区和西部地区实施“走出去”战略的先行区的桥头堡战略定位。云南要不负中央重托，肩负起桥头堡的重任，发展边境旅游是必不可少的。因为边境旅游可带动通道的建设，通道的繁荣便捷又可带动通道经济和相关产业的构建和发展。因为边境旅游带来的人流可以促进物流、信息流和资金流，在对外经贸合作、对外文化交流上发挥积极作用，为加强和东南亚、南亚合作，拓展与印度洋沿岸国家合作打好基础。

2. 促进我国富民兴边战略的实施。中国许多沿边地区是民族地区，由于各方面的原因，大多数边疆民族地区的经济社会仍然落后，与内地相比的差距还比较大，有的地区差距还在不断拉大。云南边境旅游的发展一方面吸引了大批旅游者从四面八方到边境地区，促进边境地区的人民转变和更新观念，加强内地对边境地区的了解和联系，从而加强信息交流、相互取长补短，开辟了内地与边疆合作新途径；另一方面，也扩大了边民之间的交往，加强了边境地区与相邻国家的了解与联系，创造了经贸合作机会，促进了边境贸易发展。特别是边境旅游和边境贸易的互动，又带动了边境地区相关行业和口岸经济的发展，使许多边境少数民族地区的人民走上了脱贫致富道路。作为陆地边疆省份的云南必须充分发挥边境通道经济和边境口岸经济在富民兴边中的重要作用。

3. 发挥睦邻、安邻、富邻的作用。建设和谐周边是我们对外开放的一个重要目标，也是我国外交战略的重要组成部分。云南沿边地区与毗邻国家地区大多数是民族贫困地区。由于贫困，跨境犯罪问题较严重。加快边境开放、发展边境旅游不仅可以为周边国家与我毗邻地区公民之间的接触了解开辟一条重要渠道，增加人员往来，巩固和深化双方业已存在的友好关系和传统友谊，而且人员交往可以为经济、文化合作交流提供方便，从而带动周边国家与我毗邻地区共同发展和稳定，并通过发展减少跨境犯罪活动，起到睦邻、安邻、富邻的作用。

4. 提升我国旅游业的总体水平和国际化水平。发展边境旅游是中国与周边国家加强联系、增进合作的新途径，是中国旅游业新的增长点，是促进对外开放的重要措施，也是当前满足广大公民日益增长的旅游需求的有效方式。云南发展边境旅游不仅以口岸和通道推进旅游发展，促使我国旅游产业实现“二次创业”，而且将会逐渐形成大湄公河次区域跨境旅游格局，汇集国内客源通过云南走向东南亚，吸引东南亚及世界各国游客通过云南进入我国境内旅游，由此拓宽和丰富我国的国际旅游渠道。同时，发展边境旅游还可以促进我国国际化旅游基础设施建设，优化旅游资源产品，加强旅游信息，提高旅游国际化服务水平，增强国际旅游管理能力，加强我国在大湄公河次区域旅游的影响作用。

二、云南边境旅游发展情况和存在问题

（一）云南边境旅游发展情况

云南是我国沿边省区中最早开展边境旅游业务的省区之一。云南边境旅游起步于20世纪90年代初，并形成云南旅游特色。云南发展边境旅游有许多有利因素：一是地理区位优势明显，云南地处“三亚”（即东南亚、东亚和南亚）、“两洋”（即太平洋和印度洋）的结合部，与缅甸、老挝和越南三国接壤，有长达4060公里边境线，有90多条边境通道，分布13个国家一类口岸；二是人文环境十分优越，云南与东南亚、南亚国家之间的民族亲缘关系非常密切，许多民族还同出一源，有血缘关系。由于文化相似、习俗相近，云南是中国和东南亚、南亚友好往来名副其实的桥梁和纽带；三是交通设施日趋完善，面向越南、老挝和泰国、缅甸以及南亚的4条出境公路云南境内段都已经基本实现了高等级化，有民用机场12个，其中国际机场有2个（昆明机场和西双版纳机场），4条出境铁路的建设也在大力度向边境推进；四是有和东南亚国家长期的经贸合作取得丰硕成果做支撑。丰富的旅游资源和便捷的交通使云南成为民俗风情边境旅游的最佳去处，曾经一度创造了旅游的“云南模式”。

云南边境旅游在发展中形成三大特点：

1. 步入正轨晚，但发展较快。云南边境旅游是在我国的对外开放从沿海开放扩大到沿边开放，云南省从我国对外开放的末梢一跃而成为开放的前沿后才产生和发展起来的。但由于其对国内游客强大吸引力和巨大的市场潜力，发展非常迅速，如西双版纳州、德宏州到1993年边境旅游才步入正轨，但10年间光打洛口岸出境旅游的人数就达到583.94万人次。德宏州在1999～2004年的6年间，持边境通行证出境游客总计达到457.72万人次，其中异地办证人数比列占出境游人数的80%以上。在有边境旅游业务的全国各地区中名列前茅。

2. 经历了从自发到自觉（即有组织）的过程。云南开展过边境旅游业务的主要有德宏州（中缅边境）、西双版纳州（中缅、中老边境）、保山市（中缅边境）、红河州

（中越边境）、文山州（中越边境）等5个边境州市。由于具体情况不同，各主要边境州市开展边境旅游起步不一，但都经历了一个短暂的自我发展的过渡期，即自发发展的阶段。1993年国家旅游局肯定了边境旅游，并被纳入正轨管理。

3. 经济效益、社会效益可观。边境旅游不仅对云南旅游业发展起了积极的带动作用，而且促进了边境州市经济社会发展。据不完全统计，从1993年年初至2004年年底，全省边境旅游人数达到约3000万人次，旅游总收入达到107亿元人民币。边境县城如德宏州瑞丽市出境旅游收入年均达到2.5亿元，旅游收入占全市总收入的1/5。成为瑞丽经济发展的四大支柱产业之一。

由于边境旅游的发展，许多通道因边境旅游而建成，许多口岸因边境旅游而兴旺，许多关系因边境旅游而改善，许多合作因边境旅游而促成，许多产业因边境旅游而发展，许多边境城市因边境旅游而繁荣，许多边民因边境旅游而致富，许多人员因边境旅游而认识了云南。

（二）云南边境旅游发展后出现的问题

云南在发展边境旅游同全国其他地区一样，出现了一些问题。其中最突出的是，随着边境旅游的兴起和我出境人数的猛增，跨境赌博悄然兴起，成为威胁我经济安全、边疆和谐稳定的一大毒瘤。为了打击出境赌博，2004年云南省旅游局根据中央精神下发了《关于暂停开展边境一日游办证的紧急通知》，从2005年9月30日起，对省内游客也停止了办证，边境旅游基本上全面停止。同时，各级旅游管理部门积极配合公安执法部门，加强了对边境旅游市场的整顿。

由于一刀切的政策，在有效遏制出境赌博蔓延的同时，也对蓬勃发展而且有必要发展的边境旅游产生了严重冲击。

1. 出境游人数骤减，边境旅游收入大幅下降。边境旅游停止异地办证后，全省边境旅游收入每年减少20多亿元。

2. 边疆地区的经济社会发展造成了严重影响。游客数量锐减，使本来就十分困难的地方财政状况雪上加霜，许多旅游景区、旅游宾馆、旅游餐厅、旅游商店和旅游汽车公司损失惨重。据不完全统计，全省有6000多名直接从事边境和边境旅游的业务人员失业，有10多家旅行社注销。

3. 下岗失业人员增多，边疆社会稳定面临严峻挑战。如德宏州瑞丽市原有的15家旅行社中，有5家被迫注销，3家歇业，余下的7家业处于半关闭状态；170多家宾馆年均入住率由原来的70%猛降至约30%；景区（点）、餐饮、商店营业额均下降了40%以上，导致4000多名旅游直接从业人员下岗失业。

4. 导致非法经营边境旅游现象日益突出，给边境安宁带来隐患。不法分子利用一些游客希望到老挝、缅甸看看的需求，采取欺骗、诈骗甚至敲诈勒索等手段，非法运营边境旅游的现象日益突出。据云南边防统计数据显示，仅2010年，中缅边境德宏段查获的非法出入境的人员就多达约1700人。这既扰乱了旅游市场秩序，也使我边境管理增加了压力。

三、恢复和提升云南边境旅游已刻不容缓

目前，恢复云南边境旅游已经到了非常必要和非常紧迫的时刻，而且通过近7年的

整改，恢复边境旅游的条件已经具备。

1. 全国边境旅游大多已恢复。目前，全国许多地区的边境旅游已经恢复。例如国家2009年2月已批准黑龙江的黑河市、牡丹江市所属绥芬河市、东宁县边境游异地办照试点业务，现有黑河—布拉戈（格）维申斯克（俄罗斯）、绥芬河—乌苏里斯克—符拉迪沃斯托克（海参崴）等线路；2009年3月辽宁省丹东、广西凭祥也恢复边境旅游异地办证试点工作业务，凭祥还推出到越南河内、广宁、高平、谅山等旅游线路；2010年4月，随着长吉图开发开放先导区建设的推进，吉林省延边朝鲜族自治州边境旅游异地办证试点工作得到批复，7月1日正式实施，推出了四条精品边境旅游线路，让游客探访朝鲜，感受俄罗斯，体验“一眼看三国”。云南是中国发展边境旅游最早的省份，也应该到恢复的时候了。

2. 跨境赌博整治情况较好。中国警方于2003年5月开始至2005年初，在云南边境开展了长达一年多的大规模打击出境赌博行动，先后实施了“利剑行动”“秋风行动”“铁拳行动”“控边行动”等一系列的边境整治、打击跨境赌博违法犯罪活动的专项整治行动。在禁赌行动中，云南省共出动警力144376人次，查获涉赌案件6000余起，查处涉赌人员28380人，迫使中缅边境缅方一侧的82家赌场全部关闭，出境赌博蔓延的势头得到了有效遏制，成效显著。各级政府、旅游管理部门积极配合公安部门的禁赌工作，专门成立了边境旅游禁赌专项行动领导小组，制订了工作方案，加强了公安机关出入境管理部门的软、硬件建设。目前，国家批准的云南省9条边境旅游线路上，绝大部分境外赌场已被拆除或者改作他用，赌场工作人员已经遣散。

3. 恢复和发展云南边境旅游是繁荣边疆所趋，是人心所向。在当前云南桥头堡建设正全面展开的情况下，加快边境地区的经济发展，促进边境地区的和平、稳定和繁荣有重要意义。边境地区的企业、从业人员、民众及人大代表、政协委员纷纷向地方党委、政府和有关部门反映情况，要求解除政策限制，落实禁赌不禁游的精神，尽快恢复中缅、中老边境旅游，促使边境旅游健康发展，确保边疆的繁荣稳定。

4. 桥头堡建设要求发展边境旅游。将云南建设成为我国向西南开放的重要桥头堡已经上升为国家战略，是云南实现跨越式发展所面临的一次重大机遇。“桥头堡意见”明确指出，要积极发展跨境旅游，简化游客出入境手续，研究推动大湄公河次区域内人员正常、有序开展。适时研究推进相关出入境便利措施。而桥头堡建设必须实现内外联动，得到周边国家尤其是缅甸、老挝等的理解、支持与配合。如果我们因有赌博而紧闭国门，那我们与之如何交往，如何得到对方的理解、支持与配合，如何发挥边境地区排头兵、纽带、桥梁的作用。只有边境旅游的尽快发展，才有利于推动沿边各国的人流，从而带动物流、信息流、和资金流，加快桥头堡建设。

四、恢复和提升云南边境旅游的对策建议

目前，恢复和提升云南边境旅游不仅条件成熟，也是国家实施桥头堡战略的需要，建议：

1. 尽快恢复西双版纳州、德宏州和保山市等州市的异地办证，使国家过去批准的9条边境旅游线路全面恢复。建议云南省政府尽快请国家相关部门来云南验收发展边境旅游的条件，尽快恢复异地办证，同时，建议国家有关部门以禁赌不禁游的理念，认真处

理好打击出境赌博与开展边境旅游之间的关系，根据云南实际尽快恢复云南边境旅游，使之早日造福于云南边疆各族人民，服务于桥头堡建设。

2. 推进边境旅游环线建设。根据形势发展的需要，在积极调整和优化现有的边境旅游线路的基础上（如可增加孟定—缅甸果敢、南伞—缅甸果敢线路），着力推进以下五条旅游环线建设，使之发挥更大的经济和社会效益：（1）中国景洪港—老挝琅勃拉邦—中国勐腊磨憨口岸；（2）中国景洪机场—老挝琅勃拉邦机场—中国勐腊磨憨口岸；（3）中国勐腊磨憨口岸—老挝琅勃拉邦—中国景洪机场；（4）中国猴桥口岸—缅甸密支那—缅甸曼德勒—中国瑞丽口岸；（5）中国河口口岸—越南广宁—越南沙巴—中国天保口岸。其他有条件开展边境旅游的州市也可逐步放开，推出适宜的旅游线路，争取成熟一条，批准一条。

3. 加强边境旅游基础设施建设。应确立“边境大旅游”的观念，着眼于长远，采取有效措施增加边境地区的吸引力，促进边境旅游可持续发展。

一是加快旅游产品开发，使边境旅游“吃、住、行、购、娱、游”等服务设施成龙配套，使旅游者在边境地区逗留的时间延长，带动消费增加。

二是简化边境旅游手续，降低边境旅游价格，为国内特别是外省客人参加边境旅游提供便利，以扩大客源。

三是整合优化线路，打造精品。把边境旅游与云南以及周边国家风光游、民俗游、古迹游等结合起来，形成区域性旅游网络，使多种旅游形式互相促进，起到以点带线、以线带面的作用，推进边境旅游快速、可持续发展。

四是突出重点，培育特色。在全面发展的基础上，先重点扶持基础条件好、客源充足、发展潜力大的口岸，以重点口岸带动整个边境旅游的发展。

五是适当增加旅行社数量，扩大接待能力。

六是推进经贸合作，促进边境地区经济社会发展。

4. 设立专门的组织领导和协调机构，加强对边境旅游的宏观管理和行业管理。充分认识发展边境旅游对振兴边疆地区经济的重要作用，把边境旅游作为边疆地区开发的先导产业之一，切实抓紧、抓好。云南省应通过专门的组织和协调机构和中央、国务院有关部门相互沟通联系，与有关沿边国家政府协商，确定统一的边境旅游文件和证件，制定标准化的边境旅游管理程序，并逐渐和国际惯例相一致，使边境旅游的管理逐渐规范化、便利化，与外方保持经常沟通，统一谈判、统一对外报价、统一解决边境旅游中对外所需解决的问题。组织媒介加大对边境旅游的宣传力度。

5. 加强监督管理，避免重蹈覆辙。在禁赌问题上更新思维，加强管控，变被动防范为主动应对，是发展云南边境旅游的基础。一是严格按照国家旅游局批准的边境旅游线路和承包社开展边境旅游，取消未经批准的线路和承包社；二是建立健全禁赌责任制，边境旅游承包社要和当地旅游行政管理部门签订《边境旅游禁赌责任书》，加强对旅行社及导游的监督管理；三是签订禁赌承诺书，团队必须配备承包社推荐的领队人员，经省级旅游主管部门培训后，方能持《领队证》带团进行边境旅游，领队必须按照批准线路、范围和时间进行活动。全体游客要签订《禁赌承诺书》，对违反规定带团入赌场的领队要依法从重处理；四是加强金融监管力度，防止资金流入境外赌场，打击洗钱。

6. 积极向国家争取提升云南边境旅游特殊政策。一方面建议中央政府通过正式的外交途径与越、老、缅政府协商，帮助云南解决边境旅游发展过程中的难题。另一方面，建议国家对云南边境口岸基础设施建设给予更多支持。创新边境旅游的体制、机制和政策，争取先行先试，为我国其他沿边省区稳妥地开展边境旅游做出试验示范。

一是放宽人员的地域限制、简化入出境手续方面，对国内人员，取消关于我方参游人员必须是在边境省区“有常住户口的居民”的限制，允许组织边境地区以外的人员参加边境旅游。允许第三国人员参加对等交换团以外的现汇旅游团进入我方，以简便手续，增强吸引力，增加旅游外汇收入。允许第三国旅游者通过口岸到对方内地旅游。允许有组织的旅游团队和仅在边境地区从事一日游活动的人员，实行免于签证的优惠，以减少障碍，使边境旅游活动更加方便、快捷。在旅游形式方面。允许第三国旅游者加入当地组织的跨境旅游团队，从事观光旅游活动。允许自己驾车通过一些边界口岸旅行，并减少抵押。

二是开辟中越、中缅陆水联程旅游，建立边境旅游合作区（如湄公河旅游合作区），探索界河探险漂流游、南方丝绸之路游等。

三是允许云南从注册经营边境旅游和在口岸从事直接为旅游者服务的商业性单位征收旅游基础设施建设基金，基金由专门机构管理，并在指定的范围内使用，以加强边境口岸建设。

四是争取有关航权、口岸签证权政策。

7. 建立边境旅游合作机制。边境旅游属于一种特殊旅游，需要两国政府的通力合作与大力扶持。一方面，中国与越、老、缅政府，甚至湄公河沿岸国家政府应建立健全区域旅游合作协调机构或组织，签署相关协议，加强在旅游资源规划、交通等基础设施建设、线路开发与整合、价格确定、结算支付方式、旅游项目、联合促销、签证手续、旅游管理、利益分配等方面的协调和合作，共同推进区域旅游合作，促进共同发展。另一方面双方边境地方政府也应建立协调机制，共同制定一些与旅游行业相应的政策措施，支持边境旅游发展，营造良好的边境旅游环境，争取边境旅游达到市场一体化、产品一体化，实现互利共赢。

关于我省在“桥头堡”建设中构建高水平教育平台的调研报告

（2011 年 8 月 31 日政协云南省第十届委员会第二十六次主席会议通过）

根据省政协 2011 年重点调研工作安排，省政协教科文卫体委员会会同有关部门，邀请部分省政协委员和教育界的专家学者组成调研组，在顾伯平副主席的率领下，于 2011 年 4 ~ 6 月，先后深入昆明、保山、大理三个州市及教育管理部门和云南大学、云南师范大学、昆明理工大学、云南民族大学、云南财经大学、西南林业大学、昆明医学院、保山学院、大理学院等十所高等院校，对我省在“桥头堡”建设中构建高水平教育平台课题进行了重点调研。调研组在充分听取了各大学和有关部门对我省在“桥头堡”建设中构建高水平教育平台意见建议的基础上，对我省高等教育面临的形势和任务，构建高水平教育平台的重要性、必要性，以及方法、路径进行了深入分析探讨，并结合当前我省“桥头堡”建设的现实需要，提出了意见建议，现将情况综合报告如下。

一、我省高等教育快速发展及其存在的突出问题

改革开放以来，特别是“十一五”期间，我省各级党委、政府高度重视高等教育，把高等教育作为“富民兴滇”的重要支撑，高等教育事业发生了显著变化。2008 年，我省出台的《关于深化改革，大力发展高等教育的决定》，从政策导向、资金投入、资源配置等方面进一步加大了对高等教育的支持力度，我省高等教育机构数、办学条件、教学水平、学术实力、科研能力、国际化程度、教师队伍素质均有显著提升，高等教育毛入学率、高校招生录取率、博士硕士授予点等指标均大幅度提高，自主创新能力和学术影响力不断提升。截至 2010 年底，高等院校已由 2005 年的 44 所（本科院校 16 所，其中含独立学院 7 所）增加到 63 所（本科院校 26 所，其中含独立学院 7 所）。研究生培养机构增加到 11 个，建成 9 个一级学科博士学位授权点，22 个二级学科博士点，61 个一级学科硕士学位授权点，243 个二级学科硕士点，66 个专业硕士学位点。自 2000 年以来，硕士研究生招生规模年均增长 26%，博士研究生招生规模年均增长 15.4%。高等教育毛入学率从 2001 年的 6.11% 大幅提高到 2010 年的 20.02%。2001 年至 2010 年，云南高校累计投入科研经费 26.8 亿元。通过产学研结合，许多科研成果已经得到转化，高校科技产业发展势头强劲。昆明呈贡大学城 8 所高校已完成搬迁，嵩明、安宁职业教育园区和州市高校新校区主体工程已经完成，高等院校办学条件发生了根本转变。高等教育的快速发展，为经济社会建设提供了人才支撑和智力支持，有力推动了我省经济社会健康快速发展。

虽然我省高等教育事业在原有基础上得到了长足发展，特别是从数量上看，已呈跨越式发展之势，即从精英高等教育步入大众高等教育。但我省具有大学文化程度人数和高等教育毛入学率远低于全国平均水平。尤其从质量内涵上看，我省的大学和高等教育与全国平均水平相比还有较大差距，与发达省区的差距就更大。这是存在的一个突出问题，主要表现在：

一是缺乏过硬的高水平大学。总体上看，从拥有全国重点学校，进入“211 工程”学校、博士点、硕士点、硕士授权单位和博士授权单位等六项指标分析，我省的大学和高等教育处于全国较低水平。从办学层次上看，中国的“985 工程”大学已达 39 所，云南没有一所；中央部属高校已达 111 所，云南没有一所；“211 工程”大学已达 112 所，云南只有一所。从学校综合实力看，根据中国校友会大学评价课题组《2010 中国大学评价研究报告》的数据，仅有云南大学进入全国大学前 100 名，排名在第 67 位。而一般认为，只有学术排名进入前 50 位的，才能算国内的高水平大学。受办学层次和知名度的制约，我省高校很难与东南亚、南亚一些著名大学在对等基础上“同台共舞”，大学的竞争力和影响力也不够“强势”。

二是区域布局不合理，我省高等教育发展受到较大制约。我国区域高等教育布局结构与省域经济结构的适应性不强，资源配置不合理，也显得不够公平。西部地区的高等

教育直属高校少、重点高校少、重点学科少、重点实验室少、研究生学位授权点少。目前，中央和地方财政拨款是高校办学经费的主要来源，而从对学校的扶持力度看，政府投资往往向重点学校倾斜。受此制约，拥有63所高校的云南，在资源博弈中只能流于边缘。1998年以来，在全国高等教育迅猛发展的大背景下，我省高校急速扩张、超负荷运行，主要依靠本省投入勉强支撑。虽已尽力而为，但在区域布局中一定程度被“冷落”，从国家层面得到的支持非常有限。我省的高等教育发展，无论是规模效益、师资水平、教育经费、办学效益，还是人均受教育年限，都存在相当差距，而且债台高筑，极大地影响学校的进一步发展。这种状况的根本改变，有赖于高等教育区域布局的调整和资源配置的优化，有赖于扶持力度的加大，有赖于重大发展机遇的强力助推。

二、构建高水平教育平台是“桥头堡”建设的前提条件和重要基础

“桥头堡”战略的实施，从根本上提升了云南在全国对外开放格局中的地位。“桥头堡”建设是我省千载难逢的历史机遇，抓住用好这个机遇，必将对云南未来的发展产生重大而深远的影响。抓住机遇，乘势而上的战略选择和发展重点，就是要着力构建大基地、大平台、大通道、大窗口，发挥好云南作为我国连接东南亚、南亚的桥梁和纽带作用，开创云南对外开放的新局面；就是要按照国务院文件的战略定位，按照省委强调的“五个必须坚持”，确保实现发展目标。

在知识经济时代，知识发展水平在区域竞争中具有根本性意义，人才在经济社会发展中起着战略性、基础性和决定性作用。提升人力资源开发水平，构建足以提供有力人才保障和智力支持的高水平教育平台，是“桥头堡”建设的重要内容，也是“桥头堡”建设的前提条件和重要基础。“桥头堡”建设中，我们所面临的诸多难题，从根本看，从长远看，从可持续发展看，最大的难题是“桥头堡”建设较高的目标要求与我们经济社会发展水平相对滞后，特别是知识发展水平相对落后之间的矛盾。破解难题的关键在人才，在各级各类教育适应目标要求培养出社会发展所需要的人才，特别是高层次人才。破解难题的基础在教育，尤其是高水平的高等教育。因为我省目前已经实现“普九”，基础教育有了长足的发展，高层次人才的缺乏集中体现在高等教育上。因此，我们要着力构建以提升高等教育水平为主要内容的高水平教育平台，使之成为知识创新的策源地、深化改革的试验田、扩大开放的“桥头堡”，形成一个在东南亚、南亚颇具竞争力和影响力的高等教育“高地”；为“桥头堡”建设提供坚实的基础和强有力的并且是可持续的支撑；为满足我省经济社会发展的人才需求，努力扩大人才总量、优化人才结构、改善人才发展环境、提升人才层次水平；作为一种教育上的“顶层”设计，发挥其对我省各级各类教育的引领、推动作用。只有这样，才能争取主动，使我们在全国高等教育区域布局、资源配置中得到有利于我省高等教育发展的调整和优化，得到国家层面更多更大的支持，进而为下一步发展创造条件。因此，构建我省高水平教育平台，是我省“桥头堡”建设中必须先行的战略选择。

三、关于构建高水平教育平台的意见建议

围绕《国家中长期教育改革和发展规划纲要》精神的贯彻落实，按照《国务院关于支持云南省加快建设面向西南开放重要桥头堡的意见》（以下简称《意见》）所确定

的战略定位、重要任务及工作重点，抓住“桥头堡”建设和新一轮西部大开发的重大历史机遇，运用省政府与教育部签署的战略合作协议和推进义务教育均衡发展备忘录，上下联动，左右互动，尽最大努力把政策的潜能挖掘出来，把群众的智慧凝聚起来，把各方面的积极性调动起来，一步一步推进，一项一项落实，争取我省的各级各类教育，特别是高等教育，有较快发展、有重大突破。为此，提出以下意见建议。

（一）明确建设区域性高水平大学的基本目标

建议明确这样一个基本目标：在大力发展我省各级各类教育的基础上，围绕进一步彰显和提升我省教育的开放度、显示度和国际竞争力、影响力，进一步为“桥头堡”建设和新一轮西部大开发提供和优化人才支撑和智力保障，建设一批区域性各具优势和特色的高水平大学。

在我省建设一批区域性各具优势和特色的高水平大学是构建高水平教育平台的内在要求和集中体现。胡锦涛总书记在庆祝清华大学百年校庆大会上的重要讲话指出：“建设若干世界一流大学和一批高水平大学，是我们建设人才强国和创新型国家的重大战略举措。”高水平大学是重要战略资源，在全面提高高等教育质量，实现教育现代化过程中起着重要引领作用。高水平大学对区域经济社会发展，对综合实力和水平的展示，具有不可替代的价值。国务院《意见》也明确提出，对云南要“支持区域性高水平大学建设”。我们应当确定这样一个基本目标。

（二）实现我省没有部属高校的重大突破

在桥头堡建设和新一轮西部大开发的历史机遇中，在“十二五”新的发展时期，无论是作为健康快速发展的重要支持和竞争力、影响力的有力彰显，无论是作为整体提升云南高水平大学建设水平的有力推动和标志性成果，还是作为积极优化全国高等教育区域布局有利于我省的调整和优化的一大推进，我们都应努力争取实现一个重大突破，即我省现在还没有部属高校的零的突破。

建议积极争取让云南大学尽快成为教育部直属高校。云南大学有近九十年的建校历史。1946 年，云南大学被英国《简明不列颠百科全书》收录，成为中国著名 15 所大学之一。1958 年前即为部属高校，1978 年首批确定为全国重点大学，1996 年首批列入“211 工程”大学，2006 年被教育部评为本科教学优秀学校，是我省人才最密集、学科门类最齐全、综合实力最强的全国综合性重点大学。其中，学科学位点数量已跻身全国高校 50 强。云南大学在“十二五”的发展目标，就是实现主要发展指标进入全国高校 50 强，把学校建成“西部一流、国内先进、国际知名”的区域性高水平研究型综合大学。云南大学若能成为部属高校，将会迎来更好更快地发展，并带动我省高等教育的进一步发展。作为省会城市，昆明要建成区域性国际城市，也需要这样一张“名片”。如这一目标得以实现，则继续创造条件，经过一段时间努力，再去冲刺“985 工程”高校。

（三）对外努力争取，对内深挖潜力，提升整体水平

为整体提升云南高等教育的实力和水平，我们需要对外努力争取，对内深入挖潜。建议抓住机遇，争取以下几项重大进展。

一是争取在我省新增一所全国重点大学。目前，我省仅有一所“211 工程”大学、全国重点大学、教育部和省政府共建大学，即云南大学。在争取云南大学成为部属学校

的同时，不失时机，争取使昆明理工大学成为我省又一所全国重点大学，我们完全有理由争取在云南再布局一所全国重点大学，昆明理工大学的基本条件已经具备，我们应理直气壮地去争取。

二是积极争取我省具有优势和特色的高校进入国家“中西部高等教育振兴计划”，成为入选学校得到重点扶持。这一“振兴计划”是国家支持中西部高等教育发展的重大举措。经过多年的发展，我省的云南师范大学、云南财经大学、云南民族大学、昆明医学院、云南农业大学、西南林业大学均有长足进步，都各有优势和特点，都很有发展潜力。应根据不同办学定位，类型特点和重点学科建设情况，创造条件争取入选“中西部高等教育振兴计划”，得到更多更大支持。在这一过程中，争取得到国家支持高等教育专项资金的倾斜。我省在国家前期高等教育布局中属相对薄弱区域，最有理由将有条件的大学列入“振兴计划”，最有理由争取多有几所大学“入选”。

三是加强高校的优势重点学科专业建设。高水平教育平台、高水平大学竞争力、影响力的一个集中体现，就是其重点学科专业、优势、特色学科专业的层次和水平。国务院《意见》强调，要“加强云南高校重点学科专业建设”。我们应抓住这一机遇，科学评估、筛选和凝练我省一批重点学科专业、优势、特色学科专业予以重点支持，如云南大学的民族学、生物学、东南亚南亚国际问题研究等，其他高校的生物资源开发和特色农业、烟草及配套产业、矿产冶金和化工、杂交粮稻选育、森林生物多样性保护、现代物流与管理等。要抓住最能代表知识探索前沿、最能反映时代发展需要，最有我省高校学术根基和发展前景的学科，进行重点发展建设，努力争取在培育建设国家级、省级重点学科专业，国家级、省级重点实验室，国家级、省级精品课程，博士、硕士授权点，创新平台、教学科研团队上得到国家的更大支持，特别是专项资金的支持，省里应相应加大支持力度。同时，紧紧围绕我省经济社会发展和“桥头堡”建设的需求，立足于经济发展和产业转型升级，面向东南亚、南亚谋划布局高等职业教育，增强职业教育的吸引力，培养大批国内外实用人才。

四是要始终坚持把高校领导班子和人才队伍建设作为高水平教育平台建设的重点。建立和健全切合实际的人才工作领导体制和管理体制，高度重视师资队伍建设，协调和解决高层次人才的培养、引进、使用等重要问题。要建立和健全评价、选拔、考核、激励机制，抓住我省独特的区位优势、经济社会发展和办学条件不断改善的实际，吸引一批有较大学术影响的高层次人才到我省开展教学和科研工作，要创新观念和制度改革，力争资源提前配置、平台对接，实现引进来、用得好、留得住，以提升学科建设，以及教学、科研、管理工作的整体水平，实现高校规模、结构、质量、效益的协调发展。

五是努力提升办学层次，扶优扶强，重新确定一批省属重点高校。我省在20世纪80年代，曾确定了5所省属重点学校予以重点扶持。时至今日，我省学校教育已得到快速发展，高等院校已增至63所，办学规模、层次不断提高。高校布局结构渐趋均衡，省会高校稳定发展，市州高校不断崛起，省广播电视大学也积极地发挥了独特的作用。在我们积极向国家层面争取我省学校办学层次提升的同时，要引导高校进一步优化专业结构，形成专业特色。积极推进专业综合改革，推进优质教育资源建设共享，推进高校与科研院所、行业企业联合培养人才，推进教学质量保障体系建设，让现实条件较为过硬且成长性较好的学校得到更多支持，从整体上优化和提升我省高等教育事业。

六是争取我省沿边学校，特别是沿边高校建设得到更多支持。云南与相邻国家“山脉同缘、江河同源”，具有民族相亲、宗教相近、习俗相同、语言相通的特点，有16个民族跨境而居。国务院《意见》强调，要使云南“与东南亚、南亚国家的合作交流再上新台阶”“支持云南高校与东南亚、南亚国家开展教育合作与交流”。如何充分运用国内国外两个市场，开展形式多样、讲求实效的教育合作与交流；如何充分重视我省沿边学校，特别是沿边高校、沿边城市带大学建设，展示国门学校形象，展示中国教育形象，增强辐射力和影响力，提升其与周边国家教育合作交流的能力和水平是我们要着力解决的问题。通过开展好合作交流，发挥教育的独特作用，为做到睦邻友好、边境安宁、通道通畅、屏障安全、服务平台齐全做出应有贡献。这是高水平教育平台建设的重要组成部分，有其特殊意义，应争取得到更多的重视和支持。

（四）推进三项工作

在“桥头堡”建设中构建高水平教育平台，有较长远的发展目标，也有阶段性要争取实现的有限目标。需要做的事情很多，建议现阶段着重做好三个层面的工作，重在落实见效。

一是争取各方支持，健全长效机制。建设高水平教育平台是需要付出时间、资源、智慧的浩大工程，需要政府、市场及社会的推动与建设，是社会综合实力和高等教育发展水平的有机结合，是大学内在体制机制改革与外在环境有效支持的结果。应有一总体设计和战略性目标要求，并将其具体化为强力支持的政策措施和有利发展的资源配置。建议按照省委提出的“必须坚持把重点工作项目化、项目建设责任化、责任落实具体化”的要求，将所提问题一一立项，作为专项，明确主办部门和协办部门，像争取经济建设重大项目一样，充分运用省政府与教育部签署的战略合作协议这个平台，一项一项落实，一件一件争取成功，真正用项目建设的实际成效检验班子和干部抓落实的能力。

二是统筹考虑，认真梳理，做好基础性工作。进一步统一思想，理清思路，凝聚心力，全面贯彻落实国家和我省中长期教育改革和发展规划纲要，以高水平教育平台的建设，推动我省经济社会和“桥头堡”建设的又好又快发展。凡是属于地方应该做、可以做的事情，建议以更大的决心加大力度、加快进度去做，这同时也是在为争取国家层面相应的支持打好基础、创造条件。在“桥头堡”建设中，仅教育领域需要做好的事就很多，高水平教育平台的构建是其中一个重要组成部分。这方面的工作，建议要统筹考虑，认真梳理，分层次做好各自基础性工作，根据需要与可能，分清轻重缓急，以相当的力度办成几件固本强基、影响大、显示度高、带动性强的事情。按照国家教育体制改革试点项目要求，以“扶需、扶特、扶强”为原则，根据不同的目标定位、不同的政策支持、不同的考核标准的工作思路，推进我省高校的分类指导，分类管理的改革。在深化办学体制改革中，要采取一系列新政策、新举措，形成公办学校与民办高校共同稳定发展的新局面。建议把争取部属高校、争取全国重点大学、争取入选国家中西部学校教育振兴计划列入其中。对长期困扰我省高校发展的债务危机化解问题和财政性生均经费达标问题，也建议省政府予以重视。我省高校应积极开展人才培养模式、教师队伍、课程教材、教学方式、教学管理等关键环节的综合改革，把教育规划纲要和“桥头堡”建设提出的重要任务落到实处。

三是继续做好面向东南亚与南亚对外交流工作。一是加强留学生教育工作，加大宣传力度，扩大规模，提升层次。在扩大规模中扩大影响，在提升层次中提升影响。为开展好与东南亚、南亚国家的教育合作交流，为吸引更多的东南亚、南亚国家留学生把云南作为留学的首选地或重要目的地，我省专门设立了省政府奖学金予以大力支持。全省63所高校中，有48所招收了外国的留学生，人数达15000多人。此外，边境地区外国中小学留学生已超过2万人。为推动这项工作的较快发展，建议省政府应适当增加奖学金数额，并积极争取中国政府奖学金的更大支持，重点资助东南亚、南亚学生来滇留学，改革奖学金评审办法，充分发挥奖学金的导向作用。鼓励灵活多样的教育国际合作方式，实施来华留学预备教育。开展沿边口岸学校建设，建设一批面向缅甸、老挝、越南招收中小学生的重点学校。创新留学生招生方式，以政府资助、市场运作和委托招生等形式，在东南亚、南亚国家设立办事处或招生点，鼓励公办或民办学校招收留学生特别是学历教育留学生，把云南建成面向东南亚、南亚国家学生的主要留学目的地。招收留学生的数量规模和层次水平，不仅内含多重含义，而且也是高水平教育平台的实力展示。

二是发挥我省在区位地域、人文交流、文化同源等方面的优势，加强对外汉语推广工作。我省每年均安排专项资金开展汉语国际推广工作，在孔子学院和孔子学堂建设、派出汉语教学人员和志愿者、接收孔子学院奖学金学生等方面取得长足进步，已建成5所孔子学院、3所孔子学堂、13个汉语培训中心。要把我省建设成为中国教育对外开放的重要窗口，建成面向东南亚、南亚的语言文化基地，需要加大支持力度，鼓励有条件的学校到东南亚、南亚国家设立孔子学院或学堂，提高对外汉语教学水平。在汉语国际推广进程中推进与东南亚、南亚国家的合作与交流，把语言的交流学习作为交流合作的一种重要形式，作为我省高校开展国际教育合作交流的一条有效渠道。在省政府高度重视支持，工作卓有成效的基础上，积极争取国家汉语国际推广领导小组办公室的大力支持。

三是适应“桥头堡”建设的需要，加强我省东南亚、南亚语种人才的培养。随着云南与东南亚、南亚各国间合作交流的日益密切，形势发展对东南亚、南亚语种人才的需求也呈增长之势。特别需要那些精通东南亚、南亚相关国家语言，熟悉相关国家历史文化和风俗习惯、国际交往能力较强的专业人才、复合型人才。建议增加这方面的专项资金支持，鼓励更多的在校大学生学习这些国家的语言，加强东南亚、南亚语种专业建设，选送相关教师到东南亚、南亚母语国家培训、进修，有计划地派出留学生到语言对象国家留学，有侧重地聘请语言对象国教师到校工作，组织开发、编写相关教材、教辅材料，并注重发挥好这方面人才的作用。

需要特别提出的是，云南民族大学是我省开办时间较早、办学层次较高、办学规模较大的东南亚、南亚语言办学单位，学校已成为国家非通用语人才培养基地。建议省里给予更大支持，助其进一步彰显特色、提升能力、发挥优势、服务“桥头堡”建设。

上述面向南亚、东南亚对外交流方面工作的规模扩大、层次提升、影响增强，是在“桥头堡”建设中构建高水平教育平台的题目应有之义。在加快发展中，还应注重防止缺乏科学规划、低水平重复建设、资源分配失当、甚至恶性竞争等问题出现。建议统筹规划、整合资源、合理分工，从实际出发，不必要求各高校均在外设立孔子学院或学堂，而是支持有条件的少数高校逐步地去做。不必在众多高校均开设东南亚、南亚语种专业，而是考虑现有条件和发展趋势，相对集中资源，确定几所高校重点扶持，以让其尽快成规模、上档次。不必在招收留学生的各学校，均全部由其自行承担，搞“小而全”，可考虑按资源共享、合理分工、有序分流的原则最大限度利用现有资源。

“加快推进‘桥头堡’建设，必须坚持把抢抓机遇，开拓创新、求真务实、扎实推进作为重要要求。”按照省委这一重要要求去做，我们有希望在新的历史起点上实现新的跨越。

在实施西部大开发和桥头堡战略中加快推进滇中经济区建设的调研报告

（2011 年 8 月 31 日政协云南省第十届委员会第二十六次主席会议通过）

根据省政协 2011 年的重点工作部署，今年 4 月以来，由王学智副主席和车志敏秘书长任顾问，省政协经济委员会牵头，联合省级有关部门组成调研组，先后到省级相关单位和昆明、曲靖、玉溪、楚雄等州市，就“在实施西部大开发和桥头堡战略中加快推进滇中经济区建设”进行专题调研。并赴甘肃、湖北等省学习借鉴开发区建设先进经验。调研组在深入了解实际情况、综合分析第一手资料、全面吸收各界成果的基础上，形成如下调研报告。

一、加快滇中经济区建设意义重大

滇中是全省经济最具竞争力、发展力、带动力、辐射力的地区，在全省经济社会发展中具有举足轻重的地位和作用。紧紧把握重大历史机遇，充分利用国家战略优惠政策的叠加效应，加快滇中经济区建设，对于实施国家全面开放战略，实现区域统筹协调发展，构建民族团结进步示范区等方面具有十分重要的意义。

一是实施国家全面开放战略的重要抓手。改革开放 30 多年来，我国面向太平洋、面向欧美日等发达国家以沿海开放为主要特征的发展战略，取得了举世瞩目的成就。进入新世纪，在继续实施太平洋战略的同时，积极推进陆路开放，开辟我国面向“一洋四区”发展的新方向，构建东西互动、海陆并进的完整开放格局。滇中地区处于中国、南亚、东南亚三大市场的结合部，位于全国“两横三纵”城市化战略格局中“包昆”通道纵轴的南端，是连接“一洋四区”的陆上枢纽，是建设我国面向西南开放重要桥头堡的核心区域，是中国参与大湄公河次区域合作（GMS）、东盟“10 + 1”和孟中印缅（BCIM）经济合作的重要平台。因此，紧紧围绕滇中“一枢纽三基地”战略定位，加快滇中经济区建设，努力构建我国面向西南最具活力和国际竞争力的城市区域，增强以昆明为核心的 4 条对外经济走廊和 3 条对内经济走廊的纽带作用，带动沿边经济带和东南亚、南亚、西亚、非洲东部各国跨境经济合作区建设，必将成为实施国家全面开放战略的重要抓手，促进云南、全国和周边国家共同繁荣发展。

二是实现区域统筹协调发展的必然要求。改革开放以来，珠三角、长三角和京津冀地区的开发开放，成长为引领东部、带动全国经济发展的重要增长极。新时期，建设重点开发区是实现区域统筹协调发展的重大举措，是实施国家新一轮西部大开发战略的重要载体。滇中经济区作为全国18个重点开发区④之一，是云南发展最快、综合实力最强的区域，是西部产业较集中，城镇密度较大，城市群具有先天规模优势的地区，加快建设滇中经济区，打造带动全省、辐射周边、具有全国意义的西部开发新引擎，是推动西部区域统筹协调发展的必然要求。同时发展不充分、发展不平衡、发展不协调、发展不可持续的问题仍然是制约滇中四州市经济社会协调发展的突出问题。加快滇中经济区建设，建立全面、紧密的协调联动机制，弱化行政区划界限，扩大结构调整空间，增强发展承载能力，实施联动式、一体化的发展战略，也是实现滇中地区内部统筹协调发展的必然选择。

三是构建民族团结进步示范区的引领先锋。把云南建成我国民族团结进步、边疆繁荣稳定的示范区是桥头堡建设的总目标，事关云南改革、发展、稳定大局。近年来，云南省民族工作在全国实现了“七个率先”⑤，走出了一条具有云南特色的民族工作新路子，创造了民族工作的“云南现象”。滇中地区是全省重要的少数民族居住区，区域经济综合实力较强，文化教育水平较高，基础设施条件较好，在构建民族团结进步边疆繁荣稳定示范区过程中将起到重要的先锋引领作用。加快建设滇中经济区，在经济发展中发挥骨干作用，在社会建设中发挥表率作用，在扶贫攻坚中发挥带头作用，在民族团结中发挥典范作用，引领建设中国特色、云南模式的“民族团结进步边疆繁荣稳定示范区”，促进各民族交往融合，共同团结奋斗，共同繁荣发展。

加快滇中经济区建设意义重大，理论准备充分、四州市合作愿望强烈、条件具备、时机成熟。我们一定要坚决贯彻落实中央和省委、省政府的决策部署，切实增强使命感、责任感、危机感，以时不我待、只争朝夕的精神，抢抓机遇，顺势而谋，乘势而上，努力建设功能定位准确、空间结构优良、发展环境良好、引领作用显著的滇中经济区。

二、加快滇中经济区建设存在的主要问题

总体上看，尽管省级各部门和四州市在积极推进滇中经济区建设方面做了大量工作，为滇中经济区加快发展打下了较好的基础。但是，与区域经济协调发展相适应的思想观念、发展思路、行动措施尚未真正形成，一定程度上制约了滇中经济区的发展建设。主要表现在：一是观念上“散”。对如何建设滇中经济区尚缺乏统一的认识和整体的观念，各谋其事、各自为政的现象还不同程度地存在。省级三个总体规划的内容、发展思路等相互脱节，四州市的规划各站自己的角度，还未做到心往一处想，劲往一处使。二是思路上“窄”。没有把滇中经济区的建设发展上升到事关国家战略利益、提高西部大开发综合效益、全面推进桥头堡建设、区域协调发展和构建民族团结示范区的战略全局来考虑，局限于一时一地一事，在发展思路上还比较狭窄，谋划上缺乏统筹、协调、长远的安排，地域色彩、部门意识还比较浓厚，跳不出自身发展的局限。三是布局上“小”。无论是基础设施、产业、市场，还是社会事业发展布局，小而全、小而多的诸侯经济表现还较为突出，缺乏分工合作、协调发展、利益共享的气度和构建大市场、

发展大产业、搭建大平台，实现大开放，促进大发展的魄力。四是发展上“耗”。在竞争大项目上耗精力，在同构发展中耗资源，在重复建设中耗资金，在等待观望中耗时间的现象还不同程度地存在，致使机遇、资源、资金、精力浪费在无谓的内耗之中，跟不上当今快速发展、集约发展、协作发展的大趋势。五是行动上“慢”。滇中经济区的战略构想提出至今已多年，全国主体功能区、西部大开发、桥头堡战略、国家“十二五”规划等国家战略规划把建设滇中经济区作为具体工作进行部署也已多时，而在实施行动上还显得滞后，跟不上形势发展。尽管做了一些推动工作，但多数还停留在设想、研究、规划层面，实质性的工作还没有真正铺开，不等不靠积极行动还远远不够。六是措施上“弱”。在推动滇中经济区建设上，措施不力。体制机制还不适应区域协调发展的要求，强有力的组织领导机构、互动的协调机制、科学的规划、具体的配套政策等等仍未建立和形成。

三、加快滇中经济区建设的主要构想

（一）主要思路

以科学发展观为统领，紧紧围绕“两强一堡”战略目标，以转变经济发展方式为主线，以一体化规划建设为抓手，以制度创新和体制创新为突破，整合滇中经济区资源，构建基础设施体系完备、产业结构互补、市场高度开放、城市布局合理、社会管理和公共服务高效、生态环境优化、制度建设完善、资源集约共享的区域经济共同体，从而有效降低发展成本，全面调整和提升滇中经济结构、社会结构、生态结构，有效发挥区域经济的“累积效应”和“扩散效应”，增强滇中整体实力、综合承载力、国际竞争力和辐射带动力，实现人口、资源环境与经济社会的全面、协调和可持续发展。

（二）基本原则

1. 以人为本，科学发展。努力改善民生，把提高人民生活水平作为一切工作的出发点和落脚点。切实转变发展方式，不断调整经济结构，进一步优化空间布局，努力增强自主创新能力。

2. 优势互补，共赢发展。各地按照比较利益的原则进行合作，通过区域要素流动实行互补。在充分兼顾各地利益的基础上，通过经济分工和协同，从中产生集聚和累积效益，从而实现多赢的效果。

3. 资源管治，集约发展。突出土地、水源、能源、环境等管治的公益性，提高政府管理的能力和水平，引导人口集中居住，产业聚集，水源、能源的高效利用，污染物排放集中处理，促进集约发展。

4. 重点突破，协调发展。做大做强滇中城市经济圈，加快培育新的增长极，充分发挥引领、带动和辐射作用，促进区域内外所有市区县共同协调发展。

5. 保护环境，持续发展。保护并合理利用各类资源，改善人居环境和投资环境，促进区域经济、社会与环境的可持续发展。

（三）主要目标

1. 总体目标

立足大西南，承接珠三角、长三角，面向“一洋四区”，将滇中地区逐步建设成为城镇化、新型工业化、教育现代化、信息化、国际化和具有民族团结示范的特色城市区域；成为四州市共荣共建，带动全省经济发展的开放经济区；成为全国重要的特色产业基地、承接产业转移基地和出口加工基地，先进装备制造、战略性新兴产业、现代服务业重点区域，辐射东南亚、南亚的区域性国际交通枢纽、信息枢纽、金融中心、人才中心和市场物流中心；成为我国西部加快发展的强大引擎和支撑全国经济的重要增长极。

2. 阶段目标

——到2015年，基本突破制约滇中一体化进程的体制障碍，区域协调机制初步完善，昆明和连接滇中各主要城市的高速公路、城际轨道交通网络框架初步建成。统筹、共建、共享的综合基础设施体系初步建成，三次产业结构明显优化、市场体系完善、资源节约、环境友好初见成效，城市特色开始显现，半小时经济圈和一小时经济圈的“累积效应”明显；区内人口占全省人口的比例从现在的37.4%增加到42%以上（2000万人以上）；GDP占全省的比例从现在的59.1%增加到65%以上（约9000亿元）；地方财政一般预算收入占全省的比例从现在的48.4%增加到60%左右（约1500亿元），城、乡居民收入增幅超过10%，各项生态环境指标明显好转。

——到2020年，滇中地区一体化管理体制更为健全，区域协调机制更加完善，滇中辐射圈层的环状高速公路圈以及与环滇中紧密相连的综合交通运输体系和综合基础设施体系全部建成，产业特色、城市特色显著，半小时经济圈和一小时经济圈的“累积效应”突出，“扩散效应”明显；区内人口占全省人口的50%左右；GDP、地方财政一般预算收入分别占全省的70%左右，城、乡居民收入增幅与GDP增幅同步，率先建立资源节约型和环境友好型社会，建成生态文明示范区，经济社会发展与人口、资源、环境协调发展的格局基本形成。

四、加快滇中经济区建设重点是推进六个一体化

滇中经济区一体化建设是一个多要素、多层次的复杂系统，它既包括经济、社会和自然三个大系统，又涉及物质环境、产业结构、城镇体系、流动空间、社会制度和生态环境等若干个方面。加快滇中经济区建设重点是推进六个一体化建设，其中，基础设施规划建设一体化是先导，产业分工布局一体化是核心，城乡统筹一体化是动力，市场体系一体化是活力，社会管理和公共服务一体化是支撑，生态建设环境保护一体化是保障。

（一）基础设施规划建设一体化

滇中地区要率先实现基础设施规划建设一体化，为高效整合区域内资源、加速区域经济一体化进程提供坚实的基础条件。以交通一体化为先导，以枢纽型、功能性、网络化的重大基础设施建设为重点，提升交通、能源、水利、信息等基础设施的共建共享和互联互通水平，建设形成能力充分、衔接顺畅、运行高效、服务优质、安全环保的滇中现代基础设施一体化体系，构建滇中“一核、两轴、三圈、四极、五通道”的空间格局[6]。并加强与一带七走廊以及其他城市区域的衔接，在更高层次、更广范围、更大空间发挥交通、能源、水资源、信息等基础设施对社会经济的支撑和带动作用，为加强经济区内部经济联系和扩大对内对外开放奠定坚实基础。

2011～2015年，构建现代新昆明城市轨道交通网，昆曲、昆玉、昆楚、昆武（禄劝）城际轨道交通，构建环滇中带动圈层的城际高速铁路圈和高速公路圈，构建昆明

新机场及航线网络，增加国内外航线，增大吞吐量，充分发挥枢纽门户机场作用，建立多级客运、货运交通枢纽，形成开放高效的一体化综合运输体系；构建煤炭、电力、石油、天然气能源基地和以太阳能、生物质能等为主的新型能源基地，完善一体化电力、油品、天然气输送管网，形成稳定安全的一体化能源供应体系；实施“兴水强滇”战略，全面加快实施“润滇工程”，加快推进牛栏江—滇池补水工程、清水海引水工程建设，开展滇池等湖泊防污治污工程和城乡水利防灾减灾工程，构建节水型社会，加快“滇中引水”前期工作步伐，争取尽快开工，初步建立管理、开发、保护一体化格局；率先实现电信网、有线电视网和互联网“三网融合”，推进无线宽带城市群和电信同城化建设，取消滇中四州市长途漫游资费，大力推进通道、物流、城市信息化建设，基本实现集约共享的一体化信息化格局。

2016～2020 年，构建环滇中辐射圈层的环状高速公路圈，强化高速公路与其他公路的衔接，打通滇中路网的“断头路”和“瓶颈路”，实现区域内机场、火车站和所有县城等重要节点至高速公路车程不超过 30 分钟，形成网络完善、运行高效、与环滇中紧密相连的综合交通运输体系；构建与经济社会发展相适应的能源统一管理体系，实现油、气、电同类型同网同价，形成稳定、清洁、经济、安全的区域能源供应体系；深入实施“滇中引水”工程，建立统筹、高效、安全的水资源开发利用和保护体系；信息基础网络和信息资源网络全面融合，信息资源充分共享，为广大群众提供真正“随时、随地、随需”的信息化生活，成为国际性的信息枢纽。

（二）产业分工布局一体化

遵循产业发展规律，强化市场基础性作用，打破行政区划障碍，推动滇中产业分工布局一体化，在巩固提升传统优势产业的同时，把滇中经济区建设成为全国重要的烟草、旅游、文化、能源和商贸物流基地，区域性资源深加工基地，承接产业转移基地和出口加工基地。采用“市场＋园区＋基地”和“一园多片”的模式，建立“存量不动，增量分成”的利益分配机制，以地区差别化的产业政策为导向，以定量指标控制为目标，以项目控制为手段，以用地审批为抓手，大力打造国家级产业园区，推动四州市产业横向错位融合、纵向分工协作，优势互补、产业互动、凝聚合力，实现产业错位发展、率先转型、增创新优势。大力发展非公经济，积极推进“央企入滇”，打造边境口岸产业园区，建设跨境经济合作区，积极推进“两头在外”的发展方式，进一步发挥滇中对全省经济发展的先行示范和辐射带动作用。

加快昆明装备制造业、战略性新兴产业和现代服务业发展，促进服务业、装备制造业、高技术制造业增加值的显著提高，推动昆明市产业转移和结构的优化调整，进而带动和优化滇中其他地区的产业结构。加快曲靖煤电及新能源、重化工、有色金属及新材料基地和省内交通枢纽、物流中心建设；加快玉溪装备制造业、休闲旅游业基地建设；加快楚雄绿色产业、冶金化工、民族文化旅游产业基地建设；加快武定（禄劝）生态特色农业、科技环保等新兴产业、钛产业基地建设。促进优势产业跨行政区划空间集聚，形成“一个核心、四大特色产业发展中心、两条十字形产业走廊、四大产业带、十大产业基地”的产业空间布局⑦。通过控制人均工业增加值和单位建设用地面积的 GDP 产出等指标，来促进资源高效配置；通过控制单位能耗增加值和单位 GDP 排放等指标，来促进生态环境优化；通过自主创新，在国际产业分工体系中实现“参与全球分工”，来提升产业国际竞争力。进而凸显产业分工布局一体化的整体优势。

（三）城乡统筹一体化

城乡统筹一体化是城市与乡村融合发展的客观要求，涉及发展定位、城乡规划、城乡产业、城乡市场体制、城乡基础设施、城乡公共服务、城乡管理体制等多个方面。规划一体化是实现城乡统筹一体化的基础和前提。多年来，我们的城乡发展规划一直是致力于城市发展规划和产业园区发展规划，城乡一体化也只是乡村城市化和城市集中化，乡村规划尚未具体实施；户籍制度一体化是实现城乡统筹一体化的重要内容，是破解城乡二元结构的重要途径。

因此，要真正实现城乡统筹一体化，实现城市和农村的融合发展，必须变革“城市规划”为“城乡规划”，将广大农村纳入城市总体规划、土地利用规划、产业发展等各项规划范畴。必须突出将滇中经济区打造成为我国西部重要的经济增长极和将滇中城市经济圈打造成为“一枢纽，三基地”的重要定位。必须实现八个方面的紧密结合，即：和产业布局、基础设施及市场体系建设紧密结合；和“引城入山、引园入山”紧密结合；和创建新的城市组团、促进滇中城市群融合发展紧密结合；和创建特色城市紧密结合；和打造北部武定（禄劝）增长极紧密结合；和保护优质耕地紧密结合，和破解睡城、空城难题紧密结合；和推进城乡户籍制度一体化、破解城乡二元结构难题紧密结合。即“变革一个规划、突出两个定位、实现八大结合”，形成大中小城镇相结合，多层次、开放型城市体系，城乡统筹、相互衔接、全面覆盖的“全域滇中地区”规划体系和监督执行体系。

（四）市场体系一体化

市场体系一体化建设的重点是商贸物流、金融、劳动力三种市场的一体化。现代物流体系是商品市场体系建设的重要内容，是财富创造的新源泉。2010 年中国社会物流总成本占 GDP 的比重约 18%，云南这个比例约 24%，是欧美贸易发达国家 10% 的 2.4 倍。因此，提高云南物流效率，降低物流成本，促进国内外贸易快速发展，则是打造滇中区域性国际物流中心和促进云南崛起的重要力量。加快商贸物流市场的一体化，即通过培育一个现代化流通主体，实现市场观念和流通体制机制两大突破，实施“改、建、促”三大工程，大力发展商贸连锁经营，建设综合保税区，建设国际性矿业交易综合市场，建设瑞丽、河口、腾冲、磨憨等多个边境口岸物流园区，构建“一中心四枢纽多节点”[⑧]的空间布局，建设国家级滇中电子商务试点区域，打造中国—东盟自由贸易区商务官方门户网站、GMS 贸易投资便利化信息服务平台和中国—东盟 B2B 电子商务平台，将滇中建设成为连接东、中、西部，辐射东南亚、南亚的区域性国际物流中心。加快金融市场一体化，核心是建设昆明面向东南亚、南亚的区域性金融中心，促进金融体制改革，资本市场发展，金融产品创新和服务创新。促进劳动力市场一体化，就是努力建立滇中经济区统一的劳务市场，实现统一信息发布、统一运行规则、统一收费标准等，促进区域内人才和劳动力自由流动。

（五）社会管理和公共服务一体化

社会管理和公共服务一体化是以建设公共服务型政府为目标，强化政府社会管理和公共服务职能，将公共资源更多地向社会管理和公共服务倾斜，优化公共产品的供应结构，提高公共服务的质量，改善公共服务的供给方式，稳步增加政府公共服务支出，提高公共事务处理效率。滇中地区社会管理和公共服务一体化要打破行政区划界限，在保障公民权利、维护社会秩序、协调社会利益、实施社会政策、管理社会组织、提供社会安全网、解决社会危机，提供公共教育、卫生、文化体育、交通、生活保障、住房保障、就业保障、医疗保障等方面，分类别、分阶段、分地域，逐步实现资源共享、制度对接、待遇互认、要素趋同、流转顺畅、差距缩小、城乡统一和指挥协同，努力实现公共交通，公共文化体育服务，医疗保险、养老保险、失业保险、生育保险、工伤保险，住房公积金和旅游服务一卡通，病历一本通，交通出行咨询服务、投诉、维修救援“一号通”，最终使滇中城乡户籍人口和非户籍常住人口享有同等待遇的基本公共服务。

（六）生态建设环境保护一体化

生态建设环境保护一体化是以创新体制机制和政策措施为先导，以环境优化经济发展为主线，以山脉、水系为骨干，以山、水、田、林等为要素，以控制污染源为根本，以饮用水源地优先保护和珠江、南盘江、牛栏江、滇池、星云湖、阳宗海、抚仙湖、杞麓湖等河流和湖泊水环境综合治理为重点，建立“八大体系”即建立全防全控的产业环境调控体系，建立齐防共治的跨界水体污染综合防治体系，建立联防联控的大气复合污染综合防治体系，建立同保共育的生态体系，建立共建共享的基础设施体系，建立协同联动的环境监管体系，建立统筹协调的环境管理体制，建立完善统一的环境政策体系。构建以森林、水系及湿地生态系统为主体的区域生态保护屏障，为增强区域可持续发展能力提供环境保障。

五、加快推进滇中经济区建设的对策建议

（一）解放思想，敢于创新

思想是行动的灵魂。要先行先试，首先要敢于突破传统观念的束缚，敢于创新。一是创新管理体制。坚持“小政府，大服务”的原则，大胆突破现行管理体制，创造管理新体制，整合管理资源，提高管理效率。二是创新利益协调机制。制定和实施跨地区的税收分成和经济指标统计办法，对企业跨行政区域的横向经济联合、投资或产业转移等经济活动，相关地方政府可按一定比例共同分享产值和利益收入；探索建立排污权交易制度，建立生态补偿机制，对因资源环境保护而牺牲发展利益的地区给予应有的经济补偿；科学评估重大项目、重要产业基地布局对各地产业结构调整、节能和污染减排目标的影响，适时合理调整各州市节能减排目标的分配。三是创新干部管理评价机制。新形势下加快滇中经济区建设，关键在于不断创新干部管理评价机制，培养造就一支想干事、能干事、干实事、干好事的高素质干部队伍。

（二）加强领导，强势推进

尽快成立由省政府主要领导任组长，省级相关部门，昆明、曲靖、玉溪、楚雄四州（市）政府主要领导为成员的滇中经济区建设强有力领导小组，下设办公室。其主要职责：一是编制并执行滇中经济区发展规划；指导协调各专项规划、州市规划和滇中经济区规划的衔接；指导四州（市）确立产业定位和发展方向。二是负责滇中经济区重大事项、重要项目、重要政策的争取、协调和落实。三是对滇中经济区建设政策措施落实情况进行监督检查。四是深化行政审批制度改革。五是充分发挥宣传舆论的引导作用，动员和发挥广大干部群众的积极性和创造性，形成普遍共识和强大合力。六是积极加强

与周边省市和周边国家的高层协商，充分利用泛珠三角“9+2”和GMS及“10+1”合作平台，争取国内外的支持，吸引人力、技术、资本等生产要素的聚集。强势推进滇中经济区加快发展。

（三）立足全局，规划先行

一是科学编制《滇中经济区发展总体规划》。该规划不能是四州市的简单相加，而必须是四州市相互联系，并和省内省外、国内国外相联系的整体，是乘数效应的科学设计。规划不仅要将建设滇中经济区的总体目标具体化，定性要求定量化，还要提出实现总体目标的途径、措施和项目支撑，确保规划的权威性、先进性和高起点。二是根据《滇中经济区发展总体规划》，尽快制定出台《加快滇中经济区发展指导性意见》以及四州市和县域发展规划。总体规划和指导性意见中应包括提升基础设施、产业布局、市场体系、公共服务、生态环境等方面的内容，并赋予规划法律地位。建立项目规划审核制度、重大规划衔接制度、规划动态管理制度等，确保《滇中经济区发展总体规划》落实。

（四）争取支持，用好用活政策

一是按《国务院关于支持云南省加快建设面向西南开放重要桥头堡的意见》要求，用好用活政策。要争取设立国家、省、市三级财政支持的滇中经济区共同开发基金；鼓励和支持国家政策性银行、国有商业银行、股份制银行、地方银行和金融机构加大对滇中经济区基础设施建设项目的信贷投入；争取中央在共享税上给予滇中经济区照顾，在地方税上给予云南制定权，在项目上给予云南重大项目审批权，在土地上单列滇中经济区用地指标；在对外开放上帮助协调，加强与周边国家合作，共建越老缅柬泰、东盟、南盟合作开发区和国际市场。二是省级给予四州市优惠政策。支持产业重大项目、重要产业基地开展非上市股份公司股权交易、知识产权交易、无形资产质押等融资工作；对市场前景好、规模大、效益好的省级重大项目和投资超过10亿元的产业项目，其用地计划由省统筹解决；在财税政策方面给予四州市倾斜。

（五）强化考核，加强督查

建立规划实施的评估和考核制度，强化对规划实施情况的跟踪考核，加强督查，把主要任务和目标纳入地方政府政绩考核和环保责任考核，分年度对分解落实的各项任务和目标进行考核，考核结果纳入滇中各地和省直有关部门领导干部考核内容，并向社会公布。开展规划实施阶段性滚动评估，根据评估结果及滇中经济区发展的需求变化，适度调整规划目标和任务。

补充说明材料

①“一洋四区”：是指印度洋和东南亚、南亚、西亚、非洲东部等四地区。

②“两横三纵”：是指以陆桥通道、沿长江通道为两条横轴，以沿海、京哈京广、包昆通道为三条纵轴的全国城市化战略格局。

③“一枢纽三基地”：是《国务院关于支持云南省加快建设面向西南开放重要桥头堡的意见》（国发〔2011〕11号）明确滇中城市经济圈的战略定位：即将滇中城市经济圈建设成为重要的区域性交通枢纽，全国重要的烟草、旅游、文化、能源和商贸物流基地，区域性资源深加工基地，承接产业转移基地和出口加工基地。

④全国18个重点开发区：《全国主体功能区规划》是新中国成立以来我国第一个全国性国土空间

开发规划。按开发方式，将国土空间划分为优化开发区域、重点开发区域、限制开发区域和禁止开发区域。该规划明确了包括冀中南地区、太原城市群、呼包鄂榆地区、哈长地区、东陇海地区、江淮地区、海峡西岸经济区、中原经济区、长江中游地区、北部湾地区、成渝地区、黔中地区、滇中地区、藏中南地区、关中—天水地区、兰州—西宁地区、宁夏沿黄经济区和天山北坡地区等18个重点开发区域。

⑤“七个率先”：今年7月5日，国家民委与云南省在北京签署了《建设民族团结进步边疆繁荣稳定示范区合作协议》，国家民委领导在总结云南民族工作时指出：近年来，云南在全国率先实行民族团结目标管理责任制，率先制定实施民族区域自治法的地方性法规，率先在边境一线实行“三免费”义务教育，率先制定实施扶持人口较少民族发展的特殊政策，率先提出并实现25个世居少数民族在省直部门都有1名以上厅级干部的目标，率先颁布了规范民族团结进步的首部法规——《云南省迪庆藏族自治州民族团结进步条例》，率先制定了《云南省加快少数民族和民族地区经济社会发展“十二五”规划》，保持了民族团结、边疆稳定、经济发展、社会进步、各族群众生活不断改善的良好局面。

⑥“一核、两轴、三圈、四极、五通道”：是指滇中经济区的空间格局，即形成一个核心，发展两条轴线，构建三个圈层，培育四个增长极，发挥五大通道优势。

A. 一核：以现代新昆明都市区为核心，范围包括昆明市中心城区、呈贡新城、机场新区、海口、晋宁、安宁、嵩明、富民。该区域是昆明城市功能重组和集聚新兴城市功能的重点区域，强化昆明的科技创新、商贸物流、信息服务及旅游文化等综合服务功能，充分发挥昆明的影响力、带动力、辐射力，把昆明建设成为全省绿色经济强省的龙头、民族文化强省的枢纽、我国向西南开放的国际化门户和重要桥头堡城市。

B. 两轴：包括滇中东西、南北两条重点发展轴，是滇中城市和产业一体化建设的综合廊道，是中国陆路面向南亚、东南亚开放的必由通道。

1. 东西轴：以连接曲靖—昆明—楚雄的高速公路和铁路等交通设施为依托，重点发展中央商务、先进制造业、空港物流、生物制药、重化工等产业，成为滇中城市圈连接黔桂、珠三角地区和拓展缅印巴的重要轴线。

2. 南北轴：以连接武（武定）禄（禄劝）—昆明—玉溪高速公路和铁路等交通设施为依托，建设具有绿色生态、科技文化创新和休闲经济走廊三大功能的纵向主发展轴，成为滇中城市圈向川渝腹地、长三角地区发展和向越老泰柬辐射的重要轴线。

C. 三圈：以环滇中城市的公路网、铁路网和城市轨道交通网的建设为基础，构筑“极核圈层”“带动圈层”及“辐射圈层”三大圈层结构，依托昆明面向东南亚、南亚交通枢纽建设和滇中城市经济圈公路网、铁路网、城市轨道交通网的建设，加快滇中城市经济圈的形成，促进城乡一体化发展。

1. 极核圈层：依托昆明铁路枢纽环线和昆明绕城高速公路，构筑极核圈。规划范围主要包括现代新昆明和距昆明市中心城区约50公里范围内的部分市、县（区）、镇和相关区域。极核圈与核心城市联系紧密，是各种要素依托国家和省级产业园区集聚和扩散的地带，主要发展高新技术产业、文化产业、现代农业、先进制造业、精细化工和金融、商贸、物流、商务会展等现代服务业，充分发挥带动、辐射和服务功能。

2. 带动圈层：依托连接曲靖市、玉溪市、楚雄州、武（武定）禄（禄劝）环状城际轨道交通和高速公路圈，构筑带动圈层。规划范围为极核圈外围、距核心城市中心约150公里范围内的城市和区域，属于一小时经济圈。该圈层以发展烟草及配套、加工业、化工、冶金、生物、现代农业等产业为主，具有较强的经济社会发展带动作用，是扩展城市规模，发挥人口集聚功能，培育新兴城市增长极，实现产业分工和合理布局的主要地带。

3. 辐射圈层：依托连接宣威、富源、罗平、石林、弥勒、通海、峨山、新平（腰街）、双柏、南华、姚安、大姚、永仁、元谋、武定（禄劝）、倘甸、寻甸、东川、会泽、宣威的环状高速公路圈，构筑辐射圈。规划范围为带动圈外围、距核心城市中心约200公里范围内的市县（镇）和区域，属于两小时经济圈。该圈层是培育地方性中心城市，统筹城乡发展的主要地带，重点是提升产业集聚度，加强产业竞争力，发展新兴产业，承接极核圈产业与功能转移、扩散。

D. 四极：依托位于滇中城市经济圈东（曲靖）、南（玉溪）、西（楚雄）、北［武定（禄劝）］四个城市节点，打造四个经济增长极。

1. 东部——曲靖增长极：以构建珠江源大城市为目标，拓展对周边地区和省份的辐射带动作用，使曲靖成为全国重要的集生产、加工、贸易、科研为一体的煤电及新能源基地、现代烟草加工基地、新型煤化工基地、有色金属及新材料基地、特色优势农产品基地，成为承接黔桂川与东盟自由贸易区的物资集结和运输枢纽。

2. 南部——玉溪增长极：以建设现代宜居生态大城市为目标，整合区域内资源，优化产业布局，构建世界级的烟草产业基地、蔬菜花卉基地、科技创新基地、康体休闲旅游基地、承接产业转移基地及出口加工基地，发展面向东南亚、南亚的五金机电、铸造、装备制造和现代物流等产业。

3. 西部——楚雄增长极：以建设滇中楚雄特大城市为目标，把楚雄建设成为全省乃至全国最具发展活力和竞争优势的少数民族自治州之一，加强和提升城市聚集力，壮大冶金化工产业，加快发展生物产业，建设全省重要的绿色食品产业基地、天然药业基地、轻工业基地及民族文化旅游产业基地，形成并发挥联动滇中、滇西的重要功能作用。

4. 北部——武定（禄劝）增长极：为弥补滇中经济圈城市链条中的塌陷环节，将武定、禄劝两县合并规划建设成为一个生态化新兴产业示范（组团）城市，积极推进轿子山旅游开发区、倘甸工业园区和转龙低碳旅游试验示范镇建设，加快设立生态产业园区，发展生态特色农业、科技文化创新、环保等新兴产业。充分发挥承接新昆明、联动攀枝花，带动相对落后的滇中北部经济发展的功能作用。

E. 五通道：以昆明为核心，完善呈放射状的五大国际运输大通道，强化面向东南亚、南亚陆路枢纽功能。加强区域内城际快速轨道交通、通讯等基础设施建设，提升区域一体化水平。

1. 滇东北通道：以昆明经曲靖至上海的沪昆铁路和沪昆高速公路为基础。滇东北通道是连接川、渝、黔，直接与成渝经济带相接的重要通道，也是中国广大的内陆腹地和长三角地区进入东南亚、南亚最便捷的陆路通道。

2. 滇西北通道：以昆明至成都的成昆铁路和昆永高速公路为基础。滇西北通道面向川、藏和金沙江上游，与关中城市群呼应，是中国西部内陆地区通边达海的重要通道。

3. 滇西南国际通道：以昆明经楚雄至大理并延伸至瑞丽和缅甸的第三亚欧大陆桥西南通道（泛亚铁路西线重要部分）为基础。该通道是连接滇中经济圈和以大理、保山、德宏为核心的滇西城市群和以丽江为核心的滇西北城市群的重要通道，也是中国走向南亚、印度洋最便捷的陆路通道。泛亚铁路西线以及中缅陆水联运通道开通以后，滇西南国际通道运输成本将进一步降低，滇中城市经济圈作为中国面向南亚、印度洋开放的枢纽地位将进一步凸显。

4. 滇南国际通道：以昆明经玉溪至河口、磨憨的泛亚铁路东、中线和昆河、昆曼高速公路为基础，并延伸至越南河内、海防和泰国曼谷。滇南国际通道是滇中城市经济圈联动以“个旧、开远、蒙自和建水”为核心的“滇南城市经济圈”的重要通道，更是大湄公河次区域经济发展的重要枢纽，滇南国际通道直接降了低中国与东南亚国家的陆路运输成本，有利于中国与东南亚国家的经贸往来，不断推进中国和东盟自由贸易区的快速发展。

5. 滇东南通道：以昆明至南宁的云桂铁路、高速公路和昆衡高速公路为基础，经过泛亚铁路东线可直达越南、泰国等东盟国家。滇东南通道处于中国—东盟自由贸易区、泛北部湾经济合作区、大湄公河次区域、泛珠三角经济合作区等多区域合作相互叠加、融合的区域，该通道将不断深化滇中经济圈建设与中国东南沿海地区的合作创造更加有利的条件。

⑦“一个核心、四大特色产业发展中心、两条十字形产业走廊、四大产业带、十大产业基地”：

是指滇中经济区的产业空间布局，即指强化现代新昆明产业发展核心；培育曲靖、玉溪、楚雄、武（武定）禄（禄劝）四大特色产业发展中心；自东向西，以昆曲经济带和昆楚经济带为支撑，打造能源—重化工—有色金属—钢铁—石化—生物制药为主的东西产业走廊，自南向北，以昆玉经济带和昆武经济带为支撑，打造轻工业、旅游休闲—现代农业、生态环保及文化创意等为主的南北产业走廊；在滇中城市经济圈高等级骨架公路外圈与重点县市的连接线之间建设能源重化工业、民族文化旅游、现代农业和现代养殖四大特色业产业带；建设烟草、有色金属、石油炼化、装备制造、现代物流、战略性新兴产业、休闲旅游度假、文化产业、现代农业、生物医药产业十大产业基地。

⑧“一中心四枢纽多节点”：是指商贸物流市场体系空间布局，即指培育以昆明为核心构建包括昆阳国际物流基地、郑和国际物流空港物流基地、安宁生产资料物流基地、嵩明保税港区和呈贡铁路集装箱港等五大物流基地的中国昆明国际内陆港物流中心城市；以曲靖、玉溪、楚雄、武（武定）禄（禄劝）为相互支撑，构建曲靖区域性的重化工业、能源和有色金属产品交易、玉溪国际性的烟草、铸造、陶瓷产品交易、楚雄区域性的生态农业产品交易、武（武定）禄（禄劝）钛产品、砂石岩交易四大物流枢纽；以河口、瑞丽、腾冲、磨憨等多个边境口岸为节点，将滇中建设成为中国辐射大西南，连接东、中、西部，面向东南亚、南亚、西亚、非洲的国际内陆港，将滇中打造成为继新加坡、香港、曼谷之后又一个辐射东南亚、南亚的区域性国际物流中心。

充分发挥民主党派
在人民政协中重要作用的调研报告

（2011 年 10 月 17 日政协云南省第十届委员会第二十七次主席会议通过）

为深入贯彻《中共中央关于进一步加强中国共产党领导的多党合作和政治协商制度建设的意见》（中发〔2005〕5 号）、《中共中央关于加强人民政协工作的意见》（中发〔2006〕5 号）和《中共云南省委关于支持人民政协履行职能发挥作用的意见》（云发〔2010〕10 号）精神，认真总结我省各级政协在履行职能中发挥民主党派作用的成绩和经验，进一步发挥民主党派在政协中的重要作用，按照省政协 2011 年度重点工作安排部署，省政协研究室组成调研组，从 5 月始，采取考察调查、走访座谈、文献研究等方法，就充分发挥民主党派在政协中的重要作用进行了专题调研，现将情况报告如下。

一、充分发挥民主党派在政协中重要作用的必要性

各民主党派是人民政协的重要组成部分。充分发挥民主党派在政协中的重要作用，是人民政协的性质、职能和目标任务的内在要求，对于体现我国政治制度和政党制度的特点和优势，发扬社会主义民主，推动科学发展、促进社会和谐，具有十分重要的意义。

（一）充分发挥民主党派在政协中的重要作用，是坚持和完善多党合作和政治协商制度的具体体现

中国共产党领导的多党合作和政治协商制度是我国的基本政治制度，其显著特征是

“共产党领导、多党派合作，共产党执政、多党派参政”。在这一基本政治制度构架中，中国共产党和民主党派是多党合作的主体，人民政协是多党合作和政治协商的重要机构，共产党与民主党派的合作共事很大程度是通过人民政协来实现的。重视发挥民主党派在政协中的重要作用，支持各民主党派省委通过省政协这个机构和平台履行政治协商、民主监督和参政议政职能，就党和国家的方针政策以及云南经济社会发展中的重大问题提出意见建议，能够扩大我省各民主党派有序政治参与的范围，拓宽社会各界不同群体的利益表达渠道，推进社会主义民主政治建设，反映人民当家做主的社会主义民主的本质，对巩固和完善我国的基本政治制度有重要意义。

（二）充分发挥民主党派在政协中的重要作用，是实现党和政府工作目标的客观需要

当前，我省正处于桥头堡建设的战略机遇期、深入推进西部大开发的转型升级期、落实“十二五”规划的关键发展期，必须调动一切积极因素，凝聚各族各界人士的智慧和力量。民主党派成员大多数是来自经济科技、教育文化、医疗卫生等行业和领域的专家、学者，具有联系广泛、人才荟萃的特点和优势。发挥民主党派在政协中的重要作用，有利于加强各党派、团体和各族各界人士的团结合作，真正把全省各族干部群众团结在中共云南省委周围，把各民主党派所联系的群众的思想和行动统一到省委的决策部署上来，形成围绕全省工作大局团结奋斗的强大合力。发挥民主党派成员中的政协委员和专家、学者的重要作用，支持他们围绕省委、省政府的中心工作以及绿色经济强省、民族文化强省和中国面向西南开放的桥头堡建设中的重大问题，深入调查研究，积极建言献策，有利于提高党委政府决策的科学化和民主化，最终实现全省经济社会发展的目标和任务。

（三）充分发挥民主党派在政协中的重要作用，是构建社会主义和谐社会的必然要求

云南是一个多民族边疆省份，民族团结、社会和谐事关全省发展大局。民主党派地位重要、社会联系广泛，在反映社情民意、协调社会关系、凝聚各方力量、维护社会和谐稳定方面具有独特的组织优势。充分发挥民主党派在政协中的重要作用，积极支持民主党派参与协调我省各团体、各民族、各阶层以及社会各方面的关系，综合反映他们所联系的群众的意愿和要求，有利于党委政府加强与社会各族各界群众的联系沟通，及时解决人民群众最关心最直接最现实的利益问题；有利于引导全省广大群众正确认识和理解党委政府的决策部署，正确认识和对待热点和难点问题，以理性、合理的形式表达利益诉求，正确处理利益矛盾和纠纷。同时，支持和鼓励民主党派政协委员和专家学者，自觉履行社会责任，围绕促进经济发展、社会安宁、民族团结、宗教和睦等重大问题献计出力，积极为困难群众排忧解难办实事，能够形成维护社会稳定、共同促进发展的生动局面，为和谐云南建设提供广泛的群众基础和稳定的社会环境。

（四）充分发挥民主党派在政协中的重要作用，是提高政协工作水平的有效途径

人民政协是多党合作和政治协商的重要机构，也是各民主党派发挥作用的重要舞台。各民主党派是人民政协的重要界别，是具有鲜明政党特色和独特优势的参加单位。没有民主党派的参与，也就没有人民政协的存在和发展。民主党派如果离开人民政协，其作用也难以充分发挥。民主党派在政协发挥作用的程度，决定着政协工作水平的高

低，关系到政协自身建设水平。民主党派在政协的作用发挥越充分，政协履行职能就越有成效。充分调动各民主党派参加政协工作的积极性，积极为各民主党派省委在政协发挥作用搭建平台、提供条件，支持各民主党派省委在省政协参与党和国家及云南重大方针政策的协商讨论，切实履行参政党职能，增强民主党派的工作活力，能够充分体现人民政协的整体优势，不断提高全省政协工作的质量和实效。

二、我省各民主党派在社会主义建设实践中不断发展

我国民主党派在反帝爱国、争取民主和反对独裁专制的斗争中先后建立、曲折前进，在建设富强民主文明和谐的社会主义新中国的实践中不断发展、发挥作用，走过了不平凡的历程。20 世纪 20 年代，为争取民族独立和民主自由，许多仁人志士不懈探求救亡图存之道，特别是通过组建不同政党，提出和实践各自的政治主张。民主党派便在这个时候应运而生。在推动中国民主运动和反对国民党独裁统治的斗争中，先后成立了中国致公党、中国国民党革命委员会、中国民主同盟、中国民主建国会、中国民主促进会、中国人民救国会、三民主义同志联合会、中国国民党促进会、中国农工民主党、九三学社和台湾民主自治同盟等 11 个民主党派。1949 年 11 月，中国国民党革命委员会、三民主义同志联合会和中国国民党民主促进会统一为中国国民党革命委员会，同年 12 月，中国人民救国会宣布解散，形成了中国共产党与 8 个民主党派合作的局面。新中国成立后，各民主党派继承和发扬优良传统，始终与中国共产党风雨同舟，患难与共，为社会主义革命和建设、促进改革开放、社会主义现代化建设作出了重要贡献，成为发展社会主义生产力、社会主义民主政治、社会主义先进文化和构建社会主义和谐社会的一支重要力量。

云南最早的民主党派组织是 1943 年 5 月成立的民盟昆明支部。在以后的社会主义建设伟大实践中，其他 7 个民主党派也先后成立云南地方性组织并开展活动，为巩固人民民主专政、实现社会主义改造、促进社会主义事业发展，推进云南改革开放和进行社会主义现代化建设，发挥了重要作用。中共云南省委积极支持各民主党派加强自身建设，特别是改革开放以来，先后出台了关于推进多党合作、促进民主党派自身建设的有关文件，为民主党派在政协中发挥作用提供了重要的组织保障。同时，各民主党派根据新形势新任务，积极加强思想、组织和制度建设，充分发挥参政党作用，同中国共产党一道，不断开创多党合作事业新局面。

组织机构逐步健全。全省有省级民主党派组织 8 个。截至 2010 年底，州市级民主党派组织有 48 个，县级民主党派组织有 11 个，基层组织有 1006 个。各民主党派省委均成立了办事机构和相应的工作机构，保证了工作的顺利开展。

队伍建设稳步发展。民主党派十分重视队伍建设，出台了加强队伍建设的意见，使党派队伍建设逐步走上制度化、规范化、程序化轨道。1984 年全省各民主党派成员 2828 人，到 2010 年底达 25157 人，民主党派成员队伍不断壮大，人员结构进一步优化，综合素质不断提高。

制度建设不断完善。多年来，我省各民主党派积极借鉴执政党成功的党建经验，制定了领导班子成员联系地方组织、基层组织和党派成员制度，机关干部联系基层制度，与政府相关部门对口联系等制度，推动了民主党派工作的制度化、规范化建设。

民主党派在政协的地位不断提高。各民主党派政协委员、常委人数进一步增加，在全体委员、常委中的比例进一步提高，民主党派在政协的领导职数更为合理。1983 年第五届省政协民主党派政协委员 57 人，占全体委员 10.8%，第十届省政协民主党派政协委员达 179 名，占全部委员 646 名的 27.7%。十届省政协主席会议成员为 11 名，其中民主党派为 4 名，占 36.3%；常委为 117 名，其中民主党派常委 43 名，占 36.7%；秘书长班子共 16（驻会 7 人）名，其中民主党派 8 名（1 人专职），占 50%；在专门委员会担任领导的民主党派成员 11 人，在专委会领导中占有相当的比例。

三、我省民主党派在政协履行职能中发挥了重要作用

各民主党派是人民政协的重要界别和组成单位，在政协发挥作用主要是通过参与政协组织的政治协商、提出政协提案、参与政协组织的调研视察、以党派界别或政协委员名义反映社情民意信息、参与组织政协论坛、参与政协组织的对外交往交流活动等方式和途径来实现的。省政协历来高度重视发挥民主党派在政协中的重要作用，切实把促进党派合作、充分发挥党派作用，作为开创政协工作新局面和加强自身建设的着力点，积极为民主党派履行职能搭建平台、创造条件，先后制定了省政协各专门委员会与省级各民主党派开展联合调研的意见、省政协党组成员联系民主党派制度、领导班子定期走访民主党派等制度，切实加强与民主党派的联系交流，积极推动民主党派在政协履行职能的制度化、规范化、程序化建设，为民主党派在政协充分发挥作用提供了重要保证。各民主党派积极参与政协工作，认真履行党派界别和参政党职能，在坚持和完善中国共产党领导的多党合作和政治协商制度，推进社会主义民主政治建设伟大事业中，在参与人民政协政治协商、民主监督、参政议政，推动科学发展、促进社会和谐中发挥了重要作用。

（一）积极支持民主党派参与人民政协的政治协商，努力为党委政府科学民主决策贡献力量

人民政协的政治协商是中国共产党领导的多党合作的重要体现，是党和国家实行科学民主决策的重要环节。民主党派参与人民政协的政治协商主要是通过参加政协组织的会议，与党委政府及有关部门，就经济建设、政治建设、文化建设、社会建设以及生态文明建设中的重大问题进行协商讨论，充分表达本党派的心声，反映本党派的意见和主张。我省各级政协坚持把民主党派作为开展政治协商的重要力量，进一步明确协商主题，丰富协商的内容和形式，大力支持民主党派参与人民政协的政治协商。各民主党派充分体现优势，注重通过政协这个平台就全省经济和社会发展规划、重要人事安排、地方法规、政府规章和政协重要工作等积极协商议政。组织民主党派政协委员积极参加“一府两院”工作报告和全省经济社会发展计划、财政预决算等报告的协商讨论，与其他政协委员一起列席人民代表大会的主要会议，参加全省重大问题的协商讨论，就事关国计民生的大政方针和重大问题提出意见建议。除了参加政协全会、常委会、主席会议、秘书长会议、专门委员会会议等重要会议活动外，各民主党派还积极参加省政协在闭会期间组织召开的情况通报会、征求意见会、座谈会、提案面商会和通过省政协组织的与政府部门的对口协商等会议。十届省政协以来，我省各民主党派参加人民政协开展政治协商的范围更广，力度更大，效果更为明显。2008 年先后围绕“解放思想、深化

改革、扩大开放、科学发展”和“推进实施‘兴边富民工程’、促进云南经济社会又好又快发展”开展了专题协商讨论。2010年先后参加了以“十二五”规划、深入实施西部大开发战略、推进民族文化强省、绿色经济强省和中国面向西南开放的重要桥头堡建设为主要议题的专题协商会。各民主党派在参加各种层次的协商会议上，提出了大量有重要参考价值的意见建议，在中共云南省委、省政府科学、民主决策中发挥了积极作用。

（二）注重发挥民主党派的民主监督作用，不断促进党委政府工作部署的贯彻落实

通过政协这个重要机构和平台履行民主监督职能，是民主党派在人民政协发挥作用的重要方式。多年来，我省各民主党派认真贯彻“长期共存、互相监督、肝胆相照、荣辱与共”的方针，充分运用政协视察、大会发言、反映社情民意或以其他形式对国家宪法、法律和法规的实施，重大方针政策的贯彻执行，经济社会发展重大项目实施，重点工程建设，政府机关及其工作人员的工作，通过批评和建议等方式进行民主监督。如2008年参与昆明市城中村改造、滇中调水工程推进情况视察，2009年参与对全省中小学危房改造视察，2010年参与对“中低产田地、中低产林改造”的视察，针对存在问题提出对策建议。各民主党派还积极参与政协组织的民主评议、大会发言、座谈、反映社情民意信息等方式进行民主监督。2008年以来，针对我省经济社会发展中的突出问题，各民主党派省委或民主党派政协委员在省政协全体会议和常委会议上作大会发言（包括书面发言）400多次（份），内容涉及改革、发展、稳定等一系列重大问题，如关于抑制价格过快上涨、完善社会保障体系、加强农村文化建设、保障教育特别是基础教育投入等，充分体现了民主党派的集体力量和智慧，许多意见建议得到采纳，有力地促进了政府和有关部门的工作。各级政协积极支持并推荐民主党派政协委员担任我省各级人民法院人民陪审员、各级人民检察院人民监督员和特邀检察员、各级公安特邀监督员、各级纪委党风廉政建设监督员和特邀监察员、各级地税特邀监督员和各级食品药品监督管理特邀监督员等，支持他们对国家机关工作人员的行为进行监督检查，对违法行为进行检举揭发。十届省政协以来，我省民主党派省委成员担任各级特约监督员、监察员、检察员、审计员等特约人员213人。

（三）着力突出民主党派参政议政的独特优势，积极服务全省经济社会发展

民主党派通过政协履行参政议政职能是实现中国共产党领导的多党合作和政治协商制度的重要内容，也是巩固和发展爱国统一战线的基础。多年来，我省各民主党派始终坚持围绕中心、服务大局，充分利用自身参政议政的政治资源和人才荟萃的智力优势，积极参加政协组织的联合调研视察和各种会议和活动，就全省经济社会发展中的重要问题以及人民群众普遍关心的热点难点问题，通过提案、建议案等形式向党委政府提出意见建议。十届省政协以来，省政协进一步完善与各民主党派开展联合调研的有关制度，注重安排民主党派政协委员和邀请民主党派成员中的非政协委员的专家、学者参加政协组织的重点调研和视察活动，与民主党派联合调研视察工作进一步规范，各民主党派组织参与政协专题调研的广度和深度得到进一步加强。2008年以来，各民主党派省委与省政协各专门委员会联合开展了《加快面向东南亚、南亚的国际大通道建设》《云南省节能减排情况》《云南省就业情况问题情况》《加强云南自然环境保护区建设与管理》《建立食品安全综合协调机制》《百年米轨滇越铁路文化遗产的保护和利用》《我省建筑领域利益分配机制》等20多个重点调研和10多个重点视察，形成了一批高质量的调研

视察报告，提出的很多意见建议被省委、省政府采纳。省政协高度重视发挥党派提案在政协履行职能中的重要作用，积极推动和配合承办单位主动通报党派提案办理情况，听取、征求民主党派的意见建议，加强与民主党派的联系和沟通，督促党派提案办理，极大地调动了民主党派调查研究、提交提案的积极性。十届省政协以来，我省各民主党派在全国政协会议上共提交提案 253 件；在省政协会议上共提交党派提案 307 件，其中 298 件为党派集体提案，9 件为党派联合提案，21 件被列为省政协重点提案，约占重点提案的 50%。我省八个民主党派省委和省工商联联合提出的“七彩云南保护行动”系列提案《进一步加强我省水污染防治的建议》《关于进一步加强小城镇和农村环境治理的建议》《关于进一步加强我省节能减排工作的建议》等有力地推动我省七彩云南保护行动的深入开展。各民主党派省委提出的推进国际大通道建设、云南生态省建设、进一步推进“城中村”改造、加大政策倾斜力度推动大学生就业、解决云南农村金融服务中网点缺失问题、发展我省农民专业合作组织、提高我省企业科技创新能力、加强我省基层医疗卫生服务队伍建设、加快建筑垃圾资源化等提案得到采纳实施，或促成了相关法规的制定，或成为了制定有关政策的重要参考依据。2008 年始民盟云南省委与省政协社会与法制委员会共同举办民生论坛，选择重大经济或民生问题，精心组织广大成员、本界别中政协委员和专家学者为经济社会发展建言献策，至今已成功举办了四届。民生论坛已经成为民盟云南省委与社会各界人士沟通交流、反映民情、建言立论的参政议政新平台、民主党派在政协履职方式的新拓展。

（四）充分体现民主党派社会联系广泛的特点，扎实推进和谐社会建设

各民主党派是中国共产党领导的爱国统一战线的重要组成部分，在促进和谐社会建设中具有独特的优势和作用。多年来，我省各民主党派紧密着眼实际，充分体现协调关系的整体功能，通过政协这个渠道和平台，真实反映涉及人民群众切身利益的问题，积极做好服务社会、服务群众的工作。作为政协的重要界别，各民主党派重视维护党派成员及其所联系群众的合法权益，认真收集整理他们的利益诉求和意见呼声，通过参加政协大会发言、提出政协提案、反映社情民意信息等方式，以理性合法的方式表达群众的利益要求，积极协助做好理顺情绪、化解矛盾的工作，努力促进党委政府与各界人士以及人民群众之间的沟通和理解。同时，省政协注重发挥各民主党派的优势，积极支持各民主党派省委广泛开展咨询服务、项目协调、投资推介、兴教办学、捐资救灾等智力支边和公益事业，协助解决人民群众生产生活中的实际困难，在促进和谐社会建设中作出了重要贡献。2008 年以来，民革云南省委组织了“同心工程・县长/专家基层行”活动，为我省多个县市编制“十二五规划”提供决策咨询。民进云南省委成立职能技能培训基地，并组织举办了“春雨行动”职能技能培训班。九三学社云南省委与省科协联合举办了“百名专家科技下乡”活动，支持开展了“大学生就业促进”活动。农工党云南省委开展了“专家三下乡服务团”活动、“情系临沧、共建和谐”活动，民建云南省委联合省人事厅等举办应届大中专毕业生专场招聘会，民盟云南省委联合有关部门开展了“农村教育烛光行动”，台盟连续 5 年开展“同心”工程，举办台湾岛内青年学生夏令营活动等，进一步扩大民主党派的社会影响，增强了省政协工作的实效。十届省政协以来，各民主党派共计捐款 7336 万元，其中向四川汶川地震灾区捐资 1460 万元，向云南灾区捐资 2015 万元，参与送医支教 23240 人次，科技下乡 31617 人次。此外，

各民主党派还根据各自实际，积极开展多形式、多层次、多渠道的海外联谊活动，通过考察出访、参观学习等方式，努力拓展与广大港澳同胞、台湾同胞、海外侨胞和国际社会的联系，为引进资金、技术、人才和管理经验，促进我省与世界各国、各地区的交流合作积极牵线搭桥、献计出力。

四、我省各民主党派在政协发挥作用存在的主要问题和困难

我省各民主党派通过政协认真履行政治协商、民主监督、参政议政职能，充分发挥参政党和政协界别作用，在促进富裕民主文明开放和谐云南建设中作出了重要贡献。但从总体上看，各民主党派在政协履行职能、发挥作用的情况与《中共中央关于进一步加强中国共产党领导的多党合作和政治协商制度建设的意见》《中共中央关于加强人民政协工作的意见》的总体要求有较大差距，主要表现为：

一是思想认识不到位。个别党政部门的同志对中国共产党领导的多党合作和政治协商制度理解不深，对民主党派在建设中国特色社会主义伟大事业中的地位和作用认识不足，工作存在敷衍、流于形式的情况。少数政协部门同志不能正确认识民主党派在政协工作中的应有位置和作用，为民主党派在政协履行职能发挥作用的服务意识不强。部分民主党派成员对我国现行政治制度的构成及其相互关系缺乏深刻、系统的认识，政党意识、政治责任感不强，参加政协工作的积极性、主动性不高。

二是合作平台不平衡。部分民主党派在政协领导班子这一重要参政议政平台上缺位，在政协专门委员会领导中的职数比例不够合理，导致这一部分民主党派的参政议政和利益表达渠道相对狭窄，不利于民主党派在政协履行职能中充分发挥作用。

三是履职环境待改善。主要表现在：政府信息公开性还不够，通报的政策信息不够及时、不够具体，民主党派了解政策信息的渠道不多，知情明政渠道仍不够畅通；党委政府个别部门不够重视民主党派的意见建议，影响了民主党派成员参政议政的积极性和成效；对民主党派在政协发挥作用的情况宣传不力，支持民主党派通过政协履行职能的社会氛围尚未完全形成。

四是工作机制不健全。民主党派以人民政协为平台履行参政党职能、发挥界别作用，主要集中于会议期间。会议之外的常规化参与平台仍不健全，民主党派在政协履行政治协商、民主监督、参政议政职能的工作机制仍不够完善。与党委政府以及政协制度化的沟通渠道待进一步拓展，相关的制定规定落实不力，导致工作计划性不强，组织活动缺乏有效约束，随意性大。

五是能力建设待加强。民主党派成员分布的界别结构较为单一，专业领域不广，在研究问题时立足宏观视野不够。同时由于将有效资源整合为党派集体智慧的体制机制尚未完全建立，民主党派在政协履行职能的水平更多体现在少数民主党派政协委员的议政建言上。总体上看，民主党派在政协履行职能还存在建言献策针对性不强、参政议政质量不够高的情况。

五、进一步发挥民主党派在政协中重要作用的建议

发挥民主党派在政协中的作用，既是巩固和完善我国多党合作和政治协商的基本政治制度，进一步推进社会主义民主政治建设的需要，也是增强民主党派自身活力、推动

人民政协事业发展的需要。要按照中共中央、中共云南省委关于充分发挥民主党派作用的有关意见精神，加强我省各民主党派组织建设，进一步突出民主党派在各级政协履行职能、发挥作用过程中的主体地位，以加强各民主党派及其成员自身建设为前提，以提高履行政治协商、民主监督、参政议政职能的水平为关键，以创新工作思路，深入开展调查研究为根本，以为民主党派发挥作用创造条件为保证，更加有效地发挥民主党派在政协工作中的重要作用。

（一）充分认识民主党派在政协中的重要地位和作用

人民政协是我国多党合作与政治协商基本政治制度的具体表现形式和重要载体，是我国社会主义民主政治的一大特色和优势。民主党派是人民政协的重要组成部分，人民政协是民主党派发挥作用的重要场所。充分发挥各民主党派在政协的作用，不仅有利于巩固和扩大我国的爱国统一战线，而且有利于坚持和完善中国特色的社会主义政党制度，发展社会主义民主政治、建设社会主义政治文明。各级党委、政府、政协及各有关部门，各民主党派组织，要进一步深入学习贯彻《中共中央关于进一步加强中国共产党领导的多党合作和政治协商制度建设的意见》《中共中央关于加强人民政协工作的意见》和《中共云南省委关于支持人民政协履行职能发挥作用的意见》精神，进一步提高对中国共产党领导的多党合作和政治协商制度的认识，从促进多党合作、加强统战工作、推动政协事业发展的高度，充分认识民主党派在政协中的重要地位和作用，切实重视和支持民主党派在政协履行职能、发挥作用。

（二）积极探索民主党派在政协中发挥作用的新形式新途径

根据民主党派的特点和优势，积极探索与民主党派开展联合调研视察的新方法，注重整合资源，改进组织方式，不断增强联合调研视察的实效。政协组织的调研视察活动，可适当邀请非政协委员的党派专家、学者参加，不断拓展民主党派参与政协工作的渠道和领域。积极探索与各民主党派联合举办专题论坛、专题研讨会和资政会、议政会等重大参政议政活动的方式方法，认真听取民主党派的意见和建议，使民主党派在政协中的作用得到充分发挥。支持或与他们联合开展技术咨询、专题讲座，送医、送教、送科技、送文化下乡以及帮困扶贫等活动，支持他们参加政协组织的海外联谊和外事活动，为地方经济建设、文化建设和社会发展献智出力。大力加强理论研究，深入探讨民主党派建设和发展规律，认真总结民主党派在政协发挥作用的做法和经验，正确认识和处理与民主党派之间的关系，积极探索新形势下进一步发挥民主党派在政协中重要作用的新形式、新途径。

（三）建立完善民主党派在政协中发挥作用的制度体系

各级党委要针对民主党派职能需要，制定一系列配套的支持民主党派在政协履行职能、发挥作用的实施细则和规定，力求使民主党派民主监督、参政议政的内容具体化、职责明确化、工作常规化、相关部门配合制度化。要针对我省实际，研究出台支持民主党派在政协发挥作用的意见规定，进一步明确总体目标和要求。完善邀请民主党派负责人参加政协的专题协商会制度，政协常委会之前就重点协商内容征求意见的民主党派座谈会制度，进一步完善政协中心组学习、常委专题协商会邀请民主党派代表作专题发言制度，积极推进征求民主党派意见的规范化、程序化、制度化建设。建立完善人民政协与各民主党派的联系制度，积极构建政协党组成员联系各民主党派负责人、政协秘书长联系各民主党派机关驻会负责人、政协各专门委员会对口联系各民主党派等多层次的联系制度，进一步规范联合调研、日常联络、信息交换、组织联谊等活动，努力形成调研活动统筹、资源信息共享、咨询论证合力的良好工作机制。

（四）积极为民主党派在政协中发挥作用创造条件

各级党委政府要加强同民主党派的联系交流，通过情况通报会、座谈会、协商会、联谊会等多种形式，就重大问题及时与他们进行协商沟通，充分尊重、保障民主党派的知情权、参与权、监督权，不断加大民主党派人士有序政治参与的力度。各级政府要把民主党派机关的考察调研、教育培训等专项经费列入财政预算，帮助民主党派解决业务经费、办公条件、机关编制等实际问题，切实为民主党派在政协履行职能、发挥作用提供有力保障。各级政协要始终把民主党派摆在优先的位置，积极邀请各民主党派成员参加政协组织召开的工作情况通报会、学习考察、工作研讨、专题讲座、举办的各类论坛等会议活动，坚持做到会议发言优先安排，提案建议优先督办，意见建议优先反映，最大限度地调动民主党派参与政协工作的积极性。政协各专门委员要主动邀请民主党派政协委员参加委员会组织的调研视察和会议活动，积极为民主党派参与专门委员会的各项工作提供方便和条件。各级政协民主党派政协委员所在部门和单位要提高认识，高度重视、切实支持民主党派政协委员在政协履行职能、发挥作用。

（五）进一步支持民主党派加强自身建设

充分发挥民主党派在政协中的作用，必须进一步支持民主党派加强自身建设，不断提高民主党派参与政协工作的科学化水平。党委有关部门要高度重视并支持各民主党派加强自身建设。一要加强领导班子建设。切实采取有效措施，推动民主党派领导班子成员的学习教育，注意在政协工作中为民主党派负责人提供实践锻炼的平台，扩大他们的政治影响，丰富他们的政治经验，提高他们的政治把握能力和参政议政能力。二要加强思想建设。党委有关部门要支持民主党派通过集中培训教育等方式，深入开展政党理论、政协理论、多党合作制度历史和参政议政知识的学习，切实统一民主党派成员的思想认识，做到与中国共产党在理想信念上同心、在爱国爱民上同德、在建设有中国特色社会主义道路上同向。三要加强制度建设。健全在政协反映社情民意信息的工作制度，实现普通信息收集分析的常规渠道和重大社会问题信息收集的专门渠道相结合的信息反映机制。建立民主党派内部信息互通机制，通过不同层级、不同州市组织之间信息的互通，达到资源共享，共同提高在政协履行职能的质量和效率。建立完善工作制度，进一步提高民主党派机关的工作水平。

（六）加强和改善党对民主党派参加政协工作的领导

各级党委应把多党合作和民主党派工作列入重要议事日程，定期研究民主党派工作，进一步明确民主党派在政协发挥作用的目标和重点，不断推进多党合作和政协事业向前发展。认真贯彻落实中央有关意见精神，逐步增加民主党派成员在政协中常委、委员设置的数量，保证民主党派成员在政协委员、常务委员和主席会议成员中占有较大比例，在政协专门委员会负责人中占有适当数量，在政协机关中占有一定数量，切实为各民主党派在政协发挥作用提供组织保障。充分发挥各级党校、行政学院、社会主义学院等教育培训阵地作用，加强对民主党派机关干部的教育培训，进一步提高各民主党派成员利用政协组织这个平台履行政治协商、民主监督和参政议政职能的能力。充分利用各种传媒宣传多党合作和政治协商这一基本政治制度，宣传民主党派在政协履行职能的情况和成果，宣传民主党派政协委员的先进事迹，努力形成全社会重视支持民主党派在政协发挥作用的良好氛围。

关于进一步加强云南省生态保护和建设的调研报告

（2011年10月17日政协云南省第十届委员会第二十七次主席会议通过）

为大力推进面向西南开放桥头堡建设，把云南建成“我国重要的生物多样性宝库和西南生态安全屏障”，深入了解我省生态保护建设工作情况，为省委、省政府切实解决全省生态保护建设中存在的困难和问题提供决策参考。2011年6月中旬，省政协组织省林业厅、省环保厅、省发改委等10家政府职能部门、8个民主党派省委、省工商联和部分省政协委员，由王学仁主席、管国忠常务副主席、陈勋儒副主席带队，分别到普洱市、西双版纳州和丽江市、迪庆州进行实地调研。现将调研情况报告如下。

一、我省生态保护建设工作取得的成效

“十一五”期间，省委、省政府确立了生态立省、环境优先的发展战略，先后启动了七彩云南保护行动、滇西北生物多样性保护行动，出台了《关于加强生态文明建设的决定》《加快林业发展建设森林云南的决定》，在全国率先成立了“云南生物多样性研究院”，把保护好生态环境作为我省的生存之基、发展之本，坚持从国家战略的高度来认识生态保护问题，努力实现经济、社会和生态效益协调统一，形成了上下联动、多措并举、齐心协力推进生态保护建设的局面。

（一）生态工程建设稳步推进

我省先后实施了天然林保护、退耕还林、石漠化治理、农村能源建设等重点生态建设工程。完成国家下达退耕还林工程和巩固成果项目造林931万亩、补植补造67万亩，累计完成投资71.9亿元。年均完成天保工程森林管护18965.3万亩，累计完成公益林建设882万亩，建设防护林145.62万亩。农村能源建设累计建成户用沼气273万户、推广省柴节煤炉灶600万户，推广太阳能热水器180万平方米，形成了年节约标煤400万吨、减排二氧化碳800多万吨的能力。“森林云南”建设取得了初步成效，林地面积、活立木蓄积和森林覆盖率分别达到3.71亿亩、17.12亿立方米和53%，森林碳汇能力不断增强，年均新增森林碳汇6000万吨。水土流失得到有效遏制，全省共治理水土流失面积2.02万平方千米，实施生态修复面积3万平方千米，长江流域治理区水土流失面积减少了59%。九大高原湖泊水质总体保持稳定，滇池、异龙湖、星云湖、杞麓湖等污染严重的湖泊水质恶化趋势基本得到遏制，为构建西南生态安全屏障发挥了重要作用。

（二）生物多样性保护有效开展

认真贯彻省政府《关于加强滇西北生物多样性保护的若干意见》以及《丽江宣言》

《腾冲纲领》，先后编制实施了《云南省生物多样性保护工程规划》《云南省湿地保护工程规划》《滇西北生物多样性保护规划纲要》等规划纲要、行动计划，启动了滇西北生物多样性保护行动，基本形成了政府主导、科技支撑、企业支持、社会参与，抢占生物多样性保护制高点的局面。加强自然保护区管理和规范化建设，全省已建成各级各类自然保护区162个，面积2.96万平方千米，占全省国土面积的7.5%。在全国率先启动了极小种群物种保护，有效推动了全国极小种群物种保护工作。建立了自然保护区生物多样性影响评价制度，开展了自然保护区管理评估和生态服务功能研究，全省典型生态系统及85%珍稀濒危野生动植物得到了有效保护。加强了湿地保护，全省有湿地类型自然保护区15处，大山包、碧塔海、纳帕海、拉市海被列入“国际重要湿地”，红河哈尼梯田和洱源西湖被批准为国家湿地公园，为把我省建成“我国重要的生物多样性宝库和西南生态安全屏障”奠定了坚实基础。

（三）生态保护建设创新发展

稳妥推进集体林权制度改革。出台了林权抵押贷款、林地林木流转、金融服务支持林业发展、森林资源资产评估管理办法等推进配套改革的文件，建立了99个林权流转服务中心，成立各类林农专业合作社1542个，林权抵押贷款余额达到56.50亿元。积极推行政策性保险制度。针对近年来雨雪冰冻、特大干旱、森林火灾等自然灾害对林业生产造成的影响和野生动物肇事给人民群众带来的损失，建立了森林火灾保险和野生动物公众责任保险制度，实现了由政府补偿向商业保险转变，明确了政府、企业和农户的责任，降低了灾害损失。启动实施中低产林改造。省政府出台了《加快推进中低产林改造的意见》，提出用10年左右时间完成6000万亩中低产林改造任务。广泛开展交流合作。针对我省生物多样性优势明显、生态区位重要、全球关注程度高的特点，积极开展交流合作。先后有16个州（市）56个县市区、8个国家级和省级自然保护区与14个国际组织、政府和国内科研院所机构合作，16个合作项目涉及外援资金达6亿元人民币。

（四）生态资源管理工作有序推进

积极推进矿产资源有偿使用制度，加大了矿产资源规费征收力度，依法足额征收矿产资源补偿费、矿产资源有偿使用费。加强了风景名胜区建设依法行政工作，建立健全了风景名胜区管理体系，推进全省风景名胜区和世界遗产地规划工作。坚持依法治林，制定出台了《云南省林地管理条例》，进一步规范了森林资源的保护和管理。组织完成了全省森林资源第5次连清复查和全省森林资源规划设计调查，摸清了森林资源家底。加强木材流通管理，严格实行木材凭证运输、凭证经营加工制度。森林生态效益补偿机制不断完善，国家和省级公益林补偿面积逐年增加。森林资源“三防体系”不断完善，应急能力水平不断提升，较好地应对了雨雪冰冻、特大干旱等自然灾害的侵袭。

（五）生态效益补偿力度逐步加大

森林生态效益补偿机制不断完善，中央财政对4517.5万亩国家公益林进行生态效益补偿，省财政对全省4730.81万亩省级公益林进行生态效益补偿，年度资金投入达6.1亿元。建立了云南省生态功能区转移支付制度，制定了《云南省生态功能区财政转移支付实施办法（试行）》，2009年省财政下达生态功能区转移支付资金5.16亿元，2010年进一步加大了补助力度，下达补助资金11.5亿元，增幅高达123%。着手研究

《跨界河流、高原湖泊水质生态补偿试点方案》，拟通过建立流域水质生态补偿机制，加大财政转移支付对高原湖泊水污染防治的资金投入力度，有效缓解保护与开发的矛盾。

（六）绿色生态产业快速发展

实施生态立省、绿色经济强省发展战略，坚持保护与开发并举，积极推广林业循环经济，培育、发展和壮大特色林产业。目前全省林业企业达到8300多户、总资产500多亿元，2010年全省林产业产值达575亿元。大力推进以核桃为主的木本油料产业，全省种植面积已达3000多万亩、年总产量超过45万吨、总产值超125亿元，核桃、澳洲坚果面积、产量、产值均居全国第一位。大理州核桃种植面积823万亩，被授予中国核桃第一州（市）。

（七）生态保护宣传教育取得实效

充分利用世界环境日、国际生物多样性日、湿地日、爱鸟周、野生动物保护宣传月和组织开展“七彩云南保护行动启动仪式”、“滇西北生物多样性保护大型主题活动”、“首届七彩云南环境保护奖评选”，主办《云南省生物多样性（滇西北区域）大型图片展》和自然生态保护摄影大赛，建立18个生物多样性保护教育基地并免费向社会开放等形式多样、内容丰富的活动。通过各种宣传活动，引导社会公众树立“了解自然、敬畏自然、亲近自然、保护自然”的理念，增强全社会保护生物多样性的自觉性和主动性。

二、生态保护建设存在的困难和问题

虽然我省生态保护建设取得了一些成效，大部分地区生态状况明显改善，但仍然存在不少困难和问题。

（一）生态环境保护建设形势依然严峻

城市化的不断扩张，大量植被和良田被无序开发。一些企业盲目追求经济效益，忽视节能减排工作，生态环境整治困难重重。污染严重的几个高原湖泊投入较大，但治理效果不佳，水质未见明显好转。水土流失依然严重，石漠化尚未得到有效治理。粗放耕作，毁林、毁草开荒，矿山开采和公共建设造成水土流失，泥石流、山体滑坡等地质灾害频发，局部地区生态恶化没有得到有效遏制，全省水土流失面积达14.13万平方公里，占国土面积的36.9%。全省仍有4341.6万亩坡耕地，25度以上陡坡耕地1197.8万亩急需退耕还林。镇雄、宣威、广南等人口密集地区，过度垦殖加剧石漠化，严重威胁当地生态安全和群众生产生活。森林资源质量不高，天然次生林改造任务繁重。我省森林面积增加主要靠人工林，存在重造轻管的数量扩张，森林资源总体质量不高，乔木林和中幼林面积占全省森林面积的56.9%。天然湿地面临人口增长和经济快速发展的双重压力，面积减少、蓄水量低、污染和富营养化严重，生物多样性减少。外来有害生物威胁日益增多，给林业监测预警和检疫执法工作带来新的挑战。由于地质灾害频繁，生态环境非常脆弱，多年来对资源的过度开发利用已经导致植被和生态功能退化，严重威胁生态环境保护。生物种群地理分布狭窄，单一物种环境适应范围狭小，多数物种种群数量小，分布不均匀，容易灭绝。生态系统层次丰富，结构复杂，系统空间很小，抗干扰能力较弱。极小种群物种保护任务十分紧迫，全省80%的湖泊鱼种和60%的江河鱼种处于濒危状态，307 种兽类中有 100 多种处于濒危。自然灾害损失严重，生态和植被恢复任务艰巨。2008 年雨雪冰冻灾害，森林损毁面积 600.26 万亩。2010 年特大干旱，林地受灾面积 2712.02 万亩，造成经济损失 232.15 亿元。

（二）自然保护区管理能力亟待加强

我省的自然保护区大多在边远的少数民族地区，交通落后，经济欠发达，无法吸引高素质专业人才，加之经费不足，保护区管理能力低下，大多停留在禁伐林木、森林防火、禁猎禁采等日常工作，专业技术人才欠缺，科研、宣教短腿，自然保护区、风景名胜区、地质公园、旅游景区、世界自然遗产地、国家公园等存在一地多牌的现象，主管部门多，边界重叠交叉，职责互相矛盾。自然保护区管理体制不顺，管理权属分散在林业、环保、国土、农业等部门，层级不一，部门、政府、跨州市分割管理并存，尚未建立有效的生物多样性保护机构、编制和财政资金保障机制。全省尚有 17 个省级保护区“无人员编制、无管理机构、无资金投入、无保护设施”，管理机构设置五花八门，与职能需要不相适应。湿地保护缺乏法律、法规，多头管理、协调不力。保护区科研监测工作滞后，资源数据缺失或不详，保护管理能力亟待加强。

（三）资金投入严重不足

保护区、乡镇林业站、木材检查站、种苗站等基层单位办公设施落后、装备条件较差。森林防火设施落后，防御火灾的整体能力薄弱，扑火力量严重不足，抵御境外火的能力有限。全省自然保护区旅游收入 7 亿元以上，但直接用于保护的资金不足 1000 万元，保护区生态建设欠账多。科研、监测和管理手段等严重滞后，全省 1/3 的省级自然保护区无法全面监管。全省 60 个国家级和省级保护区中，仅有 29 个国家级和省级自然保护区人员经费纳入省财政预算，2/3 以上省级自然保护区管理人员工资和福利标准低，来源渠道不稳定。自 1995 年始，省级自然保护区基础设施建设无资金投入，工作举步维艰。全省 29 个自然保护区人员和公务经费下划属地后，职工未按政策增加工资，退休人员未按规定领到住房补助。

（四）生态补偿机制亟待加强

国家从 2009 年建立生态功能区转移支付制度，但各地基本上将款用于平衡财政。国家级重点公益林生态效益补偿标准仅为每亩每年 10 元，受比较效益影响，林农支持公益林建设的积极性不高。生态公益林补偿不能按照生态服务功能的实际价值进行差别化补偿，不能体现出不同公益林之间生态服务功能的差异。国家尚未建立跨流域、跨地区的生态补偿机制，云南承担了经济发达的长江、珠江等中下游地区生态保护建设的成本，形成了贫困地区出钱保护建设生态，富裕地区无偿享受生态资源的局面，生态补偿机制亟待加强。

（五）保护与开发矛盾突出

发展空间极其有限，保护责任重大。生态保护的重点往往是经济开发的热点，多数生态良好区和敏感区往往回避不了保护与开发的矛盾，侵占和改变保护区土地现状的情况时有发生，有的甚至将保护区作为招商引资的招牌，有的保护设施建设违反有关规定。这些矛盾主要存在于遗产地、保护区、风景名胜区周边的旅游开发及矿产开发等活动对生态环境带来的影响。自然保护区与周边社区的矛盾突出。例如白马雪山国家级自然保护区周边有 7 万多人口，其中 60% 的人口还没有脱贫，经济收入 80% 以上主要依靠采集林间产品，对保护区自然资源的依赖性较强，社区人类活动干扰、土地权属纠纷、盲目利用保护区各种资源对保护区构成了威胁。保护区周边还分布有重要开发价值的水电、矿产资源，保护与开发矛盾日益突出。

三、加强生态保护建设工作的建议

（一）进一步提高认识，切实加强对生态保护建设的领导

良好的生态环境和自然禀赋，已成为云南最突出的特点和优势。进一步加强云南的生态保护建设工作，把云南建设成为我国重要的生物多样性宝库和西南生态安全屏障，不仅关乎云南自身的可持续发展，而且对长江中下游、珠江中下游以及东南亚国家将产生直接的影响。各级政府都要明确从全社会的长远利益出发，严格生态环境和自然资源保护的工作职责，要牢固树立正确的生态观，尊重客观自然规律，切实转变经济发展方式，不能以破坏生态环境、危害生态系统稳定为代价。要尽快完成州市和县级主体功能区划，合理确定优先开发、重点开发、修复治理、限制开发和禁止开发区域，为经济社会发展提供生态功能区划指导。制定经济发展和生态保护并重的政绩考核机制。各级政府在制定国民经济和社会发展规划时，将生态保护指标列入主要发展指标，加大监察力度。加强宣传教育，提高保护意识，让社区居民和社会认识到保护自然资源对人类的重要性，参与到保护中，做到人与自然真正和谐。

（二）进一步加快法制建设，强化自然保护区建设管理和生物多样性保护

要落实国务院办公厅《关于做好自然保护区管理工作的通知》要求，加快颁布实施自然保护区建设和管理的法规，积极推动保护区一区一法，出台生态旅游管理和评估标准，明确保护区考核奖惩标准，规范全省自然保护区工作。建立权责统一的保护区管理机构，明确规定各级别保护区应有对应的行政主管部门实施管理。严厉打击破坏和侵占自然保护区资源的违法犯罪行为。科学发展生态旅游，探索建立保护区与群众共赢机制，促进自然保护区与周边社区和谐发展。加快制定《云南省生物多样性保护条例》，为生物多样性保护提供法制保障。加强濒危动植物和极小种群物种保护投入，增加野生动物肇事补偿，重点开展生态保育、物种基因库建设、生物多样性影响评价和动态监测机制及有害入侵物种监测防治。建议开展一次生物多样性调查，查清底数，为科学决策提供参考。严格限制涉及保护区的建设活动，禁止在保护区的核心区和缓冲区内开展任何形式的开发建设活动，防止开展活动可能对保护区造成的负面影响，各种开发项目应尽量避开自然保护区和水源保护区。减少占用林地、基本农田和对山体的开挖，做好施工建设中的生态环境保护，防止水土流失。大力植树种草，建设绿色通道。设置动物走廊，减少对野生动物迁徙的影响。禁止在自然保护区、水源保护区、湿地、风景名胜区、文物保护区勘查和开采各类资源。对因历史原因造成的生态破坏，要做好生态恢复与治理工作。要加大查处保护区内的各类违法违规开发建设行为，对于人为因素导致保护区失去价值的要追究相关人员的法律责任。推进执法队伍建设，依法加强生态环保违法案件查处，严厉打击破坏生态环境违法行为，为全省经济社会协调可持续发展营造良好的生态环境。

（三）进一步增加投入，切实加强生态保护能力建设

生态保护建设属于全民公益性行业，各级财政要加大投入力度，将保护区建设管理

纳入国民经济和社会发展规划，将保护区建设和管理经费列入相应级别的财政经常性预算。保护区也可积极拓宽筹资渠道，通过与科研院校、非政府组织合作申报项目，建立从保护区开发收益中按一定比例提取保护金制度，加大自然保护区基础设施建设、资源监测、科研科普投入。科学发展保护区生态产业，增加经费来源。要找准结合点和着力点，积极争取各方支持，多渠道筹集资金。按照“健全、规范、提高”的要求抓好基础设施建设，解决自然保护区办公用房、交通工具、适用装备、专业人才等突出问题。大力推进信息化建设，充分发挥信息技术在生态监测、评价、规划、管理、保护与合理利用等方面的作用，建设资源监管系统、生态工程建设管理系统、灾害监控与应急系统、综合办公系统、科技推广系统，开展基础调查，进一步明确各类保护区的本能信息和建设管理现状，为决策提供依据，提升生态保护建设信息化、科学化水平。

（四）进一步加大生态补偿力度

建立健全生态系统监测网络，科学评估生态效益服务功能，逐年提高国家对生态功能区财政转移支付和生态效益补偿投入力度，建立和完善生态功能区财政转移支付制度，对为生态保护事业作出贡献的地区和群众给予生态补偿。积极呼吁国家建立跨流域、跨地区的生态补偿机制，探索流域生态补偿和水电、矿产、旅游资源开发生态补偿方法。要整合收费项目，提高资金使用效益。对水电、矿产等重点资源开发领域要从量从价征收生态补偿金，开展区域和流域生态治理。科学使用生态补偿资金，推动“补血”“输血”型补偿向“造血”型补偿转化，形成良性循环的补偿模式。

（五）进一步加快发展绿色生态产业

以“兴林富民”为目标，积极调整产业结构，突出区域特色，强化科技支撑，培育产业集群，构建发达的现代农业、林业产业体系。扎实推进原料林基地、良种生产推广、市场体系、产品品牌打造、信息化平台等骨干工程建设，大力发展木本油料、林浆纸、林化工、竹藤、野生动物驯养繁殖、森林生态旅游、木材加工、非木材产业、观赏苗木等九大产业，积极推广林业循环经济，努力提高农林产业的质量和效益，把林业产业建设成为带动山区经济社会发展、促进林农增收致富的骨干产业。要按照有效保护和合理开发的原则，发展以“回归大自然”为特点的自然观光、民族风情等生态旅游，打造生态旅游品牌。

（六）以桥头堡建设为契机争取国家加大对我省生态建设的支持力度

要以桥头堡建设为契机，加快做好生物多样性宝库和西南生态安全屏障建设规划，积极争取国家对我省生态建设保护工作的支持力度。争取国家加大对云南特色生物资源产业发展的支持力度，做大做强生态农、林产业，使生活在生态脆弱区、生态保护区内的农民通过参与生态保护建设增加收入，减轻对自然资源的依赖。增加乡土树种，营造多树种混交林，加大天然林资源保护力度，强化管护措施，为原始森林资源生息繁衍创造条件。争取国家支持，加快低碳经济试点省建设，加快研究碳汇交易制度和科技支撑体系，探索具有中国特色的碳汇交易试点机制。争取国家支持，通过“大封禁、小治理”的途径，通过人工治理与自然修复途径，启动新一轮退耕还林工程，对25°以上的坡耕地实施退耕还林，生物多样性区域关键区实施退胶还林和退耕还草，建设基本农田和基本牧场，开展石漠化综合治理，使水土流失面积得到有效控制，土壤侵蚀模数明显降低。重点抓好六大江河和九大高原湖泊沿岸、县城面山和交通干线水土流失和地质灾害防治，实行山、水、林、田、路综合治理。

关于云南省保障性住房建设情况的调研报告

（2011 年 10 月 17 日政协云南省第十届委员会第二十七次主席会议通过）

为全面贯彻落实中央及我省关于保障性住房建设的各项措施，切实解决人民群众住房困难，促进我省房地产市场健康有序发展，根据《政协云南省委员会 2011 年重点工作安排意见》，在省政协王学智、倪慧芳副主席的带领下，今年 5 月中下旬，社会和法制委员会组织调研组就我省保障性住房建设情况进行了调研。调研组听取了省住房和城乡建设厅的情况介绍，分赴昆明、曲靖、普洱市及西山、官渡、宣威、思茅、江城等县（区）调研。深入到 12 个保障性住房小区、建设工地、棚户区实地察看，向施工单位、住户了解情况，听取意见建议。同时还收集研究了省保障性安居工程专项巡察组对 16 个州市的巡察情况报告。现将调研情况综合报告如下：

一、我省“十一五”期间保障性住房建设取得积极进展

保障性住房建设，是党中央、国务院面对新的发展形势作出的重大战略部署，是党和政府执政为民、改善民生，解决群众住房困难，促进社会和谐发展的重大举措，是社会管理创新的一项重要工作。为解决城镇居民住房困难，省委、省政府高度重视保障性住房建设管理工作。从 2005 年开始到 2007 年，每年由省级财政安排 5000 万元专项资金，建设 10 万平方米廉租住房；2008 年，全省廉租住房建设规模扩大到 80 万平方米，并在全国率先全面启动了住房廉租补贴发放工作，平均每年发放租赁补贴 10 万户左右；2009 年至 2010 年，全省廉租房建设规模扩大到 550 万平方米，并启动实施了城镇和国有工矿棚户区改造，以及垦区、林区、中央下放地方煤矿棚户区和华侨农场危旧房改造工作。2010 年投入 77.8 亿元，完成城镇保障性住房建设 15 万套，实施农村保障性安居工程 34.23 万户。“十一五”期间，我省先后投入城镇保障性住房建设资金 400 多亿元，截至目前，全省建成廉租住房 15.94 万套、公共租赁住房 3900 套、经济适用住房 5.6 万套；实施了 10 万户的垦区、林区、中央下放煤矿区、棚户区（危旧房）和华侨农（林）场危旧房改造；平均每年发放租赁补贴近 10 万户，较好地解决了全省 42 万户城镇低收入住房困难家庭的住房问题，120 多万城镇困难群众享受了党和国家的保障性惠民政策，基本建立起廉租住房、经济适用房、公共租赁房和各类棚户区改造相结合的住房保障体系。

今年，在全国人代会上，中央提出要把加快推进保障性安居工程作为 2011 年和整个“十二五”时期的一项重大民生工程，“十二五”时期我国保障性安居工程建设任务将达到 3600 万套，其中 2011 年要建设城镇保障性住房 1000 万套、改造农村危房 150 万户以上，力争到“十二五”末，我国城镇居民住房保障覆盖面达到 20% 左右，并把城镇保障性安居工程建设作为经济社会发展的约束性指标。2011 年度将投资 1.3 万亿

至1.4万亿。根据国家的总体部署，我省在省委、省政府的高度重视下，保障性住房建设已取得重大进展和明显成效，成为全国保障性住房建设规模较大、建设进度较快的省区之一。许多好的经验和做法得到国务院有关部门的肯定。如曲靖市在保障性住房建设中，大胆创新，在全省率先提出和实施“政校共建、政企共建、政园共建”“两房捆绑、以房建房”“两房并轨、分级定租”“先租后售”等新模式、新做法，探索和总结了许多在全省有推广价值的经验。昆明市全力推进价格信息、收入信息、住房信息、个人信息、信用信息“五位一体”的保障性住房信息管理平台建设。市政府先后制定出台了《昆明市城镇最低收入家庭廉租住房保障办法》《昆明市经济适用住房管理实施办法》等规范性文件，进一步完善了保障性住房的分配和管理制度，严格了保障性住房申请、审核、公示、复核、配租、退出、购买等管理制度，建立了市、区、街道（乡镇）三级联动审查、两级公示制度，以确保保障性住房分配工作的公开、公平、公正。这些做法为进一步推进建设、使用、管理保障性住房打下了良好的基础。我省在“十二五”期间将建设（筹集）保障性住房250万套（户），解决800万城乡低收入群众的住房困难问题。2011年，全省建设（筹集）保障性住房60万套（户）。其中，城镇保障性住房40万套（户），包括公共租赁住房11万套、廉租住房9.5万套、新增发放租赁补贴9万户、城镇棚户区改造10万户、经济适用住房0.5万套；农村保障性安居工程20万户。此外，由州（市）、县（市、区）安排危房加固改造10万户。

二、我省保障性住房建设中存在的问题

城乡居民保障性住房建设，直接涉及群众切身利益，是一项民心工程、德政工程。要做到得民心、顺民意，各级政府部门不仅要提高做好这项涉及人民群众切身利益工作的认识，还要实事求是、因地制宜、精心组织、扎实推进。在调研中我们发现在保障性住房建设中还存在一些不容忽视的问题和困难需要深入研究解决。

（一）认识不到位，有些基层政府仅停留在完成任务的层面

保障性住房建设工作上层重视，并作出了规划，各州市都与省政府签订了责任书，但在执行中还需要地方切实端正态度。已发现部分地区的负责人对保障性住房建设的重要性认识不足，没有真正领会中央改善民生的精神，没有真正感受到中央的决心和力度，仅仅将该项工作当作是一项任务来完成。由于认识不到位，导致措施不力，资金、用地落实不到位，严重制约了项目建设进度。

（二）建设数量大，前期审批工作滞后，落实建设用地比较困难

根据《云南省“十二五”城镇住房保障规划》确定的建设任务，2011～2015年，全省要建设（筹集）150万套城镇保障性住房。其中，新增廉租住房30万套、新建经济适用住房2万套、新增公共租赁住房70万套、新增发放租赁补贴29万户，完成城市、国有工矿、林区、垦区、煤矿棚户区（危旧房）改造19万户。2011年全省保障性安居工程建设任务30.9万套，估计需用地1.7万亩，并要求6月30日以前完成土地供给。在调研中发现部分项目城市规划尚未到位，部分选址地块，城市规划相关手续还不齐全，未给出明确的规划红线图，影响用地勘测定界和组件报批。一些项目用地不符合土地利用总体规划，下一步落实较难。有的地方建设任务还没有安排到县（区），后续用地工作还无法及时展开。有的地方使用存量土地，新征转的面积不大。有些地方立足

于盘活存量土地保障项目建设，全省需要新增用地的数量难以准确确定。在云南省住房和城乡建设厅6月组织的巡查中发现，一些县市区保障性住房建设项目用地至今尚未完全落实，影响了项目的推进。

中央下达各省保障性住房建设任务的时间基本在每年的3至4月份，由于大部分保障性住房建设项目审批手续复杂、前期工作持续时间较长，影响了项目的开工和建设进度。有的在建和已建成的保障性住房，存在用地手续不完备的情况。

（三）各级财政补贴与实际资金需求存在较大差距，地方财政压力增大，融资渠道单一

国家加大了对民生工程的关注力度，在政策和资金上都给予了扶持。国家、省级财政对保障性住房建设给予了一定的资金补贴，但因土地自身具有稀缺性的特点，导致可用的建设用地逐年减少，征地价格偏高，中央及省级财政补贴与建设成本价相距甚远。保障性住房建设资金来源渠道单一，主要是中央、省、市县按比例的配套资金，没有形成“政府主导、多方参与”的投融资渠道。我省部分县区，经济总量小，财政较为困难，建设资金的缺口完全依靠自筹解决，存在较大的困难。目前，中央对保障性住房补助为每平方米500元，省财政补助每平方米100元。按最低建设费用计算，保障性住房大约每平方米1700元。除中央、省财政补助外，各级政府还需承担每平方米1100元。保障性住房的建设主体是政府，各级政府作为国家行政机关不能作为向银行贷款的主体，因此，资金筹措困难。有不少地区将落实保障性住房配套资金寄希望于银行发放政策性长期贷款。虽然可以暂时解决资金困难，但政府的偿债压力过大，将影响机构正常运行。

目前，我省为了保证建设资金的落实，还提取了部分住房公积金收益用于保障性住房的建设。公积金属于缴存人为保障自身住房的一种投入，其收益应当归缴存人所有。根据我国关于住房公积金提取的相关规定，公积金缴存人想要提取并使用公积金都有一定的困难，政府在未取得缴存人同意的前提下使用该笔资金，从法律角度也不妥当。

（四）规划缺乏科学性，房屋结构设计不尽合理，少数房屋存在质量问题

加强保障性住房建设，规划应先行，防止盲目建设，要从当地实际出发，讲求长远性、实用性。我省相关的文件对保障性住房建设的选址及户型设计作出了要求，但从调研情况看，部分地区在保障性住房建设规划上缺乏科学性，未将其列入城市建设的长期规划中全盘考虑，致使部分保障性住房建设在远离市区、交通不便的偏远地区。由于保障对象为低收入群体，部分群众为老弱病残者，他们的日常生活依靠政府或亲友救济，部分有一定劳动能力者，依靠做小生意或打零工来维持生活，入住后影响他们谋生，严重影响和制约了居民生活、学习和出行，增加了生活支出，最终可能造成已建成的保障性住房入住率低而闲置。在调研中还发现，由于建设资金成本低，有的地方建筑外观设计粗糙，在房屋结构设计上不尽合理，结构简单，未能有效利用空间。有的地方对保障性住房建设工程安全质量重视不足、存在安全隐患，未入住的房屋就出现了室内墙壁涂料脱落的情况。

（五）法律法规及配套管理措施相对落后

保障性住房作为一项涉及面广的民生工程，是近几年才开展的工作，相关法律、法规还没有配套出台，导致诸多方面处于“无法可依”的状态。全省乃至全国普遍未建

立个人信息申报查询系统，难以对保障对象的家庭情况、住房情况、收入情况进行适时查询和动态管理，增加了保障性住房的管理难度，一定程度上导致保障性住房结构失衡，加大了保障性住房的供需矛盾，难免让少数人钻空子，伪造相关申报要件骗租、骗购保障性住房和违规出租、出售保障性住房的情况。

（六）缺乏专门的管理机构和人员，机制不够健全

住房保障与教育、医疗、养老保险一样，都是我国社会保障基本制度的重要组成部分，推进保障性住房建设这项工作，首先要有一个强有力的领导班子和专门工作机构，既要解决怎么建的问题，同时也要解决如何管的问题。保障性住房建设管理机构不健全，影响和制约了工作的广度和深度。从调研反馈情况看，这是各地反映最多、也是最强烈的问题。目前，我省所有州（市）、县（市、区）没有住房保障专门机构，绝大多数工作人员属于兼职，难以集中精力研究和落实住房保障工作，影响和制约了保障性安居工程的持续健康发展。专门机构和人员的缺乏致使直接责任人缺位，在出现问题后极易出现推诿扯皮的情况，无法准确追究责任。

（七）保障模式发展不均衡，缩小了保障对象范围

保障性住房由廉租住房、经济适用住房和政策性租赁住房构成，也包括在一些林区、垦区、煤矿职工的棚户区改造。目前我省开展了经济适用住房和廉租房建设、林区、垦区、煤矿职工的棚户区改造工作，而公共租赁住房的建设相对滞后，限价商品房则尚未真正启动。国家及省级各项政策均侧重于解决低收入群体的住房问题，我省廉租房和经济适用房的保障对象主要是家庭人均月收入低于980元，人均住房建筑面积低于13平方米的住房困难群体。针对不符合廉租房租赁条件、又买不起经济适用房的城市低收入住房困难家庭或者不符合经济适用房申购条件、又买不起商品房的低中收入住房困难家庭，由于公租房、限价房等保障模式发展相对滞后，这些家庭无法得到全面的保障。

三、加快和完善我省保障性住房建设、管理的建议

（一）提高认识，坚定信心，确保质量

保障性住房建设是一项长期的社会系统工程，关系到民心向背，工作具体，难度较大，任务繁重，国家投入了巨额资金，管理好了就会使住房困难群众真正受益，真正感受到党和政府的关爱，一旦管理失当，不但达不到党和政府为中低收入困难群众解决住房问题的最终目的，而且有可能引发一些社会问题。各级党委、政府要统一思想、提高认识，充分认识到保障性住房建设是一项民生工程、惠民工程，是党和政府解民忧的重要举措。在住房总量不足，结构不合理的情况下，政府主导实施的保障性安居工程是加快解决群众住房困难的现实要求，也是履行各级政府基本职责的必然要求。要提高积极性，增强主动性、自觉性，切实把保障性住房作为事关国计民生的大事抓好、办实；要统筹安排，扎实推进，加强对工程质量的监管和廉洁从政的教育，防止为赶工期而降低质量标准。

（二）统筹规划、合理布局，优先足量供给保障性住房建设用地

1. 保障性住房要以便民为原则，坚持突出“宜居”“和谐”，既要考虑交通方便，又要重视就业和其他社会设施的配套，尽量避免规划布局上的偏远化，应集中布局在城

区或城区边，不宜集中布局在郊区。同时要注意相对分散，可考虑采取不同经济收入与社会阶层混居的规划理念，在整体规划中先尝试将公租房住户与商品房住户完全有机的融合在一起，共享小区环境和专业物业公司的管理，共享政府提供的公共服务等，在取得一定的管理经验后，再逐步考虑商品房开发地块中配建一定比例的廉租房，避免不同收入人群的心理落差，防止贫困的集聚，避免形成城市“贫民窟”。

2. 各级政府应根据当地对保障性住房的实际需求数量以及当年的实际财政状况预先合理确定下一年度的用地计划，提前开展土地储备、招投标、项目审批的手续，确保在中央确定的期限内完工，防止下半年出现赶工期的情况。

3. 围绕扩大保障面的总目标，创新建设模式，采取政企共建、政校共建、政园共建等多种模式，解决资金难、用地难问题，为保障性住房建设的全面推进开辟新途径。建议扩大保障性住房建设参与的主体，调动大中型企业的积极性，鼓励企业在不影响城镇总体发展规划的前提下，利用自有土地建保障性住房，一方面可以解决企业困难职工及未享受过福利分房政策的新就业人员的住房问题，另一方面可以由政府回购或者租用部分房源用于向保障对象出租。

4. 各级政府对保障性安居工程建设用地计划指标执行单列，并做到优先供应、应保尽保。对到期未落实保障性住房建设用地的州（市）、县（市、区），一律停办房地产开发土地供应手续。对于房地产开发企业征用土地后长期闲置的，各级政府主管部门应加大查处力度，依据法律规定重新收储土地并优先用于保障性住房建设。

（三）加大投入，全面推进

随着保障性住房建设规模日益扩大，财政压力大，特别是州市、县级财政的压力进一步加剧，财政风险增加。建议：

1. 中央、省、州市各级财政加大资金投入的比重，缓解县级财政压力。保障性住房建设作为政府的一项惠民工程，应当更多体现政府使用自有资金建房的特点，体现政府对民众的关心。在新加坡、美国、香港等国家和地区，在保障性住房建设上财政资金投入占 GDP 的比例在 5% 至 9%。昆明市作为我省经济发展最好的地区之一，2010 年昆明市通过财政安排的直接财政资金用于廉租房建设占当年 GDP 的比重仅为 0.75%，占地方财政一般预算支出的 4.3%，政府投入明显不足。中央、省、州市各级财政应当优化财政资金的支出比例，增加保障性住房建设项目资金投入比例。省有关部门在积极争取中央补助资金的同时，省级财政应加大对保障性住房建设项目的投入力度，适当提高补助比例，以减轻基层财政压力。同时，严格执行各项财政政策，加强监督，确保从土地出让总收入中提取 5%、房地产开发税收中提取 10% 的资金，专项用于保障性住房建设。

2. 我省各级政府要准确理解和把握国务院及省政府出台的关于保障性住房建设的文件精神，用好相关政策，把现有文件要求落到实处。要紧紧抓住加快建设我省面向西南开放的桥头堡这一重要机遇，通过政协以提案形式向国务院建议对我省少数民族地区、边境地区给予资金扶持和政策优惠，请国务院及有关部门尽快明确保障性住房是否属于中央安排的公益性建设项目，落实《国务院关于支持云南省加快建设面向西南开放重要桥头堡的意见》中关于中央安排的公益性建设项目，取消县以下（含县）及集中连片困难地区市地级配套资金的政策，推动我省保障性住房建设的快速发展，切实解决我省边远贫困地区的实际困难，为进一步提升云南的形象作出贡献。

3. 积极探索建立政府保障性安居工程建设投融资平台，实施保障性安居工程的投融资和运营工作，明确将中央和省补助资金，直接作为各地政府注入资本金，以提高资信等级、增强融资能力。

4. 提高公积金的缴存比例，对保障对象在贷款利率、期限等方面给予适当优惠，保证部分有一定经济基础的人能够通过贷款租住或购买房屋，以减少对保障性住房数量的需求，减轻财政压力。

（四）量力而行，科学编制建设规划，在调查研究的基础上确定建设数量

保障性住房建设作为政府投资为主导的项目，同时也是一项长期性的工作，需要投入大量的资金，且资金回笼速度慢。如果建设规模过大、建设速度过急，资金上难以保障，会给政府带来较大的财政压力。保障性住房建设应置于政府的工作全局之中，统一谋划，统筹兼顾，积极稳妥地编制建设规划，在今后每年的预算中都适当作出安排，确保资金及用地的落实。要充分考虑当地政府的财力可能和群众的承受能力，把建设规划制订在扎实、可靠的基础上，不能贪多求快，盲目拆迁铺摊子，也不能边规划、边筹资、边拆迁、边建设。

保障性住房归根结底是为了解决住房问题，建成后要确保百分之百的入住率，避免因建设数量过大导致房屋空置，造成国有资产的无形流失。要达到这一目标，要通过科学的调查研究确定合理的建设数量。要摸清底数，保障供给。建议有关部门采取多种形式，进行一次全面的统计，建立中低收入家庭档案，实行动态管理，逐步施行保障。在明确需求的基础上确定保障标准，要进一步扩大保障范围，将未就业的毕业生、边远贫困地区教师、农民工等纳入保障范围，让更多的群体共享改革发展的成果。同时，要加快保障性住房房源的流转速度，从总量上合理控制建设数量。

（五）科学、合理编制户型设计

保障性住房作为政府的民心工程，既要做到价廉物美，又要做到功能基本齐全。如果规划设计落后，将不适应发展需要，导致保障性住房项目在未来的十年内成为新的城中村或危旧房改造项目。这样不仅违背了政府改善人民居住条件的本意，还会造成重复建设、重复安置及资金的浪费。保障性住房建筑结构的设计要结合云南各地气候、自然条件等实际情况，科学设计、合理规划，特别是在少数民族聚集地区，可考虑融入当地民族风情元素，体现美观、实用的特点。

（六）完善机制，规范管理

1. 建议省有关部门积极向中央反映，尽快立法，使保障性住房的建设、管理有法可依。在国家未出台法规之前，省有关部门要进一步完善配套政策措施，健全建设机制、供应机制、监管机制、进入和退出机制、征信机制，加强对保障性住房管理。同时，可以根据云南的实际，借鉴兄弟省区经验，制定“云南省保障性住房管理办法”，形成比较公平、相对规范、易于操作、可持续发展的保障模式。

2. 尽快建立信息管理平台。加快推进价格信息、收入信息、住房信息、个人信息、信用信息“五位一体”的保障性住房信息管理平台建设，根据准入、退出、轮候制度对保障对象实行动态化管理。通过网络实现保障性住房的受理审批、保障资格审查的监管、住房困难家庭的收入情况公示、保障性住房房源和管理信息发布、分配等多项功能，确保保障性住房公平合理利用，减少不公平现象，预防违法违规行为发生。

3. 强化监管措施，让保障性住房建设健康有序发展。住房是居民的基本生存需要，实施保障性住房的目的，就是要从根本上改变广大社会低收入住房困难群众的住房条件，使广大人民群众分享改革发展的成果。政府有关部门要进一步完善保障性住房准入、分配、租赁、退出、出售等规定，确保分配的公开、公平、公正。要加强对保障性住房建设的指导和管理，进行全方位监管，防止在保障性住房建设中违法违纪的腐败行为发生，确保资金运行安全高效、工程进度和质量可靠、住房分配公平合理。发现问题，严肃处理。

（七）设立机构，配备人员

保障性住房建设已纳入我国“十二五”的总体规划，是各级政府的一项长期性、系统性工程，保障性住房的规划、建设、使用、管理、维护等职能及资金的运转方式如果依靠临时抽调人员进行管理仅是权宜之计。建议成立一个专门的保障性住房管理机构，承担规划、建设、管理等职能，还要对不断变化的保障对象的情况实施动态管理。专门机构的设立有利于资源整合，发挥各职能部门的优势，防止既当裁判员又当运动员的情况出现，便于监督。可考虑在住房和城乡建设部门增设专门机构，配备专门工作人员，把保障性住房建设工作切实做好。也可考虑将建设和管理分离，在劳动和社会保障部门设立专门的管理机构及人员，充分发挥该部门对保障对象收入、社会保障情况熟悉的优势，便于对准入和退出进行管理。

关于云南特有民族历史文化保护和利用的调研报告

（2011年10月17日政协云南省第十届委员会第二十七次主席会议通过）

文化是一个民族、一个国家的灵魂。当今世界国际竞争日趋激烈与复杂，无论表现在军事、政治、经济、科技等各方面的竞争，其实质和核心是文化的竞争。云南是一个多民族的省份，云南特有民族文化是中华民族文化的重要组成部分。为进一步加强对云南特有民族历史文化的保护和利用，省政协文史委“云南特有民族历史文化保护和利用”调研组在省政协副主席罗黎辉、顾伯平率领下，于今年7月19～30日，分两个组分别深入到大理、怒江、德宏、普洱、西双版纳、临沧等6个州、市的16个县（市），重点对我省15个特有民族历史文化保护和利用情况进行了调研。调研组在实地调研的基础上，听取了省民委、省文化厅对云南省特有民族历史文化保护和利用情况的介绍，召开了有关专家、学者的座谈会，形成了“关于云南特有民族历史文化保护和利用”的调研报告。

一、我省特有民族历史文化保护和利用的基本情况

我省是全国特有民族种类最多的省份。在25个世居少数民族中，有白族、哈尼族、傣族、傈僳族、拉祜族、佤族、纳西族、景颇族、布朗族、阿昌族、普米族、怒族、基诺族、德昂族、独龙族等15个特有民族，人口近670万。各少数民族在长期的生产生

活中，与汉族文化互相融合，互相渗透，形成了“你中有我、我中有你”的民族文化基本架构。

近年来，根据国家有关政策，针对云南特有民族的实际，我省坚持“分类指导、因地制宜、因族举措”的原则，采取特殊措施，加大扶持力度，把特有民族历史文化的保护和利用融入全省民族文化保护利用工作之中，在特有民族地区社会经济发展取得显著成效的同时，民族历史文化得到了较好的保护、开发和利用。

（一）适时制定民族文化保护利用的政策措施和地方法规

2000 年 5 月，我省在全国率先制定出台了《云南省民族民间传统文化保护条例》。2004 年，颁布实施了《云南省实施〈中华人民共和国民族区域自治法〉办法》，对少数民族文化的保护和发展作出了明确规定。2005 年，省政府办公厅转发了国务院办公厅《关于加强我国非物质文化遗产保护工作的实施意见》和《关于加强文化遗产保护的通知》。2007 年 11 月，省人大审议通过了《云南省历史文化名城名镇名村名街保护条例》。2009 年，省委、省政府出台了《中共云南省委云南省人民政府关于进一步加强民族工作促进民族团结加快少数民族和民族地区科学发展的决定》。2010 年，省政府发出了《云南省人民政府贯彻落实国务院关于进一步繁荣发展少数民族文化事业若干意见的实施意见》。

一些少数民族地区也结合实际出台了少数民族历史文化保护、发展方面的配套政策。如《云南省丽江历史文化名城保护管理条例》《世界文化遗产丽江古城保护规划》《云南省丽江古城保护条例》《云南省纳西族东巴文化保护条例》；《巍山县历史文化名城保护管理条例》及其《实施办法》《南诏古街管理暂行规定》；澜沧县围绕建设“世界拉祜文化中心”目标，制定了《整体推进“拉祜文化名县”战略实施方案》等。

（二）全面开展民族历史文化资源普查

自 2003 年起，我省在全国率先启动了民族民间文化保护普查工作。目前，全省已有各级政府批准公布的非物质文化遗产保护名录 8590 项，其中国家级非物质文化遗产保护名录 90 项（特有民族 53 项），省级保护名录 197 项（特有民族 103 项），州（市）级保护名录 2881 项，县级保护名录 5422 项。“傣族剪纸”项目入选联合国教科文组织“人类非物质文化遗产代表作名录”。非物质文化遗产四级名录体系的建立，明确了民族民间历史文化重点保护对象和保护内容，并纳入依法管理的体制。

从 1998 年开始，对全省民族民间文化资源及民族技艺传承人进行了大规模调查，对民族民间艺人进行命名。目前，全省已建立起四级传承人认定体系，由各级文化部门和民委命名的非物质文化遗产传承人共有 3698 人，其中国家级传承人 51 名，省级传承人 824 名，州市级传承人 970 名，县（区）级传承人 1853 名。2008 年，国家和省安排了专项经费补贴非物质文化遗产传承人，帮助他们提高生活水平和改善传承条件，开展传承活动。

为使保护名录中的非物质文化遗产项目得到长效的、科学的动态传承，近几年来，建立了一批以国家级非物质文化遗产项目为依托的传承基地，支持传承人开展传承活动，积极培养年轻人学习和掌握非物质文化遗产技艺，普及非物质文化遗产知识。全省现有民族文化传习所 28 个，其中特有民族 20 个。

（三）努力打造民族文化精品

我省始终重视民族文化的挖掘整理工作，根据《云南省民族民间传统文化保护条例》的相关精神，每两年举办一届民族民间歌舞乐展演，目前已成功举办了6届。在历届展演举办过程中，鼓励15个特有民族积极参演，扶持推出了一批具有浓郁民族特色、地域特色的歌、舞、乐优秀节目，推出了一批特有民族文化精品。《云南映象》《丽水金沙》《母亲河》《勐巴拉娜西》《白洁圣妃》等综合性文艺晚会，从我省丰富的特有民族文化资源中吸取艺术精华，经过改编创作，与旅游相结合，赢得了观众，占领了市场，取得了良好的社会效益和经济效益。我省还定期举办全省少数民族运动会，积极组团参加全国少数民族运动会。这些民族运动会的举办和参与，充分展现了我省开展非物质文化遗产保护的丰硕成果、云南民族文化的独特魅力和丰富多彩的民族体育文化，对于培养各民族体育人才，推动民族文化大繁荣、大发展发挥了重要作用。

（四）不断加强特有民族文化文献资料的抢救整理出版

我省各民族在长期的劳作和生活中先后创造了古滇、南诏、东巴、毕摩、贝叶、铜鼓、稻作等历史悠久和丰富多彩的民族文化。1984年，成立了“云南省少数民族古籍整理出版规划办公室”，负责组织、联络、协调、指导全省的少数民族古籍抢救整理出版工作。之后，全省大部分州（市）以及部分民族自治县，也先后建立了古籍办公室或民族研究所（室）等民族古籍工作机构，基本形成了从省到州、市、县的民族古籍工作网络。经过开展大规模抢救整理工作，初步查明云南各民族文献古籍达10万余册（卷），口传古籍约4万种。现已抢救保护的文献古籍3万余册（卷），口传古籍1万余种。翻译、整理、出版了少数民族古籍500多册4000余种。全面启动实施了纳西东巴经、傣族贝叶经和彝族毕摩经三大民族古籍重点项目，包括长达5000多万字的《纳西东巴古籍译注全集》100卷已出版，并入选《世界记忆遗产名录》，成为我国首个进入世界记忆遗产名录的少数民族古籍。《中国贝叶经全集》100卷已翻译出版60卷，红河州编译的《哈尼族口传文化译注全集》1～4卷荣获“第二届中国政府出版图书提名奖”。

此外，还整理出版了《中国少数民族古籍总目提要》之《纳西族卷》《白族卷》，《中国少数民族古籍总目提要样板条》及《云南少数民族口传非物质文化遗产总目提要》等。

2010年，省政协文史委编辑出版了《云南特有民族百年实录》。这部由全国政协统一规划、云南省政协组织实施的1500多万字的鸿篇大部头资料性著作，对云南15个特有民族100年来的发展情况作了系统、权威的反映和记录。

（五）建立民族传统文化生态保护区

设立民族传统文化保护区，是在经济社会迅速发展变化的当今形势下，有效保护和传承优秀民族传统文化，并努力实现文化与生态、社会、经济的协调和可持续发展的一种乡村发展模式。为保护好云南民族文化多样性这笔珍贵的财富，我省在滇西北的怒江、大理、丽江、迪庆4州市的15个县市，就民族文化多样性的保护与发展问题进行了大规模调查研究。在此基础上，提出了以社区为单位建立民族文化保护村（区），确保民族文化多样性可持续保护与发展的构想，并在滇西北地区规划了60个民族文化保护村（区）。目前，省政府批准公布了56个少数民族聚居村寨为省级“民族传统文化保护区”，其中特有民族文化保护区29个。大理白族自治州和迪庆藏族自治州被文化部批准为全国的文化生态保护实验区。各州、市、县也纷纷制定了一批民族文化保护村、保护区和民族文化生态村的建设规划，并付诸实施。目前，省内一批“民族文化生态保护村”相继建立，一些民族地区提出了建设“民族文化生态保护县”“民族文化生态保护州”的构想。

（六）加快民族博物馆建设

云南是一个历史文物资源众多的省份，有国家级重点文物保护单位32处，省级重点文物保护单位163处。丽江古城列入了“世界自然和人类文化遗产名录”，另有国家级历史文化名城5座，省级历史文化名城4座，省级历史文化名镇2个。目前，全省已有各级各类博物馆40多个，收藏各类文物20多万件。其中，作为专门征集和保护少数民族文物的云南民族博物馆，已收藏各类民族文物1万多件，展出实物8000多件，比较全面地展示了云南少数民族的发展状况，并被确定为国家一级博物馆。云发〔2009〕13号文件明确提出，“分民族建设我省25个世居少数民族博物馆，在云南民族博物馆实施云南民族文化宫建设工程”。现在，全省共有民族博物馆12个，涉及哈尼族等8个民族。目前，我省正从建设人口较少民族博物馆入手，加强少数民族博物馆建设。德昂族博物馆已建成。独龙族、普米族、基诺族博物馆正在筹建中。云南民族文化宫项目设计已基本完成。

（七）积极争取非物质文化遗产保护专项资金，逐步加大经费投入

2006年、2007年和2008年，中央财政给云南省安排了861万元非物质文化遗产保护专项经费，用于开展全省的国家级非物质文化遗产名录的调查记录、实物征集、宣传展示和建立档案等保护工作。2009年以来，省级财政累计投入专项工作经费2000万元用于非物质文化遗产保护。在民族专项资金安排中，我省逐年增加对民族文化的投入，从2010年起，省政府设立了省级25个世居少数民族传统文化抢救保护经费每年2000万元，主要用于少数民族语言文字的抢救保护，民族文物、古籍的收集整理，濒危民族文化遗产保护传承，口传文学等非物质文化遗产的抢救保护和开发。2011年起，省政府又设立了云南世居少数民族文化精品工程专项经费每年1500万元，主要用于扶持世居少数民族文化精品的开发、创新和发展，同时也用于巩固提升各少数民族已有的民族文化品牌。各州市也加大了对少数民族传统文化保护及发展的资金投入力度，如昆明市财政每年安排500万元繁荣发展少数民族文化专项资金，昭通市从2011年开始每年预算一定民族文化补助资金。

二、特有民族历史文化保护和利用中存在的主要问题

（一）对特有民族历史文化保护和利用的认识不足

由于片面强调市场经济和追求GDP思维惯性的影响，一些党政领导干部对特有民族历史文化保护和利用的认识不到位，严重缺乏应有的文化意识和文化自觉。有的干部、包括不少领导干部，对民族文化的理解仅仅局限在物质文化、民族文物、少数民族文学艺术等等方面，缺乏保护利用云南特有民族文化与弘扬中华文化的紧密关系的认识，从而把保护利用云南特有民族历史文化与维护国家文化安全割裂开来。不少地方、有的单位，仅注重把民族文化作为节庆活动的表演方队，迎来送往的礼仪摆设，不重视从根本上全面抓好特有民族历史文化的保护和利用。有的少数民族干部对本民族文化缺乏自信、没有自豪感和归属感，对民族文化的保护和利用尚未形成自觉行为。

（二）特有民族历史文化流失和损毁严重

在现代化的进程中，文化趋向功利的情况愈演愈烈，强势的西方文化不仅流行于中国的大小城市，而且正在渗透到边远偏僻的山乡村寨。外部文化不仅严重影响和损毁有形的外在的民族文化，更严重的是全方位地冲击了民族的生产方式、生活方式、思维方式，对民族文化造成致命性的损毁。少数民族地区经济建设发展的同时，代表民族历史文化元素的服装服饰、传统工艺、民居建筑、音乐舞蹈、风俗习惯等特色文化正在发生严重变异甚至消失。很多少数民族年青一代会说本民族语言的人越来越少，精通和使用本民族文字的人才更是凤毛麟角。传统的民间艺人大多年事已高，“传”的问题严重，“承”的问题更大，年轻人大量外出打工，面对光怪陆离的外部世界，却深陷本民族文化的自卑当中。所以民族文化传承面临断代危险。初步估计，全省约有 8 万余册（件）散存于民间的民族古籍，由于缺乏足够的抢救征集资金，目前正以每年约上千册（件）的速度流失消亡。

（三）缺乏经济开发与民族历史文化保护利用的统一和协调

一些地方干部文化功利主义倾向突出，对文化的所谓重视只看重表面的直接产生经济利益的那些方面，把文化功利化，忽视科学的准确意义上的文化对经济发展的重要作用。各级政府在制定中长期发展规划和年度工作计划时，普遍存在重经济轻文化，尤其忽视民族历史文化保护利用的问题。民族历史文化保护利用工作即使在规划计划中略有提及，在实际工作中，一旦进入项目计划、资金安排等实质性阶段，也往往被轻描淡写一笔带过。最近几年，各级政府在实施西部大开发、城市化建设、新农村建设等项目中，虽然投入了很多资金，也帮助各族群众不同程度地改善了城乡交通、乡间道路、农民住房等生产生活条件。但是，因为在实施这些项目的过程中，缺乏保护利用民族历史文化的思想意识，本来应该也完全可以做到花同样的钱既改善农村生产生活条件又保护利用民族历史文化的效果，很多地方却“村村水泥路，户户石棉瓦”，颇具特色的少数民族山乡变成了千村一面的“石棉瓦山寨”。

（四）民族历史文化资源的开发利用程度较低

一部分开发利用民族传统文化的文化制品，存在民族文化气息不浓、艺术品位较低、审美价值不高的问题，缺乏影响力和代表性强的精品。在旅游文化开发中，民族文化资源的开发利用尚未实现形式与内涵的有机统一。一方面民族文化资源的挖掘、利用与旅游开发严重脱节，导致旅游产品的开发只能在低品位、低层次上运作，民族文化资源的优势未能得到充分的发挥，不利于旅游经济的发展；另一方面，一些地方少数民族群众的商品经济意识不强，不能把富有特色的民族文化和手中掌握的传统技艺转化为市场品牌，民族传统文化的经济价值得不到体现。

（五）民族文化保护经费投入不足，高水平人才缺乏

有的地方政府财政预算多年没有民族文化保护的安排。大部分有预算的也微乎其微，与实际需求差距甚远。少数民族地区基层文化建设经费投入不足，文化基础设施建设滞后，基层文化阵地建设质量不高，设施不配套，群众基本活动场所设施简陋。我省虽然设立有少数民族语言文字、古籍、文博、出版等事业单位，但长期以来工作经费一直较为紧缺，财政拨款只能勉强维持人员工资和正常行政开支，没有相应的事业建设发展经费，影响了工作的深入开展。

由于市场导向和利益驱动等影响，热心学习研究民族文化保护利用的人越来越少。原有的民族文化专家大部分年事已高，民族文化专家队伍呈现青黄不接的状况。目前各州市没有从事保护非物质文化遗产的专门机构，保护管理工作只能从文化馆等单位临时抽调人员承担。机构和专业人才问题已经直接影响到保护工作的质量，难以适应全省非物质文化遗产保护的迫切需要。

三、深化对我省特有民族历史文化保护和利用的再认识

（一）必须从维护国家和民族利益的战略高度来认识保护和利用民族历史文化的重要意义

党的十七届六中全会指出，当今世界正处在大发展大变革大调整时期，文化在综合国力竞争中的地位和作用更加凸显，维护国家文化安全任务更加艰巨，增强国家软实力、中华文化国际影响力要求更加紧迫。当代中国进入了全面建设小康社会的关键时期和深化改革、加快经济发展方式的攻坚时期，文化越来越成为民族凝聚力和创造力的重要源泉、越来越成为综合国力竞争的重要因素、越来越成为经济社会发展的重要支撑，丰富我们文化生活越来越成为我国人民的热切愿望。全面建成惠及十几亿人口的更高水平的小康社会，既要让人民过上殷实富足的物质生活，又要让人民享有健康丰富的文化生活。我们必须抓住和用好我国发展的重要战略机遇期，在坚持以经济建设为中心的同时，自觉把文化繁荣发展作为坚持发展是硬道理、发展是党执政兴国第一要务的重要内容，作为深入贯彻科学发展观的一个基本要求，进一步推动文化建设与经济建设、政治建设、社会建设以及生态文化建设协调发展，为继续解放思想、坚持改革开放、推动科学发展、促进社会和谐提供坚强思想保证、强大精神动力、有力舆论支持、良好文化条件。

当前，以美国为首的西方国家，挥舞起反对极端民族主义的大棒，对我国的和平发展极尽打压和围堵。不仅在意识形态领域，包括国家主权、领土领海等核心利益方面，都得寸进尺，咄咄逼人。我们必须以建设强有力的中华文化、增强中华文化的软实力、提高全民族的文化素质和文化自觉，来应对复杂多变的国际局势，应对来自西方敌对势力和方方面面的挑战，维护国家文化安全和民族利益。

对传统文化而言，“它既是民族的、又是国家的，更是世界的”。文化是民族的重要特征，是维系一个民族生存、延续的灵魂，是民族发展繁荣的动力与活力的源泉。对民族传统文化的重视程度，是直接体现一个国家和一个民族物质文明和精神文明发展水平、一个国家和一个民族能否独立于世界民族之林的重要标志。我国自古就是一个统一的多民族国家，各民族在长期历史发展过程中创造出了丰富多彩的民族文化，汇集成了辉煌灿烂的中华文化。云南特有民族文化是中华文化的重要组成部分。保护和利用好民族文化遗产，对于弘扬中华民族优秀传统文化，提高中华文化的影响力和感召力；对于维护民族团结和边疆稳定，维护祖国统一；对于建设社会主义先进文化，构建和谐社会，促进民族地区经济社会可持续发展，均具有十分重要的意义。我们必须把保护利用好我省特有民族历史文化作为全省干部的自觉意识，下大力气保护利用好我省特有民族历史文化，为培养高度的文化自觉和文化自信，提高全民族的文化素质，增强国家的软实力，弘扬中华文化，努力建设社会主义文化强国作出我们的贡献。

（二）必须重视和加强民族文化的理论研究

对民族文化的研究，既要抓好诸如体现衣食住行等方面的文学、艺术和风情、风俗的有形文化的研究，更要抓好无形的制度文化、思想体系、价值观世界观等精神文化的理论研究。这是支撑起民族文化发展和繁荣的基石，是整个民族文化的灵魂。目前，对我省特有民族文化的研究，存在着对有形文化的研究不足，对无形文化的研究更是严重缺失的问题。所以必须重视民族文化的理论文化研究，科学、准确的定位民族文化本质，把握其发展规律，正确回答本民族从哪里来，自己的文化是什么？灵魂是什么？发展的道路怎么走？全面、准确、科学地把握保护利用民族历史文化的方向的内涵。

（三）必须采取以活态的“生态式保护为主”“博物馆式”保护为补充的得力方法全面、科学地保护利用民族历史文化

世界文化是多元的，丰富多彩的世界文化是由各种民族文化共同组成的。而每一种民族文化又是具有鲜活生命的。在这个世界上，有的民族文化在走向发展与繁荣，而有的民族文化就走向衰落与死亡。要使自己的民族文化长盛不衰、不断繁荣兴旺，就要努力保持自己民族文化的特性和旺盛的生命力，也就是要保持文化的“活性”特点。尽量避免走进博物馆的“死态”保护。民族历史文化的保护和利用，必须从各族人民群众正在必然继续发展的实际生产、生活活动和思想思维活动的全部时间、空间里按照民族文化自身发展规律，给予应有的关心、关照、扶持、帮助。这就是“活态”的“生态式”保护。就是用发展的方法保护和传承民族文化。“在保护中创新发展，在发展中加强保护”。对我省特有民族文化的保护，更重要的是在民间，植根于本民族生活的沃土，在生活中保存。让各民族群众在既享受现代文明带来的现代生活的同时，又受益于本民族文化，使民族文化在生活中得到保护、提升和发展，而并非仅仅只是把它搬到某某“文化园”之中，让其简单艰难地承载传承使命。我们可借鉴其他省（区）的好经验和做法，如内蒙古自治区亚洲唯一使用驯鹿的部落敖鲁古雅鄂温克人，现只有243人，为了保存和延续其独具特色的驯鹿文化、狩猎文化和桦皮文化等，由自治区专门出资1000万元建成了敖鲁古雅鄂温克族驯鹿文化博物馆，并为没有公职的鄂温克人每户在敖鲁古雅博物馆园区内建两层楼的住房，水电气全免费，由各家经营鹿产品及桦皮产品等，使鄂温克人既保持自己原有的生活习俗，又能享受现代文明的成果。

建博物馆，设立村落式的“生态园”和民族历史文化传习馆等措施，虽然不是保护利用民族文化的最佳方式，但仍然是对“活态”的“生态式”保护的有力补充。特别是对于已经消亡和正在急剧走向消亡、面临濒危的民族历史文化，这种“博物馆式”的保护无疑成为有效也是最后一种保护措施了。所以，我们在强调“活态”的“生态式”保护为最有效、也最提倡的主要方式的同时，也必须把这种“博物馆式”的方式，作为“活态”的“生态式”保护的有力补充加以重视。

（四）必须做好经济发展与民族文化历史文化保护利用的高度统一和协调

经济建设和文化建设两手抓、两手都要硬，这是我党从邓小平同志开始讲了几十年了。经济和文化建设统一和协调是我们正在努力坚持和实行的科学发展观的题中应有之义。但是，我们的现实生活中，却始终没有能够从根本上解决好这个重要问题。把文化和经济割裂开来、对立起来，只顾追求一时一地表面的经济增长，不顾文化建设的客观需要，甚至以牺牲文化、特别是以破坏民族历史文化为代价而获取个别地方个别单位甚

至少数人的经济利益的蠢事、傻事、坏事已是屡见不鲜。文化的地位尚且如此，特有民族历史文化的命运更岌岌可危了。所以，现在深化对保护利用我省特有民族历史文化的再认识，必须仍然强调，我们在为云南经济发展努力奋斗的时候，一定要按照省委“两强一堡”的战略措施，把建设云南民族文化强省的战略思想贯穿在民族历史文化保护利用的全部工作中。说到底，保护和利用好我省民族历史文化，其实就是建设民族文化强省一项不可或缺的、具有关键性、基础性作用的重要工作。我们务必经济建设和民族历史文化保护利用两项工作一起抓，两项规划一起做，两项成果一起要。特别不能再做经济建设破坏民族历史文化的蠢事了。

旅游的本质是文化差异性的切身体验。文化旅游是旅游业发展的更高阶段。如果丢失了民族文化的特点，也就丧失了旅游发展的价值和基础。丰富的民族文化资源是我省发展旅游业的基础。强化和突出各少数民族文化的特色，并让它们完整保持下去，充分展示出来，才会带来我省旅游长期持续不断的大发展。因此，必须提高各民族对本土文化和本民族文化遗产传承保护的自觉意识和积极性。对民族旅游产品的开发，不能仅停留在传统的歌舞表演、粗加工的手工艺品上，要挖掘民族文化资源中“真、善、美”的元素融入旅游之中，实施民族文化精品战略，不断提升民族文化产品的内在价值。做到民族旅游产品项目成熟一个开发一个，使民族文化的保护与旅游开发结合起来，在开发中加强保护，在利用中加快发展。

四、对策建议

“十二五”是我省全面建设小康社会的关键时期。建设我国面向西南开放桥头堡和新一轮西部大开发战略深入实施的历史机遇，为云南加快发展创造了十分有利的条件。我们要牢牢把握历史机遇，紧紧围绕“两强一堡”的战略目标，以科学发展为主题，以更大的决心和更有力的措施，做好我省特有民族历史文化保护和利用的工作。为此，提出以下建议：

（一）切实加强对保护利用我省特有民族历史文化的领导

党的十七届六中全会要求，要加强和改进党对文化工作的领导。各级党委和政府要切实担负起推进文化改革发展的政治责任，把文化建设摆在全局工作重要位置、纳入经济社会发展总体规划，把文化改革发展成效纳入科学发展考核评价体系。

本报告上述情况综述和分析得出一个清晰的结论：民族历史文化的保护利用问题至关重要，民族历史文化的保护迫在眉睫。全社会、特别是各级党委政府必须清醒地加深和提高对此问题的认识，拿出以保护大熊猫等濒危动植物更大的力气和紧迫感，以强有力的措施和卓有成效的办法，有效保护和科学利用好我们珍贵的民族历史文化资源。各级党委、人大、政府，务必充分运用法律、行政、经济等综合手段，加强领导，真抓实干，以对国家、民族负责的态度和精神，把民族历史文化保护好，利用好，不背负历史的耻辱和骂名，不辜负广大人民群众，特别是各族少数民族群众的期望和寄托。特别要紧紧抓住贯彻落实党的十七届六中全会精神的大好时机，把保护利用我省特有民族历史文化，作为深化文化体制改革、推动文化大发展大繁荣的重要内容抓紧抓好。我们建议省委和各州市党委成立一个由党委、政府领导牵头，由党委宣传部、政府发改委、财政、文化、民委等职能部门组成的工作协调机构，建立一套规范的协调机制，统一协调全省和各州市民族历史文化保护的工作，把民族历史文化保护工作纳入常态化、制度化的工作轨道。建议在省委党校和行政学院开设民族文化保护利用的相关课程，加强对党政领导干部民族文化保护利用方面的教育。

（二）把特有民族历史文化的保护和利用列入“十二五”规划和年度工作计划，作为党委政府的重要工作切实抓好

特有民族历史文化的保护和利用，不能再继续维持目前“见子打子”、濒危了才抢救的被动局面，必须进入科学化、规范化、法制化的轨道，作为各级党委政府的重要工作切实抓好。历史的和现实的经验充分说明，无论什么重要工作，一旦进入不了各级党委政府的中长期规划和年度工作计划，都将难以实现其目标。2010 年以来，各地都制定了“十二五”规划。我们此次调研感觉到，各地的“十二五”规划和 2011 年工作计划，对民族历史文化保护利用工作的规划、计划都存在力度不够、关照不全的问题。我们建议，对我省 15 个特有民族分民族制定历史文化保护利用的规划，补充到全省的“十二五”规划中。各地的“十二五”规划，尤其是我省特有民族人口比较集中的州（市）及县（区），对民族历史文化保护利用的内容也做一次系统的补充完善，并在今后几年的实施中加以重视，以使民族历史文化保护利用的现状在“十二五”期间有一个明显的转变，收到明显的成效。

（三）继续加快民族文化博物馆建设

博物馆是保护、挖掘、研究和展示民族文化、特别是面临濒危和已经消失的民族文化的重要手段。首先，要重点扶持和打造国家一级博物馆——云南民族博物馆，增加专项拨款，加快充实馆藏，加强专家和管理人员队伍建设，把云南民族博物馆建设成为具有国际知名度的著名博物馆。在此基础上，建议我省每个特有民族建立至少一个博物馆。对原有的特有民族博物馆，进一步充实馆藏，丰富内容。在博物馆内建立特有民族文化遗产资料数据库，利用现代手段对民族文化进行立体化、数据化的加工和处理，达到完整而永久保留的目的。现在仍未建立博物馆的少数州市，省政府应给予重点帮助，尽早建设。

同时，对民间博物馆、民族文化传习馆（所）的建设，也应给予重视和支持。

（四）积极建设国家、省和州（市）三级特有民族文化生态保护试验区

建设民族文化生态保护试验区，是保护利用民族历史文化的重要手段。如文化部确定给我省的两个州做试验区，经过认真规划，完全有可能实现我们所说的“活态”的“生态式”保护利用的目标。建议我省规划和实施三级民族文化生态保护区建设：第一级，在单一民族人口比较集中的州（市），建立国家级试验区，积极争取国家的政策和资金支持；第二级，选择部分民族自治县，建立省级试验区；第三级，由州（市）选择一些少数民族人口集中的乡（镇），建立州（市）级试验区。第一批可以先选择一些条件比较好的州（市）和县（区）乡（镇），先作试点，以后逐步增加。通过上述三级实验区建设，逐步涵盖全省 15 个特有民族的历史文化保护利用，最终实现全省民族文化得到充分保护利用的目的。

（五）加强特有民族历史文化保护利用人才培养和职能机构建设

进一步加大培养民族文化保护队伍建设力度。要积极支持高等院校和科研机构，加强相关学科建设，培养专门人才、尤其是高层次的民族文化专家，积极抢救民族文化特

别是濒危特有民族文化。建立特有民族双语人才培养机制，不断满足特有民族和民族地区在特有民族文化研究、教学、编译及广播电视、新闻出版等领域的人才需求。民间艺人一直是传承民族文化的主要载体。要进一步健全完善特有民族非物质文化遗产传承人认定和培训机制及激励机制，并适当提高传承人的补助标准，充分调动传承人的积极性，发挥他们在特有民族文化保护与传承生力军的作用。要建立各特有民族文化传习馆，通过挖掘整合民族文化资源，提炼传统民族文化精髓，让濒临失传的技能和民间艺术得以保护和弘扬。对从事特有民族文化工作的专业技术人员的职称评定和资格认证，给予适当照顾。

有条件的地方，在机构设置、人员编制等方面应给予倾斜，设置民族文化保护专门机构。至少应该在现有的文化和民族工作职能部门明确有关部门和人员负责此方面的工作。

我省有不少民间社团直接或间接从事民族文化的研究、宣传等工作。这是一支不可忽视的有生力量，建议采取适当措施，给予必要的扶持帮助，以充分发挥他们在民族文化保护利用方面的积极性。

（六）加大特有民族历史文化保护和利用资金的投入

把保护和利用民族历史文化工作作为社会主义现代化建设的重要内容，纳入国民经济和社会发展及社会主义新农村建设工程，将特有民族历史文化保护工作经费纳入地方财政预算，并逐年加大投入。探索实施民族历史文化保护利用的制度建设和机制创新，建议建立“云南省特有民族历史文化保护基金”，争取国家和省级财政注入推动资金5亿到10亿元，以后逐年注入。采用政府主导、市场运作、企业冠名等多种形式，调动社会团体、企业、个人参与民族文化保护的积极性，多渠道募集资金保护和开发民族文化资源，真正形成“政府主导、社会参与、明确职责、形成合力”的民族文化保护工作局面。

关于云南石产业发展情况的视察报告

（2011年10月17日政协云南省第十届委员会第二十七次主席会议通过）

为促进省政府《关于进一步加快石产业发展的意见》的贯彻落实，根据《政协云南省委员会2011年重点工作安排意见》及《2011年省政协委员重点视察工作方案》安排，省政协于9月20～23日组织了以常务副主席管国忠、原副主席和占钧、秘书长车志敏为领队，部分政协委员及专家学者参加的视察组，对云南石产业发展情况进行视察。视察组深入曲靖、昆明等地区了解石产业发展情况，实地察看云南石产业重点企业发展现状，听取省级有关部门和保山市、德宏州等地石产业发展情况汇报。经过扎实工作，视察组对我省石产业发展情况有了较为深入全面的了解，对进一步推进石产业发展提出了意见建议。现将情况报告如下：

一、云南石产业发展基本情况

近几年，包括珠宝玉石、建材石、观赏石在内的云南石产业，在各级党委政府的高度重视下，在广大企业家和从业人员的艰苦努力下，在社会各方面的帮助支持下，获得了长足的发展。

（一）各级党委政府高度重视，措施有力

我省各级党委政府切实把大力发展石产业作为实施“两强一堡”、兴滇富民战略的重要举措，花大力气推动发展。2010 年省政府确立了将石产业打造成为我省重要的特色优势产业的发展战略，并于年底发布了《云南省石产业“十二五”发展规划》；2011 年 2 月，又颁发了《关于加快石产业发展的意见》，进一步明确了石产业发展的总体思路、发展目标和重点环节。一些州市县区政府也积极谋划，努力跟进，提出了石产业发展规划，如罗平县政府提出“把罗平建设成为西南地区重要的名贵石材加工基地”，石林县提出“要把石产业作为特色优势产业和县域新兴经济支柱产业来培育”。通过“补助优先、供地优先、服务优先”等系列优惠政策不断吸引企业、技术和人才共同参与当地石产业发展。

（二）产业规模增加迅速，形势喜人

近 10 年间，我省珠宝玉石、建筑石材、观赏石在内的石产业始终保持着持续较快的发展态势。珠宝玉石产业作为云南石产业的顶梁柱，目前仅在册的珠宝企业和加工户、经营户就有 3000 家，从业人员 50 多万。云南以翡翠为特色的珠宝玉石产业已发展成为年销售额在 240 亿元以上的重要经济产业。全省初步形成以昆明为中心，以瑞丽、腾冲、盈江、芒市、龙陵为重要基地，西南延伸到普洱、版纳，西北延伸到大理、丽江、香格里拉等著名风景旅游区，覆盖全省，辐射周边的珠宝玉石产业带。建筑石材产业方面，据不完全统计，企业已达 1000 多家，产量年均增长 19%，产值近 100 亿元，从业人员 20 万左右。观赏石产业也获得明显发展，全省观赏石馆、商店近 3000 多家，年产值近 10 亿元。全省石产业产值由 2009 年的 230 亿元，猛增到 2010 年的 300 亿元，从业人员近 100 万人。

（三）产业链不断延伸，附加值增加

从目前看，我省石产业从开采、设计、加工、销售、运输、安装（装修）到售后服务的完整产业链已基本形成，并不断壮大。昆明大西部建材城始建于 2007 年，短短 4 年多时间，已建成一期厂房 13.2 万平方米，200 余家商户入驻，商户经营范围涵盖原材销售、设计开发、加工生产、交通物流、展示营销等，几乎包括石材产业的所有环节。泰丽宫珠宝有限公司目前拥有 2000 平方米的珠宝加工车间，8000 平方米的翡翠卖场，在销售方面与旅游公司合作，每年接待游客最高超过 50 万人次。七彩云南实业股份有限公司珠宝卖场更是成为旅游景点，是我省珠宝产业促进旅游产业发展的典范。昆明西部石材城、云南众成爨玉实业有限公司等，都在努力尝试延伸产业链。我省石产业在产业链不断延伸，附加值不断增加的同时，强劲拉动了交通运输、货运物流、文化旅游、餐饮娱乐等行业的快速发展，对经济社会的发展产生了日益重要的推动作用。

（四）产业发展潜力巨大，市场前景广阔

我省处在世界级特提斯宝玉石成矿带和扬子宝玉石成矿带的交汇部，具有宝玉石、观赏石、建筑石材等优越的成矿地质条件，形成了丰富的石类矿产资源。在经济社会高速发展、城市建设快速推进的背景下，中、高档建筑、装饰石材市场呈现出旺盛需求，为建筑石材类企业提供了广阔的发展空间。特有的地理优势、交通优势和旅游优势为珠宝翡翠玉石行业发展打下了良好的发展基础。人文素质的提高和老龄化社会的提前到来，必将把观赏石推向一个历史发展的新高峰。

（五）协会积极发挥作用，富有成效

石产业相关行业协会，作为全省几千家石产业企业、近百万从业人员的娘家，对团结带领石产业企业和广大从业人员遵守社会道德风尚，规范行业行为，发展石产业具有重要作用。各级各类协会不断加大对石产业发展的服务力度，积极组织企业办会参展，组团考察，出访学习；努力帮助石产业企业排忧解难，搭建融资平台；积极做好牵线搭桥工作，主动协调企业与政府的关系。几年来，通过省石产业促进会、省珠宝玉石协会、省石材商会、省观赏石协会等努力工作，石产业行业自身建设得到加强，企业诚信度增加，自我约束、自我管理能力不断提高，切实促进了我省石产业发展。

二、云南石产业发展存在的问题

（一）资源勘查滞后，底数不清，定位不明

视察中，普遍反映出来的问题是我省的地质找矿工作重点主要在金属矿产，对非金属矿产的地质勘查工作投入较少。石资源地质勘探程度低，绝大多数矿点基本没有经过详细勘查，资源储量和潜力不清楚。因地方政府对本区域石资源的储量、品种、内部结构、开采价值、开采方法等情况基本不清，影响了资源战略的制定，限制了优势资源的规模化开发和整体效益的提高。由于未能详细掌握本区域石产品的生产、用途、市场等情况，还造成产品开发定位不明、产业链未能有效延伸、附加值不高等问题。

（二）政策支持不够，体系不完善，影响发展

支持石产业发展的政策体系尚不完善。虽然省政府出台了石产业发展规划和加快发展的意见，但缺乏有针对性的石产业发展专项政策或配套政策，特别是在土地、资金、人才、服务、要素供给等方面的政策扶持远远不够，导致石产业科技创新、品牌宣传、扩大规模动力不足，高技术人才流失严重。特别是受金融政策制约，石产业企业融资渠道不广，难以通过市场吸引社会资金投入，发展瓶颈突出，生产环境和生产设备改造和提升困难重重，规模化生产实现难度大。而珠宝玉石行业，在毛料进口环节则存在税费过高的问题，各种税费累计达33.9%，严重影响石产业的发展。

（三）产业层次较低，资源利用率不高，结构失调

资源精深开采程度普遍不高，管理不到位，规范化生产程度低，生产流程不科学，导致石资源的严重浪费和破坏，特别是在石材边料、废料再利用、深加工等方面综合利用率较低。由于利益驱动和调控不足等原因，石资源开发利用布局结构及产权设置不合理、乱采滥挖、圈占资源等现象在一些地区普遍存在。在产品加工方面，与福建、广东等发达省份相比，我省石产业企业小、散、弱，产业聚集力不够，结构调整和优化升级压力较大。资金投入少，科技含量不高，创新能力不足，导致大多数企业处于产业链低端，生产的主要是低附加值、低技术含量的中低端产品。在整个产业发展中，资源开采与后续加工结构性失调问题突出。

（四）市场建设不完善，发展不均衡，品牌缺失

市场建设方面，规模偏小和交易规则不够完善、交通运输不便，物流成本较高，加之市场服务水平有限，交易方式单一，现代交易平台缺乏，严重影响价格发现功能的发挥。企业建设方面，良莠不齐的现象突出，产品质量及企业品质高低不一。部分企业在缺乏行业经验和技术的情况下，盲目跟风，生产出的产品技术含量低、艺术效果不高、质量不过硬。品牌建设方面，企业缺乏品牌意识，品牌打造重视和投入不够，缺少长期有计划的品牌打造和策划、宣传，未能形成有影响、有竞争力的产品品牌。少数企业经过多年的努力，虽然在品牌建设上取得了一些成绩，但是与省外知名企业相比仍然弱小。区域企业和产品品牌建立不起来，制约了我省石产业的进一步发展壮大。

（五）人才队伍建设滞后，措施不到位，影响创新

人才队伍建设决定企业创新能力，在这方面，石产业与其他产业同理。近些年，因为珠宝玉石加工中心的转移，云南许多珠宝玉石设计、加工、科研、经营管理等方面的人才也大量外流，据统计，2000年左右，云南的玉石人才占全国50%以上，而现在仅1/5。在石材企业中，熟练技术工人多来自河南、福建等省，受生活习惯、家庭环境等因素影响，在云南长期发展的很少。云南石产业技术人才的培养和引进工作远不适应产业发展需要。在培养人才方面，仅有昆明理工大学、国土资源职业技术学院等少数高校开设了相关专业，且由于重视不够、针对性不强、师资匮乏等原因，培养人才数量和技术水平都很有限；在引进人才方面，激励措施不到位，软环境差，难以吸引高端人才在滇扎根创业。人才，特别是高端技术人才缺乏，导致云南石产业技术创新、研发和品牌打造能力不强。

（六）内部协调不力，管理分散，合力不足

我省石产业存在政府部门多头管理，职能交叉问题，缺少综合管理部门。目前虽然成立了像石产业联席会议办公室这样的机构，但只起着有限的协调沟通作用，尚缺乏有效的刚性管理。行业协会过多，机构重叠，一方面各持理念，意见相左，企业牵扯其中，产生隔阂不和，瓦解凝聚力，阻碍集中力量办大事；另一方面协会众多，消耗大量人力、物力和财力，更为糟糕的是资源分散，效率低下，成为石产业发展的障碍。

（七）产业统计尚缺，家底不清，数据不准

目前，业内生产加工、批发零售商多以私营企业和个体户形式存在，由于种种原因，统计数据收集困难。现阶段的统计方法、工作制度与之不相适应。而经工商登记注册的企业也存在漏报、瞒报现象，以至于大多数企业规模达不到统计“三上”标准。截至目前，云南石产业在产业水平、规模、结构、速度、比例、效益等方面还没有准确的数字支撑，使用的多是行业协会估算的数字，这就不免出现不同协会就同一问题给出的数据出入很大。基于此，政府自然无法对石产业进行准确的经济效益、社会效益和工作成绩分析，更无法进行有效的分析、调整、监管和预测，直接影响到对产业发展的正确判断和决策。

三、云南石产业发展目标及重点

（一）发展总体目标

委员们认为，云南石产业要坚持以科学发展观为指导，努力转变粗放型增长方式，

全面突破人才、技术、资金三大瓶颈，充分发挥资源禀赋、产业基础等优势条件，全面发展、重点突破，引创结合、品牌推进，转变方式、集约经营，推动云南石产业集约化、规模化和现代化发展，全力打造中国石产业大省。力争用10年左右的时间，培育壮大一批带动力强的龙头企业，打造一批竞争力强的名优产品和著名品牌，建设一批产业集群和生产基地，实现石产业规模进一步扩张、档次进一步提升、布局进一步优化、竞争力进一步提高、增长活力进一步激发，逐步形成以产业集群为主导，以优势产业基地为主体的石产业发展格局。

（二）发展重点

石材产业：支持和鼓励经济实力强、拥有先进开采加工技术和管理经验的大中型企业对小企业进行多种形式的收购兼并，大力扶持龙头企业，在云南培育几个兼具矿山开采、石材加工、产品销售以及石材设计、研发、安装等综合型企业组成的企业集团，形成云南石材工业的龙头企业。以建设产业园区（基地）为平台，引进福建、广东、山东等石材产业发达地区的优秀企业，以大理石、砂岩和花岗岩为开发重点，以矿山建设为基础，重点打造大理、昭通、文山、安宁、石林、绿劝、武定、罗平、腾冲等石材工业园区（基地），并积极争取园区纳入全省重点工业园区给予扶持。注重科技创新及产品研发，以现有的昆明理工大学、云南国土资源职业学院为基础，引进和培养适合云南石材产业发展需求的高科技人才，延伸产业链，进一步提升云南石材产业技术水平和产业档次。

珠宝玉石产业：在挖掘云南自身宝石原料资源的同时，抓住“桥头堡”建设重大机遇，进一步加强与周边国家合作，恢复畅通陆上通道，保证玉石毛料的稳定供应。引进珠宝玉石加工先进设备，提升云南珠宝玉石加工实力和质量水平。尽快制订有利于云南珠宝玉石产业大发展的优惠政策，出台具有云南特色的珠宝玉石加工设计师、玉雕师标准，建立云南珠宝玉石产业人才教育和引进体系；引进国内外知名珠宝企业赴滇投资，从事各种珠宝的设计和加工，提高云南珠宝玉石产业的设计和加工水平。以大项目带动为支撑，重点支持昆明玉器城二期、月亮岛二次公盘市场、版纳皇城珠宝文化中心等项目建设，将其列入省政府重点项目给予支持。提倡企业诚信经营，树立品牌意识，支持企业和社会团体办会、办刊、办展，不断提高云南珠宝玉石知名度。

观赏石产业：投入必要的资金、专业人员进一步搞好我省观赏石资源调查的基础上，依托云南种类繁多的观赏石资源，从各地石产业发展程度不同和石种在市场的竞争力大小来分类指导、扶持基层的石产业、打造观赏石精品，走出云南独特的观赏石特色化、精品化路子。几年来，“云南奇石城”在举办云南“石博会”及推动云南观赏石交流、交易、构建观赏石文化中发挥着重要作用，但其设施远远不能满足云南观赏石产业的发展，改造提升势在必行，应在现有奇石宠物城的基础上，扩大规模，将其打造成集观赏石交易、观赏石文化交流、观赏石鉴评、研讨于一体的专业性永久奇石城，以此带动云南观赏石产业的发展。

四、推进云南石产业发展的建议

（一）进一步加大资源勘查力度，打牢石产业可持续发展基础

建立资源开发利用长效机制，为云南石产业可持续发展提供资源保障。一是加大资

源勘探投入力度。一方面积极争取国家支持，增加财政投入，省国土厅将现设地质勘探资金每年2000万元提升至5000万元，并向石资源勘探倾斜。同时，建立适应市场经济要求的商业性勘查开发机制，拓展资金筹措渠道，引导民间资金进入资源勘查开发领域，鼓励资源勘查开发企业通过多种形式筹集资金找矿，形成多元化的探矿投入机制。二是严格探矿、采矿权审批管理。建立矿山开采准入制度，规范开采行为，依法执行审批权限和程序，进一步建立和完善探矿权和采矿权申请、审批、登记、延续、变更、转让、注销等相关管理制度。根据资源的自然属性和已开展的地质勘查工作程度，按勘查风险程度不同，分类出让探矿权、采矿权。从分类管理入手，建立矿产资源有偿使用费征收制度和矿山地质环境恢复治理机制。三是加强矿产资源开发监督管理和执法监察工作。建立资源开发监管责任体系，从储量动态监管入手，全面加强开发监管，相关职能部门履行开发监督管理职责。

（二）进一步加大政策和资金支持力度，优化石产业发展环境

建立完善政策体系，加大资金支持力度，通过政策鼓励和资金扶持推动石产业发展。一是研究制定扶持政策。在《关于加快云南石产业发展意见》的基础上，出台细化在资源普查、原料采购、市场建设、加工销售、税收、品牌宣传、环境保护和企业用地、用电、用水等方面的优惠和扶持政策。积极向国家有关部门争取，在玉石毛料进口环节降低增值税，取消消费税。深化行政执法体制改革，破除行政分割市场和地区封锁，为石产业发展提供有利条件。二是设立石产业发展基金。省发改委、财政厅等部门联合设立“云南石产业发展扶持资金”，专用于贷款贴息、市场建设、加工扶持、品牌宣传、人才培养、找矿探矿等。三是加快推进银政、银企、银协合作。通过政府与银行及相关投资机构签订信用合作协议，建立“政府入口、开行孵化、市场出口”的机制，把地方政府组织资源的优势和银行的融资优势密切结合起来，以融资为杠杆，通过融资支持项目建设和所涉及的制度建设，形成高效的融资平台和信用平台的做法。设立中小企业贷款担保专项资金，努力缓解中小企业贷款难的问题。石产业各种行业协会要主动畅通与政府、银行、企业的关系，发挥桥梁作用，积极促成银政、银企间的合作。

（三）进一步加强石产业重点基地或园区建设，促进产业聚集发展

建设一批特色鲜明的石产业基地或园区、物流交易中心和服务片区，形成以滇中为核心、特色区域为支撑的石产业发展格局。一是设立石产业基地或园区布局与发展专家咨询委员会。咨询委员会受云南省石产业发展联席会议的委托，开展相关问题的咨询研究，围绕云南石产业布局与发展、基地选址、交易市场建设等问题提出意见。二是简化基地或园区用地审批程序。工业管理部门要将基地或园区建设纳入全省重点工业园区建设范围，国土资源部门要建立园区用地指标单列和“绿色通道”制度，优先予以支持。三是科学制定基地或园区土地使用规划。规划要与土地利用和城乡建设规划相衔接，按照布局集中、用地集约和产业集聚的原则，合理规划安排企业用地，着力提高单位土地面积投资量。

（四）进一步着力打造企业和产品品牌，提高产业影响力

要充分发挥现有品牌的优势，继续实施品牌战略，培育一批具有国家或省级知名度的品牌，有效带动全省石产业发展。一是研究制定品牌发展战略。按照调整产业结构的要求，尽快出台云南石产业品牌建设总体规划，把重点产品，有地方特色、有市场潜力

的产品特别是高附加值、低物耗的产品列入品牌建设规划。二是着力打造云南特色品牌。充分挖掘和利用云南丰富的石资源和文化资源，努力扩大优势产品覆盖面和知名度，打造一批具有云南特色的名优品牌。要制定科学规划，完善办会办展机制，由政府统筹，定期轮流举办大型专业博览会、高档展会或交易会，集中力量重点打造“中国昆明泛亚石博览会”和“中国云南新年国际珠宝展”，加大品牌经营力度，将产品品牌培育成石产业企业标签、地方名片。通过品牌运作，实现从“无牌、贴牌”向“有牌”转变，从“有牌”向“名牌”发展。重点培育“黄龙玉”“米黄石”“砂木纹岩石”“永仁苴却石”“云南观赏石”等特色品牌产品。三是加大本土知名企业宣传力度。鼓励支持云南石企业每年外出参加重大专业博览会和交易会，支持和帮助石企业出版和发行具有云南特色的行业报刊和创办宣传网站，支持和鼓励定期举办石产业行业技能竞赛和创意设计评选活动。

（五）进一步推进人才队伍建设，大力培养技术管理人才

云南石产业发展必须高度重视人才队伍建设。一是大力培养熟练技术工人。围绕建设中国石产业大省的目标，加大有关科研机构整合力度，大力发展职业技术教育，加大对国土资源职业学院涉及石产业职业院系支持力度，开办石产业专门院校，培养矿产采选、石材加工、玉石雕刻与鉴定技术工人，完善技术工人职业技能考核鉴定制度，整体推进职业资格证书制度，把职业资格证书作为劳动力市场、人才市场的就业准入控制，造就一批高水平的技术工人。二是加快技术、经营和管理人才培养。建立完善引进人才的优惠政策，强化激励机制，营造吸引人才、用好人才、稳住人才的环境。同时，结合云南石产业发展需要，在现有院校有针对性地增设与石产业相关的院系，大力培养一批懂技术、善管理、了解国际市场规则的石产业精英，培育一支技术专家、高新技术开发人才、科技型企业家的阶梯式人才队伍。三是建立和完善石（玉）雕大师、观赏石鉴评师认证制度。“石（玉）雕大师、观赏石鉴评师”等称号对于石产业人才来说，是一项尊荣。目前玉雕大师、观赏石鉴评师由民间组织授予，无官方认可身份，石雕大师的评定工作云南尚未开始。政府部门要积极支持，将石产业职称评定纳入云南省人力资源和社会保障厅专业技术职务评定范围，由省政府授权石产业相关行业协会推荐，人力资源和社会保障厅评定和认证，解决石产业高级技术人员的身份和待遇问题，为提升云南石产业从业人员整体素质，推动云南石产业发展奠定基础。

（六）进一步引进先进技术，提高核心竞争力

针对云南石产业科技创新能力弱的实际，要以引进消化再创新为主导，加快科技创新步伐，把构建技术集成与产业集群紧密结合起来，使科技创新成为石产业发展的强大动力。一是加快科技成果的引进和利用。加大技术改造力度，促进企业技术、设备、工艺水平的更新和提高。重点解决米黄石开发、大理石深加工、玉石雕刻、废料利用等领域的技术难点，积极引进高新技术，力争在米黄石、黄龙玉、大理石开发等方面创立一批国内先进技术，实现产业结构的优化升级；争取在苴却石、木纹石等方面的技术创新有所突破。二是推动企业与科研院所开展合作。政府有关部门及协会要与科研院所进行对接，使企业成为院所科技成果转化的载体，把科研院所的技术优势和科技成果转化为产业优势。三是鼓励和引导企业加大对研究开发的投入。落实国家和省企业研究开发经费投入的有关规定，引导各类企业足额提取技术开发费用。支持社会资金投入企业研发

中心建设和开展研发活动。

（七）进一步加大统筹协调力度，形成产业发展合力

中国石产业大省的战略目标要求，各相关部门必须进一步加大统筹协调力度，努力形成齐心协力、齐抓共管、齐头并进的局面。一是统一思想，强化责任意识。云南石资源丰富，蕴藏着巨大的发展潜力，经过多年的努力，具备了加快发展的基础。要根据新形势、新任务的需要，整合各方资源，依靠集体力量，形成合力，推动石产业发展工作迈上新高度。二是加强领导，积极履行职责。各相关部门要在省委、省政府的统一领导下，把石产业发展工作纳入整体工作计划，加强合作、协调运作，落实部门职责，定期沟通情况，研究问题，制定措施，共同推动石产业深入发展。三是重视社会力量，发挥协会作用。政府相关部门应进一步重视发挥行业协会作用，规范行业协会设置，依靠省珠宝玉石首饰协会促进珠宝玉石产业发展，依靠省石材商会促进石材产业发展，依靠省观赏石协会促进观赏石产业发展，依靠省石产业促进会统筹各协会工作，协调石产业发展。取消有名无实或以盈利为目的的其他石产业协会。按规定授予协会相应行政权力，给予适当资金扶持，发挥协会在开展行业自律、协调组织以及市场监管、技术交流与开发、办会办展、品牌拓展、信息咨询等方面的作用。

（八）加快建设独立的石产业统计体系，全面准确反映产业发展状况

为给决策部门提供准确、及时、可靠的决策依据，促进石产业科学发展，需尽快建立完善石产业统计体系制度。一是提高认识，高度重视石产业发展统计工作。云南石产业的发展直接影响到国民经济发展。因此，一定要充分认识加快石产业发展的重要性，切实做好石产业统计工作，及时掌握石产业发展情况，为省委、省政府决策提供科学依据。二是创新石产业统计体系。有关政府职能部门应该把石产业统计体系的研究作为重大课题，组织有关专家深入研究，尽快建立具有云南特色的、符合产业发展规律的、科学可行的石产业统计体系，分行业、分区域建立和完善石产业统计体系，逐步开展全面系统的石产业数据统计工作。三是明确石产业统计部门职责。由各级政府统计主管部门牵头负责，涉及部门和单位配合，逐步解决石产业统计工作中统计指标不健全、统计口径不统一造成的“数”出多门问题。

（九）发掘云南石文化内涵，提升云南石产业发展品质

要进一步发掘云南石文化内涵，探索石产业与文化紧密结合之路，促进云南石产业持续健康发展。一是深度挖掘云南石文化内涵。要挖掘、整理云南石文化的历史，总结提升石文化精粹，在新起点上展示云南石文化新魅力，通过物化、创新，实现更深层次的整合，将文化内涵渗透、表现在石产品的各个层面，形成特色品牌，增加云南石产业吸引力。二是制定石文化发展专项规划。推动石文化发展是个系统工程，首先要做好石文化发展中长期专项规划。挖掘和保护源远流长的云南石文化资源，科学规划和引导，为云南石产业发展增光添彩。三是重视石文化研究。各行业协会要发挥优势，组织专家、学者召开云南石文化学术研讨会，开展深层次研究，同时要倾力于民俗文化、民间艺术资源的开发，努力实现文化产业与石产业发展的最佳结合。

贯彻落实中央一号文件
推进“兴水强滇”战略实施调研报告

（2011年12月1日政协云南省第十届委员会第二十九次主席会议通过）

今年初，省委、省政府作出《关于加快实施“兴水强滇”战略的决定》，省政协即把推进“兴水强滇”调研作为2011年度服务大局、建言献策的重点调研课题，旨在促进“兴水强滇”战略落到实处，尽早地解决困扰我省经济社会发展的瓶颈制约，为“富民强滇”打下坚实基础。4～9月，由白成亮副主席牵头，组织政协委员和有关专家开展调研。一是赴红河、文山两州七县市实地调研，同时联合各州（市）政协开展调研，听取基层的意见和建议；二是赴部分省市考察取经、借鉴做法；三是分别与省发改委、财政厅、国土资源厅、水利厅、农开办、烟草公司和水利水电投资有限公司等部门单位协商座谈，了解各部门在改土治水方面的实施情况，并对有关问题和政策进行探讨磋商。现将情况报告如下：

一、基本情况

今年4月，省委、省政府为贯彻落实《中共中央、国务院关于加快水利改革发展的决定》（中发〔2011〕1号），作出了《关于加快实施“兴水强滇”战略的决定》（下称决定）。据我们所到的渝、鄂、浙、苏、沪等省市，对贯彻落实中发〔2011〕1号文件，虽有一些打算，但不及我省全面和充分；兄弟省市对我省见事快，决策早表示赞许，认为我省的决定，重点突出，目标明确，措施有力，任务具体，制度建设和体制机制有创新。从州市县了解，干部群众深受连续干旱灾害的切肤之痛，对决定的期盼之情更是溢于言表。各地都作了充分的准备，有的急于招标开工，有的在抓紧做前期工作，都有一番远、近结合的打算，期望抓住难得的机遇大干一场。在与各部门的座谈磋商中，大都结合自身职能作出了统筹安排，并对如何协同配合，如何研究落实相关政策积极对接，心往一处想，劲往一处使的良好局面已基本形成。通过调研，我们深切感受到“兴水强滇”战略决策高瞻远瞩、深入人心、催人奋进。

二、存在的困难和问题

“兴水强滇”是一个重大的战略举措，是一项涉及科学发展、和谐发展和跨越发展的系统工程。我们感到，在推进“兴水强滇”战略中，还存在一些困难和问题。

（一）认识尚不够到位，领导还有待加强

在调研中普遍感到干部群众对“兴水强滇”的兴奋点，主要在于可以抓住机遇争取上一批项目，而缺乏对“兴水强滇”战略重要性、紧迫性、长期性和艰巨性的认识；领导比较注重罗列工程项目的规划本本，而缺乏教育群众、发动群众、组织群众的远见和能力；部分干部群众存在着“你要我干”的思想，动员全社会参与做得还不够。

（二）“兴水强滇”对滇中突出得不够

滇中经济区已是列入国家发展战略的重要区域，是中国面向西南开放重要桥头堡的心脏地区，而滇中发展的制约瓶颈就是极度缺水。中发〔2011〕1号文件给“滇中引水”工程实施提供了良好机遇，“兴水强滇”推进“滇中引水”的力度应更大一些。

（三）投入不足是“兴水强滇”战略实施的最大困难

我省近年水利投入有较大增长，但推进“兴水强滇”战略需要更大的、更稳定的资金投入。要解决稳定持续增长的资金投入，一靠机制，二靠政策。目前，面临着机制正在建立，政策又有诸多变化的形势，筹措资金的难度相当大。

（四）水资源综合利用规划有必要修编补充

我省原有的水资源综合利用规划和相关专业规划，已经不适应新形势下经济社会可持续发展的要求。由于规划不够超前、不够协调，在产业发展和城镇化推进中出现一系列矛盾，特别是缺乏综合性、前瞻性和全局性，导致走弯路和重复建设。

（五）水能开发与水利建设在我省是“两张皮”，未能实现互补共赢

我省是水能资源大省，但水能产业并未成为我省经济社会发展的支柱。“以水养水、以电养水”的机制长期缺失。我省水能开发仍然走着简单出卖资源的老路，从资源开发利用中给我省带来的实惠不多，“兴水强滇”的效果不明显。

（六）“五小水利”点多面广，标准低、配套差

基层对“五小水利”建设的呼声最强烈，目前我省“五小水利”的投入远远不能满足山区、半山区的需要，现行“五小水利”项目补助偏低，保证不了建设质量和进度要求。

（七）重建设、轻管理，尤其是对水资源的管理不够重视、不够落实

我省相继颁布实施了《云南省水功能区划》《云南省用水定额》和《云南省地下水管理办法》等法规，但贯彻落实有较大差距，以致有悖于法规的言行没有得到应有的制止和惩罚。节水型社会建设尚未得到应有重视和落实，水资源粗放利用方式还未根本改变，用水需求无节制未得到有效扼制。

（八）勘测设计力量不足导致前期工作滞后；水利行业硬软件建设不协调

长期以来，水利行业的建管任务繁重，工作生活环境艰苦，报酬偏低，难以留得住人才。基层单位条件差、任务重、待遇低，工作经费短缺，虽然近几年基础硬件设施数量质量都有所增加和提高，但一手硬、一手软，行业服务的水平和能力跟不上形势发展的需要。

三、加快推进“兴水强滇”战略实施的几点建议

加快推进“兴水强滇”战略，使命光荣、挑战严峻、任务艰巨。要把宏伟蓝图变成现实，必须立足我省经济社会发展全局的高度提出新要求，实行新举措，注入新活力；必须着眼当前、统筹长远，制定推进水利改革发展的总体规划；必须举全省之力、集全民之智，讲求实效、重在落实，全面掀起大兴水利建设的热潮。为此，提出以下建议供省委、省政府参考。

（一）进一步提高认识，加强领导，全省动员，全民动手，切实把“兴水强滇”战略落到实处

推进“兴水强滇”战略实施，上下形成共识、才能真正抓落实。各级各部门要深

刻认识推进“兴水强滇”战略的重要性、紧迫性、长期性和艰巨性，加强教育引导，纠正存在的“等、靠、要”倾向，发扬自力更生、艰苦奋斗精神，营造向观念要水、向机制要水、向政策要水、向管理要水、向科技要水的氛围。目前，各级基层党委一批新人走上了领导岗位，要做好“兴水强滇”战略“补课”和“接力”工作，充分发挥地方各级党委在推进“兴水强滇”战略中的组织领导作用。要以对党、对国家、对子孙后代高度负责的精神，紧紧抓住难得的历史机遇，把加快水利改革发展放到全省工作大局更加突出的位置，纳入各地国民经济和社会发展规划，列入各级党委、政府目标管理和党政领导考核体系，切忌浮躁浮夸，防止“喊口号、废钱财、伤民力”的“政绩工程、形象工程”，切实转变工作作风，把真功夫用在抓落实上。要建立健全适应水利改革发展的组织领导、目标运行、监督管理、社会参与的体制机制，严格责任、分解任务、层层落实，确保责任到位、措施到位、投入到位、行动到位，形成“党委政府统筹领导、人大政协助力推动、相关部门齐抓共管、全省上下联手推进、社会各界广泛参与”治水兴水、强滇富民的强大合力。

（二）始终不渝地把加快推进滇中引水工程，作为实施“兴水强滇”战略的核心目标

“引金入滇、五湖通航”，一直是云南各族人民的梦想。20 世纪 50 年代，在党中央、国务院的关心重视下，国家有关部门和省委、省政府就提出了“滇中引水”的构想，并开始了前期工作。经多年研究论证一致的结论是：只有实施“滇中引水”工程，才能从根本上解决滇中地区缺水问题，发挥滇中地区在全省经济社会发展中的龙头作用。滇中引水是一项解决云南水问题的顺民心、利长远的德政工程、民生工程、战略工程，目前已正式列入国家“十二五”发展规划，已经具备作为“兴水强滇”战略核心目标的条件。各级职能部门和水源区、受水区、枢纽配套及输水系统沿线各级党委、政府要认真按照省委、省政府总体部署，以推进“兴水强滇”战略为牵引，把加快推进滇中引水工程上升为全局之本、发展之要、民生之基，抓住机遇把滇中引水摆在更加突出、更加紧迫、更加重要的位置，加大力度、加快进度，借助“兴水强滇”强劲东风，抓紧做好各项前期工作，力争“十二五”取得突破性进展，并争取得到国家相关政策和资金支持，早日开工建设。

（三）建立“兴水强滇”稳定持续增长的投入机制，多渠道、多层次、多元化增加水利投入

“十一五”全省水利水电投资 769 亿元，其中水利投资 410 亿元，比“十五”翻两番，投入持续增加使我省水利基础大幅提升，水的制约瓶颈有所缓解。“确保投入”是推进和加快“兴水强滇”战略实施的关键，坚持和强化公共财政为主的稳定增长投入机制，是“确保投入”的前提和基础，不能动摇。建立健全适应水利事业新定位的多渠道、多层次、多元化稳定持续增长的投入机制，是“确保投入”的重要渠道和补充。一是要继续把争取中央、国家项目及资金支持作为实施“兴水强滇”战略投入的重要渠道和保障。二是通过特惠政策措施发挥省水利水电投资有限公司作用，做强做大省现有这一水利水电投融资平台，同时，进一步争取金融信贷和国债（包括地方债）的支持。三是要落实中央和省委、省政府已出台的各项筹资融资政策，尤其是国有土地出让总收入的 5% 计提水利建设专项资金，应按时缴纳省级国库，由省统筹调配投向重点水

源工程、“五小水利”和农田水利建设重点地区。调研中感到，从土地出让总收入中计提水利建设专项资金的变数较多，还不够落实，需要进一步细化措施和强化协调。四是按照“以电养水、以水养水，盘活存量、吸引增量”的原则，制定出台“政府引导、金融支持、企业主体、市场运作、社会参与”的优惠政策措施，运用市场机制筹集水利资金，引导和鼓励非公有制经济和社会资本进入农村水电、小农水和城乡供排水等设施的建设与运营。探索推进小型农田水利设施以承包、租赁、抵押、参股、置换和拍卖等形式进行产权流转，吸引有能力的企业、业主和个人以多种形式参建经营性水利工程、基本农田水利工程和“五小水利”工程。

（四）适应“兴水强滇”战略新要求，修编完善我省水资源综合利用规划

以往我省开展了必要的水资源综合利用规划和相关专业规划工作，在规划的指导下，水利对经济社会可持续发展发挥了较好的支撑作用。随着工业化、城镇化和农业现代化的加速发展，特别是“两强一堡”战略将带来的跨越发展，原有规划的综合性、全局性、前瞻性和可行性已略显不足，有必要在“十二五”期间，组织力量，加强协调，开展我省水资源综合利用规划修编完善工作。一要搞好顶层设计。应着眼当前，统筹长远，制定推进我省水利改革发展的总体规划、纲要，统筹全局与局部、流域与区域、近期与远期、城市与农村、重点与一般等协调发展。二是注重规划的前瞻性、综合性、全局性和指导性。过去我省规划的高度和权威不够，部门色彩太浓，对经济社会发展缺乏应有的指导性和约束性。修编规划应与国家相关规划衔接，同时，要与我省国民经济和社会发展总体规划对应起来通盘考虑。三是切忌把综合规划做成工程规划。应侧重水资源开发利用和节约保护的原则性、系统性和综合性，工程与非工程并举，行政区域与流域有机统一，并兼顾资源禀赋、环境容量和产业发展布局，与国土资源利用规划、城乡发展规划和生态环境保护规划等相协调。四是修编完善规划，不宜急于求成，有的问题需要深入研究验证。要保障规划经费，同时，加强人才培养和交流合作，吸收国内外相关先进技术方法和理念，提升水利规划水平，更好地为“兴水强滇”服务。

（五）充分发挥大中型水电站在实施“兴水强滇”战略中的支撑作用

我省水电开发没有成为带动当地经济社会发展的引擎。水电开发业主获得巨大收益，而资源属地收益微不足道，反差巨大。老百姓的看法是：水电业主是发财了，当地却是民生贫瘠、财政乏力，山河依旧、包袱增加。建议：积极争取国家在规划、建设水电能源基地时，要把资源属地经济社会可持续发展纳入统筹布局，除由水电开发业主直接补偿水资源开发生态系统修复和移民安置及后期发展外，应把资源作为股份让当地直接参与水电开发收益分配。此外，借鉴山西、陕西等省设立煤炭可持续发展基金投入水利建设做法，按“取之于水、用之于水，以水养水、以电补水”原则，从水电企业销售电量收益中提取一定比例的水利建设发展基金，反哺地方政府公益性水利建设；或者借鉴黄河流域水电开发给地方留用低价电量的政策，让地方掌握一定的低价电量，既解决提水负担问题，还可作为发展地方工业或吸引央企入滇的资本。现行“西电东送”，不能使云南自身利益得到应有保障。外送电量以与市场供求关系不对称的较低上网电价卖出水资源，造成极不公平的地区利益转移，影响云南自身经济发展，加剧了抗旱保民生的压力，看不到兴水强滇的效果，基层干部群众反映较大。建议：对“西电东送”要重新认识和定位，积极争取国家政策支持和倾斜，通过沟通协商，完善形成“西电

东送”更合理的利益分配机制。最近，省政府已研究制定《云南省充分发挥大中型水电站综合利用效益专项规划》，如顺利实施对“兴水强滇”大有裨益。但还应解决好：一是要严格执行《水法》，修编过去单一发电不科学的规划，从规划阶段就应统筹明确电站水库的防洪、抗旱、灌溉、供水、发电、航运、水产养殖综合利用功能。二是要把综合利用设施建设与水利枢纽建设捆绑，实行同步规划设计、同步开工建设、同步验收投产，综合利用设施由电站业主投资建设运营或建成后交地方管理运营。

（六）科学统筹山区、半山区和边疆、民族地区“五小水利”工程建设，逐步推进城乡供水一体化

基层反映：山区、半山区“小水利效益好，连接着大民生”，但“五小水利”缺乏稳定可靠的建设投入，“上边投入少，基层投不起，农民干不了”。建议：省级财政设立5亿至8亿元的“五小水利”建设专项资金，并随财政收入增幅逐年递增，专项用于“五小水利”；对“老、少、边、穷”地区的“五小水利”建设逐步实行“零配套”。同时，按照“统一规划、整合资金、渠道不变、统筹投入、各司其职、形成合力、各计其功”原则，进一步整合发改、国土、烟草、农开、扶贫等各方力量，推进“五小水利”工程建设。重视农业水利新技术新材料运用和群众首创精神，如：石漠化地区一些群众在“小水窖”的基础上，增加配套引水管网“长藤结瓜”，解决饮水安全和久旱连旱的问题，效果好、见效快，易做到、好管理，应予总结推广。在推进小城镇建设中，要统筹城乡水务一体化进程，应把乡镇集中供水工程建设，提到各级党委、政府议事日程，按照“统筹城乡、先易后难，乡镇推进、效益优先”的原则，逐步实现“农村供水城镇化、城乡供水一体化”水利普惠目标和城乡饮水安全协调发展。

（七）采取积极有效措施，把节水型社会建设贯穿经济社会发展和生产生活全过程

三年连旱带来的水安全挑战警示，加强节水是解决我省水问题的根本性、战略性措施。建议：从我省省情水情实际出发，逐步实行最严格的水资源管理制度，通过采取积极有效的节水措施解决水资源制约瓶颈问题。各级应把节水型社会建设纳入国民经济和社会发展总体规划，优化供水存量、调控用水增量，实现从供水管理向需水管理的转变。抓紧做好我省节水立法工作，健全节水政策法规体系，引导规范全社会节约用水行为，加强重点用水行业监管，严格用水定额控制，认真落实节水“三同时”制度，加强执法监督和行政问责。要通过改革性举措和加大节水资金投入，不断推进节水型社会建设，建立健全节约用水利益调节机制，实行非居民用水超计划超定额累进加价，逐步推行居民用水阶梯式水价。重视节水工程规划和节水技术产业发展，加大节水技术产品扶持和市场准入。大力推进全省大中城市节水示范工作，实行生活生产用水减量化、资源化，提高水的循环利用效率，降低供水沟渠管网漏损率，完善排水防涝、雨水收集利用等工程措施，并逐步向县级城镇推广。加强大中型灌区田间工程配套建设，整合现有规模化灌溉区域，大力推广喷灌、微灌、滴灌等高效节水技术。加强全民省情水情和节约用水宣传教育，弘扬云南各民族亲水、敬水和节水文化，形成全社会爱水惜水，节约用水，高效用水，合理用水的良好风尚。

（八）适应水利改革发展新要求，大力加强水利队伍自身建设，全面提升水利行业服务水平和能力

推进“兴水强滇”战略，对各级各部门、尤其是水利战线系统提出了新的更高要

求，要进一步理清治水兴水思路，大力加强自身建设，夯实基层水利基础。要从顶层设计、科学规划、统筹协调、政策导向和机制创新入手，以时不我待、敢为人先的精神状态，力争在水利重点领域改革上有所突破。注重强化人才智力和水利技术的支撑，加强我省水利基础理论研究、水利科技成果转化和应用技术推广，力争在水利重点领域、难点热点、重大技术上有新突破，实现我省传统水利向现代水利、可持续发展水利转变。进一步明确农村基层水利服务现代农业发展的公益性定位，健全乡镇水利服务机构，明确为财政拨款全额事业单位，核定落实编制，经费纳入财政预算，增加必要的工作和培训经费，防止水管人员流失、服务能力退化、技术推广弱化。加大对抗旱服务队、防汛抢险队和水利科技推广组织的政策扶持力度，构建“以基层水利站为核心、以村级水利管理员为骨干、农民用水合作组织为补充”的基层水利服务体系，全面提升基层水利服务能力和管理水平。

实施“兴水强滇”战略开启了我省水利事业跨越发展的新征程。我们坚信在省委、省政府的正确领导下，全省各族人民必将团结一心、不懈奋进、勇于创新，走出一条具有中国特色又切合云南实际的水利改革发展之路，谱写出更加壮丽的治水兴水、强滇富民新篇章。

关于对清水海调水及牛栏江—滇池补水工程进展情况视察的报告

（2011 年 12 月 1 日政协云南省第十届委员会第二十九次主席会议通过）

清水海调水是现代新昆明空港经济区、呈贡新城区主要供水水源工程；牛栏江—滇池补水是实现滇池水环境保护治理目标关键性工程，这两项工程的进展全省各族人民予以极大关注。云南省政协是继 2009 年 10 月，第二次将两项工程的建设作为重点课题开展视察，尤其是在当前我省遭受三年连续干旱的严峻形势下，更具有特殊意义。10 月 24 ~ 26 日，由省政协主席王学仁、副主席马开贤，秘书长车志敏率队，组织部分省政协委员、专家，赴昆明、曲靖市对清水海调水工程板桥河枢纽及隧洞、大平地隧洞和牛栏江—滇池补水工程输水线路大五山隧洞 6 号支洞、鲁洒革隧洞、干河提水泵站、德泽水库枢纽进展情况及寻甸县常青树和龙蟒化工厂渣场整改情况进行视察；现场听取了省水利厅、两个工程指挥部、项目业主及寻甸县、沾益县有关情况汇报。省委常委、常务副省长罗正富，副省长孔垂柱，省级相关部门和昆明市、曲靖市领导等参加视察，出席了视察情况通报会，认真听取了委员、专家提出的意见和建议。现将情况报告如下：

一、两项工程进展情况

在省委、省政府的坚强领导下，省级相关职能部门、两个工程指挥部、项目业主、施工单位和昆明市、曲靖市所属工程沿线相关县（区）乡镇及库区各族群众，识大体顾大局，密切协作配合，齐心攻关克难，积极做好各项工作，保证了两项工程建设顺利进行。

省委书记秦光荣、代省长李纪恒等领导高度重视，多次深入牛栏江—滇池补水工程现地检查指导，现场排忧解难题，使工程建设始终在高位推动进行。省级各相关部门按照省委、省政府部署，精心协调谋划、打破常规攻关，特事特办、急事急办，前期立项审批顺利获得通过，并争取到中央33亿元建设资金支持。昆明市委、市政府和曲靖市委、市政府组织领导到位，全力支持、积极配合、做好服务，工程沿线各级政府深入实际和群众，开展政策宣传和教育引导工作，认真细致、积极稳妥地组织移民搬迁，为工程建设顺利进行创造了良好条件。目前，牛栏江—滇池补水工程德泽水库枢纽大坝填筑高度123米，已完成90%的填筑量；干河提水泵站总长3312米引水隧洞已开挖2537米，完成78%的工程量，地面副厂房及出水建筑物按计划有序推进；输水线路104.3公里隧洞，主洞开挖共计70.73公里，已完成68%的工程量。累计完成投资45.77亿元。清水海调水工程项目业主按昆明市委、市政府要求，采取各种措施抢工期、抓进度、保通水。目前，水源主体工程完成90%的工程量，净配水工程完成80%的工程量。累计完成投资23.9亿元。

视察组感到，两项工程建设成绩来之不易，工程建设管理者和广大工程技术人员、参建员工付出了极大的努力，克服了复杂施工地质灾害影响，保证了工程建设顺利推进。两项工程已进入决胜的攻坚阶段，只要再接再厉、乘势而上，就能确保工程早日建成发挥效益，向省委、省政府和全省各族人民交一份合格满意的答卷。

二、存在的主要困难和问题

随着工程建成通水时间越来越近、工期越来越紧、难度越来越大，所面临的一些困难和问题，必须引起高度重视，并切实加以解决。

（一）因工程地质环境复杂和水资源管控不力，预定工期有所延误

两项工程施工中，都发生多起复杂地质灾害，导致工程进度受阻。清水海调水工程余家庄隧洞、大平地隧洞预计推迟到明年3月才能贯通，原定今年底试通水目标不能实现。牛栏江—滇池补水工程大五山隧洞8号和9号支洞已滞后计划工期1年多，要实现明年底全线贯通衬砌目标任务异常艰难。另外，由于气候原因和水资源管控措施不力，清水海水库水位早已低于死水位，既便明年3月工程竣工，也无水可调。

（二）工程建设资金筹措压力大

两项工程建设资金不同程度存在难筹措、保障不及时的问题，这也是影响工程进度的因素。如：牛栏江—滇池补水工程，因今年上半年建设资金保障出现短缺、断档，造成工程进度滞后的被动局面。目前，资金保障仍有较大的缺口。

（三）水源区及流域水环境保护难，综合治理任务艰巨

两项工程涉及的水源区及流域水环境综合治理难、任务艰巨，尤其是牛栏江寻甸段、嵩明段的总磷、氨氮、总氮等因子超标形势仍然严峻。近期磷指标虽有削减，但不能排除反弹危险。且工业园区和企业“两个零排放”标准难以做到，目前，常青树和龙蟒化工厂所采取的治理措施，只治标不治本，对牛栏江污染的潜在威胁依然存在。从监测数据显示寻甸七星桥段面水质基本处于Ⅳ至劣Ⅴ类，牛栏江水质并未根本好转。明年7月德泽水库下闸蓄水后，水体流速减缓，自净能力随之减弱，要达到滇池补水Ⅲ类

水质的要求，所面临的治理任务相当艰巨。

（四）工程运营管理问题亟待解决

目前，省牛栏江—滇池补水工程指挥部办公室仅核定20个临时事业编制，工程开工建设以来，一直是“小马拉大车”超强度运作，虽然施工阶段较好地发挥了组织、协调、服务和监督职能作用，但随着明年底工程全面建成通水和跨流域、跨区域水资源管理面临的一些实际问题，这种管理模式能否适应未来工程运行管理的要求亟待研究解决。

（五）区域经济社会发展布局与流域水功能规划不协调

牛栏江德泽以上区域内有寻甸、嵩明、马龙3个中等规模县城和3个新兴工业园区，主要工业污染企业49家。原有的区域经济社会发展规划与现在德泽水库水源区功能严重冲突，亟待协调、修编规划。

三、几点意见建议

两项工程建成后，将为现代新昆明空港经济区、呈贡新城区建设发展和滇池水环境保护治理，提供强有力的水资源保障和支撑，也将为曲靖市今后的发展提供后备水源。为实现区域可持续发展良好的经济效益、政治效益、社会效益和生态效益。建议：

（一）加强协调配合，确保实现工程建设目标任务

两项工程已进入最关键的阶段，工期紧、压力大、困难多，各级要加强组织领导，切实防止和克服松劲麻痹、畏难不前的思想和情绪。要深入一线解决难题，对制约工期的控制性施工环节，要组织攻关、重点突破。工程协调领导小组各成员单位，昆明市、曲靖市和工程沿线各县（区），要牢固树立全局“一盘棋”思想，按照省委、省政府的决策部署，明确职责分工，加强统筹协调，密切协同配合，切实做到组织领导到位、责任措施到位、监督检查到位。要采取时间倒逼、绩效考评和行政问责等措施，抓进度、抢工期，保质量、保安全，毫不松劲地全力推进各项工作，确保实现工程建设目标任务。省级相关部门要组织力量尽快抓紧落实初步设计审批及后续各项阶段性工作，积极争取中央补助资金尽快落实到位。要加大资金筹措和调拨力度，全力保障工程建设资金需求。昆明市、曲靖市要积极配合加快推进移民集中安置点基础设施和安置房建设，做好移民后期扶持和生产发展工作，并营造良好的施工社会氛围。

（二）要提升对牛栏江水源在区域经济社会发展中重要地位的认识

牛栏江—滇池补水及清水海引水工程，是滇中引水近期重点工程项目，对最终实施滇中引水工程具有示范引导作用。牛栏江—滇池补水工程和清水海调水工程一期年引水量分别为5.8亿立方米和1.04亿立方米（二期年引水量达到1.7亿立方米），已超过滇池流域多年平均自产水量，且牛栏江—滇池补水工程年引水量是云龙水库（2.2亿立方米）、松华坝水库（1.2亿立方米）年可供水量的1.6倍。从供水数量上看，牛栏江—滇池补水工程是滇中引水工程实现之前，现代新昆明赖以生存和发展的最重要水源地，能否保障Ⅲ类水质，至关重要，举足轻重。牛栏江水源在保障和支撑现代新昆明和滇中经济区经济社会可持续发展中的地位日益凸显，各级各相关部门要进一步提升对牛栏江水源在区域经济社会发展中重要性的认识，真正发挥这一生命线工程的战略作用，以造福人民、惠及子孙。

（三）必须采取坚决果断措施解决水源区及流域水环境保护和综合治理问题

保证调水优质水源、水量和加强水质管理，是调水补水工程成败和发挥工程效益的关键。视察组对牛栏江目前的水质状况十分担忧。如果花费高昂的代价引来昆明、补入滇池的水仍为Ⅳ至劣Ⅴ类就毫无意义，也无法交代。昆明市、曲靖市要按照属地管理原则，合理划分市、县（区）水源地保护管理事权，围绕明年7月德泽水库下闸蓄水前，全面完成综合治理任务来倒排时间表，着力抓好工业污染源治理，尤其是抓好工业园区的污染防治，督促企业进行技术改造和优化升级，淘汰落后产能和工艺，确保真正实现工业废水零排放。对整改验收不达标的企业，要坚决采取“关、停、并、转、迁”的果断措施处置。同时，加大执法力度，严格查处、处罚违法行为，杜绝违法成本低、治理代价高的现象。实行流域水环境监测、控制、保护等行政首长负责制，分片、分区、分段加大流域水环境保护工作力度，确保流域区监控断面水质合格交接。各级环保部门要切实加强执法和监管力度，进一步做好流域工业污染源、城乡生活污水、农村面源污染和入河排污口等的监管治理工作。要加强水源地保护立法，尽快制定出台《云南省牛栏江保护条例》。建议：把牛栏江水环境综合治理提升到确保昆明城市用水安全和与滇池流域水环境综合治理同等重要的地位推进实施，争取国家相关项目更大的支持。

（四）科学统筹流域发展规划和布局，实现水源区和受水区经济社会可持续发展

牛栏江—滇池补水工程涉及昆明、曲靖两市行政区域，随着工程明年底全面建成通水，如何实现跨区域的流域水资源管理及区域经济社会协调发展，既要考虑当前，又要谋划长远。要根据整个流域区域水资源功能定位及水环境容量和承载力，控制区域发展规模，加快产业结构调整，转变经济发展方式。尽快编制流域及水源地、库区经济社会发展规划，对牛栏江流域功能定位、人口规模、产业布局、结构调整等进行科学统筹规划。现有产业布局要重新调整，限制、减少高能耗、高污染、低水平产业项目发展，大力发展节能、节水、清洁型生态工业。发展绿色生态农业，调整农业产业结构，推广绿色农产品生产技术。要把统筹城乡协调发展，改善当地民生作为重点，加快工业化、城镇化进程，培育发展壮大第三产业，提升流域经济社会发展的整体水平。探索“政府主导、区域协作，民主协商、市场运作，公众参与、实现多赢”的流域、区域协调合作机制，通过综合运用经济的、法律的、行政的和市场的手段协调各方利益，实现水源区和受水区经济社会可持续发展。牛栏江德泽水库以上流域是昆明市重要水源区，建议：昆明市可先行设立水源区保护专项资金，探索试行对寻甸、嵩明县等水源区的反哺机制和政策。在此基础上再由省牵头研究出台跨流域生态环境补偿政策，对在水资源保护和生态环境建设中作出牺牲、付出代价的群众进行合理的补偿。

（五）对工程管理模式、机构设置、人员编制、经营运行应尽早统筹安排

如何建立高效权威、相当规格、责权利统一的跨流域、跨区域管理机构，对两项工程建成后顺利运营、发挥效益至关重要，尤其随着明年底牛栏江—滇池补水工程全面建成通水，现行的建设管理模式如何平稳地过渡为运行管理模式应超前考虑。建议：由省政府牵头组织省发展改革委、省编委、省人事厅、省财政厅和省水利厅等出省考察调研，借鉴国内的青海省引大济湟工程、新疆引额济乌工程、贵州省黔中水利枢纽工程等，实行“边建边管、建管并重，建管同步、建管一体”的经验做法，成立行政管理与用户参与、流域管理与区域管理相结合、具有一定权威的管理机构，行使政府流域水

权管理职能，组织水资源统一调度，开展水污染防治协作，落实水源区生态补偿政策，承担资产管理等，为此应尽早对工程管理模式、机构设置、人员编制、水费水价、债务偿还、经营管理和运行调度等作出统筹安排，并在实践中探索跨流域、跨区域调水引水工程建设管理体制机制的一些问题，不断总结积累经验，为今后实施滇中引水工程提供借鉴。

（六）要把节水型社会建设放在更加重要位置来抓

昆明市、曲靖市及两项工程涉及的水源区和受水区，水资源粗放利用方式还未根本改变，水资源配置不够科学，水价不够合理，全民节水意识不强，农业灌溉“跑、冒、滴、漏”现象突出，工业高耗水、高污染行业减排缓慢、治理力度不大。视察组了解到，一方面，想方设法抓重点水源工程和调水、补水工程建设，付出的代价很大；另一方面，水资源不合理使用、浪费也十分惊人。如：清水海水库总库容 11760 万立方米，死库容 4300 万立方米，目前，蓄水仅为 3800 万立方米（已抽用死库容 500 万立方米的水），水库生态环境遭受一定程度破坏，但供水仍未得到应有节制。在清水海水库水位已严重下降的情况下，寻甸县城及金所工业园区每天还不断抽取 3 万立方米原水，其中南磷化工集团每天就要耗用 1 万立方米好水用于生产和发电机组冷却，并排放工业废水约 0.5 万立方米，是清水海的耗水大户，不仅加剧了当地水资源危机，还造成了牛栏江水环境的破坏，真是得不偿失！加强节约用水是解决我省水资源供需矛盾的根本途径，加大水源工程建设、增加供水量，应与节水型社会建设同步推进，要抑制不合理的用水需求，实现从供水管理向需水管理的转变。昆明市在推进现代新昆明建设中，应把节水型社会建设纳入发展战略规划，在节约用水上为全省作出表率，切实做到生产生活用水减量化、资源化，“好水用好、一水多用”，中水回用和雨水收集利用。要加快推进昆明、曲靖等城市的节水工作，探索走低水经济发展之路，以水定产、以水定量、以水定向，强化用水定额管理，挖掘工业节水潜力，鼓励企业加强工业废水污水综合处理再利用，提高水资源循环利用率。加大农业节水灌溉示范项目建设力度，推广高效节水灌溉技术。尽快制定节水强制性标准，加大节水技术产品研发、扶持和市场准入，大力推广节水技术和产品。加强全民省情水情和节约用水宣传教育，弘扬云南各民族亲水、敬水和节水文化，营造全社会爱水惜水，节约用水，高效用水，合理用水的良好风尚。

我省卫生人才队伍建设情况的视察报告

（2011 年 12 月 1 日政协云南省第十届委员会第二十九次主席会议通过）

为促进我省医疗卫生事业的健康发展，推进卫生部等六部委《关于加强卫生人才队伍建设的意见》（以下简称《意见》）的进一步贯彻落实，根据《政协云南省委员会 2011 年重点工作安排意见》部署，省政协教科文卫体委员会与文史委员会联合组织部分政协委员及专家学者组成视察组，在顾伯平副主席率领下，于 9 月 14～28 日，对我省卫生人才队伍建设情况进行了视察。视察组听取了省卫生厅、省第三人民医院、省疾病控制中心和昆明市、昭通市等地的卫生人才队伍建设情况汇报，深入昆明、昭通等地区的省、市级医院、乡镇卫生院、村卫生室、社区卫生服务中心等医疗机构，广泛听取了各级卫生部门和基层卫生人员的意见和建议，并与随同视察的省卫生厅、省人力资源和社会保障厅的同志交换了意见。现将视察情况报告如下：

一、改革开放以来，我省卫生人才队伍建设成效显著

我省各级党委政府高度重视卫生人才的培养工作，各级卫生部门和医疗机构坚持以医药卫生改革和创新人才工作机制为重点，采取各种措施，积极培养各类卫生人才，从视察的情况来看，我省卫生人才队伍规模不断扩大，人才的质量、结构、效能明显提高，并呈现出一些新的特点。

（一）卫生人才总量明显增加

我省各级党委、政府及卫生部门，认真贯彻国家关于加强卫生人才队伍建设的方针政策，科学合理规划，创新体制机制，加大财政投人，以基层为重点，着力增加卫生人力资源。据调研资料显示，目前我省卫生人员总数为207663人（含乡村医生），其中，卫生专业技术人员155378人（不含乡村医生）。全省有执业医师63205人、注册护士49398人，每千人口拥有执业医师1.37人、注册护士1.07人。与2005年相比，卫生技术人员增加24613人，年平均增长率达3.8%；每千人口执业医师增加0.12人，每千人口注册护士增加0.22人。

（二）卫生人才队伍整体素质得到提升

我省各级卫生部门和医疗机构把创新体制机制作为卫生人才工作的着力点，遵循卫生人才成长规律，科学培养人才，卫生人才队伍素质有了较快提升。在我省卫生专业技术人员中，具有大专以上学历的达62.5%，其中，具有大学本科及以上学历的占34%；初级以上专业技术职称的达78.2%，中级以上专业技术职称的占33%。与“十一五”前相比，均有较大提升。

（三）高层次卫生人才不断涌现

我省通过引进和培养，特别是启动医疗卫生单位内设研究机构建设以来，带动了重点学科建设和学术带头人及后备人才的培养，加强与国内外医疗机构的学习与交流，为我省高层次人才培养搭建了平台，直接学习借鉴国内外先进技术，提升了服务能力和水平。经过多年的努力，我省卫生系统高层次人才培养取得显著成绩，现有享受政府特殊津贴专家213人、中青年学术和技术带头人43名。昆明市属医疗机构在“十一五”期间，围绕重点学科发展需要，有针对性地引进副高职以上人才75人，不仅提高了临床医学水平，同时也强化了学科建设，个别专业填补了部门学科的空白。

（四）基层卫生人员专业水平得到提高

根据加强基层卫生人才队伍的要求，我省积极开展农村卫生人员中、西医专业中专层次学历教育，为1.9万余名农村卫生人员提升了专业水平；在全省公开选拔300名优秀医学院校毕业生到乡镇卫生院工作，改善了农村卫生人员学历结构。省、市、区级医院采取对口帮扶、巡回医疗、技术指导、设备支援等方式，帮助基层医疗机构加强人才队伍建设，为我省全面开展新型农村合作医疗和社区卫生服务，为解决农民群众“看病难、看病贵”的问题提供了人才和技术的支持。

二、我省卫生人才队伍建设与人民群众的健康需求有较大差距

卫生人才具有知识和技术密集、培养周期长、实践性强、风险高的特点。改革开放以来，我省卫生人才队伍建设虽然取得了显著成绩，但与经济社会发展和人民群众的健康需求还不相适应，主要表现在以下几个方面。

（一）卫生人力资源总量仍然不足，缺编缺员现象突出

目前，我省每千人口拥有卫生技术人员数比全国平均数（3.81人）少0.95人，其中，医生数（全国平均为1.58人）少0.28人、护士数（全国平均为1.25人）少0.30人，医院床位数与医生数平均比例和卫生技术人员比例明显偏低。缺编缺员的现象在我省各级各类卫生机构十分突出，按卫生部三级甲等医院人床比例要求，云南省第一医院缺编448人。昆明市城区每万人配备妇幼保健专职人员1.3人，五华区妇幼保健中心应有妇幼卫生人员111人，但目前仅有22人在岗。盐津县创建二级甲等医院，人员编制390个，应新增编制254个。基层医疗机构有编无人，而城市医疗机构有人无编的情况比较突出，缺编缺员已经成为我省医疗卫生改革和人才培养、引进的障碍。

（二）城乡卫生人才布局不合理，医护比例倒置

由于基层卫生人才培养缺乏对我省经济社会不同发展阶段、不同地域的分类指导和分层次培养、使用的深入研究，缺乏有效和完备的政策与导向，致使卫生人才分布不合理。我省具有副高及以上职称的卫技人员主要集中在综合性医院，公共卫生机构所占比例也不多，高层次人才主要集中在昆明、玉溪、曲靖、大理、楚雄等地区，卫生人才存在城乡、地区分布不合理现象，城市人才相对过剩，医学毕业生学非所用与基层卫生人才匮乏现象并存的问题长期得不到解决。全省医护比为1∶0.73，医护比例倒置，护士流失严重。

（三）重点学科和领域缺乏领军人才，专业结构不尽合理

我省各级医疗卫生机构总体学历不高，因而缺乏专业性、高层次、创新型卫生人才，特别是既懂专业又会管理的复合型人才尤为紧缺。又由于我省医学科研院所、重点实验室和实验基地数量不多，规模不大，层次不高，重大科技攻关项目少，人才载体不足，对于高层次人才承载、吸引能力不强，导致重点学科、重点领域缺乏领军人才，公共卫生学科人才队伍建设更为薄弱。

（四）卫生人才队伍建设保障机制不完善，人才培养投入严重不足，待遇偏低

主要是经费投入结构不合理，重硬件建设、轻软件建设的情况较为普遍，特别是卫生人才培养投入严重不足，临床一线苦、脏、险，医技人员待遇偏低。乡村医生收入较少，公共卫生服务补助标准地区之间差别较大。社区卫生服务机构医务人员无编制，全科人才缺乏，待遇低下，人才流失严重，编制配置得不到保障，引进人才受到编制的制约。

三、加强我省卫生人才队伍建设的意见和建议

（一）进一步提高对卫生人才队伍建设重要性的认识

人才是卫生事业发展的基础性、战略性、决定性资源，是深化医药卫生体制改革的重要支撑。各级政府和卫生部门、医疗机构要把卫生人才队伍建设作为卫生工作的重中

之重，以人才促改革，以人才促发展；要坚持思想道德教育和专业技术培养两手抓，努力建设一支忠实为人民健康服务的医德高尚、医术精湛的卫生人才队伍。在进一步提高认识的基础上，切实加大工作力度，以全科医生为重点，合理规划城乡医疗卫生人才资源，逐步建立医疗卫生队伍建设各项制度，把重点放在培养数量适宜、质量较高、结构合理、适应基本医疗卫生制度需要的基层医疗卫生队伍，并统筹推进各类卫生人才培养，不断提高各级医疗卫生机构服务能力和水平，促进人人享有基本医疗卫生服务目标的实现。

（二）进一步深化人事制度改革，创新体制机制

进一步深化医疗卫生事业单位人事制度改革，建立健全公开招聘、岗位设置、全员聘用、绩效工资、考核奖惩等人事管理制度和科学的人才评价体系，充分体现优绩优酬、多劳多得、按劳分配的原则。完善住院医师培训和建立全科医师制度；健全完善公共卫生人员和医卫管理人员制度；完善乡村卫生人员管理制度等。建议省里会同发改、人事、财政等部门，根据医疗卫生事业改革和卫生人才队伍建设的新需求，认真研究解决我省卫生系统人员编制问题。

（三）做好科学规划，加强不同层次、层级人才队伍建设

根据卫生事业发展需要和人民群众健康需求，结合我省实际，认真分析我省不同层次（省、州市、县、乡等），不同层级（高职、中职、初职等）卫生人才队伍的现状，科学规划，明确人才队伍建设的相应要求，重点是数量、质量、结构、布局上的要求，培养、教育、使用、管理上的要求。明确解决目前存在的突出问题的阶段性要求，切实改变现状，推进发展。

（四）创新观念，采取更加灵活有效的机制培养和引进人才

除了用好用足现有优惠政策外，也可采取讲学、兼职、短期聘用、多点执业、技术合作、人才租赁等方式引进国内外优秀卫生人才。通过聘请省内外知名专家为名誉院长（主任），以咨询、讲学、带教、科研项目合作等方式开展工作，提升医院的学术地位，提高医院诊疗水平。昆明市第一人民医院、云南省精神病院、昆明市妇幼保健院，通过上述方式，效果明显，受到群众好评。我省及有关医疗机构出台的一系列卫生人才内培外引政策，前瞻性强，开放度高，但要真正落到实处，还需加强责任制，并在工作考核中得到体现。

（五）强化投入机制，形成支持卫生人才发展合力

建立和完善以各级政府投入为主导的卫生人才培养投入机制，优先保证对人才发展的投入，提高必要的经费保障。优化整合和充分利用相关资源，鼓励社会资金投入卫生人才的开发，积极探索卫生人才投入稳定增长的多元化投入长效机制。统筹合理安排使用经费，形成支持卫生人才发展合力，改变在我省人才培养和科技创新投入中，卫生事业所占比例较低，导致各级医疗机构人才培养引进滞后的局面。

（六）加强卫生管理人才和高层次人才队伍建设，注重硬件建设与软件建设有机统一

在卫生管理人才队伍建设方面，要重视卫生管理人才思想政治建设，以及培养、教育、使用工作，进一步加强卫生管理人才整体资源开发力度，明确卫生管理人员的知识结构、管理技能、综合素质等要求，建立健全培训和考核制度。在高层次人才队伍建设

方面，要面向一流高校，选取有学位的拔尖基础人才；面向国际国内，引进高级实用人才。认真落实我省及各医疗机构高层次人才引进计划。结合我省和国家重大科技专项和卫生行业科研项目的实施，完善产学研医联合协作的研究模式，大力开展高层次、创新型、复合型医药卫生人才培养与优秀创新团队建设。建议我省各级政府要建立卫生高层次人才专项经费，加大继续教育培训投入力度，改变重使用轻培养的倾向。

（七）加强公共卫生人才和护理队伍建设，完善公共卫生学科建设和护士配备标准

在公共卫生人才队伍建设方面，要重点抓好医疗救治、疾病控制、现场处置、卫生监督、社区和农村卫生服务人才培养工作，完善公共卫生学科和人才队伍建设规划。要建设一支严格执法、热情服务的卫生监督执法队伍，维护医疗卫生行业良好形象，规范医疗市场秩序。在护理队伍建设方面，要合理配备护理人员编制，保障护士权益和待遇。目前，我省医护比例为1∶0.73，在国内处于较低水平，要认真贯彻《护士条例》以及国家护士配备的相关标准，并作为医疗机构评价的重要指标。

（八）加强基层卫生队伍建设，着力实施各类基层卫生人才培养项目

结合我省实际科学核定不同地区乡（镇）村、社区卫生服务机构等各类卫生机构人员编制标准，按标准配备卫生专业技术人员。当前，要着力实施乡（镇）医疗机构招聘执业医师、农村订单定向培养、对口支援、全科医务转岗培训等各类面向基层的卫生人才培训项目。建议像从应届毕业大学生中招聘村官那样，招聘应届医科毕业大学生到乡（镇）村医疗机构服务。根据我省乡（镇）村卫生人才紧缺的实际，建议加强和完善医学高职高专教育，建立和完善全科医师培养制度，学生就业主要面向乡（镇）村医疗机构，可弥补基层卫生人才数量和质量不足的状况。

（九）切实解决好乡村医生的待遇问题

乡村医生队伍是我省卫生技术队伍的重要组成部分，要根据不同情况，出台相关政策，切实解决好乡村医生的社会保障、退休、养老等实际问题。建议有关部门对乡村医生特别是边疆少数民族贫困地区乡村医生的收入开展深入调研，根据不同地区、不同情况，尽快出台相应的工资标准，对于有丰富实践经验和真才实学的乡村医生，在职称评定、技能资格培训、学历教育等方面要降低门槛，给予特殊的优惠政策，进一步提高乡村医生的待遇，稳定乡村医生队伍。

当前和今后一段时期，我省医疗卫生系统要认真学习贯彻中共十七届六中全会精神和省第九次党代会精神，坚持将社会主义核心价值体系融入医疗卫生改革的全过程，贯穿于卫生人才队伍建设的始终，体现到政策、规划的制定和管理工作之中，牢记全心全意为人民服务的宗旨，恪尽职业道德，忠于职业责任，搞好诚信制度建设，构建和谐的医患关系，以高度的事业心、责任感，以良好的医德、医风和医技投身医疗卫生这项崇高的事业。

关于对我省政法机关规范文明执法情况的视察报告

（2011年12月1日政协云南省第十届委员会第二十九次主席会议通过）

根据《政协云南省委员会2011年重点工作安排意见》，社会和法制委员会与提案委员会共同组织部分省政协委员，在省政协副主席陈勋儒、倪慧芳的分别带领下，于2011年10月23～27日和11月23日，先后听取省级政法机关和昆明市的情况介绍，深入临沧市及临翔区、双江县、云县对规范文明执法情况进行视察。视察采取听情况介绍、座谈讨论、实地察看等方式进行，基本掌握了全省政法机关规范文明执法的情况，现将视察情况报告如下：

一、基本情况和主要做法

（一）领导重视，规范文明执法成效明显

规范文明执法是对政法机关的基本要求，是建设社会主义民主政治的重要举措，是社会和谐稳定的重要保障。省委、省政府高度重视规范文明执法工作，把规范文明执法与社会矛盾化解、社会管理创新，作为政法机关三项重点工作来部署。省委及各州市党委都成立了由政法委书记任组长，政法各部门主要领导为成员的工作领导小组和工作机构，提出要以解决制约公正廉洁执法的突出问题、提高执法公信力为重点，从健全完善贯彻宽严相济刑事政策工作机制、健全完善执法监督制约机制、健全完善涉法涉诉信访工作机制等方面进行了细化，全力推进了规范文明执法工作。各级党委、政府和政法机关对规范文明执法的重视程度越来越高，把这项工作作为一项基础性、全局性的工作来抓，规范文明执法工作整体推进。两年来，规范文明执法工作取得了突出成绩，人民群众对政法机关的执法满意度明显提高。

（二）强化队伍建设，努力提升规范文明执法的能力和水平

一是提高思想认识，树立正确的规范文明执法理念。各级党委及政法机关把执法理念教育放在重要地位来抓，通过深入开展学习实践科学发展观、社会主义法治理念教育和执法为民及“理性、平和、文明、规范”等教育活动，有效解决了少数政法机关和个人存在的“特权”思想、霸道作风。从思想上解决“为谁执法、为谁服务”的问题，为规范文明执法奠定了思想基础。

二是加大教育培训力度，提高执法队伍的综合素质。各地各部门以提高执法水平为核心，着力提升政法队伍专业化水平，不断提高队伍的业务素质。法院系统组织资深法官和优秀青年法官开展巡回培训，选派基层法院院长和派出法庭庭长参加最高人民法院主题实践活动培训班，先后培训6513人次。检察机关广泛开展岗位练兵和业务技能竞赛，轮训主要业务部门分管领导及检察人员近5000人次，选送330名领导干部参加高规格学习培训。公安机关采用举办以公安信息化建设、执法规范化建设、和谐警民关系建设为主的“三项建设”培训班等形式，共培训各级公安机关领导干部和民警约17万

人次。司法行政系统组织培训62964人次，“处突”演练137次。

三是树立典型，发挥模范引导作用。结合“创先争优”活动的开展，大力宣传忠实履行职责、体现时代精神的先进典型，深入开展向模范法官、检察官、警察等学习活动，注重用先进典型引导人、带动人，使广大干警学有标杆、干有方向，营造了学典型、争先进、奋发进取的良好氛围。

四是加大责任查究力度。各级政法机关按照省委的统一部署，紧密结合政法队伍实际，研究违法违纪案件的规律特点，层层抓好党风廉政建设责任制的落实，在加强正面教育管理的同时，加大了对干警违纪违法行为查处力度。去年，全省政法机关共查处干警违法违纪案件117起172人，因涉嫌犯罪被采取强制措施20人。对案件的查处做到发现一起依法处理，决不姑息，起到了较好的教育警示作用。

（三）健全制度、完善机制，夯实政法机关规范文明执法基础

一是完善执法管理体系。全省政法机关在严格执行国家法律法规的基础上，结合自身职能特点，细化执法标准，严密执法程序，通过推动执法工作的标准化、规范化、制度化建设深入推动规范文明执法工作。

二是推行司法公开制度。全省政法机关认真落实审务、检务、警务和狱（所）务等公开制度，推进网站和信息化建设，完善舆论监督和新闻发布制度，进一步增强司法工作透明度。省法院认真落实最高法院《关于司法公开的六项规定》，积极推行立案、庭审、执行、听证、法律文书和审务公开制度，主动接受社会各界的监督。省检察院通过在各类新闻媒体上广泛宣传、建立门户网站及举报网站等方式，全面深入宣传检察职能及检察工作成效，及时向社会公开检察机关的办案原则、办案程序和检察工作成效，增加执法透明度。省公安厅在全省建立了涉案实名制信息快速查询机制和信息资源共享机制，把执法办案的每一个环节都公开在系统流程中，方便了办案跟踪和查询。

三是完善执法考评制度。全省政法机关积极探索完善各类执法考核评价体系建设。省法院、省检察院制定了考评办法，建立了考评机制。省公安厅制定了《云南省公安机关执法规范化建设阶段目标任务分解细化方案》等，对全省公安机关执法日常工作和执法质量进行考核。省司法厅将执法考评作为监狱劳教工作目标的主要内容，进一步提高考核权重。

（四）深化司法体制和工作机制改革，以改革促进规范文明执法

自中央2008年启动新一轮司法体制和工作机制改革以来，我省省级层面已制定出台规范性改革文件100余份，率先开展量刑纳入法庭审理程序改革。省法院于2010年10月制定了《〈人民法院量刑指导意见（试行）〉实施细则》，与省检察院联合下发了《全面推进量刑规范化试行工作的紧急通知》，在全省范围内推开了量刑规范化改革。在积极探索宽严相济刑事政策的司法适用上，制定下发了《云南省贯彻宽严相济刑事司法政策的意见》和《关于刑事执法活动中贯彻宽严相济刑事司法政策的实施意见》，对建立快速办理轻微刑事案件、未成年人犯罪案件，社区矫正的监管工作机制等提出了明确要求，促进了规范文明执法。

（五）强化内部监督，自觉接受外部监督，落实规范文明执法的工作责任，提升执法办案工作的社会公信力

一是抓案件评查工作。省委政法委制定下发了《云南省党委政法委开展案件评查

工作规定》，要求对可能存在执法问题、群众反映强烈、在社会上有重大影响的案件事实是否清楚、证据是否确实充分、法律适用是否正确、办案程序是否合法、法律文书是否规范齐全，执法效果是否良好、办案人员是否存在违法违纪问题进行评查。2010 年，全省政法机关评查案件 15320 件，存在瑕疵过错的 496 件，占评查总数的 3.2%。省直政法部门组成四个评查组，对 120 件案件进行评查，错案瑕疵案占 30.5%。16 个州市政法委均组成评查组，对 412 件案件评查，错案瑕疵占 10.5%。针对评查中发现的执法问题，严格责任追查，严肃追究党纪政纪责任，并跟踪督办。

二是抓执法业绩档案建设。全省政法机关大力推行执法业绩档案建设，充分发挥其客观、真实反映执法状况的积极作用。去年，省委政法委制定下发了《关于进一步规范和推进全省政法干警执法业绩档案建设的通知》，今年 5 月又在省检察院召开了现场推进会，全面推进执法业绩档案建设工作。目前，全省政法系统执法人员建档率已达 100%。

三是主动接受人大、政协及社会各界的监督。法院和检察院向人大及其常委会报告工作，认真落实各项决议，向人大作年度工作报告。全省各级政法机关聘请人大代表、政协委员担任人民陪审员、人民监督员、法制监督员和特约检察员，参与到政法机关的执法活动中，并适时邀请人大代表、政协委员召开座谈会，主动征询意见和建议。同时，认真办理人大代表、政协委员提出的议案、提案和转交的案件，做到事事有着落，件件有回音。

二、存在问题

我省政法机关经过不懈努力，广大干警的执法为民理念，规范文明执法的自觉性、责任感进一步增强，执法办案的能力进一步提升，规范文明执法整体得到了推进，成效比较明显。但从发生在我省的“躲猫猫事件”和李昌奎等案件看，暴露出执法中存在的问题，从政法部门对自身案件评查的情况看，瑕疵案和错案仍有一定比例，执法中的随意、粗暴和执法不公正、不规范、不文明、不高效、不严谨的问题依然存在，不同程度影响了政法机关的形象，有损执法公信力。主要有以下几个方面：

（一）思想认识存在差距

政法机关部分干警未能正确认识自身的职能定位，未能深刻领会“为谁掌权、为谁执法、为谁服务”的问题，服务中心、顾全大局、执法为民的意识还不强，存在特权思想和单纯就案办案的思想，主动性不强，积极性不高，有的地方破案率低，执法文明、规范性与人民群众的期盼还有一定的差距。

（二）执法长效机制不够健全

对网络舆情的研判没有建立联动机制，在处置一些个案、突发事件上不严谨、办法不多，应对能力不强；基础设施及信息化建设工作还不能完全适应工作需要，执法过程中一些硬件设备尚未配置齐全，直接影响了执法规范化建设成效；对工作中形成的新鲜经验总结不够，制度方面的创新较少。如案例指导制度建设、执法业绩档案的运用等方面还有大量工作要做。

（三）执法监督体系不完备

全省各级政法部门虽已针对执法监督工作，建立了案件评查机制、执法业绩档案制度及接受外部监督等一系列监督机制，但还不够科学，执法办案工作不够透明，在广泛接受社会各界和人民群众的监督方面渠道比较窄。内部监督不力、责任追究不到位的情形依然存在，如何整合监督力量，创新监督机制，落实监督措施还有待进一步研究完善。

（四）保障不足

首先，规范文明执法的推进需要经费保障。在基层，特别是经济相对落后的地区，由于经费的不足，政法机关的办案场所还未安装相关设备，不能保证办案过程同步录音、录像。其次，人员编制与任务不相适应，制约了执法工作的开展和工作水平的提高。特别是基层的一些政法机关，面对日趋繁重执法任务，由于人力的短缺，只能把有限的人力资源投入到办理大案和要案当中，无暇顾及一些小案、轻微案，致使大量的此类案件长期悬而未决，群众怨气较大。对于一些判决生效的经济案，得不到执行，当事人十分不满。

（五）队伍整体素质不高

有的执法人员规范执法水平不高，平时不注意业务知识的更新，墨守成规，凭老经验老做法开展工作；有的执法人员执法方式比较简单，不能适应新形势、新情况的需要，直接影响了规范文明执法的效果；基层的政法机关，人少案多的矛盾比较突出，难以适应工作发展需要。

三、意见建议

规范文明执法是我省各级政法机关一项长期的工作，任重而道远。要实现这一目标，应做到以公正执法为核心，以制度建设为重点，以队伍建设为基础，强化执法监督为保证，在转变执法理念、提高执法队伍素质、提高执法水平上下功夫。

（一）进一步提高认识，增强抓好规范文明执法工作的自觉性、主动性

规范文明执法，是适应当前经济社会发展形势，提高维护社会和谐稳定的必然要求；是贯彻依法治国基本方略，推动社会主义民主政治建设的必然要求；是维护法律权威和社会公平正义，树立执法公信力的必然要求。特别是在社会结构和利益关系深刻调整时期，各种社会矛盾以案件、事件的形式进入到政法机关的执法环节，人民群众不仅要求实体公正，而且要求程序公正，不仅要求公正执法，而且要求规范、文明、理性、平和执法。一旦执法出现瑕疵，就可能成为社会关注的热点，处理不好还将成为不稳定因素。因此，政法机关一定要进一步提高对规范文明执法这项工作具有长期性、艰巨性、反复性的认识，一定要将这根弦绷紧，一定要持之以恒、与时俱进。

（二）进一步端正执法理念，树立服务大局意识

我们的宗旨是为人民服务，执法的根本目的是维护人民群众的根本利益，只有牢固树立执法为民的理念，才能带着感情执法，才能坚持对人民负责和对法律负责的一致性。全省政法机关要继续贯彻落实科学发展观，以三项重点工作为抓手，牢固树立社会主义法治理念和理性、平和、文明、规范的执法观，在执法办案中更新执法理念、改进执法方式、规范执法行为、加强执法管理，努力实现执法办案的法律效果、政治效果和社会效果的有机统一。把执法为民的理念贯穿于执法办案的各个环节，切实尊重人民的主体地位，花大力气解决群众反映强烈的执法问题，切实做到公正廉洁、规范文明执

法，努力实现社会公平正义。

（三）抓住重点，进一步探索建立执法规范化建设的长效机制

制度建设是实现规范文明执法的基础，规范文明执法必须强制入轨，形成习惯，用制度规范干警日常的执法行为。全省政法机关要以基层政法单位为重点，突出加强制度建设、机制创新和建立规范化、科学化、信息化相结合的长效管理机制。进一步完善业务工作规范、执法办案流程和质量考评办法，促进执法程序更加规范，执法质量和执法效果不断提高。针对网络舆情问题，建议由省委政法委牵头，与新闻媒体联合，建立政法系统网络舆情的研判联动机制，快速应对群体性事件和网络反映的典型个案，提高应对能力。

（四）推进阳光执法，进一步强化执法监督工作

加强执法责任、执法质量考评体系、执法监督体系建设和内部监督管理，要注重在执法活动中每个环节抓各项已有制度、措施的落实。要进一步推进执法公开，更加自觉主动地接受人大、政协、媒体及群众的监督，认真落实人民陪审员制度，完善人民监督员制度。一是加强内部对执法人员的监督，全面推行执法人员文明执法承诺制度，明确承诺事项，定期接受监督；二是完善司法行政执法体制和程序，建立健全司法行政执法责任追究制度，一旦发现违规、违纪行为，实行零容忍，坚决追究责任，绝不姑息迁就；三是对不同岗位执法内容进行细化，建立科学的责任考核机制。

（五）加强基层警力，提高破案率和执行率

视察中基层普遍反映警力不足、经费不足，破案率低（特别是小案），执行率低的问题。一方面建议有关部门积极向中央和有关方面反映，根据社会发展情况，逐步增加基层一线警力和适当的资金支持，以缓解基层政法队伍人员紧缺和经费短缺的问题。另一方面，及时研究在现有人员编制和有限资金情况下，制定向基层倾斜，提高破案率和执行率的方案，以更加有力措施来保护人民群众的合法权益，保障人民群众的安居乐业，提高政法机关的公信力。

（六）加强队伍建设，进一步提高执法能力

建议各级政法机关要紧密结合工作实际，把“发扬传统、坚定信念、执法为民”主题教育与开展“严格、公正、文明、廉洁”执法活动和“执法大培训、岗位大练兵”活动有机结合，增强主题教育活动的针对性和实效性，紧紧围绕“建一流班子、带一流队伍、创优秀业绩”的目标，以加强思想政治建设、领导班子建设，加强执法能力建设为重点，全面提高政法队伍整体素质和执法水平，根除特权思想，坚决杜绝野蛮执法、违规执法等现象，努力营造“理性、平和、文明、规范”执法的良好氛围，努力造就一支政治坚定、业务精通、作风优良、执法公正的高素质政法队伍。

关于云南转变经济发展方式调整经济结构推进情况的视察报告

（2011 年 12 月 1 日政协云南省第十届委员会第二十九次主席会议通过）

按照省政协 2011 年视察工作安排，在曾华、王学智两位副主席的率领下，9 月 20 ~27 日，省政协经济委员会、港澳台侨和外事委员会共同组织 29 名省政协委员到省发改委、普洱市、西双版纳州及 6 个县就“云南转变经济发展方式、调整经济结构推进情况”进行了视察。视察期间，先后听取了省发改委关于全省经济发展方式转变和经济结构调整的总体情况介绍和普洱市、西双版纳两州市的相关情况汇报，实地视察了普洱建峰水泥厂、天士力生物茶科技有限公司、普洱市中心城区规划建设情况、糯扎渡水电站、西盟县城市建设情况，孟连县勐阿口岸和西双版纳州勐遮镇农业土地综合整治情况、勐海茶厂。视察过程中，委员们不辞辛劳，深入工厂车间、建设工地、田间地头、山乡村寨和边境口岸，与各级干部群众座谈交流，认真了解情况，深入思考问题，积极提出意见建议，圆满完成了视察任务。本次视察得到了省发改委、普洱市和西双版纳州党委、政府、政协及有关部门的高度重视和大力支持，确保了视察工作的顺利开展。根据视察了解的主要情况和委员们提出的意见建议，现形成如下视察报告：

一、我省转变经济发展方式、调整经济结构工作稳步推进

视察组总的感到，“十一五”以来，省委、省政府认真贯彻中央加快经济发展方式转变，推进经济结构战略性调整的重大战略部署，紧紧围绕“两强一堡”战略目标，牢牢抓住西部大开发和桥头堡建设的重大历史机遇，坚持把转变经济发展方式、调整经济结构作为实现云南跨越式发展的重要任务，带领全省干部群众，同心同德，攻坚克难，稳步推进我省转变经济发展方式和调整经济结构工作。

（一）“十一五”期间我省“转方式、调结构”成效明显

“十一五”期间，我省加快推进结构调整和产业转型升级，支柱产业比重明显提高，非烟工业增加值占全部工业增加值比重不断提高，电力、钢铁、有色、化工等产业的竞争力进一步提升，先进装备制造、光电子、新材料、生物医药、绿色食品等新兴产业发展加快，三次产业比重由“十五”末的 19. 1∶41. 2∶39. 7 调整到 15. 3∶44. 7∶40，取得了生产总值、人均生产总值、工业增加值、财政总收入、地方财政一般预算收入、社会消费品零售总额、外贸进出口总额、全社会固定资产投资总额实现或基本实现翻番的显著成效。普洱市三次产业结构由“十五”末的 33. 3∶27. 7∶39 调整为 29. 7∶33. 8∶36. 5，全市经济社会保持了健康快速发展的势头，经济实力跃上新台阶，正在成为云南绿色发展、特色发展、和谐发展的一张靓丽名片；西双版纳州三次产业结构由“十五”末的 35. 8∶22. 9∶41. 3 调整为 27. 6∶29. 6∶42. 8，农民人均收入、人均居民储蓄余额、社会消费品零售总额以及反映人民生活水平的一些指标在全省排名靠前。

（二）“十二五”期间我省“转方式、调结构”工作安排部署早、针对性强、措施有力

省委、省政府以组织编制和实施“十二五”规划为抓手，对我省“十二五”期间转方式、调结构工作进行了全面部署。一是坚持科学发展。我省《“十二五”规划纲要》紧紧围绕中央关于转变经济发展方式、调整经济结构“五个坚持”的总要求，提出要把加快转变经济发展方式贯穿全省经济社会发展全过程和各领域，坚持在发展中促转变，在转变中谋发展，使经济增长真正建立在优化结构、提高效益、降低消耗、保护环境、改善民生的基础上，充分体现了以人为本，全面、协调、可持续的科学发展理念。二是明确发展目标。提出了我省在“十二五”期间“五优化”的结构调整总目标，即：优化三次产业结构，优化需求结构，优化投资结构，优化所有制结构，优化城乡结构，力争三次产业结构由“十一五”的15.3∶44.7∶40调整为12∶46∶42左右，同时提出了到2015年的一系列阶段性产业发展目标，为实现云南跨越式发展描绘了美好蓝图。普洱市提出，要牢固树立生态立市、绿色发展的理念，着力建设特色生物产业、国际性旅游度假休闲养生、清洁能源和现代林产业四大基地，全力推进生态普洱、和谐普洱、妙曼普洱建设；西双版纳州提出建设桥头堡主阵地的发展目标，集中力量培育壮大天然橡胶、傣药南药、生态食品、生态用品、文化旅游、电力“六大支柱产业”，促进发展方式转变。三是完善政策措施。组织编制了《云南省“十二五”产业结构调整和升级专项规划》《云南省“十二五”战略性新兴产业规划》等17个重点专项规划；制定了《云南省低碳发展规划纲要（2011～2020）》等一批中长期专项发展规划；出台了《关于推进农业产业化发展扶持农业龙头企业的意见》《促进生物医药产业发展若干政策》等一系列促进产业调整的政策意见，为经济结构调整提供了强有力的政策支持。

（三）我省“转方式、调结构”工作“十二五”开局良好

今年上半年，全省生产总值完成3603.13亿元，比去年同期增长13.1%，增幅高于全国平均水平3.5个百分点。三次产业结构进一步优化，投资、消费、净出口向“三力”协调拉动方向发展，轻重工业协调发展得到推进。生物医药产业、电子信息产业等附加值和技术含量高的产业增长较快，清洁能源产业投入增加较多，一批优质能源重大项目开工建设，中小企业创业投资引导基金启动设立，非公经济发展的质量和效益进一步提升。普洱市坚持走绿色发展道路，结合当地资源优势，引进雀巢、星巴克、天士力、康恩贝等国际国内知名企业，促进普洱茶、咖啡、石斛等绿色产业壮大发展。西双版纳州坚持“生态立州”，立足丰富的动植物资源、多彩的少数民族文化资源和独特的区位优势，以橡胶、茶叶精深加工为重点的生物产业不断壮大，旅游持续提质增效，发展活力日益增强。委员们感到，这些成绩的取得，是省委、省政府审时度势、正确决策、坚强领导的结果，是各级党委、政府围绕“两强一堡”目标，团结带领全省各族人民群众，奋力拼搏、努力工作的结果，为实现“十二五”“转方式、调结构”目标开好局起好步打下了坚实基础。

二、我省转变经济发展方式、调整经济结构面临新的机遇与挑战

委员们认为，从当前面临的形势任务看，“十二五”时期，推进我省转变经济发展方式、调整经济结构，既存在挑战，也面临机遇。

挑战来自于复杂的外部环境和省内自身存在的矛盾问题：从国际上看，国际金融危机深层次影响仍在持续，世界经济复苏动力不强，消费需求不旺，各国宏观经济政策取向不一致，全球经济复苏的不确定性增大。围绕市场、资源、技术的争夺加剧，抢占战略性新兴产业发展的制高点更加激烈。从国内看，经济回升向好、向稳定增长转变的同时，受国际国内多重因素影响，还面临着许多难以预见的风险和挑战。从省内看，在发展的道路上还存在不少困难和问题。全省集“山区、民族、边疆和贫困”四位一体，仍处于全国发展的低层次，发展不充分、不协调、不平衡、不可持续的状况还没有得到根本扭转。在经济实力方面，经济总量小、发展不足既影响了结构调整的基础，又削弱了保障和改善民生的能力，从整体上影响了“转方式、调结构”的效果；在产业结构方面，产业结构层次低、产业关联度和融合度低、非资源性产业培育不足，仍是亟待解决的问题；在科技创新能力方面，科技投入较少、改革创新探索不够、产业人才少素质不高，也直接影响产业结构的调整。同时，基础设施的滞后、资源环境矛盾的突出、生产要素成本的增加，扩大就业和农民持续增收的压力，仍然制约着云南发展。我省转变经济发展方式、调整经济结构的任务仍然十分艰巨。

同时，我省面临的发展机遇也前所未有：建设中国面向西南开放重要桥头堡，为我省建设大通道、大窗口、大平台、大基地，打造具有内陆特点的开放型经济提供了机遇；国家实施新一轮西部大开发战略，为云南加快促进区域协调发展、基础设施建设、生态环境保护、社会事业建设、特色优势产业培育、逐步实现基本公共服务均等化、进一步改善民生等提供了机遇；经济全球化与区域经济一体化深入发展，中国—东盟自由贸易区的建立，为我省承接产业转移和促进生产要素重组提供了机遇；实施扩大内需战略，为全省加快结构调整，推进工业化、城镇化提供了机遇；加大对革命老区、民族地区、边疆地区、贫困地区扶持力度，更加重视边远、少数民族、贫困地区发展，为全省少数民族和民族地区加快发展提供了机遇。

总的看，“十二五”时期是我省加快发展的重要战略机遇期，云南站在了新的历史起点上，发展的机遇大于挑战。全省上下必须保持清醒头脑，正确把握形势，坚持把加快转变经济发展方式、加快调整经济结构作为第一要务，积极主动破解发展难题，不断增强发展的内生动力，推进全省经济科学发展、和谐发展、跨越式发展。

三、加快推进全省转变经济发展方式、调整经济结构的建议

在充分肯定成绩，深入分析形势的基础上，委员们围绕加快推进我省转变经济发展方式、调整经济结构提出了许多宝贵的意见建议，归纳起来主要是以下几个方面：

（一）抢抓发展机遇，加快推进经济发展方式转变和经济结构调整

加快推进经济发展方式转变和经济结构调整，是云南发展的迫切要求，也是全省各族人民共同的强烈愿望。必须强化机遇意识，顺势而谋，乘势而上，不失时机地赢得发展先机，努力加快推进我省经济发展方式转变和经济结构调整。一要牢固树立在发展中调整结构、在调整中加快发展的观念。只有加快“转方式、调结构”，才能解决经济总量不足，发展不充分的问题，增强经济实力，为克服发展中的矛盾和困难奠定雄厚的物质基础；才能优化产业结构、需求结构、投资结构、所有制结构、城乡结构，解决发展不协调、不平衡、不可持续的矛盾，提高发展的质量和效益，促进科学发展；才能充分

挖掘云南的发展潜力，把资源优势和区位优势转变为经济优势和发展优势，缩小差距、迎头赶上，发挥后发优势，实现跨越式发展。二要坚持用西部大开发和桥头堡战略统领“转方式、调结构”。《中共中央国务院关于深入实施西部大开发战略的若干意见》（中发〔2010〕11号）和《国务院关于支持云南省加快建设面向西南开放重要桥头堡的意见》（国发〔2011〕11号）是指导实施西部大开发战略和桥头堡建设的纲领性文件，对我省战略定位、发展目标、产业布局等方面作出了明确部署，政策含金量高，认真贯彻落实好两个11号文件，将有力地推动全省各项事业发展。全省各级各部门应把学习研究两个11号文件作为贯彻落实的关键环节抓紧抓好，逐条逐项研究文件中给予云南的优惠扶持政策，吃透中央精神，结合我省实际，创造性加以贯彻落实，切实把政策里的含金变为发展中的真金。要在西部大开发和桥头堡建设的战略框架下，统筹谋划“转方式、调结构”工作，把实施西部大开发和桥头堡战略作为推动“转方式、调结构”的重要驱动力，把加快“转方式、调结构”作为落实西部大开发和桥头堡战略各项优惠政策的实现途径和重要抓手，抢抓历史机遇，促进全面发展。

（二）突出产业重点，夯实经济发展方式转变和经济结构调整的基础

产业发展是壮大发展实力的核心和关键，“转方式、调结构”必须以产业发展为重要抓手，全力推进产业优化升级。一是壮大支柱产业。通过整合资源、培育品牌、调整结构、创新科技，继续巩固烟草产业、电力产业、矿产业、生物产业、旅游产业在云南经济发展中的支柱地位，不断提高产业核心竞争力。二是加快农业产业化步伐。以12个优势农业特色产业为重点，加强基地建设，改善农业产业基础条件。大力发展农民专业合作组织，提高产前、产中、产后组织化程度，加快推进农业产业化进程。在税收、项目、资金等方面应加大农业产业化龙头企业的支持，对龙头企业上缴的所得税采取“先征后返、以奖代返”的方式全额返还给企业，对龙头企业收购原料贷款给予省级财政贴息，对重大科技研发项目给予资金支持。三是培育战略性新兴产业。围绕（现代）生物、光电子、新材料、高端装备制造、节能环保、新能源六大战略性新兴产业，抓好一批重大产业化项目，加快形成一批战略性新兴产业集群。四是大力发展现代服务业。加快发展现代物流、金融保险、信息咨询和科技服务等生产性服务业，积极发展创业成本低、吸纳就业能力强和市场需求大的康体休闲、文化娱乐等生活性服务业，全面提高服务业发展速度、质量和水平，进一步发挥服务业带动发展的重大作用。

（三）围绕绿色目标，提高经济发展方式转变和经济结构调整的质量

建设资源节约型、环境友好型社会是“转方式、调结构”的重要着力点，绿色资源丰富是我省的优势，建设绿色经济强省是我省发展的战略目标，“转方式、调结构”必须紧紧围绕省情，牢固树立绿色发展的理念，作好绿色发展这篇大文章，在经济发展的同时，为子孙后代留下天更蓝、山更青、水更绿的良好生态环境。一是以新型工业化作为实现绿色发展的重要途径。按照产业发展生态化、生态建设产业化的路径，运用高新技术、先进适用技术改造提升支柱产业和传统产业，大力推进节能减排；强化对资源的使用管理，推广资源循环利用技术，提高资源综合利用率，降低资源成本，提高资源产品的附加值；全面推进清洁生产，促进废水、废气、固体废弃物的减量化、再利用和资源化。二是以生态文明建设作为实现绿色发展的重要保障。深入实施“七彩云南”保护行动，加强生物多样性保护、饮用水源地保护，推进以滇池为重点的高原湖泊水污

染综合防治，大力推进“森林云南”建设。完善生态补偿机制，加大生态保护区财政转移支付力度，探索建立碳减排交易机制和碳汇交易市场。三是以建设低碳经济试点省作为实现绿色发展的重要契机。抓住我省成为国家低碳经济试点省的机遇，积极推进产业发展、能源生产和消费的低碳化。建议把普洱市列为云南发展低碳经济试点省的先行试点区，大力推进普洱绿色经济试验示范区建设，使其纳入省、国家规划盘子，并在财政、金融、基础设施建设等方面给予特殊扶持。

（四）注重民生发展，巩固经济发展方式转变和经济结构调整的成果

提高人民群众生活水平是发展的根本目的，必须坚持把保障和改善民生作为“转方式、调结构”的出发点和落脚点，切实加大工作力度和投入力度，让广大人民群众共享发展成果，切实增强幸福感。一是突出重点领域。以就业、教育、卫生、养老、住房等领域为重点，以社会保险、社会救助、社会福利制度为基础，加快建立相互衔接协调、覆盖城乡的社会保障体系。加强城乡路、水、电、气等基础设施和学校、医院、文化体育等配套设施建设，推进城乡基本公共服务均等化。二是突出重点群体。以边疆少数民族、城镇中低收入居民、农村山区贫困人群为重点，积极改善人民群众生产生活条件，努力让边疆地区群众尽快富起来，贫困群众生活尽快好起来。三是突出重点工作。多措并举，广开渠道，千方百计增加城乡居民收入，提升城乡居民消费能力；继续实施“兴边富民工程”，促进边疆地区经济社会迈上新台阶；加大扶贫开发工作力度，切实帮助贫困群体稳定脱贫，共享改革发展成果；努力加强和创新社会管理的方式、方法、手段，维护和谐稳定的社会环境，巩固边疆繁荣稳定民族团结进步的大好局面。

（五）突出解决主要制约因素，增强经济发展方式转变和经济结构调整的活力

非公经济发展不足、自主创新能力不强、城镇化水平不高、区域发展不平衡是制约我省“转方式、调结构”的几个重要问题，必须着力加以解决。一是着力解决非公经济发展不足的问题。认真贯彻落实中央关于促进非公经济发展的各项政策措施，加大对非公经济发展的政策支持力度。鼓励民营企业围绕资源优势发展特色产业和配套产业，拓宽民间投资领域，激发民间投资活力，努力提升我省非公有制经济发展的速度、规模、质量、效益。二是着力解决自主创新能力不强的问题。实施人才强省战略，扎实推进教育现代化，加大招才引智力度，着力解决人才不足、制约发展的突出问题；继续实施创新型云南行动计划，充分发挥企业主体作用，加快创建一批具有自主知识产权和自主品牌的产品，培育一批有影响力的创新型企业，打造一批特色产业基地，推动我省战略性新兴产业跨越式发展。三是着力解决城镇化水平不高的问题。按照省委秦光荣书记提出的“守住红线、统筹城乡、城镇上山、农民进城”总体要求，认真做好城镇规划布局调整，完善城镇产业支撑体系，优化农民工、农村人口进入城镇的政策环境，逐步改变城乡二元结构，实现城乡经济社会的共同发展、共同繁荣。四是着力解决区域发展不平衡的问题。优化全省区域开发空间结构，按照“一圈、一带、六群、七廊”的空间布局，加快推进滇中经济区建设，积极推进以瑞丽重点开发开放实验区、3 个跨境经济合作区、5 个边境经济合作区为重点的沿边对外开放经济带建设，加速发展滇中、滇西、滇东南、滇西北、滇西南、滇东北 6 大城市群，着力推动 7 条对内对外经济走廊建设，努力构建区域分工合理、区际良性互动、各区特色鲜明、基本公共服务均等的区域协调发展新格局。特别要加大对边疆少数民族落后地区的政策、资金、项目、人才的扶

持，着力解决制约发展的突出矛盾，促进这些地区更好地利用扶持政策加快发展，在基础设施、经济实力、社会事业、人均收入等方面，逐步缩小差距。加大边境交通基础设施的支持力度，加快建设步伐；积极推进跨境经济合作区、边境经济合作区建设，逐步放宽或下放替代种植项目农产品进口和资源性产品进出口政策，设立海关特殊监管区域，下放审批权，促进边境贸易发展，加强与周边国家的合作交流；逐步放宽边境旅游政策限制，积极发展跨境旅游，促进边境地区旅游健康发展，带动边民增收、边境繁荣。

关于城市民族工作情况的调研报告

（2011 年 12 月 1 日政协云南省第十届委员会第二十九次主席会议通过）

我省是一个多民族的边疆省份。改革开放以来，随着我国社会主义市场经济的不断发展，我省加速推进新型工业化和加快城市发展步伐，城市中少数民族人口呈迅速增长之势。民族分布更加广泛，城市民族构成更加多元，各民族交往交流交融日益加深，民族关系趋于复杂，城市民族工作的重要性日益显著。为进一步健全城市民族工作运行机制，完善社会管理体制和公共服务体系，更好地保障城市各族群众合法权益，促进城市民族关系和谐，推动民族团结进步事业繁荣发展，根据《政协云南省委员会 2011 年重点工作安排意见》，民族和宗教委员会于 2011 年 5 月和 6 月，在白成亮副主席的率领下，以民族和宗教委员会郭秀文主任为组长、陈永生为副组长的调研组一行 15 人，先后到昆明、曲靖、红河、大理、丽江、德宏、保山等 7 个州市及所辖（县、市、区）的 30 多个社区街道办事处就“城市民族工作情况”进行专题调研。期间，调研组听取了省民委、省公安厅、民政厅、统计局及州市县（市、区）政府有关情况汇报，与省人力资源和社会保障厅、农业厅、人口和计划生育委员会、工商行政管理局、社区代表、重点企业代表、各民族研究会代表及会泽县在昆务工人员座谈，并进行了实地调研，收集、查阅、研究了相关资料。现将调研情况报告如下：

一、城市少数民族的基本情况及特点

随着我国改革开放的深入发展和城市化进程的不断加快，有越来越多的少数民族群众流向经济较发达的大中城市。他们离开山区、农村到城市务工、经商，这是全省经济发展、社会进步的必然结果和具体体现。不仅弥补了大中城市劳动力资源的不足，而且少数民族群众通过进城务工、经商，学到了技术，更新了观念，积累了资金，有利于脱贫致富，促进民族地区的发展；不仅有利于打破城乡分离的二元社会结构，为城市发展注入新的活力，加快推进我省的工业化、城镇化、现代化进程，而且有利于密切各民族的交流与合作，增进民族间的了解和感情，巩固和发展平等、团结、互助、和谐的社会主义民族关系。但是，由于城市化的加速推进和城市的快速发展，社会的管理机制和公共服务体系、社会保障体系尚未健全，使城市的发展和稳定面临许多新的问题。

（一）基本情况

2010年全省城镇化率为35%，与2005年相比提高了近6个百分点。目前我省按国家行政建制设立了32个市，其中地级市8个，县级市（区）24个，其中自治州内的县级市有9个，共有1455个城市社区。

根据省民委提供的资料，2010年全省城市少数民族总计约237万人，占全省少数民族人口的15%，占城市居民总人口1168万人的20%。社区常住人口917.44万人，其中少数民族常住人口174万人，占城市社区常住人口的19%；社区少数民族流动人口近63万，占社区流动人口的25%。全省城市社区中，常住少数民族人口占社区人口数30%以上的有377个，占20%以上的有505个，占10%以上的有918个。城市社区人口较多的少数民族是彝族、哈尼族、白族、傣族、壮族、回族等。

城市少数民族人口的组成主要有5个方面：一是世居的少数民族居民人口自然增长。二是城镇化快速推进，城市面积的扩大导致周边农村被纳入城市范围，让许多农村少数民族群众转为城市居民。如近年来昆明市大力推行全域城镇化，主城区所辖的民族乡全部改为街道办事处，很多村社都转变为城市社区（俗称的“翻牌社区”），还有一些是土地被征用的农村少数民族被动转为城市居民，丽江市古城区的龙泉社区、开文社区部分居民即是在束河古镇建设和云南大学旅游文化学院建设中耕地被征用，失去土地的农民转变为社区居民。三是重大工程建设中移民安置形成新的城镇居民。如丽江市为了配合玉龙雪山景区的开发建设和旅游业的发展，将紧靠甘海子的大东乡西山一带藏族村整村异地搬迁到束河街道黄山社区安乐三组，成为城镇居民。四是少数民族群众进城务工经商，城市少数民族流动人口快速增长。五是进入城市工作生活的少数民族干部和各类专业人才，其中省民委统计掌握的2606名少数民族代表人士有1/3属城镇人口。此外，还有一部分通过上学、婚嫁进入城市生活的少数民族群众。

（二）城市民族工作的特点

1. 城市少数民族人口增长快，比例高。据公安机关统计，2000年第五次全国人口普查，全省城市少数民族为228万余人，占全省城市总人口的23.11%；2010年第六次全国人口普查，全省城市少数民族为296万余人，占全省城市总人口的26.94%，上升了3.83个百分点，增加近68万人。城市少数民族流动人口数量大，流动速度加快。根据统计，目前昆明市流动人口为219万，其中少数民族31.9万人，占流动人口总数的14.54%。

2. 民族成分多。城市少数民族人口总量大，民族成分多，全国55种少数民族成分在我省城市均有分布，每个城镇都有十几个或几十个民族成分。城市各民族之间密切交往中存在经济利益关系、汉族和少数民族的关系、少数民族之间的关系、聚居区和散居区少数民族的关系，使得城市民族关系更趋多元化和复杂化，更加敏感和突出。

3. 民族平等意识增强。城市是少数民族人才荟萃之地，少数民族干部、知识分子比较集中，其中不少是各民族的代表人物，他们不仅同本民族聚居区联系密切，而且在国内外有较大影响。随着生存环境条件的改善、社会地位的提高和政治参与意识、维权意识、平等意识、发展意识的逐步增强，他们以民族自尊心和自豪感为主要内容的民族意识也不断增强，更加关注本民族的政治地位和待遇的完全平等、经济文化各项事业的发展和民族文化的传承。

4. 城镇信息传播速度快。城镇社区中聚居少数民族之间工作生活互动性加强，信息传播速度快，个体或小范围发生的民族矛盾纠纷在时间上和空间上引起共振的概率不断提高。无论是来自国际还是国内、城市还是农村，对民族关系或民族工作的不利因素，一般都是先聚集在城市，通过城市功能的“核裂变效应”扩散出去，影响一个地区乃至一个国家的稳定和发展。

5. 保持本民族的特征和宗教信仰。在社会主义条件下，城市各民族兄弟般地相处，在政治、经济、文化活动中，相互学习，相互影响，共同的因素越来越多。少数民族为适应高度的物质和精神文明的城市生活环境，不断地改革不适应的因素，汲取城市先进文明。但是，他们仍然不同程度地保持着自己的传统文化、生活习俗和宗教信仰。

二、城市民族工作的主要做法

（一）初步建立了城市民族工作领导体制和工作机制

一是各城市基本都成立了党委民族工作领导小组及办公室，民族、组织、统战、人事、民政、财政、公安等20多个党政有关部门为成员单位，每年召开1~2次会议研究民族工作。省民政厅、省民委联合开展了和谐社区和城市民族团结进步示范社区建设工作，一些城市成立了和谐社区建设工作领导小组、城市民族团结进步示范区创建工作领导小组。二是民族工作部门的自身建设也得到加强。社区配备了专（兼）职民宗工作助理员，其中专职干部612人、兼职干部1460人。昆明市在机构改革后单独成立市民族事务委员会，在市民委增设城市民族工作处和监督检查处；丽江市克服机构编制紧张等因素，为市民宗局增设科室，增加人员编制。三是实施了城市民族工作目标管理责任制。省、市、县（区）、社区逐级签订了目标管理责任书，2011年民族团结目标管理责任书签订到了全省1455个社区居委会、120多家企业和1400多个宗教活动场所。四是逐步建立经费保障机制。2009年省委出台决定明确指出要安排城市民族工作专项经费；2010年12月18日省委民族工作领导小组会议确定每年安排1000万元作为城市民族工作和民族团结进步创建活动专项经费；从今年起省财政每年安排2000万元，重点加强城市民族工作。昆明市从2010年起，市财政每年安排城市民族工作经费300万元，其他民族专项资金也按10%的比例逐年增加；曲靖、红河、大理、丽江、保山、德宏等州市也相应安排了城市民族工作经费。

（二）制定出台了城市民族工作方面的政策法规

国务院《城市民族工作条例》出台后，1999年云南省颁布实施了《云南省城市民族工作条例》，昆明、曲靖、大理等城市也相继出台了贯彻《云南省城市民族工作条例》的规范性文件，使城市少数民族权益保护工作走上了法制化的轨道。此外，省政府还先后出台了《关于深化户籍管理制度改革的意见》《云南省农民工权益保障办法》《云南省人民政府关于鼓励创业促进就业的若干意见》，昆明市出台了《昆明市流动人口管理条例》《昆明市清真食品管理条例》《昆明市回民殡葬管理办法》《昆明市回族等少数民族公墓管理办法》等法规和规范性文件，使城市少数民族权益保护工作有法可依，有章可循。曲靖市出台了《曲靖市清真食品管理办法》并在工商、民委、伊协等相互配合下切实解决了清真饮食行业中清真确真的问题。

（三）积极探索对少数民族流动人员的服务与管理

积极推动农村劳动力转移就业。2003年以来，全省各地依托阳光工程、雨露计划等示范性培训工程，不断完善组织领导，加大财政投入，探索工作方式，扩大包括少数民族在内的农村劳动力转移规模，初步形成了政府引导、社会参与的就业培训、信息服务、输出地与输入地协调配合等工作机制，推动农村劳动力自由向城市转移。

一些部门和地区为少数民族流动人口服务，探索、积累了许多经验，在社区建立了少数民族流动人员登记备案制度，在少数民族聚居社区设立为少数民族服务窗口，为少数民族提供了综合性服务平台。如省公安厅在2010年针对出租屋较多、少数民族流动人员较集中、治安情况复杂的景洪市城中村“曼景兰”开展创新流动人口管理工作的试点，全面推行暂住人员管理“五个一工作法”，使曼景兰村混乱的治安环境得到了极大改进。昆明市帮助我省民族地区设立驻昆办事机构和劳动管理服务站，协助驻昆单位、企业建立党组织，与全省35个少数民族聚居州市驻昆办建立联系沟通制度，加强少数民族输出地和输入地之间的配合与协作，共同探索少数民族流动人员的管理服务工作。如会泽县根据实际把农民进城务工作为脱贫致富的务工产业来抓，全县组织26万人进城务工，其中20万人在昆明。为加强对在昆务工人员的服务，在驻昆办事处设立了党工委（流动党支部），开展党员帮扶等活动，使在昆务工经商的少数民族群众“留得住、能致富”。在昆明市从事大米、牛羊肉奶养殖屠宰经营等活动的基本都是会泽人，他们在昆逐步树立了“会泽能人”的良好形象。

（四）采取措施，解决城市少数民族失地人群的生活保障

随着城市建设的不断扩大，大量土地被征用，失地人群不断增多，许多农民一夜之间就变成了城市居民，人称“翻牌居民”。丽江市全市48个社区（居委会）失地人口就达39879人，其中少数民族失地人口22059人，占失地人口总数的55.31%。蒙自、瑞丽、腾冲、呈贡等市区每年被征用的土地和失地人口都可以用惊人的速度来形容。为了解决失地人群的基本生活保障问题，各地政府采取了一些措施：一是土地征用时留出预留地，如蒙自、玉龙、瑞丽等在征用土地时分别预留10%、15%、20%的土地，预留地属集体所有，或租或开发，建农贸市场、商铺、停车场、非星级宾馆、农家乐等，失地农民定期得到分红，可持续发展有了保障；二是积极探索过去征地补偿偏低的补救措施，如腾冲县1999年征用的土地地价偏低，2010年政府重新采取动态补偿措施；三是对失地农民进行就业培训和指导，组织劳务输出，帮助联系就业单位，解决失地农民的困难和问题；四是实施以业保障，如昆明市呈贡新区针对呈贡失地农民具有多年种菜种花的技能，扶持失地农民外出租地种菜种花，建设失地农民创业绿色产业基地，为失地农民打造就业平台。

（五）依托社区开展城市民族工作

城市民族工作的基础在基层，在社区。城市社区居民委员会是居民自我管理、自我教育、自我服务的基层群众性自治组织，在服务居民群众搞好城市管理、密切党群干群关系、维护民族团结、化解民族矛盾、维护社会稳定等方面发挥了不可替代的作用。一是开展城市民族团结示范点和示范社区创建活动。2010年，省民委提出“管理好、服务好、治安好、环境好、团结好”的建设标准，选择昆明市四个主城区的重点社区开展了省市区三级联创共建民族团结进步示范区活动，其他15个州市民委（民宗局）也选择所在城市至少一个社区作为试点开展创建活动。各社区按照省民委制定的《创建城市民族团结示范社区指导意见》，依托自身优势，积极开展创建活动。如昆明市西山

区复兴社区普遍举办民族法规、政策、民族风俗等民族团结宣传教育讲座活动，并且建成了玉带河边268平方米的民族团结文化宣传长廊，186平方米和谐社区文化宣传长廊。二是以扶贫帮困为重点，真诚为少数民族群众服务。如一些社区整合社区资源，建设“少数民族之家”，打造一站式民族事务服务平台；对辖区内的少数民族困难群众逐一登记在册，将他们作为重点扶持对象，优先考虑最低生活保障，定期开展慰问；社区居委会还积极帮助少数民族群众谋求重新上岗的机会，解决再就业中遇到的困难；为社区外来少数民族业主解决子女就读问题等。三是以发展经济、弘扬民族文化为突破口，不断改善少数民族群众的生活质量。昆明市顺城社区依托城市中心得天独厚的优势，大力发展民族特色经济；复兴社区成立了少数民族文化学校，周末、假期把少数民族孩子集中到文化学校，聘请老师对他们补课。各社区在积极发展经济的同时，组建了群众文艺团体，定期开展自娱自乐的社区文化活动，丰富社区群众生活。

（六）民间社会团体在城市民族工作中发挥了积极作用

在各级政府的支持下，根据社会发展需要，云南成立了一些有利于社会主义物质文明和精神文明建设的社会团体，例如云南省民族学会及其下辖的25个分民族学会、各地的民族经济研究会、民族文化研究会等。这些民间社会团体汇聚了大批各民族的精英人物和各种宗教的代表人士，他们忠诚于党和政府，在本民族及其信教群众中具有一定的影响力和号召力。近年来，这些团体在沟通民意、反映群众诉求、配合各级党委政府做好城市民族工作、化解矛盾纠纷和协调民族关系中发挥了重要作用。还有一些完全由基层群众自发成立的草根组织，例如大理市大理镇五华社区，由社区民众自发成立了青年、消防、科普、文艺、治安巡逻、卫生协管、关心下一代工作老年志愿者等7支志愿者队伍，分别在各自的专业领域开展活动，既参与社区管理又为社区群众服务，为各民族群众搭建了沟通、交流、联谊的平台，为创建民族团结示范社区发挥了积极的促进作用。

三、城市民族工作面临的困难和问题

（一）城市民族工作的重要性认识不够

长期以来，我们的党和政府对民族工作的关注点主要在边远地区和农村地区，对散居民族地区特别是城市民族工作关心不够，还未把城市的民族问题和民族工作纳入城市发展总体规划和城市社会管理创新中。调研发现，党的各级领导干部对扶持农村地区民族工作从理论、方针、政策都比较熟悉，但是对城市民族工作的概念十分陌生，个别领导说“第一次听到还有城市民族工作”。有的认为城市少数民族人口少，做不做无关城市发展大局；有的认为进入城市的少数民族会很快融入城市居民中，忽视少数民族的特殊心理和特殊需求；有的甚至没有城市民族工作的概念。这样的思想认识一旦遇到问题会毫无准备、束手无策，要么就是不敢管、不会管，一推了之；要么就是处理问题方法简单粗暴，给城市民族工作留下隐患，导致小事情酿成大问题。

（二）城市民族工作政策法规不完善

国家出台《城市民族工作条例》后，我省于1999年颁布实施了《云南省城市民族工作条例》，昆明等州市也出台了相应的规范性文件。但《云南省城市民族工作条例》本身原则性过强，缺乏操作性和有效性，条例内容已不适应当前城市民族工作发展的需求。除条例外，我省还没有制定出台城市民族工作相关的政策法规，如散居民族的权益保障、清真食品的管理规定、城市少数民族的法律援助、失地农民的征地补偿和社会保障、城市少数民族的社会救助等，需要加强调研立法。政策法规的缺失，加之对已有政策法规的宣传不力，导致一些领导干部、行政执法人员、新闻出版人员不掌握、不了解民族政策法规，在实际工作中出现执法简单粗暴、报道随心所欲，以致引发伤害民族感情，侵犯合法权益的事件发生。

（三）城市民族工作机制不健全

一是工作保障机制不健全。随着城市民族工作的开展和工作范围、对象的扩大，城市民族工作的地位、作用、影响更加重要，但仍未建立与之相匹配的机构、人员、经费等工作保障机制；二是社区组织建设不完善。社区是城市民族工作的基础阵地，但基础建设滞后，一些社区居民委员会还存在组织不健全、工作条件差、服务设施薄弱、工作经费难以落实、工作人员待遇偏低，缺乏规范的工作指导办法等问题，影响了社区社会管理职能的发挥；三是协调机制不健全。我省 25 个少数民族中有 16 个跨境民族，佛教、道教等 5 大教派俱全、信徒较多，人员流动性大，各种纠纷矛盾、治安刑事案件时有发生，但尚未建立科学有效的协调机制，各部门共同做好城市民族工作的主观能动性不强，有关部门职能交叉、责任不明的问题依然存在。

（四）城市少数民族贫困问题突出

随着改革开放的深入和城市化进程的推进，在城市里出现有下岗、转产、企业破产的世居少数民族贫困群体；有进城务工从事建筑、饮食行业、娱乐业等技术含量低、福利待遇低、风险系数高的工作而贫困的群体；有征地补偿政策不完善造成的“种田无地、就业无岗、低保无份”的贫困群体；还有城中村改造安置政策不完善造成的原住房已拆，新住房又无力回迁的困难群体。如大理市南环社区藏族新村是 1958 年前马帮运输队运输军用物资后定居下来的，现有 30 户 108 人。居民原在州纺、滇纺、农机厂等企业工作，后因企业破产等原因，下岗、待业人员增多，后辈们多数文化素质不高，无稳定工作，生活得不到很好的保障。目前，大理市政府以保障房政策解决了他们的一些困难，但与周边市民相比困难程度还很深。又如红河州个旧市宝华社区，居民因失地较早、补偿较低，贫困人口集中，社区主要以低保为中心来开展工作，但一些具体措施尚未落到实处，少数民族人口有 420 人，但享受到每月 196 元低保的只有 30 户 45 人。

（五）城市少数民族流动人口管理服务难度大

一是越来越多的少数民族进城务工经商，逐步成为城市常住居民，但由于劳务输出地与输入地之间和社会管理等部门沟通协调机制不健全，加上他们主动接受管理意识不强，使得户籍管理部门对其情况难以掌握，在管理和服务上难度加大；二是城市少数民族流动人口因受户籍制度的限制，无法享受就业、就学、就医、住房保障、最低生活保障等城市基本公共服务及相关市民待遇；三是流动人口法律维权意识淡薄，就业能力不足，经济收入缺乏稳定性和持久性，但又喜欢以同乡同民族聚居形式找到归属感；四是因文化心理不适应，面对城市的新环境，生存发展的精神压力和心理负担重，对政府的就业扶持等服务满意度偏低，融入城市难，面对城乡差别的现实常有一种失衡的心理，遇事易浮躁。

（六）城市少数民族失地农民问题凸显，成为城市矛盾的一个热点

目前，我国城镇化率达到 49.68%，我省达到 35%。全省的中小城市普遍实施了大

规模的扩展，有些城市由几年前的6~7平方公里扩到现有的20多平方公里。伴随着城市化建设步伐的加快，大量的农村土地被征用，加之政策法规缺失，一些地方政府大量收储土地，以市场的方式获取财政收益，农民一夜之间变成城镇居民，从土地上得到一些补偿资金，但是他们缺乏城市人的生存技能和理财能力，特别是征地较早、补偿较少的居民，面对市场的变化和物价不断上涨，生活水平得不到持续的保障，对政府和社会容易产生不满情绪，成为社会不稳定隐患。

（七）城市民族传统文化的传承与保护面临巨大挑战

随着城市化的快速发展和大规模的城中村改造，原有的以族聚居状况被打破，钢筋水泥结构的楼房代替了传统民宅，民族传统文化的保护与传承面临着新的困难和问题，如回族、纳西族、白族、彝族、哈尼族等各民族具有特色的歌舞艺术以及民族语言、民族习俗逐步失去传承的环境和条件，传统的民族文化渐渐淡出人们的生活视野，越来越多的青年对自己的母语逐渐生疏，非物质文化遗产的传承后继无人，许多优秀的民族传统文化正迅速从人们的生活中消失。各民族的文化是我省民族文化强省的重要内容，但在城市发展规划中对少数民族文化的保护与传承问题没有得到应有的重视。

少数民族节日对于传承少数民族文化，团结少数民族群众，促进民族关系和谐等方面起到积极的作用，同时也是少数民族权益的体现。各民族都有自己的节日，也在城市里举办少数民族节日活动，但除昆明市对回族的节日有统一的规定和节日放假外，其他少数民族都没有统一的规定。除此之外，由于缺乏活动场所和经费，民族节日的作用没有得到很好的发挥。

四、做好城市民族工作的意见和建议

（一）提高认识，加强对城市民族工作的领导

我们要充分认识到随着经济机构调整、产业升级、体制转换、城乡经济社会发展的一体化和实施建设我国面向西南开放重要桥头堡的战略，我省民族问题的中心和民族工作的重点都将逐步从农村转向城市。少数民族离开世居的山区、农村，大规模地向城市迁徙流动，是趋势，是潮流，是社会进步的表现。大量的少数民族进城务工为城市的发展注入了生机与活力，同时也使城市民族工作越加繁重，民族关系更加复杂。因此，当务之急是要通过大规模的宣传教育，提高各级领导干部和全社会对新形势下城市民族工作重要性和紧迫性的认识，把城市民族工作纳入我省“立足云南、服务全国，建设民族团结进步边疆繁荣稳定的示范区”的总体规划。由此建议省委省政府适时召开一次城市民族工作会议，贯彻落实中央、省委对城市民族工作的要求，制定出台云南城市民族工作的政策措施。

（二）建立健全城市民族工作运行机制

一是加强城市民族工作队伍建设。在政府民族工作部门设立城市民族工作机构，适当增加编制，建立健全省、市、县（区）、街道、社区五级民族工作网络；二是在本级财政设立城市民族工作专项经费；三是推进民族团结进步社区建设。各级政府要适当增加社区居委会工作经费，配强居委会工作人员，并提高他们的待遇；要加强社区服务平台建设，今后新建小区规划中，要求建设功能完善的社区居民服务场所；四是进一步健全协调机制。督促公安、卫生、工商、教育、人口计生、人力资源和社会保障等部门协

同配合，对少数民族流动人口在户籍、就业、就学、就医、计划生育等方面提供服务，让他们感受到祖国大家庭的温暖，从而自觉做到遵纪守法，服从管理，逐渐减少管理与被管理之间的摩擦和纠纷；五是为了摸清底数，掌握了解情况，建立城市少数民族工作统计制度。

（三）进一步加强城市民族工作立法

一是尽快修订《云南省城市民族工作条例》；二是以少数民族的合法权益保障为中心，制定《城市少数民族服务管理办法》《城市少数民族法律援助制度》《散居民族权益保障办法》《失地农民征地补偿和生活保障办法》等政策法规、制度安排；三是建议政府尽快出台《云南省清真食品管理条例》，省内各城市尽快决定牛羊肉的屠宰地点，规范经营活动。

（四）做好城市少数民族流动人口管理服务工作

一是输出地政府加强对流动少数民族人员的输出培训，做到不培训不进城务工，使无序盲目的流动成为在政府和有关社团指导下的有序的、定向的流动；二是建立输入地和输出地政府之间的协调联系制度，共同做好服务管理和矛盾纠纷的调解处理，实现共同管理与服务；三是输入地政府要加强服务，寓管理于服务之中，切实帮助少数民族流动人口解决实际困难，按照“优先、优惠、优质”的原则，努力为他们办实事、做好事、解难题，切实帮助解决他们在经营、子女入学、就医等困难，将已有稳定工作达一定年限的进城务工人员纳入城市社会保障和住房保障范围；四是在少数民族流动人口信教群众比较集中的地方，帮助他们就地或在就近的宗教活动场所过宗教生活，或协调建设宗教活动场所，让信教群众过上正常的宗教生活。

（五）从根本上解决好城市少数民族失地农民的后续发展问题

一是全省范围内征用土地时必须保证15%～20%的预留地，用于解决失地农民的后续发展问题；二是将失地农民社会性保障纳入城市市民管理体系，建立健全失地农民与市民同样的基本养老、医疗保险、失业保险制度；三是在政府的土地征用收益中划出专项资金建立失地农民的风险基金，制定动态补偿机制；四是加强失地人员培训，掌握一技之长，提高失地人员就业率。

（六）开展城市少数民族扶贫工作

目前，国家、省相关扶持少数民族政策只针对边远地区，对城市少数民族贫困问题没有针对性的扶持政策，而城市少数民族的发展不平衡问题日趋突出，应对少数民族聚居社区和散居个体情况进行深入调查研究，出台相应的帮助扶持政策。

（七）加强城市少数民族文化的传承与保护

一是配合民族文化强省建设，分别在全省的各个城市建设“少数民族文化活动中心”；二是立法保护有特色的民族文化街区，扶持开展民族文化活动；三是少数民族聚居地方的政府制定出台保留、传承少数民族语言、服饰、歌舞、民俗、民居建筑等优秀传统文化的政策措施。

（八）充分发挥各民族社会团体的积极作用

省民族社团和宗教社团在城市民族工作中具有特殊作用，要把他们当作政府民族工作部门的一个重要补充，政府财政适当拨出专款用于省民族社团的工作经费，增加宗教社团的工作经费。

提 案 工 作

省政协十届三次会议优秀提案表彰会 2011年1月18日在昆明召开，对8个民主党派省委、省工商联、省侨联联合提出的《进一步加强我省节能减排工作的建议》（第160号提案）等51件优秀提案予以表彰。王学仁等省政协领导，省委、省人大、省政府有关同志出席了会议。管国忠常务副主席宣读了《表彰决定》，陈勋儒副主席作了讲话。会议由省政协秘书长车志敏主持，出席省政协十届四次会议的部分政协委员和优秀提案获奖者参加了会议。陈勋儒副主席在讲话中勉励受到表彰的单位和委员珍惜荣誉，再接再厉、再创佳绩。希望我省各级政协组织、政协各参加单位和全体政协委员，深入贯彻落实科学发展观，学习先进、总结经验，坚定信心、着眼发展，关注民生、奋发有为，坚持提案工作方针，牢固树立质量意识，以强烈的政治责任感和历史使命感，提出更多高质量的提案，积极建言献策，为保持我省经济平稳较快增长和社会和谐稳定作出新的更大贡献。

省政协十届三次会议优秀提案表

序号	提案号	提案标题	提案者	承办单位
特别奖				
1	160	进一步加强我省节能减排工作的建议	八个民主党派云南省委、省工商联、省侨联	云南省发展和改革委员会主办，云南省环境保护厅、云南省工业和信息化委员会、云南省财政厅、云南省住房和城乡建设厅、云南省科学技术厅、云南省地方税务局、云南省林业厅、云南省农业厅、云南电网公司会办
优秀提案				
2	4	大力发展云南会展业的建议	致公党云南省委	云南省商务厅办理
3	13	关于改善云南省农村金融服务中网点缺失问题的建议	致公党云南省委	云南省人民政府金融办公室主办，云南省财政厅、省银监局会办

续 表

序号	提案号	提案标题	提案者	承办单位
4	25	关于优化高校毕业生在社区居委会和村民委员会工作的提案	黄炳文委员	中共云南省委组织部主办，云南省人力资源和社会保障厅会办
5	26	关于加快云南医药产业又好又快发展的提案	陈洪等 14 位委员	云南省工业和信息化委员会主办，云南省发展和改革委员会、云南省科学技术厅、云南省食品药品监督管理局、云南省人力资源和社会保障厅会办
6	33	关于优化取水方案尽快启动滇中调水前期工作的提案	省政协人资环委	云南省发展和改革委员会办理
7	41	关于建立企业职工工资正常增长机制的提案	省总工会	云南省人力资源和社会保障厅办理
8	42	关于更好地编制四个特困民族脱贫发展规划的提案	省政协民宗委	云南省民族事务委员会主办，云南省人民政府扶贫开发办公室、云南省财政厅、云南省发展和改革委员会会办
9	43	关于政府应在农业科技成果转化应用中发挥主导作用的建议	省政协科教文卫体委	云南省农业厅、云南省财政厅、云南省科学技术厅分办
10	47	关于我省石油安全问题的建议	省侨联	云南省发展和改革委员会办理
11	53	关于推动滇中城市经济圈科技合作与高新技术产业带建设的提案	九三学社云南省委	云南省发展和改革委员会、云南省科学技术厅、云南省商务厅、云南省国土资源厅、云南省人力资源和社会保障厅分办

续　表

序号	提案号	提案标题	提案者	承办单位
12	56	关于在全省推行环保公益诉讼的提案	九三学社云南省委	云南省环境保护厅、云南省高级人民法院、云南省人民检察院分办
13	79	将城市轻轨经济打造成新的经济增长点的建议	梁津委员	昆明市人民政府办理
14	120	积极推进餐饮业转型升级着力探索产业化发展之路	杨艾军委员	云南省商务厅主办，省人大办公厅会办
15	138	进一步解决好义务教育阶段农民工子女教育问题的建议	何立昆委员	云南省教育厅主办，云南省财政厅会办
16	161	关于加快建筑垃圾资源化的建议	农工党云南省委	云南省发展和改革委员会主办，云南省住房和城乡建设厅、云南省环境保护厅、昆明市人民政府会办
17	166	关于进一步加强我省人口与计划生育工作的建议	农工党云南省委	云南省人口和计划生育委员会办理
18	167	从长远角度出发，防范房地产泡沫经济的提案	庄哲猛委员	云南省住房和城乡建设厅主办，云南省人民政府金融办公室会办
19	173	加快推行我省新型农村养老保险的提案	民盟云南省委	云南省人力资源和社会保障厅办理
20	178	关于分步实施全省农村中职免费教育的提案	民盟云南省委	云南省教育厅、云南省财政厅分办
21	210	关于加快推进我省文化扶贫工程的提案	民建云南省委	中共云南省委宣传部主办，云南省文化厅会办

续 表

序号	提案号	提案标题	提案者	承办单位
22	212	建设桥头堡，应率先加强沿边公路建设	省政协外事委	云南省交通运输厅办理
23	221	关于加强环境保护促进农民增收的提案	民建云南省委	云南省农业厅、云南省林业厅、云南省发展和改革委员会分办
24	222	关于加强基层农业技术推广体系建设的建议	王云凌委员	云南省农业厅办理
25	226	关于进一步推进“城中村”改造对策建议的提案	台盟云南省委	云南省住房和城乡建设厅、昆明市人民政府分办
26	227	关于发挥鸡足山佛教圣地在两岸宗教文化交流中的作用的提案	台盟云南省委	云南省宗教事务局、云南省旅游局分办
27	230	关于加强我省耕地和基本农田保护的建议	民革云南省委	云南省国土资源厅办理
28	233	关于加快云南省农村现代流通体系建设的建议	民革云南省委	云南省商务厅、云南省供销合作社联合社分办
29	310	关于在水电资源开发移民安置工作中借鉴东川“就业特区”经验的提案	省政协社法委	云南省移民开发局办理
30	311	加强农民工职业病防治监管切实维护农民工合法权益	赵明光委员	云南省人力资源和社会保障厅、云南省卫生厅、云南省安全生产监督管理局分办
31	330	关于加快发展我省注册会计师行业的提案	胡芩菩等 2 位委员	云南省财政厅主办，云南省发展和改革委员会、云南省教育厅、云南省地方税务局、云南省人力资源和社会保障厅会办

续 表

序号	提案号	提案标题	提案者	承办单位
32	338	依靠科技创新，促进我省非公有制经济产业结构调整的提案	省工商联	云南省工业和信息化委员会主办，云南省财政厅、云南省科学技术厅、云南省人民政府金融办公室、云南省地方税务局会办
33	339	关于抓住“中国—东盟自由贸易区”建成机遇，进一步引导支持我省非公企业“走出去”发展的提案	省工商联	云南省交通运输厅、云南省财政厅、云南省工业和信息化委员会、云南省人民政府金融办公室分办
34	340	结合云南实际大力实施“质量兴省”战略	李元书等2位委员	云南省质量技术监督局办理
35	355	关于完善社区卫生中心的老年健康医疗服务建设的提案	琚坚等11位委员	云南省卫生厅办理
36	365	关于破解云南“三农”突出问题提高行政效率推进城乡和谐发展的提案	程达等19位委员	省委农办主办，云南省人民政府研究室、云南省农业厅、云南省水利厅、云南省环境保护厅、云南省国土资源厅会办
37	382	关于进一步加强云南旅游公共服务平台建设的提案	孟庆红等10位委员	云南省旅游局办理
38	387	发挥核心城市作用 促进滇中城市群崛起	傅汝林委员	云南省人民政府研究室主办，云南省发展和改革委员会、云南省国土资源厅、云南省交通运输厅、云南省住房和城乡建设厅会办
39	419	关于进一步加强服务青年创业就业工作的提案	陆平委员	云南省人力资源和社会保障厅、云南省教育厅、云南省财政厅分办
40	509	加强对民族歌、舞、乐师承关系确定的提案	耿嘉委员	云南省文化厅办理

续 表

序号	提案号	提案标题	提案者	承办单位
41	537	关于进一步完善支持社会力量兴办养老服务业政策的建议	陆玉珍委员	云南省民政厅主办，云南省财政厅会办
42	542	关于积极争取将环滇池湿地建设纳入国家湿地规划的建议	田云翔等2位委员	云南省林业厅主办，昆明市人民政府会办
43	545	关于建议省政府切实谋划云南怎样面对“中国与东南亚经济自由贸易”问题的建议	李世厚等10位委员	云南省商务厅主办，云南省人民政府研究室会办
44	567	把“无偿献血”提到议事日程上来	孙云生等2位委员	云南省卫生厅办理
45	590	建议进一步加强水利基础设施建设，提高少数民族地区经济社会发展的水利保障能力和水平	杨元茂等3位委员	云南省水利厅办理
46	612	关于加大水电开发管理力度进一步发挥水电效益的提案	张慧清委员	云南省发展和改革委员会办理
47	627	以人为本，关注民生，加快完善城市低收入流动人口住房政策	向荣等7位委员	云南省住房和城乡建设厅办理
48	682	关于我省与越南就“滇越铁路”联合申遗的建议	民进云南省委	云南省文化厅主办，昆明铁路局会办
49	687	关于高度重视学校安全强化安全教育与管理的建议	民进云南省委	云南省教育厅办理
50	707	关于大力发展低碳旅游的提案	田坤委员	云南省旅游局主办，云南省环境保护厅会办
51	710	关于进一步改善和规范城管监察执法的建议	姚越苏委员	云南省住房和城乡建设厅办理

省政协十届四次会议提案交办会 2011年2月21日在昆明召开。省政协常务副主席管国忠出席会议，副主席陈勋儒讲话。秘书长车志敏主持会议。省政协十届四次会议以及会后提交的提案材料共625件，经审查立案608件，交由省级相关部门办理。陈勋儒副主席在讲话中说：办理好提案是提高提案工作科学化水平的关键，各承办单位一定要从加强党的领导，巩固党的执政地位，提高党的执政能力和执政水平的高度认真做好提案办理工作，切实提高办理实效。他要求各办理单位要研究新形势下提案办理工作的特点和规律，牢固树立服务意识，增强办好提案的责任感和使命感。提案工作者要认真学习提案，准确了解提案者提出提案的目的和用意，通过学习将提案人的想法准确传达到办理者，要明确怎样办理才能取得实效，认真为提案者和承办单位做好服务。各承办单位按程序接受了提案。

省政协第二十次提案工作座谈会暨研讨会 2011年5月29~30日在文山州政协召开。会议围绕围绕“提案督办的方法和途径”这一主题进行了探讨和交流。省政协办公厅、省政协提案委员会的领导和部分提案委员会的委员，各民主党派省委、省工商联、省侨联和各州市政协负责提案工作的领导和同志，以及省委督查室、省政府办公厅议案处的有关同志参加会议。省政协常务副主席管国忠、副主席陈勋儒出席会议并讲话。管国忠常务副主席对进一步做好政协提案工作提了四点要求：一是要以科学的理念认识提案工作。二是要以科学的导向引领提案工作。三是要以科学的机制保障提案工作。四是要以科学的方法推动提案工作。陈勋儒副主席专门对如何加强提案督办工作，讲了四点：一要着力提升运行模式。二要着力健全督办工作机制。三要着力强化督办中的调研和视察。四要着力强化续办续复提案的督办。会议要求，各级政协要认真领会会议精神，做好《省政协提案工作条例》修订工作，以理论研讨促进工作发展，不断加强提案督办工作，着力提高提案办理实效，开创政协提案工作新局面。

省政协十届四次会议重点提案办理工作 省政协十届四次会议闭会后，提案委就开始对重点提案进行遴选，整个工作过程经过了提案组分口初选、主任办公会、主任会议、秘书长会议、提案委全体会议的讨论，经主席会议审定，确定的重点提案确定为10件。重点提案都由省政协领导牵头督办，各承办单位高度重视提案的办理工作，组织了高规格的办理面商会，确保了提案的办理效果。12月5日，省政协130号重点提案《关于进一步加强我省生态保护建设工作的建议——“七彩云南保护行动”系列联合提案之四》面商会在连云宾馆举行。副省长孔垂柱，省政协常务副主席管国忠、副主席陈勋儒出席会议。该提案由省级8个民主党派省委和省工商联联合提出，由省林业厅主办，省环保厅等9个单位会办。林业厅厅长代表提案承办单位作了办理情况汇报，8个民主党派省委和省工商联分别发表了对提案办理的意见和建议，对提案办理表示满意。省政协常务副主席管国忠在讲话中感谢提案承办单位对省政协提案办理的高度重视，并对进一步加强我省生态保护建设工作提出了意见建议。孔垂柱副省长要求，要深化建设“七彩云南”地位和作用的认识，加强工作研究，制定政策措施，切实解决困扰云南生态保护建设的各种问题。

省政协十届四次会议重点提案表

号类	标题	提案者	承办单位	督办领导和部门
130 经	关于进一步加强我省生态保护建设工作的建议	省级八个民主党派省委及省工商联	林业厅主办，环保厅、省发改委、财政厅、科技厅、国土资源厅、水利厅、农业厅、住房城乡建设厅、省编办会办	王学仁 陈勋儒 车志敏 提案委
133 经	进一步做好我省矿产资源保护与开发利用工作的建议	农工党云南省委	国土资源厅办理	管国忠 刘琪琳 提案委
268 政	加快转变发展方式千方百计促进农民增收的建议	程达等 7 位委员	省委农办主办，省工信委、农业厅、省生物创新办会办	马开贤 孟庆红 民宗委
12 经	促进我省能源结构低碳化转型的对策建议	民盟云南省委	省发改委主办，环保厅、科技厅、省工信委会办	陈勋儒 刘琪琳 提案委
294 教	桥头堡建设中应该加强对西南周边国家的文化艺术交流	李丽芳委员	文化厅办理	曾　华 张　宁 外事委
275 教	文化产业与旅游产业互动发展的对策建议	民革云南省委	省文产办主办，文化厅、省旅游局会办	罗黎辉 孟庆红 文史委
198 经	加快实施“走出去”战略，带动桥头堡建设	保明虎委员	商务厅主办，省发改委、财政厅、省工信委、省金融办会办	王学智 雷耀民 经济委
14 经	加快地下水资源研究，科学开发，应对季节性干旱的提案	九三学社云南省委	水利厅主办，国土资源厅、财政厅会办	白成亮 高德明 人资环委
403 教	关于进一步促进我省民办教育发展的建议	民进云南省委	教育厅主办，省发改委、财政厅会办	顾伯平 马孝初 教科文委
596 经	加强全面保障，让中低收入者切实摆脱住房困境的提案	李莹委员	住房城乡建设厅主办，财政厅、国土资源厅、省金融办、省地税局会办	倪慧芳 雷耀民 社法委

各部门工作

办公厅工作概况

2011年，省政协办公厅在常委会和主席会议的领导下，坚持以邓小平理论和“三个代表”重要思想为指导，深入贯彻落实科学发展观，认真学习贯彻中共十七届五中、六中全会、中央经济工作会议和胡锦涛同志在庆祝中国共产党成立90周年大会上的重要讲话精神，以及云南省第九次党代会精神，紧紧围绕省政协的中心工作，解放思想、开拓创新、扎实工作、认真履职，顺利完成了各项工作任务。

一、高度重视理论业务学习

坚持把理论学习摆在突出位置，用中国特色社会主义理论体系武装头脑、指导实践、推动工作。积极采取各种方式组织领导班子和机关干部职工认真学习领会党的十七届五中、六中全会精神、全国“两会”精神、胡锦涛同志“七一”讲话精神、省第九次党代会精神，用党的新理论和新要求指导具体实际工作。不断加大干部培训力度，组织了42名州市县区政协和省政协机关干部参加全国政协干部培训班，6名处以上干部参加省委党校2011年度的干部进修班，47名州市政协的领导干部和省政协机关处级干部参加在浙江大学举办的全省政协系统新时期人民政协理论专题研修班，115名干部参加干部在线学习，20名干部参加干部自主选学，组织开展了机关新进人员专题培训讲座和机关保密工作培训活动。努力推进学习型机关建设，开展以“读红色经典”为主要内容的“三读书”活动。通过狠抓各类学习活动，办公厅形成了重视学习、崇尚学习、坚持学习的浓厚氛围，逐步实现干部学习的经常化、规范化，干部职工的政治理论水平和工作业务水平有了进一步提高。

二、努力提升文秘工作质量

努力做好省政协各项重要会议和活动的组织服务工作。全年共成功组织服务了省政协十届四次会议、5次常委会、5次主席会议、5次秘书长会议和35次秘书长办公会、新年茶话会等会议活动，配合相关部门完成了“省政协十届四次会议提案交办会”“第四届民生论坛”“云南省企业家论坛”“云南省珠宝玉石首饰协会第六次会员代表大会”“云南省纪念辛亥革命100周年座谈会”“省政协2011年‘团结杯’牌艺邀请赛”“金秋戏曲演唱会”等重要活动。努力提高机关文稿质量和公文处理水平。办公厅全年制作正式公文370件，传阅各类文件3200余份；全年起草领导讲话、调研视察报告、重要文件等共计一百余万字，交换、收发各类文件资料共计87000余份，做到文件收发及时高效，公文拟办分发准确，文件归档规范有序，保密工作安全到位，无失泄密事故发生；共归集永久档案96卷2324件，机关档案室被评为云南省档案系统“先进单位”。

三、全力服务各项调研视察

办公厅重视发挥综合协调作用，联系内外，沟通上下，全力做好视察调研的协调服务工作。支持并配合各专委会和研究室顺利完成了“进一步加强我省生态建设和保护工作”、“在实施西部大开发和桥头堡战略中加快推进滇中经济区建设”、“推进‘兴水强滇’战略实施”等9个重点调研，“云南转变经济发展方式、调整经济结构的推进情况”、“清水海调水及牛栏江滇池补水工程进展情况”、“云南石产业发展情况”等5个重点视察，确保调研视察活动顺利开展，取得积极的成果。认真配合全国政协有关部门在滇开展的“积极调整国民收入分配结构、深化收入分配制度改革”、“进一步推动滇池治理保护工作”等调研视察活动，配合做好驻青海省全国政协委员来滇视察的接待工作。并积极通过全国政协向党中央、国务院反映云南困难，争取更多支持。

四、认真做好组织人事工作

坚持按程序选拔任用干部，机关去年提任、转任、转正、轮岗交流干部33名，从基层选调1名科级干部，调入2名事业单位工作人员，招录2名参公人员，接收5名军转干部。全年共安排4名干部参加新农村指导员工作，选派2名处级干部挂职担任副县长，选派2名科级干部挂职担任副乡（镇）长。做好基层政协干部到机关跟班学习工作，分两批共安排8名州市县区政协干部到省政协机关跟班学习，为基层干部熟悉机关办文、办事、办会流程，提高个人业务水平创造条件。完成了办公厅下属三家事业单位（信息中心、云南政协报社、委员活动中心）岗位聘任认定和备案工作；认真清理下属事业单位津贴补贴发放情况，顺利实施事业单位绩效工资分配方案；根据省编办要求，开展下属事业单位编制清理规范工作，为事业单位实施分类管理做好前期准备工作；组织专业技术人员职称评审的培训考试、推荐、聘任工作，2011年共审核推荐了5人申报专业技术职务，考核确定专业技术职务1人，组织机关14名技术工人参加劳动技能等级的考试培训。

五、切实做好服务委员工作

办公厅着眼提高服务质量，努力做好对委员的服务保障工作。从加强委员队伍建设的要求出发、进一步完善委员联系制度，建立委员履职情况统计制度，积极为委员更好地履行职责创造良好条件。认真完成十届省政协委员年度履职情况统计工作，积极掌握委员履职信息；为委员履职提供服务，全年为驻滇全国政协委员征集准备提案素材43份，推荐省政协委员72人次参加省公安厅工作座谈会、省高院优秀调研案例评选、第三届全国道德模范“万名公众代表评选道德模范”评选等有关会议和活动，推荐委员担任人民政府效能建设工作特约监督员、省委政法委“案件评查暨法律咨询专家库”专家人选等；及时足额落实省政协委员的履职费用；认真组织服务驻滇全国政协委员的视察和会议工作。

六、着力抓好老干部工作

办公厅把老干部工作列入重要议事日程，多次召开会议研究老干部工作，认真解决老干部工作中的重要问题。老干部政治学习、情况通报、征求意见、走访慰问、文体娱乐等各项工作全面开展，“两项待遇”全面落实，老干部工作目标管理责任制的各项内容全面完成。落实在职领导联系老干部制度，继续坚持领导通报工作制度，充实老干工作队伍，注重老干部支部和老干处支部建设，加大对老干部工作的经费投入。认真组织全体老干部学习党的方针政策及重要会议精神，结合建党90周年活动，组织老干部学习党章、党史与党建理论并撰写读书心得。组织老干部党支部60名党员到寻甸县集中学习并参观考察；组织离退休干部分别赴建水、石屏和泸西、弥勒参观考察，加深离退休干部对云南经济社会发展及“桥头堡”战略的认识；结合庆祝建党90周年和纪念辛亥革命100周年活动，组织部分离休干部赴华东地区开展考察活动，组织部分退休干部赴重庆学习考察城市规划、建设及管理工作。积极支持老体协举办季度运动会，组织开展老体协会员联谊活动，老干部舞蹈队在全省老年舞蹈比赛中夺得金牌。

七、高度关注民生民情民意

办公厅坚持以民为本、关注民生，积极做好群众工作。高度重视信访接待工作，积极反映群众的合理诉求，努力维护社会和谐稳定。全年共收到群众来信703件，接待群众来访1117人次，答复网上信访105件，对群众来信做到件件有登记，事事有答复。积极开展扶贫支边工作，创新服务手段，拓宽服务领域，努力探索为援助方和基层群众服务的长效机制，继续巩固和开拓与相关机构的合作项目，全年共引进1400多万元资金，在我省的沧源、陇川、双江、华坪、永胜、宁蒗、巧家、武定、元谋、禄丰、泸西、丘北等贫困地区组织开展农村社区综合发展、援建中小学校、贫困家庭儿童住院大病救治、资助贫困中小学生、救助孤儿、农业科技培训和专家义诊等工作，切实帮助群众解决实际困难。办公厅智力支边扶贫办被评为“云南省‘十一五’扶贫开发工作先进集体”和“2010年度社会扶贫先进集体”。

八、不断加强对外联系交往

加强与全国政协和兄弟省市区政协的联系，增进交流，学习经验，争取支持。全力做好各方来客的接待服务工作，全年共完成接待任务300多批2500多人次。认真做好省级各民主党派、工商联的联络服务工作。加强与基层政协的联系和指导，在临沧市召开了全省政协系统秘书长办公室主任联席会议，以云南美食产业发展为主题与全省州（市）政协开展联合调研，积极协调筹集资金2000万元帮助基层政协解决工作中的实际困难和问题，有效改善基层政协的办公条件。组织部分州市政协干部赴河南、河北，青海、西藏、福建、海南等省区学习考察。积极开展文化交流，组织省政协特聘艺术家赴红河县、鹤庆县采风，到重庆、贵州考察学习；积极参与第三届大理国际影会并组织了“天地大美——省政协特聘摄影家镜头下的彩云南”摄影展；组织部分特聘艺术家赴台湾参观考察，加强了两岸艺术家们的沟通交流。做好省政协历史发展陈列室的管理及接待工作，先后接待浙江、青海等省市政协及州、市政协参观者约20批次、300余人次，为宣传云南省政协工作发挥了积极作用。

九、积极推进信息宣传工作

政协信息工作、网络宣传工作、信息系统和信息设备的安全保密管理、信息化建设工作在原有基础上取得了新进展。认真贯彻落实《社情民意特邀信息员和直报点管理办法》和《云南省政协系统信息工作目标考核评比办法》，实现政协信息工作的集中管理、归口组织、统一出口。坚持网络宣传与传统纸制媒介宣传并重，加大了省政协内网和门户网站对政协工作的宣传，全年共发布和更新电子信息和新闻4000多条，共编报纸质信息刊物304期，宣传工作的社会影响力明显增强。加强了对云南政协报社的领导和管理，通过完善规范报社采编、经营、人事等方面工作的16项制度，建立了全面经营管理报社的制度管理系统，2011年度《云南政协报》的发行量增长20%，达到历史最好水平，在省委宣传部组织的全省媒体质量考核评比中一直排名在前五位。信息系统硬件及软件建设不断推进，完成“省政协信息网络安全整固”项目，基本完成“省政协会议管理系统”项目，在机关设立云南公众网视信息岛6个。

十、继续强化行政后勤保障

办公厅从保障政协履行职能的全局出发，积极争取各方支持，强化机关后勤保障能力，提高服务质量，确保机关正常运转。切实加强对机关办公大楼、民主党派大楼和家属区的管理服务工作，努力为机关各部门、民主党派及广大干部职工提供优质后勤服务保障。坚持艰苦奋斗，厉行节约，不断强化成本管理，控制行政成本，修订完善了《省政协机关财务管理规定》。推行财政一体化管理系统，提高单位账务管理的网络化水平，配合省财政厅进行收支的检查及清查核资工作，规范了收支两条线的管理和财务管理。配合审计部门对机关财务工作进行审计。努力抓好车辆管理工作，牢固树立交通安全意识，确保车辆技术状态良好，保证行车安全，全年共计安全行车210余万公里。坚持以人为本，做细服务，办好实事，继续办好机关医务室、理发室，不断提高机关食堂的服务水平。机关服务中心全年服务各种会议60多个，共接待客人117052人次。顺利完成了机关综合服务楼装修改造工程和主席会议室建设工程。

十一、重视做好综治维稳工作

以争创平安和谐机关为目标，采取有效措施，继续推进机关综治维稳工作。坚持把综治维稳工作纳入到机关整体工作中统筹规划，纳入机关创先争优活动一并考核，实行责任追究制度和“一票否决”制度。组织以“倡导见义勇为，弘扬社会正气”为主题的综治维稳宣传月活动，设立省政协机关见义勇为基金。抓好机关安全保卫工作，实施深度管控，制定了《省政协机关废旧报刊等公开发行物处理办法》；加强消防设施设备的常规维护管理，进行消防预案的演练；做好机关大院车辆行驶和停放管理工作；维护视频监控系统8次，更新摄像头4个，更换消防灭火器471瓶，切实消除机关安全隐患。加强与综治维稳挂钩单位晋宁县和西山区福海办事处周家社区的联系，积极指导帮助联系点开展综治维稳工作。省政协机关被评为2011年度昆明市平安建设先进单位。

十二、全面加强机关党的建设

在省政协办公厅党组的领导下，机关党委和各党支部紧密结合工作实际，突出党建工作重点，强化组织保障能力，以加强党的建设带动推进机关各项工作。认真落实党建工作目标责任制，继续抓好党建工作示范点建设，设立学习型党组织建设示范点，对各支部严格实行“一岗双责”，认真贯彻落实党员干部学习考核制度。深入开展创先争优活动，努力推进学习型党组织建设，引导基层党支部和广大党员向杨善洲同志学习，向身边的先进学习，形成比学赶帮的良好局面，注重把学习活动的实效体现在全面履行岗位职责上来。积极组织庆祝建党90周年系列活动，认真开展各种宣传教育活动，组织合唱队参加省直机关“颂歌献给党”歌咏比赛并获得二等奖，举行省政协机关庆祝中国共产党成立90周年表彰大会暨歌咏比赛，邀请省政协领导为机关全体党员干部上了一次党课，集中走访慰问老党员和困难党员。按照省委的部署，认真筹划“四群”教育活动，在机关进行广泛宣传和动员，组建省政协机关“四群”教育领导小组，结合实际研究制定了省政协机关开展“四群”教育工作方案，为推动省政协机关“四群”教育活动和干部直接联系群众制度深入扎实开展做好各项准备工作。

（编写 巴 晶 审稿 张 宁）

研究室工作概况

2011年，研究室在省政协党组和主席会议的领导下，以邓小平理论和“三个代表”重要思想为指导，深入贯彻落实科学发展观，认真学习领会中共十七届五中、六中全会和省委八届十一次、十二次全委会、省第九次党代会精神。紧紧围绕省政协十届四次会议提出的目标任务和省政协党组工作部署开展工作，全室同志同心协力，圆满完成各项工作任务。

一、坚持科学理论武装头脑

坚持把学习科学理论摆在突出位置，着力丰富学习内容和形式，按照建设社会主义核心价值体系和学习型机关的要求，结合研究室工作实际，大力弘扬理论联系实际的学风，坚持把理论学习作为交流思想、统一认识、分析形势、提高能力、确定思路、促进发展的重要工作来抓，坚持学用结合，学以致用。一年来，研究室在抓好集体学习和个人自学的同时，还先后派人参加全国政协举办的政协干部业务培训、浙江大学新时期政协工作实践探索、参加云南省干部培训、干部在线学习及省政协机关举办的各种学习培训班等。通过学习培训，干部素质明显提高，理论素养显著增强，有力地推动了研究室各项工作的健康发展。

二、圆满完成重要文稿撰写

始终围绕文稿起草工作这一中心和不断提高文稿质量这一主题，不断提高起草文稿的质量和效率。一是完成《省政协常务委员会工作报告》《省政协党组2011年工作要点》等重要文稿和王学仁主席在《政协云南省第十届委员会第四次会议闭幕会上的讲话》《省政协十届十三次常委会议上的讲话》《省政协十届十四次常委会议上的讲话》《省政协十届十五次常委会议上的讲话》《省政协十届十六次常委会议上的讲话》，管国忠常务副主席《在云南海外经济合作促进会三届四次理事会上的讲话》，顾伯平副主席《在省政协“好新闻奖”颁奖会上的讲话》《在省政协新闻宣传工作暨2012年度〈云南政协报〉发行工作会议上的讲话》，白恩培书记《在省政协十届四次会议界别联组讨论会上的讲话》《在新年茶话会上的讲话》，各次常委会和省政协党组中心学习组送省委的学习情况报告的起草，总计50余篇，20多万字。二是参与《中共云南省委执政纪要（2010年）》有关省政协部分的起草工作，承担关于贯彻落实省委政协工作会议、《省委办公厅关于认真学习贯彻中办发〔2011〕16号文件精神的通知》《关于省委政协工作会议和文件精神贯彻落实情况的督查报告》《全国政协年鉴（云南部分）》及《中共云南省委关于支持人民政协履行职能发挥作用的意见》精神情况自检自查报告的草拟任务。圆满完成领导交办的其他文稿起草任务，为省政协工作的顺利开展发挥了应有的作用。

三、全面开展政协新闻宣传

新闻宣传紧紧围绕省政协中心工作，有计划、有重点、有深度地组织宣传报道，多渠道、多形式宣传省政协履行职能取得的成果，为政协履行职能营造了良好的社会氛围。一是紧紧围绕省政协重要工作精心策划宣传报道。以省政协16项重要会议活动，9项重点调研和5项重点视察等作为宣传重点，精心策划，认真组织，做到报纸、电视、电台和网络全方位、多角度宣传。二是不断提高日常宣传报道质量。全年就省政协各种主要会议、活动组织宣传报道近100场，中央、省、市级媒体刊播2500余篇（件）。其中，《云南日报》全年总计文字稿件达300多篇件，图片70多幅，与云南日报合办“政协天地”专版共刊出12期，12余万字；云南电视台在《云南新闻联播》共播出涉及政协及民主党派、工商联的新闻420多条；云南网采写、编辑、发布相关政协稿件、视频新闻（图片）300多篇。三是密切与新闻单位的联系沟通。举办重要会议和活动前，均及时向省级新闻单位、中央驻滇新闻单位通报情况，召开新闻协调会，共同商定宣传报道方案，策划宣传主题，及时提供材料，组织采访报道，做到主动联系，提前沟通，保证了宣传效果和质量。四是继续办好“政协好新闻奖”。今年第四届“政协好新闻奖”评选活动于4月下旬举行，共评出一等奖7件，二等奖12件，三等奖16件，优秀奖20件。奖项覆盖中央、省、市各种媒体（报刊、广播、电视、网络），获奖记者遍及省级和16个州市机关、新闻单位。评选体现鼓励创作、支持创新的精神，充分调动了广大新闻工作者宣传报道人民政协工作的积极性和主动性。

四、认真组织省政协中心学习组学习和有关会议

一是做好省政协中心学习组的服务工作。上半年，省政协中心学习组组织了以深入学习杨善洲同志坚定信念、对党忠诚的政治品格，牢记宗旨、一心为民的公仆情怀，鞠躬尽瘁、不懈奋斗的崇高境界，大公无私、淡泊名利的奉献精神为主题的学习活动。研究室做到事前提早谋划，事中精心组织，事后认真总结，取得了良好的学习效果。二是组织召开全省政协新闻宣传工作暨2012年度《云南政协报》发行工作会议，省政协顾伯平副主席出席并作重要讲话，近150人参加会议。三是组织召开省政协新闻宣传暨云南政协报“走基层转作风改文风”座谈会。省政协顾伯平副主席出席并发表重要讲话。省内主流媒体负责人及报刊阅评专家代表就省政协新闻宣传及《云南政协报》走、转、改工作提出了意见建议。

五、积极开展调研视察

按照《政协云南省委员会2011年重点工作安排意见》要求，研究室主动组织有关调研和视察活动。一是牵头组织《充分发挥民主党派在人民政协中重要作用》的调研。深入省内外实地调研，了

解民主党派在政协履职中发挥作用的情况，并在深入研究基础上，提出了进一步发挥民主党派在政协履职中作用的对策建议。调研报告送省委后，秦光荣书记等省委主要领导作出重要批示，调研工作对加强政协工作和民主党派建设发挥了积极作用。二是参加省政协抗旱保民生专题调研。承担两个调研组调研报告的起草工作，参加综合报告的起草和汇总，为抗旱保民生专题调研顺利完成作出了努力。三是组织“云南石产业发展情况”重点视察。为促进省政府《关于进一步加快石产业发展的意见》的贯彻落实，研究室组织部分省政协委员就我省石产业发展情况视察，形成了《关于云南石产业发展情况的视察报告》，对云南石产业发展情况、存在问题作出了完整、准确的阐述，提出了进一步促进石产业发展的意见建议。报告得到省政协领导的充分肯定。四是参与考察西班牙、意大利珠宝产业发展情况，在分析研究基础上，形成了《云南省政协赴西班牙、意大利珠宝产业考察情况报告》。

六、助推石产业发展工作

云南省珠宝玉石首饰行业协会划归省政协办公厅主管后，研究室协助筹备、组织了珠宝协会六届一次会员代表大会，参与策划和组织了3·15珠宝示范店、珠宝业界向地震灾区捐款、“东方金钰”德宏月亮岛珠宝城项目启动等大型活动；陪同接待缅甸矿业部珠宝企业司司长（玉石公盘组委会主任）吴登水一行赴滇考察，在交流磋商基础上，形成了《关于缅甸矿业部珠宝企业司吴登水司长一行赴滇考察接待情况的报告》；参与筹办2012中国云南·昆明新年国际珠宝展并取得较好的成果，为推动云南石产业发展做出了积极努力。

七、办好内部刊物和做好书籍编撰工作

一是圆满完成《云南政协年鉴》编纂任务。完成云南政协年鉴的整体设计、编排目录、布置撰写、收集材料、编辑核稿、审定书稿、出版社审验、印制校稿、付印出版等工作，出版了100多万字的《云南政协年鉴·2010》。二是做好《政协理论与实践》编辑工作。全年完成6期近50万字《政协理论与实践》的编辑、出版工作。三是胡锦涛同志在庆祝中国共产党成立90周年大会上作出重要讲话后，研究室及时收集资料，编辑了《委员学习资料》，供政协委员学习参考。四是编纂《云南省政协大事记》。按照“全面、准确地记述省政协的重要工作情况，进一步增进机关内部的沟通和交流”的办刊要求，合理设置栏目，努力提高质量、突出特色，2011年共编发《云南省政协大事记》6期，计10万字。五是编辑出版《政协工作研究》。就政协履行职能制度化、规范化、程序化建设，发挥政协界别作用，政协委员主体作用，专门委员会基础性作用和完善和丰富民主监督实现形式等问题作了创建性研究。六是编辑石产业研究相关书籍。2011年为贯彻省委、省政府、省政协领导做大做强云南石产业的指示，编辑出版了《2011云南石产业》，为云南石产业发展提供了重要的参考资料。

（编写　袁天灿　审稿　马孝初）

提案委员会工作概况

2011年，提案委员会在常委会议和主席会议领导下，深入学习贯彻和落实科学发展观，认真学习中共十七届六中全会、省委八届十次会议和省委政协工作会议精神，按照省政协十届四次会议提出的提案工作要求，坚持“围绕中心、服务大局、提高质量、讲求实效”的提案工作方针，依据省政协年度工作安排，切实加强自身建设，不断提高提案服务工作质量，圆满完成了常委会赋予的各项工作任务。

一、强化素质，提案服务意识不断增强

充分发挥学习的先导作用，始终把加强学习作为委员会自身素质建设和提高提案服务质量的重中之重，按照省政协机关的统一部署，依据省政协办公厅党组开展创优争先活动的安排，在深入学习贯彻中共十七届六中全会精神、省委政协工作会议精神、省政协十届四次会议精神的基础上，参加了西部十二省区市政协提案工作座谈会、全国政协提案工作理论培训班，应邀参加了中南六省（区）提案工作座谈会，及时对会议精神进行了学习传达。积极参加省政协办公厅组织的各种培训、学习和讲座，委员会每月底定期组织一次学习活动，学习内容涉及时事政治、党的统战理论和提案工作相关业务知识。学习省内外提案工作好的经验和做法，着力提高委员会全体人员的综合服务水平和做好本职工作的能力，先后深入迪庆、丽江、曲靖、昭通、文山等五个州市及部分县级政协进行调研指导，派出人员到西藏、海南、广东、福建、山东、江西、湖南、湖北及东北三省等地政协考察学习先进的提案工作方法和理念。通过学习、调研和考察，提高了政治理论水平和业务素质，强化提案工作服务意识。

二、狠抓落实，提案工作质量不断提高

提案工作的最终落脚点体现在提案的办理实效上。为确保提案办理实效，我们在抓好工作落实上下功夫，主动加强与各承办单位的联系、沟通与合作，积极开展调研、视察和督办工作。协助承办单位完善工作制度，促使他们始终坚持以提高办理质量为重点，以解决实际问题为目标，把提案的办理和日常工作结合起来，把提案办理过程作为推动单位工作的过程，使提案的办理真正落到了实处。省政协十届四次会议期间共立案并交办提案614件。全会结束后，对提案及时进行交办，共交101个承办单位办理。截止2011年12月6日，已经办理答复608件，办结率为99%。从办理结果看，A类提案250件，占41.10%；B类提案301件，占49.50%；C类提案57件，占9.40%。由于调整了新的提案办理结果分类标准，A类提案明显高于往年，由去年的19.90%上升为41.10%。省政协领导督办的10件重点提案，省委、省政府、省政协分管领导都作了阅批，逐件进行了面商，省委农办、省发改委、省国土资源厅还进行了二次面商，在面商中双方的意见得到了充

分表达，形成了共识，确保了高效办理。到12月5日重点提案已办理完毕。评选出了50件优秀提案，拟在十届五次全会前进行表彰。为进一步加强提案办理工作的跟踪问效，续办续复的意识明显增强，60%以上的承办单位对提案主动进行了续办续复。委员会选取了十届三次会议部分B类提案交省委办公厅、省政府办公厅进行续办续复，目前已办复完毕。由于始终把做好提案工作的着眼点放在狠抓落实上，提案质量、提案办理质量、提案服务质量明显提高，社会影响逐步扩大，引起了各级领导和社会各界的高度关注。

三、深入调研，提案工作途径不断拓展

调查研究是提案工作科学发展的基础。通过调研促进提案办理，今年对10件重点提案全部在办理前，组织相关部门和政协委员进行了调研，为提案承办单位提供了办理参考意见建议。围绕提案工作需求，结合年内召开的全省政协第二十次提案工作座谈暨研讨会、西部十二省区市第二十二次提案工作联席会的研讨题目，委员会领导分两组深入迪庆、丽江、文山、昭通、曲靖等州市进行了为期半月的调研，形成了调研报告和理论文章，云南省政协代表西部省区市在西部提案工作座谈会上作了交流发言。在提案办理过程中，委员会坚持把专题调研作为履行职能的基础性工作，从提案中精心遴选、周密组织、深入调研。我们组织了《云南省生态保护和建设》的调研，由王学仁主席、管国忠常务副主席、陈勋儒副主席分别带队进行了调研，形成的调研报告，经主席会议审议通过后报送省委、省政府。此外，我们还和国土资源厅联合组织了《云南矿产资源保护和开发利用》调研，配合省政协社法委进行了《政法机关规范文明执法情况》重点视察。组织提案委员会委员分别对省委统战部、省发改委等8家提案承办单位进行了办理工作年度视察，形成了视察报告通报各承办单位和有关部门，既摸清了提案办理情况，又促进了提案承办单位的工作。

四、加强互动，提案工作合力不断凸显

提案工作涉及的部门和单位多，工作的有序开展，离不开多方的良性互动。为了充分整合、调动各方面的积极性，我们非常注重加强提案工作各个环节的互动。围绕提高提案办理实效，通过召开提案现场办理面商会、组织重点提案督办调研、走访承办单位等方式，为提案者和承办单位搭建了交流协商的平台，促进了提、办双方的良性互动。委员会注重加强与省委办公厅、省政府办公厅的密切联系，主动与提案者及各提案承办单位联系和协调，加强了对全省州市、县区政协提案工作业务指导，深入研究、科学把握提案工作规律，加强提案工作各个程序、各个环节的联系和沟通，精心筹备组织了相关业务工作会议，推动了全省提案工作。商请省委办公厅、省政府办公厅抽调主要的提案承办单位人员做好全会期间的提案征集、审查立案、确定承办单位和重点提案的推荐工作。在有关单位的支持配合下，经过共同努力，确保了全省政协第二十次提案工作座谈会暨提案工作研讨会在文山州的圆满召开。召开了省级党派团体专委会提案工作座谈会，听取对提案工作的意见建议。通过广泛互动，探讨发挥集体提案的组织优势，研究提高提案办理质量的方法和途径。

五、注重创新，提案服务工作不断规范

通过机制创新和方法创新，推动提案工作健康发展，促进提案服务工作更加规范。围绕提高提案工作“三个质量”，在“征集提案线索”“办理模式”“面商座谈”“业务培训”“理论研讨”等环节不断赋予新内容，提高了提案工作的整体水平。在政协委员年度提案办理视察中尝试“双向评议”机制，既让委员评议承办单位的办理工作，又让承办单位评议委员的提案质量，有利于促进提案工作的整体推进。为使领导和提案承办单位更加广泛、全面地了解省政协提案的状况，委员会编印了8期《重要提案摘报》，分送省委常委、副省长、省政协领导及提案承办单位，引起了领导及有关部门的高度关注，王学仁主席、黄毅部长、刘平副省长、孔垂柱副省长等都在摘报上作了批示。召集省级各新闻媒体进行提案工作恳谈，推进了提案宣传工作。着眼于完善提案工作机制，规范提案工作流程进行了《云南省政协提案工作条例》的修订。

（编写　李　兴　审稿　郭文龙）

经济委员会工作概况

2011年是“十二五”的开局之年。在省政协党组和常委会议的领导下，经济委坚持以科学发展观为统领，围绕省委、省政府的中心工作，以促进我省经济社会科学发展、和谐发展为履行职能的第一要务，认真履行工作职能，发挥委员主体作用，积极建言献策，努力提高履职参政水平，较好地发挥了专委会的基础作用。

一、深入开展专题调研

（一）组织“在实施西部大开发和桥头堡战略中加快推进滇中经济区建设”专题调研

今年4月以来，我委联合省发改委、省工业和信息化委员会、省住房和城乡建设厅、省商务厅、省政府研究室、昆明市政协相关领导和同志组成调研组，先后到20多个省级相关部门和昆明、曲靖、玉溪、楚雄四州市开展了专题调研。邀请省教育厅、省科技厅、省民政厅、省人力资源和社会保障厅、省环保厅、省农业厅、省林业厅、省水利厅、省文化厅、省卫生厅、省体育局到省政协召开座谈会，听取了各厅局相关情况介绍，并赴甘肃、湖北等省学习借鉴开发区建设先进经验。就“在实施西部大开发和桥头堡战略中加快推进滇中经济区建设”进行了专题调研。并邀请省委政策研究室、省发改委、省工信委、省住房和城乡建设厅、省商务厅、省政府研究室、昆明市、玉溪市、曲靖市、楚雄州就滇中经济区的产业发展重点和布局研究；滇中经济区的城乡建设重点和布局研究；滇中经济区的市场体系建设重点和布局研究；滇中经济区的基础设施一体化建设重点和布局研究；统筹滇中经济区发展规划研究；昆明与滇中经济区研究；玉溪与滇中经济区研究；曲靖与滇中经济区研究；楚雄与滇中经济区研究等九个子课题开展了子课题研究。在充分调研和考察学习的基础上认识到滇中是全省经济最具竞争力、发展力、带动力、辐射力的地区，紧紧把握重大历史机遇，充分利用国家战略优惠政策的叠加效应，加快滇中经济区建设具有十分重要的战略意义。提出了滇中经济区基础设施、产业分工布局、城乡统筹、市场体系、社会管理和公共服务以及生态建设环境保护“六个一体化”建设的构想，并提出了解放思想，敢于创新；加强领导、强势推进；立足全局，规划先行；争取支持，用好用活政策；强化考核，加强督查五条建议。在反复修改的基础上，形成了《政协云南省委员会关于加快滇中经济区建设的建议案》（云协〔2011〕4号），经省政协十届26次主席会议审定，报送省政府。省政府领导指示由省发改委牵头，省级相关部门承办，研究吸纳好的意见建议，供省政府决策时参考。

（二）参加“当前全省水资源情况暨抗旱保民生工作专题调研”

根据省委书记秦光荣关于开展抗旱保民生专题调研的重要指示精神，按照省政协水资源情况暨抗旱保民生专题调研的总体部署和安排，我委积极参与省政协办公厅牵头组织的调研工作，在省政协王学仁主席、管国忠常务副主席和王学智副主席等领导的带领下，10月24～28日，李元书主任参加了红河、文山调研组，李保上副主任参加了大理、楚雄调研组。在认真调研的基础上，分别形成了《省政协赴红河、文山开展抗旱保民生工作调研报告》以及《省政协赴大理、楚雄开展抗旱保民生工作调研报告》，为《政协云南省委员会关于抗旱保民生的建议案》的形成提供了详细的背景资料，提出了具有针对性的对策建议。

（三）积极配合全国政协专题调研组开展调研

收入分配问题是关系全体社会成员共享改革发展成果的重大问题，与群众切身利益密切相关。构建科学合理的收入分配制度，是社会公平正义的重要体现，是贯彻落实科学发展观以人为本的核心所在，也是构建社会主义和谐社会的基本要求。根据全国政协经济委的工作部署。4月16日～22日，全国政协“积极调整国民收入分配结构、深化收入分配制度改革”专题调研组在全国政协常委、经济委副主任胡德平、孙晓郁率领下对我省开展了调研，省政协王学智副主席和雷耀民副秘书长，经济委李元书主任全程陪同。调研组听取了李江副省长和相关部门的汇报，实地考察了云南白药集团，并对保山市、德宏州开展了实地调研。调研结束后，在深入了解情况的基础上，全国政协经济委员会以“政协信息”的形式向中央反映了当前我省“桥头堡”建设需要政策支持（《云南“桥头堡”建设需要政策支持》）。提出了进一步加大财政转移支付力度；在税收方面适当倾斜；加大基础设施建设的力度；提高工资待遇的四条建议，向中央反映了当前我省桥头堡建设亟待解决的问题，推动了我省桥头堡的建设工作。

二、认真搞好重点视察

在2010年调研的基础上，在曾华、王学智两位副主席的率领下，2011年9月20日～27日，省政协经济委员会、港澳台侨和外事委员会共同组织29名省政协委员到省发改委、普洱市、西双版纳州就“云南转变经济发展方式、调整经济结构推进情况”进行了视察。视察期间，先后听取了省发改委关于全省经济发展方式转变和经济结构调整的总体情况介绍和普洱、西双版纳两州市的相关情况汇报，实地视察了普洱建峰水泥厂、天士力生物茶科技有限公司、普洱市中心城区规划建设情况、糯扎渡水电站、西盟县城市建设情况，孟连县勐阿口岸和版纳州勐遮镇农业土地综合整治情况、勐海茶厂。视察过程中，委员们不辞辛劳，深入工厂车间、建设工地、田间地头、山乡村寨和边境口岸，与各级干部群众座谈交流，认真了解情况，深入思考问题，积极提出意见建议，圆满完成了视察任务。通过视察，委员们较为全面地了解了我省转方式、调结构的推进情况，看到了存在的困难和问题，提出了意见和建议。视察结束后，形成了《省政协关于云南转变经济发展方式、调整经济结构推进情况的视察报告》，报告紧紧围绕国家和省委、省政府关于转方式、调结构的部署和要求，提出了五点建议：（1）抢抓发展机遇，加快推进经济发展方式转变和经济结构调整；（2）突出产业重点，夯实经济发展方式转变和经济结构调整的基础；（3）围绕绿色目标，提高经济发展方式转变和经济结构调整的质量；（4）注重民生发展，巩固经济发展方式转变和经济结构调整的成果；（5）突出解决主要制约因素，增强经济发展方式转变和经济结构调整的活力。报告经 12 月 1 日十届二十九次主席会议审议通过，报送省政府。

三、精心组织企业家论坛

省政协企业家论坛发挥人才荟萃、智力密集、联系广泛的独特优势，2011 年 5 月 26 日上午，在省政协礼堂举办了“在实施西部大开发和桥头堡战略中加快推进滇中经济区建设”恳谈会。省委、省政府、省政协领导与全省各界人士汇聚一堂，共商滇中发展大计。省委副书记、省长秦光荣，省政协主席王学仁出席会议并作重要讲话，省政协副主席马开贤，省政府秘书长丁绍祥，省政协秘书长车志敏以及省政协原副主席和占钧出席会议。省政协副主席王学智主持会议。省委、省政府有关委、办、厅、局的负责同志，省政协办公厅、研究室、各专委会的负责同志，省级各民主党派和工商联的负责同志，昆明、曲靖、玉溪、楚雄四州市政府、政协领导，云南省企业家论坛会员，省政协经济委委员，政协之友协会会员，为此次恳谈会提供稿件的撰稿人、稿件评审专家组成员以及各界人士代表 200 余人参加了会议。会上，参会的 23 位政府部门负责同志、专家学者和企业家围绕如何把握西部大开发和桥头堡战略，加快推进滇中经济区建设作了发言。在听取了大家的发言后，秦光荣省长指出，贯彻落实“桥头堡”战略，推进西部大开发，必须加快滇中经济区发展。建设我国面向西南开放重要桥头堡，是云南新时期全面推进改革发展的重大任务，是历史的反思、时代的呼唤、现实的突破和战略的选择。滇中经济区建设是桥头堡建设的重要内容，也是国家西部大开发和“十二五”规划纲要提出的明确要求，要建立协调机制，制定发展规划，加强统筹协调，调动相关州市的积极性，全面加快滇中经济区建设。王学仁主席在讲话中强调，我省各级政协特别是滇中地区的政协组织，要认真学习领会国务院关于支持云南省加快建设面向西南开放重要桥头堡的重要精神，充分认识加快建设滇中经济区对于桥头堡建设的重要性和紧迫性，把思想和行动统一到中央和省委、省政府的决策部署上来，充分发挥智力密集、人才荟萃的优势，围绕滇中经济区建设的重点和难点问题开展协商议政活动，选择综合性、全局性、前瞻性的问题进行深入调查，抓住推进中出现的新情况、新问题、新矛盾进行认真研究，多建诤言多献良策，努力为推动滇中经济区建设贡献力量。这次恳谈会参与面广，影响面大，效果明显，进一步诠释了滇中经济区的内涵和外延，明确了滇中经济区的功能定位、工作重点和具体措施，展示出全省企业家心系云南、共图大业的良好风貌。会后，我们将秦光荣省长、王学仁主席在恳谈会上的讲话和恳谈会征文活动中获一、二、三等奖的97篇文章编印成书，学智副主席专门为这本书写了序言。

四、精心组织重要会议

（一）召开经济委全体委员会议

3月18日，在省工商行政管理干部培训中心召开了政协云南省第十届委员会经济委员会第四次全体委员会议，经济委委员共31人参加了会议。经济委副主任杨先明传达了全国政协十一届四次会议精神，李元书主任总结了经济委2010工作，并提出2011年的工作计划。委员们审议并通过省政协经济委员会2011年工作要点。省政协王学智副主席就经济委员会2010年的工作进行了充分肯定，并就做好2011年经济委的工作提出了四点意见，一是认真学习领会贯彻落实好中央和省的重要会议精神；二是围绕主线，推动科学发展；三是进一步发挥经济界委员的作用；四是经济委办公室要为委员开展工作搞好服务。

（二）召开全省政协经济委员会联系会议

12月19～21日，全省政协经济委员会联系会议在楚雄州召开。这次会议的主题是：深入学习贯彻党的十七届六中全会、云南省第九次党代会和中央经济工作会议精神，围绕全省各级政协经济委员会今年履行职能，在推动云南科学发展、和谐发展、跨越发展中的工作进行总结和经验交流，并研究明年的工作思路和重点。全省15个州市政协分管经济工作的领导及办公室负责同志共80多人出席了会议。会上，李元书主任对省政协经济委2011年的工作进行了总结，并就2012年的初步计划进行了通报，保山市、文山州、普洱市、楚雄州、德宏州、昆明市等州市政协经济委就2011年的工作在会上进行了发言，其他州市书面交流。王学智副主席就学习贯彻中共十七届六中全会、中央经济工作会议和省第九次党代会精神，做好2012年全省各级政协经济委工作作了重要讲话，提出了三点意见。一是深入学习贯彻落实好中共十七届六中全会和中央经济工作会议精神。二、切实把省第九次党代会精神贯彻落实到政协工作中。三、结合实际抓落实围绕中心献良策。与会人员一致认为，这次会议达到了互通信息、交流经验、相互学习、相互促进的目的，同时进一步加强了相互之间的联系，增进了友谊，会议取得了圆满成功。

五、认真做好其他工作

应邀参与经济社会发展领域有关法规的讨论修改。今年以来，委员会应邀组织专家、学者参与了20余部法规的讨论修改。参加云南省公路工程项目招标监督委员会的工作，以及省财政厅的绩效考评工作，有效履行人民政协民主监督的职能。认真做好全国政协以及各兄弟省份政协经济委、农委来滇调研考察接待工作。

六、全面加强自身建设

（一）努力学习，提高自身能力

一年来，经济委始终坚持把学习放在首位，结合自身的工作实际，在思想、文化素养、省情、专业知识等方面加强学习。思想上，认真学习党的十七届五中、六中全会，省第九次党代会会议精神，胡锦涛同志“七一”讲话精神、关于向杨善洲同志学习的重要指示；文化素养上，扩大知识视野，改善知识结构，夯实履职基础，提高了履行政协职能的水平和能力，积极组织专委会领导和办公室人员参加云南省干部在线学习活动；省情、专业知识上，适应新形势和新任务要求，认真学习了《国务院关于支持云南省加快建设面向西南开放重要桥头堡的意见》精神。为多建科学发展之言、多献科学发展之计、多谋科学发展之策打好坚实的理论基础。

（二）发挥党支部战斗堡垒作用，扎实推进创先争优活动

经济委党支部按照省政协的统一部署和安排，围绕党委工作总体要求，立足思想建设、组织建设、作风建设和制度建设，对照目标管理各项考核内容和标准，结合支部实际和工作计划，按照办公厅党组对机关党建工作和机关建设提出的“四化”和“四型”要求，认真开展“创先争优”活动，被评为省政协机关创先争优“先进党支部”和“先进集体”。充分发挥经济委党支部的战斗堡垒和党员先锋模范作用，为政协履职提供了有力保障。

（三）做好综治维稳和保密宣传工作

经济委按照机关“综治维稳领导小组”和“保密委”的要求，将综治维稳意识和保密意识贯穿工作的始终，在调研、视察、企业家论坛以及日常工作中，时刻加强责任意识、风险意识，结合省政协机关参观全国窃密泄密案例警示教育展和召开保密工作会议的机会，按照《云南省政协机关“六五”保密法制宣传教育规划》的要求，专门开展部门保密意识和综治维稳教育，结合日常工作开展“综治维稳”和“保密”工作，圆满的实现了工作目标。本部门在2011年的综合治理、计划生育、信访、部门工作、保密工作等方面做到了“零差错”、“零事故”。

（编写　戚剑飞　审稿　李元书）

人口资源环境委员会工作概况

2011年，省政协人口资源环境委员会在主席会议和常委会领导下，坚持以科学发展观为统揽，按照省委、省政府“两强一堡”发展战略部署，围绕人口、资源、环境协调可持续发展中的重要课题，认真履行职能，积极建言献策，努力提高委员会工作科学化水平，完成专题调研和视察各3项、考察2项，协同参与全国政协调研3项，提交提案2件、督办3件，参加立法协商5件，为推动我省资源节约型、环境友好型社会建设，实现经济社会可持续发展作出积极贡献，委员会被省政协评为信息工作先进单位，办公室被省政府表彰为“十一五”森林云南建设先进集体。

一、开展重要课题调研

（一）围绕贯彻落实中央1号文件精神，加快推进省委、省政府“兴水强滇”战略实施开展调研

为贯彻落实《中共中央国务院关于加快水利改革发展的决定》（中发〔2011〕1号）文件精神，省委、省政府作出了《关于加快实施“兴水强滇”战略的决定》（云发〔2011〕7号）。根据省政协主席会议决定和王学仁主席“兴

水如何才能强滇，强滇如何实现富民”有关专题调研思路，4～9月，在白成亮副主席率领下，由委员会谢承彧主任为组长的调研组，深入文山、红河州7县（市、区）等实地调研，并联合各州市政协同步开展调研，汇总州市调研报告、专题材料46份。同时，分别与省发改委、财政、国土、水利、农开、烟草公司和水利水电投资公司等部门单位协商座谈，对有关问题和政策进行探讨磋商，在研究省情、吃透水情、体察民情基础上，形成《贯彻落实中央1号文件，推进“兴水强滇”战略实施调研报告》，向省委、省政府提出推动我省水利改革发展实现新跨越、更好地为全省经济社会可持续发展提供水利支撑和保障八个方面建议。

（二）组织开展当前全省水资源情况暨抗旱保民生工作调研

连续遭遇三年干旱、特别是今年入汛以来，滇中及东部地区发生了最为严重的夏季干旱，给人民群众生活和工农业生产造成较大影响。10月23～28日，根据省委主要领导指示和省政协安排，委员会组织48位委员、专家，在王学仁主席、马开贤、白成亮副主席和车志敏秘书长率领下，分别赴昆明、曲靖和玉溪、昭通4州市，就全省水资源情况暨抗旱保民生工作开展专题调研。围绕“今年怎么过、明年怎么办”，深入灾情较重的10个县区察旱情、下农田、摸情况、算水账、谋对策，为促进全省抗旱保民生工作，加快水利建设跨越发展，积极献计献策、建言出力，提交了2份小组调研报告。

（三）针对提高人口素质问题，开展优生促进工程实施情况调研

实施优生促进工程，提高出生人口素质，是创建幸福家庭，构建和谐社会，功在当代，利在千秋的民生工程。近年来，我省出生缺陷发生率呈持续上升趋势，对人口与经济、社会、资源、环境协调可持续发展和社会管理带来潜在不利影响，全省已开展出生缺陷一级预防试点工作。3～6月，委员会组成调研组赴大理、临沧、昭通等州市，针对我省优生促进工程实施情况开展调研，形成《云南省优生促进工程实施情况调研报告》，建议：各级党委、政府要用抓控制人口增长的力度，加快推进优生促进工作进度，确保“十二五”末实现优生促进工程全覆盖，更好地为经济社会可持续发展储备优良充足的人力资源。

（四）配合全国政协开展相关调研

积极配合、主动协同做好全国政协人口资源环境委员会在云南开展的有关调研工作。8月29日至9月1日，以全国政协人口资源环境委员会副主任张基尧为组长，副主任王光曙、云南省政协常务副主席管国忠为副组长的调研组，会同云南省政协就进一步推动滇池治理保护工作开展专题调研。报送党中央、国务院的《关于进一步推动滇池治理保护的调研报告》，提出提请国务院常务会议专题听取滇池治理保护工作汇报；尽快审批滇池治理“十二五”规划；加大项目立项和政策资金支持；加快实施滇中引水工程；加大金融、财税和科技支持力度等建议。12月16日、20日，中共中央政治局常委、全国政协主席贾庆林，中共中央政治局常委、国务院副总理李克强分别对《关于进一步推动滇池治理保护的调研报告》作出重要批示。为贯彻落实中央领导重要批示精神，省委副书记、代省长李纪恒，省委副书记仇和，常务副省长罗正富等领导及时作出重要批示，并召开滇池治理专题会议研究部署相关工作。11月1～4日，全国政协副主席白立忱率人口资源环境委员会调研组，来我省就普洱市发展绿色经济情况进行调研。王学仁主席、王学

智副主席、车志敏秘书长、谢承彧主任等出席调研座谈会，孔垂柱副省长汇报了云南省绿色经济发展情况。王学智副主席等陪同调研组，考察了普洱市康恩贝石斛种植基地、天士力生物茶谷、大开河咖啡种植基地、桑莱特咖啡有限公司等绿色产业发展情况，听取了普洱市工作情况汇报。报送党中央、国务院的《关于云南省普洱市发展绿色经济情况的调研报告》，提出对普洱有基础、有优势、有潜力发展的项目、产业和社会事业给予重点支持，促进产业加快转型升级；提高绿色经济试验示范区内国家级公益林的补偿标准，在试验示范区内建设中国碳汇交易中心；对试验示范区建设期间实行国税先征后返政策优惠；参照西藏、新疆优惠政策，提高土地征用占用国家补偿标准，对用地指标和林地指标给予倾斜；开展跨境绿色经济试点，支持中、越、老三国边境经济圈，在普洱设立综合保税区和建设跨境自由经济贸易区等建议。11 月 9 ~ 16 日，全国政协人口资源环境委员会王玉庆副主任率调研组，赴保山市、德宏州对我省高黎贡山等国家重点自然保护区建设情况进行调研，陈勋儒副主席参加了相关活动。报送党中央、国务院的《关于加强自然保护区建设和管理的建议》，提出应在立法、规划、投入、政策、体制和管理上，对自然保护区进行科学分类、分级建设，并争取国家给予云南国家级自然保护区建设管理有更大的政策支持和资金倾斜。

二、精心组织视察活动

（一）对全省各族人民关注的重大水利建设工程开展视察

清水海调水是现代新昆明空港经济区、呈贡新城区主要供水水源工程；牛栏江—滇池补水是实现滇池水环境保护治理目标关键性工程，这两项工程是省委、省政府重点督查、全省各族人民关注的重大水利建设工程。为掌握第一手资料，8 月 4 ~5 日，委员会与昆明市政协、寻甸县政协先行对牛栏江（寻甸段）水污染防治情况进行了联合调查。10 月 19 日，孔垂柱副省长对报送的《关于滇池补水寻甸段水环境综合治理情况的反映》作出重要批示。在我省遭受三年连续干旱的严峻形势下，加快推进两项工程建设、尽快发挥效益，显得更为迫切、重要。10 月 24 ~ 27 日，在王学仁主席、马开贤副主席、车志敏秘书长率领下，委员会与民族和宗教委员会共同组织委员、专家及相关部门负责人，赴昆明、曲靖市对两项工程部分施工现地进行了视察。在视察情况通报会上，参加视察的省委常委、常务副省长罗正富、副省长孔垂柱等领导和相关部门单位负责人，认真听取了委员、专家提出的意见和建议，并表示要坚决打赢工程决胜的攻坚战，确保工程早日建成发挥效益。12 月 12 日，孔垂柱副省长对报送的《关于对清水海调水及牛栏江—滇池补水工程进展情况视察的报告》作了重要批示。

（二）围绕云南生物多样性保护战略代表性课题进行视察

为把云南省国家公园建设成为“七彩云南”最具魅力、最有科考探险和民族人文价值及生态文明建设、生物多样性保护、人与自然和谐共融的典范，实现资源保护与经济发展双赢。7 月 5 ~10 日，在省政协副主席白成亮率领下，由委员会主任谢承彧为组长，组织部分委员、专家，赴迪庆州香格里拉县、维西县，丽江市玉龙县等地，选择云南省国家公园建设与管理和滇金丝猴保护与利用情况两个课题进行视察，分别形成了《云南省国家公园建设与管理情况视察报告》和《滇金丝猴种群保护情况视察报告》。11 月 30

日，刘平副省长对报送的《云南省国家公园建设与管理情况视察报告》作了重要批示。滇金丝猴这张具有全球自然保护战略意义、云南生物多样性宝库中的名片，正逐步得到其应有的地位、发挥良好的作用。在政协委员的积极建议和有关部门共同努力下，12 月 12 日，“云南省滇金丝猴研究中心”在白马雪山国家级自然保护区正式挂牌成立，标志着滇金丝猴的研究、保护、管理和利用将进入国际化、科学化、合理化的发展轨道。

三、做好提案提交督办

充分发挥委员会自身优势，认真做好提案提交和协商工作，提案督办效果明显。

（一）委员会提交并督办的《关于加快推进我省废弃物资源化利用的建议》（第 35 号）被省政协评为优秀提案

提案的有关建议得到省相关部门的重视，在编制《云南省“十二五”节能减排规划》《云南省资源综合利用规划纲要》中已采纳。目前，全省已建成了 43 个再生资源社区回收站和 11 个废弃物资交易市场，城镇污水生活垃圾处理设施建成运行 202 个。昆明市静脉产业园正按规划推进建设。

（二）与农工党云南省委联合提交的《关于妥善解决我省边民与毗邻国边民通婚及生育问题的提案》（第 36 号），已上升到国家相关部委层面

根据有关各地反映的情况，2011 年 3 月，国家民政部在广西南宁市召开了部分省市边民通婚座谈会，征求对《中国边民与毗邻国边民婚姻登记办法》的修改意见。

（三）推进提案成果转化

11 月 24 日，委员会会同省政协提案委员会和九三学社云南省委，与省财政厅、省国土资源厅和省水利厅等部门，就省政协重点提案《关于加快地下水资源研究，应对季节性干旱的提案》（第 14 号）进行督办面商，推进了提案成果转化和工作落实。

四、组织学习考察活动

1. 为推进我省“兴水强滇”战略实施，4 月 11～26 日，由谢承彧主任率队组织部分委员，赴重庆、湖北、浙江、江苏、上海等省市，对“贯彻落实中央 1 号文件，推进水利改革发展情况”进行了学习考察，形成《关于赴湖北、浙江等省市考察水利改革发展情况的报告》，提出：科学制定水利发展规划，强化基础设施建设，深化水利改革发展，建立水利投入稳定增长机制和完善农业水利基础设施管护机制等建议。

2. 为推进森林云南建设、积极为加快林业发展建言献策，8 月 24 日至 9 月 6 日，由省政协副秘书长高德明率队组织部分委员，赴山西、陕西、山东等省，对实施退耕还林加快生态建设情况进行了学习考察，形成《陕北地区实施退耕还林加快生态建设情况的考察报告》，建议：进一步完善退耕还林补偿政策，工程管理费应列入经费预算，建立长效管理机制，重视科技支撑，加强效益监测和加强林地管理。

五、开展好经常性工作

（一）召开全体委员会议

2 月 25 日，委员会召开全体委员会议，省政协副主席白成亮出席会议并作重要讲话，省政协人口资源环境委员会领导及委员 40 人参加了会议。会上，认真传达全省“两会”精神，通报 2010 年完成工作任务情况，审议通过 2011 年工作要点。会后，举办了云南绿色产业发展知识

讲座，云南省林业科学院院长郎南军研究员，以《云南省木本油料产业发展情况》为题，从发展木本油料产业意义，云南发展木本油料产业潜力巨大，我省木本油料产业发展现状，前景展望及建议等方面作了专题讲解。

（二）召开全省州市政协人口资源环境委员会工作会议

5月9～11日在文山州召开。省政协副主席白成亮出席会议并作重要讲话，省政协人口资源环境委员会领导、各州市政协分管副主席和人口资源环境委员会主任、办公室负责人共102人参加了会议。会议总结交流了近年来工作经验，探讨发挥专委会作用的做法，安排“贯彻落实中央1号文件，推进‘兴水强滇’战略实施”联合调研工作，确保委员会工作同省政协党组方向一致，目标一致，工作一致。

（三）出席全国暨地方政协人口资源环境委员会工作研讨会

9月17～24日，省政协副主席白成亮，人口资源环境委员会主任谢承彧等同志，出席在山东省济南市召开的全国暨地方政协人口资源环境委员会工作研讨会，提交了《发挥优势，认真履职，努力为云南生态文明建设作出新的贡献》经验交流材料。会后考察了济南、青岛市蓝色经济区和生态文明建设情况。

（四）开展立法协商讨论

组织委员、专家就“十二五”规划实施和人口、资源、环境协调可持续发展问题，参加对口部门《云南省循环经济发展规划》《云南省水利发展“十二五”规划报告》《云南省充分发挥大中型水电站综合利用效益规划》协商咨询；《云南省小型农田水利建设项目绩效评价报告》《云南省级公益林生态效益补偿资金项目绩效评价工作方案和指标体系》和《云南省统筹城乡发展体制机制创新研究》评审论证；参加社会和法制委《云南省森林消防条例（草案）》《云南省气象灾害防御条例（草案）》《云南省天然湿地条例（草案）》《云南省促进生物产业发展条例（草案）》和《云南省流动人口计划生育工作规定（修订草案）》等立法协商。

（编写　李　杰　审稿　谢承彧）

教科文卫体委员会工作概况

2011年，教科文卫体委员会在省政协常委会议和主席会议的领导下，以科学发展观为指导，紧紧围绕省委、省政府的中心工作和我省“桥头堡”战略需要，充分发挥政协人才荟萃、智力密集的优势，努力加强自身建设、不断提高履职水平，为促进我省教育、科技、文化、卫生、体育等事业的健康快速发展积极建言献策，作了应有贡献。

一年来，委员会共组织了7项调研视察、两项重要活动，召开了9次专题座谈会，提交省政协十届四次会议大会发言材料4份，提案4件，提交省政协十届常委会发言材料2份，制发简报12期。工作中，贯彻执行省政协机关和委员会的各项规章制度认真，落实保密工作有关规定和综治维稳要求严格，参加机关组织的各项集体活动积极，各项任务完成圆满。

一、加强自身建设，提高履职能力

2011年，委员会按照省政协党组和机关党委的要求，努力加强自身建设，不断提升委员会履行职责的能力。一方面加强政治理论和业务学习。以党的十七届五中、六中全会报告，胡锦涛总书记在纪念建党90周年大会上的讲话，中宣部编印的《从怎么看到怎么办》及省委八届十次全会、第九次党代会精神等为主要内容，结合省政协机关开展的“读红色经典”活动，采取集中学习、讨论交流、自学等方式，组织联系的政协委员和委员会的同志进行学习讨论，把大家的思想和行动统一到中央和省委的精神上来，统一到常委会议和主席会议的工作部署上来，把智慧和精力凝聚到推动社会事业科学发展、促进社会和谐上来。今年，组织全体委员学习座谈3次，组织各界别委员、特聘委员讨论交流活动12次，组织外出学习考察两批次。期间，就如何创新调研、视察、考察、座谈工作机制，提高办公效能，搭建委员参政议政平台等方面进行了深入探讨。另一方面，加强作风建设，提高工作效率。2011年，委员会继续以“创先争优”活动为载体，结合自身的工作实际和存在的薄弱环节，研究制定了《教科文卫体委员会文件管理规定》，努力在工作的制度化、规范化、程序化上求进步，克服工作的表面性、随意性。日常工作中精心策划活动，认真起草文稿，严格遵守纪律，虚心听取建议。平时注重协调内部关系，发扬互助协作精神，积极营造民主团结、宽松活泼的干事氛围。

二、突出工作重点，深入调研视察

今年，委员会紧紧围绕党和国家西部大开发和我省“桥头堡”建设的战略部署，以关注民生、促进经济社会又好又快发展为着力点，积极组织各界别委员开展调研、视察工作，较好地履行了参政议政职能。

（一）围绕我省在“桥头堡”建设中如何构建高水平教育平台问题开展重点调研

4~6月，在顾伯平副主席的率领下，调研组深入三个州市、十所高等院校，对我省在“桥头堡”建设中构建高水平教育平台课题进行重点调研。调研组在充分听取意见建议的基础上，对我省高等教育面临的形势和任务，构建高水平教育平台重要性、必要性，以及方法路径进行了深入分析探讨，形成了《我省在“桥头堡”建设中构建高水平教育平台》调研报告。报告提出了四个方面的建议：一是我省应建设一批区域性各具优势和特色的高水平大学这样一个基本目标。二是实现我省没有部属高校的重大突破，争取云南大学尽快成为部属高校。三是对外努力争取，对内深挖潜力，努力提升我省高校的整体水平。争取新增一所全国重点大学，争取6所高校进入“中西部高等教育振兴计划”，重新确定一批省属重点高校。四是推进三项工作。即健全构建高水平教育平台工作的长效机制，做好各项基础性工作，继续做好面向东南亚、南亚对外交流工作。报告经主席会议通过后，已报省委省政府及有关部门参考。

（二）为推动我省卫生人才队伍建设开展重点视察

8~9月，在顾伯平副主席的率领下，视察组召开专题座谈会，听取了省卫生厅及有关州（市）、县（区）、乡等“卫生人才队伍建设情况”的专题汇报。之后，深入昆明、昭通两个州市，6个县、区，10个省、市、县、乡、村级医疗卫生机构，对我省卫生人才队伍建设情况进行了实地视察。视察组在充分听取情况介绍的基础上，对我省卫生人才队伍建设现状有了较全面的了解，形成了《我省卫生人才队伍建设情况的视察报告》，报告针对我省卫生人才队伍建设存在的人力资源不足，缺编缺员，人才结构不合理，缺少领军人才，保障机制不完善等问题，提出了进一步加强卫生人才队伍建设的意见建议。报告经主席会议审定后，已报省委、省政府及有关部门参考。

（三）开展化解我省高校债务问题的调研

1~3月，委员会围绕影响高校健康快速发展、高校反映强烈的债务问题，组织部分政协委员对我省高校债务的现状、规模，形成原因，当前国家、地方对化解高校债务问题制定的政策措施，解决的态度、力度、办法等进行了深入调研，形成了《关于化解我省高校债务问题的调研报告》。报告提出五点建议：一是积极请求中央政府加大化解我省高校债务的支持力度。二是各级地方政府主动帮助高校化解债务。三是高校积极主动挖掘潜力化解自身债务。四是各级政府制定募捐优惠政策，鼓励社会资助。五是提升办学质量，打造学校品牌，提高创收能力等办法化解高校债务。调研报告已报省委、省政府及有关部门参考。

（四）开展打造云南高原特色体育品牌的调研

7~8月，委员会组织调研组先后深入昆明、丽江、文山、迪庆4个州、市，6个县、区，4个体育训练基地，就我省高原特色体育品牌建设情况进行了调研，形成了《打造云南高原特色体育品牌的调研报告》。通过调研，摸清了我省打造高原特色体育品牌的现状，分析了制约高原特色体育品牌建设的原因，并结合我省实际，提出了进一步打造我省高原特色体育品牌的意见建议。调研报告已报省委、省政府及有关部门参考。

（五）开展边疆民族地区和藏区科技工作情况的调研

8~9月，委员会组织科技界政协委员、专家学者与科技厅有关领导就我省边疆和藏区县科技工作情况进行了座谈。之后，先后深入文山、迪庆2个州、3个县进行实地调研，并对其余边境县进行了函调。通过调研，对边疆及藏区科技情况有了比较全面的认识，对如何做好边疆藏区科技工作进行了认真思考。形成的《我省边疆民族地区科技事业发展情况调研报告》，分析了边境25个县和3个藏区县科技事业发展存在的困难和问题，从完善政策体系、加强对口支援、加大资金投入、壮大人才队伍、促进科技成果转化等提出了意见和建议。报告已送省政府及有关部门参考。

（六）组织委员进行高考评卷和录取现场视察

6月13日，委员会组织部分教育界政协委员视察了云南大学和昆明理工大学两个评卷点，7月14日，委员会组织部分教育界政协委员视察省招生考试院高考录取现场。视察组在听取了评卷、录取情况介绍后，视察了评卷点和录取现场。参加视察的委员对评卷、录取工作“三化”（制度化、规范化、程序化）建设比较满意。同时，委员们建议今后的评卷、录取工作要更加有利于“两强一堡”建设，要认真总结吸取工作中的好经验、好办法，贯彻好热情服务、遵章守纪、公平公正、择优录取的工作方针，努力做到社会满意、家长满意和考生满意。

三、认真做好经常性工作

按照省政协机关和委员会年度工作安排，扎实做好经常性工作。1月下旬，组织召开了教科文卫体委员会全体委员工作座谈会。会议总结了2010年工作，研究部署2011年工作。3月中旬，组织承办了省政协2011年“团结杯”牌艺邀请赛。省级国家机关、民主党派、工商联，各人民团体、大专院校、有关企业等30余个单位，约500人参加了比赛。4月上旬，组织召开了全省州、市政协教科文卫体委员会工作座谈会。各州市政协分管教科文卫体委员会的副主席、教科文卫体委员会主任参加了会议。会议总结了2010年工作，交流了经验做法，并就如何进一步提高专门委员会工作水平进行了深入探讨。省政协副主席顾伯平出席了会议并作了重要讲话。9月上旬，组织部分教育界政协委员，在昆明召开了省政协庆祝2011年教师节座谈会，约50名教育界政协委员、教师代表参加了会议，省政协副主席罗黎辉出席会议并作了重要讲话。9月下旬，组织承办了云南省政协2011年“金秋戏曲演唱会”。我省40余名优秀青年表演艺术家参加了演出。省级各有关部门400余人观看了演出。2011年，应省级有关部门的邀请，委员会组织联系的省政协委员及专家学者参加了6个法规的讨论修改。

四、关心基层做实事

2011年，委员会充分发挥自身优势，关注民生、关心基层，积极帮助基层做实事。一是积极与北京成龙慈善基金会联系协调，促成在我省开展云南贫困儿童大病救治项目。6月27日，成龙基金会已与省政协办公厅、省政协教科文卫体委员会达成协议，签署了云南贫困儿童住院大病救治项目合作协议，首期项目资金200万元已到位，符合条件患病儿童的资助治疗工作正有序进行。二是积极筹措物资支持基层政协和学校建设。今年，委员会联系协调电脑5台，支持临沧、保山、文山基层政协和学校。三是积极联系台湾阿尼色弗儿童之家为保山市隆阳区瓦窑怪脸女孩免费进行手术。目前工作进展顺利，一期手术已完成。四是积极联系协调台湾阿尼色弗儿童之家董事长颜国顺个人捐资贰万元用于建设临沧市凤庆县勐佑镇习谦村卫生室和老年活动中心。

（编写　董刚培　审稿　卢云伍）

社会和法制委员会工作概况

2011年，社会和法制委员会在省政协常委会和主席会议的领导下，坚持以邓小平理论和“三个代表”重要思想为指导，深入贯彻落实科学发展观，紧紧围绕省委和省政府的中心工作以及人民群众普遍关心的民生问题，认真开展专题调研和视察，组织委员进行立法协商，承办省政协第四届民生论坛，为构建社会主义和谐社会积极建言献策，圆满完成了全年各项工作任务。

一、加强政治理论学习

坚持把思想理论建设放在首位，切实提高全体同志思想理论水平，以科学理论指导工作实践。一年来，组织开展了中共十七届五中、六中全会精神、胡锦涛总书记《在庆祝中国共产党成立90周年大会上的讲话》精神、中央经济工作会议精神、省委八届八次、九次会议和省第九次党代会精神等方面的学习，组织开展了经济科技和法律知识等为主要内容的“爱读书、读好书、善读书”活动，通过学习，统一思想认识，增强了全体同志勤奋工作、履行职责的责任感和使命感。

二、认真开展专题调研和视察工作

为全面贯彻落实中央及我省关于保障性住房建设的各项措施，切实解决人民群众住房困难，促进我省房地产市场健康有序发展，根据《政协云南省委员会2011年重点工作安排意见》，从5月中旬开始，在省政协王学智、倪慧芳副主席的带领下，委员会组织调研组就云南省保障性住房建设情况进行了调研。调研组听取了省住房和城乡建设厅的情况介绍，分赴昆明、曲靖、普洱市及西山、官渡、宣威、思茅、江城等县（区）调研。深入到12个保障性住房小区、建设工地、棚户区实地察看，向施工单位、住户了解情况，听取意见建议，同时还收集研究了省保障性安居工程专项巡察组对16个州市的巡查情况报告。通过调研，形成了《关于云南省保障性住房建设情况调研报告》。报告针对存在的7个方面的问题，提出了7条意见建议，经第27次主席会议审定，以办公厅文件报送省委、省政府和有关部门。省委、省政府领导对报告给予了高度肯定，作出了重要批示。李纪恒代省长批示：省政协此调研报告，情况搞得清，问题抓得准，建议实在可行，确实是一篇高质量的参政议政报告。刘平副省长批示：请应光、建成同志亲自抓，按照纪恒同志的批示要求，把此份报告与前段省人大询问活动提出的建议一起研究，尽快形成《云南省保障性住房建设与管理办法》报省政府出台。同时精心组织指导好全省保障房建设与管理工作。

根据《政协云南省委员会2011年重点工作安排意见》，社会和法制委员会与提案委员会共同组织部分省政协委员，在省政协副主席陈勋儒、倪慧芳的分别带领下，于2011年10月23～27日和11月23日，先后听取省级政法机关和昆明市的情况介绍，深入临沧市及临翔区、双江县、云县对规范文明执法情况进行视察。视察采取听情况介绍、座谈讨论、实地察看等方式，在基本掌握全省政法机关规范文明执法情况下，形成了《关于对我省政法机关规范文明执法情况的视察报告》，经省政协第29次主席会议审定，报送省委、省政府及有关部门。

在临沧市视察时，根据省委和省政协主要领导指示精神，视察组同时对临沧市水资源情况暨抗旱保民生工作进行调研。视察组深入到临沧市及临翔区、双江县、云县，分别听取了情况介绍，实地察看了双江县南等水库和云县正觉庵水库，形成了调研报告。

8月10～24日，委员会和省总工会联合组织部分省政协委员，开展“我省实施《中华人民共和国劳动法》和《中华人民共和国劳动合同法》情况”视察。视察由省政协倪慧芳副主席带队，先后听取了省人力资源和社会保障厅等4个部门和单位的情况介绍，实地视察了云南移动公司、楚雄市鹿城彩印有限责任公司、玉溪云南沃森生物技术股份有限公司等13家国有、民营、私营企业及2家劳务派遣公司，与视察的相关企业领导、中层干部、职工代表和20名劳务派遣工进行座谈，围绕“两法”实施提出了意见建议，并形成《我省实施〈中华人民共和国劳动法〉和〈中华人民共和国劳动合同法〉》的视察报告。

根据省政协主要领导的要求，4月20日，委员会就“如何完善政协委员涉嫌犯罪案件的司法程序”这一主题，由朱建义主任主持，约请省委政法委、省高院、省检察院、省公安厅有关领导同志召开主题协商讨论会。会议经过认真讨论，分析案例，查找原因，形成了对我省进一步完善政协委员涉嫌犯罪案件的司法程序的五条建议，以办公厅文件形式报省委政法委。省委政法委主要领导高度重视，7月26日，形成《关于进一步做好办理政协委员涉嫌犯罪案件通报工作的意见》（云政法〔2011〕42号）文件，下发全省政法机关参照执行。

三、承办省政协第四届民生论坛

委员会与民盟云南省委，于8月30日，在昆明承办了“省政协第四届民生论坛”。全国政协社会和法制委员会副主任季允石、民盟中央副主席温思美、省政协主席王学仁，省委常委、省委政法委书记孟苏铁、副省长高峰、省政协副主席陈勋儒、曾华、罗黎辉、王学智、顾伯平、倪慧芳，秘书长车志敏出席论坛。王学智、季允石、温思美分别为论坛致辞，孟苏铁、高峰作了重要讲话。此次论坛围绕“创新社会管理，建设和谐云南”的主题进行研讨，分别有12位同志作了重点发言和献计发言，内容涉及社会管理模式、基层组织运行机制、公共安全体系建设、社会矛盾纠纷排查化解长效机制、和谐稳定劳动关系、网络虚拟社会管理等多个方面。受邀的省级各相关委办厅局，省级各民主党派、工商联、有关人民团体和省政协各专门委员会、研究室，全省各州市政协分管社法工作的领导和社法委领导、部分省政协委员、民盟基层组织的代表、论文作者共计300余人参加了会议。论坛共征集论文644篇，经评审组评审和专家评审组集体讨论审定，评出组织奖13个，优秀论文68篇，分获一、二、三等奖。参会领导为获奖者颁发了奖牌、证书和奖金。论坛结束后，及时将论坛情况和主要意见建议整理成专题报告，以省政协办公厅文件报送省委、省政府。

四、开展立法协商讨论

组织委员开展立法协商讨论，是委员会一项经常性的重要工作。2011年，委员会对省政府法制办公室及省级有关部门提请协商讨论的《中华人民共和国行政监察法实施条例修正案（草案）》《中华人民共和国职业教育法（修订草案）》《云南省城乡规划条例（草案）》《云南省工业园区建设管理办法（草案）》等48件（次）法律法规、规范性文件草案，认真组织委员、专家学者进行协商讨论，提出400余条意见和建议及时反馈，受到相关部门的重视，许多意见建议被采纳和吸收，受到广泛的好评。

五、做好综治维稳和社区建设的相关工作

委员会积极完成省政协交办的其他工作任务，根据省社会治安综合治理工作办公室、省社区建设工作领导小组办公室要求，委员会承担了省政协挂钩联系的昆明市晋宁县的综治维稳工作的指导和帮扶昆明旅游度假区周家社区的社区建设工作。委领导高度重视，主动与挂钩单位和帮扶单位联系。3次深入晋宁县对综治维稳工作进行指导，并坚持定期向省综治委报送综治维稳情况。委员会领导带领办公室同志深入周家社区，听取社区建设工作情况汇报，帮助其分析解决工作中存在的问题和困难。

六、做好委员会集体提案工作

委员会注意调研成果的转化工作，在政协云南省十届四次会议期间，提出了

《关于对落实发展非公经济政策情况进行检查的提案》（第210号提案）、《关于进一步规范城管执法的提案》（第608号提案）两件。5月19日省工业和信息化委员会相关同志专程到委员会，就其办理的第210号提案情况，与委员会进行了面商。7月5日，委员会领导带办公室同志到省住房和城乡建设厅对第608号提案进行了面商，经面商，对提案所提意见得到较好办理。608号提案被评为省政协优秀提案。

七、做好其他方面工作

（一）召开第五次全体委员会议

3月31日在昆明召开。省政协副主席倪慧芳莅会指导，委员会主任朱建义，副主任卢正国、黄炳文、杨慧琼及部分委员共30余人参加会议。会上，倪慧芳副主席传达了全国政协第十一届四次全会的精神，朱建义通报了今年省政协重点工作安排和社法委的工作打算。

（二）配合全国政协社会和法制委员会调研

5月9~15日，全国政协社会和法制委员会主任张福森、副主任张俊九分别率调研组赴滇就“律师在刑事诉讼中的地位和作用”、“分配制度改革与企业职工工资正常增长机制建设”等专题进行调研。委员会领导分别陪同调研组在昆明和州市开展实地调研。

（三）做好兄弟省区市政协社法委赴滇考察组接待工作

一年来，接待了全国政协社法委及内蒙古、广西、陕西、辽宁、重庆、大连等政协社法委来云南考察的同志，相互学习交流，促进工作，增进友谊。

（编写　王国治　曾迪娜

审稿　黄炳文）

民族和宗教委员会工作概况

2011年，省政协民族和宗教委员会在常委会和主席会议的领导下，坚持以邓小平理论和“三个代表”重要思想为指导，深入贯彻落实科学发展观和《中共中央关于加强人民政协工作的意见》及省委政协工作会议精神，按照“推进理论学习促提高，民族工作促发展，宗教工作促和谐，围绕中心献良策，调查研究求实效，发挥界别特色履职能，政治参与有新意，合作交流得经验”的总体思路，认真履行了政协政治协商、民主监督、参政议政职能，发挥了专委会的基础性作用。

一、深入学习，强化自身建设，不断提高履职能力

（一）认真抓好理论学习

根据机关党委的统一部署，认真组织学习了党的十七大以来历次会议精神、《国务院关于支持云南省加快建设面向西南开放重要桥头堡的意见》、胡锦涛总书记在庆祝建党90周年大会上的讲话和省委八届十次全会、省第九次党代会精神，以及统一战线理论、民族宗教理论和相关法律法规，处级以上领导干部还参加了干部在线学习和时代前沿知识讲座。通过学习，增强了全局观念、服务意识，提高了

政策水平，有力地推动了委员会工作开展。

（二）积极参加“创先争优”和建党90周年系列活动

省政协民族和宗教委员会党支部全体党员签订了《2011年党员“创先争优”公开承诺书》，自觉接受群众的监督；深入开展“三读书”活动，积极撰写心得体会文章；与社法委等部门组队参加机关“颂歌献给党”歌咏比赛荣获二等奖；认真学习杨善洲同志先进事迹，通过上党课、听报告、观看话剧、电影等方式，进一步加强了党员干部思想道德修养和对人民群众的深厚感情，增强了党组织的创造力、凝聚力和战斗力。

（三）加强自身建设，提高工作水平

省政协民族和宗教委员会坚持眼睛向内查找问题，着重抓了思想、组织、作风和制度建设，完善了相关的规章制度，改进了工作方法，创新了工作方式，增强了工作合力，使委员会工作更为制度化、规范化、程序化。

二、围绕中心，突出重点，认真开展调研、视察和考察活动

（一）对“云南省城市民族工作情况”进行专题调研

为了在城市建设中更好地保障各族群众合法权益，省政协民族和宗教委员会根据《政协云南省委员会2011年重点工作安排意见》，在省政协白成亮副主席的率领下，由民宗委主任郭秀文担任组长、部分省政协委员、专家组成的调研组一行15人，于2011年5月和6月先后到昆明、曲靖、红河、大理、丽江、德宏、保山等7个州市及所辖（县、市、区）的30多个社区街道办事处就“城市民族工作情况”进行专题调研；7月19~31日赴内蒙、青海、宁夏三省区学习考察。调研组听取了省民委、公安厅、民政厅、统计局及州市县（区）政府有关情况汇报，与内蒙、青海、宁夏三省区政协及云南省人力资源和社会保障厅、农业厅、人口和计划生育委员会、工商行政管理局、社区代表、重点企业代表、各民族研究会代表、会泽县在昆务工人员座谈，并进行了实地调研，收集、查阅了大量资料，形成了《城市民族工作情况的调研报告》，经2011年12月1日政协云南省第十届委员会第29次主席会议审议通过。《报告》全面分析了我省城市少数民族的基本情况及特点，肯定了过去开展城市民族工作的主要做法及取得的成绩，指出了面临的困难和问题，有针对性地提出了八条意见和建议：一是要提高认识，加强领导，把城市民族工作纳入我省“立足云南、服务全国，建设民族团结进步边疆繁荣稳定的示范区”的总体规划；二是要建立健全城市民族工作运行机制；三是要以少数民族的合法权益保障为中心，进一步加强城市民族工作立法；四是要做好城市少数民族流动人口管理服务工作；五是要从根本上解决好城市少数民族失地农民的后续发展问题；六是要开展城市少数民族扶贫工作；七是要加强城市少数民族文化的传承与保护；八是要充分发挥各民族社会团体的积极作用。

（二）对“和谐宗教建设情况”进行调研

为进一步贯彻落实党的宗教工作方针、政策和省委“6·15”会议精神，推动我省宗教团体、宗教界人士和广大信教群众在促进社会和谐中发挥积极作用，根据省政协民族和宗教委员会2011年工作安排，在白成亮副主席的率领下，由郭秀文主任任组长，部分省政协委员、少数民族和宗教界人士参加的调研组，于2011年8~9月对全省和谐宗教建设情况进行了专题调研。在省宗教局、省佛教协会、

道教协会、伊斯兰教协会、基督教两会、天主教两会和相关州市县政协、昆明市各宗教团体的大力支持和积极配合下，调研组深入昆明市和文山州部分县区，实地考察了部分寺观、教堂、清真寺和活动点，多次召开研讨会、座谈会广泛讨论，形成了《和谐宗教建设情况调研报告》，认真分析了当前宗教领域存在的一些困难和问题，提出了要进一步提高认识，积极引导宗教在促进社会和谐中发挥重要作用；要认真梳理各项宗教政策和管理规定，进一步提高依法管理宗教事务的能力和水平；要加强宗教教职人员的培养使用；要进一步加强宗教团体自身建设；要进一步落实宗教教职人员的社会保障等五方面的建议。

（三）协助全国政协民族和宗教委员会到云南开展调研

5 月 4～10 日，全国政协调研组一行 20 人在白立忱副主席的率领下，到我省普洱市孟连县、西盟县、澜沧县，西双版纳州进行“民族自治县城镇化进程中的重要问题”专题调研。省政协民族和宗教委员会办公室与综合处、接待处密切配合、周密安排，郭秀文主任全程陪同。调研组听取了省、州、市、县政府相关情况汇报，深入实地考察了城市建设、产业发展、民居和学校，了解民族自治县的基本情况、经济社会发展现状、当前存在的突出问题及其原因，以及在城镇化进程中落实民族区域自治制度和民族政策中遇到的新情况和新问题。就加快当地转变经济发展方式、调整结构、统筹城乡协调发展、推进城乡一体化的情况，提出发展思路和建议；还就在城镇化进程中如何提高政府管理水平、实现公共服务均等化、创新社会管理等问题与当地干部群众座谈探讨。

（四）配合人口资源环境委员会组织开展视察

根据省政协今年重点视察课题安排，王学仁主席、马开贤副主席率部分省政协委员、专家于 10 月 24～27 日赴昆明市官渡区、寻甸县，曲靖市麒麟区、沾益县等开展清水海调水及牛栏江—滇池补水工程进展情况视察，并穿插进行了曲靖市当前水资源暨抗旱保民生工作情况的调研。省政协民族和宗教委员会积极配合，认真组织了部分民族宗教界委员参与视察。

（五）组织委员出省学习考察

为加强对外交流联谊，9 月 14～27 日，省政协民族和宗教委员会组织省政协民族、宗教界委员 11 人在潘光宪副主任的带领下到黑龙江、吉林、辽宁三省考察“边境民族工作”，与三个省的政协进行了交流探讨，了解他们的主要做法及创新经验，开阔了眼界、拓宽了思维，对进一步做好我省的边境民族工作具有很好的借鉴意义。

三、召开会议，增强工作凝聚力和向心力

（一）召开全体委员会议

3 月 17 日，省政协民族和宗教委员会在昆明召开了全体委员会议。马开贤副主席、白成亮副主席、孟庆红副秘书长，民宗委领导和委员会全体委员出席了会议。会议通报了民宗委 2011 年工作要点及 2010 年调研成果的转化情况，马开贤副主席传达了全国政协十一届四次会议的基本情况和主要精神，白成亮副主席作了重要讲话，提出了五点希望。大家认为民宗委 2011 年工作要点充分体现了科学发展观的要求，有可操作性，表示要认真贯彻执行，积极建言献策，为推动云南的和谐发展作贡献。

（二）召开省、昆明市宗教团体负责人座谈会

3 月 21 日，省政协民族和宗教委员会召开省、昆明市宗教团体负责人座谈

会。省、昆明市佛教、道教、伊斯兰教、天主教、基督教五大宗教团体负责人齐聚一堂，共同探讨当前云南宗教工作的热点、难点问题，反映了各自面临的困难，提出了一些有建设性的意见、建议。马开贤副主席、白成亮副主席分别提出了要求和希望。

（三）召开全省政协民族和宗教工作座谈会

3 月 27 ~ 29 日，省政协民族和宗教委员会在临沧市沧源县召开全省政协民族和宗教工作座谈会。会议通报了民宗委 2010 年工作情况和 2011 年工作要点，13 个州市政协分管民族宗教工作的副主席和民宗委主任交流了工作经验，探讨了进一步做好政协民族宗教工作的措施。省政协副主席白成亮出席会议并作重要讲话。

（四）召开全省“和谐宗教建设研讨会”

12 月 7 ~ 9 日，省政协民族和宗教委员会在昆明召开了“和谐宗教建设研讨会”，邀请了省委统战部、省人大民委、省民委、省宗教局、省社科院的领导及省级五大宗教团体负责人、15 个州市政协民宗委和部分民宗局、统战部的同志共 80 余人参加。马开贤副主席出席会议并作重要讲话，33 位同志作了交流发言，征集稿件 60 余篇编印了《省政协和谐宗教建设研讨会材料汇编》。会议为全省宗教系统的同志搭建了交流、研讨的平台，促进宗教在构建和谐社会中发挥积极作用，推进了我省宗教关系的和谐。

四、认真做好调研、视察成果转化工作

在省政协十届四次会议期间撰写、提交委员会集体提案 3 件，即：《关于把云南作为全国“少数民族团结进步事业发展试验示范区”建设的提案》《关于编制宗教界人才培养和宗教活动场所建设“十二五”规划的提案》《关于历史包袱沉重的信教地区加强民族团结、宗教和谐建设的提案》。

（一）注重调研、视察成果的转化，提供给驻滇全国政协委员的提案被国务院采纳

省政协民族和宗教委员会提供的《关于把云南作为全国“少数民族团结进步事业发展试验示范区”建设的提案》，在管国忠副主席的领衔下，作为 2011 年驻滇全国政协委员的提案之一提交全国政协，在 5 月份被国务院写进了《国务院关于支持云南省加快建设面向西南开放重要桥头堡的意见》（国发〔2011〕11 号），把建设“我国民族团结进步、边疆繁荣稳定的示范区”明确列为五大战略定位之一；省委八届十一次全会把“立足云南、服务全国，建设民族团结进步边疆繁荣稳定的示范区”作为总目标。

（二）建议案被省政府采纳，效果显著

省政协民族和宗教委员会提交并经 2010 年 12 月 15 日第 23 次主席会议审议通过形成的《政协云南省委员会关于编制“十二五”云南民族团结进步事业发展专项规划的建议案》（云协〔2010〕9 号），报送省政府后刘平副省长做出重要批示，省政府办公厅发出通知，由省民委牵头，省发展改革委、扶贫办等 18 个部门协助办理。省政府于 2011 年 7 月 28 日印发了《云南省加快少数民族和民族地区经济社会发展“十二五”规划》。这是省政府第一次编制云南省少数民族地区经济社会发展的五年专项规划，涉及 700 多亿投资的项目。

五、积极反映社情民意，努力搞好服务，为委员履职创造条件

（一）专题约谈的问题得到落实

针对省基督教协会和省天主教两会反映的“省基督教神学院重建由于市政建设规划更改而后退造成用地紧张及省天主教主教府教堂建设工期与轻轨施工发生矛盾”的问题，4月20日下午，省政协民族和宗教委员会郭秀文主任、陈永生、潘光宪副主任一行到昆明市政府，与陈勇副市长、市规划局、市轨道公司负责人就上述两个问题进行专题约谈协商。经过深入交换意见，达成了共识：同意在省基督教神学院重建用地的相邻土地新增补5亩给该院使用，征地费用与市委统战部协调解决；市轨道公司立即向分管的何波副市长汇报，主动与天主教沟通，提出解决措施。7月12日，市规划局为省基督教神学院新增补的5亩土地办理了《建设项目选址意见书》；经协商后天主教主教府教堂已开工建设。

（二）真情关心民族宗教界委员

春节前夕，委员会领导分头走访、看望我省民族宗教界上层代表人士，与大家交流谈心，征求意见；3月，郭秀文主任受王学仁主席的委托到丽江看望生病住院的省政协委员罗桑益史活佛，带去了省政协党组、领导的亲切问候；郭秀文主任知悉省政协常委、省佛教协会副会长、华亭寺方丈心明的父亲逝世后，亲自前往吊唁；11月，省政协常委、迪庆州政协副主席、松赞林寺活佛崩主因病到昆明住院，郭秀文主任、陈永生副主任到医院看望、问候。通过一系列的关爱活动，密切了专委会与民族宗教界的联系，进一步增进了解，促进工作。

六、加强交流，不断提高做好政协民族宗教工作水平

（一）参加“全国暨地方政协民宗委切实推动落实宗教教职人员社会保障政策交流研讨会”

11月，省政协民族和宗教委员会派出代表，到湖北省武汉市参加了全国政协民宗委召开的“全国暨地方政协民宗委切实推动落实宗教教职人员社会保障政策交流研讨会”，并提供了书面材料。

（二）加强与基层政协委员的联络

省政协民族和宗教委员会在赴州、市、县调研时，一般都邀请当地所联系的政协委员参加，并以邮件的方式，将工作计划、调研视察报告、工作简报等及时送达委员，让他们了解掌握委员会的工作动态，搭建知情议政的平台。

（三）做好外省政协来访的接待工作，加强人民政协的横向交流

省政协民族和宗教委员会热情接待了到云南考察的广西、黑龙江、甘肃等省（区）政协领导，张宁副主任、潘光宪副主任亲自陪同前往州市参观考察，交流经验，相互学习，增强做好政协民族宗教工作的有效性。

（四）参加少数民族相关的节庆活动，拓宽人民政协的工作面

省政协民族和宗教委员会参加了玉龙纳西族自治县50周年县庆、峨山彝族自治县60周年县庆及回族开斋节庆祝会、傣族泼水节开幕式、云南省民族商会成立大会和基督教神学生毕业典礼、云南佛学院大雄宝殿开光典礼等庆典活动。

（编写　黄懿陆、赵　琼
审稿　郭秀文）

港澳台侨和外事委员会工作概况

一、认真学习，进一步加强自身建设

搞好委员会自身建设是开展好工作，不断增强工作活力和成效的基础和保障。2011年是“十二五”规划的开局之年，将云南建设成为我国面向西南开放的重要桥头堡已经上升为国家战略，这是云南实现跨越式发展所面临的一次重大机遇。对云南经济社会发展和扩大对外开放提出了新的要求。委员会面对新的形势任务，结合自身的工作实际，不断创新工作思路，进一步规范工作程序，完善岗位职责，牢固树立服务意识，提高服务能力。为提高办公室干部同志的理论水平和工作能力，办公室两位同志参加了省委党校举办的干部培训班，另外两位同志参加了干部网上在线培训。在工作中，大家认真学习外事、侨务和对台工作的方针政策，领导的重要讲话，保密规章制度等与工作业务有关的文件精神，积极探索政协开展港澳台侨和外事工作的有效形式，形成了认真踏实、爱岗敬业、团结互助的工作氛围。

与此同时，委员会以学习杨善洲同志的先进事迹、庆祝中国共产党成立90周年、创先争优等活动为契机，每个月组织一次支部活动，学习交流。支部全体党员学习杨善洲同志永葆共产党员的本色，艰苦奋斗、大公无私、全心全意为人民谋利益的高尚品质，努力做人民满意的好党员、好干部。重温中国共产党党史，增强理想信念，加强党性修养，提高思想政治素质和政策理论水平。为完成好委员会全年的工作任务提供了有力的保障。

二、围绕中心，认真履职建言献策

（一）积极开展调研视察

为贯彻落实《国务院关于支持云南省加快建设面向西南开放重要桥头堡的意见》精神，抓住建设桥头堡战略目标的大好机遇，探索进一步发展我省边境旅游的途径和方法，在“十二五”期间实现云南旅游产业的进一步发展，2011年4月下旬，委员会组织了关于云南边境旅游问题的重点调研，组织委员赴景洪、勐海、勐腊、磨憨以及芒市、瑞丽、陇川考察了解当前云南边境旅游发展中存在的困难和问题，形成了《关于尽快恢复和提升云南边境旅游的调研报告》。报告从四个部分重点阐述了恢复和提升云南边境旅游的重要性、必要性、紧迫性和可行性。

为了帮助省政协港澳委员了解省情，使他们更好地知情出力、履行职责，省政协十届四次全会召开前夕，曾华副主席率港澳委员到腾冲调研，了解腾冲外资企业、边贸和旅游的发展情况。港澳委员在了解内地经济社会发展情况的同时，加深了对“桥头堡”建设有关方针政策的了解。调研为委员了解社情民意、激发履行职能的主动性和积极性创造了条件。

2011年9月，委员会与经济委员会共同组织了“关于对云南转变经济发展方式、调整经济结构的推进情况的视察”，组织委员赴普洱、西双版纳围绕提升五大支柱产业，推进农业产业化、优化提升重化工业，大力发展战略性新兴产业、大力推动非公有制经济发展、加快推进城镇化进程六大调整重点进行视察，为加快推进我省经济方式转变向省委省政府建言献策。

（二）努力推动跨境经济合作区建设

为提高云南开放层次，促进云南经济在扩大开放中又好又快发展，促进中越、中老、中缅跨境经济合作区建设取得实质性进展，委员会积极参加由联合国开发计划署（UNDP）、商务部主办的中越跨境经济合作区建设协商会议，与越南专家共同讨论中越跨境经济合作区建设协议，推进跨境经济合作区的建设。为推进区域合作建设，委员会在2010年认真调研的基础上，于十届四次会议期间向大会提交了关于支持西双版纳推动建立“中老泰缅毗邻地区经济圈”和高度重视瑞丽重点开发开放试验区建设的提案，得到了有关部门的高度重视。

（三）搭建平台，为“桥头堡”建设献计出力

2011年6月5～7日，云南海外经济合作促进会三届四次理事会暨投资云南“桥头堡”建设策略研讨会在昆明召开。来自美国、加拿大、挪威、日本、马来西亚、泰国、缅甸等国家和港、澳、台地区及省内外荣誉会长、名誉会长、顾问、理事共130余人出席了会议。与会有关领导、专家及海促会理事围绕投资云南“桥头堡”建设建言献策。七位专家、学者和理事从不同角度对建设云南“桥头堡”提出了前瞻性、可行性建议。

三、扩大交往，宣传公共外交开展交流联谊

（一）精心组织策划政协的出访团组，接待来滇访问团组

加强海外交流，积极开展公共外交，本着以交流促友好、以友好促合作、以合作促发展，扩大云南对外开放，加快开放云南建设的目的，精心组织策划好政协领导的出访，把对外交往工作做深做实。2011年共办理、参与办理省级领导出国（境）团组8个，厅级领导出国（境）团组8个，共16个访问考察团130多人次出访。

2011年，委员会共接待了以董赵洪娉为团长的香港代表团，来昆参加云南欧洲商会成立仪式的英国前副首相普雷斯科特勋爵一行，泰国湄公学院院长素差·卡提玛博士一行，香港凤凰卫视时事财经评论员、台湾东吴大学经济学教授石齐平一行，全国政协常委、世界贸易中心协会（香港）执行委员会主席伍淑清一行，法国驻成都领事馆总领事鲁索及夫人，老挝党中央政治局委员、政府副总理阿桑劳里一行，泰国上议院内务管理常委会代表团蒙空·斯里罕一行，缅甸矿业部珠宝企业司吴登瑞司长一行等来自英国、法国、老挝、泰国、缅甸和港澳台地区的10多个访问考察团共300多人次。接待全国政协外事局出访团组过境团3批。

（二）推动对台和侨务工作

积极参加全省港澳台海外统战工作座谈会议，加强与五侨七台的联系，资源共享、互通情况。2011年10月10日是辛亥革命100周年纪念日，委员会提出的纪念辛亥革命100周年活动建议方案被省委省政府批准，委员会在积极配合做好云南省纪念辛亥革命100周年活动的同时，以此为契机，加强与台湾岛内各民间社团和各界人士的联系交流，组织政协领导、委员、云南著名书画家赴台交流访问，增进互信，发扬光大辛亥革命精神，不断巩固壮大最广泛的爱国统一战线，努力推动滇台经贸文化交流。

委员会协助全国政协港澳台侨委员会完成了华侨参政议政情况的统计调研。在新的形势下，海外侨胞加深了与祖国的联

系，交流与合作更加密切。委员会注意利用“走出去，请进来”的机会，按照凝聚侨心、聚集侨智、发挥侨力、维护侨益的要求，积极开展侨务工作。广泛团结海外侨胞，加强与世界各地及港澳台地区侨胞社团组织的联系，开展宣传工作，提升海外侨胞对祖国的认同感和归属感，吸引他们到国内、到云南来工作、创业、投资。

四、协调服务，委员积极作为成效显著

委员会积极服务委员，为来滇捐资助学、扶贫帮困、经商办厂、开展经贸活动的港澳台同胞和海外人士排忧解难办实事，做好服务。积极帮助协调伍宗琳委员在昆明理工大学投资建设伍集成会堂事宜，联系昆明市政府有关部门协调袁汉源委员、康宁英理事在昆投资项目的问题。对香港委员所提出的《维护外商投资的合法权益是政府义不容辞的责任》的提案到昆明市调研。2011 年 1 月，为促进云南和欧洲各国、各地区之间的贸易、投资、经济技术合作和文化交流，委员会参与云南欧洲商会的筹备工作，成功举办了云南欧洲商会在云南的成立仪式。与上海有关部门联系，帮助安排李应生委员率香港旅游优质服务协会代表团访问上海的有关活动。联系安排台湾阿尼色弗义诊团赴红河屏边、新现乡义诊事宜。义诊团为当地群众免费诊疗，免费提供药品，受到了当地广泛的赞誉。协调纪文风委员发起成立的“无止桥慈善基金”在丽江建“无止桥”事宜。中秋节慰问旅港云南同乡会及在滇的港澳委员及海外理事。

港澳委员关注云南，认真履职，许多委员借鉴长期在海外和港澳台地区工作的经验，撰写提案，从多视角、多层面为云南边贸、旅游、经济社会发展建真言、献良策。同时港澳委员为港澳地区的繁荣稳定发挥了积极的作用，黄龙德、李应生委员被香港特区政府授予铜紫荆星章，表彰他们在香港公共和志愿服务中作出的贡献。劳灼荣委员被澳门特区政府授予工商勋章，表彰他在澳门工商界的特殊贡献。

（编写　和煜坤　审稿　贺　毅）

文史委员会工作概况

2011年，省政协文史委员会在常委会和主席会议的领导下，按照中共十七大精神和科学发展观的要求，遵循全国政协文史工作指导方针，围绕省委、省政府、省政协的中心工作，积极主动为政协委员履行职能服务，充分发挥政协文史的优势和文史资料“存史、资政、团结、育人”的职能作用，为弘扬中华文化，建设云南民族文化强省服务，为促进政协工作科学化上水平服务。

一、充分发挥文史资料“存史、资政、团结、育人”的职能作用

人民政协文史资料工作在繁荣和发展社会主义文化建设中具有独特而不可替代的作用。我们编辑出版的云南文史资料，结合省情实际，重点放在各个历史时期的重大事件和具有代表性的地方特色的史料征集上。如为纪念辛亥革命百年以来的云南重大历史事件和历史人物，征编了《名人故居与云南往事》（文史资料第66辑）；编辑出版的《云南抗战记忆》（文史资料第65辑），是为了不忘却那血与火的年代和为之献出生命的先烈；《云南特有民族百年实录》是一套客观地反映云南15个特有民族百年的历史、文化、经济社会发展的云南少数民族史料系列丛书。为进一步发挥其特有的社会功能，我委分别向云南大学、云南师范大学、云南民族学院等大学图书馆及兄弟省区市政协赠送了我们编辑出版的文史资料，赠品丰富了各大学图书馆藏文献资源，为读者和观众提供了新的知识信息，也对宣传云南的发展历史、民族文化、增进各民族的团结具有重要的意义，受到了大家的一致欢迎，起到了积极的社会影响。

为进一步收集、整理州市县的文史资料，充分发挥文史资料“存史、资政、团结、育人”的职能作用，提高州市县政协文史资料的出版水平和层次，我委首次采取与江川县政协合编的形式编辑出版《江川文史资料合集》一套四册，进一步拓宽了文史资料收集途径，创新了我省政协文史资料出版形式。

二、圆满组织完成了西部十二省区政协文史工作协作会

由云南省政协承办的西部十二省（区、市）政协文史工作协作交流会议，于2011年4月12日在昆明市举行。全国政协委员、文史和学习委员会副主任卞晋平等同志莅会指导。陕西、甘肃、宁夏、新疆、青海、内蒙古、重庆、西藏、广西、四川、贵州、云南十二省（区、市）政协和西安市政协的领导及文史工作者共约100人出席了会议。云南省政协常务副主席管国忠出席会议并致辞，副主席顾伯平主持会议。卞晋平副主任在会上作了重要讲话，他代表全国政协文史和学习委员会对会议表示热烈祝贺，充分肯定了西部十二省（区、市）政协领导对文史工作的重视，肯定了政协文史工作所取得的成绩。卞晋平副主任还充分肯定了《云南特有民族百年实录》的出版对充实中国民族史料宝库的重要意义。卞晋平副主任的讲话，对于开好本次会议和促进西部文

史工作的协作与交流，具有很强的指导性。

本次会议展示了具有云南特色的民族文化，并向与会代表赠送《云南特有民族百年实录》大型丛书，这是本届政协制定的选题规划，也是云南与全国政协文史委协作的重要成果，是对我国民族文化史料宝库的重大贡献。本次会议围绕“展示民族文化，交流文史工作”这一主题，讨论交流促进西部民族文化和非物质文化遗产保护利用工作经验，探讨新时期政协文史工作。与会代表认为，在实施“十二五”规划开局之年，召开西部十二省（区、市）政协文史工作协作交流会议，意义重大，影响深远，必将对西部地区政协文史工作以及西部民族文化史料的协作征集，起到重要的推动作用。与会代表对西部十二省（区、市）文史工作第二次协作交流会议取得的成果表示肯定，对云南省政协筹办会议所作的努力与服务工作表示感谢。

三、结合省情开展调研视察，积极为云南民族文化强省建言献策

文史委一直把促进云南民族文化建设作为履行职能的重要内容。在做好文史资料征编、出版工作的同时，文史委发挥自身优势，充分利用独特的文史视角和深度，围绕民族文化强省建设，积极开展具有浓郁文史特色和重大现实意义的调研、考察和视察，为云南民族文化强省建设建言献策。

（一）精心组织完成了“云南特有民族历史文化保护和利用”重点调研

云南是一个多民族的省份，云南特有民族文化是中华民族文化的重要组成部分。为进一步加强对云南特有民族历史文化的保护和利用，省政协文史委“云南特有民族历史文化保护和利用”调研组在省政协副主席罗黎辉、顾伯平率领下，于今年7月19～30日，分两个组分别深入到大理、怒江、德宏、普洱、西双版纳、临沧等6个州市的16个县（市），重点对我省15个特有民族历史文化保护和利用情况进行了调研。在实地调研和听取各地情况汇报基础上，调研组提出：必须从维护国家和民族利益的战略高度来认识保护和利用民族历史文化的重要意义、必须重视和加强民族文化的理论研究、必须采取以活态的“生态式保护为主”“博物馆式”保护为补充的得力方法全面科学地保护利用民族历史文化、必须做好经济发展与民族历史文化保护利用的高度统一和协调等来深化对我省特有民族历史文化保护和利用的再认识。调研组充分肯定了我省在特有民族历史文化的保护和利用方面所做的工作，针对存在的问题，提出了切实加强对保护利用我省特有民族历史文化的领导、把特有民族历史文化的保护和利用列入“十二五”规划和年度工作计划作为党委政府的重要工作切实抓好、继续加快民族文化博物馆建设、积极建设国家、省和州（市）三级特有民族文化生态保护试验区、加强特有民族历史文化保护利用人才培养和职能机构建设、加大特有民族历史文化保护和利用资金的投入等对策建议，为省委、省政府建设云南民族文化强省建言献策。

（二）认真组织完成“辛亥革命及滇西抗战在滇遗址遗迹和纪念设施保护利用”视察

2011年是辛亥革命一百周年，云南是辛亥革命的重要战场，为辛亥革命在全国的胜利做出了突出的贡献；滇西抗战是中国抗战由战略防御转向战略进攻的转折点，是爱国主义精神和抗日民族统一战线政策的光辉体现。为进一步发挥革命遗迹、遗址和纪念设施对弘扬爱国主义精神

和开展爱国主义教育的重要现实作用，省政协文史委于6月联合昆明市政协和民革云南省委组成视察组，在省政协副主席罗黎辉率领下重点对辛亥革命及滇西抗战在昆遗址遗迹和纪念设施保护利用进行了实地视察。视察组充分肯定了昆明市对历史文化遗产的保护基本情况，针对存在的困难和问题，提出了尽快将巫家坝机场航站楼列入文物保护单位并挂牌保护；对云南人民抗战胜利堂纪念碑尽快进行修缮，以排除安全隐患；对圆通山滇西抗战纪念碑进行修缮；由市政协牵头，为中国空军昆明飞虎队树立标志性纪念碑；明确并统一朱德故居文物保护单位等建议，为推进昆明历史文化遗产保护可持续工作作贡献。

（三）组织完成了“关于对澄江帽天山申遗情况”的视察

云南澄江帽天山的澄江动物化石群是目前保存极其完整的早寒武纪早期古生物化石群。省政协文史委于9月19日组织委员在省政协副主席罗黎辉率领下对帽天山动物化石群首发点、澄江动物群博物馆等地进行了申遗工作实地视察，听取了澄江帽天山动物化石群的保护和“申遗”工作的汇报，提出了加大对澄江化石地保护和申遗工作进展情况的宣传，把澄江帽天山动物化石群作为科普性知识写入中小学教材；把澄（江）呈（贡）高速公路纳入省发改委的国家路网及省“双百”项目；把“申遗”项目和“申遗”后项目的建设纳入省行政审批快车道，有关部门按特事特办原则给予立项，资金上给予倾斜；把寒武纪公园的建设进入省“十二五”规划中的近期文化建设项目等建议，助推澄江帽天山“申遗”工作。

（四）完成重点视察任务

积极配合教科文卫体委员会，通力协作完成了省政协2011年关于我省医药卫生人才队伍建设的重点视察任务。

委员会重视转化调研成果，形成重点提案推动工作。在2010年“滇西抗战中爱国主义和民族精神”调研的基础上，由我委提交的“关于寻找中国远征军英烈遗骸‘迎灵归葬’”的提案，受到了省委统战部的高度重视，黄毅部长亲自批示，直接促成了2011年为纪念反法西斯中缅印战场盟军胜利和中国辛亥革命100周年在腾冲举行“忠魂归国”公益活动。我委员会作为“纪念辛亥革命100周年‘忠魂归国’系列活动”的协办单位，出席了在腾冲举行的“远征军忠魂入葬及纪念碑揭幕仪式”“国家记忆——美国国家档案馆收藏中缅印抗日战场影像图片展”“中国远征军出国抗战追思晚会”等活动。由我委提交的“关于将滇西抗战历史写进中小学教材”的提案，受到了承办单位省委宣传部、云南省教育厅的高度重视，组织了专题研究，进行了全面深入的研讨。专门召开了提案面商会，将面商后的建议“滇西抗战”史事增入全日制义务教育《历史课程标准》实验教科书的请示报告上报教育部。

四、不断加强与全国政协及各地政协的联系协作

（一）积极支持参与中国文史馆的文物史料征集工作

为加强对中国共产党领导的多党合作和政治协商制度的宣传，更好地为发展爱国统一战线和人民政协事业服务，全国政协将筹建中国政协文史馆。根据全国政协办公厅《关于征集文史资料和历史文物的函》和全国政协在各省、自治区、直辖市和副省级市政协文史委办公室主任会议有关“人民政协文史资料成就展”工作的要求，省政协文史委高度重视并积极响应，代拟了《关于征集云南省文史资料和历史文物工作方案》，并按时报送

“人民政协文史资料成就展”云南政协文史各项资料和展品清单。

（二）以会代训，坚持全省八市和八州的政协文史工作联系会议制度

全省八市政协文史工作第十次联系会议于9月15～16日在曲靖市会泽县召开。省政协文史委主任傅仕敏、省政协副秘书长孟庆红等领导莅会指导。昆明、昭通、玉溪、保山、普洱、曲靖市政协分管文史工作的副主席和文史委主任出席了会议，红河、楚雄、大理、怒江、西双版纳州政协应邀参加了会议。会议重点围绕新时期文史工作的意义、性质、作用、地位和文史委的职能与作用进行了互动式交流。省政协文史委主任傅仕敏从四个方面畅谈了新时期政协文史工作必须着重解决的问题：要认清形势，充分认识当前民族文化面临的危机，自觉肩负起为繁荣民族文化鼓与呼的历史责任；要理顺思路，正确认识和处理“文”与“史”的辩证关系，既要为民族传史，更要为国家正文；要与时俱进，开拓创新，全面贯彻落实“存史、资政、团结、育人”的文史工作方针；要摆正位置，认真履行文史委员会作为人民政协一个重要协商层次的职能，努力为当地文化事业乃至中华民族文化的繁荣与发展建言献策。全省八州政协文史工作第五次联系会议和云南特有民族历史文化保护和利用座谈会，于10月18～19日在西双版纳州景洪市召开。省政协文史委员会主任傅仕敏、副主任李仕良和蒲元华等领导参加会议。楚雄、大理、德宏、怒江、迪庆、红河、文山、西双版纳州政协的领导和文史委负责同志出席了会议；昆明、曲靖、昭通、保山、丽江、普洱市政协应邀参加了会议。借各州市文史工作分管领导和负责同志齐聚西双版纳的机会，紧接着八州文史工作联系会议之后，召开了“云南特有民族历史文化保护与利用”专题调研座谈会。与会同志一致认为，当前世界正处在一个大发展大变革的年代，各种文化相互碰撞、互相交流，特别面对西方文化的侵蚀和目前民族文化的失落，我们应增强全民族对保护民族文化的意识，增强民族文化的保护力度；各级党委、政府，以及广大人民群众均应提高民族文化的自觉性和自信心，切实担当起振兴中华文化和推动民族文化大发展大繁荣的历史责任。

（编写　杨　琼　审稿　蒲元华）

组　织　情　况

中国人民政治协商会议
云南省第十届委员会任免名单

（2011 年 1 月 7 日政协云南省第十届委员会常务委员会第十三次会议通过）

根据省委的建议，任命徐宁、王宏、周勇、陈俊骢四同志担任省政协兼职副秘书长，任命毕励担任省政协人口资源环境委员会副主任，朱建义担任省政协社会和法制委员会主任，卢正国担任省政协社会和法制委员会副主任，贺毅担任省政协港澳台侨和外事委员会副主任。同意毕励不再担任省政协兼职副秘书长，胥廷义不再担任省政协经济委员会副主任，戴抗不再担任省政协教科文卫体委员会副主任。

中国人民政治协商会议
云南省第十届委员会不再担任常务委员名单

（2011 年 1 月 24 日政协云南省第十届委员会第四次会议通过）

因任职年龄到限，经十届省政协常委会议审议，十届四次会议同意张在权、杨绍红、郭志强、段增庆、李万兴、陈坚六位同志不再担任十届省政协常委。

中国人民政治协商会议
云南省第十届委员会免职名单

（2011 年 7 月 13 日政协云南省第十届委员会常务委员会第十五次会议通过）

骆小所　因年龄到限，不再担任省政协教科文卫体委员会副主任职务

中国人民政治协商会议
云南省第十届委员会免职名单

（2011年11月4日政协云南省第十届委员会常务委员会第十六次会议通过）

蒲元华　因已任办公厅巡视员，不再担任省政协文史委员会副主任职务

机　构　概　况

政协云南省委员会机构设置情况

省政协机关设办公厅、研究室2个工作机构，设提案委员会、经济委员会、人口资源环境委员会、教科文卫体委员会、社会和法制委员会、民族和宗教委员会、港澳台侨和外事委员会、文史委员会8个专门委员会，共10个厅级机构。

办公厅下设综合处、人事处、行政处、接待处、信访联络处、老干部工作办公室（老干处）、民主党派大楼管理处、书画室、文档处、委员工作处、保卫处十一个内设处室。另设立机关党委，下设办公室。

研究室下设文稿处、信息宣传处和理论处3个处。

各专门委员会下设办公室，既是专门委员会的办事机构，也是办公厅的工作机构，八个专门委员会办公室加挂秘书处牌子。具体名称为：提案委员会办公室为“秘书一处”；经济委员会办公室为“秘书二处”；人口资源环境委员会办公室为“秘书三处”；教科文卫体委员会办公室为“秘书四处”；社会和法制委员会办公室为“秘书五处”；民族和宗教委员会办公室为“秘书六处”；港澳台侨和外事委员会办公室为“秘书七处”；文史委员会办公室为“秘书八处”。

省政协办公厅下属事业单位有：省政协智力支边扶贫办公室、省政协文史资料编辑室、省政协机关服务中心、省政协信息中心、省政协委员活动中心、云南政协报社。其中智力支边扶贫办公室和文史资料编辑室核定为参照公务员管理事业单位。

政协云南省委员会机构设置表

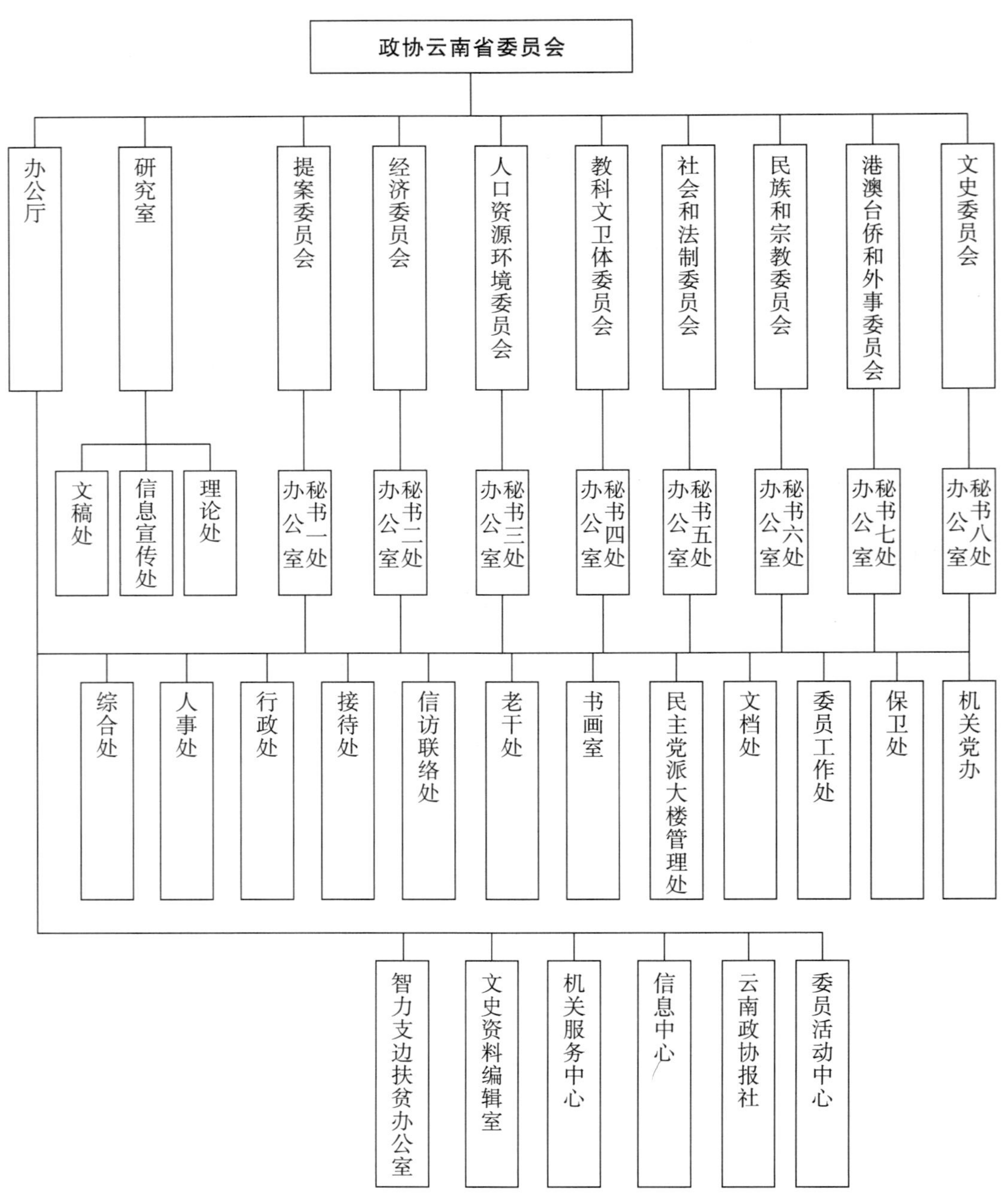

报　刊　社　论

同心协力共绘美好蓝图

——热烈祝贺政协云南省十届四次会议胜利闭幕

政协云南省十届四次会议圆满完成预定的各项议程，昨日在昆明胜利闭幕，我们表示热烈祝贺！

会议高举中国特色社会主义伟大旗帜，认真贯彻中共十七届五中全会和省委八届十次全委会精神，深入贯彻落实科学发展观，是一次民主、求实、团结、奋进的大会。委员们对《云南省国民经济和社会发展第十二个五年规划纲要（草案）》及秦光荣省长所作的政府工作报告给予高度评价，对政协常委会一年来的工作给予充分肯定。围绕我省“十二五”规划的制定和实施，针对绿色经济强省、民族文化强省和中国面向西南开放桥头堡建设，实施新一轮西部大开发战略等各方面工作，委员们以对国家、对人民高度负责的态度和精神，参政议政、畅所欲言、献计献策，提出了许多具有建设性的提案、意见和建议。

“十一五”时期是云南发展历史上不平凡的5年。面对国际金融危机冲击和各种严重自然灾害，省委、省政府带领全省各族人民，在危机中寻找机遇，在困难面前奋力攻坚，取得了辉煌成就，积累了宝贵经验。过去的一年，在百年不遇的特大干旱面前，全省上下审时度势，超常工作，把保持经济平稳较快发展作为首要任务，加快转变经济发展方式，有效保障和改善民生，巩固和扩大了经济社会发展良好势头，实现了“十一五”改革发展的圆满收官。全省政协工作牢牢把握团结和民主两大主题，坚持围绕发展大局，认真履行政治协商、民主监督、参政议政职能，为全面完成“十一五”各项任务，科学制定“十二五”规划，实现经济社会又好又快发展作出了积极的贡献。

今年，是实施“十二五”规划各项目标的第一年。为“十二五”发展开好局、起好步，人民政协大有可为。面对新的形势和任务，政协要全面贯彻落实中央和省委的重大决策部署，牢牢把握科学发展这个主题，紧紧抓住加快转变经济发展方式这条主线，开展好各方面的工作。各级政协要坚持围绕经济建设这个中心，紧扣党委、政府的工作重点，充分发挥协调关系、汇聚力量、建言献策、服务大局的重要作用，为实施“十二五”规划加倍努力工作。要加强自身建设，坚持用中国特色社会主义理论武装头脑、指导实践、推动工作，提高服务水平和工作效率。在履行职能方面，要注重实践，开拓创新，使协商讨论的民主氛围更加浓厚，民主监督的渠道更加畅通，团结协调的工作更加深入，进一步提高政协工作科学化水平，使政协更好地成为党联系各族各界群众的重要桥梁和纽带。

中国共产党领导的多党合作和政治协商制度是我国的一项基本政治制度。我们要把“长期共存、互相监督、肝胆相照、荣辱与共”的方针贯穿于政协全部工作的始终，坚持发扬团结合作、协商共事的优良传统，充分发挥政协人才荟萃、智力密集、联系广泛、渠道畅通的优势，充分发挥人民政协政治协商、民主监督、参政议政的作用。要总结人民政协工作经验，把最广泛的爱国统一战线巩固好、发展好，把人民政协的独特优势运用好、发挥好，不断为各项事业发展凝聚人心、增添力量。各级党委要进一步加强和改善对政协工作的领导，更加重视、关心和支持政协工作，为各级政协履行职能、发挥作用创造良好条件，推动政协工作不断向前发展。

踏上新征程我们精神振奋，履行新使命我们信心百倍。蓝图已经绘就，前景令人欣喜，任务繁重而艰巨。我们要紧紧抓住重要战略机遇期，抓好发展这个第一要务，认真贯彻落实科学发展观，按照中共十七届五中全会和省委八届十次全委会确定的目标，为推进绿色经济强省、民族文化强省和中国面向西南开放桥头堡建设，为实现全省经济社会又好又快发展作出新的更大贡献！

（原载2011年1月25日《云南日报》）

2011 年大事记

1 月

1 月 4 日下午，省政协机关举行离退休老同志 2011 年新春茶话会。省政协常务副主席管国忠出席茶话会并讲话。省老领导梁林、杨维骏、苏正国出席茶话会。

1 月 6 ~ 7 日，省政协十届十三次常委会议在昆明举行。会议听取了副省长孔垂柱关于省政协十届三次会议以来省政府系统提案办理工作情况的通报，听取了《政协云南省第十届委员会常务委员会工作报告》（草案）起草说明、《政协云南省第十届委员会常务委员会关于十届三次会议以来提案工作情况的报告》（草案）起草说明和有关人事事项说明。会议期间，与会常委就十届省政协常委会工作报告草案、十届省政协常委会关于十届三次会议以来提案工作情况报告草案，以及主席会议提交审议的省政协十届四次会议有关文件草案和人事事项进行了分组审议。会议通过了关于召开省政协十届四次会议的决定；原则通过省政协十届四次会议议程（草案）；通过省政协十届四次会议日程；通过《中国人民政治协商会议云南省第十届委员会常务委员会工作报告》报告人建议名单；通过《中国人民政治协商会议云南省第十届委员会常务委员会关于十届三次会议以来提案工作情况的报告》报告人建议名单；通过省政协十届四次会议秘书长、副秘书长名单；通过省政协十届四次会议新闻发言人建议名单；原则通过《中国人民政治协商会议云南省第十届委员会常务委员会工作报告》（草案）；原则通过《中国人民政治协商会议云南省第十届委员会常务委员会关于十届三次会议以来提案工作情况的报告》（草案）；通过关于授权主席会议审定政协云南省第十届委员会常务委员会第十三次会议未尽事宜的决定。会议根据省委的建议，任命徐宁、王宏、周勇、陈俊骢四同志担任省政协兼职副秘书长、任命毕励担任省政协人口资源环境委员会副主任，任命朱建义担任省政协社会和法制委员会主任，任命卢正国担任省政协社会和法制委员会副主任，任命贺毅担任省政协港澳台侨和外事委员会副主任。同意毕励不再担任省政协兼职副秘书长，胥廷义不再担任省政协经济委员会副主任，戴抗不再担任省政协教科文卫体委员会副主任。省政协主席王学仁在会议结束时作了重要讲话。省政协常务副主席管国忠，副主席马开贤、陈勋儒、曾华、王学智、白成亮、顾伯平、倪慧芳，秘书长车志敏出席会议。

1 月 13 日下午，省政协主席王学仁在昆明会见了前来参加云南欧洲商会成立仪式的云南欧洲商会名誉会长、英国前副首相约翰·普雷斯科特勋爵一行。省政协副主席曾华、秘书长车志敏会见时在座。

1 月 14 日，省政协主席王学仁率省直有关部门负责人来到东风云南汽车有限公司，看望慰问困难企业和职工。省政协秘书长车志敏陪同慰问。

1 月 15 日，省政协在昆明召开云南珠宝产业发展座谈会。相关州市政协领导、部分珠宝企业和经营户围绕把珠宝玉石产业打造成为云南新兴特色支柱产业献计献策。省政协秘书长车志敏出席会议并讲话。

1月16日下午，省政协十届四次会议秘书处在昆明举行新闻发布会，省政协副秘书长、会议新闻发言人马孝初向中央驻滇媒体和我省媒体通报了会议有关情况。

1月19～24日，省政协十届四次会议在昆明举行。会议听取并审议通过了王学仁主席所作的《中国人民政治协商会议云南省第十届委员会常务委员会工作报告》、陈勋儒副主席所作的《中国人民政治协商会议云南省第十届委员会常务委员会关于十届三次会议以来提案工作情况的报告》。与会委员列席了云南省第十一届人民代表大会第四次会议，听取并协商讨论了《政府工作报告》《云南省国民经济和社会发展第十二个五年规划纲要》《云南省高级人民法院工作报告》《云南省人民检察院工作报告》及其他有关报告。会议通过了政协云南省第十届委员会第四次会议关于政协云南省第十届委员会常务委员会工作报告的决议、政协云南省第十届委员会第四次会议关于政协云南省第十届委员会常务委员会提案工作情况报告的决议、政协云南省第十届委员会第四次会议决议和政协云南省第十届委员会提案委员会关于十届四次会议提案审查情况的报告。会议同意段增庆、李万兴、陈坚、杨绍红、郭志强5同志不再担任省政协常委。会议期间，中共云南省委和省人民政府领导同志听取了大会发言，参加了分组或界别联组讨论，与各民主党派、工商联、无党派人士、各人民团体和各族各界代表人士协商交流，共谋云南发展大计。省委、省人大、省政府领导同志，省高级人民法院和省人民检察院主要负责同志，原省级老领导，在昆的全国人大常委和全国政协常委、委员应邀出席了会议的开幕和闭幕大会。

1月23日下午，政协云南省第十届委员会常务委员会会议在昆举行。省政协主席王学仁主持会议。省政协常务副主席管国忠，副主席马开贤、陈勋儒、曾华、罗黎辉、王学智、白成亮、顾伯平、倪慧芳，秘书长车志敏出席会议。会议审议通过了中国人民政治协商会议云南省第十届委员会第四次会议关于政协云南省第十届委员会常务委员会工作报告的决议（草案）；审议通过中国人民政治协商会议云南省第十届委员会第四次会议关于政协云南省十届三次会议以来提案工作情况报告的决议（草案）；审议通过中国人民政治协商会议云南省第十届委员会第四次会议决议（草案）；听取了中国人民政治协商会议云南省第十届委员会提案委员会关于十届四次会议提案审查情况报告的说明。根据省委的建议，会议同意段增庆不再担任省政协经济委员会主任，李万兴不再担任省政协经济委员会副主任，陈坚不再担任省政协人口资源环境委员会副主任，铁军不再担任省政协提案委员会兼职副主任，李瑾不再担任省政协兼职副秘书长，会议任命李元书担任省政协经济委员会主任，任命彭桓担任省政协兼职副秘书长。

1月28日下午，省政协机关2011年新春联谊会在省政协举行。省政协主席王学仁代表省政协向全体机关干部职工和离退休老同志致以节日的问候。省政协常务副主席管国忠在会上致词。联谊会上，省政协机关干部职工和离退休老同志表演了文艺节目。省政协副主席马开贤、曾华、罗黎辉、王学智、顾伯平，秘书长车志敏出席联谊会。

2月

2月10日，省政协机关举行2010年工作总结暨创先争优表彰会。省政协秘书长车志敏出席会议并讲话，省政协副秘书长、办公厅主任张宁主持会议。会议对2010年度创先争优中涌现出来的9个先进集体、68名先进个人进行表彰。另对6个部门和57名干部职工进行通报表扬。

2月11～13日，全国政协副主席白立忱一行在我省德宏州和昆明市就如何充分发挥云南资源优势，发展特色产业，加强口岸建设，提升沿边开放水平，努力推动绿色经济强省、民族文化强省、中国面向西南开放桥头堡战略的实施进行调研。省政协主席王学仁、副主席顾伯平、秘书长车志敏陪同调研。

2月16～17日，全国政协副主席罗富和一行在我省元阳县就哈尼梯田申遗及保护开发利用对促进元阳经济社会发展的作用进行调研视察。中国农业科学院院长翟虎渠和省政协副主席罗黎辉等陪同调研。

2月21日，省政协主席王学仁深入泸西县，就泸西县委、县政府贯彻落实中央十七届五中全会精神和省委八届十次全会精神，推动经济社会又好又快发展和开展创先争优活动情况进行调研。省政协秘书长车志敏陪同调研。

2月21日，省政协十届四次会议提案交办会在昆明召开。省政协常务副主席管国忠出席会议，副主席陈勋儒出席会议并讲话。省政协十届四次会议以及会后共收到提案625件，经审查立案608件，交由省级相关部门办理。省委、省政府、省人大办公厅有关负责人，各承办单位负责人出席会议。

2月25日，省政协文史委员会召开全体委员会议，提出力争一年一精品一年一亮点。省政协副主席罗黎辉出席会议并讲话。会议通过了《云南省政协文史委员会2010年工作总结及2011年工作要点》。

2月25日，省政协人口环境资源委员会召开全体委员会议。省政协副主席白成亮出席会议并讲话。会议传达学习省委八届十次全会精神和全省“两会”精神，总结了工作，明确了任务，提出要围绕“两强一堡”做好人口资源环境工作。

2月28日，由全国政协委员、省政协副主席、民进云南省委主委罗黎辉带队，驻滇全国政协委员就新昆明建设情况进行视察。

3月

3月16日下午，省政协机关举行向盈江地震灾区献爱心捐款仪式。省政协主席王学仁，常务副主席管国忠，副主席王学智、白成亮、倪慧芳，秘书长车志敏，省老领导苏正国等出席仪式并带头捐款。省政协机关全体干部职工和离退休老同志共捐款10余万元。

3月17日，省政协民族和宗教委员会召开全体委员会议。传达学习全国“两会”精神，通报省政协民宗委2010年工作，审议2011年工作要点。省政协副主席马开贤、白成亮出席会议并讲话。马开贤副主席就全国政协全会主要精神进行传达。白成亮副主席对省政协民宗委2010年工作所取得的成绩给予充分肯定。

3月17日，省政协提案委员会召开全体会议，审定省政协十届四次会议重点提案，总结2010年工作安排部署2011年工作。省政协常务副主席管国忠出席会议并讲话。

3月18日，省政协召开十届二十四

次主席会议。省政协主席王学仁主持会议。省政协常务副主席管国忠，副主席马开贤、曾华、王学智、白成亮、顾伯平、倪慧芳，秘书长车志敏出席会议。会议传达学习了全国两会精神；审议了政协云南省第十届委员会常务委员会第十四次会议的有关事宜，决定3月30日召开第十四次常委会。会议审议了《政协云南省委员会2011年重点工作安排意见》，审定了政协云南省第十届委员会第四次会议重点提案、《省政协机关领导干部外出报备规定》。

3月18日，省政协经济委员会召开全体委员会议。省政协副主席王学智出席会议并讲话。省政协经济委员会主任李元书通报了省政协经济委员会2010年的工作情况和2011年的工作要点。

3月18日，省政协教科文卫体委员会举行全体委员会议，传达学习全国“两会”精神，通报省政协教科文卫体委员会2010年工作，审议2011年工作要点。省政协副主席顾伯平出席会议并讲话。

3月19～21日，经省政协办公厅牵线搭桥，深圳慈善组织师子会莲花山分会在文山州丘北县进行健康助学万里行活动。

3月21日下午，省政协办公厅召开机关党委、纪委扩大会议。会议传达学习了中纪委十七次届六次全会精神和省委省直机关党的工作会议有关精神，部署了2011年机关党委、纪委工作要点及庆祝建党90周年系列活动。会议由省政协副秘书长、机关党委书记、办公厅主任张宁主持。

3月22日下午，省政协常务副主席管国忠一行深入富宁县调研创先争优活动情况，文山州政协主席王云凌陪同调研。

3月24日，省政协常务副主席管国忠一行深入广南县调研政协工作，省政协副秘书长、办公厅主任张宁、文山州政协主席王云凌陪同调研。

3月24日下午，省政协举行十届四次会议重点提案交办会。省政协副主席陈勋儒出席会议并讲话。

3月25日，王学仁主席在车志敏秘书长、楚雄州政协有关领导的陪同下，到武定县调研旅游业发展情况。王学仁主席在调研中指出，要紧紧依托武定毗邻昆明的良好区位，抓住攀昆高速公路过境以及昆明和楚雄加强区域合作等机遇，着力整合当地的历史文化、宗教文化、民族文化、饮食文化和生态文化等“五个文化”，为加快武定旅游业发展注入活力。

3月26日，省政协举行2011年“团结杯”牌艺邀请赛。省政协党务副主席管国忠，省政协秘书长车志敏，省老领导刘树生、张学文、和占钧等出席开幕式并参赛。

3月27日，省政协民宗委在临沧市沧源县召开全省政协民族宗教工作座谈会，13个州市政协的有关负责人参加了此次会议。省政协副主席白成亮出席会议并讲话。省政协常委、省政协民宗委主任郭秀文与参会的13个州市政协民族宗教工作的有关负责人就去年工作的经验进行了交流，并就2011年全省政协民族宗教工作进行了广泛深入的探讨。

3月28日上午，省政协机关举行贯彻胡总书记重要指示精神深入开展向杨善洲同志学习动员大会。受省政协主席王学仁委托，省政协秘书长车志敏出席会议并作动员讲话。省政协副秘书长、研究室主任马孝初在会上传达了中共中央组织部和中共云南省委关于认真贯彻落实胡总书记重要指示精神深入开展向杨善洲同志学习活动的通知。省政协副秘书长、办公厅主任张宁主持会议。机关全体干部职工参加会议。

3 月 31 日，省政协社会和法制委员会召开全体委员会议，传达学习全国“两会”精神，通报 2010 年工作情况和 2011 年工作要点。省政协副主席倪慧芳出席会议并讲话。

4 月

4 月 1 日，省政协教科文卫体委员会工作座谈会在昆明召开。省政协副主席顾伯平出席会议并讲话。省政协和各州市政协教科文卫体委员会交流了各自的工作情况和经验，并就如何进一步做好今后的工作、如何加强政协相关专委会之间的联系与协作进行了深入探讨。

4 月 7 ~ 8 日，政协云南省第十届委员会常务委员会第十四次会议在昆明召开。会议传达学习了全国“两会”精神，审议政协云南省委员会 2011 年重点工作安排意见。省政协主席王学仁出席会议并讲话。省政协常务副主席管国忠，副主席马开贤、陈勋儒、曾华、王学智、白成亮、顾伯平、倪慧芳，秘书长车志敏出席会议。

4 月 7 ~ 12 日，全国政协机关党组副书记、副秘书长仝广成率全国政协调研组就深入学习贯彻《中共中央关于加强人民政协工作的意见》精神和全国政协十一届四次会议精神，进一步总结地方政协在提高工作科学化水平方面的好经验好做法在滇开展调研。省政协常务副主席管国忠、秘书长车志敏陪同调研。

4 月 7 ~ 13 日，省政协调研组到昭通市政协，开展学习贯彻省委政协工作会议情况的专项调研。

4 月 11 日，省政协主席王学仁率省政协慰问组赴盈江“3 · 10”地震灾区慰问受灾群众，视察恢复重建工作。王学仁主席一行向部分受灾特困群众发放了慰问金，并代表省政协机关向盈江县捐赠了 30 万元的救灾资金。省政协秘书长车志敏及有关部门负责同志陪同慰问。

4 月 12 日，西部十二省、区、市政协文史工作协作交流会在昆明召开。会议的主题：展示民族文化、交流文史工作。会议总结了文史工作的经验，并就新时期如何开展好文史工作进行了研究。全国政协文史和学习委员会副主任卞晋平出席会议并讲话，省政协常务副主席管国忠在会上致词，省政协副主席顾伯平主持会议开幕式。各省、区、市政协领导李晓东、黄选平、马国权、阿尤甫 · 铁衣甫、韩玉贵、蒋培兰、黄润秋、陈海峰出席会议。

4 月 12 ~ 15 日，省政协副主席白成亮到文山州广南县调研创先争优活动开展情况及油茶产业发展工作。

4 月 13 日下午，省政协第四届“政协好新闻奖”颁奖会在昆明举行。省政协副主席顾伯平出席会议并讲话，省政协副秘书长、研究室主任马孝初主持会议。经中央驻滇新闻单位，省、州市各新闻媒体推荐，有近 90 件作品参评。经评委会认真评审，评出一等奖 7 件，二等奖 12 件，三等奖 16 件，优秀奖 20 件。省政协副秘书长、办公厅主任张宁，省政协副秘书长孟庆红、刘琪琳出席会议。

4 月 20 ~ 21 日，全省政协系统秘书长、办公室主任联席会议在临沧召开。会议围绕“贯彻落实省委政协工作会议精神，进一步推动我省人民政协工作”主题，畅谈体会、互通信息、交流经验，研究探讨如何加强新时期政协工作的新思路、新途径、新方法。省政协常务副主席管国忠，省政协秘书长车志敏出席会议并讲话，临沧市委副书记张泽军到会致欢迎词，省政协副秘书长、办公厅主任张宁作会议总结。

4月20～22日，省政协常务副主席管国忠到临沧调研"新家园行动计划"实施情况。省政协提案委主任郭文龙，中共临沧市委书记杨洪波，市委副书记张泽军，市政协主席李建昌等领导陪同调研。

4月23～25日，省政协副主席顾伯平带领调研组到弥渡县调研创先争优工作。

4月26日，省政协副主席顾伯平到红河州建水县调研紫陶产业的发展情况。红河州政协主席李保文、建水县相关领导陪同调研。

4月27～29日，省政协教科文卫体委员会组织部分政协委员和教育界有关专家学者组成调研组，在顾伯平副主席的带领下，先后到云南大学、昆明理工大学、云南师范大学、云南财经大学、昆明市教育局对我省在"桥头堡"建设中如何构建高水平教育平台进行了深入调研。

4月28日，"云南省政协信息网络安全整固项目"内部评审会召开。各专委会办公室和办公厅各处室的负责人对"云南省政协信息网络安全整固项目"进行了初评。省政协副秘书长、研究室主任马孝初出席会议并讲话。

5月

5月4～13日，省政协副主席顾伯平率省政协特聘艺术家一行10人赴重庆、贵州，就当地历史文化、自然景观、政协文化工作及青少年书法教育工作进行采风考察学习。省政协办公厅副秘书长刘琪琳陪同考察。

5月5～10日，全国政协副主席白立忱率全国政协调研组赴滇就"民族自治县城镇化进程中的重要问题"进行专题调研。省政协主席王学仁、副省长刘平、省政协副主席白成亮、省政协秘书长车志敏出席汇报会或陪同调研。

5月6日，2011年省政协机关处级岗位竞争上岗演讲暨民主推荐大会举行。经过报名资格审查和笔试考试后，参与4个职位竞争上岗的23位同志进行了竞职陈述。车志敏秘书长出席会议并作动员讲话。副秘书长张宁、马孝初、雷耀民、高德明出席会议。

5月7～18日，省政协提案委组织调研组到宣威、富源、罗平等县就提案督办工作进行调研，并征求对《云南省提案工作条例》的修改意见。

5月9～21日，省政协副主席白成亮率省政协委员和专家，赴丘北、广南、文山、蒙自、红河、开远、泸西开展"贯彻落实中央1号文件，推进'兴水强滇'战略实施"专题调研。

5月9～10日，全国政协常委、社会和法制委员会主任张福森率全国政协社会和法制委员会"律师在刑事诉讼中的地位和作用"专题调研组来滇调研，并召开座谈会，听取省高级人民法院、省人民检察院、省公安厅、省司法厅和部分律师有关情况介绍。省政协副主席倪慧芳出席座谈会。

5月10～22日，省政协主席王学仁率省工信委、省外办、中国电信云南公司等有关部门负责人组成的云南省电信代表团赴印度、斯里兰卡、马尔代夫进行考察访问。

5月12～15日，省政协副主席白成亮率云南省城市民族工作调研组到红河州，就城市少数民族人口结构、变化及分布情况进行专题调研。

5月15日上午，云南省珠宝玉石首饰行业协会第六次会员代表大会在省政协礼堂举行。会议选举产生了省珠宝玉石首饰行业协会第六届理事会理事、常务理事和会长、副会长、秘书长，并对2010中国·云南玉雕“大师奖”获奖者进行了表彰。省政协副主席王学智出席会议并致词，中国珠宝玉石首饰行业协会副会长毕立君、省石产业促进会会长和占钧与名誉会长陶昌廉出席会议，省政协秘书长车志敏主持会议。

5 月 15 日，全国政协社会和法制委员会“分配制度改革与企业职工增长机制建设”赴滇调研组在实地调研我省部分企业后，在昆明召开座谈会听取我省相关部门的情况介绍。全国政协常委、全国政协社会和法制委员会副主任张俊九，省政协副主席陈勋儒出席座谈会。

5 月 19 日，省政协机关组织合唱队参加了由省委省直机关工委举办的“旗帜颂——省直机关庆祝中国共产党成立 90 周年歌咏比赛”获得二等奖。副秘书长张宁、雷耀民、孟庆红参加了合唱比赛。顾伯平副主席、车志敏秘书长到现场为合唱队加油鼓劲。

5 月 20 ~ 28 日，全国政协办公厅安排驻青海省全国政协委员考察团来滇考察我省旅游业情况，并在考察结束后向我省有关部门反馈意见。青海省政协主席白玛出席反馈会并讲话，云南省政协主席王学仁主持会议。全国政协文史和学习委员会副主任桑结加，青海省省委常委、省委统战部部长多木热旦，青海省政协副主席鲍义志、马志伟参加考察。云南省政协常务副主席管国忠，副主席曾华、王学智、顾伯平、倪慧芳，秘书长车志敏陪同考察或出席反馈会。

5 月 25 日，马开贤副主席到巍山县进行考察，并看望慰问了伊斯兰教界人士，了解民族地区的民族宗教工作和穆斯林群众生产生活，以及穆斯林青少年接受文化教育的情况。

5 月 26 日上午，省政协在昆明举行“在实施西部大开发和桥头堡战略中加快推进滇中经济区建设”为主题的云南企业家恳谈会。省委副书记、省长秦光荣，省政协主席王学仁出席会议并讲话。省政协副主席马开贤，省政府秘书长丁绍祥，省政协秘书长车志敏及省老领导和占钧等出席会议。省政协副主席王学智主持会议。会议对参与本次论坛征文的 183 篇稿件进行了表彰奖励。

5 月 27 日上午，全国政协“推进基本公共服务均等化”调研组来滇开展专题调研，并听取我省工作情况汇报。全国政协委员、全国政协教科文卫体委员会副主任于永湛，副省长高峰，省政协副主席白成亮出席情况汇报会。

5 月 30 日，省政协第二十次提案工作座谈会暨提案工作研讨会在文山召开。省政协常务副主席管国忠、副主席陈勋儒出席会议并讲话。

6 月

6 月 1 日，省政协副主席管国忠到省农业科学院开远甘蔗研究所调研。省政协副秘书长刘琪琳陪同调研。

6 月 2 日下午，省政协机关举行综治维稳成员大会，总结 2010 年省政协机关综治维稳工作情况，安排部署 2011 年综治维稳工作。省政协副秘书长、办公厅主任张宁、副秘书长雷耀民、孟庆红出席会议。

6 月 3 日，省政协与省文化厅举行提案面商会，就今年省政协重点提案《桥头堡建设中应该加强对西南周边国家的文化艺术交流》办理情况进行面商。副省长高峰、省政协主席曾华对该提案的办理作了重要批示。

6 月 4 日，省政协副主席陈勋儒在昆明会见澳门贸易投资促进局主席张祖荣一行。

6月6日上午，省政协主席王学仁在昆明会见马尔代夫经济发展部部长穆罕默德·拉泽一行。

6月6日，省政协副主席王学智在昆明会见应邀出席第十九届昆交会的韩国全罗北道政府中国党代表处首席代表权键周一行。

6月6日下午，云南海外经济合作促进会三届四次理事会暨投资云南桥头堡建设策略研讨会在昆明召开。省政协主席、云南海促会荣誉会长王学仁，全国政协港澳台侨委员会副主任、云南海促会荣誉会长杨崇汇，省委常委、常务副省长罗正富，省政协副主席、云南海促会名誉会长曾华，省老领导、云南海促会名誉会长许克敏出席会议。省政协常务副主席、云南海促会会长管国忠主持会议。

6月7～15日，全国政协副主席王志珍率全国政协无党派人士界委员调研团到我省就“多样性种植发展情况”开展专题调研。全国政协常委、中国核动力研究设计院名誉院长杨岐，全国政协常委、北京大学生命科学学院教授朱作言，全国政协副秘书长林智敏参加考察。省政协主席王学仁，副省长孔垂柱，省政协副主席曾华出席调研情况汇报会或陪同考察。

6月8日，马开贤副主席率调研组到通海调研伊斯兰教工作和经济社会发展情况。

6月8日下午，马开贤副主席到玉溪出席了云南省伊斯兰教（哲派）教职人员和部分基层组织负责人培训班开班仪式，并作讲话。

6月9日，倪慧芳副主席率省政协社会和法制委员会及省科技厅科学技术情报研究院等相关部门组成的调研组，对江城县的保障性住房建设情况进行调研。

6月13日，省政协召开“辛亥革命及滇西抗战在滇遗址遗迹和纪念设施保护利用情况”重点视察预备会，6月中旬，将由省政协文史委牵头，联合昆明市政协文史委、民革云南省委及部分专家学者，开展“辛亥革命及滇西抗战在滇遗址遗迹和纪念设施保护利用情况”视察。省政协副主席罗黎辉出席视察预备会并讲话。

6月13日，省政协召开重点提案《进一步加强我省生态保护建设工作的建议》调研预备会，6月13～18日省政协将组织省发改委、林业厅、环保厅、财政厅、国土资源厅等提案承办部门和8个民主党派省委、省工商联、省侨联相关负责人组成调研组，就省政协重点提案《进一步加强我省生态保护建设工作的建议》进行重点调研。省政协常务副主席管国忠、副主席陈勋儒出席调研预备会并讲话。

6月13～14日，省政协副主席罗黎辉率领文史委员会对辛亥革命及滇西抗战在昆遗址遗迹和纪念设施保护利用情况进行了实地视察。此次视察由省政协文史委联合民革云南省委及昆明市政协共同进行。

6月14日“低碳体验日”。根据2011年全国节能宣传周活动安排，省政协机关围绕?“节能低碳新生活，公共机构作表率”这个宣传主题，积极开展“节能宣传周”活动。深入推进公共机构节能，加快节约型公共机构建设，引导和带动全社会积极参与节能减排。

6月15日，省政协副主席曾华率领省政协教科文卫体委员会组织部分教育界委员、专家视察高考评卷现场。

6月18～20日，省政协举行中心组理论学习暨党组专题学习生活会，深入学习杨善洲精神。会议提出以进一步开展向杨善洲同志学习活动为契机，切实把学习成果转化为做好本职工作、推动科学发展的强大动力，以优异的成绩迎接中国共产党成立 90 周年，努力为实现“十二五”宏伟目标贡献智慧和力量。省政协主席王学仁主持学习并讲话。省政协常务副主席管国忠，副主席马开贤、陈勋儒、曾华、罗黎辉、王学智、白成亮、顾伯平、倪慧芳，秘书长车志敏参加学习。

6 月 22 日，省政协举行老党员老干部座谈会，回顾中国共产党 90 年来走过的光辉历程和创造的丰功伟绩，抒发爱党爱国情怀，展望美好前景和宏伟蓝图。省政协副主席王学智出席会议并讲话。

7 月

7 月 1 日上午，省政协组织机关全体干部职工在省政协常委会议厅，收看中共中央庆祝中国共产党成立 90 周年大会实况，聆听胡锦涛总书记重要讲话。省政协秘书长车志敏参加收看。

7 月 8 日，省政协组织省国土资源厅和农工党云南省委相关负责人，就省政协 133 号提案《进一步做好我省矿产资源保护与开发利用工作的建议》深入安宁市进行调研。省政协常务副主席管国忠参加调研。

7 月 8 ~ 9 日，全国政协副主席、台盟中央主席林文漪在省政协副主席顾伯平等陪同下，深入德宏州瑞丽市，考察石产业发展情况。

5 月中旬和 7 月上旬，省政协办公厅组织 100 多名机关离退休老干部，先后深入红河州建水、石屏、泸西、弥勒四县进行参观考察，让老干部们切身体验我省经济社会发展及“桥头堡”建设的情况。刀世勋、许克敏、李先猷等省老领导参加考察活动。

7 月 12 ~ 13 日，政协云南省第十届委员会常务委员会第十五次会议在昆明召开。省政协主席王学仁主持会议。副省长刘平代表省政府向省政协常委会议通报了我省今年以来经济社会发展情况。省政协常务副主席管国忠，副主席马开贤、陈勋儒、曾华、罗黎辉、王学智、白成亮、顾伯平、倪慧芳，秘书长车志敏出席会议。

7 月 16 ~ 19 日，王学仁主席在有关部门负责同志的陪同下，深入会泽、沾益、富源等县的田间地头、企业车间，就产业发展的有关问题开展调查研究。车志敏秘书长陪同调研。

7 月 27 日下午，省级各民主党派和省工商联与省政府有关部门对口联系单位座谈会在昆明召开。中共云南省委常委、省委统战部部长黄毅出席会议并讲话。省政协副主席、农工党云南省委主委陈勋儒，省政协副主席、九三学社云南省委主委曾华，省政协副主席、民进云南省委主委罗黎辉，省政协副主席、民盟云南省委主委倪慧芳出席会议。

8 月

8 月 1 日，省政协机关 2011 年度庆“八一”联谊活动在玉溪市易门县举行。上午，在易门县八金广场进行登山比赛，省政协副主席曾华、顾伯平参加登山比赛。下午，召开优秀复转军人表彰大会，表彰了 11 名优秀复转军人，4 名优秀复转军人代表作了发言。省政协副主席顾伯平出席会议，秘书长车志敏在会上讲话，副秘书长、办公厅主任张宁，副秘书长雷耀民、孟庆红、高德明、刘琪琳出席会议。

8 月 3 日下午，省政协召开情况通报会，向省政协离退休老干部通报了省政协今年上半年工作情况。省政协常务副主席管国忠出席会议并作通报。

8 月 9 日，省教育厅就省政协十届四

次会议第403号重点提案的办理情况，与提案者民进云南省委进行面商。省政协副主席顾伯平出席面商会并讲话。该提案由民进云南省委提出，交由省教育厅主办，省发展和改革委员会、省财政厅会办。

8月10日上午，省政协办公厅、省政协教科文卫体委员会、北京成龙慈善基金会联合举办的云南省贫困家庭儿童住院大病救治项目启动仪式在省政协礼堂举行。省政协常务副主席管国忠出席启动仪式，副秘书长、办公厅主任张宁致辞，北京成龙慈善基金会代表以及项目合作医疗单位——昆明市延安医院代表出席仪式并发言。

8月11日上午，省商务厅就省政协十届四次会议第198号重点提案的办理情况，与提案人省政协委员保明虎进行面商。省政协副主席王学智出席会议。该提案交由省商务厅主办，省发改委、省财政厅、省工信委、省金融办会办，由省政协副主席王学智督办。

8月15日，省政协副主席顾伯平陪同国家博物馆、中国文物交流中心、中国文物信息中心、中国文物保护基金会联合组成的国家文物考古专家考察团，到巍山县考察文物保护与开发利用工作。

8月14～17日，省政协副主席白成亮到挂钩扶贫点红河州金平县调研扶贫开发工作，并深入实地了解基层组织建设、产业发展、乡村道路、河道治理、群众生产生活情况。

8月16日下午，省国土资源厅举行省政协十届四次会议第133号重点提案《进一步做好我省矿产资源保护和开发利用工作的建议》办理面商会。省政协常务副主席管国忠出席会议并讲话。提案者农工党云南省委、提案承办单位、提案督办部门参加会议。

8月17日下午，省住房城乡建设厅召开省政协十届四次会议596号重点提案《加强全面保障，让这个中低收入者切实摆脱》办理面商会。省政协副主席倪慧芳出席会议并讲话。该提案交由省住房城乡建设厅主办，省财政厅、省国土资源厅、省地税局、省金融办会办。

8月30日，由省政协社会和法制委员会和民盟云南省委员会共同承办的云南省政协第四届民生论坛在昆明举行。本次论坛的主题为“创新社会管理、建设和谐云南”。全国政协社会和法制委员会副主任季允石，民盟中央副主席温思美，省政协主席王学仁，省委常委、省委政法委书记孟苏铁，副省长高峰，省政协副主席陈勋儒、曾华、罗黎辉、王学智、顾伯平，省政协秘书长车志敏出席会议。省政协副主席、民盟云南省委主委倪慧芳主持会议。论坛上董家禄、王惠萍等12位同志围绕社会管理创新积极建言献策。论坛共收到论文644篇，并评出68篇获奖论文，并为68位优秀论文作者和13个组织单位颁奖。

8月31日上午，省政协召开十届二十六次主席会议，传达学习省委常委扩大会议精神。会议要求认真贯彻落实省委常委扩大会议精神，结合政协实际，做好当前各项工作。省政协主席王学仁主持会议。常务副主席管国忠，副主席陈勋儒、曾华、罗黎辉、王学智、顾伯平、倪慧芳，秘书长车志敏出席会议。

8月29日至9月1日，全国政协人口资源环境委员会调研组赴滇就进一步推动滇池治理保护工作开展专题调研。8月30日，我省举行会议，向调研组汇报相关情况。全国政协人口资源环境委员会副主任张基尧、王曙光出席汇报会，副省长和段琪代表省政府汇报滇池治理保护总体情况，省政协常务副主席管国忠主持会议，省政府滇池水污染防治专家督导组副组长高晓宇出席会议。9 月 1 日，举行情况反馈会，调研组向云南省反馈情况，省政协主席王学仁主持会议。

9 月

9 月 2 日下午，省政协庆祝 2011 年教师节联谊活动在昆明举行。省政协副主席罗黎辉出席会议并讲话。

9 月 5 日上午，省政协机关召开全体干部职工大会，学习贯彻省委书记秦光荣在省委常委扩大会上的讲话精神。省政协秘书长车志敏出席会议并讲话。

9 月 8 日晚，省政协举行 2011 年金秋戏曲演唱会，部分在昆省政协委员与各民主党派云南省委、省工商联、有关人民团体负责人和无党派人士代表共聚一堂，喜迎中秋佳节。省政协主席王学仁，省委常委、省委宣传部部长张田欣，省人大常委会常务副主任晏友琼，省政协常务副主席管国忠，副主席陈勋儒、王学智、顾伯平，省老领导刘树生、赵廷光、和占钧，省政协秘书长车志敏等观看了演出。

9 月 9 日，省政协机关全体干部职工举行庆中秋迎国庆联谊活动。省政协常务副主席管国忠致词，秘书长车志敏主持活动。

9 月 14 日上午，省卫生厅副厅长徐和平率厅人事、科技、农卫等处室负责同志到省政协，向省政协“关于我省医药卫生人才队伍建设”重点视察组介绍我省医药卫生人才队伍建设情况。省政协副主席顾伯平听取了情况介绍。

9 月 15 日下午，省政协召开提案素材（线索）征集会议。会议要求，提案素材（线索）要紧紧围绕我省经济社会发展中的重点、难点问题和人民群众普遍关心的热点问题提出。省政协秘书长车志敏出席会议并讲话。省政协提案委主任郭文龙就近几年来驻滇全国政协委员提案素材（线索）征集情况和省政协提案工作情况作了通报。

9 月 17 日，省政协副主席王学智陪同中华全国供销合作总社党组书记、理事会主任杨传堂一行到弥勒县调研供销企业改革发展工作。

9 月 22 日，省发展和改革委员会就省政协十届四次会议的 12 号重点提案《促进我省能源结构低碳化转型的对策建议》办理情况举行提案面商会。省政协副主席陈勋儒出席会议并讲话。

9 月 26～28 日，省政协组织部分政协委员就省政协十届四次会议以来提案办理情况进行视察。省政协常务副主席管国忠、副主席陈勋儒分别率队前往省发改委、省公安厅、省委统战部、省民委、省委农办、省扶贫办、省国税局、省通信管理局听取提案办理情况的介绍，开展提案办理工作民主评议。

9 月 28 日，人民政协报向云南省政协委员赠送《政协委员书架》系列丛书仪式在昆明举行。人民政协报社党组书记、总编辑刘未鸣在捐赠仪式上介绍了丛书编辑发行的有关情况。省政协副主席白成亮出席仪式并讲话。

10 月

10 月 8 日，省教育厅就省政协十届四次会议第 145 号提案《关于将滇西抗战历史写进中小学教材》的办理情况举行提案面商会。省政协副主席罗黎辉出席会议并讲话。该提案由省政协文史委提出，交由省教育厅主办，省委宣传部会办。

10 月 10 日下午，省政协机关召开党员大会，选举出席云南省第九次党代会的代表。大会按照《选举办法》（草案），出席会议的261名党员以无记名投票、差额选举产生了车志敏、亚娜两位同志作为省政协机关出席省第九次党代会的正式代表。

10月12日，省政协秘书长车志敏主持召开省政协十届二十三次秘书长会议。会议审议了省政协十届十六次常委会议有关事宜，审议了关于充分发挥民主党派在人民政协中重要作用、进一步加强云南省生态保护和建设、云南省保障性住房建设情况、云南特有民族历史文化保护和利用4个调研报告；还审议了关于云南石产业发展情况的视察报告。

10月17日下午，省政协十届二十七次主席会议在昆明召开。会议审议了省政协十届十六次常委会议的有关事宜，决定省政协十届十六次常委会于11月3~4日召开。省政协主席王学仁主持会议。省政协常务副主席管国忠，副主席马开贤、陈勋儒、曾华、罗黎辉、白成亮、顾伯平、倪慧芳，秘书长车志敏出席会议。省政协办公厅、研究室和各专门委员会有关负责人列席会议。会议审议了省政协十届十六次常委会议的有关事宜。会议还审定了关于充分发挥各民主党派在人民政协中重要作用的调研报告、关于进一步加强云南省生态保护和建设的调研报告、关于云南省保障性住房建设情况的调研报告、关于云南特有民族历史文化保护和利用的调研报告；审议了关于云南石产业发展情况的视察报告。会议决定，省政协十届十六次常委会于11月3~4日在昆明召开。

10月18日上午，全省政协宣传工作暨2012年度《云南政协报》发行工作会议在昆明召开。会议提出，要围绕中心、服务大局，创新宣传形式，努力开创全省政协新闻宣传工作新局面。省政协副主席顾伯平，省政协副秘书长、办公厅主任张宁出席会议并讲话。省政协副秘书长、研究室主任马孝初主持会议。省委宣传部副部长李涛出席会议并代表省委宣传部对会议的召开表示祝贺。

10月23日起至11月4日，由省政协牵头，组织省政府、省政协有关部门，各民主党派、有关人民团体负责人和部分省政协委员，由省政协主席王学仁，常务副主席管国忠，副主席王学智、白成亮、倪慧芳带队，分五个组深入昆明市、曲靖市、玉溪市、昭通市、临沧市、楚雄州、大理州、红河州、文山州，就我省水资源情况暨抗旱保民生工作进行专题调研。

10月26日，省政协召开新闻宣传暨《云南政协报》“走基层、转作风、改文风”活动座谈会。座谈会上，《云南政协报》总编辑张勇与云南日报、云南电视台、云南人民广播电台、云南网等省级媒体负责人和报纸阅评专家，就“走基层、转作风、改文风”活动开展情况进行了经验交流。省政协副主席顾伯平出席座谈会并讲话。

10月27日下午，省文产办举行省政协十届四次会议275号重点提案《文化产业与旅游产业互动发展的对策建议》办理面商会，省政协副主席罗黎辉出席会议并讲话。该提案由民革云南省委提出，交由省文产办主办，省旅游局会办。

11月

11月1日，全国政协人口资源环境委员会调研组来滇就绿色经济发展情况进行专题调研，并举行座谈会听取我省有关情况汇报。全国政协副主席白立忱，全国政协人资环委副主任江泽慧、汪啸风，省政协主席王学仁出席座谈会。副省长孔垂柱在会上汇报了我省绿色经济发展情况，省政协副主席王学智主持会议。省政协秘书长车志敏及省政府、省政协有关部门负责人出席座谈会。

11 月 3 ~4 日上午，政协云南省第十届委员会常务委员会第十六次会议在昆明召开。省政协主席王学仁、常务副主席管国忠分别主持开、闭幕会。省委常委、省委宣传部部长张田欣，副省长高峰出席开幕会并讲话。管国忠传达了中共十七届六中全会精神和全国政协十一届十五次常委会精神。省政协副主席马开贤、陈勋儒、罗黎辉、王学智、顾伯平、倪慧芳，秘书长车志敏出席会议。11 位常委围绕“深化文化体制改革，推动我省民族文化强省建设，促进社会主义文化大发展大繁荣”作了大会发言，会议形成书面交流材料 31 份。会议通过了有关人事事项。常委会期间召开的主席会议上还审定了《政协云南省委员会关于抗旱保民生的建议案》。

11 月 4 日，云南省委副书记、代省长李纪恒在省政府秘书长丁绍祥陪同下到省政协机关，与省政协主席王学仁，常务副主席管国忠，副主席罗黎辉、顾伯平，秘书长车志敏及秘书长班子座谈，通报今年云南经济社会发展情况，听取省政协对省政府工作的意见建议。

11 月 10 日上午，省委农村工作领导小组办公室就省政协十届四次会议第 268 号重点提案《关于加快转变发展方式千方百计促进农民增收的建议》的办理情况举行提案面商会。省政协常务副主席管国忠出席会议并讲话。

11 月 16 日上午，省政协机关举办 2009 年 1 月 1 日以来进入机关的处以下（含正处）干部专题培训，以提高新进人员的政治素质、业务素质和岗位适应能力。省政协秘书长车志敏出席并给新进人员作了《如何做一名合格的政协人》的重要讲话，省政协副秘书长、办公厅主任张宁主持会议，副秘书长雷耀民出席会议。省政协副秘书长、办公厅主任张宁对此次培训进行了小结。

11 月 18 日，全省政协信息工作座谈会暨云南政协年鉴编纂工作会在昆明召开。会议总结交流近年来开展政协信息工作的经验和做法，研究探讨新形势下进一步做好政协信息工作的思路和措施，并对 2010 年信息工作先进单位和先进个人进行表彰，安排部署云南政协年鉴编纂工作。省政协常务副主席管国忠出席会议并讲话。省政协秘书长车志敏主持会议。

11 月 18 日下午，省政协召开十届五次会议筹备工作第一次会议。省政协秘书长车志敏对筹备工作进行了安排部署。会议要求，为确保省政协十届五次会议顺利召开，大会筹备有关人员要认真搞好筹备工作，思想上要高度重视、精力上要高度集中、筹备上要仔细认真、工作上要力求创新。

11 月 19 日，省政协主席王学仁、省人大常委会副主任杨保建一行到楚雄师范学院调研，并对该校的校区规划、学生就业等问题提出了建议。

11 月 21 ~22 日，省政协机关举行 2011 年文秘（保密工作）培训。省政协秘书长车志敏出席并作重要讲话。省政协副秘书长、办公厅主任张宁作总结。省政协副秘书长雷耀民、高德明、刘琪琳出席会议。省政协机关各处室负责人、涉密人员、文件保管员、新进机关人员参加了学习培训。

11 月 23 日“2011 中国国际珠宝展”在北京中国国际展览中心开幕。省政协主席王学仁、省政协秘书长车志敏出席开幕式并观看展览。

11 月 25 日，中国共产党云南省第九次代表大会在昆明隆重召开，省政协组织机关干部职工集中收看了大会现场直播，认真聆听省委书记秦光荣代表中共云南省委第八届委员会作的工作报告。

12 月

12月1日，省政协召开十届二十九次主席会议，组织学习贯彻中国共产党云南省第九次代表大会精神。会议提出，切实把党代会提出的宏伟目标和任务要求贯彻落实到政治协商、民主监督、参政议政的全过程，服务大局更有高度，建言献策更有深度，努力在推动科学发展、和谐发展、跨越发展上作出更大贡献。省政协主席王学仁主持会议并作总结讲话。省政协常务副主席管国忠、副主席马开贤、陈勋儒、罗黎辉、顾伯平、倪慧芳，秘书长车志敏出席会议。

12月2日上午，省政协机关召开干部职工大会，学习贯彻省第九次党代会精神。会议提出，要用党代会精神指导政协工作实践，明确履职重点，找准着力方向，切实把会议提出的宏伟目标和任务要求贯彻落实到政治协商、民主监督、参政议政的全过程。省政协秘书长车志敏受省政协主席王学仁委托，传达了省第九次党代会精神，并就省政协机关贯彻落实会议精神提出了意见。省政协副秘书长、办公厅主任张宁主持会议。

12月5日下午，省林业厅召开省政协十届四次会议第130号重点提案《关于进一步加强我省生态保护建设工作的建议——“七彩云南保护行动”系列联合提案之四》办理面商会。副省长孔垂柱，省政协常务副主席管国忠、副主席陈勋儒出席面商会。该提案由省级八个民主党派云南省委和省工商联联合提出，由省林业厅主办，省环保厅等9个相关单位会办。

12月8日，省政协在昆明举行和谐宗教建设研讨会。全省宗教界代表、宗教工作者、宗教领域的专家学者汇聚一堂，表达促进社会和谐、维护团结稳定的心声，为推进“两强一堡”建设和实现“十二五”经济社会发展目标建言献策。省政协副主席马开贤出席会议并讲话。全省各州市政协民宗委负责人等参加研讨。

12月15日，省政协主席王学仁在昆明钢铁控股有限公司调研时强调，要认真学习贯彻中央经济工作会议和省第九次党代会精神，转变经济发展方式，调整产业结构，坚定不移地走新型工业化发展道路，为实现跨越发展打牢基础。省政协副主席王学智，省政协秘书长车志敏陪同调研。

12月16日，省政协召开《提案工作条例》修订意见征询会，我省15州市及部分县（市、区）政协提案委负责人参加会议并对《条例》修订提出了修改意见。省政协副主席陈勋儒出席会议并讲话。

12月16日，省政协民族和宗教委员会在昆召开全体委员会，审议2011年工作报告并讨论2012年工作要点。

12月22日，省政协副主席顾伯平深入到天士力帝泊洱生物茶谷、思茅师专新校区、旅游环线、普洱大剧院、市行政中心等地，就产业开发、教育发展、城市建设和政协工作等方面的情况进行了调研。省政协副秘书长刘琪琳陪同调研。

12月28日上午，省政协举行云南省2012年新年茶话会，省委书记、省人大常委会党组书记秦光荣出席会议并讲话，省委副书记、代省长李纪恒出席，省政协主席王学仁主持。省党政军领导出席茶话会。秦光荣代表省委、省人大常委会、省政府、省政协，向各民主党派、工商联、人民团体和各族各界人士，向全省广大工人、农民、知识分子和各级干部，向驻滇人民解放军指战员、武警官兵和公安干警，向云南籍港澳台同胞和海外侨胞，向各位老同志，向所有关心、支持云南改革开放和现代化建设事业的海内外朋友，致以节日的问候。省级民主党派、省工商联、人民团体代表高峰，港澳台侨代表武克钢，民族宗教界代表马忠在茶话会上发言。在昆的全国人大常委会委员、全国政协常委、委员和省政协常委参加茶话会。茶话会还举行了精彩的文艺演出。

12 月 29 日上午，省政协在昆明召开十届三十次主席会议。省政协主席王学仁主持会议。省政协常务副主席管国忠，副主席马开贤、曾华、罗黎辉、王学智、白成亮、顾伯平、倪慧芳，秘书长车志敏出席会议。会议传达学习了省委九届二次全会精神。会议审议政协云南省第十届委员会常务委员会第十七次会议的有关事宜，决定于 2012 年 1 月 12 日至 13 日在昆明召开云南省第十届委员会常务委员会第十七次会议。审议了《中国人民政治协商会议云南省第十届委员会常务委员会工作报告》（草案）。审议了《中国人民政治协商会议云南省第十届委员会常务委员会关于十届四次会议以来提案工作情况的报告》（草案）。审定了省政协十届四次会议优秀提案。审定了《云南省政协提案工作条例》（修订草案）。审议了各专委会 2011 年工作总结。

2011 年 12 月 31 日，以“玉出云南，珠宝天堂”为主题的首届中国云南·昆明新年国际珠宝展在昆明国际会展中心隆重举行。全国政协副主席白立忱宣布开幕，省政协主席王学仁，省政协副主席陈勋儒、王学智等出席开展仪式并巡馆，省政协秘书长车志敏主持。

州 市 政 协 篇

政 协 昆 明 市 委 员 会

田云翔　主　席

张建伟　副主席

陆玉珍　副主席

傅汝林　副主席

林怡平　副主席

汪叶菊　副主席

杨品才　副主席

常　敏　副主席

周　忻　秘书长

【全体委员会议】

十二届一次会议 2011 年 1 月 10～15 日举行。大会应出席委员 466 人，实到委员 442 人。张建伟副主席主持开幕大会，田云翔主席作《中国人民政治协商会议昆明市第十一届委员会常务委员会工作报告》；陆玉珍副主席作《中国人民政治协商会议昆明市第十一届委员会常务委员会关于提案工作情况的报告》。会议选举产生了市政协第十二届委员会主席、副主席、秘书长和常务委员。省委常委、昆明市委书记仇和，省政协副主席陈勋儒，市委副书记、市长张祖林，市委副书记李邑飞，市人大常委会主任杨远翔出席会议。昆明市委、市人大常委会、市政府、昆明警备区、市中级人民法院、市人民检察院领导和部分原市级老领导应邀出席会议。昆明高新技术开发区、经济技术开发区、滇池旅游度假区管委会，昆明学院、市委党校、市级党政有关部门、市级各民主党派、工商联、有关人民团体和县（市）区政协、统战部的负责人、市政府参事室参事和市政协专门委员会顾问；部分在昆的省政协委员，驻昆大专院校、科研机构和部分外地政府驻昆机构和外地驻昆商会的负责人特邀列席了开幕大会。1 月 15 日下午会议闭幕，田云翔主席主持会议。会议听取关于政协昆明市第十二届委员会第一次会议提案审查情况；表彰了政协工作先进集体、先进个人和优秀提案、提案办理先进单位、个人；通过了《中国人民政治协商会议昆明市第十二届委员会第一次会议决议》。

【常务委员会会议】

第 1 次会议 1 月 25 日在昆明召开，应到会 69 名，实到会 69 名。市政协主席田云翔、常务副主席张建伟分别主持会议。田云翔在会上作了重要讲话，会议审议通过《政协昆明市第十二届委员会 2011 年工作要点》。会议审议通过《政协昆明市第十二届委员会界别设置的决定》和《政协昆明市第十二届委员会专门委员会机构设置的决定》。十二届市政协界别设置为 30 个。增设了民族宗教委员会，对 3 个专门委员会的名称和职能进行了相应的调整，设提案委员会、经济科技委员会、城乡环境保护委员会、教文卫体委员会、社会法制委员会、民族宗教委员会、文史委员会、联络委员会 8 个专门委员会。副主席陆玉珍、傅汝林、林怡平、汪叶菊、杨品才、常敏，秘书长周忻出席了会议。

第 2 次会议 7 月 19 日在昆明召开。应到会 69 名，实到会 68 名。5 位市民旁听了会议。市政协主席田云翔主持会议并讲话。市委常委、副市长黄云波代表市政府通报了关于我市加快建设面向西南开放重要桥头堡重要工作情况。会上，10 位市政协常委围绕桥头堡建设主题，就分别就《培育和发展新兴产业　推动昆明桥头堡建设》《在桥头堡建设中应重视的几个问题》《相辅相成　共同发展——昆明实施桥头堡建设与加快区域性国际城市建设的关系》《抢抓桥头堡建设战略机遇　促进昆明加速发展的几点建议》《加快旅游转型升级　推动桥头堡建设》等方面进行大会发言，为实施桥头堡机遇、加快区域性国际城市建设建言献策。会议审议通过了《中国人民政治协商会议昆明市委员会提案工作条例》修订草案、《政协昆明市委员会委员履职服务管理办法》。副主席张建伟、陆玉珍、傅汝林、林怡平、汪叶菊、杨品才、常敏，秘书长周忻出席了会议。

第 3 次会议 10 月 27 日在昆明召开。应到会 69 名，实到会 61 名。会议分别由市政协主席田云翔和副主席常敏主持。会议进行了五项议题：一、市委副书记李邑飞到会讲话；二、听取市纪委、市监察局关于2011年全市党风廉政建设情况通报；三、听取市公安局关于我市公安系统加强和创新社会管理工作的情况通报；四、围绕“加强和创新社会管理，构建和谐昆明”主题进行大会发言；五、人事事项。副主席张建伟、陆玉珍、傅汝林、林怡平、汪叶菊、杨品才，秘书长周忻出席了会议。

第4次会议 12月15日在昆明召开。应到会59名，实到会57名。会议分别由市政协主席田云翔和副主席张建伟主持。会议进行了七项议题：一、审议《中国人民政治协商会议昆明市第十二届委员会常务委员会工作报告》（审议稿）；二、审议《中国人民政治协商会议昆明市第十二届委员会常务委员会关于十二届一次会议以来提案工作情况的报告》（审议稿）；三、听取昆明市人民政府关于办理市政协十二届一次会议以来提案的情况通报；四、协商决定政协昆明市第十二届委员会增补委员事项；五、协商决定召开政协昆明市第十二届委员会第二次会议的事项；六、听取关于督办党群政法系统办理政协十二届一次会议以来提案的情况通报（书面）；七、审议各专门委员会、办公厅、研究室2011年度工作总结（书面）。副主席陆玉珍、傅汝林、林怡平、汪叶菊、杨品才，秘书长周忻出席了会议。

【专门委员会工作】

提案委员会 一、加强理论学习，自身素质和服务能力有提升；二、着力制度创新。草拟了《政协昆明市委员会建议案工作规则》，草拟了《政协昆明市委员会重点提案工作规则》《进一步做好市政协专门委员会的提案工作的意见》《关于全会闭会期间提案工作的规定》《关于提案办理结果向社会公示的办法》等4项制度创新的文稿。印发了《政协提案知识手册》和《优秀提案选编》两本书。认真完成了《政协昆明市委员会提案工作条例（修正案）》的文本拟稿工作；三、认真履行职能，主要工作有特色。2006年初，市政协换届后，及时完善了《提案委员会工作职责》《提案委主任、副主任，办公室主任、副主任工作职责》。五年来，认真履行职责，有条不紊地开展各项具体工作。一是认真审理提案材料。本届市政协一至五次会议期间，共受理提案材料2783件，其中，全会期间收到2355件，闭会期间收到428件，经审查立案2679件，未立案件并以其他方式处理的104件。二是认真进行交办督办。五年来，对经主席会议审定的53件重点提案（其中有42件为主席、副主席领衔督办）。对上年度部分B类件进行跟踪督办和续办续复工作，对提案人不满意的提案，坚决要求承办单位重新办理和答复。三是认真组织相关会议；四、强化服务意识，工作质量有提高；五、注重合作互动，协调沟通有广度；六、强化纪律建设，勤政廉政做得好；七、增强全局意识，其他工作任务完成好。

经济科技委员会 一、加强政治业务理论学习，提高履职能力和水平；二、认真组织开展专题协商，积极参政议政建言献策。先后对昆明市“建设社会主义新农村”“推进全市农村土地承包经营权流转的实施意见”“昆明市村务公开条例”“加快工业园区建设”“调整产业结构转变经济发展方式”等60余项征求意见稿进行了专题协商；三、突出重点开展视察调研，围绕中心认真出谋划策。五年来结合专项民主监督检查工作，先后组织政协委员、顾问专家针对我市“万村千乡市场工程试点工作”“社会主义新农村建设试点工作”“进一步完善政府投融资体制改革情况”等30余个方面的工作情况开展了20余项视察、10余项调研活动，其中转化为政协重点提案5项，形成政协主席会议建议案2项。五年来，市委主要领导多次作出重要批示，如：《关于我市农村土地承包经营权流转情况的调研报告》批转作为参阅材料下发到14县（市）区和有关部门；《关于松华坝水源保护区生态建设与经济发展情况的调研报告》《关于加快我市农业园区建设情况的视察报告》批转市政府领导牵头会办，纳入督办项目等，许多意见和建议被采纳进了党委、政府及其相关部门的工作决策部署、完善政策措施、落实目标责任的过程中；四、正确履行民主监督职能，认真开展民主评议工作；五、积极收集反映社情民意，认真做好集体提案工作；六、积极努力完成计划任务，尽心尽力组织交办工作。

城乡建设环境保护委员会 一、认真组织协商，参政议政有高度。五年里委员会围绕城乡规划建设管理、环境保护、滇池治理和“四创两争”工作的地方立法及政府规章组织开展了39项专题协商活动。连续五年在全会期间先后召开了“城市管理”“加强三创”工作和“争创文明城市”“城市建设管理”“加大投资拉动内需”“四创两争”专题协商会。分别对《云南省滇池保护条例》《昆明市城乡规划条例》《昆明市公园管理条例》等19部新制定、修订的地方性法规进行了协商。委员会组织委员对市委、市政府关于《加快城乡建设的决定》及三个意见一个办法、《昆明市机动车停车场管理办法》等10项政府规章进行了协商。二、积极开展视察，民主监督有力度。五年来，委员会围绕城市重大基础设施建设、城市规划管理和滇池治理工作，采取多种方式，开展了26次视察活动。主席会议先后对“污水处理厂建设管理”、三环路闭合工程、昆明轻轨地铁工程建设等重大项目进行了视察。视察后提出的意见和建议均都被市委、市政府采纳。省委常委、市委书记仇和在主席会议对滇池污染治理“十一五”规划项目完成情况的视察报告上作了批示。五年来，委员会组织开展了对我市“四创两争”工作推进情况、“西坝路、海埂路改扩建”等15个专项工作视察活动。加强与省、区政协联合开展视察。通过省市区三级政协联合视察，助推了有关工作的落实和项目进度。三、关注民生进行调研，建言献策有深度。五年来，《关于加快推进文明街历史街区保护与修缮的调研报告》《关于加大解决主城区交通拥堵工作力度的调研报告》被提升转化为主席建议案，列入市委、市政府督查重点，助推了问题的解决和工作落实。四、转变工作方式，督查工作有亮度。五、举委员会之力，拓展履职有广度。

教文卫体委员会 一、把加强理论学习，作为做好专委会工作的基础。二、把开展政治协商，作为委员参政议政的重要途径；五年来，先后组织委员、顾问对市委、市政府及有关部门提请协商的《大力发展城市社区卫生服务的实施意见》《昆明市公共餐饮具卫生监督管理办法》等29项重要政策措施、地方性法规进行专题协商，形成专题协商报告29份，提出意见、建议400多条，绝大多数意见得到了重视和采纳。三、把开展调研视察，作为建言献策的基础性工作。先后组织委员开展了职业教育发展、城市社区卫生服务体系建设、计划生育服务网络建设、医疗卫生重点项目建设、文化创意产业发展等29项专题调研和视察。四、把开展民主评议，作为履行民主监督的有效形式。五、把反映社情民意作为履职的一项重要职责。2009～2010年共提交社情民意24份。六、开展对制度创新性文件的督查，促进工作的落实。七、把开展界别活动，作为发挥委员主体作用的平台。八、把创新工作思路，作为增强工作实效性的有效方法。

社会法制委员会 一、深入学习实践科学发展观，不断提高履职水平。二、以关注民生为重点，积极开展调研、视察。五年来，先后组织委员开展了对昆明市律师行业发展状况、昆明市失地农民就业和社会保障问题等6次专题调研。组织委员开展了对昆明市青少年校外活动场所建设与管理情况，昆明市和谐社区建设情况等15次视察活动。如《关于加强和改进昆明市法律援助工作的建议案》，引起了省委常委、市委书记仇和的高度重视，仇书记在建议案上作出批示，要求把建议案变成市委、市政府相应的实施意见或若干规定。现在，市委、市政府已经出台了《进一步加强和改进法律援助工作的实施意见》。三、创新协商方式，充分发挥委员参政议政作用。五年来，社法委组织委员、专家学者、顾问对市委、市政府、市中级人民法院、市人民检察院及市级有关部门提交政协协商的《昆明市政府工作报告》《昆明市中级人民法院工作报告》《昆明市人民检察院工作报告》《昆明市老年人权益保障条例》《昆明市清真食品管理条例》等文件和地方性法规进行了认真协商。四、拓展监督渠道，努力提高民主监督水平。五、认真做好委员服务工作，努力完成其他工作任务。加强同民族宗教界代表人士的联系。在市政协每次全会期间都召开民族宗教界委员代表座谈会，坚持春节前走访、慰问民族宗教委员和代表人士，凡遇宗教重大节庆活动，社法委都主动登门祝贺，转达市政协对宗教界的关心和支持，注重发挥宗教界人士在构建和谐社会中的积极作用。

文史委员会 一、强化学习。二、突出昆明特色，广泛征集，精心编辑，做好征编出版工作。一是编辑出版《昆明文史资料选辑》10辑（即43～52辑），共计400万字。二是树立精品意识，突出地方特色。五年间先后编辑了《昆明诗词楹联碑文》《纪念改革开放三十周年——中国人民政治协商会议昆明市委员会历程》《昆明和平解放》大型画册以及《云南各民族子弟入朝参战纪事》大型画册等。三是按质按量完成了其他编纂工作任务。于2007年编纂了《昆明市政协工作手册》一书，2008年承撰了《昆明市统一战线工作手册》一书，完成了《昆明市政协志》（续修）等的编纂工作。三、选准角度，抓住重点，主动当好参谋助手，积极履行好参政议政职能。2006年形成了《关于视察云南民族传习馆的调研报告》，2007年提出了《建设现代新昆明与历史文化遗产保护的建议》，2008年形成了《关于加强我市非物质文化遗产保护工作》的常委会建议案，2009年完成了《加强我市利用文物资源大力发展博物馆业的调研报告》及《关于加快呈贡新区文化设施规划建设的建议》。四、围绕市委、政府的重大决策和中心工作，发挥文史工作优势和文化核心动力作用，不断拓展文史工作内涵和范围。五是完成了老运粮河综合整治协调办公室工作。六是对2008年和2009年上半年制度创新性文件落实情况进行专项监督检查。五、加强同省内外政协文史委的工作联系、协作与指导。六、竭尽所能，积极完成市政协领导交办的其他工作任务。

联络委员会 一、加强学习，不断提高自身素质。二、团结各方，积极做凝聚力量的工作。与泰国前交通部副部长，美国美洲银行副总裁，全国侨联顾问、全美中国大西南同乡联合会荣誉会长等联系交往。接待了港澳台地区、东南亚的印尼、新加坡、马来西亚、越南、老挝、缅甸、泰国和美国、日本、巴西等国的一批知名华人华侨，与他们进行了积极的沟通和交流。2006 年 5 月接待了马来西亚第二大执政党“马华公会”组织的“完美万里行”活动，一百多名华侨瞻仰了“南侨机工抗日纪念碑”和参观了“南洋华侨抗日事迹陈列室”。三、提高认识，充分发挥海联会的作用。2007 年 6 月在昆明召开海外联谊会第四届理事会第一次会议，海外理事和外资、合资、合作企业外方理事有 88 名，一些影响大、实力强、层次高的代表人士进入理事会。新进理事 113 名，占 60.5%，大大增强了理事会的生机与活力。四、发挥优势，积极推进委员参政议政。组织部分委员和顾问对市招商引资工作和项目落地情况进行专题调研，形成了《关于加强和推动我市招商引资工作的调研报告》。五、奉献爱心，有效开展扶贫帮困工作。经联络委的牵线，在寻甸县政协的配合下，云南潮汕总商会出资 50 万元人民币，与寻甸县共同为甸沙乡中心学校建一综合教学楼。此楼工程建设 2009 年 7 月开工，2010 年 11 月 12 日竣工投入使用。六、努力工作，认真完成上级交办的任务。

【重要活动】

新闻发布会暨“好新闻”表彰会 3 月 17 日，市政协召开新闻发布会暨“好新闻”表彰会，表彰了 122 件政协“好新闻”获奖作品，表彰了 3 个媒体的政协新闻宣传的好栏目。市政协田云翔主席、张建伟副主席、周忻秘书长、沈金泉副秘书长和市委宣传部房旭东副部长等领导为获奖代表颁奖。会上，田云翔要求：一、提高认识是做好政协新闻宣传工作的前提和基础。二、把握特色是做好政协新闻宣传工作的基本要求。三、深度报道是做好政协新闻宣传工作的关键环节。四、相互沟通是做好政协新闻宣传工作的必要条件。田云翔强调，政协开展民主监督工作，监督别人，也热忱欢迎社会、媒体来监督政协，对政协工作提出意见建议。张建伟向新闻媒体发布了市政协今年工作安排的有关情况。

滇中经济区四州市政协合作机制第一次会议 6 月 23 ~ 24 日，昆明、曲靖、玉溪、楚雄 4 州市政协领导齐聚春城，召开滇中经济区 4 州市政协合作机制第一次会议（昆明会议），共同探讨加快滇中经济区建设和四州市政协合作的大计。会议的召开标志着滇中四州市政协合作机制建立。会上，4 州市政协共同签署《滇中经济区四州市政协合作机制协议》，商定围绕滇中经济区建设和发展这一主题，认真落实国家和省委、省政府打造滇中城市经济圈的总体部署和要求，发挥人民政协优势，建立巩固互利共赢、长期稳定的合作关系，携手促进滇中城市群发展。省委常委、市委书记仇和对滇中经济区 4 州市政协合作机制第一次会议的召开表示祝贺并发表讲话。会上，滇中经济区 4 州市政协主席围绕滇中经济区建设的思路、内容、机制等内容进行主旨发言。省发改委、省交通运输厅、昆明铁路局、云南机场集团以及四州市交运部门就滇中经济区交通设施规划建设情况进行了交流。省政协副主席王学智到会指导并发表书面讲话。省政协经济委、人资环委负责人到会指导并讲话。昆明市委常委、常务副市长李文荣到会通报了昆明经济社会发展情况。昆明市领导黄云波、保建彬及 4 州市政协领导等出席会议。会议组织参会人员参观视察了现代新昆明建设重大项目，并商定四州市政协合作机制第二次会议由曲靖市政协承办。

视察监督重大产业项目 按照市委总体工作部署，为推动全市2011年度重大产业项目落实，助推昆明区域性国际城市建设，7月11～15日，在市政协主席、副主席分别带领下，由委员、专家和相关部门负责人组成的4个视察以“看、听、查”的方式对全市重大产业项目推进情况进行实地视察监督。这次视察监督的重大产业项目既有工业的，也有农业的；既有引进的新项目，也有传统技改项目。通过到项目现场实地视察和听取情况汇报，各视察组认为，总体来看，所视察的项目绝大多数进展顺利，工作力度大，建设成效好，令人感到振奋和自豪。对个别进展缓慢的项目，视察组提出要按照年度工作计划，倒排工期，确保项目落实。

举办委员学习培训班 7月20～22日，市政协举办为期3天的委员培训班。市委副书记李邑飞出席开班仪式并作讲话。市政协主席田云翔做了开班动员和关于《担当政协历史使命，努力提高履职水平》的授课。培训期间，中国人民政协理论研究会秘书长、中国政协《理论研究》杂志执行主编原冬平作了《贯彻以胡锦涛同志为总书记的党中央最新部署 全面推进人民政协事业》为主题的讲授，云南省经济研究院院长段刚博士作了云南面向西南开放的桥头堡战略讲授，省政协信息中心朱志民主任作了社情民意工作专题讲座，市委常委、市委统战部金志伟部长作了关于统战理论和我市统战一战工作实践的讲授，市政协副主席陆玉珍作了提案知识和市政协提案工作创新和实践情况的讲授，市政协提案委主任何燕讲授了撰写了提案的基本要求和方法。培训班还邀请了市政府副市长张锐向政协委员通报昆明市2011年上半年经济运行情况。6位委员在培训会上交流了学习培训的体会和收获，交流了履行职责的经验和做法。陆玉珍作了培训总结。市政协副主席傅汝林、林怡平、汪叶菊、杨品才、常敏，以及400多位政协委员、顾问、各县（市）区政协领导参加了培训。

昆明市2011年中秋联谊活动 9月9日上午，市政协、市委统战部主办的昆明市2011年中秋联谊活动在昆明国际会展中心云南大剧院举行。中共云南省委常委、市委书记仇和，市长张祖林，市委副书记李邑飞，市人大常委会主任杨远翔，市政协主席田云翔等市级领导和原市级老领导，与社会各界人士欢聚一堂，庆佳节、叙友情，话市情、谋发展，喜迎中华民族的传统节日——中秋佳节。市政协主席田云翔致辞联谊活动由市委统战部部长金志伟主持，市政协副主席、致公党昆明市委主委林怡平同志代表市级各民主党派、工商联、有关人民团体发言。联谊活动上还表演了精彩的文艺节目。昆明警备区，市中级人民法院、市人民检察院，昆明学院、市委党校，武警昆明市支队，滇池、高新、经济技术3个国家级开发（度假区）的领导，呈贡新城、空港经济区、倘甸“两区”、阳宗海风景区管委会的负责人，市政协常委和部分市政协委员，市级各民主党派、工商联、有关人民团体的负责人，14个县（市）区政协主席、统战部长，市级有关部门党外领导干部，市级各宗教团体、市台资企业协会、港澳台同胞和海外侨胞代表，归国留学人员和部分民营企业、异地驻昆商会代表，其他有关方面的代表人士共500多人参加了联谊会。

昆明市纪念辛亥革命·重九起义100周年大会 10月12日上午，昆明市各族各界欢聚一堂，隆重举行纪念辛亥革命·

重九起义100周年大会。云南省委常委、昆明市委书记仇和出席大会并发表重要讲话。云南省政协副主席马开贤，昆明市委副书记、市长张祖林，昆明市委副书记李邑飞，昆明市人大常委会主任杨远翔及市级四套班子成员出席大会。会议由昆明市政协主席田云翔主持。辛亥革命暨重九起义先辈后裔、朱德元帅嫡孙、解放军空军指挥学院副院长朱和平少将应邀出席大会。朱和平少将代表辛亥革命暨重九起义先辈后裔发言。民革云南省委副主委、民革昆明市委主委朱燕代表市级各民主党派、工商联、归国华侨联合会和台湾同胞联谊会，共青团昆明市委书记周乐代表各人民团体和青年朋友在大会上发。纪念大会上，到会领导向辛亥革命暨重九起义先辈后裔赠送了《昆明重九起义》一书。出席纪念大会的还有市级老领导，市中级法院、市检察院、市委党校、昆明学院的领导，各县（市）区、各开发（度假）区、各部委办局，市人大、市政协各专（工）委，新闻单位、市属企业，市级各民主党派、市工商联、有关人民团体，市纪委派出纪工委的负责同志，有关专家学者，少数民族、老干部、驻昆解放军、武警部队、人民警察和学校师生代表等，近600人。红云红河烟草（集团）有限责任公司也应邀出席了大会。

【重要文件】

常务委员会工作报告（2011年1月10日）(摘要)　报告分两部分。

一、五年工作的回顾。政协昆明市第十一届委员会任期的五年，是我市有效应对国际金融危机冲击，战胜百年不遇严重旱灾，现代新昆明建设取得重大进展，跨越式发展迈出坚实步伐的五年，也是我市政协工作不断创新、取得显著成绩的五年。五年来，在中共昆明市委的领导下，政协昆明市第十一届委员会常务委员会以邓小平理论和“三个代表”重要思想为指导，贯彻落实科学发展观，高举爱国主义和社会主义两面旗帜，牢牢把握团结和民主两大主题，紧紧围绕全市改革、发展和稳定的大局，积极履行政治协商、民主监督、参政议政职能，为巩固和发展最广泛的爱国统一战线，促进全市经济社会又好又快发展作出了积极的贡献。（一）政治协商有序推进。常务委员会把政治协商作为人民政协履行职能的重要形式，围绕事关全局的重大决策、重要工作、重大事项，有选择、多形式、有重点的开展各类协商活动，建言献策。健全协商制度。中共昆明市委、市人民政府坚持市委全委会的工作报告和政府工作报告在会前送交市政协，通过座谈协商等形式，听取市政协和市级各民主党派、工商联、有关人民团体的意见。全市地方性法规草案、重要的政府规章和规范性文件出台前，都先送交市政协，进行专题协商，协商在党委决策之前、人大通过之前、政府实施之前。丰富协商形式。充分运用全体委员会议、常务委员会议、主席会议和专题协商会等形式，开展协商活动。本届政协共召开5次全体委员会议、22次常务委员会议、58次主席会议和120多次专题协商会议，基本形成了全体委员会议全面协商、常务委员会议重点协商、主席会议专题协商、专门委员会会议对口协商的格局。注重协商实效。五年来，在全体委员会议上，委员们以高度的责任感对政府工作报告和其他报告共提出300多条意见和建议。这些意见建议涉及我市经济建设、社会发展的前瞻性、全局性和改革、发展、稳定的问题，其中的许多意见和建议得到采纳。常务委员会议、主席会议先后就环湖道路建设、滇池污染治理、招商引资、抗旱救灾等全市重要工作，进行了协商，形成120

多个协商报告，提出的意见建议被采纳到了市委、市政府的工作中。去年，常务委员会把积极协助党委、政府编制“十二五”规划作为市政协围绕中心、服务大局的一件大事，召开有200多位市政协委员参加的专题会议，听取市发改委关于我市“十二五”规划编制情况通报，进行议政协商，提出了许多有见解、有深度的意见建议。各专门委员会与市政府的委办局就城乡规划、产业发展、滇池保护、就业和再就业、社会治安综合治理等工作，进行对口专题协商，提出意见建议。（二）民主监督力度加大。结合工作实际，不断完善监督机制，拓宽监督渠道，探索专项监督、个事监督、重点督察、民主评议、社情民意反映和设立特约监督员等多种民主监督的有效形式。开展专项监督。把专项监督作为民主监督的重要内容。2009年初，市委批转了市政协制定的《关于加强市政协对市政府部门实行民主监督推动工作落实的意见》，民主监督制度进一步完善。近年，对呈贡新区建设、工业园区建设、节能减排、水源工程、主城核心区汽车客运站搬迁、滇池流域核心区“四退三还”、城中村改造、三环闭合工程、争创国家卫生城市、民办教育发展、历史文物保护和年度重点提案办理等100多项重要工作进行专项监督。市委主要领导对《关于对我市民办教育发展情况进行专项调研督察的报告》《关于对我市水源工程建设情况开展专项民主监督的报告》等10多个报告作了批示，促进了相关工作的落实。开展重点督查。受市委委托，市政协开展对我市创新出台的动员性文件的落实情况进行常态性督查的工作。2009年以来，督查了200多项创新性文件的落实情况，提出了要明确牵头落实单位、强化配套政策、做好资金保障等多项工作建议，推动了工作落实。2010年，市委委托市政协对2008年以来市规委会审议通过的项目规划设计方案执行情况进行视察。市政协领导与市政协委员、有关方面的专家，对主城四区和高新区、经开区、度假区和呈贡新区涉及的项目进行视察。视察后有针对性地提出了要强化项目批后管理、加强政策衔接、规范项目审批程序、严格行政执法、加大政策宣传的五方面建议，市委主要领导批示将视察报告提出的有关建议的落实情况，列入市委、市政府的督查事项。五年中，市委委托市政协组织了对14个县（市）区和部分政府部门贯彻落实中央、省、市关于加强人民政协工作文件精神的两次督促检查，总结县（市）区党委、政府、政协和市级部门的经验做法，促进了全市的政协工作。开展通报和评议工作。通过听取党委、政府及有关部门工作情况通报和对政府部门工作进行民主评议的形式，进行民主监督。五年来，市政协听取了“十一五”规划落实和完成情况、半年经济运行情况、反腐倡廉和工作问责、住房公积金管理使用等50多项情况通报，更好地知情明政、履行职责。通过听取工作汇报、深入基层走访、实地视察等方式，对市国资委、市商务局、市城管局、市民政局等7个市政府部门的工作进行民主评议，提出工作建议，促进部门改进工作。建立特约监督员制度，在市政协委员和市政协顾问中聘请159名特约监督员，对一些行业和部门的工作进行监督。反映社情民意。广泛动员政协委员，收集反映社情，并通过群众来信来访、主席接待交流日、基层调研走访等形式，多渠道收集了解民意。五年来，市政协共编发报送《社情民意》专报45期，《社情民意反映》200多期，市委、市政府领导对反映的情况多次作出批示，有关部门对反映的问题都认真解决。市政协领导和机关接待来访群众2000多人次，处理群众来信1000多件次。与有关部门及时沟通、协商和处理，使反映的一些问题得到解决。（三）参政议政取得实效。围绕全市经济社会发展中的综合性、全局性、前瞻性的工作，突出重点、热点、难点问题，组织开展调研视察和协商议政活动。围绕重大课题开展调研。五年来，就我市农村土地流转、工业园区建设、企业自主创新、城市交通环境整治、经济适用房建设、食品安全监管服务体系、城中村改造、松华坝水源保护区生态建设等，组织开展了50多项调研活动，为我市经济社会发展建有据之言、献务实之策。如在《关于我市农村土地流转工作情况的调研报告》中，提出了建立农村土地流转综合监管服务机构、明确土地使用性质、完善土地流转运行机制等七条意见建议，调研报告作为市委的参阅材料下发14个县（市）区和有关部门。一段时期，针对城乡低收入群体收入低、生活压力加大等问题，市政协牵头市级17个部门，深入社区、乡村及困难企业调研，形成了《关于进一步解决好我市城乡低收入群体生活保障问题的建议》。《建议》引起了各方的重视，市委、市政府随后出台的《关于进一步完善我市城乡低收入群体生活保障制度的实施意见》，吸收采纳了市政协《建设》中提出的提高居民最低生活保障标准、解决好低收入群体住房困难、给予城乡低收入家庭子女大学新生入学补助等方面的意见建议。此外，积极配合全国政协和省政协在昆开展了转方式调结构、劳动就业、职业教育发展、牛栏江—滇池补水工程等多项调研，争取中央和省加大对我市的支持力度。围绕重点工作进行视察。把常务委员会议、主席会议与视察调研结合起来，会议开到重大项目、重点工程的建设现场，视察形式有了新拓展。五年来，市政协组织专项视察活动90多次，内容涉及工业突破、农业园区建设、中小企业发展、螺蛳湾国际商贸城建设、二环路改扩建工程、病险水库除险加固、民营医院发展与公立医院改革、食品安全、廉租房建设等多项工作。通过视察，形成了一批针对性强的视察报告，市政府分管领导及相关部门多次到市政协听取视察后所提出的意见和建议。围绕重要工作提出建议案。市政协每年都围绕我市全局性的重要工作，提出1~2件建议案，供党委、政府决策参考。五年来，先后提出了《关于贯彻落实我市职业教育工作会议精神加快昆明中等职业教育发展的建议案》《关于加快我市农产品市场体系规划和建设的建议案》《关于加快文明街历史街区保护修建工作的建议案》《关于加强和改进昆明市法律援助工作的建议案》《关于进一步保护好我市非物质文化遗产的建议案》《关于松华坝水源保护区生态建设与经济发展的建议案》《关于加快静脉产业园区建设的建议案》等多项建议案。建议案得到了市委、市政府领导的高度重视，批示要求有关部门予以办理落实。重视做好提案工作。将提案作为政协委员、政协参加单位和界别履行职能的直接有效方式，完善提案办理机制。首创了提案办理结果向社会公示制度，通过昆明日报、昆明信息港将提案办理结果向社会进行公示，促进了提案质量、办理质量和服务质量的“三提升”。本届政协共立各类提案2680件，提案办结率达到100%，提案人对办理的满意率不断提高。以重点提案督办促进提案办理工作，每年确定一批重点提案，由主席、副主席直接领衔督办，促进了提案办理由答复型向落实型转变。如通过办理《昆明加大发展总部经济的对策建议》的重点提案，市政府将总部经济发展纳入我市“十二五”规划，出台了《昆明市关于加快总部经济发展的实施细则》等四个配套文件，对总部经济发展起到了促进作用。（四）团结和谐彰显优势。坚持团结和民主两大主题，用中国特色社会主义共同理想增进团结、凝聚力量，引导市政协各参加单位、各族各界人士把智慧和力量集聚到现代新昆明建设中。加强与各党派、团体的团结合作。认真贯彻长期共存、互相监督、肝胆相照、荣辱与共的方针，加强同市级各民主党派、工商联、无党派人士和有关人民团体的沟通交流，注重发挥他们在政协组织中的作用。邀请市级各民主党派、工商联、有关人民团体参加政协组织的调研、视察、考察活动和有关会议，适时向民主党派、工商联和人民团体通报情况、征询意见，形成畅所欲言、相互尊重、体谅包容、和谐有序的团结民主氛围。五年来，各民主党派、工商联、人民团体共提出集体提案478件，反映社情民意近百条，在政协组织中发挥了重要作用。民族、宗教关系更加和谐。认真贯彻党的民族政策，深入少数民族地区，积极帮助民族地区发展经济，反映和解决民族群众在生活中的困难和问题。大力宣传党的宗教政策，重视加强与宗教界委员和宗教人士的联系，召开民族宗教座谈会，发挥宗教界代表人士在维护稳定、增强团结中的重要作用。积极做好信教群众的工作，支持和帮助宗教团体解决一些实际困难和历史遗留问题，促进宗教界团结和谐。对外联系进一步增强。积极做好海外联谊工作，组织和参与“涉侨、涉台、涉外”相关部门联系会议，举办春节茶话会、中秋联谊会、海外联谊会常务理事会、政协之友联谊会和工商界、港澳委员座谈会等活动，邀请港澳台侨人士来昆考察，邀请驻昆异地商会的负责人参加市政协全体会议，增进与港澳台侨人士的联系，广交海内外朋友。注重与外省市政协的工作交流，参加城市间的政协工作联系会议，做好外地政协到我市学习考察的接待工作，增进相互交流。与县（市）区政协联合开展调研视察等活动，加强对县（市）区政协工作的指导。主题活动取得成效。充分发挥优势，先后主办了云南陆军讲武堂百年庆典、纪念昆明和平解放60周年研讨会、滇越铁路百年庆典等主题活动。深入挖掘昆明历史文化名城的内涵，为打造“文化昆明”作贡献。在人民政协成立60周年之际，举办了纪念人民政协的电视晚会及系列活动，宣传人民政协在我市经济社会建设中的积极作用。认真做好文史资料工作。编纂了《昆明市政协志》《昆明市文史资料集萃》《昆明市政协工作手册》《昆明和平解放》画册等书志，编辑了昆明文史资料选辑共12册。成立昆明市文史研究会，发挥政协文史资料“存史、资政、团结、育人”作用。受市政府委托，以市政协领导为组长的我市地名街名顾问组共开展了39次活动，对昆明主城和呈贡新区地名街名的命名提供咨询意见。与昆明电视台、昆明日报社联合办好《政协之窗》《政协之声》专栏，编辑《昆明政协》内部刊物60期。在云南政协报开设昆明政协专版，宣传报道市政协的工作情况。（五）参与一线献计出力。在履行政协三项主要职能的同时，市政协还积极承担市委交给的各类专项任务，直接参与我市经济建设和社会发展的一线工作。在实践中不断探索献计出力的新形式，拓宽政协履职的新渠道。积极参与城中村改造工作。城中村问题是一项社会普遍关注的热点问题，也是近几年市政协全体会议委员们的热议话题。在2007年市政协十一届二次全体会议的委员联组协商会上，市委书记、市长提出请市政协领导能对城中村问题进行专题调研。经过全面系统的调研，市政协向市委、市政府提出了针对性强的整治和改造城中村的意见建议。在市委、市政府作出对城中村进行全面改造的重大决策后，市委又委托市政协领导主抓城中村改造工作。市政协把参与城中村改造作为拓展履职空间的重要方式，不仅领导深入城中村改造现场，研究制定政策，规范项目运作，协调相关部门研究解决项目推进过程中涉及的规划报批、土地交易、企业准入等重大问题，而且组织和发动委员多次对城中村改造工作进行视察，推动了城中村改造工作。积极做好各项联系工作。根据市委关于36条出入滇池河道治理实行市级领导“河长”责任制和“四环十七射”道路实行“路长”制的要求，市政协领导担任了8条河道的“河长”和部分路段的“路长”，对河道和道路整治进行检查督促，协调解决有关问题，整治工作取得阶段性成效。2010年，全市实行了市级领导“十个一”联系点工作制，市政协领导通过入户走访、视察恳谈等方式，对口联系乡镇（街道）、村（居）委会、基础设施建设重点工程、招商引资重大项目、企业、学校、医院、帮扶对象，了解民情民意，掌握一手材料，协调解决他们的一些困难和问题，并在实践中不断提高政协的参政议政水平。积极做好招商引资推介工作。五年来，市政协主席、副主席分别赴国内外30多个城市，参与有关招商分局的招商活动，宣传昆明，引进项目和资金，并积极协调一些招商引资项目在昆落地。积极做好帮扶工作。负责石林、宜良、晋宁3个县扶贫攻坚督导工作。每年派出人员作为指导员，参加社会主义新农村建设的指导工作。积极开展“送温暖”“献爱心”“结对子”活动，组织和动员政协委员、政协参加单位和社会力量，开展扶贫济困、捐资助学等活动，为汶川地震灾区、和困难群体捐款2000多万元。去年，面对百年一遇的特大旱情，市政协领导参与抗大旱、保民生、促春耕工作，多次深入抗旱一线，督促抗旱救灾措施落实到位，动员和组织企业家为灾区捐款捐物。（六）自身建设不断加强。常务委员会主动适应新形势新任务的要求，进一步加强思想建设、组织建设和作风建设，努力推进履行职能的制度化、规范化和程序化。注重学习提高，提升整体素质。以创建学习型政协为目标，通过中心学习组、常务委员会议、主席会议、专门委员会会议、机关全体会议、参加领导干部培训日讲座以及参观、考察等形式，组织委员和机关人员学习党的十七大和十七届历次全会精神，学习中共中央《关于加强人民政协工作的意见》和胡锦涛总书记在庆祝人民政协成立60周年大会上的讲话精神，学习统一战线理论、人民政协理论和市场经济知识，不断更新观念，拓展视野。在全省率先成立了昆明市人民政协理论研究会，加强政协理论与实践结合的研究。通过学习实践，提高了政协委员和政协工作者的理论素养和履职素质，增强了做好政协工作的使命感和责任感。注重制度建设，推动工作创新。五年来，先后制定了《关于加强市政协对市政府部门实行民主监督推动工作落实的意见》《关于进一步加强反映社情民意工作的意见》《政协昆明市委员会建议案工作规则》《政协昆明市委员会重点提案工作规则》《政协昆明市委员会界别活动小组履职活动规则》，制定了做好闭会期间提案工作、加强市政协专门委员会与党政部门对口联系、提案办理结果向社会公示等10多项创新性制度，进一步健全和完善了制度体系。还与市委组织部、市委统战部联合制定了《政协昆明市委员会委员协商产生办法》，规范了政协委员产生的程序，为把好委员入口关奠定了基础。注重队伍建设，提升服务水平。开展学习实践科学发展观活动、“云岭先锋”活动、“一面旗、一团火、一盘棋”主题实践、争优创先、效能昆明建设等活动，推行“一线工作法”和“工作成果倒逼”法，市政协机关工作效率和服务水平有所提高。发挥委员的主体作用，鼓励和引导广大委员深入基层，开展调研活动，广泛收集社情民意。积极探索专门委员会工作方式，完善专门委员会开展重点调研、重点提案督办等工作机制，增强工作实效。加大政协机关干部的培养、选拔力度，干部队伍更具活力。

二、五年工作的体会。（一）做好政协工作，必须维护核心，自觉接受党委领导。（二）做好政协工作，必须围绕中心，把促进发展作为履职的第一要务。（三）做好政协工作，必须凝聚人心，广泛汇集发展合力。（四）做好政协工作，必须开拓创新，不断激发政协组织的活力。三、对十二届政协工作的建议。（一）加强学习，增强做好政协工作的责任感和使命感。（二）积极履职，为“十二五”规划实施献计出力。（三）汇集力量，促进大团结、大联合。（四）加强自身建设，提高政协工作科学化水平。

十一届五次会议决议 中国人民政治协商会议昆明市第十二届委员会第一次会议于2011年1月10日至15日举行。会议听取和审议了《中国人民政治协商会议昆明市第十一届委员会常务委员会工作报告》《中国人民政治协商会议昆明市第十一届委员会常务委员会关于提案工作情况的报告》。会议听取和协商了《政府工作报告》，协商了《昆明市国民经济和社会发展第十二个五年规划纲要（草案）》《昆明市2010年国民经济和社会发展计划执行情况与2011年国民经济和社会发展计划草案的报告》《昆明市2010年地方财政预算执行情况和2011年地方财政预算草案的报告》《昆明市中级人民法院工作报告》和《昆明市人民检察院工作报告》。对“十二五”规划纲要（草案）、政府工作报告和其他报告进行了专题协商，举行了界别联组协商会和大会发言。召开了昆明市中级人民法院、昆明市人民检察院工作报告专题协商会和昆明市领导与工商界委员座谈会、民族宗教委员座谈会。组织政协委员视察了我市部分重点工程项目。会议选举了政协昆明市第十二届委员会主席、副主席、秘书长和常务委员，圆满完成了会议的各项任务。中共云南省委常委、昆明市委书记仇和作了重要讲话，充分肯定了政协昆明市第十一届委员会五年来的工作成绩，对我市政协工作提出了殷切希望，要求全市政协组织、政协委员为实现我市“十二五”规划所确定的目标任务作出新的贡献。云南省政协领导莅会指导。

会议同意田云翔主席代表常务委员会所作的工作报告，同意陆玉珍副主席代表常务委员会所作的提案工作情况的报告。会议认为，过去的五年，政协昆明市第十一届委员会，在中共昆明市委的领导和省政协的指导下，牢牢把握团结和民主两大主题，紧紧围绕全市改革、发展和稳定的大局，认真履行政治协商、民主监督、参政议政职能。政治协商有序推进，民主监督力度加大，参政议政取得实效，团结和谐彰显优势，参与一线献计出力，自身建设不断加强，丰富和发展了我市政协工作，为巩固和扩大最广泛的爱国统一战线，推进全市经济社会又好又快发展作出了重要贡献。委员们对政协昆明市第十一届委员会五年来的工作给予了充分肯定。

会议赞同张祖林市长代表市政府所作的《政府工作报告》，赞同《昆明市国民经济和社会发展第十二个五年规划纲要

（草案）》《昆明市2010年国民经济和社会发展计划执行情况与2011年国民经济和社会发展计划草案的报告》《昆明市2010年地方财政预算执行情况和2011年地方财政预算草案的报告》《昆明市中级人民法院工作报告》和《昆明市人民检察院工作报告》。会议认为，“十一五”时期，是我市发展史上极不寻常、极不平凡的五年，面对复杂多变的国际环境和艰巨繁重的改革任务，中共昆明市委、市人民政府团结和带领全市人民，锐意改革创新，奋力攻坚克难，圆满完成了“十一五”规划确定的目标任务，现代新昆明建设取得重大进展，跨越式发展迈出坚实步伐，全市经济建设、政治建设、文化建设、社会建设、生态文明建设和党的建设取得了显著成就，我市综合实力、人民生活水平迈上新的台阶。“十二五”规划纲要草案符合昆明实际，提出的今后五年的目标任务，经过努力是完全可以实现的，委员们对实现“十二五”规划的目标任务充满信心。

会议指出，昆明的发展进入了争科学发展之先，创和谐社会之优，加快建设中国面向西南开放的区域性国际城市的新阶段。面对新的形势和任务，政协昆明市第十二届委员会要高举中国特色社会主义伟大旗帜，以邓小平理论和“三个代表”重要思想为指导，深入贯彻落实科学发展观，进一步增强加快发展的紧迫感、履行职能的责任感和使命感，团结一切可以团结的力量，调动一切积极因素，充分发挥人民政协协调关系、汇聚力量、建言献策、服务大局的重要作用，为实施“十二五”规划献计出力。

会议要求，全市各级政协组织要以科学发展为主题，以加快转变经济发展方式为主线，围绕中心，服务大局，就促进城乡区域协调发展，发展现代产业体系，推进生态文明建设，发展社会各项事业，全面推进改革开放，关注民生和促进社会和谐等方面，积极履行职能，发挥更大的作用。

会议号召，全市政协组织、政协委员、政协参加单位和各族各界人士，要更加紧密地团结在以胡锦涛同志为总书记的中共中央周围，在中共昆明市委的领导下，同心同德，锐意进取，开拓创新，奋发有为，不断推进人民政协事业发展，为把昆明建设成为中国面向西南开放的区域性国际城市作出新的贡献！

田云翔主席在市政协十二届一次会议闭幕会上的讲话（2011年1月15日）（摘要） 昆明市政协十二届一次会议已经圆满完成了各项议程，就要闭幕了。会议期间，委员们以高度的责任感和认真负责的态度，围绕进一步推进人民政协事业发展和“十二五”规划的目标任务，开展协商讨论，积极建言献策。这次大会充满了团结、民主的气氛，是一个统一思想、坚定信心、明确任务、凝聚人心的大会。

省委常委、市委书记仇和作了重要讲话。仇书记充分肯定了过去五年我市政协的工作，对全市政协组织和广大政协委员为昆明经济发展和社会建设所作出的贡献表示感谢，同时殷切希望市政协参加单位和政协委员要牢记崇高使命，不负人民重托，要在服务科学发展方面，努力把人民政协的人才优势和智力优势转化为工作优势，以实际行动助推昆明更好更快发展；要在凝聚各方力量方面，为昆明改革发展减少阻力、增加动力、形成合力；要在发展民主政治方面，进一步扩大团结面，增强包容性；要在促进社会和谐方面，积极做好教育引导、协调关系、理顺情绪、化解矛盾的工作；要在加强自身建设方面，积极探索与新形势新任务相适应的新思路、新方法、新举措，不断提高政协工作科学化水平。仇书记的讲话，不仅对我市政协工作，而且对全市的工作都具有重要的指导意义。全市政协组织和广大政协委员要认真学习，贯彻落实讲话精神。

过去的五年，在中共昆明市委的领导下，在市人民政府和社会各界的帮助支持下，政协昆明市第十一届委员会为推进全市经济社会又好又快发展作出了积极的贡献。十一届委员会在工作中形成的一些经验做法，值得我们倍加珍惜，继承和发扬光大。在此，让我们向第十一届委员会、向十一届的各位政协委员，表示衷心的感谢和崇高的敬意！

本次大会，协商选举产生了市政协第十二届委员会的主席、副主席、秘书长和常务委员会，我作为再次当选连任的主席，深感责任重大。我决心不辱使命，不负众望，以更加饱满的热情，更加昂扬的斗志，更加务实的作风，同各位政协委员、各民主党派、人民团体和各族各界人士一道，努力把我市政协的工作继续推向前进。

各位委员、同志们，今后五年是我市为在全省率先实现全面建设小康社会目标，建设中国面向西南开放的国际化门户和重要桥头堡城市而奋力拼搏的五年，也是政协工作探索新实践、创造新业绩的五年。蓝图已经绘就，目标已经明确，在新的历史起点上，我们要认真贯彻中共昆明市委九届七次全体（扩大）会议的精神，紧紧围绕争科学发展之先，创和谐社会之优，团结参加政协的各民主党派、人民团体以及各族各界人士，为把昆明建设成为中国面向西南开放的区域性国际城市贡献智慧和力量。

一、加强学习，提高履职能力。要适应市政协换届后形势和任务的需要，有针对性地加强委员的学习培训，组织委员学习中央、省、市关于加强人民政协工作的意见和胡锦涛总书记在庆祝人民政协成立60周年大会上的讲话，学习十七大和十七届三中、四中、五中全会精神，进一步明确新形势下人民政协肩负的历史使命和神圣职责，学习统一战线理论和人民政协的理论，提高委员的综合素质和参政议政能力。

二、围绕中心，积极献计出力。今年，是全面实施“十二五”规划的第一年，开好头、起好步至关重要。全市各级政协组织和全体政协委员要坚持以科学发展观为指导，想发展大局、谋发展大事、议发展大计，努力在推动昆明科学发展新跨越上有所作为。要更加注重把握宏观经济环境变化和我市经济社会发展中出现的新情况新问题，选择具有综合性、全局性、前瞻性的重大课题开展调查研究，多建睿智之言、多献务实之策。

三、加强监督，推动工作落实。要充分发挥政协民主监督在推动工作落实中的积极作用，创新民主监督方式，重点对政府部门及其工作人员在履行工作职责、规范行政行为、转变工作作风、提高工作效率、兑现社会承诺、推动工作落实等方面的情况进行监督，增强监督实效。

四、关注热点，反映社情民意。政协委员联系着各自的界别，有着广泛的群众基础。要围绕群众普遍关心的民生问题，充分发挥政协组织联系面广的优势，进一步拓宽反映社情民意渠道，悉心体察民情，深入了解民意，真实反映民愿。

五、团结民主，构建和谐社会。要加强与各民主党派、人民团体和各界代表人士的联系，做好通报情况、沟通协调、凝聚人心的工作，充分发挥人民政协在扩大有序政治参与中的重要渠道和平台作用，促进大团结、大联合。

最后，我代表政协昆明市第十二届委员会，向参加会议的各位领导、全体政协委员、列席人员，向为这次大会的召开而辛勤工作的各有关单位以及公安干警、新闻工作者和大会全体工作人员，表示衷心的感谢和崇高的敬意！

建议案

《市政协主席会议关于进一步推动我市文化事业繁荣文化产业发展的建议案》（2011 年 11 月 17 日市政协十二届九次主席会议通过）；

《关于加快建设面向西南开放重要桥头堡工作的意见建议》（2011 年 7 月 19 日市政协十二届二次常委会议通过）；

《关于加强和创新社会管理构建和谐昆明的建议》（2011 年 10 月 27 日市政协十二届三次常委会议通过）。

重要制度

《中共昆明市委关于加强人民政协政治协商制度建设的意见》（2011 年 9 月 27 日市政协十二届八次主席会议审议通过，2011 年 11 月 29 日中共昆明市委以“昆通〔2011〕43 号”文件下发）；

《中共政协昆明市委员会党组关于建立督查工作联动机制加强民主监督的意见》2011 年 4 月 21 日中共昆明市委以“昆发〔2011〕8 号”文件转发；

《政协昆明市第十二届委员会委员“五个一”活动实施意见》昆协办通〔2011〕22 号（2011 年 2 月 23 日市政协十二届二次主席会议通过）；

《关于加强市政协与市法院、市检察院工作联系的办法（试行）》昆协发〔2011〕18 号（2011 年 8 月 15 日市政协十二届七次主席会议通过）。

【组织概况】

主　席

田云翔

副主席

张建伟　陆玉珍　傅汝林　林怡平　汪叶菊　杨品才　常　敏

秘书长

周　忻

常务委员名单（共 69 名，按姓氏笔画为序）

马子富（回族）　马玉春（白族）
王　键（白族）　王月冲
王庆榆（女，白族）王延春
王美珍（女，彝族）王雄伟
仇明华（女）　石玲红（女，苗族）
冯　刚（满族）　存文学（哈尼族）
朱　燕（女）　朱景图　刘文义
刘绍安　牟　辉　孙　骥
杨　芳（女，白族）杨　良（回族）
杨柱元（白族）　杨剑农　杨勇明
杨家义（回族）　李　勇　李云保
李为民　李旭升　李旭东（白族）
李如春　李英杰　李昆敏　李剑豪
吴　青（女）　何　燕（女）
邹荣付　沈　斌（女）　沈长虹
宋光兴　张　勇　张本美（彝族）
张加全　张国友　张勤勋（彝族）
陈增会　范雯花（女）　金志达
郑建洲　郑革锋　房旭东　胡开林
赵　坚（回族）　赵　和
赵劲松（白族）　姜育文　骆晓林
袁至兑　莫　彬（侗族）　贾玉华
倪　森　徐力争　徐小川
梅会芬（女）　崇　化
彭萍安（女）　董　林　解嘉鸿
窦志萍（女）　戴　彬（女）

委员名单（共 466 名，按姓氏笔画为序）

中共（12 名）

田云翔　刘志军　刘绍安　张　辉
张建伟　沈金泉　陆玉珍　陈全季
周　忻　房旭东　贾玉华　曾令衡

民革、民盟（25 名）

王　洪　王春雷　冯　刚　白惠莲

刘家屹　孙　骥　朱　燕　何亚磊
张　寅　李为民　李律宇　李琼洪
肖玉凡　陈　盈　陈　嵩　姚　涛
祖国平　赵　宝　唐红明　夏叶青
徐　杉　徐　萍　郭鹏群　黄　骏
谢　涛

民建、民进（24 名）

丁健琳　王　键　石玲红　刘亚南
孙　熔　余　平　吴家力　宋　青
宋思明　张连生　李天明　李桂仙
李超美　汪叶菊　陈　静　钟　华
钱晓燕　高五一　曹荣根　傅汝林
博　斌　鲁开红　靳　宇　谭　昆

农工、致公、九三（25 名）

万志腾　马　俊　王　蜀　王云伟
王延春　白明光　刘　庆　刘　波
吕瑜琳　吴耀辉　张　实　张新堂
李大银　杨　伟　杨品才　陆玉霞
陈晓鸥　陈增会　林怡平　柳文美
钱春萍　常　敏　喻星源　蔡燕华
戴　彬

无党派、共青团和青联（19 名）

孔庆鹏　田　兵　汤　萍　张　云
张勤勋　李　笙　杨建国　杨莲芝
邹荣付　陈明安　侬春明　周　乐
易　宏　金伟东　赵永明　黄　凯
黄翠萍　谭忠文　魏　崴

工会、妇联（22 名）

马　睿　方念实　王　革　吴　艳
张静梅　李　霞　李碧松　苏云珠
苏雪原　陈　华　陈爱华　林传惠
林怡闽　姜亚碧　洪　畅　赵丽玲
聂红飞　梅会芬　龚艳琼　彭萍安
游孟蓉　鲍春华

工商联（31 名）

刘　翊　刘兴督　朱建国　朱景图
张金炉　杨利明　杨勇明　苏国辉
陈立胜　陈兴法　陈庆忠　尚　韬
庞　富　徐迎东　郭国强　黄俊峰
尹元江　吕培景　朱红波　牟进军
吴文献　吴翊良　沈长虹　林剑锋
郑革锋　费明罡　桂　仰　梁　夏
黄春荣　蔡永福　董　健

侨联、台联（18 名）

史美家　石　云　朱　燕　毕娇娇
许岷春　何渝春　吴建加　李剑豪
杨芳舒　杨德春　苏承爽　幸　榕
姚子龙　姚韵梅　段俐娟　黄晓戈
韩　洁　熊　祥

文化体育新闻界（19 名）

马晓鸿　王天祥　王庆榆　王超超
存文学　孙文平　张　伟　张跃雄
李　勇　李安民　李晋龙　李朝晖
杨颖婕　杨毅敏　陈　洁　徐力争
徐承谦　梁永实　彭　涛

科协和科技界（18 名）

马　波　仇明华　王　蓓　王月冲
卢　红　叶　明　刘　杰　刘文连
孙浩然　苏　雷　陈　敏　郑学兵
郑建洲　段　浩　黄　进　彭　宁
翟　斌　魏丹霞

社会科学界（17 名）

王　波　王　硕　田　建　龙东林
孙　宏　齐虹丽　张小林　张锡盛
李永坤　杨　芳　杨剑农　易建华
姚立斌　梁　立　黄光成　窦志萍
樊国盛

经济界（30 名）

孔　灿　伏　韬　吕　志　朱彬蓉
张同贤　张竹明　张学平　李　强
李昆敏　杨朝凯　苟光清　郑恩梅
金　炜　党煦燕　凌晓东　王　茹
王保兴　刘益成　许文彪　严美忠
张　勇　杨丽芬　杨辉国　陈立富
赵　和　赵劲松　骆晓林　耿　琏
梅　政　曾淑平

城乡建设、环境保护界（27 名）

马天文　王克勤　刘琍琍　孙可伟

朱彩文　牟　辉　何旭初　何毅刚
张乃明　李　伟　李旭东　杜小光
杨　良　杨志杰　沈　斌　陈　文
周一平　岳连元　郑一新　郑蔚莹
胡开林　贺　彬　赵　峰　徐定生
秦亚洁　黄跃辉　韩亚平

社会保障界（18名）

牛　犇　王　颖　朱树位　许歆滢
余　武　宋光兴　张修明　张富强
李　静　李宏春　李谷清　李英杰
李荣军　杨　洪　杨　晔　庞　文
徐丽萍　彭后熊

政法界（14名）

刘　兵　刘　凌　刘　艳　刘　彬
刘文义　佘映廷　张晓东　张雪梅
李旭升　杨从义　金志达　段　伟
董　林　谭小军

财税金融界（18名）

丁勇强　王红开　王跃华　邓翰武
冯　伟　许　颖　吴　青　李　鸿
杨　锐　杨跃云　陈　扬　陈　源
罗树才　施增荣　胡丽琼　闻玉璧
郭婷婷　董　野

农业界（18名）

马玉春　王　忠　朱龙章　闫丽萍
宋绍明　李　兴　李美瑛　汪　铭
矣常金　范雯花　金卫华　赵仕杰
倪　森　唐少华　桂　明　耿宏伟
程在全　鲍　刚

教育界（15名）

王晓玲　年红梅　江　南　吴建荣
宋海生　李云保　杨　帆　杨柱元
岳屹东　封海清　赵　坚　赵咏梅
郭昌奉　郭跨存　穆仁早

医卫界（19名）

寸沂灵　尹　俊　车忠民　光雪峰
刘　宏　庄　林　吴永同　张　艳
张　韵　张缨允　李　雷　李文志
李文亮　杨家义　谷　欣　和　立
解嘉鸿　蔡金凤　樊献俄

少数民族界（15名）

马友林　马桂英　木志群　王向方
王美珍　田学文　孙永香　毕丽美
吴　丽　李明华　李惠芬　纳安如
陆　琳　莫　彬　高志刚

宗教界（16名）

丁世云　马　勇　马子富　马建勇
代玉康　张丕富　张以琳　张本美
张正禄　张德胜　岳天德　能　寿
袁至兑　崇　化　清　贤　释德海

特邀界（46名）

王　坚　王　勇　王春晓　王家志
王雄伟　孙美丽　孙继华　朱理学
何　燕　张加全　张映华　李如春
李江鹏　李海平　汪云兰　沙　敏
邹玉惠　武　怡　徐　方　徐家政
崔宝坤　梁　衡　鲁云宏　王　东
王　军　王　琳　田　峰　何云虹
张　怡　张向阳　张庆学　张国友
张强劲　李　鸿　李永安　李克鸣
李进莲　杨　超　杨秀松　杨睿宗
陈秋燕　周兴荣　者培仙　姜育文
徐小川　舒　勇

专门委员会、办公厅、研究室主任、副主任任免名单（2011年1月25日市政协十二届一次常委会议通过）

何　燕　任政协昆明市委员会提案委员会主任；

孙美丽　任政协昆明市委员会提案委员会副主任；

汪云兰　任政协昆明市委员会提案委员会副主任（兼职）

李为民　任政协昆明市委员会提案委员会主任；（兼职）；

李昆敏　任政协昆明市委员会经济科技委员会主任；

李旭东　任政协昆明市委员会城乡建设环境保护委员会主任；

李云保　任政协昆明市委员会教文卫体委员会主任；

李旭升　任政协昆明市委员会社会法制委员会主任；

沈金泉　任政协昆明市委员会研究室主任（兼）；

苏国有　任政协昆明市委员会办公厅副主任；

杨友太　不再担任政协昆明市委员会提案委员会主任职务；

任达仙　不再担任政协昆明市委员会科教文卫体委员会主任职务；

周　锐　不再担任政协昆明市委员会经济委员会主任职务；

岳卫平　不再担任政协昆明市委员会城乡建设环境保护委员会主任职务；

吴朝利　不再担任政协昆明市委员会社会法制委员会主任职务；

任继尧　不再担任政协昆明市委员会研究室主任职务；

武治有　不再担任政协昆明市委员会科教文卫体委员会副主任职务；

石永清　不再担任政协昆明市委员会经济委员会副主任职务。

专门委员会主任、副主任任命名单（2011 年 10 月 27 日市政协十二届三次常委会议通过）

木志群　任政协昆明市委员会民族宗教委员会主任；

苟光清　任政协昆明市委员会经济科技委员会副主任（兼职）；

倪　森　任政协昆明市委员会经济科技委员会副主任（兼职）；

翟　斌　任政协昆明市委员会经济科技委员会副主任（兼职）；

张学平　任政协昆明市委员会经济科技委员会副主任（兼职）；

何毅刚　任政协昆明市委员会城乡建设环境保护委员会副主任（兼职）；

牟　辉　任政协昆明市委员会城乡建设环境保护委员会副主任（兼职）；

刘琍琍　任政协昆明市委员会城乡建设环境保护委员会副主任（兼职）；

解嘉鸿　任政协昆明市委员会教文卫体委员会副主任（兼职）；

梁永实　任政协昆明市委员会教文卫体委员会副主任（兼职）；

尹　俊　任政协昆明市委员会教文卫体委员会副主任（兼职）；

彭萍安　任政协昆明市委员会社会法制委员会副主任（兼职）；

董　林　任政协昆明市委员会社会法制委员会副主任（兼职）；

朱树位　任政协昆明市委员会社会法制委员会副主任（兼职）；

李安民　任政协昆明市委员会文史委员会副主任（兼职）；

李永坤　任政协昆明市委员会文史委员会副主任（兼职）；

王　波　任政协昆明市委员会文史委员会副主任（兼职）；

蔡永福　任政协昆明市委员会联络委员会副主任（兼职）。

委员增补名单（2011 年 12 月 15 日市政协十二届四次会议通过）

寸　闽　王建波　王健雄　方正平
尹贵生　艾树祥　叶　辉　毕　龙
任卫京　李　燕　李冠元　杨勋章
吴瑞应　沙　骥　张先宝　张志广
张宪荣　张家福　周　燕　赵春泉
姚富正　高中建　常胜利

不再担任委员名单（2011 年 12 月 15 日市政协十二届四次会议通过）

王　坚　王　琳　王春晓　李　强
李进莲　沙　敏　张强劲　张勤勋
周兴荣　段俐娟　曾令衡

撤销委员资格名单（2011 年 12 月 15 日市政协十二届四次会议通过）

杨　良　黄俊峰

【机构概况】

2011年是昆明市政协第十二届委员会任期的第一年，第十二届委员会设办公厅、提案委员会、经济科技委员会、城乡建设环境保护委员会、教文卫体委员会、社会法制委员会、民族宗教委员会、文史委员会、联络委员会、研究室、机关党委11个县处级单位。办公厅下设秘书处、综合处、人事处、委员联络处、离退办、财务处、行政处、接待办、车队9个处室，专门委员会、研究室、机关党委下设办公室。

【昆明市各县（市）区政协主席名单】

盘龙区	李如春
五华区	张加全
官渡区	梁　衡
西山区	徐　方
东川区	张家福
安宁市	李海平
宜良县	姜育文
晋宁县	李永安
石林县	者培仙
嵩明县	杨秀松
富民县	杨　超
禄劝县	张庆学
寻甸县	张国友

昆明市各级政协委员和组织数

（截至2011年底）

<table>
<tr><th colspan="2">项目
州(市)县</th><th colspan="2">委员数</th><th>组织数</th></tr>
<tr><td colspan="2">昆明市</td><td colspan="2">476</td><td>1</td></tr>
<tr><td rowspan="14">各县区市</td><td>盘龙区</td><td>200</td><td rowspan="14">2799</td><td rowspan="14">14</td></tr>
<tr><td>五华区</td><td>258</td></tr>
<tr><td>官渡区</td><td>222</td></tr>
<tr><td>西山区</td><td>225</td></tr>
<tr><td>东川区</td><td>176</td></tr>
<tr><td>安宁市</td><td>191</td></tr>
<tr><td>宜良县</td><td>235</td></tr>
<tr><td>晋宁县</td><td>173</td></tr>
<tr><td>石林县</td><td>169</td></tr>
<tr><td>呈贡县</td><td>158</td></tr>
<tr><td>嵩明县</td><td>215</td></tr>
<tr><td>富民县</td><td>145</td></tr>
<tr><td>禄劝县</td><td>209</td></tr>
<tr><td>寻甸县</td><td>223</td></tr>
<tr><td colspan="2">合　计</td><td colspan="2">3275</td><td>15</td></tr>
</table>

（编写：尹丽花　审稿：沈金泉）

政 协 昭 通 市 委 员 会

【全体委员会议】

二届六次会议 2011 年 3 月 16～20 日在昭阳召开。应到委员 362 人，实到 332 人。陈奇副主席主持开幕会，市政协主席熊启怀，副主席普安银、郎学秾、李志平、赵洪乖、张毅敏，秘书长范方华出席会议。市委书记夜礼斌、市委副书记、代市长刘建华、市委副书记李勇、市人大常委会主任张纪华，市委常委、市人大、市政府和昭通军分区、市法院、市检察院、昭通师专领导、部分原市级老领导代表应邀出席会议。在昭省政协委员、市直机关单位负责人应邀列席会议。会议听取并审议通过了熊启怀向大会作的《常务委员会工作报告》和李志平向大会作的《提案工作报告》；列席了昭通市第二届人民代表大会第七次会议，听取并协商讨论了《政府工作报告》及其他有关报告；讨论和协商了昭通市国民经济和社会发展第十二个五年规划纲要；会议表彰了优秀提案、先进提案工作者、提案承办和综合协调先进单位。会议通过了《政协昭通市第二届委员会常务委员会工作报告的决议》《政协昭通市第二届委员会常务委员会关于提案工作报告的决议》《关于政协昭通市第二届委员会第六次会议提案审查情况的报告》和《政协昭通市第二届委员会第六次会议决议》。熊启怀主席致闭幕词。

【常务委员会会议】

第 23 次会议 2 月 24～25 日在昭阳召开。主席熊启怀、副主席陈奇、郎学秾、李志平、赵洪乖、张毅敏、秘书长范方华出席会议，市委常委、市政府副市长何刚应邀出席会议，市委办、市政府办等领导参加会议。听取了市政府关于 2010 年全市经济运行情况和 2011 年全市经济工作重点通报、市纪委关于 2010 年全市党风廉政建设和反腐败工作情况通报、市委办公室关于党群政法系统办理市政协二届五次会议以来提案工作情况。听取市政府办公室关于办理市政协二届五次会议以来提案工作情况。会议审议通过了《政协昭通市第二届委员会常务委员会工作报告报告人名单》《政协昭通市第二届委员会常务委员会关于提案工作情况的报告报告人名单》《政协昭通市第二届委员会第六次会议秘书长、副秘书长名单（草案)》《政协昭通市第二届委员会第六次会议大会执行主席和主持人名单（草案)》《政协昭通市第二届委员会第六次会议列席人员范围（草案)》《政协昭通市第二届委员会第六次会议主席台开闭幕式就座人员范围》《关于授权主席会议审议政协昭通市第二届委员会常务委员会第二十三次会议未尽事宜的决定》。

第 24 次会议 3 月 19 日在昭阳召开，熊启怀主持会议。副主席陈奇、郎学秾、普安银、李志平、赵洪乖、张毅敏及秘书长范方华出席会议。会议听取范方华《关于二届六次会议综合情况的报告》和李文华《关于二届六次会议提案审查情况的报告》的说明，审议了《政协昭通市第二届六次会议关于政协昭通市第二届委员会常务委员会工作报告的决议（草案)》《提案工作情况的报告的决议（草案)》《第六次会议决议（草案)》《关于市政协二届六次会议提案审查情况的报告（草案)》。会议通过表决同意将《决议》（草案）和《提案审查情况的报告》（草案）提交第六次全体会议审议通过。

第 25 次会议 7 月 10 日在昭阳召开。主席熊启怀、副主席陈奇、李志平、赵洪乖、张毅敏及秘书长范方华出席会议，市委常委、副市长邬永飞及相关部门领导应邀出席了会议。会议听取了市政协农业产业化发展情况调研组成员和课题研究人员发言，专题协商了昭通市农业产业化发展情况调研报告，会议通过了《二届二十五次会议人事任免表决总监票人监票人名单（草案）》，审议通过了有关人事任免事项。

第26次会议 12月23~24日在昭阳召开，主席熊启怀、副主席陈奇、郎学秾、普安银、李志平、赵洪乖、张毅敏，秘书长范方华出席会议，市委常委、市委统战部部长赵海仙、副市长胡月星应邀出席会议。会议听取了市政府关于2011年全市经济运行情况和2012年全市经济工作重点通报、市纪委关于2011年全市党风廉政建设和反腐败工作情况通报、市委办公室关于党群政法系统办理市政协二届六次会议以来提案工作情况的通报、市政府办公室关于政府系统办理市政协二届六次会议以来提案工作情况的通报、市委统战部关于政协昭通市第三届委员会委员协商推荐情况的说明等；通过了关于召开市政协三届一次会议的决定及有关事项；原则通过了市政协三届一次会议议程（草案）、市政协三届一次会议日程（草案）、《政协昭通市第二届委员会常务委员会工作报告（草案）》《政协昭通市第二届委员会常务委员会关于提案工作情况的报告（草案）》等事项；协商决定了政协昭通市第三届委员会委员人选（草案）等事项；通过了人事任免事项。

【专门委员会工作】

提案委员会 一、认真做好二届六次会议提案的收集、审查和交办工作。二届六次会议会议期间，共收到提案189件，经审查立案187件，及时移交市委、市政府和相关县区政府进行办理，截止2011年12月，所移送提案全部办理完毕。二、突出重点，提高提案办理质量。通过以重点提案办理为突破口，形成了党委、政府领导批办，市政协领导督办，各承办单位领导承办的提案办理机制。使重点提案办理工作对其他提案的有效办理起到良好示范作用。三、注重“三化”建设，提升提案工作水平，使提案的提出、审查、办理、答复等各个环节都有一整套严格的操作程序。四、组织编写《政协昭通市二届委员会提案精粹》《提案工作经验材料》。

经济建设委员会 一、积极开展市政协安排的调研和视察工作任务。完成了《关于加快昭通市农业产业化发展的调研报告》《关于昭通市农村危房改造工程建设工作情况的调研报告》等一些重要课题的调研，配合人口资源环境委开展关于昭通市森林自然保护区情况的调研，调研成果得到市委和市政府领导的好评。二、参加了市委、市政府及部门每年召开的经济领域的会议，积极建言献策。三、积极提出提案，推进社会经济和谐发展。提出的提案有：《关于把风凰山建设成城市森林公园的建议》《关于“十二五”期间，提高收入水平，缩小地区差距的建议》《关于加快推广利用昭通中心城市管道天然气的建议》《在昭阳中心城市建设老年公寓的建议》等，提出的意见建议被政府有关部门吸纳落实。四、积极参加对外交流和联谊，并积极配合省政协经济委在昭通的调研和联谊活动。

科教文卫体委员会 一、组织委员就龙家祠堂的修缮情况进行了认真的考察。二、就全市新型农村合作医疗情况、全市农村义务教育阶段实行“两免一补”执行情况、中小学教师队伍建设与管理、职业教育进行了全面的调研。三、与市人大教科文卫工委一道，就彝良和鲁甸两县“两基”攻坚，中小学寄宿制工程建设，职业教育以及学校教育管理等进行了调研和视察。四、参加全市每年的高考、中考巡视、教育系统政风行风评议、全市人口和计划生育工作年度目标管理考核等工作。

文史资料委员会 一、抓紧建国前史料和建国后史料的征集工作。征集的史料在100万字以上，内容涵盖了经济、政治、文化艺术、统一战线、科技教育、医疗卫生体育、抗震救灾、重点工程建设、财税金融、交通城建、邮政通讯、民俗民风等方面的内容。二、以《昭通文史资料》为载体，对苗族文史进行了专题征集。三、编辑出版了《巾帼乌蒙——历史上的昭通杰出女性》等文史专著，被列为市委、市政府和市政协宣传昭通、馈赠来宾的礼品用书。四、围绕加强历史文化挖掘、遗址的修复、保护和利用、非物质文化遗产的传承和保护等深入巧家、永善、绥江、水富等地开展调查研究，积极建言献策。

法制民宗委员会 一、围绕政法系统如何密切警民关系，搞好政法工作进行，做好全市新形势下群众工作。与市委办、市委政研室、市住建局等有关人员深入县、乡进行调研。通过各种座谈会、发征求意见表等形式，广泛听取各种意见建议，形成高质量的调研报告，提出了六条建议，得到市委有关领导的肯定和好评。二、按照市政协整体工作部署，先后深入11县区对我市贫困少数民族情况进行调研，同时对全市少数民族外出务工培训情况进行视察。三、积极参加省政协举办的研讨会等活动，2011年12月省政协举办的和谐宗教建设研讨会上，我市进入全省优秀论文3篇。

人口资源环境委员会 一、认真开展昭阳中心城市土地建设用地、渔洞水库灌区水资源管理、自然保护区森林管护的调研。二、认真开展对农村公路网络建设情况、在建重点水利工程建设情况和溪洛渡、向家坝、白河滩三座巨型电站建设移民安置等方面的视察。三、积极配合经济建设委的调研。对我市农业产业化发展、农村危房改造等方面的调研。四、积极参与机关扶贫挂钩工作，深入挖水村进行挂钩结对帮扶，为挂钩户的脱贫致富出点子、想办法。五、积极参与市政协重点提案的督办，如今年的“渔洞水库径流区环境保护”提案的督办。六、积极配合省政协开展对我市推进“兴水强滇”战略实施情况的调研工作。

港澳台侨联络委员会 一、加强与归侨、侨眷的联谊，邀请归侨、侨眷代表参加中秋茶话会和迎新春茶话会，让他们感受到祖国大家庭的温暖。二、加强同侨务部门的联络，积极促进有关部门落实侨务政策。对下岗的归侨、侨眷和贫困的农村归侨、侨眷进行走访慰问，帮助他们排忧解难。给予政治上的关心，将一些归侨、侨眷协商为政协委员或选为人大代表，为他们提供参政议政的平台。三、帮助归侨侨眷发展生产、改善生活。四、发挥优势，积极引资助教，争取到云南师范大学将价值约20万元的教学设备捐赠给昭通大关、盐津等贫困县侨心小学用于帮助教学发展。

【重要活动】

省政协提案委到鲁甸调研提案工作

4月8日，省政协提案委副主任聂华一行到昭通市鲁甸县围绕“学习贯彻新修订的《全国政协提案工作条例》、提案督办的方式与途径”开展提案工作调研。市政协提案委、县政协、县委办、政府办、县政协委室负责人等陪同调研。聂华对加强和改进政协提案工作提出四点建议：一要抓好提案质量；加大政策理论培训，提高委员素质。有针对性地开展视察调研活动；二要进一步加大提案督办、促办力度，提高提案办理率；三要抓好重点提案督办；四要抓好宣传，扩大办案社会影响。

省政协调研组到盐津县调研优生促进工程 4月12日，省政协调研组在省政协人资环委毕励副主任带领下对盐津县“优生促进工程”进行调研。实地查看“优生促进工程”档案、走访服务对象，调研组对盐津县在实施“优生促进工程”的组织管理、人员培训、工作流程、资源共享、经费保障等工作给予了充分肯定，盐津县的经验将为全省计划生育部门转变服务方式提供决策参考。

修福金到昭通市盐津县调研 4月22日，全国政协常委、副秘书长、民革中央副主席、民革中央理论研究与学习委员会主任修福金，民革中央宣传部副部长王秉默，省政协副秘书长、民革云南省副主委彭桓一行到昭通市调研，调研组对豆沙关五尺道、唐袁滋题记摩崖保护和豆沙关深度开发提出了建议：一要迅速把民用通道、旅游参观通道隔离开，杜绝行人毁损古道；二要采用透明物质将五尺道笼罩保护；三要走高校与景区联合之路，争取高等院校将豆沙确定为挂牌实习基地、教育创作基地和研究基地，并通过高校编制豆沙旅游规划和旅游定位；四要迅速制定出台景区条例，保证景区开发管理有序；五要确定旅游线路，实行对接联动开发；六要将“古今五道天然交通博物馆”编制论证，向交通部申请核准，正式命名为“中国天然交通博物馆”，可以向联合国申请批准为“世界天然交通博物馆”。昭通市政协副主席李志平、市委统战部常务副部长刘昌华等陪同调研。

省政协副主席倪慧芳到昭通作讲座 4月10日上午，省政协副主席、民盟云南省委主委倪慧芳，在昭通为市政协委员和全体盟员作了题为“社会主义核心价值体系学与行”的讲座。会议由张毅敏主持，徐宁、胡月星、陈奇出席了会议。

省政协副主席曾华调研我市“专升本”工作 4月24日，省政协副主席曾华率省教育行业专家到昭通市就昭通师专“专升本”进行调研。杨桂红、张毅敏、陈季林等领导陪同调研。专家组认为：昭通作为经济欠发达地区，需要发展高等教育。要从产业的需要和区域经济发展的角度上培养高端人才，学科建设的规划要围绕地方经济进行整合，专业要结合产业的发展来定位，要全力奋斗，争取早日实现“专升本”。

熊启怀深入十一县区调研特色集镇和重点集镇建设 5月6～19日，熊启怀率领市政协办公室、经建委、市住建局、市环境监测站、市工程质监所、市国土资源局等部门领导和相关专家对11个县区特色集镇和重点集镇规划建设进行调研。调研组通过深入乡镇、实地查看、召开座谈会、查阅资料、听取汇报等形式，认真了解各地集镇规划和建设中取得的经验和存在的问题，积极探索改进工作的对策和建议，并形成调研报告报市委、市政府。

省政协副秘书长、办公厅主任张宁到昭通督查工作 6月7～8日，省委督查组组长、省政协副秘书长、办公厅主任张宁率督查组到昭通市督查省委政协工作会议精神落实情况，先后到盐津、大关县实地督查。对盐津、大关县委、县政府积极支持政协履行职能，保障和提高政协工作经费，支持政协队伍建设，及时为政协补充年轻干部等做法给予充分肯定，并听取昭通市委情况汇报。

全国政协副主席王志珍到昭阳区调研 6月8日，全国政协副主席、九三学社中央副主席王志珍率全国政协无党派人士界委员组成的调研团，到昭阳区北闸镇邓子村、青岗岭乡青岗岭村及旧圃镇杨家湾、小寨子自然村，就农业生物多样性控病增产技术、新农村建设等工作进行调研。王志珍对昭通市生物多样性控病增产技术予以肯定，调研组认为昭阳区通过实施生物多样性控病增产技术，提高了土地复种指数，希望昭通大力推广生物多样性控病增产技术，有效促进农民增产增收。

省政协副主席顾伯平到昭通调研 9月20～23日，省政协副主席顾伯平到昭通就医药卫生人才队伍建设情况进行调研，调研组先后深入鲁甸县、昭阳区、盐津、大关等县乡卫生院视察。顾伯平建议各级政府加强组织领导，继续加大资金投入力度，进一步完善卫生的基础设施建设，理顺管理体制，推进制度创新，加强人才队伍建设，提高服务能力和服务水平，促进农村卫生工作再上新台阶。

省政协副主席白成亮到昭通调研 10月24～26日，省政协副主席白成亮到昭通就水资源情况暨抗旱保民生工作情况进行调研。先后察看了昭阳区、鲁甸、大关县水库抗旱蓄水情况、新农村水利工程沟渠建设和烟水配套工程建设情况，邬永飞代表市政府作了情况汇报，熊启怀、胡月星、陈奇、郎学秾、李志平陪同调研。

【重要文件】

常务委员会工作报告（2011年3月16日）（摘要） 报告分为两部分：

一、2010年工作回顾。（一）服务全市大局，围绕经济社会发展中的重大问题献计出力。一是积极参加市政府“十二五”新型工业化发展规划纲要听证会、配合省政协开展“云南省民族地区‘十二五’经济社会发展思路”“‘十二五’社会事业协调发展”搞好专题调研；积极围绕工业、文化、旅游、民生、节能减排、少数民族地区经济社会发展等专项规划建言献策，为规划编制提供了有益参考。委员们紧紧围绕市委“12346”发展思路和2010年工作重点，就加快全市重大工程建设、基础设施建设和产业培育发展步伐，全力推进工业强市、科教兴市、依法治市和可持续发展四大战略展开协商讨论，提出意见建议90余条。紧扣省委提出的“两强一堡”建设，积极组织委员围绕“四基地一屏障一走廊”的“411”发展定位和一圈一轴一带一片区一门户“五个一”的战略布局协商讨论、建言献策，提出意见建议47条。二是积极参与市委、市政府重大项目建设。积极参与镇雄、彝良、威信、巧家等县的8条二级公路建设督察，对加快公路建设进度、确保工程质量起到了积极的作用。积极配合市政府做好移民安置、招商引资等工作，参与市委、市政府举办的昭通资源深圳推介会、中国西部千里大峡谷暨昭通苹果上海推介会、昆明昭通商会回乡创业商谈、深圳企业家昭通投资考察等招商引资活动，在组织筹备和活动中牵线搭桥，积极开展联系联谊活动，努力协助市政府做好“走出去”与“请进来”工作，进一步拓展了全市对外开放领域。注重发挥驻昭省政协委员的作用，将我市发展过程中的一些难点问题通过省政协全会和常委会议，向省委、省政府和有关部门反映。及时通过驻昭省政协委员向省政协报送了《关于将隆黄铁路昭通段建设工程纳入云南省重大交通建设项目并给予资金支持的建议》，对促进隆黄铁路择道镇雄、威信两县和资金落实发挥了积极作用。（二）坚持履职为民，高度关注和促进民生改善。就全市殡葬改革、中小学教师队伍建设与管理情况、全市农村最低生活保障工作展开重点调研，并形成调研报告报送市委、市政府。提出了意见和建议。全得到了市政府和市直相关部门高度重视。（三）推进提案工作落实民愿。一是通过主席督办重点提案、联合调研、提案“回头看”等形式，使提案中反映的《关于解决我市失地农民可持续生计问题的建议》《关于按国家规范规划建设绥江县淹没搬迁相关社会事业基础设施的建议》和《关于加快推广利用昭通中心城市管道天然气的建议》等涉及人民群众切身利益的意见建议得到采纳和落实，切实发挥了提案工作在促进民生改善和社会事业发展中的重要作用。二是常委会全力参与抗大旱、保民生、保春耕工作，及时将抗旱救灾列为重点视察，组织委员、各党派团体和有关部门负责人，深入重灾区，全面了解受灾情况，认真督促救灾措施的落实，并通过有关会议呼吁加大对全市水利建设的支持力度。三是带头深入县区、企业和扶贫点，开展蹲点调研，组织咨询服务。尽力帮助协调解决工作中存在的困难和问题，积极推进市级领导挂钩重点项目和其他重点工作的顺利进行。加强对政协机关挂钩联系点巧家县老店镇红土村工作的指导，多方协调资金项目，为红土村的持续发展创造条件。（四）拓展团结联谊平台，不断增强履行职能的实效。一是常委会突出政协工作的广泛参与性，坚持把促进大团结、大联合作为人民政协的重要工作，积极拓展团结联谊平台，切实调动政协各参加单位的主动性和创造性，推动各项工作取得新的成效。在市政协的组织协调下，各民主党派、工商联、有关人民团体充分发挥各自优势，积极履行职能，共形成调研报告15份，提交大会发言材料51篇，提出提案98件，充分体现了基本政治制度赋予他们参政议政的话语权。二是认真组织参加川滇黔赣冀五省二十地市州政协联系会、红军长征沿线十一省区三十地州市联谊会和云贵川二十五县（市、区）政协区域经济发展研讨会议，有效拓宽了政协工作的视野。三是编辑出版文史资料第九辑，策划、编辑了《巾帼乌蒙——昭通历史上的杰出女性》。组织文史委员对昭通历史遗迹和文化建设进行调研，四是召开了全市政协系统宣传工作会议，充分利用媒体，不断加大对中国共产党领导的多党合作和政治协商制度及政协工作的宣传力度，推进中央和省、市委有关会议文件精神的学习贯彻落实。（五）加强自身建设，不断提高履行职能的实效。一是结合开展创先争优和省、市委“三个一”主题实践活动，不断深化对人民政协工作特点和规律重要性的认识，形成以科学发展观统领政协工作新共识，增强了做好政协工作的责任感和使命感。二是突出组织作用。常委会协商议事严格按照“集体领导、民主集中、会议决定”的原则，力求使决策更加科学规范，更加符合实际，在政协工作中发挥了重要的组织领导作用。突出机关建设。我们始终坚持以思想建设为核心，制度建设为保障，努力强化政协机关的学习意识、责任意识、创新意识和表率意识。三是根据工作需要调整科室的工作职能，健全政协信息网络系统，规范了机关工作制度和工作程序。四是按照《党政领导干部选拔任用工作条例》，积极与市委组织部、统战部配合，做好机关干部的培养、选拔、交流和任用工作，进一步调动了机关干部的积极性。不断强化大局意识和服务意识，创新工作方法，提高了为履行职能服务、为全体委员服务的质量和水平。

二、2011年工作部署。（一）全面贯彻落实市委二届十二次全会精神，为推动富民强市跨越赶超发展献计出力。（二）积极履行政协职能，为实现“十二五”发展良好开局建言献策。（三）充分发挥政协优势，为建设和谐昭通凝聚力量。（四）始终加强自身建设，为政协事业发展增添活力。

二届六次会议决议（2011 年 3 月 20 日） 政协昭通市第二届委员会第六次会议，于 2011 年 3 月 16～20 日在昭阳举行。会议听取和审议了《中国人民政治协商会议昭通市第二届委员会常务委员会工作报告》《中国人民政治协商会议昭通市第二届委员会常务委员会关于提案工作情况的报告》。与会委员列席了昭通市第二届人民代表大会第七次会议，听取并协商讨论了《政府工作报告》《昭通市国民经济和社会发展第十二个五年规划纲要（草案）》《昭通市中级人民法院工作报告》《昭通市人民检察院工作报告》及其他有关报告。会议期间，中共昭通市委和市人民政府领导同志参加了专题协商和界别联组讨论，与各民主党派、工商联、无党派人士、各人民团体和各族各界代表人士协商交流，共谋昭通发展大计。全体委员以高度负责的精神，围绕全市经济社会发展中的重大问题积极建言献策。会议团结、民主、务实，是一次统一认识、明确目标、凝聚人心的大会。

会议通过了熊启怀主席代表政协昭通市第二届委员会常务委员会所作的工作报告和李志平副主席受政协昭通市第二届委员会常务委员会委托所作的提案工作情况的报告。

会议认为，过去的一年，是我市成功应对百年不遇干旱等严重自然灾害影响和国际金融危机持续冲击，经济社会发展取得显著成效的一年。在中共昭通市委的领导下，常委会以邓小平理论和“三个代表”重要思想为指导，深入贯彻落实科学发展观，认真学习贯彻中共十七大、十七届五中全会、胡锦涛同志在庆祝人民政协成立 60 周年大会上的重要讲话、省委政协工作会议和《中共昭通市委关于进一步加强人民政协工作的意见》精神，切实把推动昭通经济平稳较快发展作为履行职能的首要任务，把促进民生改善和社会和谐作为开展工作的着力点，以奋发有为的精神状态和求真务实的工作作风，认真履行政治协商、民主监督、参政议政职能，充分发挥协调关系、汇聚力量、建言献策、服务大局的重要作用，为圆满完成我市 2010 年的各项目标任务，实现“十一五”胜利收官作出了积极贡献。

会议一致赞同刘建华代市长所作的《政府工作报告》，赞同《昭通市中级人民法院工作报告》《昭通市人民检察院工作报告》和其他报告。

会议认为，“十一五”时期是昭通发展进程中极不平凡、极不寻常的五年。面对国际金融危机冲击、严重自然灾害等一系列严峻考验，市委、市政府深入贯彻落实科学发展观，坚决贯彻执行党中央、国务院和省委、省政府的决策部署。特别是市委二届七次全会确定“12346”发展思路以来，市委、市政府团结带领全市各族人民，坚定不移地迎难而上抓机遇，埋头苦干求实效，全市经济社会呈现出速度快、效益好、活力强、后劲足的良好发展态势，圆满完成了“十一五”规划确定的各项目标任务。“十一五”时期的五年，是全市经济发展最快、社会进步最大、民生改善最好、群众得到实惠最多的五年。通过五年的艰苦努力，历史悠久的昭通大地发生了深刻而又巨大的变化，勤劳智慧的昭通人民迈出了全面建设小康社会的坚实步伐。

会议指出，“十二五”时期是全市加快转变发展方式的攻坚期，是推进富民强市跨越发展的黄金期，是全面建设小康社会的关键期。《昭通市国民经济和社会发展第十二个五年规划纲要（草案）》符合科学发展要求，体现了中央精神和昭通市情，反映了全市各族人民的根本利益和共同愿望，对于进一步统一全市各族干部群众的思想认识，凝聚各方力量，合力开创昭通富民强市跨越发展新局面具有十分重要的意义。委员们对未来五年的发展充满期望，对全面完成“十二五”期间的各项任务充满信心。

会议强调，2011 年是中国共产党成立 90 周年，是实施“十二五”规划的开局之年。我们要在中共昭通市委的领导下，深入贯彻落实科学发展观，全面贯彻落实中共十七大和十七届五中全会精神，深入学习贯彻胡锦涛同志在庆祝人民政协成立 60 周年大会上的重要讲话、省委政协工作会议和《中共昭通市委关于进一步加强人民政协工作的意见》精神，按照中共昭通市委二届十二次全会的总体部署和工作要求，紧紧围绕科学发展这一主题和加快转变发展方式这条主线，把推进富民强市跨越发展目标和全市 2011 年“强基础、快发展，调结构、上水平，惠民生、促和谐”的工作要求作为政协履行职能的着力点，更好地协调关系、汇聚力量、建言献策、服务大局，为推进昭通经济建设、政治建设、文化建设、社会建设和生态文明建设创造新的业绩。

会议号召，全市各级政协组织、政协各参加单位和广大政协委员，要更加紧密地团结在以胡锦涛同志为总书记的中共中央周围，在中共昭通市委的坚强领导下，继往开来，再接再厉，以优异的成绩迎接中国共产党成立 90 周年，为推进富民强市跨越发展的宏伟事业作出新的贡献！

熊启怀主席在二届六次会议闭幕会上的讲话（2011 年 3 月 20 日）（摘要） 政协昭通市第二届委员会第六次会议，在中共昭通市委的正确领导下，在市人大常委会、市人民政府及有关方面的大力支持下，经过全体与会人员的共同努力，已圆满完成各项议程。这次会议，是在全市人民深入学习贯彻中共十七大、十七届五中全会、省委八届十次全会和市委二届十二次全会精神，全面落实科学发展观，加快转变发展方式，努力推进富民强市跨越发展的形势下召开的一次重要会议。会议期间，委员们以饱满的政治热情和高度的社会责任感，全面贯彻落实市委二届十二次全会精神，围绕全市“十二五”期间“411”发展定位、“12346”发展思路、“五个一”战略布局，和 2011 年“强基础、快发展，调结构、上水平，惠民生、促和谐”的工作要求，畅所欲言，献计献策，充分展示了广大政协委员致力科学发展、情系民生改善的精神风貌，生动体现了人民政协团结、民主、和谐的特色和人才库、智囊团的特点。会议团结、民主、务实，是一次统一认识，明确目标，凝聚人心的大会，是一次总结过去、谋划未来，开启征程、催人奋进的大会。

会议期间，市委、市人大常委会、市人民政府领导，市政协老领导和有关部门负责同志出席了开幕大会和闭幕大会。市委、市政府领导参加了各项协商讨论活动，认真听取委员意见，同委员们共商科学发展、富民强市大计。在界别联组会上，夜礼斌书记对市政协工作给予了充分肯定，深刻阐述了中国特色社会主义政治制度的优越性，希望委员们充分认识到中国人民政治协商会议这一我国基本政治制度的性质、地位和作用，更好地履行政治协商、民主监督、参政议政职能，更好地发挥协调关系、汇聚力量、建言献策、服务大局作用，群策群力，推动落实，共同致力于昭通富民强市跨越发展的宏伟事业。在政府工作报告专题协商会上，刘建华代市长提出，广大政协委员要再接再厉，充分发挥人才荟萃、智力密集优势，积极参政议政，肝胆相照、荣辱与共，同舟共济、同心同德推进昭通科学发展、跨越发展、和谐发展。市委、市政府领导的重要讲话，对我们既是鼓舞、又是鞭策，我们一定要深刻领会，认真贯彻落实。

“十一五”是一个里程碑，记载了市委、市政府团结带领全市各族干部群众，科学发展、跨越发展的巨大成就。现在，“十二五”宏伟蓝图已经绘就，新的伟大征程已经起步。站在昭通富民强市跨越发展的新起点上，各级政协组织和广大政协委员肩负着光荣而艰巨的使命。我们要按照市委要求，继往开来，再接再厉，努力形成共克时艰、共谋发展的统一意志，使政协工作符合党委的重大部署，符合不断发展变化的实际，符合人民群众的新期盼，用履行职能的实际成果体现政协的作为。

各位委员，2011 年是回顾展望之年，更是开启征程之年。发展的伟业需要精诚团结，合力共为；庄严的使命需要不懈奋斗，和衷共济。让我们紧密团结在以胡锦涛同志为总书记的中共中央周围，在中共昭通市委的坚强领导下，始终保持奋发有为的精神状态，立足新起点，谋求新作为，肝胆相照，荣辱与共，心无旁骛，同心协力，不断开创人民政协工作新局面，为推进富民强市跨越发展宏伟事业作出新的贡献！

【组织概况】

专门委员会主任任命名单（2011 年 7 月 24 日市政协二届二十五次常委会议通过）

宗德云　任科教文卫委员会主任

专门委员会、办公室主任、副主任任免名单（2011 年 12 月 24 日市政协二届二十六次常委会议通过）

杨　勇　任港澳台侨联络委员会主任，免去市政协办公室主任职务

黄智勇　任昭通市政协文史委主任

廖德旗　任昭通市政协办公室主任

董西平　任昭通市政协经建委主任

马明芬　任昭通市政协提案委主任

邹道葵　任昭通市政协办公室副主任

李建发　免去昭通市政协办公室副主任职务

李文华　免去昭通市政协提案委主任职务

王明荣　免去昭通市政协经建委主任职务

甄朝彬　免去昭通市政协文史委主任职务

李福昌　免去昭通市政协人资环委副主任职务

【机构概况】

2011 年是政协昭通市委员会第二届委员会任期的第六年，第二届委员会设办公室、提案委、经建委、科教文卫体委、人资环委、文史委、法制民宗委、港澳台侨联络委 8 个内设机构，办公室下设秘书科、综合科、行政科、人事科、政协工作研究室、机关事务管理中心 6 个科级单位，专委会下设办公室（科级单位）。

【昭通市、县（区）政协领导人名单】

昭通市

主　席

熊启怀

副主席

陈　奇　郎学稌　普安银　李志平　赵洪乖　张毅敏

秘书长

范方华

县（区）政协主席

昭阳区　龙　位

鲁甸县　保明康（回族）

巧家县　陈堂洲

镇雄县　朱启田

彝良县　铁盛友

威信县　陶军秀（苗族）　盐津县　尚丽明
绥江县　赵　明　大关县　钟友勤
水富县　邝　维　永善县　吴文富

昭通市各级政协委员和组织数

（截至 2011 年底）

<table>
<tr><th colspan="2">项　目
州(市)县</th><th colspan="2">委员数</th><th>组织数</th></tr>
<tr><td colspan="2">昭通市</td><td colspan="2">369</td><td>1</td></tr>
<tr><td rowspan="11">各县区市</td><td>昭阳区</td><td>236</td><td rowspan="11">1927</td><td rowspan="11">11</td></tr>
<tr><td>鲁甸县</td><td>185</td></tr>
<tr><td>巧家县</td><td>188</td></tr>
<tr><td>镇雄县</td><td>293</td></tr>
<tr><td>彝良县</td><td>191</td></tr>
<tr><td>威信县</td><td>160</td></tr>
<tr><td>绥江县</td><td>146</td></tr>
<tr><td>水富县</td><td>115</td></tr>
<tr><td>盐津县</td><td>136</td></tr>
<tr><td>大关县</td><td>121</td></tr>
<tr><td>永善县</td><td>156</td></tr>
<tr><td colspan="2">合　计</td><td colspan="2">2296</td><td>12</td></tr>
</table>

（编写：马秀付　审稿：范方华　邹道葵）

政 协 曲 靖 市 委 员 会

【全体委员会议】

三届四次会议 2011 年 2 月 16 ~ 20 日在曲靖召开。应到委员 406 名，实到 382 名。市政协副主席王宝德、马宝功分别主持开幕会和闭幕会。市政协主席赵建华，副主席唐德荣、夏传煊、陈吉书、赵鸿年，秘书长高吉贵出席会议。市委书记赵立雄在开幕会上作了重要讲话。会议听取和审议了市政协主席赵建华作的三届市政协常务委员会工作报告，听取和审议了副主席唐德荣作的三届市政协关于提案工作情况的报告。委员列席了市人大三届四次会议，协商讨论了市长岳跃生作的政府工作报告及曲靖市“十二五”规划纲要、“两院”报告和其他重要报告；围绕全市经济、政治、文化和社会建设中的重要问题，人民群众普遍关心的重要问题，通过委员分组讨论、议政发言、专题协商、联组会议等形式，共提出意见建议 689 条，报送市委、市政府决策参考。通过了会议决议和常委会工作报告决议、提案工作报告决议。市委副书记、市长岳跃生，市人大常委会主任刘海芳等市委、市人大、市政府有关领导出席有关会议。

【常务委员会会议】

第 16 次会议 3 月 17 日在曲靖召开。会议应到 76 人，实到 58 人。市政协主席赵建华主持会议并讲话，市政协副主席王宝德、夏传煊、陈吉书、赵鸿年，秘书长高吉贵出席会议。会议学习了全国政协十一届四次会议精神，听取了市政府关于全市水利建设情况的通报，审议通过了《政协曲靖市委员会 2011 年工作计划》《政协曲靖市委员会关于政协委员列席和公民旁听常务委员会会议的办法》（试行）《政协曲靖市第三届委员会委员活动组考核办法》。

第 17 次会议 6 月 28 日在曲靖召开。会议应到 76 人，实到 71 人。市政协主席赵建华作了讲话，副主席唐德荣、夏传煊、陈吉书、马宝功、赵鸿年，秘书长高吉贵出席会议。会议听取了市政府副市长宁德刚关于 1 ~ 5 月全市经济社会发展情况的通报，围绕“抓住桥头堡建设机遇，加快曲靖区域经济发展”主题进行议政发言，会议还通过了有关人事事项，李清任市政协人口资源环境委员会主任，苏华祥不再担任市政协教科文卫体委员会主任。

第 18 次会议 9 月 27 日在曲靖召开。会议应到 76 人，实到 65 人。市政协主席赵建华，副主席王宝德、唐德荣、夏传煊、陈吉书、马宝功、赵鸿年，秘书长高吉贵出席会议。会议听取了市中级人民法院和市人民检察院的工作情况通报，分组讨论了“两院”工作情况；通报了有关人事事项；围绕“深化文化体制改革，繁荣发展文化事业和文化产业”专题进行议政发言。市委常委、市委宣传部部长何华，市政府副市长宁德刚应邀到会。

第 19 次会议 12 月 27 ~ 28 日在曲靖召开。会议应到 76 人，实到 69 人。市政协主席赵建华作了讲话。市政协副主席王宝德、唐德荣、夏传煊、陈吉书、马宝功、赵鸿年，秘书长高吉贵出席会议。会议听取市人民政府副市长宁德刚关于办理市政协提案和调研视察报告的情况通报，听取市委副秘书长李觅关于办理市政协建议案和党群政法系统办理政协提案的情况通报，并对市政办重点提案办理情况进行民主评议；听取市纪委副书记孟端平关于全市党风廉政建设情况通报；听取市政协秘书长高吉贵关于政协曲靖市第三届委员会常务委员会工作报告起草情况的说明；会议讨论并审议通过了《中国人民政治协商会议曲靖市第三届委员会常务委员会工作报告》（草案）、《中国人民政治协商会议曲靖市第三届委员会常务委员会提案工作报告》（草案）和政协曲靖市第三届委员会第五次会议有关事项，审议通过了各专委会2011年书面工作报告；会议还通过了有关人事事项，林江援任市政协提案委员会副主任，张立不再担任市政协副秘书长，范文礼不再兼任市政协教科文卫体委员会副主任。

【专门委员会工作】

提案委员会 坚持以重质量、抓落实、求实效为重点，推行党政领导阅批、督办重点提案，督促承办单位将提案的办理工作细化后纳入内部目标责任制考核，对《关于挖掘爨碑、会盟碑价值及向公众开放的几点意见》等8件重点提案落实情况进行视察和民主评议，推动了提案的解决率。起草并落实《政协曲靖市委员会关于民主评议建议案提案办理办法》（试行），推进提案办理工作制度化、规范化、程序化建设。组织开展优秀提案评选工作，评选出31件优秀提案被政协曲靖市委员会表彰。针对矿村共建中存在的问题形成了《关于深入推进“矿村共建”工作的建议案》，所提建议得到市委采纳。对提案办理信息化平台软件进行考察，启动提案信息化平台建设。充分利用上级报刊和市级媒体、市政协内部网站加大宣传力度，扩大提案影响力。市政协三届四次会议以来，共收到提案313件，经审查立案306件，已全部办理完毕。

社会和法制委员会 完成全市保障性住房建设情况调研，形成了《关于我市保障性住房建设的调研报告》，市委书记赵立雄，市委副书记范华平，市委常委、秘书长朱德光对报告作了批示，要求市政府分管领导按照报告内容研究落实。配合省政协调研组对我市保障性住房建设情况进行调研。完成了全市“3568”安保双基工程推进情况视察，形成《关于全市“3568”安保双基工程推进情况的视察报告》，市委、市政府领导对报告作了批示，市政府办以《政务通报》34期下发各县，要求按照《报告》所提意见建议抓好落实。完成中心城区道路交通拥堵整治情况的跟踪视察，形成了《关于对曲靖中心城区道路交通拥堵整治情况进行跟踪视察的报告》，赵立雄、范华平、朱德光等领导对报告作了批示。组织委员对市中级法院民事审判工作进行视察。年内，组织撰写提案9件，组织专家学者撰写论文参加省政协民生论坛，获省政协第四届民生论坛组织奖，获二等奖一篇、三等奖两篇。配合相关部门对三件十多年来一直没有解决的信访案件进行调查了解，协调相关职能部门，解决上访主体的合理诉求。

经济建设委员会 完成全市农村信用体系建设情况调研，形成《关于全市农村信用体系建设情况的调研报告》，市委、市政府领导和有关部门高度重视，积极采纳和落实了意见建议。完成民主评议市工信委工作跟踪视察，形成了《关于对民主评议市工信委工作跟踪视察的报告》，促进了评议意见建议的有效落实。完成民主评议市旅游局工作，制订了《政协曲靖市委员会关于对市旅游局工作进行民主评议的方案》，协调召开评议动员会，组织委员围绕“加快旅游基础设施建设步伐，不断发展壮大旅游产业；转变旅游产业发展方式，推进旅游二次创业；优化旅游产业发展环境，促进旅游产业又好又快发展”主题进行专题调研，在民主评议会上，组织28名市政协委员以无记名方式进行民主测评。参与筹办以“加快现代服务业发展”为主题的企业家论坛活动，组织开展了征文活动、稿件评审等工作。组织委员对《曲靖市国民经济和社会发展“十二五”规划纲要（征求意见稿）》及其他重要报告进行协商讨论。

教科文卫体委员会 完成全市学前教育发展情况调研，形成了《关于曲靖市学前教育发展情况的调研报告》。市委主要领导对报告所提建议作出批示，市政府分管领导组织职能部门认真研究采纳了相关意见。完成全市基本药物制度情况的调研，形成了《关于全市实施国家基本药物制度情况调研报告》，市政府分管领导要求市医改办牵头抓好意见建议的贯彻落实。突出界别特色，组织第十四界别活动组开展界别活动2次。结合市政协三届十七次常委会专题议政，提交了《文化建设专题议政实施方案》。组织报送社情民意12条。其中，《关于全面推广生活垃圾分类处理的建议》，市委书记赵立雄专门批示，要求有关部门做好垃圾分类投放、分类进行无害化处理等工作，力争用两年时间解决好此问题。

民族宗教委员会 完成全市民族乡优势（特色）产业发展情况调研，形成了《关于全市民族乡优势（特色）产业发展情况的调研报告》，从“理清发展思路，科学制定民族乡产业发展规划等五个方面提出建议，为市委、市政府制定相关政策措施提供参考。完成全市农业产业化发展情况视察，形成了《关于全市农业产业化发展情况的视察报告》，从“区域化布局，规模化生产”等六个方面提出建议，为市委、市政府推进农业产业化进程提供决策参考。年内组织撰写提案30件，提交议政发言材料30份，撰写社情民意12条，组织开展界别活动3次。加大履职情况宣传力度，市内新闻媒体刊播稿件30余篇（条）。

文史资料委员会 发挥文史资料“存史、资政、团结、育人”的社会功能，完成《曲靖文史资料》第十辑（名优土特产品名优饮食专辑）的编辑出版工作。协同办公室筹办云南省八市政协文史工作第十次联系会议，并就文史工作的意义、性质、地位和作用作了互动发言。

联络学习委员会 组织4次常委会专题学习讲座，参加学习委员1000余人次，组织两期“北京大学——曲靖市政协干部培训班”，参加培训人数82人。起草并落实委员列席和公民旁听市政协常务委员会会议办法，使政协委员列席常委会议和公民旁听常委会议制度化，年内组织20名政协委员列席常委会议，4名市民旁听常委会议。起草并落实界别活动组考核办法，推动界别活动开展，做好界别组活动开展情况的收集、汇总和委员的履职登记、量化考核。参与筹办中秋茶话会等会议活动。认真落实《曲靖市政协委员民主监督员工作制度》，了解民主监督员开展工作情况，积极为民主监督员开展工作创造条件，组织46名受聘担任的特邀监督员80人次参加了相关活动，提出意见建议146条。积极配合省政协做好民主党派在政协履行职能中发挥作用情况的调研。

人口资源环境委员会 完成全市地质灾害防治情况调研，形成了《关于地质灾害防治情况的调研报告》，市政府及职能部门高度重视，在《曲靖市人民政府贯彻落实省人民政府关于加强地质灾害防治工作意见的实施意见》中吸纳了“加大地质灾害防治工作力度、增强地质灾害防治投入”等意见建议。完成城市污水处理情况调研，形成了《关于城市污水处理情况的调研报告》，市委主要领导批示要求认真解决好视察提出的问题。积极与市承办部门进行沟通，召开面商会议，认真督办《重视新农村建设工程后续管理》重点提案。配合省政协做好视察

"滇中调水"曲靖工程建设和水资源及抗旱保民生等工作。年内组织撰写提案6件、社情民意18条、议政发言材料18篇，召开专委会委员活动2次，组织界别组活动3次。

【重要活动】

召开专题协商会 1月17日，市政协在政协宾馆召开《政府工作报告》暨《"十二五"规划纲要》征求意见座谈会。市政府领导、市政协主席会议成员出席会议，市政协委室负责人、部分市政协委员共43人参加会议，市直有关单位负责人30人到会听取意见，23名委员作了专题协商发言。6月13日，市政协重点提案办理暨爨碑保护与开发规划协商会在锦怡花园酒店召开，市政府、市政协有关领导出席会议，13名市政协委员和部分专家学者参加会议，市直有关部门领导到会听取意见建议。8月8日，中国共产党曲靖市第四次代表大会《报告》专题协商会在政协宾馆召开，市委有关领导、市政协主席会议成员出席会议，市政协副秘书长、市政协委室负责人、各民主党派主委、专职副主委、工商联专职副主席及各界别委员代表60余人参加专题协商会议，25名委员作了专题协商发言。

举行党组理论学习中心组活动 3月16日，市政协党组举行理论学习中心组2011年度第一次集中学习活动，学习贾庆林主席在全国政协十一届四次会议上所作的常委会工作报告。5月30日，市政协党组举行第二次集中学习活动，学习中共十七届五中全会和中央、省委社会管理及其创新专题研讨班有关领导讲话和市委关于深入推进社会管理创新的意见精神。8月22日，市政协党组举行第三次集中学习活动，学习胡锦涛总书记"七一"重要讲话、市第四次党代会精神。11月23日，市政协党组举行第四次集中学习活动，学习中共十七届六中全会精神。党组理论学习中心组活动由市政协党组书记、主席赵建华主持，市政协主席会议成员、市政协副秘书长和各民主党派、工商联、市政协各委室负责人参加了学习活动，与会人员围绕学习主题、结合工作实际作了交流发言。

举办常委会专题学习讲座 举办常委会专题学习讲座四次，邀请有关领导和专家学者围绕"区域经济发展、曲靖文化产业发展、学习贯彻胡锦涛总书记在庆祝中国共产党成立九十周年大会上的讲话精神、学习贯彻中共十七届六中全会精神，推进我市文化建设"等主题进行专题辅导。主席会议成员出席讲座，市政协常委、市级民主党派、工商联负责人、驻麒麟城区市政协委员和市政协机关干部职工到会听取讲座。

召开庆祝建党90周年座谈会 6月27日，市政协和市委统战部在政协宾馆共同举办庆祝中国共产党成立90周年座谈会议。市级各民主党派、工商联和无党派代表人士作了发言。市政协主席赵建华作了讲话，市委常委、市委统战部部长朱兴友，市政府副市长宁德刚出席会议。市政协副主席唐德荣、夏传煊、陈吉书、马宝功、赵鸿年，秘书长高吉贵出席会议。

举办中秋茶话会 9月9日，由中共曲靖市委、曲靖市人民政府主办，政协曲靖市委员会承办的曲靖市2011年中秋茶话会在政协宾馆举行。中共曲靖市委副书记、市长岳跃生通报了我市经济社会发展情况，市委副书记范华平作了讲话，市政协主席赵建华主持茶话会并作总结讲话，11位各族各界代表人士围绕促进全市经济社会又好又快发展建言献策。

承办省八市政协文史工作会议 9月15～16日，云南省八市政协文史工作第十次联系会议在曲靖市会泽县城召开。省政协副秘书长孟庆红、省政协文史委主任傅仕敏莅会指导。市政府副市长宁德刚、市政协副主席夏传煊出席会议，昆明市、曲靖市、昭通市、玉溪市、保山市、普洱市政协有关领导出席会议；红河州、楚雄州、大理州、怒江州、西双版纳州政协有关领导，会泽县委、县人大、县政府、县政协有关领导应邀参加会议；曲靖市各县（市）区政协分管领导和文史委主任列席会议。

开展民主评议 9月16日，市政协对市旅游局工作进行民主评议。组织了部分市政协委员分成三个调研组先后深入师宗、罗平、会泽、陆良等7县（区）景区景点和有关单位，通过听取情况介绍、座谈讨论、实地察看等多种形式就市旅游局工作进行专题调研，形成专题调研报告3份、书面评议发言材料16份。评议会上，28名市政协委员投票进行测评。对市旅游局工作表示满意。

召开纪念辛亥革命100周年座谈会 10月9日，曲靖市纪念辛亥革命100周年座谈会在政协宾馆举行。市政协主席赵建华，中共曲靖市委常委、市委统战部部长朱兴友分别作讲话，7名各界代表人士作了会议发言。市人大常委会副主任李桂珍，市政府副市长宁德刚，市政协副主席唐德荣、夏传煊、陈吉书、马宝功、赵鸿年，秘书长高吉贵出席会议。

承办滇中经济区四州市政协合作机制第二次会议 10月13～14日，滇中经济区政协合作机制第二次会议在曲靖官房酒店召开，会议围绕推进滇中经济区产业布局一体化发展进行研讨。会上，中共曲靖市委书记赵立雄作致辞，中共曲靖市委副书记、市长岳跃生介绍曲靖市经济社会发展情况，省政协秘书长车志敏作讲话，曲靖市政协主席赵建华、昆明市政协主席田云翔、玉溪市政协主席冷明德、楚雄州政协主席延荣科分别作了主题发言。

举办企业家恳谈会 10月21日，市政协在政协宾馆召开“加快现代服务业发展”恳谈会。市委副书记、市长岳跃生，市委副书记范华平，市政协主席赵建华对加快发展现代服务业提出要求。会议表彰了企业家论坛获奖撰稿单位和个人。恳谈会共收到书面发言材料36篇，16名相关部门负责人和委员围绕加快现代服务业发展作了交流发言。

召开全市提案工作会 11月15日，市政协第九次提案工作会议在马龙县召开。会议总结交流市政协三届四次会议以来的提案工作经验，通报了三届四次会议以来的提案工作，围绕中共十七届六中全会精神，安排部署市政协三届五次会议的提案征集工作。市政协主席赵建华、副主席唐德荣对做好提案工作提出要求。各县（市）区政协及相关提案办理部门就提案工作经验作交流发言。

开展重点调研视察 年内，市政协围绕“区域经济、发展方式转变、民生改善、和谐稳定”等工作重点，组织委员对全市保障性住房建设、基本药物制度实施、农村信用体系建设、学前教育发展、城市污水处理、地质灾害防治、民族乡优势（特色）产业发展情况进行调研；对全市“3568”安保双基工程推进、农业产业化发展进行视察，对中心城区道路交通拥堵整治、民主评议市工信委整改落实、矿村共建推进情况进行跟踪视察，形成调研视察报告12项，报送中共曲靖市委、市政府作决策参考。配合省政协开展各类调研视察活动8次，形成曲靖和滇中经济区建设发展关系研究、美食文化产业发展调研报告2份。

【重要文件】

常务委员会工作报告（2011 年 2 月 16 日）（摘要） 报告分为两个部分：

一、2010 年工作回顾。2010 年，是我市巩固和扩大应对国际金融危机冲击成果，聚精会神谋发展，坚定不移转方式，齐心协力抗旱灾的一年，大灾之年经济总量跨上了千亿元台阶，人民生活进一步改善，顺利实现了“十一五”的主要目标任务。市政协常委会在中共曲靖市委的领导下，坚持以邓小平理论和“三个代表”重要思想为指导，以科学发展观统领政协工作，牢牢把握团结和民主两大主题，围绕中心，服务大局，把握重点，聚焦难点，切实履行政治协商、民主监督、参政议政职能，认真落实市政协三届三次会议提出的目标任务，为促进全面完成“十一五”规划目标和科学制定“十二五”规划作出了积极贡献。（一）知行并重，学习工作实现常态化和制度化。学习工作是政协的重要任务。一是学以立德，重点学习科学发展观、中共十七届四中、五中全会和市委全会精神，深刻理解中央的精神和市委的部署，加强科学理论武装，夯实共同思想基础，不断提升理论素养和精神境界，提高了在政协工作中把握形势和服务大局的能力。二是学以求真，深入学习胡锦涛总书记在庆祝人民政协成立 60 周年大会上的讲话和全国政协十一届三次会议精神，围绕人民政协工作中的重点问题，举办了省委政协工作会议精神学习讲座，召开市县政协主席联席会，不断提高履职的能力和水平。三是学以致用，紧密联系人民群众最关心最直接最现实的利益问题和全市改革发展稳定的重大问题开展学习研究，举办“调结构、转方式”、“曲靖‘十二五’规划编制的有关问题”和“中央‘十二五’规划建议解读”等专题讲座，加深了常委会成员对科学发展观的理解和对市情的把握，学习成效直接体现为建言立论水平的提高。（二）把握主题，推进经济社会又好又快发展。努力推进经济发展方式转变。一是围绕中心协商议政。二是以工业经济为重点开展了“调结构、转方式”专题调研。三是以“转变发展方式、提高经济增长的质量和效益”为主题举办了企业家论坛，提出了许多有价值的意见建议。四是围绕培育企业自主创新能力，发展循环经济，加强节能减排，在深入调研的基础上，组织开展对市工信委工作的民主评议，市工信委根据评议意见，积极进行整改落实。积极建言“十二五”规划。把协助党委政府编制好“十二五”规划作为政协年度履职的重点，专门举办“十一五”规划执行情况和“十二五”规划初步考虑的学习讲座，精心组织了常委会议专题议政、“十二五”规划《建议》和《纲要》专题协商会三次重要履职活动。精心组织重点视察。视察现代农业食品科技园是市委、市政府给政协交办的任务，市政协精心组织了项目建设情况的视察，认真组织了生猪“三百工程”的视察，提出“保持政策稳定性，加大龙头企业和养殖合作组织培育，加强动物防疫体系建设”等方面的意见，努力推动全市生猪产业的健康发展。（三）以人为本，关注和推动民生改善。常委会始终坚持以人为本、履职为民的理念，在用好用活惠民政策上出好主意，在促进民生保障和改善上下真功夫，在维护社会公平正义上办实在事。积极投身抗旱救灾。市政协机关干部深入对口联系点参加抗旱保春耕。在百年不遇的大旱面前，政协各参加单位和委员们积极行动，共向灾区捐款捐物和协调资金 5156 万元，表现了强烈的大局意识和民生情怀。推进民生保障和改善。饮水安全是重要的民生，市政协积极为解决城乡饮水安全建言献策，市政府及相关职能部门完善了全市农村饮水安全规划，出台了实施意见，健全了农村饮水工程运行管理办法等四项制度。对人民群众反映强烈的城区交通拥堵问题进行了调研，提出了改进建议。抓安全就是抓发展、重安全就是重民生，常委会连续两年组织视察煤矿安全生产，市政府分管领导对视察报告作了批示，市煤炭局积极制定了整改方案。促进社会和谐稳定。常委会把积极促进各方面关系和谐作为重要任务，运用主席会议、秘书长会议等机制，及时与各民主党派、工商联就重要事项协商沟通、听取意见。对全市贯彻落实《宗教事务条例》情况进行调研，针对存在问题提出加强管理、促进宗教和顺的建议。（四）党政重视，民主政治建设有序推进。体制机制日趋完善。常委会从年初就安排对市委〔2007〕15 号文件落实情况的调研，总结提炼政协履职的实践经验，分析查找政协事业科学发展中存在的突出问题，结合省委政协工作会议的贯彻落实，积极协助市委做好政协工作会议的筹备工作。在市委的高度重视下，会议在提高对政协工作的认识、推进政协履职的制度化建设、改善政协履职环境和条件等方面获得了好的效果。“三化”建设有序推进。一是认真组织全委会、常委会、主席会和专委会等各层次的协商议政活动。二是完善民主监督机制，坚持跟踪视察评议成果运用情况，增强民主评议实效。三是参政议政有新成效。提案工作有新亮点。全年共收到提案 370 件，审查立案 352 件，参与提案的委员达 1381 人次，同比增加 164 人次。一是提案质量不断提高；二是办理形式不断创新；三是在坚持重点提案办理情况民主评议的基础上，把评议对象延伸到具体办理部门，对市教育局办理政协提案工作进行了民主评议。四是跟踪办理效果明显。（五）五位一体，自身建设有新成效。常委会按照“五位一体”的新格局，不断提高履职的能力与实效。一是履职活动中重视发挥民主党派、工商联和无党派人士的积极性。二是主席会议成员带头参加界别活动，各专门委员会加强了对界别活动的联系和指导。三是建立委员履职考核激励机制，提高了委员协商议政积极性。四是专门委员会密切与党政部门的对口协商，强化调研视察的选题论证，把界别活动纳入专委会的日常工作安排，搭建党政部门与界别活动组沟通联系的桥梁。五是继承“民主之家”传统，创新“委员之家”特色，加强机关建设。

二、2011 年工作意见。（一）准确把握政协履职的政治方向和工作目标；（二）努力推动科学发展和经济发展方式转变；（三）坚持履职为民的基本理念，着力保障和改善民生；（四）把握团结和民主两大主题，促进社会和谐稳定（五）以改革创新为动力，不断提高政协工作的科学化水平。

三届四次会议决议 中国人民政治协商会议曲靖市第三届委员会第四次会议，于 2011 年 2 月 16 日至 20 日在曲靖举行。中共曲靖市委书记赵立雄出席开幕会并作重要讲话。会议听取和审议了《中国人民政治协商会议曲靖市第三届委员会常务委员会工作报告》《中国人民政治协商会议曲靖市第三届委员会常务委员会提案工作情况报告》。与会委员列席了曲靖市第三届人民代表大会第四次会议，听取并协商讨论了《政府工作报告》《曲靖市国民经济和社会发展第十二个五年规划纲要》《曲靖市中级人民法院工作报告》《曲靖市人民检察院工作报告》及其他报告。会议期间，中共曲靖市委和市人民政府领导听取了大会发言，参加了分组或界别联组讨论，与各民主党派、工商联、无党派人士、各人民团体和各族各界人士协商交流，共谋曲靖发展大计。全体委员以高度负责的精神，围绕全市经济社会发展中的重大问题积极建言献策。会议团结、民主、务实，是一次统一认识、明确目标、凝聚人心的大会。

会议审议通过了赵建华主席代表政协曲靖市第三届委员会常务委员会所作的工作报告和唐德荣副主席代表政协曲靖市第三届委员会常务委员会所作的提案工作情况报告。

会议认为，过去的一年，市政协常委会在中共曲靖市委的领导下，以邓小平理论和“三个代表”重要思想为指导，以科学发展观统领政协工作，牢牢把握团结和民主两大主题，围绕中心，服务大局，把握重点，聚焦难点，切实履行政治协商、民主监督、参政议政职能，知行并重，学习工作实现常态化和制度化；把握主题，推进经济社会又好又快发展；以人为本，关注和推动民生改善；党政重视，民主政治建设有序推进；五位一体，自身建设有新成效，为促进全面完成“十一五”规划和科学制定“十二五”规划作出了积极贡献。

会议一致赞同岳跃生市长所作的《政府工作报告》，赞同《曲靖市国民经济和社会发展第十二个五年规划纲要》《曲靖市中级人民法院工作报告》《曲靖市人民检察院工作报告》及其他报告。

会议认为，“十一五”是曲靖发展史上极不寻常的五年。面对国际金融危机冲击、严重自然灾害等一系列困难和挑战，市委、市政府深入贯彻落实科学发展观，在中共中央、国务院和省委、省政府的正确领导下，紧紧围绕“富民强市”总目标，坚持“率先发展、科学发展、安全发展、和谐发展”不动摇，坚定不移实施农业稳市、工业强市、商旅活市、科教兴市、生态立市、依法治市和以城带乡战略，突出特色，发挥优势，抢抓机遇，真抓实干，扎扎实实打基础，突出重点强产业，依靠科技增效益，改革创新添活力，持之以恒惠民生，齐心协力建和谐，战胜了严峻的挑战，圆满完成了“十一五”规划确定的目标任务。

会议指出，“十二五”时期是我市全面建设小康社会的关键时期。《曲靖市国民经济和社会发展第十二个五年规划纲要》符合科学发展要求，反映了全市各族人民的根本利益和共同愿望，对于加快结构调整，转变发展方式，促进全市经济社会又好又快发展，实现“富民强市”总目标，具有十分重要的意义。委员们对未来五年的发展充满期望，对全面完成“十二五”期间的各项任务充满信心。

会议强调，2011 年是中国共产党成立 90 周年，是实施“十二五”规划的开局之年，也是加快转变经济发展方式、推进曲靖科学发展的重要一年。市政协常委会要深入贯彻落实科学发展观，认真学习贯彻中共十七届五中全会和中央经济工作会议精神，按照市委三届十次全会和市委政协工作会议的决策部署，准确把握政协履职的政治方向和工作目标；努力推动科学发展和经济发展方式转变；坚持履职为民的基本理念，着力保障和改善民生；把握团结和民主两大主题，促进社会和谐稳定；以改革创新为动力，不断提高政协工作的科学化水平。

会议号召，全市各级政协组织、政协各参加单位和广大政协委员，更加紧密地团结在以胡锦涛同志为总书记的中共中央周围，高举中国特色社会主义伟大旗帜，以邓小平理论和“三个代表”重要思想为指导，深入贯彻落实科学发展观，在中共曲靖市委的领导下，振奋精神，团结实干，开拓进取，不断开创我市政协工作新局面，为实现“十二五”的良好开局作出新的更大贡献。

赵建华主席在三届四次会议闭幕式上的讲话（摘要） 中国人民政治协商会议曲靖市第三届委员会第四次会议审议了政协常委会工作报告和提案工作报告，协商讨论了市“十二五”规划纲要、市政府工作报告、“两院”报告和其他重要报告。委员们以高度的政治责任感和使命感，紧紧围绕全市工作大局和人民群众关注的热点难点问题，建有据之言、献务实之策，充分展示了广大政协委员良好的精神风貌和饱满的履职热情。会议作出的有关决议，为做好今年政协工作确定了方向和目标。“十二五”的宏伟蓝图，为人民政协发挥作用、履行职能，提供了大有可为的广阔舞台和重要机遇。站在“十二五”新的起点上，政协工作任重道远，政协委员责任重大。要认真学习贯彻市委三届十次全会精神，按照本次会议的工作部署，倍加珍惜机遇，倍加勤奋工作，把社会各界的智慧和力量凝聚到实现“十二五”的宏伟蓝图上来，切实做到推动发展有新成效、凝心聚力有新作为、协商监督有新突破、建言献策有新提高，努力为；要在推动发展上有新成效，始终着眼“富民强市”的总目标，牢牢把握科学发展的主题，议推动科学发展的大事，谋转变发展方式的大计，为实现“十二五”良好开局多作贡献、再立新功。要在凝心聚力上有新作为，主动协助党委政府做好团结群众、联系群众、服务群众的工作，把推动民生保障和改善作为协调关系的着力点、汇聚力量的关键点、建言献策的切入点，努力做好以民主促进民生的工作。要在协商监督上有新突破，按照市委政协工作会议的部署，不断健全和完善政协工作的机制和制度、拓宽工作的思路和方法，努力做到政治协商规范有序，民主监督切实有效，参政议政广泛深入。要在建言献策上有新提高，充分发挥人才荟萃、智力密集的优势，以认真负责的精神、科学严谨的态度，辨析事情真相，探索事物真谛，实事求是反映问题，原汁原味提供情况，致力说实话、出实招、办实事、求实效。

建议案

《政协曲靖市委员会关于建立麒麟—沾益—马龙“城市经济圈”（或经济区）的建议案》（2011 年市政协三届三十二次主席会议审议通过）。

《政协曲靖市委员会关于深入推进“矿村共建”工作的建议案》（2011 年市政协三届三十五次主席会议审议通过）。

【组织概况】

撤销常务委员、委员资格名单（2011 年 9 月 27 日市政协三届十八次常委会议通过）

彭显崇

专门委员会主任任命名单（2011 年 6 月 28 日市政协三届十七次常委会议通过）

李　清　任市政协人口资源环境委员会主任

苏华祥　不再担任市政协教科文卫体委员会主任

专门委员会副主任、副秘书长任免名单（2011 年 12 月 28 日市政协三届十九次常委会议通过）

林江援　任市政协提案委员会副主任

张　立　不再担任市政协副秘书长

范文礼　不再兼任市政协教科文卫体委员会副主任

【机构概况】

政协曲靖市第三届委员会机关设两室八委：政协办公室（下设秘书科、行政科、宣传科、办文科、人事科、综合科、老干科)，政协研究室（下设办公室和调研科)，提案委员会、社会和法制委员会、经济建设委员会、教科文卫体委员会、民族宗教委员会、文史资料委员会、联络学习委员会、人口资源环境委员会（专门委员会均下设办公室)。

【曲靖市、县（市）区政协领导人名单】

曲靖市

主　席

赵建华

副主席

王宝德　唐德荣　夏传煊　陈吉书　马宝功　赵鸿年

秘书长

高吉贵

县（市）区政协主席

麒麟区　张　杰
沾益县　刘吉平
陆良县　太云生
马龙县　李琼英
师宗县　何平华
富源县　陇聪明
宣威市　杨焜荣
罗平县　钱彦霖
会泽县　马玉聪

曲靖市各级政协委员和组织数

（截至2011年底）

州(市)县 \ 项目		委员数		组织数
曲靖市		405		1
各县区市	麒麟区	222	2169	9
	沾益县	195		
	陆良县	257		
	马龙县	165		
	师宗县	189		
	富源县	260		
	宣威市	324		
	罗平县	237		
	会泽县	320		
合　计		2574		10

（编写：张箐英　黄成华　审稿：高吉贵）

政 协 玉 溪 市 委 员 会

【全体委员会议】

三届四次会议 2011年2月19～24日在玉溪举行。应到委员313名，实到296名。会议听取并审议了冷明德主席代表常委会所作的常务委员会工作报告和汪燕平副主席所作的提案工作情况的报告。与会委员列席了玉溪市第三届人民代表大会第四次会议，听取并协商讨论了政府工作报告、“十二五”规划纲要、“两院”工作报告和其他重要报告。会议收到提案272件，经审查立案271件。会议通过了有关人事事项，审议通过了本次会议决议。中共玉溪市委副书记、市长高劲松在会议上作了关于政府工作报告的说明。市委书记孔祥庚、市政协主席冷明德分别在本次会议中共党员大会和闭幕大会上讲话。

【常务委员会会议】

第13次会议 1月14日在玉溪举行。应到会53人，实到会45人，会议分别由市政协主席冷明德和常务副主席范亚辉主持。市政协副主席钱开祯、李有明、张炜、郭开堂、汪燕平，秘书长杨洪出席会议。会议听取了孙会强通报市政协三届三次会议以来建议案和提案办理情况；通过了关于召开政协玉溪市第三届委员会第四次会议的决定；原则通过了政协玉溪市第三届委员会第四次会议议程、日程；原则通过了《政协玉溪市第三届委员会常务委员会工作报告》和《政协玉溪市第三届委员会常务委员会关于三届三次会议以来提案工作情况的报告》；通过了相关人事事项；通过了冷明德同志为《政协玉溪市第三届委员会常务委员会工作报告》报告人，汪燕平同志为《政协玉溪市第三届委员会常务委员会关于三届三次会议以来提案工作情况的报告》报告人；通过了政协玉溪市第三届委员会第四次会议大会执行主席及主持人建议名单；通过了政协玉溪市第三届委员会第四次会议大会秘书长、副秘书长建议名单；通过了政协玉溪市第三届委员会第四次会议特邀及列席人员名单；通过了《关于授权主席会议审定政协玉溪市三届十三次常委会议未尽事宜的决定》；通过了政协玉溪市第三届委员会常务委员会2011年会议计划。冷明德主席就全市政协组织深入学习贯彻中共玉溪市委三届七次全会精神和精心筹备市政协三届四次会议提出了要求。市政府秘书长孙会强以及市委办、市人大办、市政府办领导应邀出席会议。

第14次会议 2月18日在玉溪举行。应到会53人，实到会48人。会议分别由市政协主席冷明德、常务副主席范亚辉主持。市政协副主席钱开祯、李有明、张炜、郭开堂、汪燕平，秘书长杨洪出席会议。会议通过了有关人事任免事项。市委组织部副部长陈开翔应邀出席会议。市政协副秘书长和相关人员列席会议。

第15次会议 5月27日在玉溪举行。应到会56人，实到会43人。会议分别由市政协主席冷明德和常务副主席范亚辉主持。市政协副主席钱开祯、李有明、张炜、郭开堂、陈志芬、汪燕平，秘书长杨洪出席会议。会议听取了市住建局关于全市住房和城乡建设工作情况的汇报；听取了市规划局关于全市规划工作情况的汇报；通过了《关于我市加快推进城镇化建设的调查报告》《关于对市住房和城乡建设局工作的民主评议意见》和《关于对市规划局工作的民主评议意见》。冷明德在会议总结讲话中就贯彻落实全国、省市“两会”精神、做好今年的各项工作作了安排部署，对如何发挥政协优势，在加强和创新社会管理中做好新时期群众工作提出要求。市政府副市长周继武、副秘书长孙金会、市人大办、市住房和城乡建设局、市规划局的领导应邀出席会议。

第16次会议 8月12日在玉溪举行。应到会56人，实到会42人。会议分别由市政协主席冷明德和常务副主席范亚辉主持。市政协副主席钱开祯、李有明、张炜、郭开堂、陈志芬、汪燕平，秘书长杨洪出席会议。会议听取了黄宪庭代表市政府对全市2011年上半年经济社会发展情况及下半年工作安排的通报；听取市文化局关于近年来全市文化工作情况的通报；通过了《关于我市农村公共文化服务体系建设情况的调查报告》；通过了《政协玉溪市委员会主席会议工作规则》。冷明德主席在会议总结讲话中就学习贯彻胡锦涛总书记“七一”重要讲话和市委政协工作会议精神以及做好下半年工作提出要求。市委副书记张玲，市委常委、市政府副市长黄宪庭，市政府副秘书长张卫、市人大办副主任孙学著、市文化局的领导应邀出席会议。市政协副秘书长、各委室副主任、机关副调研员，各民主党派、工商联负责人、县区政协主席及相关人员列席会议。

第17次会议 11月11日在玉溪举行。应到会56人，实到会42人。会议分别由市政协主席冷明德和常务副主席范亚辉主持。市政协副主席钱开祯、李有明、张炜、郭开堂、陈志芬、汪燕平，秘书长杨洪出席会议。会议听取了市水利局局长何坤对全市水利工作情况的通报；通过了《关于我市水资源开发利用与保护情况的调查报告》。冷明德主席就全市政协组织深入学习贯彻中共十七届六中全会精神、筹备好市政协三届五次会议和完成今年各项任务、科学谋划明年政协工作提出了要求。市政府副市长李洪云，市人大办公室、市政府办公室、市水利局的领导应邀出席会议。

【专门委员会工作】

提案委员会 一、深化理论学习，提高思想认识。二、加大引导力度，广泛征集提案。共收到提案274件。三、做好审查立案，按时交办提案。立案273件，确定重点提案4件、专委会视察督办提案8件。四、增强服务意识，开展提案督办。征集立案的273件提案已办复完毕。五、注重团结协作，完成各项任务。完成了市政协三届三次会议《提案摘编》编印工作；对我市实施国家基本药物制度情况进行视察；完成了《政协玉溪市委员会关于提案办理工作考评办法》《政协玉溪市委员会关于提案续办续复工作暂行办法》的初稿。

经济委员会 深入开展调研视察，为促进玉溪科学发展建言献策，形成了政协玉溪市委员会《关于我市加快推进城镇化发展的调查报告》《滇中经济区玉溪建设发展研究报告》《关于对玉溪装备制造业发展情况的视察报告》和《关于对市住房和城乡建设局工作的民主评议意见》《关于对市规划局工作的民主评议意见》。提出集体提案《进一步加强我市农村小型水利工程建设管理》，列入2011年市政协重点提案。认真履行好市政府“四项制度建设”监督员，市纪委、监察局“党风廉政建设”监督员，市公安、工商、国税、工行监督员等职责，对加强部门行风建设、改进工作和提高服务水平起到了促进作用。

科教文卫体委员会 加强自身建设，增强工作活力。认真履行职责，完成工作任务。在“走出去”学习考察和深入基层调研的基础上，形成了《关于对我市农村公共文化服务体系建设的调查报告》和《对我市义务教育阶段办学条件的调查报告》，开展了关于玉溪市广电事业建设情况和中心城区公共卫生服务体系建设进展情况的视察。开展了两项影响较大的支教活动：争取到红塔集团为市政协山区民族教育促进会捐资70万元，开展“百名贫困学子大学圆梦”资助活动，对当年考取的101名少数民族大学新生进行资助，对50名山区民族地区优秀教师进行了表彰奖励；安排支教资金12万元，帮助易门、华宁、新平、元江四县的六所中小学校改善办学条件。做好市政协三届四次全会的宣传工作，“委员风采”栏目宣传卓有成效。配合全国政协来我市开展以文化事业为主的社会公共服务专题调研。

人口资源环境委员会 认真组织开展对我市水资源开发利用与保护管理情况的重点调研，向市政府提出了五条对策建议。组织开展我市农村计划生育服务与管理、生物资源开发利用和保护、创建环境保护模范城市情况三项视察，分别向市政府提出了对策建议。积极参与“十二五”“三湖”水污染综合治理工作；参加了省九湖督导组调研抚仙湖水污染综合防治工作会和市政府召开的“抚仙湖保护治理工作专题会”“杞麓湖水污染综合治理现场办公会”、抚仙湖综合检查等活动；配合省政协完成了“兴水强滇”的调研工作。

民族宗教法制委员会 组织委员开展了《深化户籍制度改革、加快推进玉溪城镇化进程》和《加强少数民族文化发掘、传承保护与开发工作》两项调研，视察了玉溪市社会治安综合治理暨平安创建工作。配合完成了省政协马开贤副主席一行到我市澄江县、通海县调研伊斯兰教和经济社会发展的工作；配合完成了省政协社法委、民宗委赴玉溪的调研工作。做好市政协机关“六五”普法依法治理工作；做好省政协第四届《民生论坛》组稿征稿工作，报送论文26篇，其中1篇荣获一等奖；完成省政协民宗委组织的以“和谐宗教建设”为主题的组稿征文工作。利用元旦、春节、民族地区节庆时机，召开民族宗教界代表人士座谈会，加强同民族宗教界代表人士的联系；分别走访民族宗教代表人士16人，发挥民族宗教人士在构建和谐社会中的积极作用。

文史资料委员会 召开市政协第十二辑文史资料《知青岁月》的征稿、组稿和审稿会议，最终采用文稿79篇共计40余万字，印刷出版。对星云湖治理工作情况、澄江化石地保护和申遗工作情况进行视察，形成视察报告2份。配合省政协文史委搞好对澄江化石地申遗工作的视察。配合市政协提案委对《关于修复开放中心城区名人故居，弘扬玉溪历史名人精神和乡土文化的建议》的提案进行了视察督办。组织中共界委员搞好“五个一”活动，以及市政协文史委委员学习、视察、修改审定文史资料等活动。

联络委员会 利用传统节日积极开展联谊活动。参与组织筹办市政协2011年各界人士新春茶话会和国庆中秋茶话会。召开玉溪市海外联谊会二届三次理事会。积极开展海外联谊活动。先后接待了日本、泰国等华侨186人次到玉溪参观考察、探亲访问。积极牵线搭桥，市海联会、市“五侨”联席会组成考察团赴台湾、日本等地加强交流，考察侨务工作。组织各县区政协联络委主任和分管副主席到山西、内蒙、广东、福建考察学习。深入调研视察，搞好参政议政。开展对玉溪市餐饮美食产业发展情况和玉溪市企业“走出去”发展情况的调研。市委书记孔祥庚对《玉溪市餐饮美食产业发展情况调查报告》作了批示。

【重要活动】

举行新春茶话会 1月26日，市政协在中玉酒店举行2011年各界人士新春茶话会。市委、市人大、市政府、市政协领导，市级离退休老领导，各民主党派、工商联、人民团体负责人，无党派、“三胞”眷属、驻玉部队、各界人士代表，驻红塔区的省政协委员，市直有关部门和市政协委室领导共100余人出席茶话会。中共玉溪市委书记孔祥庚在茶话会上讲话，向与会人员致以节日的问候和祝愿，并通报了全市2010年工作情况和2011年经济社会发展的主要目标任务，对市政协认真履职作出的贡献给予充分肯定并对新形势下进一步做好人民政协工作提出了新的希望和要求。

举办委员培训 2月19日，市政协在玉溪会堂举办委员培训，出席市政协三届四次会议的290多名委员参加了培训学习。省委党校公共管理教研部主任欧黎明教授作了题为《党的十七届五中全会精神解读》辅导讲座。

开展民主评议工作 4月20～28日，市政协领导带队，组织委员深入红塔区、江川县、澄江县、新平县和市直有关部门及单位，召开县区政府领导和县区住建部门、规划部门领导座谈会，进行了问卷调查和民主测评，在调查研究的基础上，5月27日市政协召开三届十五次常委会议对市住房和城乡建设局、市规划局工作进行民主评议。常委会充分肯定了市住房和城乡建设局、市规划局的工作成绩，指出了存在问题，提出评议意见10条。

举行市海外联谊会二届三次理事会 6月2日，市海外联谊会二届三次理事会在玉溪中玉酒店召开。市领导孔祥庚、高劲松、张玲、冷明德、黄宪庭、吕昌会、范志华、范亚辉、钱开祯、郭开堂、杨洪，省人大外侨委和省侨联有关领导出席会议。市政协主席冷明德作理事会工作报告，市委书记孔祥庚讲话，对理事会的召开表示祝贺，对各位海外市外顾问、理事及来宾的到来表示欢迎。市委常委、副市长黄宪庭向参会的理事和嘉宾通报了玉溪市经济社会发展情况。市商务局副局长石成忠就全市招商引资情况进行了介绍。理事会向新增顾问钱翰民、刘兴荣等颁发了聘书。6月3日，市海外联谊会部分顾问和理事参观了元江县甘庄华侨农场、红河华侨农场，并对热带水果商贸城建设项目进行了考察。

牵头成立玉溪市珠宝协会 6月26日，玉溪市珠宝玉石行业协会在市政协召开成立大会暨第一次会员大会。省政协秘书长、中国珠宝玉石首饰行业协会副会长、省珠宝协会名誉会长车志敏，省政协副秘书长、研究室主任、省珠宝协会高级顾问马孝初，市委副书记张玲、市政协副主席陈志芬、玉溪师范学院党委书记祝武世和省珠宝协会其他领导以及玉溪市珠宝协会会员代表、特聘顾问共计60余人出席会议。市政协秘书长杨洪主持会议。市民政局副局长王从明宣读了批准玉溪市珠宝协会成立的相关文件；省珠宝协会秘书长陈昕宣读了省珠宝协会发来的贺电；会议审议并通过了《玉溪市珠宝协会章程》《玉溪市珠宝协会会费收缴管理办法》《玉溪市珠宝协会行业自律公约》；选举产生了玉溪市珠宝协会第一届理事会理事、常务理事、副会长、会长、常务副会长、秘书长等机构组成人员。车志敏、张玲分别作重要讲话。

市委召开政协工作会议 7月13～14日，中共玉溪市委在聂耳大剧院召开政协工作会议。市委、市人大、市政府、市政协领导班子成员、市直各单位（含二级局），民主党派、工商联、人民团体负责人，中央、省驻玉单位和驻玉部队主要负责人，各县区委书记、县区长、联系政协工作的县委常委、政府副县长，县区政协主席、常务副主席，统战部部长及政协办公室主任，副厅以上实职的离退休老领导，市政协常委、市政协机关全体干部职工，受表彰的优秀市政协委员、先进政协工作者共计300余人出席了会议。市委书记孔祥庚，市委副书记、市长高劲松，市政协主席冷明德分别在会上讲话。市委副书记张玲主持会议并作总结讲话。会上，30名优秀政协委员、20名先进政协工作者和10件优秀提案受到表彰奖励。

举行国庆中秋茶话会 9月8日，市政协在中玉酒店举行国庆中秋茶话会。中共玉溪市委、市人大、市政府、市政协领导，市政协离退休领导，各民主党派、工商联、人民团体负责人，无党派人士和群团组织、归侨侨眷、民族宗教界、外来投资企业、市直部门代表和各县区政协主席各界人士代表等100余人，欢聚一堂，庆佳节，叙友情，话和谐，谋发展，共祝中华人民共和国成立62周年。市长高劲松向各民主党派、工商联、人民团体、各界人士、“三胞”及其眷属致以节日的祝愿，并通报了1~8月全市经济社会发展情况。市政协副主席、民革玉溪市委主委钱开祯代表民主党派、工商联发言。市总工会副主席柏劲松代表各界人士发言。

联合举办纪念辛亥革命100周年文艺晚会 9月29日晚，由市政协办公室、市委统战部、市委宣传部主办，市文化局承办，民革玉溪市委、民盟玉溪市委、民建玉溪市委、民进玉溪市委、农工党玉溪市委、致公党玉溪市委、九三学社玉溪市委和玉溪市工商业联和会共同协办的玉溪市纪念辛亥革命100周年文艺晚会——大型情景剧《辛亥百年——云南·玉溪风云录》在聂耳大剧院上演。

开展调研视察 2011年，市政协先后就推进城镇化发展、农村公共文化服务体系建设、水利资源开发利用和保护、农产品专业市场规划建设、滇中经济区玉溪建设发展研究、义务教育阶段办学条件、餐饮美食产业发展、玉溪市企业“走出去”发展、深化户籍制度改革、加强少数民族文化发掘、传承保护与开发等重点课题开展了9项专题调查，对抚仙湖—星云湖生态建设与旅游改革发展综合试验区重点项目建设、广电事业建设、农村人口与计划生育服务管理、江川星云湖治理、澄江化石地保护和申遗工作、玉溪装备制造业发展、实施国家基本药物制度情况、中心城区公共卫生服务体系建设、创建环境保护模范城市、非公企业职工社会保障、市社会治安综合治理暨平安创建等问题开展了13项专题视察，共形成21份调研视察报告，提出意见建议98条。配合全国政协和省政协做好调研视察工作。年内，配合全国政协完成了推进基本公共服务均等化，省政协云南美食产业、伊斯兰教工作和经济社会发展、云南珠宝玉石产业税收政策、珠宝玉石产业和协会发展壮大融资与金融服务、加快推进滇中经济区建设、“兴水强滇”、澂江化石地申遗等来玉开展的专题调研，结合玉溪实际，向调研视察组提出了一些意见建议。

全国政协领导到玉溪调研 5月30~31日，全国政协教科文卫体委员会副主任于永湛一行19人，到玉溪就推进基本公共服务均等化进行专题调研。市政协主席冷明德，市政府副市长李洪云，市政协副主席汪燕平、秘书长杨洪等陪同调研。

9月16日，民革中央副主席、全国政协副秘书长修福金一行到玉溪调研抚仙湖保护管理与基层民主党派工作。民革云南省委副主委彭桓、秘书长李兴华，市政协副主席、民革玉溪市委主委钱开祯，市政协联络委主任、民革玉溪市委副主委李少华等陪同调研。

省政协马开贤副主席到玉溪调研视察 6月7~8日，中国伊斯兰教协会副会长、云南省政协副主席马开贤一行，在市委常委、市委统战部部长吕昌会，市政协副主席李有明、市政协民宗法制委主任李正龙、市民宗局局长马良昌等的陪同下，深入到澂江县、通海县调研伊斯兰教工作和经济社会发展情况。

省政协白成亮副主席到玉溪调研视察 10 月 27 ~28 日，省政协白成亮副主席率省政协办公厅、省工信委、省政协人口资源环境委员会、台盟省委、省工商联等部门领导参加的省政协专题调研组，深入我市红塔区、峨山县、华宁县水源地、水库、供水管道建设现场，就水资源情况和抗旱保民生工作进行专题调研。

捐资助学助教 2011 年，市政协争取到红塔集团为市政协山区民族教育促进会捐资 70 万元，开展“百名贫困学子大学圆梦”资助活动，对考取大学的 101 名少数民族生进行资助，对 50 名山区民族地区优秀教师进行了表彰奖励；安排支教资金 18 万元，帮助易门、华宁、新平、元江四县的六所中小学校改善办学条件；为新平县水塘小学解决建设资金 5 万元。

【重要文件】

常务委员会工作报告（2011 年 2 月 19 日）（摘要） 报告分两个部分。

一、2010 年工作回顾。（一）深化学习，务求实效，委员素质有了新提高。一年来，常委会始终把提高委员素质放在首位，以创建学习型政协为重点，以开展创先争优活动为动力，以提高委员素质为目标，扎实有效地在委员和机关干部中开展系列学习活动，坚持用马克思主义中国化的最新成果武装头脑、指导实践、推动工作。按照丰富学习内容，创新学习形式，增强学习实效的要求，采取自学与集中学习、专题辅导与座谈交流、委员培训与理论研讨、党组中心组学习与政协常委会、主席会学习等多种方式，深入学习贯彻胡锦涛总书记在庆祝人民政协成立 60 周年大会上的讲话、省委政协工作会议精神，深化对新时期统战政协理论的学习。结合调研课题安排，年内先后邀请省内知名专家学者举办了《云南老龄服务体系构建及运营模式探索》《环境影响评价与科学发展》等专题辅导讲座。在三届三次会议上对全体委员进行了集中培训。通过学习，深刻领会了胡锦涛总书记的讲话对人民政协历史贡献的新概括、基本经验的新总结，切实把思想和行动统一到中央和省、市委对推进人民政协事业发展的新要求上来，不断提高了委员素质。根据市委的统一部署，深入开展了学习实践科学发展观为主题的创先争优活动。坚持牢牢把握活动的总体要求和目标任务，扎实开展以“五好五带头”和“四讲四比”为主要内容的主题实践活动，不断创新活动方式，切实把创先争优与建设学习型政协紧密结合起来，与贯彻中共十七届四中、五中全会和市委重要会议精神结合起来，号召全体政协委员致力为促进经济平稳较快增长和社会和谐稳定建言献策，进一步筑牢凝心聚力搞建设、一心一意谋发展的共同政治基础，在推进政协工作科学发展中，全面提高履职能力和水平。（二）围绕中心，服务大局，履行职能开创新局面。一是切实加强政治协商。以全体会议整体协商、常委会议专题协商、主席会议重点协商和专委会对口协商为主要形式，紧扣市委、市政府工作部署，认真开展政治协商活动，促进决策的民主化科学化。一是全会协商广泛深入。全体会议期间，以分组讨论、大会发言、界别联组会等形式，组织全体委员围绕“一府两院”工作报告及其他报告进行协商讨论，与市委、市政府领导和部门负责人坦诚交换意见，共商玉溪科学发展大计。二是经常性协商切实有效。一年来，常委会听取了玉溪市国民经济和社会发展计划执行情况、民政、国土资源、环保、科技和投融资平台建设等工作情况通报，专题协商了“十二五”规划基本思路、市委三届七次全会工作报告、“十二五”规划建议、城市管理条例、中心城区供水应急工程建设、推进城乡基本医疗保障均等化方案、部分乡镇行政区划调整方案等重大事项，委员们提出的意见建议，得到了市委、市政府和相关部门的高度重视和采纳。三是扎实开展民主监督。常委会在加强提案日常督办的基础上，对重点提案采取市政府领导牵头办理、市政协主席和副主席领衔督办、专委会协助督办、提案者参与督办、新闻媒体跟踪督办等形式，把履行民主监督职能与推动提案工作有机结合起来，不断增强了工作实效。在完善民主评议提案承办单位评议办法的基础上，对市发改委、教育局、财政局、文化局、国土资源局等部门的提案办理工作进行了民主评议。通过加强督办协调，提案办理质量明显提高。市政协三届三次会议以来，共收到提案284件，审查立案283件，已全部办复完毕，提案所提问题已经解决或基本解决的94件，占已办结提案总数的33.2%，超上年11个百分点，满意率达100%。以民主评议和特邀监督为重要载体，向教育、环保、卫生、质监、工商、司法、法院、检察院、公安局等部门选派监督员，对依法行政、司法公正情况进行监督，为改善发展环境、提高行政效能、促进行风建设发挥了积极作用。采取经常评议和参与社会公开评议相结合的方法，加大了对部门和行业的监督力度。组织委员参加生态市建设规划、机动车排气污染防治管理办法、基础测绘规划编制成果、文化市场行政处罚自由裁量权实施办法、守合同重信用企业评审管理暂行办法、人口和计划生育行政处罚自由裁量权执行标准、农民工工资保证金制度、安全生产行政处罚自由裁量权参照执行标准、贯彻全民健身条例实施计划、“十二五”科技与知识产权发展规划等专题听证和论证。对市环境保护局工作进行了民主评议，提出了存在的问题和改进工作的意见建议，有力促进了部门作风转变和服务质量的提高。四是着力强化参政议政。深入开展专题调研视察。围绕加快发展养老服务业、建设项目环境影响评价及“三同时”执行情况、提升科技创新能力、构建新型政府投融资平台、文化产业建设与旅游发展等重点课题开展了10项专题调研，对易峨高速和新平至三江口二级公路建设、中心城区交通畅通工程实施、城镇污水生活垃圾处理设施建设、云南农业科技园区建设、创建国家卫生城市、公益林管护、沼气池建设管理使用、彝族山苏支系扶贫攻坚、流动人口服务管理、旧城改造中文物保护、中心城区教育资源整合、侨资企业发展等开展了15个专项视察，共形成1件建议案和19份调研视察报告，市委、市政府领导多次对调研视察报告作出批示，一些意见建议得到采纳。《关于加快发展玉溪市养老服务业的建议案》促成市人民政府制定了《玉溪市关于加快发展养老服务业的实施意见》。就持续推动抚仙湖保持一类水质问题积极向省政协建议，促成省政协人资环委对抚仙湖生态环境保护情况再次进行调研，提出的九条对策建议，引起了省委、省政府领导高度重视，省委常委、常务副省长罗正富，副省长和段琪分别作了重要批示，为争取把抚仙湖保护纳入省和国家发展规划起到了重要促进作用。全力服务和参与中心工作。市政协领导积极参加市委、市政府的重要会议、重大活动，及时了解把握全市工作重点，更好地把政协工作融入全局工作之中。主动参与全市重大项目的调研、论证，承担了部分重点产业发展和项目建设的组织领导工作。由市政协领导负责的玉溪大河二期整治工程顺利推进，农村劳动力培训转移工作超额完成了省、市下达任务。积极参与省级对玉溪林改抽查，烤烟、油菜等产业发展，中低产田地及中低产林改造，中心城区北片区生态建设，“三湖”水污染专项督查，“两基”迎国检，党风廉政建设责任制考核等重要工作和重要产业的协调推进。（三）增强团结，凝心聚力，共促和谐取得新成效。一是积极为改善民生建诤言、办实事。紧扣关系人民群众切身利益的突出问题，组织委员参与省政协举办的“民生论坛”活动。通过调研、视察、提案、反映社情民意等方式，力促民生问题的解决。组织委员认真协商《玉溪市深化医疗卫生体制改革，推进城乡基本医疗保障均等化方案》，从改善民生入手，提出协商意见。召开“城乡低收入群体的社会保障”专题研讨会，深入探讨，积极建言。围绕民生问题开展专题调研，形成的《关于对我市公用事业建设中城镇污水生活垃圾处理设施建设情况的视察报告》《关于加快北片新区城市排水及截污管网建设的建议》等调研成果，集中反映了群众的意愿，市委市政府领导作了重要批示。面对百年不遇的特大干旱，全市各级政协主动作为，全力投入抗旱救灾。市政协派出调研组多次赴灾区了解情况，指导抗旱救灾工作，动员机关干部职工开展送温暖献爱心活动，为灾区捐款2.2万元。深入旱情严重的新平县平甸乡费贾村调研抗旱救灾工作，向该村捐赠5万元抗旱救灾款，市政协机关党总支被市委授予“共产党员抗旱先锋行动优秀基层党组织”称号。围绕改善贫困山区医疗教育条件，与有关民主党派联合，深入山区农村开展送医、送教、送文化“三下乡”活动，共捐资33万元，为群众义诊1500多人次，培训教师200多人次，捐赠图书1890多册，深受人民群众欢迎。参与筹备召开了“云南省农村劳动力转移就业‘特别行动计划’新平现场招聘会”。在新农村建设和彝族山苏支系扶贫工作中，市政协领导深入红塔区、新平、元江等联系点开展调研，积极为基层解决实际困难和问题，帮助群众改善生产生活条件。围绕彝族山苏支系安居房建设工程，赴峨山、元江、新平视察进展情况，就协调解决好有关问题提出意见建议。发挥市政协山区民族教育促进会作用，向考取重点大学的20名特困学生资助了6.3万元困难补助，向贫困山区学校捐赠了支教补助金3万元。二是致力促进民族团结和社会稳定。坚持经常走访民族宗教界代表人士，积极参加民族宗教重大节庆活动，主动与宗教人士加强联系，增进感情。切实帮助各宗教团体加强自身建设，通过民族宗教界委员加强与少数民族群众及宗教界人士的经常性联系，及时反映和协助处理好民族宗教工作中的重要问题，团结和引导少数民族群众和宗教界人士为促进全市经济发展、民族团结、宗教和睦、社会和谐尽智出力、发挥作用。切实做好大下访大接访工作，努力化解社会矛盾，协助省政协社法委赴江川县参与协商晋宁县晋城镇与江川县江城镇矿权重叠问题纠纷，参与对易门县、市文化局等12个成员单位的“五五”普法工作进行总结验收，对全市综治维稳工作开展专项巡视督查考评，配合市民宗局开展“法进宗教活动场所”普法活动。深入市政协机关综治维稳联系点澄江县右所镇调研指导综治维稳工作。三是做好反映社情民意及促进文化和市工作。一年来，共整理编辑《政协信息》《玉溪政协》《社情民意动态》82期400条，在省、市各种新闻媒体上刊登报道玉溪政协的文章200多篇（条）。认真办好政协网站，为委员反映社情民意搭建信息平台，网站点击率达137万多人次。注重发挥政协在文化和市中的促进作用。认真贯彻新世纪新阶段人民政协文史资料工作的方针原则，精心编辑出版了市政协第十一辑文史资料《农村改革发展》。组织全市政协系统干部职工参加了全省政协系统书画摄影作品展，获得多项奖励。牵头召开了古滇国文化第五次研讨会，编辑出版了《古滇国文化研究文集》第五辑。组织创作出版了长篇历史小说《超威将军》和《邦家之光》，为促进玉溪文化繁荣发展作出了贡献。（四）发挥优势，扩大交往，政协工作形成新合力。一是广泛开展对外联谊活动。坚持“请进来、走出去”的方针，积极加强与港澳台同胞、海外侨胞及归侨侨眷的经常性联系，努力为来玉溪投资和开展经贸文化交流、捐资助学等活动的华侨华人和港澳台同胞做好穿针引线、牵线搭桥的服务工作。热情接待了美国、加拿大华人华侨和港澳台同胞38人次到玉溪参观考察、探亲访问。由玉溪市海外联谊会牵头组团，先后赴日本、台湾对文化旅游、生态环保、城市建设、社区建设等项目进行交流考察，拓展了海外联系渠道，扩大了玉溪的对外知名度和影响力。积极参与我市“五侨”联合调研活动，为华侨农场改革发展和改善散居归侨侨眷生产生活建言献策。深入侨资企业帮助解决实际困难，走访企业了解生产经营情况，鼓励企业迎难而上、变危为机，勇于担当社会责任，以实际行动为保增长、保民生、保稳定作出积极贡献。二是加强与全国政协和省政协的协调配合。积极做好全国政协和省政协到玉溪调研视察的协调服务工作，配合全国政协就百年米轨滇越铁路文化遗产保护利用、国家桥头堡建设调研组关于发展外向型农业、省政协关于特色农业发展和重大项目建设、云药产业、云南农村生态循环经济模式研究等专题开展调研。通过支持和组织驻玉省政协委员开展活动，积极在省政协有关会议上提交提案、反映问题。三是开展与各地政协的学习交流。加强与省内外政协的联系交往，成功承办全省政协社会和法制工作座谈会，与12批来玉的各地政协进行交流。以组团考察方式，赴江苏、浙江、山东、天津、湖南、重庆、四川等省市学习借鉴外地经验。四是加强对县区政协的联系和指导。坚持市政协领导联系县区政协制度，完善市政协与各县区政协的联动合作机制，采取召开联系会议、开展联合调研等方式，切实发挥整体功能作用。积极争取省市支持，尽力帮助县区政协改善办公条件。成功举办全市政协系统第八届职工运动会，营造奋发向上、团结和谐、健康文明的良好氛围。（五）健全制度，完善机制，自身建设迈出新步伐。一是加强与党派团体合作共事。认真贯彻落实《玉溪市人民政府关于自觉接受政协民主监督，加强与市政协委员和民主党派工商联联系的意见》。坚持市政协领导分工联系、定期走访各民主党派、工商联制度和秘书长联系会议制度。邀请各民主党派、工商联参加市政协组织的调研视察活动，鼓励和支持他们在政协的各种会议上发表意见、提出建议，为促进玉溪经济社会发展发挥作用。二是注重专委会建设和发挥界别作用。加强专委会组织建设和制度建设，注重配强领导班子，充实专委会委员，完善委室联系会议、调研视察、督办提案、联系界别等工作制度。坚持半年一次的委室主任联系会议、每年至少两次的界别委员小组活动和每年至少一次的县区委室联系会议。发挥专委会的纽带作用，密切与委员的联系，积极开展对口协商、议政建言、调研考察、服务群众等活动。三是完善委员服务管理机制。按照《政协玉溪市委员会委员活动服务管理暂行办法》的要求，加强对委员履职的服务和管理，研究制定了《玉溪市政协“委员风采”专题宣传活动实施意见》《政协玉溪市委员会主席会议组成人员联系市政协委员制度》，指导委员深入开展“五个一”活动，依托专委会和县区委员活动小组联系委员、组织委员、服务委员，有效发挥委员主体作用。四是全面加强机关建设。以创建学习型、服务型、创新型、和谐型机关为重点，切实加强机关思想、组织、作风、制度和效能建设，不断提高政务性服务能力和统筹协调能力。深入推进机关反腐倡廉建设，增强了廉洁奉公、履职为民意识。认真贯彻落实省委政协工作会议精神，不断为政协履行职能、开展工作提供有力保障。在市委、市政府的重视和关心下，完成了新办公大楼搬迁，改善了机关办公条件。

二、2011 年工作任务。（一）坚持把理论武装放在首位，着力在创新思路中突出工作重点。（二）坚持把促进科学发展作为第一要务，着力提高服务质量和履职水平。（三）坚持为改善民生倾心尽力，着力促进社会和谐稳定。（四）坚持做好经常性工作，着力夯实政协工作基础。（五）坚持推进自身建设，着力提升政协工作科学化水平。

三届四次会议决议（2011 年 2 月 24 日） 中国人民政治协商会议玉溪市第三届委员会第四次会议于 2011 年 2 月 19 ~24 日在玉溪举行。会议听取并赞同高劲松市长所作的政府工作报告，赞同《玉溪市国民经济和社会发展第十二个五年规划纲要》，赞同玉溪市中级人民法院工作报告、玉溪市人民检察院工作报告及计划、财政报告。会议听取并审议通过了冷明德主席代表政协玉溪市第三届委员会常务委员会所作的工作报告和汪燕平副主席代表政协玉溪市第三届委员会常务委员会所作的提案工作情况报告。补选了政协玉溪市第三届委员会常务委员。会议圆满完成了各项议程，开成了一次团结民主、务实鼓劲、共谋发展的大会。

会议认为，过去的一年，市政协常委会在中共玉溪市委的领导下，高举中国特色社会主义伟大旗帜，全面贯彻落实中共十七届四中、五中全会、省委政协工作会、市委三届六次全会和市政协三届三次会议精神，以科学发展观统领政协工作，突出团结民主两大主题，动员组织政协参加单位和全体政协委员，围绕中心，服务大局，创新思路，开拓奋进，认真履行政治协商、民主监督、参政议政职能，同心竭力谋发展，凝心聚力保稳定，为促进全市经济又好又快发展、文化繁荣、社会和谐、生态文明建设作出了积极贡献。

会议认为，“十一五”期间，在中共玉溪市委的领导下，市政府坚决贯彻落实中央、省委、省政府和市委的重大决策部署，团结和依靠全市各族人民，坚定不移地实施以改革开放和科技进步为动力的生态立市、烟草兴市、工业强市、农业稳市、文化和市战略和“三优一特”经济发展思路，扎扎实实打基础、调结构、建支柱、保生态、惠民生、促稳定，战胜了百年大旱，克服了全球金融危机的冲击和影响，使全市保持了经济发展、社会稳定、民族团结、生态良好、人民群众安居乐业的大好局面。《政府工作报告》和《玉溪市国民经济和社会发展第十二个五年规划纲要》全面贯彻了党的十七届五中全会和市委三届七次全会精神，提出了“十二五”的奋斗目标和 2011 年的工作任务，体现了科学发展的要求，思路清晰，目标明确，任务具体，措施有力，鼓舞人心，催人奋进。会议对“一府两院”的工作表示满意。委员们十分关注玉溪经济社会科学发展的重大问题，就发展现代农业，加快新型工业化发展，推进城镇化建设，大力发展现代服务业，加大环境保护力度、发展低碳经济，实施文化和市战略、推进文化教育科技卫生体育等社会事业的改革发展，重视改善民生、增加城乡居民收入，加强民族团结、保持社会和谐稳定等方面，提出了许多中肯的意见和建议。

会议指出，2011年是实施“十二五”规划的开局之年，是加快经济发展方式转变，保持玉溪经济社会又好又快发展的重要一年。全市各级政协组织要把促进科学发展作为履行职能的第一要务，切实把政协各参加单位、全体政协委员、各族各界人士的思想和行动统一到中共十七届五中全会和市委三届七次全会精神上来，把积极性、主动性、创造性引导到科学发展上来，形成推动玉溪科学发展的强大合力。紧紧围绕科学发展主题和加快转变经济发展方式主线，紧扣玉溪又好又快发展、创新发展、绿色发展、开放发展、共享发展的目标任务，充分发挥政协人才荟萃、智力密集的优势，选择推进农业现代化、新型工业化、城镇化和发展现代服务业等具有战略性、全局性、前瞻性的重大课题，深入开展调研视察和协商议政活动，为玉溪科学发展多建睿智之言、多献务实之策。

会议强调，在“十二五”新的历史起点上，全市各级政协组织要主动适应新形势、新任务提出的新要求，深入贯彻落实胡锦涛总书记在庆祝人民政协成立60周年大会上的重要讲话和省委政协工作会议精神，不断加强自身建设。要注重发挥人民政协界别优势，建立健全界别活动的工作机制，积极探索开展界别活动的新方法新途径，充分调动各界别参政议政的积极性。要注重加强政协委员队伍建设，强化委员学习，进一步丰富委员活动的形式和内容，切实发挥委员在本职工作中的带头作用、政协工作中的主体作用、界别群众中的代表作用，树立和展示政协委员良好形象。要注重发挥政协专门委员会的基础作用，不断提高专委会组成人员的综合素质，积极探索专委会工作新思路新方式，切实增强工作活力和成效。要注重加强政协机关建设，着力建设“学习型、服务型、创新型、和谐型”政协机关，增强政务性服务能力和统筹协调能力，为人民政协有效履行职能、顺利开展工作提供有力保障。

会议号召，全市各级政协组织、全体政协委员、各民主党派、工商联、人民团体和各族各界人士，要紧密团结在以胡锦涛同志为总书记的中共中央周围，高举中国特色社会主义伟大旗帜，在中共玉溪市委的领导下，解放思想，开拓创新，同心同德，扎实工作，为促进玉溪科学发展、建设富裕民主文明开放平安和谐生态幸福的新玉溪而努力奋斗！

冷明德主席在三届四次会议闭幕会上的讲话（2011年2月25日）（摘要） 市政协三届四次会议，是一次发扬民主、求真务实、开拓进取、团结鼓劲的大会。2011年，是实施“十二五”规划的开局之年，也是推动政协工作科学发展的重要一年，就贯彻落实好本次会议精神，做好今年政协工作，提三点希望和要求。（一）注重服务大局，在促进发展中多建睿智之言。按照市委的要求，确保“十二五”开好局、起好步，力争今后五年经济发展速度与全省同步、综合竞争实力位居全省前列，重要的就是坚定不移地实施以改革开放和科技进步为动力的生态立市、烟草兴市、工业强市、农业稳市、文化和市战略与“三优一特”经济发展思路，以科学发展为主题，加快转变经济发展方式为主线，全力推进新型工业化、城镇化、农业现代化，推动综合经济实力再上新台阶，各族群众生活质量再上新水平，生态环境保护再创新业绩。（二）注重开拓创新，在推动工作中多献务实之策。要进一步加强探索创新，认真总结和完善我市政协工作中的一些好做法、好经验，不断创新工作思路；要以实现履行职能的制度化、规范化、程序化为目标，不断创新工作方式；要按照贴近人民群众和提高参政议政实效的要求，努力使政协工作体现时代性、把握规律性、富于创造性。（三）注重锐意进取，在队伍建设中多谋发展之道。各级政协领导班子要讲政治、顾大局，谋大事、促发展，聚人心、促和谐，始终与市委同心、与各界团结、与目标同向，共同致力于推进玉溪科学发展。政协常委要争做学习研究的表率、履行职能的表率、团结合作的表率、发扬民主的表率。政协委员要强化主体意识，倍加珍惜荣誉，牢记责任，不辱使命，认真履行职责，服务发展、奉献社会，以实际行动为政协组织增光添彩。要加强政协机关干部队伍建设，抓好学习和培训，深入推进思想建设、组织建设和作风建设，进一步提高全局观念和服务意识，增强政务性服务能力和统筹协调能力，为政协有效履行职能、顺利开展工作提供有力保障。

【组织概况】

委员增补名单（2011 年 1 月 14 日市政协三届十三次常委会议通过）

周　义　张培清　郭春宇

委员增补名单（2011 年 2 月 18 日市政协三届十四次常委会议通过）

陈志芬（女）

常务委员增选名单（2011 年 2 月 24 日市政协三届四次全体会议通过）

刘兴荣　何　勇　沐爱斌

副主席补选名单（2011 年 2 月 24 日市政协三届四次全体会议通过）

陈志芬（女）

不再担任委员名单（2011 年 1 月 14 日市政协三届十三次常委会议通过）

李庆瑜　冯文杰　罗永祥

撤销委员资格名单（2011 年 10 月 27 日市政协三届三十五次主席会议通过）

陈宝学

【机构概况】

玉溪市政协设办公室、提案委员会、经济委员会、科教文卫体委员会、人口资源环境委员会、民族宗教法制委员会、文史资料委员会、联络委员会 8 个内设机构。办公室下设秘书科、研究室、行政科、人事老干科、信访保卫科、车队 6 个科级单位，各专门委员会下设办公室（科级单位）。

【玉溪市、县（区）政协领导人名单】

玉溪市

主　席

冷明德

副主席

范亚辉　钱开祯　李有明（傣族）
张　炜　郭开堂　陈志芬（女）
汪燕平（女）

秘书长

杨　洪

县（区）政协主席

红塔区　杨德运
通海县　周艳芬（女）
江川县　黄文柱
澂江县　张同安
华宁县　汪子新
易门县　马军有

峨山县	马穆生（回族）	元江县	谢光亚（傣族）
新平县	史亚新		

玉溪市各级政协委员和组织数

（截至 2011 年底）

<table>
<tr><th colspan="2">项目
州(市)县</th><th colspan="2">委员数</th><th>组织数</th></tr>
<tr><td colspan="2">玉溪市</td><td colspan="2">310</td><td>1</td></tr>
<tr><td rowspan="9">各县区市</td><td>红塔区</td><td>208</td><td rowspan="9">1432</td><td rowspan="9">9</td></tr>
<tr><td>通海县</td><td>175</td></tr>
<tr><td>江川县</td><td>171</td></tr>
<tr><td>澂江县</td><td>144</td></tr>
<tr><td>华宁县</td><td>147</td></tr>
<tr><td>易门县</td><td>137</td></tr>
<tr><td>峨山县</td><td>135</td></tr>
<tr><td>新平县</td><td>156</td></tr>
<tr><td>元江县</td><td>159</td></tr>
<tr><td colspan="2">合　计</td><td colspan="2">1742</td><td>10</td></tr>
</table>

（编写：沐德能　审稿：马文荣）

政协保山市委员会

【全体委员会议】

二届六次会议 2011 年 2 月 11 ~ 15 日在保山举行。应到委员 320 名，实到 286 名。市政协主席张静，副主席罗兴志、张国儒、孙家灿、宋国生、石玉昌、黄玉仙、寸时庆，秘书长李长富出席会议。会议由罗兴志副主席主持。会议听取和审议了张静主席作的常委会工作报告和石玉昌副主席作的提案工作情况报告；列席保山市二届人大七次会议，听取并协商讨论了市政府工作报告、保山市“十二五”规划纲要及其他报告；表彰了市政协二届五次会议优秀提案；审议通过了二届六次会议提案审查情况的报告和二届六次会议决议。

【常务委员会会议】

第 18 次会议 1 月 16 日在保山举行。应到会 36 人，实到会 30 人。张静主席主持会议，副主席罗兴志、张国儒、孙家灿、宋国生、石玉昌、黄玉仙、寸时庆，秘书长李长富出席会议。市委常委、常务副市长李治刚到会通报市政协二届五次会议以来的提案办理情况；审议二届常委会工作报告和提案工作报告，通过二届六次全会有关文件。

第 19 次会议 2 月 15 日在保山举行。应到会常委 36 人，实到 32 人。张静主席主持会议，副主席罗兴志、张国儒、孙家灿、宋国生、石玉昌、黄玉仙、寸时庆，秘书长李长富出席会议。会议审议通过了二届常委会 2011 年工作要点。

第 20 次会议 7 月 26 日在保山举行。应到会常委 36 人，实到 26 人。张静主席、罗兴志副主席分别主持会议。副主席张国儒、孙家灿、宋国生、石玉昌、黄玉仙、寸时庆，秘书长李长富出席会议。市委常委、常务副市长李治刚到会通报全市上半年经济运行情况；会议免去李宗华市政协办公室主任职务，任命蒋好武为市政协办公室主任、高崇伟为市政协副秘书长、陈乐为市政协办公室副主任、张涛为市政协文史委副主任、薛众为市政协经济委副主任。

第 21 次会议 12 月 21 日在保山举行。应到会常委 36 人，实到 30 人。张静主席主持会议，副主席罗兴志、张国儒、孙家灿、宋国生、石玉昌、黄玉仙、寸时庆，秘书长李长富出席会议。张建明副市长到会通报市政协二届六次会议以来的提案办理情况；通过《政协保山市第三届委员会委员名单》。

第 22 次会议 12 月 29 日在保山举行。应到会常委 36 人，实到 35 人。张静主席主持会议，副主席罗兴志、张国儒、孙家灿、宋国生、石玉昌、黄玉仙、寸时庆，秘书长李长富出席会议。会议通过了关于召开政协保山市三届一次会议的决定，审议二届常委会六年工作报告和提案报告，审议三届一次会议有关文件。

【专门委员会工作】

提案法制委员会 一、督办二届六次会议提案。二届六次会议以来，共收到提案 160 件，立案 157 件。截至 9 月 30 日全部办复，办复率 100%，采纳率为 84.7%。向市政府提交建议案 2 件。二、为驻保省政协委员征集整理提案 20 件。三、编印《提案选编》第八辑。四、对全市社会治安综合治理工作进行检查；参加省政协第三届民生论坛，提交发言材料 7 篇；组织部分市政协委员视察保山市检察院反渎职侵权工作。五、为隆阳区瓦马乡上拉堡村小学引建价值 12 万元的云南省扶贫基金会多媒体教室和图书室项目各 1 个。

经济委员会 一、专题调研我市村级公益事业建设一事一议财政奖补试点工作情况，形成调研报告，提出提高农村公益事业建设奖补标准、强化项目整合力度等建议。二、配合全国政协和省政协调研“缩小城乡差距”、水资源及抗旱保民生情况，配合省西促会调研“新一轮西部大开发云南的重点、难点问题及对策研究”。三、组织界别委员视察全市中型水库建设和二届一次会议以来水利建设B类提案办理情况。四、协调项目资金160万元为市政协新农村建设试点村平场子村建设村庄道路，协调资金17万元为市政协机关扶贫挂钩村平掌村硬化村社道路。

人口资源环境委员会 一、专题调研全市老龄工作，形成调研报告和《关于明确我市农村国办公益性敬老院机构性质并将管理人员纳入事业编制的建议案》。二、组织界别委员视察北庙水库水资源及水生态环境保护情况。三、配合省政协调研推进“兴水强滇”战略实施情况，就加快全省水利改革发展提出意见和建议。

科教文卫体委员会 一、专题调研我市村卫生室建设与管理情况，形成调研报告；二、组织界别委员和部分民主党派人员调研视察我市新型农村合作医疗、中小学教育事业和广播电视事业发展情况。三、配合省政协教科文卫体委调研“在桥头堡建设中构建高水平教育平台”情况。

民族宗教华侨联络委员会 一、专题调研我市珠宝玉石产业发展情况，并到德宏州瑞丽市、盈江县考察珠宝玉石产业发展情况，形成调研报告。二、组织界别委员视察我市乡村通达工程情况。三、协助云南省政协调研“云南省城市民族工作”。四、开展团结联谊工作，组织召开保山市第六次“五侨”联席会议，赴中缅边境沿线慰问华侨团体及侨领，与办公室共同举办中秋茶话会，走访市内宗教团体和民族宗教界知名人士20人次，参加各宗教团体及少数民族研究会活动5次。

文史资料委员会 一、编辑出版《名人保山行》文史资料，收录文字稿件35篇，图片100多幅。二、编辑出版《保山政协》杂志4期，共30万字，图片200多幅。三、组织界别委员到龙陵县视察抗战文物保护利用情况。四、参加全省八市、八州政协文史工作联系会。

【重要活动】

专题协商 1月4日，专题协商《保山市十二五规划纲要》，市委副书记、市长吴松率市政府班子成员及20多个部门领导到会听取意见建议。1月15日，举行《政府工作报告》协商会，市委副书记、市长吴松率市政府班子成员及有关部门领导到会听取意见建议。

省政协领导及调研组莅保调研视察 1月16～18日，省政协副主席曾华率港澳委员赴腾冲视察。2月15～17日，中国农工民主党中央副主席、云南省政协副主席、农工党云南省委主委陈勋儒到我市调研黄龙玉、奇石销售情况以及松山抗战遗址保护情况。

全国政协调研组莅保调研 4月18～20日全国政协经济委副主任胡德平、孙晓郁率调研组莅我市调研“积极调整国民收入分配结构、深化收入分配制度改革”的情况。5月10～12日，全国政协社会和法制委员会主任张福森率领全国政协“律师在刑事诉讼中的地位和作用”调研组到我市调研。

全国政协副主席王志珍莅保山调研 6月10～12日，全国政协副主席、九三学社中央副主席王志珍率全国政协无党派人士界委员调研团赴我市就“生物多样性种植发展情况”进行考察。省政协副主席曾华，副秘书长孟庆红，市政协主席张静，副主席罗兴志等领导陪同调研。

理论学习研讨 7月19～22日，保山市五县区政协理论研讨暨联谊会第十四次会议在昌宁县召开，会议以“人民政协如何做好新形势下的群众工作”为主题进行研讨交流；7月28日，市政协理论学习中心组集中学习，张静主席作讲话。11月10日，市政协理论学习中心组以“文化强国战略下如何发展保山文化”为主题进行集中学习。

委员视察 8月4日，视察隆阳区保障性住房建设情况；10月19日，视察保山中心城市管理工作；11月28日，视察保腾高速公路建设情况。

中共保山市委政协工作会议 8月11日，中共保山市委召开政协工作会议。市委书记李正阳，市委副书记、市长吴松，市政协主席张静在会上作重要讲话。李正阳要求：全市各级政协组织必须围绕科学发展和桥头堡建设积极议政建言，围绕团结民主积极献计出力，围绕改善民生积极建言献策，围绕工作创新增强自身活力，围绕党的领导积极增强工作实效。会议印发了《中共保山市委关于支持人民政协履行职能发挥作用的意见》。

国家文物考古专家考察团莅腾考察 8月17～18日，国家文物考古专家考察团莅我市腾冲县考察。省政协副主席顾伯平，市政协副主席寸时庆陪同。

缅甸矿业部吴登瑞司长莅保考察 9月4～5日，缅甸矿业部吴登瑞司长一行莅保考察。省政协相关部门领导及省宝协负责人，市委书记李正阳、市政协主席张静、副市长解丽平，腾冲县委书记余炳武等陪同考察。

【重要文件】

常务委员会工作报告（2011年2月）（摘要） 报告分两部分。

一、2010年工作回顾。2010年，是我市加快转变经济发展方式、调整优化产业结构、齐心协力抗旱救灾，经济社会发展取得显著成效的一年。在中共保山市委的正确领导下，二届市政协常委会以邓小平理论和“三个代表”重要思想为指导，深入贯彻落实科学发展观，认真学习贯彻中共十七届五中全会、省委八届十次全会、省委政协工作会议和市委二届八次全会精神，紧紧围绕市委“四化五加强”的工作思路和措施，把推动经济平稳较快发展作为履行职能的首要任务，把促进民生改善作为开展工作的重要着力点，以奋发有为的精神状态和求真务实的工作作风，认真履行政治协商、民主监督、参政议政职能，为我市圆满完成“十一五”规划各项任务，科学制定“十二五”发展规划，实现经济社会又好又快发展作出了重要贡献。（一）坚持服务大局，为保持经济平稳较快发展献计出力积极推进大通道建设。把云南建成面向西南开放的桥头堡，保山地处最前沿，并且是云南省通往南亚大通道中的重要连接点。按照市委的决策部署，先后配合全国政协、省政协调研组到我市进行专题调研，积极反映我市在桥头堡建设中的优势、需要国家和省解决的有关问题。针对大通道建设中的重大问题，组织政协委员、各专门委员会、企业家和有关职能部门建言献策。对一些重要问题开展专题调研和视察，提出进一步争取上级支持、抓好项目建设、优化产业布局等意见建议。在省政协全会上就我市面向西南开放的国际大通道建设问题提出提案7件。发挥侨乡优势，打好“侨”牌，密切与华人华侨及华侨社团的联系与交往，搭建我市与海外经济贸易、文化、旅游交流与合作平台，努力营造促进桥头堡建设的舆论氛围。紧扣推动经济平稳较快发展开展视察调研。把推动我市经济平稳较快发展作为中心任务，把重点调研和视察作为开展工作的主要抓手，组织政协委员和各界人士，认真分析研究事关全市长远发展的战略性问题，密切关注人民群众关心的热点难点问题，提出有见解、有分量的意见建议。组织驻保省政协委员、常委会组成人员、部分市政协委员视察大瑞铁路保山段建设情况，就保腾铁路开口取向、保瑞段保山境内征地拆迁筹资难度较大、铁路建设施工影响当地水源安全等问题，向市政府及有关部门提出建议，并由省政协委员通过提案、意见等向省级有关部门提出建议。就我市部分农业产业布局、基础设施建设等问题进行调研，提出科学规划、合理布局、创新机制、做强龙头、提高效益等建议，得到了市政府的重视和采纳。通过调研，针对蔗糖产业日趋边缘化、基础设施严重滞后、科技措施落后、原料基地巩固难、龙头企业与基地对接水平不高等问题，向市委、市政府提出准确定位蔗糖产业在全市经济社会发展中的地位、强化科技措施、提高甘蔗生产组织化程度、发挥产业规模效益等建议。另外，专题调研对外贸易情况，提出加快实施"走出去"战略、加快口岸建设、营造良好对外贸易环境等建议。为编制"十二五"规划建言献策。把积极配合市委、市政府做好"十二五"规划的编制工作，作为市政协围绕中心、服务大局的一件大事，组织常委会组成人员和各民主党派、工商联、人民团体，为科学制定"十二五"规划建睿智之言、献务实之策。召开常委会议，就编制我市"十二五"规划的基本思路进行专题协商，提出了许多有见解的意见和看法。分别就农业产业化、工业园区建设、桥头堡建设、旅游国际化建设、非物质文化遗产保护、创建和保护知名品牌、提高高中教育质量等问题提交专题协商材料30篇，10位常委作了专题发言，市政府领导及市直有关部门领导到会听取意见建议。召开"十二五"规划纲要专题协商会议，就加强腾冲猴桥和滇滩口岸建设、加强非物质文化遗产保护、加强城市建设与管理、推进珠宝玉石产业发展、着力打造农产品知名品牌等问题提出意见建议，市政府全体班子成员及市直有关部门领导听取协商意见建议。积极参与经济建设。围绕我市产业发展及项目工作任务和要求，市政协领导班子成员分别担任有关农业产业发展的负责人，挂钩重点建设项目，协调解决有关问题，督促落实各项目工作。做好市政协机关挂钩扶贫、村级活动场所建设、新农村建设等工作，为基层群众办实事、好事。320名市政协委员在不同的岗位上恪尽职守，紧紧围绕市委、市政府确定的工作目标和工作思路，把履行政协委员职责与做好本职工作结合起来，为促进全市经济平稳较快发展作出了积极贡献。（二）坚持履职为民，努力推动民生改善。全力参与抗旱救灾。2009年入秋以后，我市发生了百年不遇的特大旱灾，严重影响经济社会发展和群众的生产生活。面对受灾范围不断扩大、受灾程度不断加深的严峻形势，我们把参与抗旱救灾作为最紧迫的任务，把协助解决群众困难作为第一责任，全力参与抗大旱、保民生、保春耕工作。市政协领导带领市直有关部门深入受灾乡镇督查抗旱救灾、村"两委"换届、森林防火、烤烟生产、重点项目建设、春耕生产等工作，慰问抗旱救灾部队官兵和打井队员。广泛动员全市各级政协组织、政协委员、政协机关干部和社会各界捐款捐物支持抗旱救灾。积极推动社会事业发展。坚持把维护群众利益作为开展各项工作的根本出发点和落脚点，紧紧围绕医疗、教育、社会保障、环境保护等热点问题议政建言，推动人民群众最关心、最直接、最现实利益问题的解决，努力促进以民生改善为重点的社会建设。以推进社会事业发展为重点，专题调研全市乡镇综合文化站建设情况，提出规范投入机制、优化干部队伍结构、加强管理等意见建议。专题调研全市农村人口与计划生育工作，提出切实加强计划生育干部队伍建设、提高计划生育宣传员待遇等建议。专题调研非物质文化遗产保护开发利用情况，提出强化保护、注重运用等建议。以促进贫困地区民生改善为出发点，进一步发挥政协的优势和作用，动员政协委员和社会各方力量，协调资金、争取项目，着力推动贫困地区经济社会发展，协助党委政府做好顺民意、解民忧、惠民生的工作。（三）坚持团结民主，努力促进和谐社会建设。营造民主和谐氛围。以政协全体委员会议为平台，营造广开言路、畅所欲言、平等协商、合作共事的良好环境。通过举办国庆中秋茶话会、纪念中国人民抗日战争胜利65周年座谈会等重大活动，加强联谊，增进共识，促进团结。以专门委员会为依托，加强同委员和各界人士的联系，组织动员委员和各界人士为构建和谐保山献计出力。加强海外联谊工作。充分发挥侨乡优势和区位优势，加强与香港和澳门特别行政区、台湾地区、缅甸、泰国等国家和地区民间社团的联系。采取相互走访、发送慰问信、召开联谊会和中秋茶话会等形式，密切同港澳同胞、台湾同胞、海外侨胞、归侨、侨眷、外籍友人的沟通和联系，宣传保山，增进友谊，促进团结合作。组织慰问组赴缅甸及中缅边境走访慰问缅甸华侨社团和侨领，共同为家乡的建设发展献计出力。做好文史资料征编出版工作。重视发挥文史资料“存史、资政、团结、育人”的作用，整理出版建国后文史资料，参与省政协文史资料的征集工作。编辑出版《保山“两烟”产业发展历程》。做好反映社情民意和信访工作。拓宽信息工作渠道，充分发挥政协委员、各党派、各团体、各界别、各专门委员会及各县区政协的积极性，广泛收集反映社情民意的信息，向省政协和市委、市政府及有关部门报送有关信息，部分建议得到省政协的采纳，许多建议得到市委、市政府及有关部门的重视，成为党政部门的决策参考。受理群众来信来访27件，涉及236人次，其中接待群众来访21批134人次，处理群众来信6件，涉及102人次，对群众来信来访中反映的一些热点问题，耐心细致地做好解说和疏导工作，经与有关部门协商办理，使矛盾得到化解。（四）坚持激发活力，不断增强履行职能的实效。注重发挥整体优势。不断拓展各民主党派、工商联和人民团体参与政协工作的广度和深度，积极支持各党派团体与市政协各专门委员会开展联合调研，重点办理党派团体提案，努力为各民主党派、工商联和无党派人士参政议政搭建平台、创造条件。组织各民主党派、工商联、人民团体及部分委员协商讨论2011年《政府工作报告》，提出修改意见建议，部分意见建议吸收到了报告中。进一步发挥专门委员会在政协履行职能中的基础性作用，不断增强专门委员会工作的活力。各专委会把调研作为履行职能的重点工作，选择事关我市改革、发展、稳定的热点和难点问题，组织专题调研6项，形成调研报告6份、建议案2份。各专门委员会把开展多种形式的协商活动作为履行职能的重要内容，对全市经济、科技、法制、教育、文化、卫生、人口、资源、环境、民族、宗教等方面的一些重点问题进行对口协商。重视发挥受聘担任有关执法部门监督员的政协委员的作用，就司法部门和行政执法部门的工作开展民主监督。市政协领导班子成员及各专门委员会，积极参加市委、市政府组织的督查活动，就教育、城市卫生、综治维稳、检察机关反渎职侵权工作等开展督促检查。注重提案工作实效。把提案工作作为全局性工作来抓，始终坚持“围绕中心、服务大局、提高质量、讲求实效”的提案工作方针，努力创新机制，着力提高提案质量、办理质量和服务质量，加大督办和跟踪问效力度，进一步完善工作制度，提案质量和服务水平进一步提高，提案办理实效进一步增强。市政协二届五次会议期间及闭会后共收到提案145件，经审查立案141件，立案率为97.2%。141件提案在规定时限内办复，采纳率为80.8%。提案者对提案的办理结果表示满意或基本满意的占100%。确定8件重点提案由主席、副主席督办，组织新闻媒体对提案办理情况进行跟踪报道，接受社会监督。党政部门对政协提案的办理，有效推动了有关工作的开展及有关问题的解决，许多提案提出的意见已转化为党委政府有关部门的工作决策和部署。如民盟保山市委提出的《关于建立和完善我市大型公务活动审查监督机制的提案》、市工商联提出的《关于加快保山市小额贷款公司健康发展的提案》、致公党保山市委筹备组提出的《关于加速推进保山城乡绿化工作的提案》，得到了市政府及市直有关部门的采纳和实施。高度重视建议案工作，在认真调研的基础上向市政府提交建议案两件，市政府认真研究办理。其中《关于进一步加大隆阳中心城区交通组织优化方案实施的建议案》由区政府负责落实，在部分街道实行单行限时通行、设置临时停车泊位、投入160万元专项用于建设红绿灯信号控制系统。《关于提高我市计划生育宣传员待遇的建议案》，各县区比照村级副职的工资标准把计划生育宣传员待遇从每月最低300元提高到不低于520元。注重加强联系协作。争取全国政协和省政协的支持和指导，配合全国政协和省政协开展了“文化产业促进法”立法、云南边境地区边民通婚及生育管理、全省民族传统体育的传承与保护、滇西抗战中爱国主义与民族精神等调研视察，就促进相关工作向全国政协和省政协提出意见建议。参与省政协组织的云南企业家论坛、民生论坛，就推进云南桥头堡建设保山所具有的优势和可发挥的作用进行宣传和建言。认真组织驻保省政协委员开展活动，积极以提案、大会发言等形式，在省政协会议上向省委、省政府和省政协反映我市的有关情况和意见。加强对县区政协工作的指导，与县区政协开展联合调研，积极向省政协及有关部门反映县区政协工作中的实际困难和问题，帮助县区政协改善工作条件，进一步增强了全市政协工作的整体合力。

（五）坚持学习创新，努力提高政协工作能力和水平。抓理论武装，不断提高思想认识。以全体委员会议、常委会议、主席会议、中心组学习、专门委员会专题学习和专题辅导讲座等形式，有计划、多形式地组织学习。着力丰富学习内容和方式，不断提高学习实效，积极推进理论建设。去年省委政协工作会议召开后，常委会把学习贯彻会议精神作为一项重要任务，通过多种形式的学习、讨论、调研等，在全市政协系统进行学习贯彻，深刻领会精神实质，进一步统一思想、提高认识，结合实际，谋划政协工作。按照市委的安排部署，针对干部职工和工作中存在的“慢、难、满、旧、漂、少”等问题，在市政协领导班子和政协机关中扎实开展了“三查三看”教育，全面推动创先争优、建设学习型党组织和“三个一”主题实践活动的深入开展，领导班子和干部职工学习的自觉性有了新的提高，工作作风进一步转变，查找出来的问题逐步得到整改，教育取得了初步成效。抓制度建设，积极推动工作创新。认真贯彻落实省委《关于支持人民政协履行职能发挥作用的意见》，注重总结政协工作经验，努力探索履行职能制度化、规范化、程序化和科学化新路子，形成了较完备的政协会议、提案工作、委员活动、机关运作等制度体系。进一步加强了与新闻媒体的联系合作，对政协重要会议、重要活动及履职成效进行宣传报道。认真办好《保山政协》和保山市政协网，政协工作的影响力和宣传面不断扩大。抓机关建设，努力提高服务水平。以开展“三查三看”教育为契机，认真查找干部作风、工作机制、效能建设、服务质量方面存在的突出问题，并认真进行整改，机关的服务意识、工作效率和保障水平进一步提高。认真开展向杨善洲、郑垧靖同志等先进人物学习活动，进一步坚定了干部职工的理想信念，增强工作热情。认真贯彻执行党风廉政建设责任制，开展廉政文化进机关活动，党员的党性修养不断得到提高和锻炼。进一步加强干部队伍建设，从基层选调部分工作人员，充实干部队伍，增添工作活力。组织机关干部职工积极参加学习培训和参观考察活动，开阔视野，提高素质，做好工作。各位委员，以上成绩的取得，是在中共保山市委的坚强领导下，在省政协的指导下，广大政协委员、参加人民政协的各民主党派、工商联、人民团体和各族各界代表人士团结合作、共同努力的结果。是市人大、市政府和驻保部队、各有关方面给予大力支持的结果。在此，我代表政协保山市第二届委员会常务委员会，向关心支持政协工作的各位领导、同志们和朋友们表示衷心的感谢和崇高的敬意！各位委员，在总结成绩的同时，也要看到我们的工作还有许多不足，与市委的要求、与社会各界对人民政协的期望还有差距。比如：履行职能的科学化水平还需要进一步提高；协商议政的成效还不够突出；调研视察成果的转化还不够充分；履行民主监督职能的途径和方法还不多；专门委员会的基础性作用、委员的主体作用和界别优势还没有得到充分发挥；机关的服务水平还需要进一步提高等等。这些都需要我们在今后工作中认真研究，采取有效措施逐步加以解决。

二、2011 年的主要任务。（一）进一步明确和把握政协工作的目标和任务；（二）紧紧围绕加快转变经济发展方式建言献策；（三）切实推动民生改善；（四）努力推进和谐保山建设；（五）更加重视政协自身建设。

二届六次会议决议（2011 年 2 月 15 日） 中国人民政治协商会议保山市第二届委员会第六次会议于 2011 年 2 月 12 日至 15 日在隆阳召开。会议听取和审议了常委会工作报告和提案工作报告。与会委员列席了保山市第二届人民代表大会第七次会议，听取并协商讨论了《政府工作报告》《保山市国民经济和社会发展第十二个五年规划纲要》及其他报告。会议期间，中共保山市委、市人民政府领导，听取界别联组讨论发言情况，与各民主党派、工商联、无党派人士、各人民团体和各族各界人士，共谋保山发展大计。全体委员以高度负责的精神，围绕全市经济社会发展中的重大问题积极建言献策。会议热烈隆重、民主务实。是一次统一思想、明确目标、凝心聚力、团结鼓劲的大会。

会议同意张静主席代表政协保山市第二届委员会常务委员会所作的工作报告和石玉昌副主席代表政协保山市第二届委员会常务委员会所作的提案工作报告。

会议认为，过去的一年，是我市加快转变经济发展方式、调整优化产业结构、齐心协力抗旱救灾，经济社会发展取得显著成效的一年。在中共保山市委的正确领导下，常委会以邓小平理论和“三个代表”重要思想为指导，深入贯彻落实科学发展观，认真学习贯彻中共十七届五中全会、省委八届十次全会、省委政协工作会议和市委二届八次全会精神，紧紧围绕市委“四化五加强”的工作思路和措施，把推动经济平稳较快发展作为履行职能的首要任务，把促进民生改善作为开展工作的重要着力点，以奋发有为的精神状态和求真务实的工作作风，认真履行政治协商、民主监督、参政议政职能，为我市圆满完成“十一五”规划各项任务，科学制定“十二五”发展规划，实现经济社会又好又快发展作出了重要贡献。

会议赞同市长吴松代表保山市人民政府所作的《政府工作报告》，赞同李伟院长所作的《保山市中级人民法院工作报告》和孙甸鹤检察长所作的《保山市人民检察院工作报告》。

会议认为，过去的五年，是我市发展史上极不寻常的五年。面对国际金融危机冲击、严重自然灾害等一系列困难和挑战，市委、市政府深入贯彻落实科学发展观，坚决贯彻执行省委、省政府决策部署，认真实施“六大战略”，按照“四化五加强”的工作思路和措施，不断完善发展思路，加快转变经济发展方式，团结带领全市各族干部群众，迎难而上，奋力拼搏，胜利完成了“十一五”规划的各项目标任务。过去的五年，是改革开放以来我市经济社会发展最快的五年，也是广大人民群众得到实惠最多的五年。

会议指出，“十二五”时期是我市实现跨越发展的重要战略机遇期、加快转变经济发展方式的攻坚期、深入推进桥头堡建设的黄金期、推进全面建设小康社会的关键期。《保山市国民经济和社会发展第十二个五年规划纲要》符合保山科学发展要求，反映了全市各族人民的根本利益和共同愿望，对于进一步统一全市各族干部群众的思想认识，凝心聚力推进保山跨越发展具有十分重要的意义。委员们对未来五年的发展充满希望。

会议强调，2011 年是“十二五”规划的开局之年，也是加快转变经济发展方式、推进保山科学发展的重要一年。我们要深入贯彻落实科学发展观，认真学习贯彻中共十七届五中全会、省委八届十次全会、省委政协工作会议和市委二届八次全会精神，紧紧抓住中央深入实施西部大开发战略和云南实施“两强一堡”战略的重大机遇，牢牢把握团结和民主两大主题，紧扣科学发展这一主题和加快转变经济发展方式这一主线，团结带领广大政协委员和参加政协的各民主党派、各人民团体以及各族各界人士，多建睿智之言，多献务实之策，全力服务民生改善与和谐保山建设，不断把人民政协事业推向前进。

会议号召，全市各级政协组织、政协各参加单位和广大政协委员，紧密团结在以胡锦涛同志为总书记的中共中央周围，在中共保山市委的坚强领导下，务实创新，扎实工作，为建设富裕民主文明开放和谐保山作出新的更大贡献！

张静主席在政协保山市第二届委员会第六次会议闭幕会上的讲话（2011 年 2 月 15 日）（摘要） 中国人民政治协商会议保山市第二届委员会第六次会议圆满完成了各项议程，今天就要闭幕了。会议开得热烈隆重，是一次民主求实、团结鼓劲、催人奋进的大会。过去的一年，中共保山市委团结带领全市各族人民，深入贯彻落实科学发展观，改革创新，扎实工作，面对种种困难和问题，迎难而上、奋力拼搏，全力抗大旱、调结构、保民生、促发展，经济社会保持平稳较快发展，圆满完成了全市“十一五”目标任务，为

"十二五"跨越发展奠定了良好的开局。市政协自觉服从和服务于保山改革发展稳定的大局，广泛团结广大政协委员和各族各界人士，抓住桥头堡建设、科学制定"十二五"规划等关系保山经济社会发展的重大问题开展协商议政，围绕民生改善进行调研视察。使政治协商、民主监督有了新进展，参政议政取得新成效，内外联谊迈出了新步伐，自身建设展现出新活力。受到了市委的高度重视，得到了市政府的大力支持及社会的广泛关注，充分显示了人民政协在我市政治生活中的重要地位和独特优势。

围绕中心，提高建言献策的质量

各级政协组织和广大政协委员，要始终把促进科学发展作为履行职能的第一要务，紧紧围绕市委二届八次全会确定的"六大战略"和"四化五加强"的工作思路和措施，着眼于推动科学发展，着力于"十二五"战略目标的顺利实现，突出加快转变经济发展方式这一主线，把思想认识统一到市委的战略决策上，切实把开展工作的立足点放在推进我市"十二五"发展目标的实现上，把议政建言的重点放在促进事关发展的重大问题的解决上，把协商监督的着力点放在推动"十二五"规划提出的主要任务和重大举措的落实上。议推动科学发展的大事，谋促进转变发展方式的大计。要发挥政协优势，围绕桥头堡建设、工业经济发展、城镇化建设、对外开放等重要工作，深入调查研究，积极协商讨论，提出真知灼见，更好地为党委、政府决策服务。要多谋发展之道，多建创新之言，多献务实之策。不断提高政治协商、参政议政的质量和水平，共同唱响我市"十二五"科学发展的主旋律。

突出主题，增强促进和谐建设的能力

团结和民主是人民政协工作的主题。政协以界别为基础组成的特点，决定了它在促进各党派、团体、阶层、民族、界别的团结合作方面具有不可替代的作用。各级政协组织和广大政协委员，要牢固树立参与和推动和谐保山建设的责任意识。把促进和谐放到更加突出的位置，不断巩固和发展民主团结、安定有序的政治局面。要增进与党派团体的团结合作，不断扩大各界人士有序的政治参与。要进一步发扬民主，努力营造融洽和谐、民主协商、合作共事的良好氛围。要发挥界别优势，凸显界别作用，更加自觉地加强同各界人士和社会群体的联系沟通，广交朋友、广纳群贤，把方方面面的智慧集聚起来，形成攻坚克难、加快发展的强大合力，为经济社会发展减少阻力、增加助力。

关注民生，维护广大人民群众的利益

广大政协委员既要有光荣感，更要有责任感。要带着感情去倾听群众的呼声，带着责任去关心群众的疾苦。要把关注民生改善摆在政协工作的重要位置，始终坚持人民政协为人民，自觉地站在最广大人民群众的立场上说话办事，高度关注群众最直接最现实的利益问题。充分发挥人民政协联系各族各界群众的"桥梁"和"纽带"作用，畅通社情民意反映渠道，主动协助党委政府做好统一思想、协调关系、理顺情绪、化解矛盾、维护稳定的工作。要及时反映群众的意见和要求，增进与群众的沟通和了解，多做群众欢迎的好事和实事。要高度关注民生改善，尽心尽力协助党委政府做好新形势下的群众工作，积极助推党委和政府重大民生决策的落实，为维护和实现人民群众的根本利益作出新的努力。

开拓创新，彰显政协工作的特色

政协委员是政协工作的主体。我们要以增强素质和完善机制为重点，以更加科学的态度、创新的思维、求实的作风，对发挥委员主体作用的好做法、搞活界别活动的新举措、拓展民主监督的新途径，认真总结，大胆探索，不断创新。要突出界别优势，加强界别建设，拓宽开展界别活动的形式和渠道，努力使界别活动经常、规范、有效。同时，广大委员要珍惜政治荣誉，增强责任感和使命感，努力学习，提升素质，增强能力，热爱政协工作，以更加饱满的精神状态激发工作热情，建功立业。

建议案

《关于加强保山中心城市管理的建议案》（2011 年 4 月 26 日市政协二届二十六次主席会议通过）

《关于明确我市农村国办公益性敬老院机构性质并将管理人员纳入事业编制的建议案》（2011 年 7 月 18 日市政协二届二十七次主席会议通过）

【组织概况】

办公室主任、副秘书长、专门委员会副主任任免名单（2011 年 7 月 26 日市政协二届二十次常委会议通过）

李宗华　免去市政协办公室主任职务
蒋好武　任市政协办公室主任
高崇伟　任市政协副秘书长
陈　乐　任市政协办公室副主任
张　涛　任市政协文史委员会副主任
薛　众　任市政协经济委员会副主任

【机构概况】

政协保山市委员会下设一室六委，即：办公室、提案法制委员会、经济委员会、人口资源环境委员会、科教文卫体委员会、民族宗教华侨联络委员会、文史资料委员会。办公室下设秘书科、行政科、人事老干科、信访科、保卫科 5 个正科级单位，各专门委员会下设办公室（正科级单位）。提案法制委增设社会法制科，民族宗教华侨联络委增设委员联络科。

【保山市、县（区）政协领导人名单】

保山市

主　席

张　静（女）

副主席

罗兴志　张国儒　孙家灿　宋国生
石玉昌　黄玉仙（女）　寸时庆

秘书长

李长富

县（区）政协主席

隆阳区　杨兆亮
施甸县　蒋汉雄
腾冲县　方宇正
龙陵县　郭自来
昌宁县　谢国钧（彝族）

保山市各级政协委员和组织数

（截至2011年底）

<table>
<tr><td colspan="2">项　目
州(市)县</td><td colspan="2">委员数</td><td>组织数</td></tr>
<tr><td colspan="2">保山市</td><td colspan="2">320</td><td>1</td></tr>
<tr><td rowspan="5">各县区市</td><td>隆阳区</td><td>286</td><td rowspan="5">1124</td><td rowspan="5">5</td></tr>
<tr><td>施甸县</td><td>191</td></tr>
<tr><td>腾冲县</td><td>269</td></tr>
<tr><td>龙陵县</td><td>193</td></tr>
<tr><td>昌宁县</td><td>185</td></tr>
<tr><td colspan="2">合　计</td><td colspan="2">1444</td><td>6</td></tr>
</table>

（编写：余在富　邹治湘　审稿：蒋好武　陈　乐）

政协楚雄彝族自治州委员会

张万礼　副主席

【全体委员会议】

八届五次会议　2011年2月20～23日在楚雄召开。会议应出席委员345名，实到委员342名。州政协主席延荣科，副主席李振华、马旷源、吴丽华、王定梁、李天云，秘书长李光彪出席会议。会议听取、审议并通过了州政协主席延荣科代表政协楚雄州第八届委员会常务委员会所作的工作报告和副主席李振华代表政协楚雄州第八届委员会常务委员会所作的提案工作情况报告。与会人员列席了楚雄彝族自治州第十届人民代表大会第六次会议，听取、协商并赞同楚雄彝族自治州人民政府的《政府工作报告》以及州计划发展委员会、州财政局、州中级人民法院、州人民检察院所作的《楚雄彝族自治州2010年国民经济和社会发展计划执行情况与2011年国民经济和社会发展计划（草案）的报告》《楚雄彝族自治州2010年地方财政预算执行情况和2011年地方财政预算（草案）的报告》《楚雄彝族自治州中级人民法院工作报告》《楚雄彝族自治州人民检察院工作报告》。会议补选张万礼为政协楚雄州第八届委员会副主席。州委书记张太原等州委、州人大、州政府领导，驻楚中央单位、省属单位和州属有关部门的负责人参加会议。

【常务委员会会议】

第16次会议　1月17日在楚雄召开，州政协主席延荣科主持会议并作总结讲话。州政协副主席李振华、马旷源、吴丽华、王定梁、李天云、张万礼，秘书长李光彪及州政协常务委员38人出席会议。会议主要议题是协商讨论《政府工作报告》（征求意见稿）；协商讨论《楚雄州国民经济和社会发展第十二个五年规划纲要》（征求意见稿）；协商讨论《政协楚雄州第八届委员会常务委员会工作报告》（草案）；协商讨论《政协楚雄州第八届委员会常务委员会提案工作报告》（征求意见稿）；协商讨论政协楚雄州第八届委员会第五次会议有关事项；协商通过有关人事事项。州委常委、州人民政府副州长李红民到会作了《政府工作报告》（征求意见稿）的说明。驻楚省政协委员、州级相关部门领导、各县（市）政协主席、州政协机关全体干部职工共73人列席会议。

第17次会议　6月28日在楚雄召开。主要议题是专题协商讨论桥头堡建设问题。州政协主席延荣科、副主席李振华分别主持会议。州政协副主席马旷源、吴丽华、王定梁、李天云、张万礼，秘书长李光彪及州政协常务委员45人出席会议。州人民政府副州长杨元茂到会通报了我州开展桥头堡建设情况。州政协调研组作了《关于在桥头堡建设中楚雄与滇中经济区发展的调研报告》，与会人员紧紧围绕这一中心议题，踊跃建言献策。会议协商通过了有关人事任免。州政协常委45人出席会议，驻楚省政协委员、州级相关部门领导、各县（市）政协主席、州政协机关全体干部职工70余人列席会议。

第18次会议 9月30日在楚雄召开。州政协主席延荣科，副主席李天云分别主持会议。州政协副主席李振华、马旷源、吴丽华、王定梁、张万礼，秘书长李光彪及州政协常务委员43人出席会议。会议传达学习中共云南省委常委（扩大）会议和州第八次党代会精神，专题协商讨论我州钛产业发展问题。州政协调研组报告了关于我州钛产业发展问题的调研情况。会议协商通过了有关人事任免。州政协常委43人出席会议，驻楚省政协委员、州级相关部门领导、各县（市）政协主席、州政协机关全体干部职工74人列席会议。

第19次会议 12月7日，州政协八届十九次常委会议在楚雄召开。州政协主席延荣科、副主席李天云分别主持会议，副主席马旷源、吴丽华、王定梁、张万礼，秘书长李光彪及常务委员45人出席会议。会议的主要议题是：一、学习贯彻中共云南省第九次党代会精神，二、专题协商讨论我州木本油料生产加工问题，三、听取协商州卫生局对州政协对其开展民主监督的意见建议的整改情况。州人民政府副州长杨元茂到会作了《楚雄州木本油料产业发展情况通报》，州政协民族宗教联络委员会主任毕从秀代表州政协调研组作了《楚雄州木本油料产业发展调研报告》。驻楚省政协委员、州级相关部门领导、各县（市）政协主席、州政协机关全体干部职工60余人列席会议。

【专门委员会工作】

提案委员会 （一）把握机遇，推进工作。今年二月份，新的《全国政协提案工作条例》颁布以来，州政协提案委员会抓住这一良机，深入基层调研指导，提高政协组织和各参加单位对新形势下政协提案工作的认识，大力促进提案工作的新认识，为做好提案工作打好更坚实的基础。（二）加强引导，狠抓质量。通过组织委员活动、委员小组座谈、评选优秀提案等多种形式，积极引导政协委员和各参加单位提高提案质量。（三）通力合作，认真办理。州委办公室、州政府办公室、州政协提案委员会建立提案办理机制，通力合作，有力地促进了提案的办理落实。（四）加大督办，提高实效。重点提案主席、副主席分工督办，难点提案由州委办公室、州政府办公室、州政协提案委员会联合督办，一般提案由提案委协商督办等多种措施，加大提案督办力度。（五）拓宽领域，积极探索。在做好本职工作的同时，在分管副主席率领下，牵头参与对州卫生局开展民主监督，组织了城乡居民最低生活保障工作情况的调研。（六）注重宣传，扩大影响。除全会期间对提案工作加大宣传报道外，还通过对重点提案督办等多种形式促进提案的办理落实。一年来共收到提案247件，经审查立案245件，占立案总数的99%。所立案的245件提案分别交由州委、州政府、州政协及其所属部门或县市政府共59个单位办理。截至11月底已全部办复完毕。

经济委员会 一是认真学习，提高履职能力。在学习党的路线、方针、政策，政协统战理论，中央经济工作会议精神、中央农村经济工作会议精神，市场经济知识，学习实践科学发展观、开展共产党员创先争优主题实践活动中身体力行；二是抓委员活动，充分发挥委员主体作用。围绕州政协八届五次全会的召开，组织经济界委员开展调查研究，准备提案议案，撰写大会发言材料，提案和委员发言质量较高；组织专委会委员活动三次，实地参观考察我州在建的一些重点工程项目。三是牵头组织视察调研，服从和服务于党委政府的中心工作。本年度组织了“关于在桥头堡建设中楚雄与滇中经济区发展的调研”“关于楚雄州钛产业发展情况的调研”。四是抓对口联系，促进与相关部门工作上的交流。上半年配合省政协做好桥头堡建设的调研对外交流，组织外出考察学习活动，拓宽视野，为经济社会发展建有用之言，献务实之策。

社会法制委员会 一是加强学习，提高素质。专委会专职人员、专委会委员采取自学、领学等方式，学习杨善洲同志的先进事迹，学习胡总书记在庆祝中国共产党成立90周年大会上的讲话精神，学习中国共产党十七届六中全会精神，学习社会法制方面的法律法规及其相关业务知识，不断提高履职能力。二是组织活动主题鲜明。年内组织了四次委员活动，分别以“关注社会建设、助推管理创新”“关注食品安全、助推社会管理”“关注国税发展、助推税收执法”“总结交流、共谋发展”为主题，广泛建言献策。三是注重反映社情民意收到实效。本年度针对社会难点、热点问题，通过反映社情民意，向党委、政府及相关部门提出意见建议，写出了反映楚雄城区“堵车”问题和肉食品市场管理混乱必须解决的社情民意以及对策。受到党委政府采纳。四是机关内部团结干事、党员领导干部挂钩扶贫联系工作、外出考察学习均有良好收获。

教科文卫文史资料委员会 一是加强学习交流，提高履职能力。一年来，通过学习杨善洲同志先进事迹，胡总书记“七一”重要讲话精神，庆祝建党90周年系列活动，学习、宣传、贯彻十七届六中全会精神，每个同志都写出读书笔记，业务水平进一步提高。二是积极开展调研活动和对外联谊活动，拓宽了眼界。配合全国政协开展“推进基本公共服务均等化”专题调研，组织委员深入州旅游局、州红十字会调查研究，赴广东、海南考察当地旅游业，参与了州卫生局的民主监督，对州人民医院、州疾控中心、州中心血站、州妇幼保健站等单位的医德医风、行风政风和提案督办工作开展监督。三是做好文史资料的征集、编纂出版工作，至年末选编出版了40余万字的《威楚古地长征路》的专题文史资料选辑，力求做到继承和发扬红军革命传统，加强红军长征沿线各地政协的联系与合作。四是抽调工作能力强的干部，认真做好机关的工会工作、妇委会工作和党员干部挂钩扶贫联系工作。

民族宗教联络委员会 一是加强学习，提高认识。年内认真学习杨善洲同志先进事迹，学习胡总书记“七一”重要讲话精神，学习十七届六中全会精神，主动参与庆祝建党90周年各项活动并积极撰写心得体会，用科学发展观指导专委会工作；二是精心组织了两次调研，即“彝州美食产业发展情况”“加快我州木本油料产业发展”的调研；三是加强对口联系指导和做好海外联谊工作相结合，对口指导体现在做好“彝族刺绣传承与提升项目”的前期工作，海外联谊则是积极参加多项外事活动；四是对内的服务和对外的挂钩扶贫联系有效开展，为联系扶贫点元谋县平田乡新康村委会筹集资金41万元支持扶贫工作。

【重要活动】

新春茶话会 1月17日下午，州政协举行一年一度的新春茶话会。州政协主席延荣科，副主席李振华、马旷源、吴丽华、王定梁、李天云、张万礼，秘书长李光彪以及部分州政协常委出席会议，州级党政军领导以及驻楚雄城区各族各界代表应邀出席茶话会。与会人员欢聚一堂，喜迎新春，同庆佳节，共话发展。中共楚雄州委书记张太原发表讲话。

学习杨善洲先进事迹系列活动 3月14日，州政协组织机关干部职工学习杨善洲同志先进事迹，部分干部即席交流学习体会。3月29日，州政协召开学习杨善洲先进事迹座谈会，州政协主席主持会议并讲话，州政协副主席马旷源、李天云出席会议并作交流发言，州政协离退休党员也出席会议，部分同志作了交流发言。

学习胡锦涛总书记“七一”讲话和庆祝建党90周年系列活动 6月29日下午，州政协机关举行纪念中国共产党成立90周年座谈会，州政协机关全体干部职工、全体离退休老党员参加了座谈会。州政协主席延荣科，副主席李振华、马旷源、吴丽华、王定梁、李天云、张万礼，秘书长李光彪，州政协原主席杨成彪，原副主席普联荣出席座谈会。延荣科主持会议。李天云、普联荣等一批同志作了交流发言。7月1日上午，机关全体干部员工集中收看中共中央总书记胡锦涛在庆祝建党90周年大会上讲话实况转播。

中秋茶话会 9月7日，州政协、州委统战部联合召开楚雄城区各族各界人士中秋茶话会。州委书记张太原到会讲话。州委副书记、州人民政府代理州长李红民通报了我州上半年经济社会发展情况。州委常委、州委统战部部长左荣贵主持会议。

纪念辛亥革命100周年座谈会 10月10日下午，州政协召开纪念辛亥革命100周年座谈会。州政协主席延荣科主持会议。州委副书记李兴顺，省政协常委、州政协原主席张怀德，州委常委、州人民政府副州长任锦云，州委常委、州委统战部部长左荣贵，州人大常委会副主任杨应旭，州政协副主席马旷源、吴丽华、王定梁、李天云、张万礼，州政协秘书长李光彪以及黄埔会、抗战时期赴缅甸作战的远征军老战士代表、机关离退休老同志出席座谈会。

学习中共十七届六中全会精神 中共十七届六中全会闭幕后，州政协机关全体干部职工及时组织学习十七届六中全会公报，10月24日，州政协召开民主党派界别委员学习十七届六中全会精神座谈会，中共楚雄州委常委、州委统战部部长左荣贵等在座谈会上交流学习体会。州政协主席延荣科作总结讲话。

编辑出版《威楚古地长征路》 为了向2012年在楚雄召开的全国红军长征沿线各地政协的联系与合作联谊会献礼，从年初开始，州政协教科文卫文史资料委员会牵头组织和积极参与编纂红军长征过楚雄文史资料选辑，征集到稿件200余篇，编辑出版40余万字的《威楚古地长征路》，编辑（楚雄州文史资料第二十八辑）。通过撰稿作者的“三亲”经历，缅怀并继承红军的光辉业绩，充分发扬红军的革命传统。

全省政协经济委员会联系会议 12月20~21日，由云南省政协经济委员会主办、楚雄州政协承办的2011年全省政协经济委员会联席会议在楚雄召开。省政协副主席王学智到会指导并作重要讲话。

楚雄州政协工作座谈会 12月8日上午，2011年楚雄州政协工作座谈会在楚雄召开。州政协主席、副主席、秘书长，机关全体干部职工，全州10县（市）政协主席、副主席、各专门委员会主任、办公室主任、副主任计235人出席会议。会议的主要议题是：传达中共云南省第九次代表大会精神，研讨交流如何做好新形势下的政协工作。中共楚雄州委副书记李兴顺到会讲话。州政协主席延荣科作总结。

全国政协领导到楚雄视察调研 5月6~7日，全国政协常委、《人民政协报》报社社长赵珩一行抵达楚雄，就地方政协如何履行三项职能，创新工作方式开展专题调研。5月28~29日，全国政协教科文卫体委员会副主任、国家新闻出版总署原副署长、党组成员于永湛率全国政协教科文卫体委员会调研组，到楚雄州调研推进基本公共服务均等化情况，听取州人民政府有关情况汇报。8月24~25日，十七届中共中央委员、全国政协经济委员会副主任、工业和信息化部原部长李毅中率考察组到楚雄，就工业、生物技术和信息化开展考察。10月23日，全国政协副主席张怀西到楚雄调研。州政协副主席王定梁陪同。

省政协领导到楚雄调研 3月25日，省政协主席王学仁及秘书长车志敏在楚雄州政协主席延荣科、秘书长李光彪等陪同下到武定县开展旅游业发展情况调研。10月26~27日，省政协副主席王学智率省政协水资源暨抗旱保民生专题调研组到我州调研。11月19日，省政协主席王学仁、省人大常委会副主任杨保健在州委书记张太原，州人大常委会主任卢显林，州政协主席延荣科，州委常委州委宣传部部长姜扬陪同下，到楚雄师范学院对学院建设发展情况进行调研。

州政协视察调研工作 5月25日至6月10日，州政协副主席王定梁率调研组到州级16个单位及楚雄、双柏、永仁、武定、禄丰5县（市），就实施西部大开发和桥头堡战略中楚雄与滇中经济区建设发展关系进行专题调研。7月15~20日，州政协副主席张万礼率调研组深入楚雄市、双柏县、南华县、元谋县调研楚雄州美食产业发展情况。8月22~26日，由副主席王定梁带队，先后到楚雄州武定县、禄丰县，昆明市富民县、禄劝县，四川省攀枝花市调研考察钛产业发展情况。10月18~22日，由副主席李天云带队，先后深入双柏县、禄丰县对楚雄州城乡居民最低生活保障情况开展视察调研。11月28~12月2日，由马旷源副主席带队，先后深入楚雄市、大姚县和武定县，对楚雄州保障性住房建设情况开展专题视察调研。

【重要文件】

常务委员会工作报告（2011年2月20日）（摘要） 报告共分两部分。

一、2010年工作回顾。（一）发挥优势，建言献策促发展成效显著。一是群策群力谋划经济社会发展。州政协八届四次会议期间，委员们围绕经济社会发展中具有全局性、战略性的问题进行大会发言，提出提案，就保持经济平稳、较快发展、加快经济发展方式转变、促进社会事业健康发展、建设和谐平安楚雄、推进“一府两院”建设等提出100多条意见和建议，引起了州委、州政府的高度重视。二是重点关注水利基础设施建设。在特大旱灾面前，州政协及时组织调研组深入全州十县（市）对水利基础设施建设情况进行调研，形成《关于加快我州水利改革和发展的意见和建议》，就切实把水利摆在优先发展的战略位置、科学编制“十二五”水利发展规划、合理利用水资源、破解水利建设融资难题，为州委、州政府决策提供了重要参考。三是积极为编制“十二五”规划建言献策。常委会提前介入，超前谋划，围绕我州经济社会发展中的重大课题，组织政协各参加单位和广大政协委员深入实际，认真调研，分别就突出加快发展主旋律、大力发展工业经济、加快推进城镇化步伐、加快农业产业化进程、加大固定资产投资、提升开放引资水平、切实保障和改善民生、加强生态文明建设、加快非公有制经济发展、加快“桥头堡”建设等问题提出60多条意见建议，得到州委、政府及有关部门的重视和采纳。四是集智促进工业园区建设情况。州政协八届十五次常委会议专题协商讨论我州工业园区建设问题，就推进工业园区运行体制、机制创新，激发发展活力，破解融资、土地两大瓶颈，加大招商引资力度，走特色产业园区经济发展之路等提出了很好的意见和建议。五是合力助推滇中楚雄特色大城市建设。州政协组织委员就科学搞好规划，拓宽融资渠道，增加资金投入，培育重点产业，强化经济支撑，关注弱势群体，统筹兼顾、稳步推进等提出了建设性的意见建议，为推进滇中楚雄大城市建设发挥了积极地促进作用。（二）关注民生，努力推动彝州和谐社会建设。一是面对百年不遇的特大旱灾，全力参与抗旱救灾，根据州委的统一部署，选派干部深入灾区，了解灾情，督促救灾措施的落实，与当地群众共谋抗旱对策，开展生产生活自救。积极向州委、州政府提出夯实“三农”基础，重视水利建设，增强抵御旱灾能力等对策措施。同时，广泛动员全州各级政协组织、政协委员、政协机关干部和社会各界为灾区捐款捐物，以实际行动献爱心、帮民困、解民忧。二是聚焦教育改革发展。政协参加单位、政协委员和各界人士在深入调研的基础上，分别就办好高等教育服务地方经济社会发展、优化中小学教育布局调整、努力提高普通高中办学质量、加快职业教育发展步伐、切实减轻中小学生课业负担、大力发展学前教育、加强教师队伍建设等问题建言献策，为州委、政府决策提供有益的参考。三是广泛反映社情民意。年内，州政协围绕人民群众关注的整治交通秩序、加强社会治安、完善农网改造、加快保障性住房建设等热点、难点问题，及时报送有价值的社情民意，引起州委、州政府的高度重视，并及时批转督办，促进了有关问题的解决和落实。四是努力促进团结和谐。注重发挥民族宗教界委员的作用，围绕加快少数民族地区经济社会发展、宗教管理等问题，深入开展视察调研，，为改善少数民族群众生产生活条件出实招、办实事，促进了宗教和睦、民族团结。（三）求真务实，履行职能实效不断增强。一是提案工作取得新进展。州政协八届四次会议以来，收到提案297件，立案282件，办理当年落实率达61.7%，扩大了提案工作的社会影响。二是民主监督创新有力。年内，州政协对州建设局开展民主监督，形成意见建议，通过整改落实，促进了建设部门的作风转变和效能建设。同时，通过推荐委员担任特约监督员、行风评议员、人民评审员、党风廉政建设、行政执法责任制检查考评等督查工作，拓展了监督面和监督渠道。三是专题调研深入扎实。州政协组织委员对中小学教育布局调整、被征地农民就业培训和社会保障问题、古镇名村等重点课题进行调研，形成了一批高质量的调研成果。四是文史工作成果丰富。年内，州政协先后编辑出版了记录我州人口和计划生育工作30年历程的文史资料第27辑、《楚雄州古镇名村》、报告文学集《青山湖》等，较好地发挥了“存史、资政、团结、育人”的社会功能。五是服务大局成效明显。常委会强化“一盘棋”的思想，积极参与全州中心工作，州政协领带班子成员牵头负责部分重点项目、重点产业建设的组织协调，积极参与招商引资、扶贫攻坚、基层党建示范点建设、社会主义新农村建设等工作，为全局工作的整体推进作出了应有的贡献。（四）夯实基础，政协工作水平不断提高。一是坚持把学习摆在突出位置，扎实抓好党组中心学习、常委会议专题学习、委员活动日学习、专委会学习、机关学习日学习，不断提高学习实效。二是制度逐步健全完善。坚持以不断提高政协履职的科学文化水平为目标，切实加强机关管理完善和规范了机关公务用车管理和接待制度。在履行政协职能上努力做到制度化、规范化、程序化。三是队伍建设不断加强。注重加强同委员的联系，积极为委员知情明政、建言献策搭建平台，做好委员的服务保障工作，较好地发挥基础性作用。州政协机关继续保持了省级“文明单位”称号。四是联系协作更加广泛。积极参加全国长征沿线政协联谊会议、川滇黔赣冀五省二十州市政协联席会议、云南省八自治州政协横向联系会议、全省政协系统秘书长联系会议、省政协各专门委员会主任联系会议。召开全州政协工作座谈会、办公室主任座谈会及各专委对口联系会议，举办全州政协系统机关职工运动会、省州政协“威楚杯”网球联谊赛，分批组织外出考察学习，开阔视野。五是宣传工作有声有色。加强对政协宣传工作的领导，认真做好政协报刊的宣传和通联工作，承办了全省政协宣传工作会议。加强同州级各新闻媒体的协作，办办好政协宣传专栏，组织开展“政协好新闻”宣传活动。全州政协系统年内在省级以上报刊发表新闻稿件160余件。

二、2011年工作意见。（一）审时度势，牢牢把握政协工作的目标和方向。（二）突出重点，紧紧围绕加快发展建言献策。（三）尽职尽责，全力推动民生改善与和谐社会建设。（四）强基固本，切实加强政协自身建设。

八届五次会议决议（2011年2月23日）　中国人民政治协商会议楚雄彝族自治州第八届委员会第五次会议，于2011年2月20～23日在楚雄举行。会议听取和审议了《中国人民政治协商会议楚雄彝族自治州第八届委员会常务委员会工作报告》《中国人民政治协商会议楚雄彝族自治州第八届委员会常务委员会提案工作报告》；列席了楚雄彝族自治州第十届人民代表大会第六次会议，听取并协商讨论了《政府工作报告》《楚雄州国民经济和社会发展第十二个五年规划纲要（草案）》其他有关报告。会议补选张万礼为政协楚雄州第八届委员会副主席。会议隆重热烈、富有成效，是一次团结民主、凝心聚力的大会，是一次竭诚尽智谋发展、建言献策促和谐的大会。

会议审议通过了延荣科主席代表政协楚雄州第八届委员会常务委员会所作的工作报告和李天云副主席代表政协楚雄州第八届委员会常务委员会所作的提案工作报告。

会议认为，过去的一年，是我州应对国际金融危机后续影响和百年不遇特大干旱双重考验，保持经济社会平稳较快发展，全面完成“十一五”各项任务，切实谋划“十二五”发展的重要一年。在中共楚雄州委的领导下，州政协常委会坚持以科学发展观统领政协工作，深入学习贯彻党的十七届四中、五中全会和省委政协工作会议精神，牢记履职为民理念，突出团结民主两大主题，充分发挥协调关系、汇集力量、建言献策、服务大局的作用，为我州的改革发展稳定作出了积极贡献。

会议一致赞同楚雄彝族自治州人民政府的《政府工作报告》，赞同《楚雄彝族自治州2009年国民经济和社会发展计划执行情况与2010年国民经济和社会发展计划（草案）的报告》《楚雄彝族自治州

2010年地方财政预算执行情况与2011年地方财政预算（草案）的报告》，赞同《楚雄彝族自治州中级人民法院工作报告》和《楚雄彝族自治州人民检察院工作报告》。

会议认为，“十一五”时期，是我州历史上经济社会发展最好最快的时期之一。全州各族人民在中共楚雄州委的正确领导下，深入贯彻落实科学发展观，团结奋斗，锐意进取，圆满完成了“十一五”规划的各项任务，全州经济建设、政治建设、文化建设、社会建设以及生态文明建设和党的建设取得了重大历史性进展。委员们对“十一五”期间各方面工作取得的成就给予了高度评价。

会议指出，“十二五”时期是我州全面建设小康社会、实现富民强州新跨越的关键时期，也是深化改革开放、加快转变经济发展方式的攻坚时期。“十二五”规划纲要（草案）描绘了我州今后五年发展的宏伟蓝图，政府工作报告全面回顾了“十一五”时期我州经济社会的发展情况，明确提出了“十二五”时期经济社会发展的总体要求，并对2011年的工作作了全面部署。委员们认为，“十二五”规划纲要（草案）和政府工作报告确定的指导思想明晰，目标任务明确，工作重点突出，措施切实可行，符合中央精神，符合科学发展观要求，符合我州实际。委员们对圆满完成未来五年各项任务充满信心。

会议强调，2011年是中国共产党成立90周年，是实施“十二五”规划的开局之年。人民政协要坚定不移地高举中国特色社会主义的伟大旗帜，坚持中国共产党领导的多党合作和政治协商制度，全面落实省委、州委政协工作会议精神，切实把思想统一到各级党委的决策部署上来，抓住桥头堡建设和深入实施西部大开发战略的重大机遇，紧扣科学发展这一主题和加快转变经济发展方式这一主线，全力促进民生改善与和谐社会建设，多建智慧之言，多献务实之策，更加重视政协自身建设，不断把人民政协事业推向前进。

会议号召，全州各级政协组织、政协各参加单位、全体政协委员，要更加紧密地团结在以胡锦涛同志为总书记的中共中央周围，高举中国特色社会主义伟大旗帜，在中共楚雄州委的领导和省政协的指导下，同心同德，群策群力，努力为推动我州经济社会科学发展、跨越发展作出新的更大的贡献。

延荣科主席在八届五次会议闭幕会上的讲话（2011年2月23日）（摘要） 这次会议是在开启“十二五”科学发展新征程的关键时刻召开的，对于顺利实现“十二五”规划目标，推动彝州经济社会科学发展、跨越发展至关重要。全州各级政协组织、广大政协委员和政协工作者，要切实把思想和行动统一到州委、州政府的决策部署上来，把智慧和力量汇集到我州“十二五”经济社会发展的目标任务上来，立足新起点，迎接新挑战，谋求新发展，作出新贡献。

一是要始终保持奋发有为的精神状态。良好的精神状态是干事创业的根本前提。我们要始终坚持中国共产党对人民政协的领导，在中共楚雄州委的总体部署中明确职责、找准位置、开展工作；始终保持对中国特色社会主义的坚定信念，对人民政协事业的无限热忱，对彝州全面建设小康社会的执著追求，坚持把促进发展作为第一要务，牢牢把握科学发展这一主题和和加快转变经济发展方式这一主线，突出加快发展主旋律，就如何做大经济总量、提高发展质量，加快推进农业产业化、新型工业化、城镇化、服务业现代化，加大固定资产投资，落实大项目好项目，保障和改善民生，加强生态环境保护，促进社会和谐等建言献策。

二是要大力弘扬求真务实的工作作风。求真务实市人民政协的优良传统。我们要坚持把求真务实贯穿到政协履职的全过程，要提倡讲短话，提高建言献策的针对性，要做到言之有物、言之有据、言之有理、言之有力，一般不说话，不说一般话，真正把话说到点子上，讲到关键处。要敢于讲真话，提高建言献策的可信度。要善于讲管用的话，提高建言献策的科学性。坚持运用科学理论、科学方法，是提出的意见建议更当其时、更合实际、更加可行。

三是要积极营造团结和谐的发展氛围。团结和谐是科学发展的动力、事业成败的关键。我们要始终坚持履职为民的理念和团结民主两大主题，以海纳百川的胸怀凝聚人心，以开放开明的气度共建和谐，在肝胆相照、坦诚相见中广交朋友，在团结合作、平等议事中广纳群言，在求同存异、体谅包容中达成共识，团结一切可以团结的力量，调动一切积极因素，让全州人民求发展、盼富裕、图振兴的热情竞相释放，形成共生共荣、活跃有序的发展局面。要充分认识“十二五”时期是经济发展方式转变、社会转型、改革深化的关键期和各种矛盾的凸显期，高度关注改革发展中的新情况、新矛盾、新问题，特别是具有普遍性、苗头性和倾向性的问题，进一步拓宽民主渠道、创新民主形式、开展民主监督，积极协调关系、理顺情绪、释疑解惑、化解矛盾，努力促进政党、民族、宗教、阶层海内外同胞关系的和谐，主动协助党委、政府做好新形势下的群众工作，为改革发展稳定减少阻力、增加助力、注入活力。

【组织概况】

委员增补名单（2011 年 1 月 17 日州政协八届十六次常委会议通过）

李秀华　普学煌

副主席补选名单（2011 年 2 月 23 日州政协八届五次会议通过）

张万礼

常务委员自然减员名单（2011 年 7 月下旬逝世）

虞熙朝

撤销委员资格名单（2011 年 9 月 29 日州政协八届十八次常委会议通过）

陈朗新

【机构概况】

第八届委员会机关设办公室、研究室、提案委员会、经济委员会、社会法制委员会、教科文卫文史资料委员会、民族宗教联络委员会共七个内设机构（均为正处级）。

【楚雄州、县（市）政协领导人名单】

楚雄州

主　席

延荣科

副主席

李振华（任职至 2011 年 9 月）

马旷源（回族）　吴丽华（女）

王定梁　李天云　张万礼

秘书长

李光彪

县（市）政协主席

楚雄市　段　云

双柏县　杞光明（彝族）

牟定县　普学煌（彝族）

南华县　阿明仙（女，彝族）

姚安县　华　成

大姚县　温运勇

永仁县　般加林（彝族）

元谋县　　　兰　松
武定县　　　李思恒
禄丰县　　　李红芸（女，彝族，2011 年 2 月补选）

楚雄州各级政协委员和组织数

（截至 2011 年底）

<table>
<tr><th colspan="2">项　目
州(市)县</th><th colspan="2">委员数</th><th>组织数</th></tr>
<tr><td colspan="2">楚雄州</td><td colspan="2">346</td><td>1</td></tr>
<tr><td rowspan="10">各县区市</td><td>楚雄市</td><td>218</td><td rowspan="10">1767</td><td rowspan="10">10</td></tr>
<tr><td>双柏县</td><td>163</td></tr>
<tr><td>牟定县</td><td>161</td></tr>
<tr><td>南华县</td><td>173</td></tr>
<tr><td>姚安县</td><td>169</td></tr>
<tr><td>大姚县</td><td>184</td></tr>
<tr><td>永仁县</td><td>147</td></tr>
<tr><td>元谋县</td><td>165</td></tr>
<tr><td>武定县</td><td>179</td></tr>
<tr><td>禄丰县</td><td>208</td></tr>
<tr><td colspan="2">合　计</td><td colspan="2">2113</td><td>11</td></tr>
</table>

（编写：白建文　审稿：李光彪）

政协红河哈尼族彝族自治州
委　员　会

普菊红　副主席

【全体委员会议】

十届四次会议　2011年2月15～19日在蒙自举行。应出席委员395名，实到委员354名。州政协主席李保文，副主席苗羊宝、张家顺、陈军、刘竹芬、马周古、丁润森，秘书长钟灵出席会议。州委书记刘一平、州长杨福生、州委副书记罗志明、州人大主任陈霖等州级领导出席开幕会和闭幕会。李保文主席代表政协红河州第十届委员会常务委员会作《政协红河州第十届委员会常务委员会工作报告》；张家顺副主席作《政协红河州第十届委员会常务委员会关于十届三次会议以来提案工作情况的报告》。与会委员列席州人大十届四次会议，听取并协商讨论杨福生州长所作的《政府工作报告》及其他有关报告。会议通过了《政协红河州第十届委员会第四次会议决议》《政协红河州第十届委员会第四次会议关于政协红河州第十届委员会常务委员会工作报告的决议》《政协红河州第十届委员会常务委员会提案工作情况报告的决议》。会议通过有关人事事项。李保文主席作闭幕讲话。

【常务委员会会议】

第14次会议　2011年2月14日上午在蒙自举行。会议应到会81名，实到会74名。会议由苗羊宝副主席主持。会议审议通过有关人事事项。李保文主席作闭幕讲话。州政协副主席张家顺、陈军、刘竹芬、马周古、丁润森，秘书长钟灵出席会议。

第15次会议　2011年2月17日下午在蒙自举行。会议应到会81名，实到会70名。会议由苗羊宝副主席主持。会议同意普菊红作为政协红河州第十届委员会副主席候选人。审议了《政协红河州委员会第四次会议选举办法》（草案）、《政协红河州第十届委员会第四次会议总监票人、监票人名单》（草案）、《政协红河州第十届委员会第四次会议决议》（草案）、《政协红河州第十届委员会常务委员会工作报告的决议》（草案）、《政协红河州第十届委员会常务委员会提案工作情况报告的决议》（草案），提交各委员组协商讨论。李保文主席作闭幕讲话。州政协副主席张家顺、陈军、刘竹芬、马周古、丁润森，秘书长钟灵出席会议。

第16次会议　2011年2月18日下午在蒙自举行。会议应到会81名，实到会70名。会议由苗羊宝副主席主持。会议审议通过《政协红河州委员会第四次会议选举办法》（草案）、《政协红河州第十届委员会第四次会议总监票人、监票人名单》（草案）、《政协红河州第十届委员会第四次会议决议》（草案）、《政协红河州第十届委员会常务委员会工作报告的决议》（草案）、《政协红河州第十届委员会常务委员会提案工作情况报告的决议》（草案）；李保文主席作闭幕讲话。州政协副主席张家顺、陈军、刘竹芬、马周古、丁润森，秘书长钟灵出席会议。

第17次会议 2011年5月5日在蒙自举行。会议应到会80名，实到会65名。会议由苗羊宝副主席主持。会议传达学习全国“两会”精神；审议通过《关于建水紫陶工艺保护与开发利用情况调研报告》《红河州政协2011年政治协商计划》。李保文主席作闭幕讲话。州政协副主席张家顺、陈军、马周古、丁润森、普菊红，秘书长钟灵出席会议。

第18次会议 2011年7月26～27日在蒙自举行。会议应到会80名，实到会64名。会议由苗羊宝副主席主持。会议传达学习《胡锦涛同志在庆祝中国共产党成立90周年大会上的讲话》；州人民政府副州长普绍忠通报2011年上半年经济社会发展及桥头堡建设情况；审议通过《红河州失地农民生存发展情况调研报告》《红河州中小学校点布局调整情况调研报告》《红河州外贸进出口情况调研报告》《红河州民族团结示范村建设情况视察报告》。李保文主席作闭幕讲话。州政协副主席张家顺、陈军、马周古、丁润森、普菊红，秘书长钟灵出席会议。

第19次会议 2011年10月25～26日在蒙自举行。会议应到会80名，实到会59名。会议由张家顺副主席主持。会议传达学习了中共十七届六中全会精神；审议通过了《红河州水利规划建设改革发展调研报告》《红河州农村信用社服务“三农”情况调研报告》《州政协十届四次会议提案办理落实情况视察报告》；会议接受苗羊宝同志辞去政协红河州第十届委员会副主席职务的请求，报十届五次会议备案。李保文主席作闭幕讲话，州政协副主席苗羊宝、陈军、马周古、丁润森、普菊红，秘书长钟灵出席会议。

第20次会议 2011年12月21～22日在蒙自举行。会议应到会79名，实到会67名。会议由张家顺副主席主持。会议传达省第九次党代会精神；审议通过《全州道路交通安全管理工作情况的调研报告》《泸西李子箐风电建设情况视察报告》《政协红河州第十届委员会常务委员会工作报告》（草案）《政协红河州第十届委员会关于十届四次会议以来提案工作情况的报告》（草案）、《关于召开州政协第十届委员会第五次会议的决定》（草案）、《政协红河州第十届委员会第五次会议议程》（草案）、《政协红河州第十届委员会第五次会议日程》（草案）、《政协红河州第十届委员会第五次会议秘书长、副秘书长建议名单》（草案）、《常委会工作报告人建议名单》（草案）、《州政协十届四次会议以来提案工作情况报告人建议名单》（草案）、《通过关于授权主席会议审定政协红河州第十届委员会常务委员会第二十次会议未尽事宜的决定》（草案）、《政协红河州第十届委员会第五次会议列席人员范围》（草案）、《政协红河州委员会2012年工作要点》。会议通过有关人事事项。李保文主席作闭幕讲话。州政协副主席陈军、马周古、丁润森、普菊红，秘书长钟灵出席会议。

【专门委员会工作】

提案委员会 一是提案工作。十届四次会议以来，共收到提案262件，经审查立案交办258件，立案率为98.5%，立案办结率为100%，被采纳率为96%。二是调研视察。开展州政协十届四次会议提案办理落实情况的视察，“政协提案办理落实跟踪问效、续办续复工作”的调研，形成了视察和调研报告。三是建言献策。提交《关于解决城市流动小商贩占道经营与城管人员执法矛盾冲突的建议》《关于进一步加强对地沟油进行专项整治的建议》提案，撰写《加强提案办理问效，促进政协民主监督》的大会发言材料。

经济建设委员会 一是调研、视察。组织开展了全州外贸进出口情况、农村信用社服务“三农”情况调研；二是建言献策。经建委以集体或个人的方式共提出提案10件，其中《关于在“十二五”期间有计划地组织开展我州有色金属深加工的建议》被列为重点提案。大会交流发言材料《集聚力量、整合资源，加快我州新农村建设步伐》被省政协社情民意信息转发。

人口资源环境委员会 一是建言献策。四次全会期间，提交了《高度重视我州水源工程规划建设管理的建议》和《重视我州小水电开发利用》两份大会发言。二是调研视察情况。针对全州失地农民生存发展情况，针对红河州水利规划、建设及改革发展情况专题调研。针对我州风能开发利用建设中的问题，对我州风电建设，针对推进红河干流开发，建设绿色谷经济走廊，进行了视察。三是团结协作，协助省政协开展“兴水强滇”战略实施情况调研。

科教文卫体委员会 一是积极建言献策，撰写了《关于加强食品安全管理的建议》《关于加强医疗废物管理的建议》《建议扩大寄宿制学生生活补助覆盖面》等提案。二是开展视察调研。开展了全州中小学校点布局调整情况调研，全州妇幼保健工作及基本公共服务情况视察。三是做好智力支边工作。联系香港慈恩基金会，申请援建项目资金1100万元；督促完成慈恩基金会捐助援建的教学楼2幢、小学宿舍楼1幢、卫生室7个，卫生院门诊楼1幢；争取中国教育发展基金会桂贤教育扶贫专项基金向红河州寄宿制贫困学生捐助棉被3500条，价值70万元；棉衣7500件，价值30万元。

社会法制委员会 一是组织开展全州社区矫正工作、全州道路交通安全管理工作调研，形成调研报告；组织委员到州检察院反贪污贿赂局进行视察，形成《关于对红河州检察机关反贪工作情况的视察报告》。二是积极参加“六五”普法宣传工作和社会治安综合治理工作的检查、考评和验收，履行好人民政协民主监督的职能。

民族宗教委员会、港澳台侨外事委员会 一是开展红河民族团结示范村建设情况视察。州政协民族宗教委委员赴红河、元阳、河口等县就红河州民族团结示范村建设情况进行专题视察，提出了意见建议；二是开展红河州台资企业发展情况调研。联合州台办组织州政协部分常委、委员，深入相关县市就台资企业发展情况进行调研；三是港澳台侨外事委积极引进台湾阿尼色弗儿童基金会到屏边县新现乡开展义诊活动，1700余名群众免费就诊，发放了价值3万余元的药品。

文史委员会 一是结合文史工作实际，开展重点调研。组织完成“建水紫陶工艺传承保护与开发利用”的专题调研，提出了意见建议。二是调整《红河政协》版面，加大对政协履职活动的宣传。全年编辑发行《红河政协》6期，共刊发稿件225篇，计67万多字，图片370幅，印刷发行6600册。三是编辑出版了《风采神韵·红河十大文化品牌》、纪念人民政协成立60周年摄影书法美术征文作品集》。

【重要活动】

全州政协系统办公室主任联席会暨信息工作会议 4月7~9日，在弥勒县组织召开了全州政协系统办公室主任联席会暨信息工作会议，全州13县市政协办公室主任、信息工作人员，州政协办公室人员、各专委会办公室主任，州级各民主党派办公室主任参加了会议。会议总结了2010年全州政协信息工作并作了交流发言，表彰了2010年度全州政协系统11个先进信息单位和14名先进信息工作者。

全州13县市政协第23次横向联系会 4月25～27日，红河州13县市政协第23次横向联系会在屏边县召开。会议主题是“做大生物产业，促进区域经济发展”，屏边、个旧、石屏、弥勒、金平5个县市政协围绕主题作了交流发言。

全州政协专委会工作会议 5月23～25日，在石屏县召开全州政协专委会工作会议。全州13个县市政协专委会主任和州政协7个专委会主任、副主任出席了会议。

纪念中国共产党成立90周年大会暨全州政协系统职工运动会 6月28日至7月1日，在开远市举办全州政协系统纪念中国共产党成立90周年大会暨全州政协系统第17届职工运动会，全州政协系统和民主党派、工商联机关16支代表队548名干部职工参加了纪念大会和运动会。开幕式上举办了文艺晚会。

举办中秋茶话会 9月8日，红河州政协各界人士中秋茶话会在蒙自市举行，各族各界人士100余人欢聚一堂，叙友情、促和谐，话团圆、谋发展。州委副书记罗志明出席会议并讲话，州政协主席李保文出席会议并致辞。

【重要文件】

常务委员会工作报告（2011年2月15日）(摘要) 报告分为两个部分。

一、2010年工作回顾。过去的一年，是我州发展进程中极不平常的一年。国际金融危机的持续影响，百年不遇的特大旱灾，使全州的各项工作面临严峻考验。在中共红河州委的领导下，州政协自觉围绕州委、州政府的决策部署开展工作，把投入抗旱救灾作为履行职能最紧迫的任务，把推动桥头堡建设作为服务全州加快经济发展方式转变的重要着力点，把关注民生办实事、加强团结保稳定作为政协工作的重要内容，认真履行职能，全面推进各项工作，为圆满完成我州“十一五”各项任务，科学制定“十二五”规划，推动红河新发展作出了积极的贡献。（一）紧扣中心，服务大局，为红河发展建言献策。坚持把促进科学发展作为政协履行职能的第一要务，坚持把政协工作放到全州工作大局中去谋划，紧紧抓住关系红河发展大局的重要问题，积极开展协商议政，努力为推动全州经济社会科学发展建诤言、献良策。围绕重大战略实施，为推进桥头堡建设建言。按照州委、州政府推进我州桥头堡建设的决策部署，立足自身优势，积极开展工作。去年召开的全国和省政协全会上，驻州的全国和省政协委员联名向大会提交了《加快桥头堡建设促进红河新发展》《支持红河保税区和跨境经济合作区建设》等提案，并在中央领导和省级领导参加的界别小组讨论会上发言，反映桥头堡建设我州具备的条件和优势，表达边疆民族地区对扩大开放，加快发展的强烈愿望。在省、州政协的积极争取共同促成下，全国政协、国家发改委、省政协分别组成调研组，先后到红河进行调研，对我州在桥头堡建设中率先突破，优先发展起到了重要的推动作用。政协组织和委员围绕大通道建设、培植优势产业集群、发展现代物流业、加强口岸建设、建立国际化出入境服务体系、加强项目储备等内容开展协商议政，从不同角度深入调研，积极建言，有的形成提案转交有关部门办理，为我州推进桥头堡建设发挥了积极作用。围绕文化资源保护利用，为建设民族文化大州服务。滇越铁路堪称“铁路活化石”，是一项珍贵的历史文化遗产。随着泛亚铁路东线的建设，这条运营了百年的铁路，处在了兴衰存废的历史关口。为了使这条承载着厚重历史人文价值和旅游开发潜力的铁路再度焕发生机，在省政协十届二次会议上，我州省政协委员联名提案《关于加强滇越铁路保护与开发利用的建议》，引起了高度重视。省政协文史委与州政协联合对滇越铁路保护利用及申报世界文化遗产问题进行了两次调研。在州政协建议下，省政协专程到北京向全国政协汇报取得支持，列入了全国政协重点调研计划。去年9月，全国政协副主席陈奎元率12位副部级以上领导及相关部门专家到我州调研。在向省委、省政府反馈意见时表示，保护和利用好滇越铁路，不仅是云南的工作也是国家的事情，调研组将吸纳各方意见形成调研报告，向中央和有关部门反映，推动滇越铁路保护与利用，使这条百年米轨焕发新的活力。按照建设民族文化大州的要求，积极服务文化建设，编辑出版了《风采神韵·红河十大文化品牌》《纪念人民政协成立60周年摄影书法美术征文作品集》两部文史图书，筹建了州政协陈列室，开展了非物质文化遗产保护、蒙自传统饮食文化开发调研，进一步挖掘文化品牌深厚内涵，全面介绍厚重的历史文化，展示我州民族文化的魅力。积极投入抗旱救灾，为夯实水利基础献策。去年，百年不遇的大旱给我州经济恢复性增长和广大群众的生产生活带来了严重的影响。在旱情形成初期，率先组织调研，密切关注旱情发展，最早向州委、州政府提出了高度重视雨量减少库塘蓄水不足引发一系列问题的建议。随着旱情的不断加剧，在州委、州政府的统一部署下，州政协迅速行动，主动作为，组织委员、各党派团体和有关人员，深入灾区一线，全面了解受灾情况，全力投入抗旱救灾。全州政协系统上下联动，迅速组成9个视察组，对全州库塘蓄水及抗旱保民生情况进行视察。通过深入重点水源点，旱象最为严重的村寨，掌握情况收集数据，对水量供需情况作出科学判断，既立足当前提出了抗旱救灾的应对措施，又着眼长远从根本上解决水源问题提出建议。召开了两次主席约谈会，与相关部门就用水调度、应急水源建设、春耕生产、粮食储备开展约谈，沟通抗旱救灾工作的一些重大事项。库塘蓄水和抗旱工作视察得到了州委的高度重视，在研究部署抗旱救灾工作时，州委常委会议专题听取了视察汇报，对建议给予了充分肯定，为州政府制定实施《加快水源工程建设推进水利发展意见》提供了重要的决策参考，在全州抗旱救灾中发挥了积极作用。关注资源环境承载能力，为可持续发展出谋。针对个开蒙地区水资源短缺的状况，组织有关专家开展水资源配置调研，分析了今后五年中心城市工业化、城市化进程中用水需求量的变化，对个开蒙地区水资源配置和水源建设提出建议，为“十二五”时期中心城市的水资源有效供给，发挥水资源对经济社会发展的支撑作用提供了翔实依据。专题视察异龙湖综合防治进展情况，督促疏通了新街海河出流河道，为加快异龙湖复归珠江水系，推进综合治理起到了积极作用。对全州节能减排工作进行督查，开展全州城镇污水处理厂和垃圾处理设施建设运行情况调研，督促和加快全州“两污”治理项目的落实，对建立排污交易制度，实现污染物排放总量控制目标提出建议。认真督办《提升城市品位合理高效利用有限土地》重点提案，就优化公共服务设施布局，集中连片成规模开发，强化规划实施监管等建议，多次与相关部门开展协商，为促进土地资源的高效合理利用积极建言。服务重大项目建设，主动融入工作大局。建设南部6条二级公路，是通过长期努力，多方争取到的重大建设项目，是全州特别是边疆人民期盼已久的民心工程。在特殊政策背景下，国家将在今年6月30日前实行“双锁定”，一旦到期不能完工，庞大的建设投资将转由地方承担。州政协充分发挥民主监督的作用，及时组织委员和有关专家分赴公路施工现场进行专题视察，针对工程建设中存在的困难和问题，向有关部门和施工单位提出意见建议，想方设法加快建设进度。协助党委政府抓好各阶段中心工作，主动参与春耕生产、新农村建设、农垦改革、中低产田改造、非公企业发展、卫生体制改革、社会维稳等工作的督促检查，帮助协调解决工作中存在的困难和问题。充分利用各种资源，协调争取农田水利、非公经济项目，落实相关政策。协助完成了大庄河、阿白冲、阿扎河水库、杨柳河等水利工程的立项审批和开工建设。协助申报小水电代燃料及农村电气化建设项目。直接参与重点流域的水电开发规划、库区移民专项建设。努力使政协工作有效融入全州的中心工作，为全州各项工作的整体推进做好服务。（二）体察民情，化解民忧，为改善民生履职尽责。把推进民生改善作为履行职能的出发点和落脚点，为解决群众最关心、最直接、最现实的利益问题献计出力。关注医疗健康需求。开展新型农村合作医疗约谈，跟踪掌握全州新型农村合作医疗推进情况，对当前农村城镇医保筹措标准悬殊、基金管理风险增加、医疗保险转移衔接机制形成，以及健全医保体系、稳定参保人员等问题，积极与卫生行政部门协商，共同研究有效途径和办法，推进新型农村合作医疗健康发展，尽可能从政策制定上解决广大群众病有所医、方便就医等问题。关注教育均衡发展。组织委员对社会反映较多的职业教育开展调研，就科学整合教育资源，调整教育布局，使职业教育和普通教育保持合理的比例，幼儿教育与义务教育得到同等发展，为全州教育事业均衡发展提出意见和建议。反映教育资源均衡配置，重视师资力量失衡的问题，对边疆贫困地区招聘教师考虑政策倾斜，保持师资队伍稳定的建议引起了有关方面的重视。关注居家养老服务。高度关注人口老龄化社会发展趋势，针对我州老年人口快速增长，养老服务与人口老龄化矛盾日趋突出的问题，把加快新型农村社会养老保险试点，发展养老服务机构，培育养老产业作为重点课题，就发展养老服务业提出建议。通过调研和提案办理，促成了从福彩基金中筹集930万元用于支持敬老院和老年活动室建设，新启动了2个县中心敬老院建设，实现全州13县市都有1所县级中心敬老院。关注社会热点问题。进一步拓宽政协工作的视野，关注群众普遍关心和反映突出的问题，组织委员就有关问题开展调研视察，对失地农民生存发展、留守儿童的教育、中小学校舍安全工程建设、提高住房公积金使用效益、城乡公厕的建设管理等提出建议。反映移动电信等信息行业业务捆绑、垃圾短信、明白消费的问题，加强农产品质量监管，着手建立三级农产品质量检测体系和覆盖生产与消费市场的监测网络，尽可能使放心安全食品进入市场，加强各类学校食堂食品安全监管等问题，通过政协领导牵头与相关部门的协商办理，促成了问题的解决。关注提案实效促进民生建设。充分发挥提案在促进民生问题解决中的重要作用，实行重点提案办理情况向社会公示，开展提案办理集中视察，带动提案办理整体水平的提高，促进民生问题的解决。州政协十届三次会议以来共立案交办318件，在有关部门的共同努力下，加大法院清理执行积案、设立妇女维权合议庭、完善治安防控体系、道路交叉路口监管、医疗废物集中处理、提高高龄老人生活保障等一大批涉及民生的提案，得到了很好的落实，许多意见和建议被政府部门采纳，收到了较好的社会效果。（三）弘扬主题，发挥优势，积极促进团结和谐。坚持团结民主两大主题，多形式、多渠道、多层面地开展联谊活动，广泛联系各界人士，增进团结，凝聚力量。以履行职能为平台，突出党派团体在政协的重要作用。加强同州级各民主党派、人民团体和无党派人士的合作共事，充分发挥在政协组织中的作用。坚持邀请民主党派和无党派人士参与政协组织的视察、调研、座谈等活动，鼓励和支持他们围绕中心工作开展调查研究，献计出力，为党派团体参政议政搭建平台。适时邀请党委政府及相关部门向政协委员、民主党派和无党派人士通报全州经济社会发展情况和重大事项，为知情明政创造条件。建立政协专委会与民主党派紧密合作的关系，发挥民主党派专业特长，就专题协商充分发表意见，实现互通信息、资源共享。一年来，各民主党派、工商联、侨联提交大会发言25份，提出集体提案93件，许多意见和建议得到了州委、州政府的重视和采纳。以实现社会和谐稳定为目标，积极促进民族团结宗教和睦。关注民族和宗教聚集区的发展，组织开展民族地区经济社会发展调研，帮助反映和协调解决困难问题，为推进民族团结进步示范区建设提供决策参考。关心民族特需商品生产企业的发展，深入全州民贸企业调研，推动国家对民族贸易和民族特需商品生产政策的落实，为企业脱困争取了资金扶持。积极参加民族和宗教界的重大节日和重要活动，主动加强与民族宗教界代表人士的联系，组织宗教界委员外出考察学习，激发宗教界委员履职积极性，发挥他们在宣传党的宗教政策，引导信教群众维护稳定的重要作用。去年，我州“5·12”客车罢运事件和泸西“11·18”事件发生后，宗教界委员迅速召开穆斯林群众会议，通报事件发生情况，及时了解事件真相，对牵涉群众进行深入细致的思想工作，避免事态升级，积极引导客运户尽快恢复运营，减少损失，及时疏散堵塞交通的群众，协助党委政府处理好突出事件，维护社会稳定。以社情民意信息为载体，及时反映利益诉求化解矛盾。充分发挥政协委员在各行业各战线与人民群众联系广泛的优势，加强收集委员在调研、视察和各种会议上反映的情况，积极向省政协、州委、州政府和有关领导反映关系发展稳定和改善民生的问题，帮助有关部门及时准确了解基层实情，解决社会矛盾，促进社会和谐。去年创刊《社情民意信息》以来，编发了金平拉祜族贫困现状、沙甸冶炼企业对节能减排淘汰落后产能的反映、构建和谐医患关系、统筹城乡发展实现医疗保障全覆盖等意见和信息，得到有关部门的重视和采纳，促成反映问题的解决。（四）广泛联谊，深化合作，动员社会力量服务发展。努力拓宽联谊渠道，与社会各界广交朋友，增进友谊，达成共识，共同致力于社会建设。与社会各界增进共识服务社会。加强与社会各界的联系，认真听取和反映意见建议，积极争取贷免扶补资金扶持非公经济发展，力所能及帮助解决实际困难，保持与社会各界的良好关系，不断增进各界人士履行社会责任的共识。一年来，动员政协委员和参加单位，发动社会力量，积极投身扶贫济困、扶弱助残、捐资助学，开展光彩事业边疆行捐赠、科技文化卫生服务等社会公益活动，共捐资1600余万元，用于改善办学条件，救助困难儿童和修建乡村道路。继续组织非公企业开展“千企帮千村”活动，全州35个非公企业挂钩41个自然村，项目投资2908万元。面对百年不遇的旱情，各级政协组织和社会各界人士积极响应号召，凝心聚力，共抗旱灾。全州政协机关、州级统战部门、民主党派、工商联、侨联通过多渠道向外争取资金，发动非公经济组织和会员捐款，共筹集资金2193万元用于救灾，为抗旱保民生，切实解决群众生产生活困难作出了积极贡献。与海外侨胞加强联谊合作。多层次、多渠道开展海外联谊，密切与海外华人、华侨的联系，保持和发展与华人社团的友好关系。邀请海外侨商到我州考察农产品交易市场、旅游合作、学校建设项目，为他们投资和捐赠牵线搭桥。主动加强与港澳台同胞联系，拓展经济文化交流合作平台，争取台湾台塑集团、香港慈恩基金会、澳门乐善行基金会等企业和慈善机构，投资815万元援建明德小学、侨（爱）心学校和乡村卫生院28所，开展助学助教项目5个；组织申报2011年援建教育项目14个，涉及金额1352万港元，尽政协所能改善农村教学和医疗条件。与政协组织间开展互动交流。加强与各级政协的联系，争取全国政协、省政协到我州调研视察，先后协助开展了13个专题调研、视察活动，一些事关我州发展的重大事项、重点民生问题引起了上级有关部门的高度重视。与遵义市政协建立友好政协关系，形成协商联系、友好往来机制，在引资援建方面开展了实质性合作。通过联系会、座谈会、情况通报会等形式，密切与各县市政协之间的联系，与县市政协联合开展视察、调研、培训等活动，形成上下联动、协调配合、优势互补的良好局面。热情接待各地政协的调研考察，既学习借鉴外地先进的做法和经验，又抓住契机宣传红河，扩大我州的知名度和影响力。（五）完善机制，增强活力，政协工作更加规范有序。坚持把抓好自身建设作为推进政协工作创新发展的前提和基础，进一步完善工作机制，增强活力，努力建设适应工作需要的高素质政协队伍。主动争取党委政府对政协工作的领导和支持。更加准确的把握政协的工作定位，自觉把政协开展的各项工作，置于州委的统一领导下，重大调研视察与州政府主动衔接，努力争取党委政府的重视支持。为进一步推动政协事业发展，分别由主席、副主席带队到13县市调研，总结政协工作经验，研究分析政协事业发展中的新情况新问题，提出了加强和改进政协工作的建议。州委在充分调研、广泛听取意见的基础上，制定了《中共红河州委关于支持人民政协履行职能发挥作用的意见》，召开了州委政协工作会议，在进一步规范政治协商程序、丰富民主监督内容形式、加大参政议政成果转化等方面，提出了具体意见。会议召开对全州上下形成思想上重视、政治上关心、工作上支持、经费上保障的良好格局起到了重要的推动作用。坚持不懈推进政协自身建设。以课题和活动为纽带，以专委会为平台，加强与委员的联系沟通，组织100余名委员外出考察学习，组织委员与对口联系部门开展协商、座谈和联谊。加强对委员的管理和履职评价，开展优秀提案评选表彰，调动委员参加政协会议、参与政协活动的积极性，激发委员的责任感。增强专委会之间的协作配合，切实增强工作实效，发挥专委会在政协工作中的基础性作用。深入开展创先争优活动，建立了十项活动载体，全面加强政协机关建设，努力创建“学习型、服务型、创新型、和谐型”机关，促进机关工作协调统一、规范有序、灵活高效运转，为履行职能、开展工作提供有力保障。加强政协信息和宣传工作，全年编发《红河政协》杂志6期，近50万字；编发《红河政协信息》《社情民意信息》130余期600余条，被省、州有关新闻媒体采用221条，全面宣传州政协的履职成果、委员风采和文化建设，积极扩大政协工作的社会影响。加快全州政协系统办公自动化建设，开展了自动化办公平台操作使用培训，为县市政协配置了办公设备，积极推进无纸化办公和信息化进程。

二、2011年工作任务。（一）明确和把握政协工作的目标和方向。（二）紧紧围绕加快转变经济发展方式建言。（三）汇集共谋发展的智慧和力量。（四）进一步提高履职的能力和水平。

十届四次会议决议（2011年2月19日） 中国人民政治协商会议红河哈尼族彝族自治州第十届委员会第四次会议，于2011年2月15日至19日在蒙自举行。会议听取和审议了《中国人民政治协商会议红河哈尼族彝族自治州第十届委员会常务委员会工作报告》《中国人民政治协商会议红河哈尼族彝族自治州第十届委员会常务委员会关于十届三次会议以来提案工作情况的报告》；列席了州十届人大四次会议，听取并协商讨论了《政府工作报告》《红河州国民经济和社会发展第十二个五年规划纲要》《红河州中级人民法院工作报告》《红河州人民检察院工作报告》及其他有关报告。会议总结了政协红河州第十届委员会第三次会议以来的工作，提出了政协红河州委员会2011年工作的指导思想、目标任务。全体委员以高度的责任感和使命感，围绕全州经济社会发展中的重大问题积极议政建言，认真履行职责。会议热烈隆重，富有成效，是一次民主、求实、团结、鼓劲的大会。

会议审议通过了李保文主席代表政协红河州第十届委员会常务委员会所作的工作报告和张家顺副主席代表政协红河州第十届委员会常务委员会所作的提案工作情况报告。

会议认为，过去的一年，是我州巩固和扩大应对金融危机冲击成果，战胜百年一遇特大旱灾，沉着应对发展中出现的各种风险和困难，保持经济社会平稳较快发展的一年。在中共红河州委的领导下，政协红河州委员会坚持以邓小平理论和“三个代表”重要思想为指导，坚持以科学发展观统领政协工作，深入贯彻落实中共十七届四中、五中全会、中央经济工作会议精神，紧紧围绕全州的发展大局，把投入抗旱救灾作为履行职能最紧迫的任务，把推动桥头堡建设作为服务全州加快经济发展方式转变的重要着力点，把关注民生办实事、加强团结保稳定作为政协工作的重要内容，认真履行职能，各项工作都取得了新的成绩，为圆满完成我州“十一五”各项任务，科学制定“十二五”规划，推动红河新发展作出了积极的贡献。

会议赞同杨福生州长代表州人民政府所作的《政府工作报告》，赞同《红河州中级人民法院工作报告》和《红河州人民检察院工作报告》。

会议认为，过去的五年，是我州发展史上极不平凡的五年。面对国际金融危机冲击、严重自然灾害等一系列困难和挑战，州委、州政府深入贯彻落实科学发展观，围绕推动红河新发展和全面建设红河小康社会的目标，团结带领全州各族人民抢抓机遇，真抓实干，攻坚克难，全面完成了“十一五”规划确定的目标任务，全州经济社会发展取得了巨大成就。

会议指出，“十二五”是我州加快推进红河新发展、全面建设小康社会的关键时期。《红河州国民经济和社会发展第十二个五年规划纲要》符合科学发展的要求，体现了中央精神和红河州情，反映了全州各族人民的根本利益和共同愿望，对于进一步统一全州各族干部群众的思想认识，凝心聚力推进更具活力、更具竞争力、更具吸引力、更加宜居的模范自治州建设具有十分重要的意义。委员们对未来五年的发展充满期望，对完成“十二五”期间的各项任务充满信心。

会议强调，2011年是实施“十二五”规划的开局之年。全州各级政协组织要深入贯彻落实科学发展观，认真学习贯彻中共十七届五中全会、中央经济工作会议精神，按照中共红河州委六届八次全会和州委政协工作会议的决策部署，充分发挥人民政协协调关系、汇聚力量、建言献策、服务大局的重要作用，团结参加政协的各党派团体和各族各界人士，进一步统一思想，深化认识，突出重点，以服务转变经济发展方式作为主线，以提升工作科学化水平为目标，以改革创新精神推进政协工作，努力适应新要求、取得新进步、实现新发展。

会议号召，全州各级政协组织、政协各参加单位和广大政协委员，紧密团结在以胡锦涛同志为总书记的党中央周围，在中共红河州委的领导下，以更开阔的视野、更振奋的精神、更务实的作风投身于全州经济社会各项事业建设中，为红河更加和谐美好的明天作出新的更大的贡献！

李保文主席在十届四次会议闭幕会上的讲话（2011年2月19日）（摘要） 政协红河州第十届委员会第四次会议，在中共红河州委的领导下，经过全体委员和与会同志的共同努力，圆满完成各项议程。这次会议得到了中共红河州委的高度重视和各个方面的大力支持，州委、州政府领导参加了界别小组讨论，听取大会发言，开展重大事项协商，与委员们坦诚交换看法，共商我州改革和发展的大计，共绘“十二五”美好蓝图。各位委员紧紧围绕我州经济社会建设和关系人民群众切身利益的重大问题，广泛协商讨论，积极建言献策。通过大会发言、界别讨论、提交提案、反映社情民意等形式，提出了许多务实、建设性的意见和建议，充分体现了人民政协这一政治组织和民主形式的独特优势，展示了广大政协委员心系发展、情牵民生的时代风采。

这次会议与会人员有一个共同的感受，就是为我州“十一五”期间所取得的辉煌成就深感鼓舞、倍感振奋。五年间，州委、州政府抓住机遇，大力推进经济结构调整和产业升级，大手笔投入基础建设，城市农村面貌大为改观，全州综合实力明显提升；大力推进文化建设，城市品位全面提升，广大市民在物质生活水平不断提高的同时，充分享受文化精神生活带来的愉悦；大力推进幸福和谐社会建设，妥善协调处理各种利益关系，有效解决社会发展中存在的许多问题，使红河改革开放和现代化建设所取得的成果惠及广大群众。“十一五”所取得的成绩，在我州发展史上写下浓墨重彩的一笔。

未来的五年，是我州加快发展的机遇期、打牢基础的关键期、民生幸福的提升期，“十二五”规划的发展蓝图关乎民生，牵动民心，令人期盼，厚载众望。站在新的历史起点上，面对新的形势和任务，我们要自觉肩负起人民政协神圣的职责和光荣的使命，进一步强化政治意识、大局意识和服务意识，着眼于推动科学发展，着力于“十二五”战略目标的顺利实现，更好地履行政协职能，发挥政协作用，团结一致，共谋发展。

一定要为实现共同的奋斗目标凝心聚力。这次“两会”绘制的“十二五”蓝图、谋划的“十二五”开局，坚持科学发展，加快转变经济发展方式，全面消除基础设施瓶颈制约，强化产业支撑，推进城镇化进程，形成主体功能区，推进桥头堡建设，努力把红河建成更具活力、更具竞争力、更具吸引力、更加宜居的模范自治州。这是事关红河全局的大事，是我们共同的奋斗目标。政协各界、社会各方要在中共红河州委的坚强领导下凝心聚力，最广泛、最充分地调动一切积极因素，共同把智慧和力量、激情和干劲，凝聚到、落实到“十二五”发展的生动实践中来。

一定要为建设共同的和谐家园凝心聚力。人民政协是大团结、大联合的组织，促进和谐、维护稳定优势明显，责任重大。我们要在关注民生、为群众谋利益上积极作为，以富民强州为己任，从影响人民群众幸福感的薄弱环节入手，从改善民生、加快民富、促进和谐等最基本的工作做起，协助州委、州政府解决好就业、就医、就学和社会保障等实际问题，让广大人民群众得到实实在在的利益，共享改革发展成果。要进一步发挥优势，扩大参与政治协商的阶层范围，畅通阶层利益的表达渠道，协调阶层之间的矛盾问题，更加全面广泛地凝聚人心、汇聚力量，共同致力建设和谐、美好、幸福的家园。

一定要为维护共同的红河形象凝心聚力。推进科学发展、实现奋斗目标，必须树立合作共事、和谐干事的形象，昂扬向上、奋力赶超的形象，务实创新、开拓进取的形象。政协委员是来自不同界别、不同行业的优秀代表，是树立和维护红河形象重要推动力量，我们要倍加珍惜政治荣誉、倍加珍惜组织重托、倍加珍惜人民期望，尽职尽责，尽心尽力，在本职岗位上实现新作为，在履行职能中展现新风貌，用政协委员应具备的优良品质和言行，凝聚人心、凝聚力量，为红河的发展献计献策，为红河的形象增光添彩。

我们一定要牢记人民的期望和社会的重托，充分认识肩负的责任，主动适应形势任务的新变化、顺应经济社会发展的新要求、回应人民群众的新期盼，在中共红河州委的正确领导下，进一步在思想上形成共识，在履职上明确目标，充分发挥政协的特点和优势，为推动红河更高更快的发展，为实现全州“十二五”规划的宏伟目标而努力奋斗！

建议案

《政协红河州委员会关于红河州失地农民生存发展的建议案》（2011 年 7 月 27 日州政协十届十八次常委会议通过）。

《政协红河州委员会关于中小学校点布局调整的建议案》（2011 年 7 月 27 日州政协十届十八次常委会议通过）。

【组织概况】

副主席补选名单（2011 年 2 月 19 日十届四次会议选举产生）

普菊红

常务委员增选名单（2011 年 2 月 19 日十届四次会议通过）

王树额　李文友　罗惠芸　袁运剑

委员增补名单（2011 年 2 月 14 日州政协十届十四次常委会议通过）

普菊红　李建祥　赵红彬　梁　兵　胡建伟

委员增补名单（2011 年 12 月 22 日州政协十届二十次常委会议通过）

向从科　张红元　施毅英　赵建伟　刘　猛

副主席辞职名单

刘竹芬（2011 年 2 月 18 日州政协十届四次会议通过）

苗羊宝（2011 年 10 月 26 日州政协十届十九次常委会议通过，提交州政协十届五次会议备案）

常务委员辞职名单

李金旺（2011年2月18日州政协十届三次会议通过）

潘林森　张俊伟（2011年10月26日州政协十届十九次常委会议通过，提交州政协十届五次会议备案）

委员辞职名单（2012年2月14日州政协十届十四次常委会议通过）

荀　虹　普　庚　王树荣　王亚雄

刘庆舜　马千里　李继勇

委员辞职名单（2012年2月17日州政协十届十五次常委会议通过）

刘竹芬　李金旺

委员辞职名单（2011年12月22日州政协十届二十次常委会议通过）

张　杰　许　谋

撤销委员资格名单（2011年2月14日州政协十届十四次常委会议通过）

黄礼学

委员自然减员名单（逝世）

李志荣

【机构概况】

设办公室、研究室、提案委员会、经济建设委员会、人口资源环境委员会、科教文卫体委员会、社会法制委员会、民族宗教委员会和港澳台侨委员会（合署办公）、文史委员会、机关党委10个处级单位。办公室下设秘书科、人事科、行政科、老干部工作室、委员联络科5个科室，各专门委员会下设办公室。

【红河州、各县（市）政协领导人名单】

红河州

主　席

李保文

副主席

苗羊宝（至2011年10月26日）

张家顺（哈尼族）

陈　军（哈尼族）

刘竹芬（至2011年2月18日）

马周古（回族）　丁润森

普菊红（女，彝族）

秘书长

钟　灵

县（市、区）政协主席

个旧市	李文友
开远市	廖福云
蒙自县	钟　麟
建水县	赵晓凌
石屏县	普炳生
弥勒县	王丽华
泸西县	汪　云
红河县	高劲松
元阳县	李万明
绿春县	王树额
屏边县	尚明珠
河口县	韦海军
金平县	官朝甲

红河州各级政协委员和组织数

（截至2011年底）

项目 州（市）县		委员数		组织数
红河州		392		1
各县区市	蒙自县	201	2369	13
	个旧市	215		
	开远市	216		
	建水县	231		
	石屏县	169		
	弥勒县	222		
	泸西县	193		
	红河县	170		
	元阳县	198		
	绿春县	150		
	屏边县	145		
	河口县	96		
	金平县	163		
合　计		2761		14

（编写：丁　勇　审稿：钟　灵）

政协文山壮族苗族自治州
委　员　会

【全体委员会议】

十届六次会议 2011 年 2 月 16～19 日在文山举行。应到会委员 368 名，实到会委员 331 名。会议听取并审议通过王云凌主席所作的《政协文山州第十届委员会常务委员会工作报告》和副主席侯强所作的《政协文山州第十届委员会常务委员会关于五次会议以来提案工作情况的报告》；与会委员列席文山州第十二届人民代表大会第七次会议，听取和协商讨论《文山壮族苗族自治州人民政府工作报告》和计划、财政报告，协商讨论州中级人民法院、人民检察院工作报告。会议期间，召开非公经济、“三农”工作、工贸财税、社会发展、民主法制 5 场界别联组会，围绕全州经济社会发展建言献策；召开协商讨论政府工作报告、两院工作报告及计划、财政报告情况的反馈会，州政府及州法院、检察院、发改委、财政局等部门领导到会听取反馈意见。会议对政协文山州第十届委员会常务委员会 2010 年的工作给予了充分的肯定，对常务委员会工作报告提出的 2011 年工作任务表示同意，对“一府两院”工作报告和计划、财政报告表示赞同。会议审议通过了《中国人民政治协商会议文山壮族苗族自治州第十届委员会第六次会议决议》（草案），并号召全州政协组织、政协委员和政协参加单位，要深入贯彻落实科学发展观，在中共文山州委的坚强领导下，围绕中心、服务大局，积极履职、开拓奋进，为实现中共文山州委、州人民政府提出的宏伟目标作出新的贡献。州政协副主席李海柏主持开幕会，主席王云凌主持闭幕会并在闭幕会上讲话。副主席侯强、李春林、黄昌礼、罗正卿、朱丽舒、陈晓华，秘书长何代文出席会议。

州委书记李培，州委副书记、州长黄文武等州委、州人大、州政府、州纪委领导及州“两院”主要领导、驻文部队部分领导、州政协历届领导、住文的省人大常委会委员应邀参加会议的开幕式和闭幕式，部分领导参与了会中的小组讨论；住文山城区的其他厅级老领导、省政协委员，以及领导班子成员中无州政协委员的州直部门和单位、省驻文单位及重点骨干企业的有关领导应邀列席了会议。

【常务委员会会议】

第 21 次会议 1 月 26 日在文山召开。应到会 43 人，实到会 32 人。州政协主席王云凌主持会议。会议审定关于召开政协文山州第十届委员会第六次会议的决定、议程、日程，秘书长、副秘书长建议名单，特邀人员及特邀单位和列席单位名单，常务委员会工作报告、提案工作情况报告，常务委员会工作报告报告人建议名单、提案工作情况报告报告人建议名单，授权主席会议审定未尽事宜的决定。副主席李海柏、侯强、李春林、黄昌礼、罗正卿、朱丽舒，秘书长何代文出席会议。州政协巡视员杨国顺、陈莉，各委办主任、副主任，调研员、副调研员，政协参加单位、民主党派及 8 个县（市）政协有关领导列席会议。

第 22 次会议 3 月 28 日在文山召开。应到会 43 人，实到会 30 人。王云凌主席主持会议并讲话。会议听取全国政协委员、州人大常委会副主任卢京传达全国政协十一届四次会议精神及州政协提案委副主任李红梅报告政协文山州第十届委员会第六次会议提案审查情况；讨论通过《政协文山州第十届委员会常务委员会 2011 年工作要点》。副主席李海柏、侯强、李春林、罗正卿、朱丽舒、陈晓华，秘书长何代文出席会议。州政协巡视员杨国顺、陈莉，各委办主任、副主任，调研员、副调研员，各参加单位有关领导及各县（市）政协领导列席会议。

第 23 次会议 7 月 19 日在文山召开。应到会 42 人，实到会 38 人。州政协主席王云凌主持会议。会议听取了王云凌主席传达省政协十届十五次常委会议精神；审议通过相关人事问题；安排部署下半年工作任务。会议邀请州委宣传部副部长、州文化产业办公室主任廖云华作专题讲座。州政协副主席侯强、罗正卿、朱丽舒、陈晓华，秘书长何代文出席会议，州政协巡视员陈莉，副秘书长，各委办主任、副主任、调研员、副调研员，各参加单位有关领导及各县（市）政协主席（或副主席）列席会议。

第 24 次会议 10 月 21 日在文山召开。应到会常委 42 人，实到 31 人。州政协主席王云凌主持会议并讲话。会议听取州发改委主任马斌通报今年全州经济运行和重大项目建设情况；听取州政府副秘书长李付珠通报州政协十届六次会议提案办理情况；听取州食品药品监督局局长张仁茂通报全州食品药品监督管理工作情况；会议分组讨论以上三个通报并提出意见建议。副主席李海柏、李春林、罗正卿、朱丽舒、陈晓华，秘书长何代文出席会议。常务副州长徐爱民参加会议。州政协巡视员陈莉，副秘书长，各委办主任、副主任，调研员、副调研员，各参加单位及 8 个县（市）政协有关领导列席会议。

第 25 次会议 12 月 29 日在文山召开。应到会 42 人，实到 27 人。州政协主席王云凌主持会议。会议审议通过《关于召开政协文山州第十一届委员会第一次会议的决议（草案）》《政协文山州第十一届委员会委员建议人员名单（草案）》《政协文山州第十一届委员会第一次会议特邀、列席单位、人员名单（草案）》《政协文山州第十一届委员会第一次会议筹备工作未尽事宜授权主席会议决定的决议（草案）》；审议《政协文山州第十一届委员会第一次会议议程（草案）》《政协文山州第十一届委员会第一次会议日程（草案）》《政协文山州第十届委员会常务委员会工作报告（草案）》《政协文山州第十届委员会常务委员会提案工作情况报告》（草案）。王云凌主席在会上要求，州政协“十一届一次会议”筹备工作领导小组要加强对筹备工作的领导，认真做好最后的准备工作，确保会议顺利召开。副主席李海柏、李春林、罗正卿、朱丽舒，秘书长何代文出席会议。州政协巡视员陈莉，副秘书长，各委办主任、副主任，调研员、副调研员，各参加单位及 8 个县（市）政协有关领导列席会议。

【专门委员会工作】

提案法制委员会 州政协十届六次会议共收到提案 152 件，参与提出提案的委员 239 人次，立案 152 件，主席会议确定重点提案 14 件。152 件提案分别交由 41 个部门和 3 县（市）人民政府办理。截至 11 月底，全部提案已办复完毕。创办《重要提案摘报》，至年底共编发了 10 期。州政协十届六次会议期间，表彰了十届四至五次会议以来的优秀提案 45 件、办理提案先进单位 20 个、先进提案工作者 20 名。开展了文山州公安交警部门贯彻执行《道路交通安全法》工作情况调研，并形成调研报告报送州委、州政府和有关部门，引起了党委、政府和有关部门的重视。配合完成了省政协社法委、提案委到我州调研，专题汇报了我州 2006 ~ 2011 提案工作情况和学习贯彻《全国政协提案工作条例》和社会法制工作情况。积极组织并征集到省政协第四届民生论坛参选论文 38 篇，推荐上报 33 篇。通过省政协组织评选，荣获二等奖 1 篇，三等奖 3 篇，荣获组织奖。

科教文卫体委员会 牵头组织开展建设“文山·中国中药生物谷”课题和全州美食产业培育发展情况调研，分别形成调查报告和关于《建设“文山·中国中药生物谷”的建议案》《“文山·中国中药生物谷”建设研究》报送州委、州政府。其中，《建议案》得到重视和采纳，州政府已成立“文山·中国中药生物医药谷”发展领导小组，并组织制定“文山·中国中药生物谷”发展规划。配合省政协教科文卫体委员会和有关部门对我州边疆民族地区科技事业发展情况进行调研。参与做好政协文山州十届六次会议的宣传和“社会发展”专题界别联组会筹备工作，协助组织材料并修改发言稿16篇。抓好两件重点提案的督办工作，积极开展教育、卫生建设项目引资援建工作，共引进援建捐资50万元，援建项目2个。协助有关捐资方对上年援建的11个项目进行了验收。撰写工作信息7期、社情民意反映2期。完成了《文山州政协部分文件材料汇编》的收集、编排、印刷等工作，共印130册。参加了全省政协教科文卫体工作座谈会，并撰写相关材料在会上作交流发言。

经济委员会 组织经济界别小组委员到延安等革命老区和文山州第一个民主政府建立之地——追栗街镇丫呼寨革命传统教育基地开展以“庆党建、承传统、议履职”为主题的委员小组活动；组织协调经济界别的8名委员在州政协十届六次会议的界别联组会上交流发言。组织相关部门、民主党派、部分政协委员、专家围绕我州“十二五”规划对三七、辣椒、油茶、核桃良种选育科研工作情况及辣椒产业发展情况进行调研，形成调查报告报送党委政府，并针对调研中发现的问题，促成由州科技局牵头，生物三七、农业、林业有关部门配合共同完成《文山州三七、辣椒、油茶、核桃良种选育工作方案》上报州政府审议。撰写《文山丘北辣椒研究所无良种选育科研基地的情况应引起高度重视》社情民意上报州委、州政府。组织委员撰写各类提案十余件，被列为重点提案1件。加强与提案承办单位的沟通和联系，跟踪督办的重点提案5件，提高了提案办理质量和落实率。州政协十届六次全会期间，承担“协商组”工作职责，及时将“一府两院”协商讨论会及其他会议情况进行收集整理，向会常委会和有关领导作专题汇报。召集政协委员和有关人士对州政府法制办提交的《文山壮族苗族自治州丘北辣椒发展条例（草案）》（送审稿）进行了专题协商讨论，提出建设性意见建议31条。

委员联络委员会 组织委员深入文山市及砚山、西畴、富宁等县（市），对我州住房公积金运行情况进行调研，提出的意见建议，引起了州政府分管领导和有关职能部门的高度重视，使我州原制定的住房公积金管理办法等有关规定得到了充实和完善，有效促进了全州住房公积金管理工作的开展。收集整理编辑《政协文山州第十届委员会界别联组会议发言材料汇编》（2006年至2011年），全书分上、中、下三册，共80万多字，为州政协存史、资政和委员参政议政提供了学习借鉴的资料。参加全省八自治州政协横向联系会，提交的《不断加强专委会建设　充分发挥专委会作用》交流材料，得到了与会单位的好评。组织相关专委会到昆明市政协学习考察，重点学习了昆明市政协在委员管理方面好的做法，草拟了《政协文山州委员会委员管理办法》（草案）。提出的《关于做好新一届政协委员协商推荐工作和界别设置的意见》等文稿，为州委统战部起草《第十一届州政协委员安排方案》，提供了有价值的参考意见。做好州政协第十一届委员会协商推荐工作，负责留任委员的提名考察和办理相关手续，确保第十一届州政协换届工作的顺利进行。

民族宗教外事委员会 由李海柏副主席等有关领导带队，组织州、县两级政协委员，州侨联、州外侨办等部门领导和相关人员参与的联合调研组，先后对文山州散居归侨侨眷生产生活情况、宗教促进社会和谐情况进行调研，形成的调研报告得到了州委、州政府及有关部门的肯定。在十届六次会议之前和会议期间，积极参与对“一府两院”工作报告和计划、财政报告的协商讨论；组织委员围绕中心和群众关心的热点、难点问题撰写并提交提案，本专委会共提交了9件提案，其中，集体提案1件、联名4件、个人4件。积极开展委员小组活动，组织委员认真学习胡锦涛总书记在庆祝中国共产党成立90周年和纪念辛亥革命100周年大会上的讲话精神及中共文山州委政协工作会议精神，并前往福建省考察学习民族宗教、侨务、对外开放等方面的工作情况。积极参加省政协民宗委组织召开的工作座谈会和“和谐宗教建设”研讨会；参加省政协社法委组织的第四届民生论坛，上报的《创新边境地区社会管理为桥头堡建设创造良好环境》一文，已在《文山社科》上发表。

人口资源环境委员会 组织委员对全州矿山开发环境保护治理情况进行视察；协助省政协完成了“富水强滇”“水资源暨抗旱保民生工作情况”在文山境内的专题调研；配合农工民主党云南省委开展的“云南省基层医疗卫生机构补偿机制研究”课题在文山的调研；关注我州林产业，特别是油茶产业的发展，为全州油茶产业发展提出建设性意见建议。提出《关于将生态建设纳入党政实绩考核的建议》等4件提案。同时，积极参与重点提案督办，通过对《关于重视废弃节能灯回收及循环利用的建议》《关于启动广南铁皮石斛原产地域保护工作的建议》等重点提案的督办，提高了委员对提案办理结果的满意度，增强了委员提提案的信心，促进提案办理取得实效。对暮底河水库上游实地走访调查，提出了《暮底河水库水质大幅下降应引起高度重视》的社情民意反映，得到州委、州政府和文山市委、市政府的高度重视，促成相关部门着手解决问题。坚持开展委员小组活动，发挥委员主体作用。积极参与政协全会的筹备及会议服务工作；随同州政协分管领导深入扶贫挂钩点开展扶贫工作，帮助困难群众、贫困学生协调解决资金6万余元，并帮助落实帮扶建设项目；参与对烤烟生产、烟叶收购、烟水工程和防汛抗旱工作的督查；积极承办和参加省政协人资环委在我州召开的联系会议和交流活动；派出人员参加全州新农村建设，并为新农村建设砚山县阿舍点协调资金近10万元。

【重要活动】

全州各族各界人士2011年迎新春茶话会 1月12日在州政协六楼会议室举行，州政协主席王云凌主持。中共文山州委书记李培出席茶话会并作重要讲话。各族各界代表人士从文山三七产业发展走向，老龄事业发展、第三产业的发展，民主党派作用的发挥，支农惠农政策的实施等方面畅谈了文山经济社会发展所取得的成就，并就统战理论教育，三七工业园区建设，老龄事业发展，清洁能源的开发利用及第三产业发展等，向州委、州政府提出了中肯的意见和建议。州委副书记罗国权，州人大常委会主任付加兴，州委常委、常务副州长徐爱民，州委常委、政法委书记吴俊明，州委常委、秘书长李国安，州委常委、纪委书记王维真，州委常委、砚山县委书记马志山，州委常委、组织部部长黄宏伟，州人大常委会副主任卢京，州人民政府州长助理任强，州政协副主席李海柏、侯强、李春林、罗正卿、朱丽舒、陈晓华，巡视员杨国顺、陈莉，州委、州人大常委会、州人民政府、州政协秘书长、办公室主任，州法院、检察院，州委组织部、宣传部、统战部，州发改委、民宗委，州科技局、公安局、司法局、人社局，州公安边防支队、武警文山州支队、州公安消防支队和部分省驻文单位领导，各民主党派、政协参加单位领导，文山市委、市人大常委会、市政府、市政协主要领导，部分专家技术人才、企业界人士、归侨侨眷、民族宗教界人士、文学艺术界人士共136余人出席茶话会。

建设“文山·中国中药生物谷”专题座谈会 3月14日举行，州政协主席王云凌出席，副主席李春林主持，州、县中医院的李广文、王文、杨仁德、余永祥、冯兵、何成云、江海等中医药专家应邀参加。各位专家围绕建设“文山·中国中药生物谷”有关问题进行了深入探讨，一致认为：建设“文山·中国中药生物谷”，对于加快培育我州生物产业，壮大县域经济，增加农民收入，优化区域产业结构，转变经济发展方式，保护生态环境，促进经济社会又好又快发展具有重要意义。通过座谈，形成了共识。

配合香港慈善组织和人士到我州开展资助和援建活动 经州政协有关领导和科教文卫体委员会衔接协调，3月24～29日，香港慈恩基金会和慈善人士沈大馨先生带领捐方一行在州政协科教文卫体委员会主任和受援项目县领导的陪同下，先后到富宁、西畴两县开展资助贫困生和援建教育卫生设施等活动。香港慈恩基金会义工余英慧和黄玉珍女士代表基金会向富宁、西畴两县捐资58.8万元资助贫困高中生和援建教育卫生基础设施。其中：捐资8.8万元资助富宁县贫困高中生178人（人均500元），捐资30万元港币援建西畴县蚌谷乡木者小学，捐资20万元港币援建兴街中心卫生院门诊综合楼。并分别在富宁县一中、民族中学和西畴县木者小学、兴街镇中心卫生院举行了捐赠仪式和奠基仪式。慈善人士沈大馨先生带领捐方一行到西畴县参加了捐资40万元港币援建的红石岩小学和王家塘小学教学综合楼竣工典礼，对捐资40万元港币援建的砚山县铳卡小学和响水龙小学，因时间关系未能到学校举行竣工典礼，砚山县教育部门向捐方提供了学校建设的有关资料。同时，沈大馨先生一行还对西畴县需援建的界牌小学和那磨小学进行了实地考察，并明确了州政协扶贫挂钩点富宁县援建小学项目申报的意向。

庆祝建党90周年书画摄影展 7月1日，全州政协系统庆祝建党90周年书画摄影展在州政协举行开展仪式。此次展览共收到书画摄影作品88件（其中：书法32件，绘画8件，摄影48件），经组委会组织专家进行评审，79件作品入选参展。这些作品融思想性、艺术性、教育性为一体，具有一定的功力和水平，展现了全州广大政协委员、政协机关干部职工爱党爱国的炽热情怀和积极进取的精神风貌，为党的90华诞献上了一份珍贵的礼物。州政协副主席、活动领导小组组长李春林同志代表政协文山州委员会在开展仪式上作了讲话，州政协秘书长何代文主持开展仪式。州政协主席王云凌，副主席罗正卿、朱丽舒、陈晓华出席开展仪式。州委办、州人大常委会办、州政府办、州委统战部领导也应邀出席了开展仪式。住文山城区的州政协常委，参与此次活动的州政协委员，州政协机关、文山市政协机关全体干部职工，七县政协及办公室领导参加了开展仪式。

承办云南省八自治州政协第二十三次横向联系会议 8月30日，云南省八自治州政协第二十三次横向联系会议在文山市召开。全省八个自治州政协有关领导出席会议。中共文山州委副书记罗国权应邀到会指导。文山州八县（市）政协主席，州政协机关副处级以上干部列席会议。文山州政协主席王云凌致欢迎词，副主席李海柏主持会议。文山州委副书记罗国权同志代表中共文山州委、州人民政府介绍了文山州情和全州经济社会发展情况，以及党委、政府支持人民政协履行职能发挥作用的举措，充分肯定了政协文山州委员会在全州经济社会建设过程中发挥的重要作用。与会同志紧紧围绕会议主题，总结发挥委员主体作用的主要做法和经验，探讨新形势下如何进一步发挥好委员主体作用，以促进人民政协事业的健康持续发展。

开展全州石产业发展情况进行专题调研 8月25日至9月28日，根据州政府安排，州政协组成由主席王云凌带队，副主席李春林、朱丽舒及州国土资源局、工信委、发改委、财政局等相关人员参加的全州石产业发展情况调研组，分3个时段深入全州8个县（市）对贯彻落实《云南省人民政府关于加快石产业发展的意见》的情况进行检查，同时对全州石产业发展情况进行专题调研。

全州政协宣传信息工作暨2012年度《云南政协报》征订工作会议 11月10日在马关县城召开。州政协主席王云凌到会并讲话，马关县政协主席沈章华致欢迎辞，州政协秘书长何代文作会议总结。州委宣传部和云南政协报社有关领导应邀到会，分别就做好新形势下宣传信息工作、如何撰写政协宣传信息稿件进行了交流，西畴、富宁、马关3个县政协在会上作了交流发言。马关县委、县委宣传部有关领导，州政协办公室、州级各民主党派、工商联分管宣传信息工作的领导，马关县政协领导班子成员及各委室领导，各县（市）政协分管办公室工作的领导，办公室主任，信息员和云南政协报社记者出席了会议。

【重要文件】

常务委员会工作报告（2011年2月16日）（摘要） 报告分两大部分。

一、2010年工作回顾。（一）增强履职实效，服务第一要务。——搞好政治协商，促进科学决策。一是在州政协十届五次全会召开之前和全会期间，组织委员对“一府两院”工作报告和计划、财政报告进行协商，及时综合整理委员提出的9个方面的意见建议59条，向州政府和有关部门进行反馈。二是召开主席扩大会议，邀请部分州政协委员对《文山壮族苗族自治州国民经济和社会发展第十二个五年规划纲要》（征求意见稿）进行专题协商，为编制好文山州“十二五”规划建言献策。三是分别召开“三农”工作、非公经济、社会发展、民主法制界别联组会议，组织了40位委员就促进金融更好地服务“三农”、促进大中专毕业生创业就业、促进三七、油茶等产业发展、农民工问题、扶持中小企业发展、积极应对人口老龄化、发展职业教育、提高民主党派参政议政能力、加强预防职务犯罪等方面的工作进行建言献策，提出意见建议199条。四是组织委员对有关部门提交的“关于设立‘两委五区’规划的调研报告”、《文山州深化卫生体制改革实施意见》等10多个规范性文件和重要文稿进行协商，提出了相应的意见建议并作书面反馈。——开展民主监督，促进工作落实。一是发挥提案在民主监督中的重要作用。为增强提案工作实效，主席会议确定了12件重点提案，采取由主席班子成员领衔，相关专委会参与督办，既起到了示范作用，扩大了影响，又促进和带动了整个提案办理工作的落实，通过提案参政议政和民主监督的效果比较明显。提案办理的采纳率、落实率、满意率比上年有了较大提高。二是利用各种会议，有针对性地邀请党政部门领导作专题讲座或通报，让委员多方面了解全州经济社会发展、部门工作等情况。三是支持受聘担任行风评议员、特邀监察员、警风警纪监督员和特约检察员的政协委员履行职能，开展民主监督。——积极参政议政，推动科学发展。一年来，由各专委会牵头，主席班子成员带队，通过采取横向联合和上下联动的方式，邀请驻文省政协委员，各民主党派、人民团体、政府有关部门和组织州县政协委员，政协参加单位负责人等，就木本油料基地建设、米线等鲜粮食品质量安全、农村信用社服务“三农”、人口出生缺陷干预、老龄工作、移民工作、农村消防工作等12个专题进行了调研视察，提出具有前瞻性和可操作性的意见建议86条，许多意见建议被采纳，产生了良好的效果。（二）突出两大主题，维护社会和谐。常委会坚持把团结和民主贯穿于履职的始终，充分发挥政协优势，创造条件，营造环境，较好地体现了团结各界、凝聚人心、汇集力量、促进和谐的作用。——积极促进党派团体合作共事。坚持把多党合作的要求贯穿于政协工作的各个方面，充分尊重民主党派、工商联、无党派人士和各族各界代表的民主权利，努力营造民主和谐、合作共事的氛围，主动加强同他们的联系和沟通，重视发挥他们的作用。——为改革发展稳定凝聚力量。常委会注意发挥政协组织联系社会各界的桥梁纽带作用，把加强团结和发扬民主贯穿到履行职能的各个环节，组织和支持委员深入民族地区，了解社情民意，配合有关部门做好团结稳定的工作。州政协充分发挥联系广泛的优势，积极做好慈善和公益事业，通过联系香港慈善机构和爱心人士捐资，援助教育、卫生基础设施建设、贫困学生帮扶等项目20个，引资376万元。高度重视社情民意信息反映工作，注重从政协的各种会议、调研视察、委员提案中挖掘有质量的社情民意信息，共向州委、州政府和有关部门报送政协专报、信访工作动态、社情民意反映、文山政协信息共105期187篇。——为联谊交流搭建平台。州政协通过举办各族各界人士迎新春茶话会，全州政协系统联谊活动，以及开展“委员活动日”和委员小组活动，接待外地政协学习考察团来文交流，组织州、县（市）政协委员和机关干部外出学习考察，参加省、州（市）政协工作研讨会，承办召开全省八自治州文史资料工作第四次联系会议等，努力搭建联谊交流平台，以丰富多彩的内容为政协系统横向、纵向联系畅通了渠道，加强了团结合作，促进了工作交流，扩大了社会影响。（三）积极探索创新，努力推进“三化”建设。常委会注重把履职实践中带规律性的工作内容和成功经验及做法进行认真总结，编辑出版了《政协文山州委员会规章制度汇编》，共收录63项规章制度，15个政协会议范例材料，并收录《政协章程》以及近几年来中央、省、州党委、政府有关重要文件。编辑出版了《文山州政协部分文件材料汇编》《文山州文史资料》（第十五辑）、“十届州政协一至五次会议期间界别联组会议发言材料汇编”。组织全州各级政协委员书画摄影作品，参加全省政协系统“祥和彩云南”书画摄影作品展。（四）心系灾区群众，倾力关注民生问题。州政协主席班子成员多次深入基层，指导抗旱救灾工作，抽调专委会领导参与抗旱救灾督查工作，组织政协机关、各民主党派、工商联、部分非公经济界政协委员和商会代表等及时为灾区献爱心，同时在政协机关开展“共产党员抗旱先锋行动”，号召共产党员积极帮助灾区群众渡过难关，共为灾区捐款91.99万元。始终把挂钩扶贫作为一项重要的工作任务来抓，主席班子成员深入扶贫联系点，了解群众的生产生活情况，切实帮助群众解决生产生活中碰到的实际困难。2010年，州政协为扶贫挂钩点协调投入无偿资金330多万元，使扶贫联系点群众生产生活条件较上年有了明显的改善。（五）加强理论学习，着力加强自身建设。常委会认真推进学习型组织建设，不断创新学习方法，以理论指导实践，促进工作开展。结合学习实践科学发展观，开展“三个一”主题实践和“创先争优”及创建学习型机关、学习型党组织活动，不断丰富学习内容和方式，组织好常委会议专题学习、中心组学习、领导干部在线学习、专题讲座、参加前沿知识讲座、委员小组学习活动等，还重点学习了党的十七届四中、五中全会精神，胡锦涛总书记在庆祝人民政协成立60周年大会上的重要讲话精神，中共云南省委政协工作会议精神。首次组织召开了全州政协新闻宣传工作会议，为政协组织更好地履职营造了良好的工作氛围。

二、2011年工作意见。（一）进一步加强学习，牢牢把握政协工作的目标和方向。（二）围绕州委七届七次全会提出的目标任务，更加有效地履行政协职能。（三）继续做好凝心聚力工作，为构建和谐文山作出新贡献。（四）加强自身建设，不断提高履职水平。

十届六次会议决议（2011年2月19日） 中国人民政治协商会议文山壮族苗族自治州第十届委员会第六次会议，于2011年2月16日至19日在文山举行。会议听取和审议了《中国人民政治协商会议文山壮族苗族自治州第十届委员会常务委员会工作报告》《中国人民政治协商会议文山壮族苗族自治州第十届委员会常务委员会关于五次会议以来提案工作情况的报告》，表彰了一批优秀提案、办理提案先进单位、先进提案工作者。与会委员列席了文山州第十二届人民代表大会第七次会议，听取并协商讨论了“一府两院”工作报告和计划、财政报告及《文山州国民经济和社会发展第十二个五年规划纲要》。会议期间，中共文山州委、文山州人民政府领导亲临大会并参加了界别联组会议，同与会者共谋文山发展大计。全体委员以高度负责的精神，围绕全州经济社会发展中的重大问题积极建言献策。会议隆重热烈、民主务实，是一次统一思想、明确目标，凝聚人心、团结鼓劲的大会。

会议认为，2010年是我州巩固和扩大应对国际金融危机冲击成果，积极抗大旱、抓春耕、保民生、促发展，加快转变经济发展方式，经济社会发展取得显著成效的一年。一年来，在中共文山州委的坚强领导下，全州上下坚持以科学发展观为统领，创新发展思路、推进改革开放、促进经济社会发展，胜利完成了“十一五”规划的目标任务，我州经济建设、政治建设、文化建设、社会建设及生态文明建设成绩显著，全州综合实力、发展质量与人民生活水平迈上新的台阶，在全面建设小康社会的伟大征程中谱写了新的篇章。政府工作报告客观总结了“十一五”时期我州经济社会发展的重大成就，明确了“十二五”时期全州科学发展的目标任务。委员们对我州实现“十二五”奋斗目标充满信心，并就如何做好今年各项工作提出了许多有价值的意见和建议。

会议认为，2010 年，州政协常委会高举爱国主义、社会主义旗帜，牢牢把握团结和民主两大主题，认真履行政治协商、民主监督、参政议政职能，团结动员各党派、各团体、各民族、各阶层和各界人士，齐心协力谋发展、凝心聚力促转变、尽心竭力惠民生，为我州改革开放和社会主义现代化建设积极贡献力量，政协事业呈现出团结和谐、务实进取、蓬勃发展的良好局面。州政协常委会工作报告总结去年工作客观全面，安排今年任务明确具体，紧扣了科学发展的主题和主线，体现了围绕中心、服务大局的基本原则，坚持了务实创新精神，对做好今年政协工作具有重要指导意义。

会议指出，2011 年，是中国共产党成立 90 周年，是实施“十二五”规划的开局之年，也是加快推进我州转变经济发展方式的关键之年。围绕全州大局，做好今年工作，意义至为重要。全州政协各级组织、各参加单位和广大委员，要认真贯彻落实中央、省州党委的决策部署，统一思想、增强责任，振奋精神、扎实工作，努力为全州开创“十二五”科学发展新局面贡献力量。

会议强调，要始终高举中国特色社会主义伟大旗帜，永葆人民政协事业发展的正确政治方向。结合中国共产党成立 90 周年庆祝活动，引导广大委员和各族各界人士坚持用中国特色社会主义理论体系武装头脑，努力践行社会主义核心价值体系，深入学习中共中央关于开展人民政协工作的理论政策、方针原则、部署要求，不断增进对中国特色社会主义的政治认同和思想认同，进一步坚定在中国共产党领导下走中国特色社会主义政治发展道路的信念。

会议强调，科学发展是世界潮流、时代主题，是促进文山经济社会发展的必由之路。全州政协各级组织、各参加单位和广大委员要紧紧围绕州委、政府工作中心，认真履行职能、积极建言献策。要积极投身全州改革开放和社会主义现代化建设的伟大实践，立足本职、真抓实干，奋力拼搏、进取创新，在科学发展中建功立业。

会议强调，人民政协的根基在人民、血脉在人民、力量在人民。要始终坚持以人为本、履职为民，积极协助党委和政府做好新形势下的群众工作。要紧紧围绕改善民生、促进民和、保障民安，切实深入基层，倾听群众呼声，关心群众疾苦，服务人民群众，为和谐文山建设作出积极贡献。

会议强调，要坚持务实创新，不断提升政协工作科学化水平。要坚持用中国特色社会主义理论体系指导政协工作，深入研究新形势下人民政协事业发展的理论和实践问题，着力提升工作的层次和水平。要健全完善人民政协履行职能的各项机制，着力推进政协工作的制度化、规范化、程序化。要继续创建学习型政协组织和开展创先争优活动，努力造就一支高素质的政协委员队伍和机关干部队伍，为政协事业的发展提供组织保证。

会议号召，全州各级政协组织、各参加单位和广大委员，紧密团结在以胡锦涛同志为总书记的中共中央周围，高举中国特色社会主义伟大旗帜，以邓小平理论和“三个代表”重要思想为指导，深入贯彻落实科学发展观，在中共文山州委的坚强领导下，围绕中心、服务大局，积极履职、开拓奋进，为实现中共文山州委、州人民政府提出的宏伟目标作出新的贡献，以优异成绩迎接中国共产党成立九十周年！

王云凌主席在州政协十届六次会议闭幕式上的讲话（2011 年 2 月 19 日）（摘

要） 会议期间，协商讨论了《文山州人民政府工作报告》《文山州国民经济和社会发展第十二个五年规划纲要》（草案）、“两院”报告和计划、财政报告，审议通过了大会的有关决议。这是一次总结过去、谋划未来，统一思想、凝聚力量，共绘蓝图、催人奋进的会议，是一次团结、民主、求实、鼓劲的会议。本次会议对于更好地组织和动员全州各级政协组织、广大政协委员和各族各界人士，共同致力于全州经济平稳较快发展和社会和谐稳定，为“十二五”开好局、起好步将会产生积极的促进作用。

今年是中国共产党成立90周年，也是实施“十二五”规划的开局之年。全州各级政协组织和全体政协委员，要认真贯彻中共云南省委政协工作会议和文山州委七届七次全会精神，自觉肩负起人民政协的神圣职责和光荣使命，着眼于推动科学发展，着力于“十二五”战略目标的顺利实现，以更加坚定的信念、更加振奋的精神和更加扎实的工作，努力在促进发展上有新成效、在凝心聚力上有新作为、在建言献策上有新提高，在奋力开创“十二五”科学发展新局面，在不断推进富裕文明开放和谐文山建设的伟大实践中创造新业绩、再作新贡献。

一要认真贯彻州委七届七次全会精神，进一步提高履职实效。二要把握团结和民主两大主题，为科学发展凝心聚力。三要充分发挥政协的特色和优势，为推进全州招商引资增添发展新动力作出更大贡献。四要珍惜荣誉，以饱满的政治热情履行好任期职能。按照省、州党委的安排，州政协十届委员会延期至明年初换届。

建议案

《关于建设“文山·中国中药生物谷”的建议案》（2011年6月23日州政协十届四十三次主席会议通过）

《关于“加快发展文山石产业”的建议案》（2011年11月22日州政协十届四十七次主席会议通过）

【机构概况】

2011年，文山州政协机关内部机构设办公室、提案法制委员会、经济委员会、科教文卫体委员会、委员联络委员会、民族宗教外事委员会、人口资源环境委员会。其中办公室下设秘书科、人事教育科、行政财务科、信访科、智力支边办公室、车队。

【文山州、县（市）政协领导人名单】

文山州

主　席

王云凌

副主席

李海柏（彝）　侯　强（回）

李春林

黄昌礼（壮，2011年7月退休）

罗正卿　朱丽舒（女）

陈晓华（女）

秘书长

何代文（壮）

县（市）政协主席

文山市	柏应明
砚山县	陈光祥
西畴县	王　俊
麻栗坡县	项廷超
马关县	沈章华
丘北县	戚守存
广南县	赵世翔
富宁县	李广生

文山州各级政协委员和组织数

（截至2011年底）

<table>
<tr><th colspan="2">项目 / 州（市）县</th><th colspan="2">委员数</th><th>组织数</th></tr>
<tr><td colspan="2">文山州</td><td colspan="2">368</td><td>1</td></tr>
<tr><td rowspan="8">各县市</td><td>文山市</td><td>207</td><td rowspan="8">1624</td><td rowspan="8">8</td></tr>
<tr><td>砚山县</td><td>207</td></tr>
<tr><td>西畴县</td><td>162</td></tr>
<tr><td>麻栗坡县</td><td>174</td></tr>
<tr><td>马关县</td><td>191</td></tr>
<tr><td>丘北县</td><td>211</td></tr>
<tr><td>广南县</td><td>275</td></tr>
<tr><td>富宁县</td><td>197</td></tr>
<tr><td colspan="2">合计</td><td colspan="2">1992</td><td>9</td></tr>
</table>

（编写：侬延光　审稿：何代文）

政 协 普 洱 市 委 员 会

【全体委员会议】

二届三次会议 2011年2月21～24日在思茅举行。应到委员277名，实到256名。市政协副主席王其明主持开幕大会和闭幕大会。会议听取并审议通过了白文彬主席代表政协普洱市第二届委员会常务委员会所作的工作报告和李盛富副主席代表政协普洱市第二届委员会常务委员会所作的提案工作情况报告；听取并协商讨论了市政府工作报告及其他报告；增选了政协普洱市第二届委员会常务委员；分组召开专题协商会协商讨论了政府工作报告、“两院”工作报告和“十二五”规划纲要（草案）；表彰了二届一次会议以来优秀提案和提案办理先进单位；审议通过了《政协普洱市第二届委员会第三次会议决议》。白文彬在闭幕会上作了重要讲话。市委书记沈培平，市委副书记、市长李小平，市委副书记钱德伟，市人大常委会主任丁艳波，以及其他市领导、普洱军分区领导、市中级人民法院院长（人名）、市人民检察院检察长（人名），部分离退休老领导应邀参加会议。驻普全国政协委员、省政协委员，市直各部门、人民团体、企事业单位以及省驻普单位、驻普军警部队领导，市政协机关副处以上干部、县（区）委统战部长和驻普商会负责人应邀列席会议。

【常务委员会会议】

第10次会议 1月26日在思茅召开。应到会55人，实到会48人。白文彬主席主持会议。会议传达学习了云南省“两会”精神和中共普洱市委二届十次全委会议精神，听取了市委组织部有关人事事项的说明。会议审议通过有关人事事项。白文彬主席在会上作了重要讲话。市政协副主席王其明、郑映德、陈建疆、刘丽春、李盛富，秘书长黄河立出席会议，市委组织部领导、景谷县政协主席应邀参加会议，市政协机关副处级以上干部列席会议。

第11次会议 2月24日（市政协二届三次会议期间）在思茅召开。应到会54人，实到会47人。白文彬主席主持会议。会议听取了二届三次会议各组讨论情况的汇报，审议通过了《增选政协普洱市第二届委员会常务委员候选人名单》（草案）、《选举办法》（草案）、《总监票人、监票人名单》（草案）、《政协普洱市第二届委员会提案委员会关于二届三次会议收到提案情况的说明》（草案），原则审议通过了《政协普洱市第二届委员会第三次会议决议》（草案）。副主席郑映德、王其明、陈建疆、刘春丽、马春华、李盛富，秘书长黄河立出席会议，大会秘书长、副秘书长，各组召集人，秘书组、组织组、提案组、宣传组组长、副组长列席会议。

第12次会议 4月12日在思茅召开。应到会55人，实到会47人。会议分别由副主席王其明、李盛富主持。会议传达学习了全国“两会”精神；学习了杨善洲同志先进事迹和崇高精神（书面）；听取了市政府副市长杨林关于全市人力资源和社会保障工作情况通报；审议通过了有关人事事项。举行了“做好新形势下群众工作”专题讲座。王其明在会议结束时作了讲话。市政协主席白文彬，副主席陈建疆、刘春丽、马春华，秘书长黄河立出席会议，市委常委、市政府副市长杨亚林，市政府副市长杨林及全国政协委员、澜沧县副县长何春，市人力资源和社会保障局负责人应邀出席会议，市政协机关副处以上干部列席会议。

第13次会议 7月22日在思茅召开。应到会55人，实到会45人。会议分别由主席白文彬、副主席陈建疆主持。会议学习了胡锦涛总书记“七一”重要讲话精神和省政协十届十五次常委会议精神；听取了市政府副市长杨卫东关于全市2011年上半年经济社会发展情况、农牧渔业发展情况通报；民主评议了市体育局工作；围绕如何实施好我市经济社会发展“十二五”规划举行了常委大会发言；审议通过了有关人事事项；总结了市政协上半年工作，对下半年工作进行了安排部署；举行了“思普革命斗争史”专题讲座。白文彬主席在会上作了重要讲话。市政协副主席，副主席郑映德、刘春丽、马春华、李盛富，秘书长黄河立出席会议；市委政策研究室、市委组织部、市政府办、市政府研究室、市发改委、市工信委、市财政局、市教育局、市民宗局、市人力资源和社会保障局、市国土资源局、市住建局、市旅游局、市体育局等单位负责人、中共西盟县政协党组书记叶林应邀出席会议；市政协机关科级以上干部列席会议。

第14次会议 9月26日在思茅召开。应到会54人，实到会41人。会议分别由主席白文彬、副主席李盛富主持。会议学习了中共普洱市委第三次党代会精神，听取了市政府副市长杨林关于我市妇女儿童工作情况通报以及市纪委关于我市党风廉政建设工作情况通报，民主评议了市公安局工作。白文彬主席在会上作了重要讲话。副主席王其明、陈建疆、刘春丽、马春华，秘书长黄河立出席会议；市政府副市长杨林，市纪委、市政府办、市纪委办、市妇联、团市委、市关工委负责人、西盟县政协主席应邀出席会议，市政协机关副处以上干部列席会议。

第15次会议 12月26日在思茅召开。应到会54人，实到会43人。会议分别由主席白文彬、副主席王其明主持。会议学习了中共十七届六中全会和中共云南省委第九次党代会精神，听取了市政府常务副市长张善强关于全市2011年经济社会发展情况通报和提案办理情况通报，市委办书面通报了党群政法系统办理市政协二届三次会议以来提案的情况，会议讨论并原则通过了《政协普洱市第二届委员会常务委员会工作报告》（草案）、《政协普洱市第二届委员会常务委员会提案工作情况报告》（草案）；审议并通过了关于召开政协普洱市第二届委员会第四次会议的决定及会议议程、日程，特邀、列席人员范围，大会秘书长、副秘书长名单，提案审查委员会主任、副主任、委员名单等8个草案和《政协普洱市委员会委员履职表彰奖励办法（试行）》（草案）；市政协各委（室）书面汇报了2011年工作情况，讨论了市政协2012年重点工作安排意见；审议通过了有关机构设置和人事安排事项。白文彬主席在会上作了重要讲话。副主席陈建疆、刘春丽、李盛富，秘书长黄河立出席会议；市委常委、市政府常务副市长张善强以及市委办、市政府办、市委督查室负责人和西盟县政协主席应邀出席会议，市政协机关副处以上干部列席会议。

【专门委员会工作】

提案委员会 一是加强学习，夯实履职基础。二是开拓创新履职，做好提案工作。制发了《致委员的一封信》，认真做好协调服务工作，对提案及时进行审查立案。全会期间，共收到提案181件，经审查立案165件。对市政协二届一次会议以来的30件优秀提案和10个提案办理先进单位进行了表彰。对3件重点提案进行了重点跟踪督办。三是加强沟通联系，增进工作交流。四是召开了全市政协第七次提案工作座谈会。

经济委员会 一、重视学习，自身建设得到加强。二、围绕中心，积极开展调研视察。开展了普洱工业园区发展情况、思茅城区客运公交出租汽车营运管理情况的调研和普洱中心城区提升改造工作的视察；配合省政协开展了“云南省经济发展方式转变和经济结构调整重点”赴普洱的各项视察工作。三、履行职能，为发展献计出力。积极参与市委、政府及对口联系部门就一些重大事项进行专题协商。继续做好市供电局特邀监督员、市国税局特邀监察员、思茅海关特邀监督员等民主监督工作。通过参加市级相关会议，利用调研视察、提案、反映社情民意等形式，通过深入调查研究，积极地为发展建言献策。四、务求实效，细致做好企业家论坛各项工作。举办了普洱市企业家第二届绿色发展论坛，完成了企业家发展论坛第二、三期资料的汇编工作。五、重视自身建设，抓好常规工作不松懈。

人口资源环境委员会 一、重视组织学习，做到履行职能有水平。二、重视开展调查研究，做到履行职能有实效。组织开展了普洱市大中型水库库区生态公益林保护建设情况的专题调研。配合全国、省、市政协开展了6项调研视察。三、重视改进工作，做到履行职能有措施。召开了全市政协人口资源环境工作座谈会，定期开展委员小组活动。四、重视全面入手，做到履行职能有保障。加强与对口部门联系，先后参加了《思茅区城镇土地分类定级与基次地价更新成果》《工业园区土地综合定级与基次地价成果》听证会以及市农业局、市人口与计生委“十二五”规划论证会，推进了民主监督的落实和参政议政的全面进行。

教科文卫体委员会 一、加强理论学习，增强自身素质，提高履职水平。二、深入开展调研视察，积极建言献策。完成了我市文化旅游养生产业情况调研，配合全国政协、省政协开展了2个专题调研。三、认真开展评议工作，提高民主监督实效。对市体育局工作进行了民主评议。四、做好对口协商，服务经济社会发展大局。五、认真组织开展委员学习、听证会、评审会等活动，不断拓展履职渠道。六、加强交流和联系，促进工作发展。召开了全市政协教科文卫体工作座谈会。到玉溪市参观学习，拓展了视野，增进了友谊。

社会法制和民族宗教委员会 一、加强学习，不断提升履职水平。二、结合实际，认真开展调研工作。开展了全市养老服务业发展情况调研，市长李小平对调研报告作出了批示，督促市政府有关部门认真抓好落实。三、认真负责，做好民主评议工作。对市公安局工作进行了民主评议。四、高度重视，做好综治维稳工作。及时签订了社会治安综合治理责任书，健全各项台账，认真做好群防群治工作；到综治维稳挂钩点调研2次，慰问基层派出所民警1次，并形成专题调研报告送有关部门。分别到市检察院、市法院、市公安局开展座谈活动各2次，组织委员旁听法院庭审12人次，参加市检察院、市法院法律宣传活动23人次。认真做好市检察院、市公安局的人民监督员和特邀监督员工作。组织机关干部职工向市见义勇为协会捐款3万元。五、加强交流，促进专委工作提高。召开了全市政协社会法制和民族工作座谈会，认真开展好委员小组活动。

港澳台侨和外事委员会 一、抓学习，不断提高理论水平和履职能力。二、认真履行职能职责，扎实有效地推进各项工作的开展。1. 认真开展调研、视察、督办工作。组织开展了普洱市橡胶产业发展情况调研，调研报告报送市委、市政府后引起了主要领导的高度重视并做了重要批示。为省政协委员撰写了“关于给予普洱市建立境外罂粟替代种植企业绿色通道的建议提案”。跨境旅游区和跨境经济合作区的开发建议被纳入了市“十二五”规划纲要。积极参与了国家、省、市政协组织开展的十余次调研、视察、督办工作。2. 积极开展联谊交往活动，搭建多领域交往与合作平台。加强同港澳台同胞、海外侨胞及眷属和我市各民主党派、外资企业以及各界人士的沟通联系。组织召开了中秋座谈会，参与组织召开了迎新春茶话会。3. 积极开展人民政协的公共外交和对外交流活动。4. 加强与对口部门的联系沟通，搞好联动。全年召开了三次联系会议和对口部门工作座谈会。5. 加强对县（区）专委会的指导交流。组织召开了全市政协港澳台侨和外事工作座谈会。

文史委员会 一、抓好专委会政治理论、业务理论学习。二、抓好文史资料征集、编纂和出版发行工作。继续做好“三亲”史料和我市受到过省部级以上表彰人员、“知青”在普洱等有关资料的征集工作。编纂出版了《弥宁通途》（普洱文史资料第九辑）和《普洱史迹》（普洱文史资料第十辑）。三、抓好专委会日常工作。在澜沧组织召开了全市政协文史工作座谈会；组织开展了政协委员小组活动；参加了在曲靖会泽、西双版纳召开的八市政协文史工作第十次联席会议和八州政协文史工作第五次联席会议。召开专委会干部会议6次、成员会议2次；加强了与市对口部门的沟通联系；接访老干部及有关人士50余人次。四、抓好调查研究工作。深入“弥宁”公路普洱段进行了实地调研；对5个县（区）政协的文史工作进行了实地调研和指导；对澜沧县李龙、李虎1918年起义遗址进行了考察；对清帝师刘崐故居、景东洞经音乐传承保护以及农村大龄未婚男青年、农村摩托车管理等问题进行了调研。

【重要活动】

全国政协副主席白立忱到普洱市调研 5月5～8日，全国政协白立忱副主席率全国政协调研组到普洱市调研民族自治县城镇化发展情况。省政协副主席白成亮，市领导沈培平、李小平、白文彬、鲁斌、郑映德陪同调研。调研组深入到思茅、澜沧、孟连、西盟等县（区），详细考察调研了我市城市建设，普洱茶、咖啡及石斛产业发展、澜沧机场建设、少数民族文化传承保护等情况。5月7日，全国政协调研组在西盟召开会议，沈培平、李小平汇报了普洱市情及民族自治县城镇化工作开展情况，西盟、孟连、澜沧三个县的负责人汇报了各自县里的情况。在听取情况汇报后，白立忱充分肯定了我市在民族自治县城镇化发展方面所做的努力，并对进一步做好该项工作和结合普洱实际大力发展绿色经济作出了重要指示。

全国政协调研组到普洱市调研 5月31日至6月1日，全国政协教科文卫体委副主任于永湛、胡振民为组长和副组长的调研组，到我市调研推进基本公共服务均等化情况。市政协主席白文彬，市政府副市长童书玮，市政协副主席刘丽春等陪同调研。调研组先后考察了墨江县北回归线标志园、宁洱县普洱民族团结誓词园和普洱市中医院、国家普洱茶质量监督检验中心、市文化中心、普洱二中、旅游环线、天士力普洱茶生物谷、体育中心、梅子湖、万亩茶园等。童书玮向调研组成员介绍了我市市情，汇报了我市基本公共服务均等化推进情况及当前存在的主要困难和问题。在听取情况汇报后，调研组充分肯定了我市的工作，并对我市推进基本公共服务均等化提出了意见和建议。

全国政协副主席白立忱到普洱市调研 11月2~3日，全国政协副主席白立忱率全国政协人口资源环境委员会调研组赴普洱市就发展绿色经济情况进行调研。全国政协人口资源环境委员会副主任江泽慧、汪啸风、庄国荣参加调研，省政协副主席王学智，普洱市委副书记、市长李小平，市委副书记钱德伟，市人大常委会主任丁艳波，市政协主席白文彬，市委常委、副市长盛军、市政协副主席王其明等陪同调研。调研组一行前往康恩贝石斛种植基地、天士力生物茶谷、大开河咖啡种植基地、普洱桑莱特咖啡有限公司等地考察了普洱市绿色产业发展情况，到普洱茶研究院、国家普洱茶产品质量监督检验中心等处实地参观。李小平向调研组汇报了普洱市情及建设普洱国家绿色经济试验示范区的初步构想。在听取情况汇报后，调研组对普洱市利用自身生态资源优势在全国范围内率先提出并实践建设绿色经济试验示范区的做法给予充分肯定。在下一步工作中，调研组建议普洱要坚持以科学发展为主题，以“绿色产业”“绿色贸易”“绿色消费”“绿色环境”“绿色科技”和“绿色行政”为重点，注意搞好规划，尤其是在林业产业发展上要与国家和云南省的全局规划相衔接；要搭建人才培养与科技创新平台，形成强有力的产业支撑体系，延伸绿色产业链；注重开拓新市场，努力开拓绿色贸易；要深入挖掘少数民族生态文化，为绿色经济发展增添活力等。调研组强调，普洱市要进一步提高认识、坚定信心、大胆实践，调动一切主观能动性，实施好绿色经济实验示范区建设，以此大力发展绿色经济，并在发展中注重富民利民。最后，调研组表示，将大力支持普洱建设绿色经济试验示范区，并全力帮助协调相关的扶持政策、项目、资金等。

省政协调研组赴普洱调研保障性住房建设情况 6月8~10日，由省政协倪慧芳副主席带队的省政协保障性住房建设情况调研组一行，在市政府副市长杨林、市政协副主席马春华、市检察院检察长庄李全等陪同下，深入到思茅区曼歇坝曼昔茶场、滇运社区福寿园小区、希望家园及江城县整董镇中学、农场对保障性住房的规划建设、工程质量、入住分配管理等情况进行实地调研。杨林向调研组汇报了我市保障性住房建设情况。马春华主持汇报会。在听取情况汇报后，调研组充分肯定了我市在保障性住房建设方面所做的工作，并对做好下一步工作提出了意见建议。倪慧芳一行还深入到市检察院、思茅区检察院、江城县检察院检查指导工作。

省政协加强生态建设和保护联合调研组赴普洱调研 6月15~17日，省政协常务副主席管国忠、省林业厅厅长陈玉侯率领由民革、民盟、民建、民进、农工党等民主党派及省直相关部门负责人组成的联合调研组到普洱市调研生态保护建设工作。市政府副市长童书玮、市政协副主席郑映德陪同调研。调研组先后深入到澜沧县、思茅区进行实地调研。童书玮向调研组汇报了我市生态保护建设工作情况。听取汇报后，调研组充分肯定了我市在加强生态保护和建设方面所作的努力，对做好下一步工作提出了意见和建议。管国忠在汇报会上作了重要讲话。

省政协调研组到普洱市调研云南特有民族历史文化保护和利用工作情况 7月19~21日，省政协副主席罗黎辉率云南特有民族历史文化保护和利用调研组到普洱市就云南特有民族历史文化保护和利用工作进行调研。调研组先后深入墨江县、澜沧县进行实地调研。市政府副市长童书玮，市政协副主席李盛富，市政协巡视员张孙民陪同调研。调研组在澜沧县与我市有关专家学者进行了座谈，童书玮作了普洱市民族历史文化保护利用工作情况汇报，李盛富主持了座谈会和汇报会。在听取汇报后，调研组充分肯定了我市在民族历史文化传承与保护方面所做的工作，并对做好下一步工作提出了意见和建议。罗黎辉出席会议并作了重要讲话。

省政协视察组到普洱视察“转变经济发展方式、调整经济结构”推动情况 9月21～24日，省政协副主席王学智率省政协“云南省经济发展方式转变和经济结构调整重点视察组”到普洱视察，视察组在市委副书记钱德伟，市政协主席白文彬，市委常委、市政府常务副市长张善强，市政协副主席王其明等陪同下，深入到思茅、澜沧、西盟、孟连等县（区）对我市“转方式、调结构”推进情况进行视察。视察组听取了市政府情况汇报并分别在澜沧、西盟、孟连3个县召开了座谈会。市领导钱德伟、白文彬、张善强、王其明、陈建疆、马春华出席汇报会。白文彬主持会议，张善强作了市政府工作情况汇报。听取汇报后，视察组对我市近年来经济社会发展所取得的成绩给予了充分肯定，并对做好下一步工作提出了意见和建议。

召开市委政协工作会议 4月20日，市委政协工作会议在思茅召开。市委书记沈培平，市委副书记、市长李小平，市政协主席白文彬出席会议并作重要讲话，市委副书记钱德伟主持会议，市人大常委会主任丁艳波出席会议。会议充分肯定了2005年市委政协工作会议以来全市政协工作取得的显著成绩并对做好下一步政协工作作出了安排部署。市委常委，市政府副市长，市政协副厅级以上领导，市法院院长，市检察院检察长，市安全局局长，市直各部门各单位，中央、省驻普各单位负责人；各县（区）委书记、政协主席、统战部长参加了会议。

举行二届二次委员学习培训会 5月24～25日，市政协在市委党校举行政协普洱市第二届委员会第二次委员学习培训会。市政协主席白文彬，市政府副市长杨卫东，市政协副主席王其明、郑映德、陈建疆、马春华、李盛富，市政协巡视员张孙民，秘书长黄河立及212名市政协委员和市政协全体干部职工参加了开班仪式及学习培训。白文彬在开班仪式上作动员讲话。开班仪式由王其明主持。会议特邀省政协秘书长车志敏，省政协副秘书长、研究室主任马孝初及市委常委、市委组织部部长陇贤君，市政府副市长杨卫东，市政协副主席王其明、郑映德、李盛富分别作了题为《新形势下政协工作的理论与实践》《政协理论的形成过程》《做好新形势下群众工作》《普洱市国民经济和社会发展“十二五”规划纲要解读》《政协调研视察工作》《政协反映社情民意工作》《政协提案工作》等七个专题讲座。会议还举行了庆祝中国共产党建党90周年——普洱市政协委员党建知识政协知识竞答联欢晚会。

举行纪念中国共产党建党90周年座谈会暨文史资料发行仪式 6月23日，市政协举行纪念中国共产党建党90周年座谈会暨文史资料《弥宁通途》《普洱史迹》发行仪式。市政协主席白文彬，市委常委、市委宣传部部长赵联涛，市政协副主席王其明、郑映德、陈建疆、刘丽春、马春华、李盛富，市政协巡视员张孙民，秘书长黄河立，驻思茅城区的市政协常委，市政协机关全体干部职工、离退休老同志；市委宣传部、统战部、市直机关工委、市交通局、市文联、市社科联、市委党史研究室、市文化局、市地方志办等单位的负责人，驻普各民主党派的负责人，部分弥宁公路建设的亲历者和《弥宁通途》文史资料文稿的撰稿人参加座谈会暨发行仪式。王其明主持座谈会暨发行仪式。白文彬、赵联涛分别作了重要讲话。

举行2011年迎中秋茶话会 9月8日，市政协在金凤大酒店举行2011年迎中秋茶话会。市政协主席白文彬，市委常委、市委统战部部长黄丽云，市政协副主席陈建疆、刘丽春、马春华，秘书长黄河立出席茶话会。市政协各委（室）主要负责人，市工商联、市人大民侨委、市侨办侨联、市外办、市商务局、市台办负责人，驻普各民主党派、各商会负责人，归侨侨眷和港澳同胞代表，台胞台属代表，外资企业代表，市政协港澳台侨和外事委员会委员等80余人出席了茶话会。会议由市政协党组副书记、副主席王其明主持。各民主党派、工商联、各商会、外资企业代表，港澳台侨胞及眷属代表分别作了发言。白文彬在会上作了重要讲话。

举行全市政协宣传工作会议 9月26~27日，全市政协宣传工作会议在思茅召开。市政协主席白文彬，秘书长黄河立，市政协副秘书长、各委（室）主任、各科科长，各县（区）政协主席、秘书长（办公室主任）、信息员（通讯员）参加了会议。市工商联、驻普各民主党派负责宣传工作的领导，《云南政协报》总编及驻普洱记者站记者，普洱电视台、普洱人民广播电台、普洱日报社负责同志及相关业务人员参加了会议。市委宣传部分管领导到会指导。黄河立主持会议。会议传达学习了市第三次党代会、市委政协工作会议精神，总结了近年来全市政协宣传工作，表彰了全市政协宣传工作先进单位和个人，举行了政协工作新闻采写业务培训，并对下一阶段全市政协宣传工作进行了安排部署。白文彬在会上作了重要讲话。

举办普洱市企业家第二届绿色发展论坛 10月18日，市政协主办的普洱市企业家第二届绿色发展论坛在思茅召开。中共普洱市委副书记钱德伟，市政协主席白文彬，市委常委、市政府常务副市长张善强，市政协副主席王其明、陈建疆、刘丽春、李盛富出席论坛。北京金必德经济管理研究院院长沈青应邀出席论坛并作主旨演讲。驻思茅城区的全国政协委员、省政协委员、市政协常委和市政协机关科级以上干部；省驻普洱有关单位，市直有关单位、各人民团体、商会组织以及论坛的52家会员企业负责人出席了论坛。论坛大会由王其明主持。钱德伟在论坛大会上致辞。张善强通报了我市“十一五”时期及今年以来经济社会运行情况，并就推进我市绿色发展作了发言。会议以“企业发展与绿色经济试验示范区建设”为主题，就深入贯彻落实“两强一堡”战略及市第三次党代会精神，围绕“生态立市、绿色发展”进行了广泛深入的交流探讨。普洱市4家企业代表作了交流发言。白文彬在论坛结束时作了重要讲话。

举办全市县（区）政协主席工作座谈会 12月27日，全市县（区）政协主席工作座谈会议在思茅召开。市政协主席白文彬，副主席王其明、刘丽春、马春华、李盛富，秘书长黄河立及各县（区）政协主席，市政协副秘书长，各委（室）主任参加了会议。会议由王其明主持。各县（区）政协主席在会上作了交流发言，并为推动我市政协事业新发展提出了意见建议。白文彬在座谈会上作了重要讲话。

举行2012年新年茶话会 12月29日，市政协在市行政中心二楼大会议室举行新年茶话会。市委书记沈培平，市委副书记、市长李小平，市委副书记钱德伟、市人大常委会主任丁艳波、市政协主席白文彬出席会议，市委常委，市人大、市政府、市政协领导，普洱军分区司令员，市中级人民法院院长，市人民检察院检察长，原任副厅级以上领导职务的离退休老同志；驻思茅城区的全国人大代表、全国政协委员，省人大代表、省政协委员；市直各部委办局、各人民团体负责人，省驻普单位，驻普军警部队的领导；各民主党派、无党派人士代表；科技教育界、文化艺术界、少数民族、宗教人士、港澳台侨、非公经济和劳动模范代表，思茅区委、人大、政府、政协的领导以及各县（区）政协主席共250多人参加了茶话会。茶话会由白文彬主持。沈培平在会上作新年致辞，李小平通报了全市经济社会发展情况，驻普4个民主党派代表作了发言。与会人员还观看了由市歌舞团表演的精彩节目。

对市体育局、市公安局工作进行民主评议 5月10日和7月28日，市政协召开民主评议市体育局和市公安局工作会议。市政协副主席马春华出席民主评议市公安局工作会议并作重要讲话。会议制发了民主评议市体育局、市公安局工作方案，听取市体育局、市公安局自查自评了近年来开展工作情况的汇报，并进行了问卷调查。市政协相关委（室）负责人、市体育局全体干部职工和市公安局副科以上干部、干警代表，离退休老同志代表分别参加了各自的会议。

【重要文件】

常务委员会工作报告（2011年2月21日）(摘要) 报告分两部分。

一、积极主动，开拓创新，2010年各项工作展现新作为。（一）深入学习，提高服务科学发展能力。坚持把学习摆在突出位置，组织和推动全市政协组织、政协委员、政协干部努力用中国特色社会主义理论体系武装头脑。着力丰富学习内容，不断创新学习形式，通过“以会代训、以学促干”“请进来、走出去、沉下去”，开展干部在线学习、委员小组交流学习、各级党校培训学习，建立常委会集中学习制度，举办专题讲座等方式，有计划、分层次、多形式地组织学习，重点学习了中共十七大、十七届四中、五中全会、全国“两会”精神和胡锦涛总书记在庆祝人民政协成立60周年大会上的重要讲话精神，省委政协工作会议和省委、市委有关会议精神，人民政协理论以及国防知识、茶文化与茶科学等科学文化知识。（二）突出中心，为发展大局献计出力。坚持把促进科学发展作为履行职能的首要任务，主动协商议政，建睿智之言，献务实之策，出有用之力，在推动普洱科学发展上展现新作为。关注经济运行，为经济平稳较快发展献计出力。密切关注全市经济运行情况，努力增强建言献策的主动性、预见性、针对性。在市政协二届二次会议上，委员们分别就争取扩大内需政策支持、加强重大项目建设管理、优化产业结构、推进产业经济发展、重视“三农”工作、加快现代农业发展等方面提出了100余条意见和建议。把促进经济发展方式转变和结构调整作为履行职能的重要方面，抓住全市改革发展重点，选择渔产业培植、外资企业发展、中低产田改造、口岸建设和口岸经济发展等重点问题组织调研视察，提出了“把渔产业培植成骨干产业”、“抓住西部大开发和云南桥头堡建设的重大机遇，提高对外开放水平”等建议41条，很多建议已被市委、市政府采纳。紧扣发展形势，为编制“十二五”规划献计出力。市政协常委会专题听取了“十二五”规划编制情况通报，常委们围绕科学编制“十二五”规划，对我市城市发展目标定位、加强基础设施建设、转变经济发展方式、优化产业结构、着力改善民生等重大问题进行了大会发言，开展协商议政。参与重点工作，为促进发展献计出力。按照市委、市政府的统一部署，市政协领导重点参与了中低产林改造、林业体制改革、中心城区改造建设、城市“增绿添彩”、县际山林权纠纷调处等中心工作，深入基层调查研究，认真思考谋划，切实做好指挥、协调、督促检查等工作，促进了市委、市政府重大决策的贯彻落实，推动了重点工作的有序开展。（三）关注民生，为构建和谐发挥重要作用。一是关注民生质量，促社会事业发展。针对食品药品安全隐患、群众看病难看病贵的问题，组织开展了食品药品安全工作视察、基层卫生人才队伍建设调研，提出了建立完善食品药品安全监管机制、着力加强基层卫生人才队伍建设等建议。针对“菜篮子”问题，组织十县（区）政协委员活动小组开展了无公害蔬菜生产情况调研，对进一步重视和发展无公害蔬菜提出意见建议。针对少数民族地区教育落后、优秀民族文化传承难等问题，组织开展了全市少数民族劳动者素质、非物质文化遗产保护调研，对加强培训教育提高少数民族劳动者素质、做好非物质文化遗产保护等工作提出了意见和建议。针对城市建设和管理中的难点问题，组织开展了城镇污水生活垃圾处理设施建设和运营管理情况调研，对“关于增设市区停车场和停车位的建议”和“加强饮用水源安全管理、确保城区人民饮水安全”两个重点提案进行了督办，促进了工作。围绕社会保障、土地开发利用等热点问题，对市民政局、市国土资源局开展了民主评议工作，在肯定成绩的同时提出了9个方面改进工作的建议。选派委员和机关干部担任组织人事、公检法司、税务、金融等有关部门和行业的特约监督员，对公务员招考工作进行监督，参加市有关工作改革、政策制定的听证会，使委员有组织地在参与中监督，促进社会事业健康发展。二是关注廉政建设和平安建设，促发展环境改善。常委会专题听取了全市党风廉政建设、公安工作情况通报，就深入推进党风廉政建设和平安普洱建设提出了意见建议。组织调研组深入看守所、监狱进行实地调研，对加强监狱监所管理起到了积极促进作用。发挥委员对司法公正的民主监督作用，组织委员到市检察院开展了反渎职侵权工作专项视察，与省高院巡查组座谈建言，旁听重大案件庭审，对两院案件审理工作开展民主评议，有效推进了司法工作更好地为经济社会发展保驾护航。三是关注民情，促社情民意渠道畅通。充分发挥人民政协代表性强、渠道畅通的优势，加强委员与界别群众的联系，拓展各族各界人士与党委政府沟通联系的渠道，积极开展调查研究和民情恳谈，体察民情、了解民意、集中民智，反映了大量的社情民意。一年来，编报《建言参考》5期，向市委、市政府提出意见建议200余条，一批重要社情民意引起了市委、市政府领导的高度重视，并作出重要批示，要求有关部门认真研究落实。四是关注焦点，促社会情绪理顺。围绕征地拆迁、弱势群体权益保障等热点难点问题，积极宣传党的方针政策和重大决策部署，促成了一些干部群众关注的热点难点问题得到解决。市政协领导和委员参与调处了原思茅交运集团部分职工聚集上访矛盾纠纷事件，精心做好市级领导接访日活动，做了大量化解矛盾、稳定人心、凝聚力量的工作，为维护社会和谐稳定做出了努力。（四）团结各界，为加快发展凝心聚力。坚持团结民主两大主题，主动协助市委、市政府做好统一思想、增进共识的工作，在促进社会团结和谐上贡献力量。一是坚持党的领导，做好统一思想的工作。用党的路线方针政策统领政协工作，自觉坚持党对政协工作的领导，通过组织学习、开展宣传、加强沟通联系，邀请市委、市政府领导到政协通报情况，加强与党政部门的工作联系等，努力把广大委员、各族各界人士的思想和行动统一到市委、市政府的决策部署上来，及时了解党委、政府的工作重点，围绕中心开展工作，自觉把市委、市政府的决策部署贯彻到履行职能的各个方面各个环节，做到合心、合力、合拍。二是加强团结联谊，营造民主和谐氛围。举办迎中秋庆国庆茶话会、新年茶话会等活动，密切与民主党派、港澳台同胞、海外侨胞、民族宗教人士、非公经济代表人士等社会各界人士的沟通联系，引导他们为普洱发展和繁荣团结多作贡献，促进社会各界团结合作。注重发挥民主党派、各族各界人士在政协工作中的作用，主动邀请他们参加市政协组织的有关活动，不定期通报情况、征询意见，努力为他们搭建参政议政平台，营造民主和谐、团结共事的政治氛围。三是贯彻民族宗教政策，促进民族团结宗教和睦。加强与民族宗教界的联系，积极宣传党的民族宗教政策，深入民族贫困地区，帮助反映和解决生产生活中的困难，促进生产发展、群众增收。引导和发挥民族宗教界人士在经济社会发展中的积极作用，促进各民族共同团结进步和宗教与社会主义社会相适应。四是做好史料征集出版工作，为普洱经济社会发展服务。出版发行了《普洱文史资料》（第七辑）、《普洱英模》（英雄模范篇），大力弘扬爱国主义精神和英模精神，激发社会各界爱我普洱、建设普洱的热情。（五）开拓创新，提高政协工作水平。按照新形势、新任务对政协工作的新要求，积极探索履行职能的新方法和新途径，不断创新工作，提高工作水平。一是推进履行职能的“三化”建设。协助市委对《中共中央关于加强人民政协工作的意见》和《中共普洱市委关于进一步加强人民政协工作的实施意见》的贯彻落实情况进行了督查，促进了党委、政府、政协间的会议联系制度、重大活动联系制度、日常工作联系制度等相关规定的进一步落实，工作更加规范有序。二是创新工作形式搭建履职平台。举办了普洱市首届民生论坛，广泛组织委员、专家学者、党派团体、企业家和有关部门围绕“绿色经济与普洱发展”这一主题建言献策，征集论文82篇，就绿色经济产业发展、把普洱建成中国西部最具特色的绿色经济强市等多领域进行了交流研讨，市委、市政府领导及相关部门负责人到会听取意见建议、参与研讨。编辑出版了《普洱市首届企业家论坛集》《普洱市首届民生论坛论文选编》，巩固和发展了论坛成果。三是创新提案办理方式提高办理实效。制发了提案办理规范性指导意见，明确提案办理的程序和要求。提高提案督办层次，由市政协领导带队，各委室主任及委员参加，对提案办理情况进行视察和面商，对提案办理单位的办理时间、规范性、面商情况、落实情况等进行当场测评，进一步促进了提案办理的实效。重视加强提案成果转化工作，把党委政府吸收采纳的情况及时反馈给委员，激发委员的工作热情。四是营造良好环境扩大政协影响力。加大宣传力度，举办“委员论谈”“委员访谈”“委员之声”专栏共37期，编辑出版《普洱政协》6期，编发《政协工作动态》75期，在《云南政协报》《普洱日报》等媒体上刊发宣传文章88篇，营造了全社会关心、理解、支持人民政协工作的良好氛围。举办了以“妙曼普洱、和谐家园”为主题的大型书画摄影作品展，展出各类作品500多件，讴歌我市经济社会建设取得的巨大成就，展现了人民政协履职为民和广大政协委员情系发展、努力工作的动人风采。（六）

加强交流，发挥联动协作优势。积极争取全国政协、省政协的指导和帮助。协助全国政协、省政协完成了关于把云南建设成为我国面向西南对外开放的桥头堡的提案、少数民族地区法律人才短缺问题、“十二五”民族地区发展思路、边境地区边民通婚生育问题等专题调研，积极反映普洱经济社会发展情况，推动了“桥头堡”建设和扶持民族地区发展等有关政策的研究落实。加强对县（区）政协的工作联系和指导。召开全市政协主席座谈会、专委工作座谈会和十县（区）政协主席联系会议，交流情况，研究工作，就全市性的课题联合开展调研视察，组织县（区）政协干部到市政协机关跟班学习和外出学习考察，尽力帮助县（区）政协解决工作中的实际困难和问题，密切了市、县（区）政协之间的联系和交流，增强了全市政协工作的整体合力。（七）心系群众，为基层解忧困办实事。一是全力参与抗旱救灾。全力参与抗大旱、保民生、保春耕工作，及时组织委员、各党派团体和有关部门负责人，深入灾区调研，察看实情，督促救灾措施的落实，与当地干部群众共谋抗旱对策。广泛动员各级政协组织、政协委员、机关干部和社会各界为抗灾减灾作贡献，向受灾地区捐款捐物，为抗旱救灾取得全面胜利发挥了积极作用。二是努力做好挂钩帮扶工作。市政协领导经常深入挂钩联系乡镇及党建联系点调查研究，帮助基层理清发展思路，细化发展措施，增强发展信心，从基层组织建设、抗旱救灾、发展产业、道路修缮、新农村建设、教育卫生等群众迫切需要解决的困难方面进行帮扶，组织挂钩点干部群众赴先进县（区）参观考察学习，协调支持项目资金225万元，为群众发展生产、改善生活办了许多实实在在的事。三是力所能及帮助基层解决实际困难。协调资金180多万元完成了5公里的乡村油路建设；协调动员委员中的企业家投资50多万元，与江城县共同在李仙江流域电站库区打造建立了50个网箱的网箱养鱼科技培训推广示范点，并积极组织开展了科技示范培训6批，受训群众160多人，引导库区群众走由“移民”变“渔民”的发展致富之路，示范点在当地产生了较好的社会效益和经济效益；发动委员中的企业家捐资参与社会事业建设，发挥农业、林业、医疗等行业委员的专业优势，深入基层群众开展义诊服务、科技咨询、疾病防治、送文化下乡活动，组织机关干部到民情责任区开展结对帮扶活动，融洽干群关系，为促进边疆安宁、群众生活改善做出了积极贡献。（八）固本强基，加强政协组织自身建设。把“创先争优”活动、“三个一”主题实践活动与学习刀会祥同志先进事迹活动紧密结合起来，加强干部职工思想教育，切实增强做好工作的责任意识、使命意识、创新意识、精品意识，形成了民主和谐、团结干事、严谨规范的良好风气。加强机关干部队伍组织建设，选调人员充实到政办机关，配备了有关委室领导，工作机构、人员得到完善和加强。坚持以制度建设为保障，以改进服务为抓手，制定了《政协普洱市委员会委员管理办法（试行）》和《政协普洱市委员会委室工作管理考核办法（试行）》，推动专委会的基础作用和办公室的协调服务作用进一步加强，工作效率和水平明显提高。打造建成了“普洱政协网站”，进一步搭建了履行职能、发挥作用、宣传人民政协的新平台，政协自身建设水平得到进一步提高。

二、再接再厉，奋发有为，努力实现2011年工作新发展。（一）主动适应新形势新要求，着力把握政协工作的目标和方向。（二）紧紧围绕科学发展，着力为实现“十二五”良好开局贡献力量。（三）坚持大团结大联合，着力维护民族团结与社会和谐。（四）积极探索创新，着力提升政协工作的科学化水平。

二届三次会议决议 中国人民政治协商会议普洱市第二届委员会第三次会议，于2011年2月21～24日在思茅举行。会议听取和审议了《中国人民政治协商会议普洱市第二届委员会常务委员会工作报告》《中国人民政治协商会议普洱市第二届委员会常务委员会提案工作情况报告》，听取并协商讨论了《政府工作报告》及其他有关报告，对普洱市国民经济和社会发展第十二个五年规划纲要（草案）、政府工作报告和“两院”报告进行了专题协商，对2011年的政协工作进行了讨论和部署，补选了政协普洱市第二届委员会常务委员，表彰了二届一次会议以来的优秀提案和承办提案先进单位。委员们以饱满的政治热情，围绕中共普洱市委、市人民政府确定的发展目标和工作任务，充分发扬民主，积极协商建言，共商发展大计。中共普洱市委领导和市人民政府领导参加了委员专题协商会议，认真听取委员和各界人士意见建议。会议充满着团结、民主、求实、奋进的气氛，是一次明确目标、统一思想、坚定信心、凝聚力量、开拓奋进的大会。

会议审议通过了白文彬主席代表政协普洱市第二届委员会常务委员会所作的工作报告和李盛富副主席代表政协普洱市第二届委员会常务委员会所作的提案工作情况报告。

会议认为，2010年，是我市加快转变经济发展方式，努力改善民生，同心协力抗旱救灾，经济社会发展取得显著成效的一年。在中共普洱市委的领导下，市政协常委会坚持以邓小平理论和“三个代表”重要思想为指导，用科学发展观统领政协工作，围绕全市发展大局，突出中心、服务经济发展，关注民生、促进社会和谐，开拓创新、提高履职效能，坚持团结和民主两大主题，认真履行政治协商、民主监督、参政议政职能，着力推进科学和谐发展，较好地发挥了协调关系、汇聚力量、建言献策、服务大局的作用，为巩固和发展新时期爱国统一战线，圆满完成我市“十一五”规划各项任务，科学谋划“十二五”发展发挥了积极作用，作出了新的贡献。《常委会工作报告》对2010年工作的总结实事求是、客观全面，提出的2011年工作意见，紧扣科学发展主题和转变经济发展方式主线，符合市委、市政府中心工作和新时期对人民政协工作的新要求，指导思想明确，工作重点突出，符合我市政协工作实际。

会议赞同李小平市长代表第二届市人民政府所作的《政府工作报告》，赞同《普洱市国民经济和社会发展第十二个五年规划纲要（草案）》，赞同国民经济社会发展计划报告和财政预决算报告，赞同市中级人民法院和市人民检察院的工作报告。

会议认为，2010年，在中共普洱市委的领导下，面对复杂多变的经济形势和历史罕见的严重旱灾，市政府坚持以邓小平理论和“三个代表”重要思想为指导，围绕年初确定的经济社会发展目标，全面贯彻落实科学发展观，牢牢把握发展这个主题，抢抓机遇，乘势而上，科学统筹经济社会协调发展，着力推进党的建设新的伟大工程，圆满完成了“十一五”发展目标任务，全市上下呈现出经济发展、社会进步、民族团结、边疆和谐、人民安居乐业的良好势头，各项事业取得了长足发展。《政府工作报告》实事求是地总结了“十一五”以来的工作，客观分析了全市经济社会发展面临的新形势新任务，围绕建设生态普洱、和谐普洱、妙曼普洱，科学提出了“十二五”发展战略和2011年的工作目标任务，符合国家大政方针，符合科学发展观的要求和普洱实际，体现了全市人民的根本利益和共同愿望，委员们对市政府五年来的工作表示满意，对完成2011年的各项工作任务充满信心。相信通过全市人民的团结奋斗一定能够实现。

会议指出，“十二五”时期是全面建设小康社会的关键时期，是深化改革开放、加快转变经济发展方式的攻坚时期，也是我市必须抓住和用好的重要战略机遇期。2011年是“十二五”规划的开局之年，也是推进普洱科学发展的重要一年。各级政协组织和广大委员要进一步解放思想，转变观念，突出重点，创新举措，更加有效地履行政治协商、民主监督、参政议政职能，解放思想谋发展，建言献策出主意，参政议政督落实，团结各界促和谐，为建设生态和谐妙曼普洱，推动普洱走向世界、融入世界作出新贡献。

会议强调，各级政协组织和广大委员要主动适应新形势新要求，着力把握政协工作目标和方向，更加坚定地维护核心、围绕中心、凝聚人心，切实把人民政协履行职能、服务“十二五”发展的着力点放在对全市经济社会发展趋势的把握上，放在对转变发展方式、促进科学发展的思考上，放在对改革发展稳定深层次问题的分析上，努力使政协工作的思路更加清晰，目标和方向更加明确，作用和实效更加突出，为普洱更好更快发展作出新的贡献。要紧紧围绕科学发展，致力于发展方式转变，致力于绿色发展，致力于改革开放，致力于改善民生，着力为顺利完成今年的各项目标任务、实现“十二五”的良好开局贡献力量。要坚持大团结大联合，进一步营造团结民主合作共事的良好氛围，协助党和政府做好民族宗教工作，加强与港澳台侨胞及眷属的联系联谊，加大反映社情民意工作的力度，着力维护民族团结与社会和谐，为改革发展营造更加有利的社会环境。要积极探索创新，以加强自身建设为提升工作的着力点，以推进“三化”建设为提升工作的关键点，以提高服务发展水平为提升工作的落脚点，着力提升政协工作的科学化水平。

会议号召，全市各级政协组织、政协各参加单位和政协委员，要倍加珍惜当前的大好形势，倍加珍惜团结共事的大好局面，更加紧密地团结在以胡锦涛同志为总书记的中共中央周围，在中共普洱市委的坚强领导下，全面贯彻落实科学发展观，同心同德，开拓奋进，为加快生态和谐妙曼普洱建设，推动普洱走向世界、融入世界而努力奋斗！

白文彬主席在二届三次会议闭幕会上的讲话（2011年2月24日）（摘要） 在“十一五”期间，市政协自觉服务普洱改革发展稳定的大局，广泛团结广大政协委员和各族各界人士，抓住关系普洱经济社会发展的重大问题开展协商议政，围绕群众关心的热点难点问题进行调研视察，为推动普洱科学发展、和谐发展、跨越发展发挥了应有的作用，开创了全市人民政协事业新局面。

今年是中国共产党成立90周年，是实施“十二五”规划的开局之年，是在新的起点上全面推进小康社会建设的重要一年。做好今年的工作，意义重大，影响深远。面对新的形势和任务，全市各级政协组织、各参加单位和全体政协委员，要进一步强化政治意识、大局意识和服务意识，坚持以科学发展观为统领，紧紧围绕市委市政府中心工作，认真履行政治协商、民主监督、参政议政职能，把推进“十二五”规划实施和构建社会主义和谐社会作为履职重点，切实发挥好协调关系、汇聚力量、建言献策、服务大局的重要作用，努力在促进发展上有新成效、在凝心聚力上有新作为、在协商监督上有新突破、在建言献策上有新提高，在推动科学发展、实现富民强市的征程中，创造新业绩，作出新贡献。一要坚决维护核心，坚持党的领导不动摇。要坚定不移地维护党的领导核心地位，坚定正确的政治方向，认真贯彻执行党的路线、方针、政策，坚决贯彻落实市委的决定、主张和意图，充分发挥人民政协联系各族各界群众的桥梁纽带作用，协助党委政府多做沟通协调的工作，把各族各界人士的思想认识统一到中央、省委和市委的决策部署上来，不断筑牢共同团结奋斗的思想基础。要自觉围绕市委、市政府的决策部署谋划工作，紧扣中心确定议题，通过履行政协职能服务全市发展大局。无论是政治协商、民主监督，还是参政议政，都要有利于市委重大决策的实施，有利于支持政府开展工作，有利于凝聚人心、形成合力，使政协工作始终做到同党和政府方向一致、目标一致、工作一致。要牢牢把握团结和民主两大主题，把人民政协这一政治组织和民主形式的独特优势运用好、发挥好，充分调动各方面积极性和主动性，广泛汇集各方面智慧，凝聚各方面力量，为推动普洱科学发展、和谐发展、跨越发展提供强大智力支持，奠定坚实群众基础，共同为实现我市经济社会发展目标任务而不懈努力奋斗。二要紧紧围绕中心，推动科学发展不懈怠。要坚持把促进发展作为人民政协履行职能的第一要务，牢牢把握科学发展这一主题，紧紧抓住加快转变经济发展方式这一主线，充分发挥人民政协人才荟萃、智力密集的优势，更加突出科学发展、跨越发展、和谐发展，紧紧围绕我市发展目标，重点选择“十二五”规划实施过程中具有前瞻性、战略性、全局性的重大课题，深入开展调查研究，搞好协商议政，多谋发展大计，多建睿智之言，多献务实之策，多出助推之力，为加快我市科学发展、转型发展、跨越崛起做出积极贡献。政协委员是人民政协工作的主体，人民政协的一切成就都离不开委员的智慧和创造。做一名合格的委员，意味着多承担一份责任，多思考一些问题，多做出一份贡献。每一位委员都要珍惜荣誉，牢记人民的期望和社会的重托，充分认识肩负的责任，主动适应形势任务的新变化、顺应经济社会发展的新要求、回应人民群众的新期盼，以更加饱满的精神、更加积极的态度、更加务实的作风，尽心尽力履行好自己的职责，在推进我市更好更快发展中作出新的业绩。三要努力凝聚人心，促进和谐稳定不放松。我市作为边疆少数民族地区，巩固发展好民族团结、社会稳定和边疆安宁的政治局面，关系我市改革发展稳定大局，关系全市各族人民的根本利益。要进一步把增进团结、维护社会和谐稳定放在政协工作的突出位置，坚持以人为本、履职为民，自觉站在最广大人民群众的立场上说话办事，以更深的为民情怀，更加关注民生，多建反映民情的真言，多献改善民生的良策，多做顺应民意的实事，尽心尽力协助党委和政府做好新形势下的群众工作，努力营造安定祥和的社会环境，巩固和发展广大人民群众共享改革发展成果、共促社会和谐稳定的生动局面，最大限度地将各方面力量凝聚到实现“十二五”发展的宏伟事业上来。万众一心，团结一致开创我市科学发展新局面。

《政协普洱市委员会委员履职表彰奖励办法（试行）》（草案）（2011 年 12 月 26 日市政协二届十五次常委会议通过）

建议案

《政协普洱市委员会主席会议关于进

一步加强农村公益性墓地规划建设工作的建议案》（2011 年 3 月 23 日市政协二届二十三次主席会议通过）

【组织概况】

委员增补名单（2011 年 1 月 26 日市政协二届十次常委会议通过）

袁洪波

常务委员增选名单（2011 年 2 月 24 日市政协二届三次全体会议通过）

袁洪波

不再担任委员、常务委员名单（2011 年 1 月 26 日市政协二届十次常委会议通过）

张弘芬

专门委员会、研究室副主任任命名单（2011 年 1 月 26 日市政协二届十次常委会议审议通过）

赵　虹　任市政协人口资源环境委员会副主任

郑付华　任市政协提案委员会副主任

张兆华　任市政协研究室副主任

专门委员会副主任免职名单（2011 年 4 月 12 日市政协二届十二次常委会议通过）

张弘芬　不再担任市政协经济委员会副主任职务（兼职）

专门委员会副主任、副秘书长任免名单（2011 年 7 月 22 日市政协二届十三次常委会议审议通过）

程　艳　任市政协港澳台侨和外事委员会副主任

茹　东　不再担任市政协副秘书长职务

专门委员会主任任免名单（2011 年 12 月 26 日市政协二届十五次常委会议审议通过）

李进萍　任市政协民族宗教委员会主任，不再担任市政协提案委员会主任职务

李大超　任市政协提案委员会主任，不再担任市政协社会法制和民族宗教委员会主任职务

【机构概况】

2011 年，政协普洱市第二届委员会内设办公室、研究室、提案委员会、经济委员会、人口资源环境委员会、教科文卫体委员会、社会法制和民族宗教委员会、港澳台侨和外事委员会、文史委员会 9 个工作机构。办公室下设秘书一科、秘书二科、行政科、财务科、人事科 5 个科级单位；研究室和各专门委员会下设综合科（科级单位）。2011 年 6 月 14 日，经市委批准，市政协“社会法制和民族宗教委员会”分设为“社会法制委员会”和“民族宗教委员会”，至此，政协普洱市第二届委员会内设办公室、研究室、提案委员会、经济委员会、人口资源环境委员会、教科文卫体委员会、社会法制委员会、民族宗教委员会、港澳台侨和外事委员会、文史委员会共 10 个工作机构。2011 年 7 月 11 日，市政协二届二十六次主席会议研究决定将办公室的宣传职能划归研究室，至此，研究室下设综合科、宣传科 2 个科级单位。

【普洱市、县（区）政协领导人名单】

普洱市

主　席

白文彬（哈尼族）

副主席

郑映德（哈尼族）（至 2011. 7）

王其明（哈尼族）　陈建疆

刘丽春（女）　马春华（回族）

李盛富（彝族）

秘书长

黄河立

县（区）政协主席

思茅区　慕长春
宁洱县　杨发春
墨江县　薛光海
景东县　李树荣（彝族）
景谷县　袁洪波（傣族）
镇沅县　周若涛（哈尼族）
江城县　白乔发（傣族）
孟连县　岩　飘（佤族）
澜沧县　张志荣（拉祜族）
西盟县　魏岩本（佤族）（至2011.5）
叶　林（佤族，女）（2011.9至今）

普洱市各级政协委员和组织数

（截至2011年底）

州(市)县 \ 项目		委员数		组织数
普洱市		277		1
各县区市	思茅区	164	1709	10
	宁洱县	161		
	墨江县	200		
	景东县	162		
	景谷县	185		
	镇沅县	169		
	江城县	147		
	孟连县	168		
	澜沧县	227		
	西盟县	126		
合　计		1986		11

（编写：张培锋　张兆华　审稿：黄河立）

政协西双版纳傣族自治州

委 员 会

【全体委员会议】

十届五次会议 2011 年 2 月 17～22 日在景洪召开。会议应到委员 264 名，实到 225 名。会议听取并审议通过了杨志祥主席代表政协西双版纳州第十届委员会常务委员会所作的工作报告和权继能副主席所作的提案工作情况报告，列席了州十一届人大六次会议，听取并协商讨论了《政府工作报告》、“两院”工作报告和其他重要报告，审议通过了大会各项决议。会议表彰了十届四次会议以来优秀提案、十届政协提案办理先进单位、十届政协优秀委员和政协先进工作者。会议期间，委员们以高度的政治责任感和饱满的履职热情，对关系我州经济社会发展的全局性重大问题，积极发表意见、提出建议、撰写提案。会议期间共收到提案 122 件，经审查立案 113 件。杨志祥主席致闭幕词。州政协副主席依甩、祜巴龙庄勐、李永义、玉香伦、权继能，秘书长张云洪出席会议。州委书记江普生，州委副书记、州长刀林荫，州委副书记胡志寿，州人大常委会主任杨建明，州委常委、州人大、州政府和西双版纳军分区领导、州人民法院院长、州人民检察院检察长和部分离退休老领导应邀参加会议。

【常务委员会会议】

第 16 次会议 1 月 13～14 日在景洪召开。会议应到常委 33 名，实到 30 名。杨志祥主席主持会议。副主席依甩、祜巴龙庄勐、李永义、玉香伦、权继能，秘书长张云洪出席会议。会议协商确定了州政协十届五次会议有关事项；协商讨论了常委会工作报告（草案）和提案工作报告（草案），确定了报告人；听取并协商州人民政府关于州政协十届四次会议以来委员提案办理情况通报；听取并协商了州人民政府关于全州校舍安全工程建设情况的通报；听取了州政协各专门委员会 2010 年工作情况汇报。州人大副主任召亚平、州政府副州长唐家华，州教育局负责人、各县市政协主席和机关副处以上领导干部列席了会议。

第 17 次会议 2 月 23 日在景洪召开。会议应到常委 33 名，实到 27 名。杨志祥主席主持会议，副主席依甩、李永义、玉香伦、权继能，秘书长张云洪出席会议。会议审议并通过了《政协西双版纳州委员会 2011 年重点工作安排意见》。州人大副主任张美兰，州政府副州长、州委宣传部部长陈启忠、州发改委、州国土资源局负责人、各县市政协主席和机关副处以上领导干部列席了会议。

第 18 次会议 8 月 2 日在景洪召开。会议应到常委 33 名，实到 27 名。杨志祥主席主持会议。副主席依甩、李永义、玉香伦、权继能，秘书长张云洪出席会议。会议传达学习了胡锦涛总书记“七一”重要讲话精神，听取并协商讨论了州人民政府关于全州 2011 年上半年经济运行情况通报，民主评议了州国土资源局工作。州人大副主任张美兰，州政府副州长、州委宣传部部长陈启忠、州发改委、州国土资源局负责人、各县市政协主席和机关副处以上领导干部列席了会议。

第 19 次会议 10 月 28 日在景洪召开。会议应到常委 33 名，实到 25 名。杨志祥主席主持会议。副主席依甩、祜巴龙庄勐、权继能，秘书长张云洪出席会议。会议听取并协商讨论了州人民政府关于全州竹产业发展情况的通报和州委政法委关于全州农村社会治安综合治理工作情况的通报。州委政法委、州林业局负责人，各县市政协主席和机关副处以上领导干部列席了会议。

【专门委员会工作】

提案法制委员会 积极参加创先争优活动和学习杨善洲先进事迹主题实践活动。认真做好提案征集工作，编辑出版了《政协西双版纳州第十届委员会提案精选》。完成了十届五次会议以来的提案和法制工作任务并加强了提案的跟踪督办力度，跟踪督办了8件重点提案。开展了对《牢固树立粮食危机意识，切实做好基本粮田的保护工作》及《加大打击销售黑彩力度，维护广大人民群众切身利益》等提案的跟踪督办面商。组织委员到勐海县布朗山乡、景洪市小黑江和勐腊县象明乡进行了新农村建设调研。积极参加了州政协组织的对州国土资源局工作情况、全州农村社会治安综合治理工作情况等调研活动。参加了“三级”政协委员联合视察全州小城镇建设情况。参加了在我州召开的云南省八州政协文史工作第五次联系会议。参加了省政协提案委在文山州召开的工作会议和省政协社法委在昆明市召开的工作会议。

文史资料委员会 积极参加创先争优活动和学习杨善洲先进事迹主题实践活动。编辑出版了《梦魂萦绕的岁月》（西双版纳文史资料第20辑）。积极配合省政协“云南特有民族历史文化”调研组到我州进行调研，完成了傣族、基诺族、布朗族的历史文化保护和利用的调研工作。组织部分委员对景洪城区道路交通建设与管理工作和我州特有民族历史文化保护和利用情况进行调研；积极参加州政协组织的全国、省、州“三级”政协委员联合视察全州小城镇建设情况。参加了在曲靖召开的云南省八市政协文史工作第十次联系会议，交流了我州政协文史工作的开展情况，承办了在我州召开的云南省八州政协文史工作第五次联系会议。

经济委员会 积极参加创先争优活动和学习杨善洲先进事迹主题实践活动。组织委员开展了对全州竹产业发展情况和全州基本农田保护和粮食安全生产情况的调研；针对全州新兴产业的发展，对竹产业、汉麻产业、生物能源产业等的原料种植情况，组织委员开展了视察。参加了州政协组织的对州国土资源局工作情况的民主评议工作和驻州“三级”政协委员对全州小城镇建设情况的联合视察活动。参加全省政协经济委联系会议。

民族宗教联络委员会 组织本专委会委员积极参加创先争优活动和学习杨善洲先进事迹主题实践活动。参加了州政协组织的对州国土资源局工作情况的民主评议工作；参加了驻州“三级”政协委员对全州小城镇建设情况的联合视察活动。组织本专委会委员开展了对景洪城区道路交通建设与管理情况、民族产业经济发展情况的调研，积极为全州民族产业发展、城镇化建设和全州经济社会科学发展建言献策。配合省政协港澳台侨和外事委员会开展了对我州跨境旅游和边境旅游发展情况的调研；认真完成了省政协民族宗教委员会关于和谐宗教建设研讨征文工作；参加了省政协民族宗教委员会组织召开的和谐宗教建设理论研讨会和民族宗教工作座谈会，并作交流发言。

教科文卫体委员会 积极参与创先争优活动。参加州政协对州国土资源局民主评议工作；组织专委委员对“农村社会治安综合治理工作情况”、“食品安全监管职能调整后我州食品安全监管工作情况”开展专题调研；参加驻州“三级”政协委员视察全州小城镇建设情况、全州政协系统理论工作研讨会。做好全国政协“推进基本公共服务均等化”建设情况调研的协调服务工作。参加我州“十二五规划”部分专题规划的评审；参加省教育厅督查组对我州2011年教育重点工作督查等工作。抓好第七届“李拂一教育特别奖”的评选工作。

人口资源环境委员会 积极参与创先争优活动。积极参加州政协组织的驻州“三级”政协委员联合视察全州小城镇建设情况和民主评议州国土资源局调研活动。协同参与中国西部发展研究促进会云南西促会组织的《关于实施西部大开发战略和促进桥头堡建设》的调研；按照省政协人资环委有关要求，开展了《关于西双版纳州贯彻落实中央一号文件》，推进“兴水强滇”战略工作实施情况调研；完成了省政协办公厅下达的《关于西双版纳开展水资源现状暨抗旱保民生工作情况》调研课题。参与政府对口部门的《西双版纳州森林系统服务功能价值评估》《云南省西双版纳州澜沧江保护条例》修改等协商咨询；全州“十二五”水利发展规划、农业和农村经济发展规划、林业发展规划评审论证等。认真完成了《西双版纳政协》杂志编辑出版的相关工作，认真做好州政协十届五次会议的宣传报道工作。

【重要活动】

深入开展创先争优活动 结合学习杨善洲精神，开展走访慰问少数民族上层人士及孤寡老人，积极开展党员评星和流动红旗活动，向机关全体干部职工、离退休干部、委员征集创先争优理论文章和书画数篇，积极为建党90周年献礼。在与孔雀湖社区党支部开展共驻共建活动中，扶持部分资金，力所能及地为社区支部解决实际困难和问题。6月23日，州政协党组召开了以“学习杨善洲精神做人民满意好党员好干部”为主题的专题学习生活会。机关党支部被评为2010年度先进基层党组织、一名党员被评为州直机关和全州优秀共产党员荣誉称号。

举办换届业务培训班 为提高十一届政协换届选举工作人员的业务能力和水平，为换届选举工作打好基础，确保换届选举各项工作依法有序推进，州政协在州委党校组织了由州、县（市）政协分管换届选举工作的领导、秘书长、副秘书长、专委主任、办公室工作人员及州、县（市）组织、人事、宣传、统战部门从事换届工作的干部共70人参加的培训班。此次培训，领导重视、准备充分，参训人员广、培训内容丰富、针对性强、学员学习积极性高，培训工作达到了预期的目的，为2012年换届选举工作打下了坚实的理论基础和思想基础。

承办云南省八州政协文史工作第五次联系会议和省政协“云南特有民族历史文化保护和利用”座谈会 10月17～20日，云南省八州政协文史工作第五次联系会议在我州召开。会议有来自14个州市政协分管文史工作的领导、文史委主任和文史工作者共120人参加，会上大家相互交流，相互借鉴，相互提高，并到我州民族博物馆、总佛寺、磨憨口岸、傣族园参观考察。会议的成功举办，对弘扬我州优秀历史文化、推进文史工作和全州政协工作新发展具有重要意义。省政协还同时召开了“云南特有民族历史文化保护和利用”座谈会。两个会议，州委高度重视，州政府大力支持，州政协全力投入，都达到了预期的效果。

开展民主评议工作 为认真履行政协民主监督职能，加大民主监督力度，增强民主监督实效，促进政府职能部门工作，州政协于7月4日召开了民主评议州国土资源局工作动员大会，随后组织部分委员分成三个调查组，分赴两县一市对州国土资源局工作情况进行走访、调查。在8月2日召开的第18次常委会上对州国土资源局工作进行了民主评议，评议结果为满意。通过评议，既充分肯定了成绩，也指出了存在的问题，有针对性地提出了整改意见，促进了部门工作。

召开州政协系统理论工作研讨会 11月23～26日，全州政协系统第九届理论工作研讨会在景洪召开。会议以“学习贯彻十七届六中全精神，积极为推进我州文化大发展大繁荣献计出力”为主题，开展了学习交流和研讨。通过学习和交流，切实把思想统一到了十七届六中全会精神上，积极为推进我州文化大发展大繁荣献计出力。

组织驻州“三级”政协委员开展联合视察 12月5～6日，州政协组织驻州的全国、省、州“三级”政协委员联合视察了全州小城镇建设情况。通过视察，委员们知情出力，提出了具有参考价值的对策建议，切实发挥视察监督的作用，积极为全州经济社会又好又快发展建言献策。

参与千名干部大走访活动 根据州委、州政府《关于组织开展2011年千名干部大走访农业农村活动的通知》要求，州政协组成了由杨志祥主席带队的走访活动组，深入到勐海县勐满镇班倒、纳包、帕迫等5个村委会36个村民小组，现场查看了村办公场所、基础设施建设和农户家庭生活住房情况，与村干部群众座谈，详细了解各村农作物生产、农民增收、集体经济、国家强农惠农政策的落实、学生受教育程度、农业产业化发展规划、村生态建设及基层党组织建设等情况，帮助群众协调解决了路面硬化问题、基层党建阵地建设、村民小组公厕建设等部分缺口资金。

【重要文件】

常务委员会工作报告（2011年2月18日）（摘要） 报告分两部分。

一、2010年工作回顾。2010年，在中共西双版纳州委的领导和省政协的指导下，政协西双版纳州第十届委员会常务委员会高举中国特色社会主义伟大旗帜，以邓小平理论和“三个代表”重要思想为指导，深入贯彻落实科学发展观，积极开展创先争优活动，牢牢把握团结、民主两大主题，团结民主党派、工商联、人民团体和各族各界人士，认真履行政治协商、民主监督、参政议政职能，努力发挥协调关系、汇聚力量、建言献策、服务大局的作用，为圆满完成全州“十一五”的各项任务，建设富裕民主文明和谐西双版纳作出了重要贡献。（一）着眼全局，致力发展，政治协商取得新成绩。政治协商是人民政协最主要的职能。常委会进一步完善协商议政格局，充实协商内容，丰富协商形式，努力提高协商成效。注重总体协商。政协全体会议是政协履行职能最集中、最重要的会议，是政协总体协商的有效形式。为提高会议成效，在十届四次会议召开前，州政协动员和组织政协各参加单位和广大政协委员，认真开展调研视察活动，深入了解社情民意，广泛听取社会各界意见，积极撰写提案和会议发言材料。会议期间，委员们认真开展了大会协商，对州政府工作报告、“两院”工作报告和其他重要报告进行深入的协商讨论，并与州党政领导同志就全州新型工业化、生态环境保护、边贸旅游发展、扩大对外开放、城镇居民医疗保险、农村文化建设等经济社会发展中的问题进行面对面协商，充分反映各个方面的意见和建议。由于会前委员们视察调研工作做得扎实，撰写的提案和材料发言数据事例充分，内容客观真实，建议切合实际，受到州党政领导的充分肯定和高度评价。抓好专题协商。为增强协商议政的实效性，以坚持协商于决策之前为原则，以协商成果进入决策为要求，常委会根据州委、州政府不同时期的工作重心，结合人民群众关心的重大问题，研究确定协商议题，组织专题协商建言活动。去年，组织委员就全州经济社会发展情况、解决全州7万农村人口饮水安全问题、推进全州20万亩中低产林改造工作、全州校舍安全工程建设等工作进行了深入的调查研究，形成3份专题调研报告，为进一步推进各项工作提出了切实可行的意见和建议。在此基础上，常委会召开会议与州政府及有关部门进行专题协商讨论，委员们畅所欲言，坦诚己见，州政府和有关部门广纳百家之言，善听各方之说，求同存异，集思广益，为促进全州经济社会科学发展和跨越发展发挥了重要作用。加强重点协商。主席会议就全州经济社会发展中的一些热点问题开展了重点协商。先后对西双版纳州“十二五”规划编制工作和《西双版纳农业产业化经营与农产品加工州级重点龙头企业认定和运行监测管理办法》《西双版纳州企业退休人员和国企改革下岗离岗失业人员社会化管理服务办法》《西双版纳州城镇居民基本医疗保险门诊统筹暂行办法》等规范性文件草案进行协商讨论，积极发表意见，提出建议，对上述文件的出台实施起到了推动作用。拓展对口协商。州政协专委会根据年度工作计划和工作重点，与政府相应部门对口协商，有针对性地开展协商建言工作。先后到州法院、州检察院就加强法院审判工作、检察院监察工作开展协商活动，到州公安局、州农业局、州水利局等部门就西双版纳州内自由申领护照便民利民措施、农业产业化经营与农产品加工、景洪市城市供水水源选点规划、西双版纳生物多样性保护与可持续发展、西双版纳民族博物馆陈列事宜等工作进行协商讨论，提出了许多切实中肯的意见和建议。各专委会还加强与有关部门的对口联系，积极参与部门的重要会议和重大活动，对有关工作进行协商讨论。（二）求真务实，注重实效，民主监督实现新进展。人民政协的民主监督对促进社会主义民主政治建设具有重要作用。全体政协委员积极履行民主监督职能，切实有效地开展民主监督工作，使民主监督的质量和水平逐步提高。切实加强经常监督。常委会把日常调研视察工作作为民主监督和促进工作的重要方式之一，组织委员对州医疗废弃物处理中心建设、州傣医院搬迁工程建设、州、市看守所建设项目进展情况、景洪市垃圾处理场和江南污水处理二期工程建设、曼听景区提升改造项目建设、职业技术学院制陶及民族织锦开展情况、全州禁毒劳教工作、澜沧江沿岸生态环境保护、边境地区边民互相通婚情况、体育设施建设等工作进行调研视察。这些调研视察活动，寓监督于支持之中，帮助查找问题，共抓整改提高，促进有关部门更好地改进工作。部分政协委员担任有关部门的特约监督员、行风评议员，对这些部门的工作情况进行经常性监督。重视提案督办工作。州政协十届四次会议以来，共收到提案110件，经审查立案100件。为提高提案的“落实率”和办理质量，推动相关问题的解决，州政协积极探索民主监督与提案跟踪督办工作相结合的办法，通过推行重点提案办理制度，把事关大局、社会关注的重点提案，交由政协主席督办，提高了督办层次，增强了办理效果。去年，主席、副主席带领部分委员对《关于保护傣族干栏式建筑的建议》《关于在旅游宣传中突出主旋律，摒弃低俗节目、语言的建议》等11件重点提案进行了专题协商督办，引起了有关部门的高度重视，许多提案得到较好的办理落实。认真开展民主评议。常委会组织民主评议调查组，到县（市）、乡（镇）和州直有关部门，对全州住房和城乡建设工作进行了深入的调研分析。在此基础上，召开常委会民主评议会，对州住房和城乡建设局的工作进行了民主评议，形成了《关于州政协常委会民主评议州住房和城乡建设局工作的综合评议意见》。常委会既充分肯定了州住房和城乡建设局取得的成绩，也指出了存在的问题，并有针对性地提出了整改意见，促进了工作。（三）关注民生，履职为民，参政议政富有新成效。参政议政是人民政协履行职能的重要形式。常委会充分发挥各界政协委员的作用，关注民生，把握经济社会发展中的大事要事，找准服务大局与发挥优势的最佳结合点，精心选题，广开言路，努力建真言、献良策。深入开展调研视察。组织政协委员紧紧围绕全州中心工作，选择经济社会发展中具有综合性、全局性、前瞻性的课题，认真开展调查研究和视察活动，对改进工作、促进发展起到了积极作用。组织驻州的全国政协委员、省政协委员和部分州政协委员，对勐罕多功能码头和关累码头续建工程建设情况进行了联合视察。开展委员界别活动，对西双版纳州亚洲象繁育基地、亚洲象食源基地、关坪自然保护区示范管理站的工作情况进行调研，到西双版纳增靓生物科技有限公司、西双版纳药业有限责任公司、州食品药品检验所、州傣医院等单位和企业参观视察，为全州傣药南药的发展建言献策。积极参与、配合全国政协“桥头堡”重点提案调研组和省政协“桥头堡”建设调研组对全州“桥头堡”建设工作的调查研究，努力为“桥头堡”建设献计出力。按照省政协办公厅《关于征集“桥头堡”建设特约稿件的通知》要求，认真组织征集“桥头堡”建设相关稿件，其中1篇获得二等奖，5篇获得优秀奖，在为“桥头堡”主阵地建设建言立论方面作出了积极贡献。全力参与抗旱救灾。去年，全省全州旱情严重，人畜饮水困难，按照州委的要求，州政协领导班子成员积极深入到所联系的乡镇开展“结对子、保饮水”工作，深入田间地头察看受灾情况，广泛听取群众的意见、建议，积极为乡镇加强水利建设出谋划策，帮助各自所联系的乡镇解决了部分抗旱救灾资金，为抗旱救灾工作作出了应有的贡献。积极参与“三保”“三促”千名干部大走访活动，广泛宣传党和国家的各项方针政策，充分了解人畜饮水、农业生产等受灾情况和党的各项强农惠农政策在农村的贯彻落实情况，为确保大旱之后的春耕生产和防汛工作等积极献计出力。积极为民做好实事。州政协领导班子成员按照州委的要求，积极开展“三联系”“三约见”工作，加强与联系对象的沟通，深入乡镇、村寨、社区、企业及农场调研座谈，了解实情，为企业解困、乡村发展出谋献策。发动部分政协参加单位和企业界政协委员为勐海县巴达边防站、边防9团6连的官兵赠送了20台电脑和4台电视机，供官兵学习之用，在边防部队和社会各界中产生了较好的反响，为促进军民团结、巩固边防发挥了积极作用。常委会还举办了第六届“李拂一教育特别奖”评选表彰活动，对15名优秀教师和8名优秀学生进行了表彰。（四）突出主题，发挥优势，统一战线工作谱写新篇章。围绕大目标，实现大团结，是人民政协工作的主题。常委会努力发挥优势，充分调动一切积极因素，广泛联系各界人士，促进和谐社会建设。坚持中国共产党领导的多党合作和政治协商制度。遵循平等协商、求同存异、体谅包容、合作共事的原则，加强同民主党派、工商联和无党派人士的团结合作，组织他们参与调研、视察、考察等活动，尊重他们的意见和主张，为他们在政协各类会议和活动中充分施展才华、发挥作用创造条件。加强与州级人民团体的沟通联系和指导，为群团组织做好工作、发挥作用献计献策。认真贯彻党的民族宗教政策，加强与宗教界、少数民族界和“三胞”界代表人士的联系，发挥他们在维护社会稳定、增强民族团结进步中的重要作用。州政协领导经常带队走访民族宗教界人士，宣传党的民族宗教政策，听取他们的意见和要求，促进各族各界人士的大团结大联合。加强对外联谊交往工作。去年，州政协共接待来自全国各地政协赴西双版纳参观考察团 99 批 1013 人次，组织了 5 批学习考察组到省内外考察学习。积极为到西双版纳开展采风活动的中央美术学院艺术家和省政协特聘的省内艺术家们做好协调服务工作，通过艺术家们的采风活动，充分展示西双版纳的自然环境、人文景观、民族文化和经济社会发展状况，广泛宣传西双版纳。做好文史资料的征编工作。按照新时期文史工作方针，以及文史工作要体现系列化、专题化、精品化及亲历、亲见、亲闻的“三亲”特色要求，精心征集编纂了 40 余万字、反映上海知青在西双版纳生活的《西双版纳文史资料》第 20 辑，发挥了“存史、资政、团结、育人”的作用。80 万字的中国少数民族大辞典系列《傣族卷》（西双版纳部分）的词条和总目录通过了审定。（五）加强学习，增强信心，自身建设开创新局面。加强自身建设，是新时期新阶段做好政协工作的客观需要。常委会以强化学习为途径，立足固本强基，着力加强自身建设，努力提高履职能力和水平。强化政治理论学习。常委会始终把学习放在政协工作的重要位置，切实加强领导，完善学习制度，丰富学习内容。通过召开机关学习例会、常委会专题学习会、委员界别活动等途径，组织政协委员和机关干部学习中共十七大、十七届四中、五中全会精神和省委八届九次、十次全会、州委六届十次、十一次全会精神，学习新时期党的路线、方针、政策和统战政协理论知识，学习贯彻胡锦涛总书记在庆祝人民政协成立 60 周年大会上的讲话和省委、州委政协工作会议精神等等。通过学习，广大政协委员和政协机关干部进一步增强了履行政协职能的责任感和使命感。扎实开展创先争优活动。按照中央、省委和州委的统一部署和要求，及时成立州政协机关创先争优活动领导小组及其办公室，精心研究制订实施方案，明确各阶段工作任务，认真开展了创先争优活动。州政协着眼于进一步抓好学习实践活动整改落实后续工作，以建设学习型、服务型、效能型机关为主题，把开展创先争优活动与开展讲党性、重品行、作表率活动和“三个一”主题实践活动有机结合起来，深入开展“五比五创”主题实践活动，增强机关党员干部立足本职、开拓进取、建功立业的事业心和责任感。还组织机关干部职工到宁洱县瞻仰民族团结胜利纪念碑，到南糯山向阳寨开展民情恳谈活动，在州政协机关党员中进行星级评选。这些活动丰富了创先争优活动的内容，彰显了政协特色。搞好政协宣传工作。加强宣传队伍建设，《西双版纳政协》办刊质量稳步提高，宣传工作的计划性、系统性和时效性进一步增强。认真做好《人民政协报》《云南政协报》的宣传发行工作，积极为全州政协委员订阅云南政协报。去年还在省、州媒体发表报道西双版纳州政协工作新闻稿 682 篇，努力反映政协履行职能情况，营造有利于人民政协事业发展的氛围。协助州委召开政协工作会议。认真学习贯彻省委政协工作会议精神，总结经验，学习借鉴，配合草拟文件，为州委政协工作会议成功召开奠定基础。州委出台了《关于支持人民政协履行职能发挥作用的意见》，为政协更好地履行职能、发挥作用创造了优良的环境和条件。努力加强政协机关建设。以创先争优活动为契机，推进政协机关思想、组织、作风、制度建设。加强政协干部队伍管理，强化政协机关服务意识，努力提升服务质量和服务水平，认真搞好离退休干部服务工作，政协机关呈现出团结求实、和谐活跃的新面貌。

二、2011 年工作任务。（一）认真学习，准确把握，积极为“十二五”规划纲要的制定和实施献计献策。（二）围绕中心，服务大局，积极为推动经济社会发展献计出力。（三）发扬民主，强化监督，努力在推进民主政治建设中有所作为。（四）团结各界，关注民生，充分在构建社会主义和谐社会中发挥独特作用。（五）求真务实，开拓创新，不断推进人民政协工作再上新台阶。

十届三次会议决议（2011 年 2 月 22 日） 中国人民政治协商会议西双版纳傣族自治州第十届委员会第五次会议，于 2011 年 2 月 18～22 日在景洪举行。会议听取和审议了《中国人民政治协商会议西双版纳傣族自治州第十届委员会常务委员会工作报告》《政协西双版纳傣族自治州第十届四次会议以来提案工作情况报告》。与会委员列席了西双版纳傣族自治州第十一届人民代表大会第六次会议，听取并协商讨论了《政府工作报告》《西双版纳傣族自治州国民经济和社会发展第十二个五年规划纲要》《西双版纳傣族自治州中级人民法院工作报告》《西双版纳傣族自治州人民检察院工作报告》及其他有关报告。会议期间，中共西双版纳州委和州人民政府领导同志参加了界别委员代表协商会，与各族各界委员协商交流，共谋西双版纳发展大计。委员们以高度负责的精神，围绕全州经济社会发展中的重大问题积极建言献策。会议团结、民主、务实，是一次统一认识、明确目标、凝聚人心的大会。

会议审议通过了杨志祥主席代表政协西双版纳傣族自治州第十届委员会常务委员会所作的工作报告和权继能副主席代表政协西双版纳傣族自治州第十届委员会常务委员会所作的提案工作情况报告。

会议认为，2010 年，在中共西双版纳州委的领导和省政协的指导下，州十届政协常委会高举中国特色社会主义伟大旗帜，以邓小平理论和“三个代表”重要思想为指导，深入贯彻落实科学发展观，认真学习贯彻中共十七届四中、五中全会和省委八届九次、十次全会、州委六届十次、十一次全会精神，切实把推动西双版纳经济社会科学发展和跨越发展作为履行职能的首要任务，把促进民生改善和社会和谐作为开展工作的着力点，以奋发有为的精神状态和求真务实的工作作风，认真履行政治协商、民主监督、参政议政职能，努力发挥协调关系、汇聚力量、建言献策、服务大局的作用，为圆满完成全州“十一五”的各项任务，建设富裕民主文明和谐西双版纳作出了重要贡献。

会议一致赞同刀林荫州长所作的《政府工作报告》，赞同《西双版纳傣族自治州中级人民法院工作报告》和《西双版纳傣族自治州人民检察院工作报告》。

会议认为，“十一五”是西双版纳发展史上极不寻常的五年。面对国际金融危机冲击、严重自然灾害等一系列困难和挑战，州委、州政府深入贯彻落实科学发展观，坚决贯彻执行中央和省委、省政府的决策部署，紧紧围绕全州经济社会跨越发展“六大战略”及“两个率先”、“两个为主”、“两个定位”的目标，不断完善发展思路，加快转变经济发展方式，团结和带领全州各族人民，攻坚克难，扎实工作，全州综合实力显著增强，“三农”工作成效显著，基础设施全面改善，改革开放不断深化，保障和改善民生力度持续加大，文化建设扎实推进，生态文明建设步伐明显加快，安定和谐局面进一步巩固，圆满完成了“十一五”规划的目标任务。

会议指出，“十二五”时期是我州全面建设小康社会、实现经济社会发展历史性跨越的关键时期。《西双版纳傣族自治州国民经济和社会发展第十二个五年规划纲要》符合科学发展要求，体现了中央、省委精神和西双版纳州情，反映了全州各族人民的根本利益和共同愿望，对于进一步统一全州各族干部群众的思想认识，凝心聚力推进富裕民主文明和谐西双版纳建设具有十分重要的意义。委员们对未来五年的发展充满期望，对全面完成“十二五”期间的各项任务充满信心。

会议强调，2011 年是中国共产党成立 90 周年，是实施“十二五”规划的开局之年，也是加快转变经济发展方式、推进西双版纳科学发展和跨越发展的重要一年。我们要深入贯彻落实科学发展观，认真学习贯彻中共十七届五中全会、中央经济工作会议和省委八届十次全会精神，按照州委六届十一次全会和州委政协工作会议的决策部署，紧紧抓住新一轮西部大开发和“两强一堡”建设重大机遇，牢牢把握科学发展这一主题和加快转变经济发展方式这一主线，全力促进民生改善与和谐社会建设，认真履行政协职能，多建睿智之言，多献务实之策，更加重视政协自身建设，不断把人民政协事业推向前进。

会议号召，全州各级政协组织、政协各参加单位和广大政协委员，要更加紧密地团结在以胡锦涛同志为总书记的党中央周围，在中共西双版纳州委的坚强领导下，开拓创新，真抓实干，以优异成绩迎接中国共产党成立 90 周年，为促进富裕民主文明和谐西双版纳建设作出新的更大贡献。

杨志祥主席在十届五次会议闭幕会上的讲话（2011 年 2 月 22 日）(摘要）　本次会议，各位委员审议了政协西双版纳州第十届委员会常务委员会工作报告和政协西双版纳州第十届委员会常务委员会关于提案工作情况的报告，列席了州十一届人大六次会议，协商讨论了州政府工作报告、我州“十二五”规划纲要、“两院”报告和其他重要报告，审议通过了大会的有关决议。会议受到了州委、州政府的高度重视，江普生书记、刀林荫州长等州委、州政府领导同志参加各界委员代表协商会，听取委员们的意见、建议，与委员们一起共绘我州“十二五”美好蓝图、共商科学发展大计。社会各界对这次会议广泛关注，并寄予殷切的期望。会议期间，各位委员以高度的政治责任感和饱满的履职热情，紧紧围绕全州工作大局和人民群众关心的热点难点问题，认真参政议政，积极建言献策，提出了许多很好的意见和建议，充分体现了广大政协委员致力科学发展、情系民生改善、共促社会和谐稳定的大局观念和责任意识。这次会议始终充满着团结民主、求真务实的气氛，是一次总结过去、谋划未来、统一思想、催人奋进的大会。刚刚过去的“十一五”时期，是极不平凡的 5 年。5 年来，西双版纳州政协在中共西双版纳州委的领导下，自觉服务全州改革发展稳定大局，广泛团结广大政协委员和各族各界人士，紧紧抓住关系我州经济社会发展的重大问题开展协商议政，围绕群众关心的热点难点问题进行调研视察，努力推动科学发展、促进社会和谐，全州政协事业不断开创新局面。现在我们站在了“十二五”发展的新起点上，这是加快转变经济发展方式的攻坚期，是全面建设小康社会的关键期，是努力实现全州经济社会跨越发展

“六大战略”及“两个率先”“两个为主”“两个定位”目标的黄金期。面对新的形势和任务，我们要自觉肩负起人民政协神圣的职责和光荣的使命，进一步强化政治意识、大局意识和服务意识，着眼于推动科学发展，着力于“十二五”战略目标的顺利实现，以更加坚定的信念、更加振奋的精神和更加扎实的工作，努力在促进发展上有新成效、在凝心聚力上有新作为、在协商监督上有新突破、在建言献策上有新提高，在不断推进富裕民主文明和谐西双版纳建设的伟大实践中，创造新业绩、作出新贡献。一要坚决维护核心，高举伟大旗帜不动摇。始终不渝地用中国特色社会主义伟大旗帜来统一思想、坚定信念、凝聚人心，不断筑牢参加政协的党派团体、各族各界人士团结奋斗的共同思想基础，促进不同党派、不同信仰、不同民族、不同界别的群众在中国共产党的领导下，为推进中国特色社会主义伟大事业而共同奋斗。自觉维护党的领导核心地位，积极在党委总揽全局、协调各方的工作格局中明确职责、找准位置，坚持与党委在思想上同心、工作上同步，努力使政协履行职能的各项活动有利于巩固党的领导、实现党的政策主张。二要紧紧围绕中心，推动科学发展不懈怠。始终把握新一轮西部大开发和“两强一堡”建设重大机遇，牢牢抓住科学发展这一主题，突出加快转变经济发展方式这一主线，切实把开展工作的立足点放在推进我州“十二五”发展目标的实现上，把议政建言的重点放在促进事关全局的重大问题的解决上，把协商监督的着力点放在推动“十二五”规划提出的主要任务和重大举措的落实上，议推动科学发展的大事，谋促进转变经济发展方式的大计，努力为推进科学发展和跨越发展，建睿智之言、献务实之策。三要努力凝聚人心，促进和谐稳定不放松。始终坚持人民政协为人民，自觉站在最广大人民群众的立场上说话办事，高度关注群众最直接最现实的利益问题，多建反映民情的真言，多献改善民生的良策，多办顺应民意的实事，尽心尽力协助党委、政府做好新形式下的群众工作。进一步把增进团结、维护稳定放在政协工作的突出位置，充分发挥人民政协广泛代表性和巨大包容性的优势，努力把参加政协的各党派团体、各族各界人士的思想认识统一到中央和省委、州委的决策部署上来，把大家的智慧和力量凝聚到“十二五”的发展蓝图上来，万众一心，团结一致，开创我州科学发展和跨越发展新局面。各位委员、同志们，州政协过去五年的工作已经融入我州“十一五”的辉煌成就之中，人民政协事业更加美好的前景正等待着我们去创造。我们要牢记人民的期望和社会的重托，充分认识肩负的责任，主动适应形势任务的新变化、顺应经济社会发展的新要求、回应人民群众的新期盼，进一步加强学习、注重实践，不断提高政治把握能力、参政议政能力、合作共事能力。要深入实际、走向基层，带着感情去倾听群众的呼声，带着责任去关心群众的疾苦。要珍惜政治荣誉，热爱政协工作，胸怀全局，立足本职，努力为推动科学发展、促进社会和谐、开创人民政协事业新局面献计出力。各位委员、同志们，今年是“十二五”规划实施的开局之年，是西双版纳经济社会发展进程中承前启后、继往开来的重要一年。做好今年的工作，既关系当前，又影响长远，意义十分重大。让我们更加紧密地团结在以胡锦涛同志为总书记的党中央周围，在中共西双版纳州委的坚强领导下，坚定信心，同心同德，充分发挥独特优势，认真履行各项职能，以优异成绩迎接中国共产党成立 90 周年，为加快转变经济发展方式、推进建设富裕民主文明和谐西双版纳进程、全面建设小康社会作出新的更大的贡献。

【机构概况】

第十届委员会设办公室、提案法制委员会、经济委员会、人口资源环境委员会、教科文卫体委员会、民族宗教联络委员会、文史资料委员会7个内设机构。办公室下设秘书科、行政科、人事老干部管理科、委员联络科4个科级单位。

【西双版纳州、县（市）政协领导人名单】

西双版纳州

主　席

杨志祥（拉祜族）

副主席

依　甩（女，傣族）

祜巴龙庄勐（傣族）

李永义（哈尼族）

玉香伦（女，傣族）

权继能（瑶族）

秘书长

张云洪（哈尼族）

县（市）政协主席

景洪市　张　淳

勐海县　岩　温

勐腊县　段开德

西双版纳州各级政协委员和组织数

（截至2011年底）

州（市）县 \ 项目		委员数		组织数
西双版纳州		264		1
各县区市	景洪市	197	516	3
	勐海县	164		
	勐腊县	155		
合　计		780		4

（编写：杨　尧　审稿：王云照）

政协大理白族自治州委员会

【全体委员会议】

十一届四次会议 2011 年 2 月 14 ~ 18 日在大理市举行。应到委员 343 名，实到 331 名。会议由毕熊光副主席主持。州政协主席袁爱光，副主席张树藩、孙珍玲、孙明、寇铸勋、杨泽恒，秘书长欧阳任出席会议。会议听取和审议通过了袁爱光主席作的常委会工作报告和孙珍玲副主席作的提案工作情况报告。与会委员列席了州十二届人大四次会议，听取并协商讨论了何金平州长所作的《政府工作报告》，协商讨论了大理州“十二五”规划纲要、“两院”报告及其他有关报告。审议通过了州政协十一届四次会议决议。中共大理州委书记刘明，中共大理州委副书记、州长何金平，州人大常委会主任字国顺，州委常委杨秀星、马建全、杨健、梁志敏、段玠、王以志、叶翠萍、茶忠旺，州人大常委会副主任杨宴君、张如旺、尚榆民、刘世兴、彭增梅、陆璐，州政府副州长程云川、洪云龙、陈川等领导到会听取意见建议。

【常务委员会会议】

第 12 次会议 1 月 12 ~ 13 日在大理市举行。会议应到常委 58 人，实到 50 人。会议由袁爱光主席和毕熊光副主席分别主持。州政协副主席张树藩、孙珍玲、孙明、寇铸勋、杨泽恒，秘书长欧阳任出席会议。会议听取了中共大理州委常委、州政府常务副州长马建全所作的关于《政府工作报告（协商稿）》的说明和关于州政协十一届三次会议以来提案办理工作情况的通报，协商了《政府工作报告（协商稿）》《大理白族自治州国民经济和社会发展第十二个五年规划纲要》（协商稿）；审议并原则通过了常委会工作报告（草案）和提案工作情况报告（草案）；审议通过了关于召开州政协十一届四次会议的决定、议程（草案）、日程（草案）、列席单位和列席人员范围（草案）、《常委会工作报告》报告人建议名单（草案）、《常委会提案工作情况报告》报告人建议名单（草案）、大会秘书长、副秘书长建议名单（草案）；通过了有关人事事项。袁爱光就做好州政协十一届四次会议准备工作作了讲话。

第 13 次会议 3 月 14 日在大理市举行。会议应到常委 58 人，实到 45 人。会议由袁爱光主席和毕熊光副主席分别主持。副主席孙珍玲、孙明、杨泽恒出席会议。会议审议通过了《政协大理州第十一届委员会常务委员会 2011 年工作要点》，州政协主席袁爱光就贯彻落实本次会议精神，切实做好 2011 年政协工作作了重要讲话。中共大理州委常委、州政府副州长蔡春生到会指导。

第 14 次会议 7 月 26 日在大理市召开。会议应到常委 58 人，实到 52 名。会议由袁爱光主席和毕熊光副主席分别主持。副主席张树藩、孙珍玲、孙明、寇铸勋、杨泽恒，秘书长欧阳任出席会议。会议听取了中共大理州委常委、州政府常务副州长马建全所作的《大理州 2011 年上半年国民经济运行情况通报》，通过了州政协常委会对州政府《大理州 2011 年上半年国民经济运行情况通报》协商的意见建议。州政协主席袁爱光就做好下半年工作作了讲话。

第 15 次会议 9 月 6 日在大理市举行。会议应到常委 58 名，实到 42 名。会议由袁爱光主席和毕熊光副主席分别主持。副主席张树藩、孙珍玲、孙明、寇铸勋、杨泽恒，秘书长欧阳任出席会议。会议听取了州民政局《大理州民政局工作情况报告》，对州民政局工作进行了分组评议和大会民主测评，通过了对大理州民政局工作的评议意见。州政协主席袁爱光作会议总结。州政府副州长许映苏应邀到会指导。

【专门委员会工作】

提案委员会 一、提案工作。2011年共收到提案374件，立案373件，所有立案的提案均办复。对2010年度20件优秀提案进行了表彰。二、开展视察。7月份，组织了由部分州政协委员和有关单位领导参加的视察组，对全州旅游二次创业重大项目建设情况进行了视察。三、交流工作。参加“云南省政协二十次提案工作座谈会”，交流提案工作经验；参与接待全国政协提案委、云南省政协提案委等单位到大理调研、考察。

经济委员会 一、开展调研视察，积极建言献策。5月份，由分管副主席带队，经济委牵头、州水务局相关领导参加，深入祥云、南涧、巍山对水利基础设施建设情况进行实地调研，所提建议受到了相关部门和大理市的高度重视。二、协助上级相关部门工作。协助省政协推荐省珠宝行业协会专家及理事会成员，并筹备组建大理州珠宝协会；参与省政协到祥云、弥渡进行开发水资源和抗旱保民生调研。

人口资源环境委员会 一、认真履职，抓好专题调研。对加快推进大理滇西中心城市建设开展调研，形成调研报告。做好州政协领导牵头组织开展的工业经济发展、水利改革发展、海西保护利用、洱海保护与流域协调发展四项专题调研工作。二、精心组织，做好“苍山生态保护情况”专题协商的相关工作。三、服从大局，努力完成州委、州政府安排的中心工作任务。

教科文卫体委员会 一、开展构建滇西医疗服务中心情况进行协商前调研。组织部分委员和相关部门领导，深入州、县市医院调研。二、对学前教育情况进行专题视察。组成调研组到云龙、永平调研，组织部分委员深入大理州幼儿园、大理市下关第一幼儿园对学前教育进行视察。三、认真督促检查州政协山区民族教育奖励基金援建两所学校的建设项目。

社会和法制委员会 一、围绕中心，建言献策。组织部分委员和相关部门领导对依法治州工作进行调研。组织部分委员对巍山永建地区禁毒整治成果巩固情况进行视察。二、关注民生，认真开展社情民意的收集上报工作。在2011年全省民生论坛论文征集活动中，共上报论文36篇。

民族宗教和联络委员会 围绕中心，开展专题调研。组织有部分委员、宾川县政协和有关部门负责人参加的调研组，深入宾川县对进一步发挥鸡足山佛教名山作用进行专题调研。深入大理市、永平县、巍山县对创建“和谐寺观教堂”情况进行座谈和调研。

文史和学习委员会 一、搞好史料征集研究，文史工作取得新成绩。征集、研究、出版了大理州文史资料第十五辑——《大理旅游》专辑；完成了《云南政协年鉴》和《大理州年鉴》大理州政协2011年工作篇目的编纂任务。二、围绕中心，开展视察。组织部分常委、委员和相关部门负责人，对我州实施中心集镇建设工程情况进行视察。三、编印学习宣传资料，推动委员学习。

【重要活动】

开展定点挂钩扶贫 2011年，州政协机关定点挂钩帮扶祥云县米甸镇插朗哨村委会哨上自然村的扶贫开发整村推进工作，协调安排专项工作经费11万元和发展项目资金10万元。通过县派帮扶单位祥云县气象局、祥云飞龙公司以及镇、村干部和村民的共同努力，完成了总投资

420.76万元的以基础建设、产业发展、“农户八有”为重点的扶贫项目工程。

全国政协副主席白立忱到大理考察 2月10～11日，全国政协副主席白立忱在省政协副主席顾伯平等领导的陪同下到大理考察。中共大理州委书记刘明，州委副书记、州长何金平，州政协主席袁爱光，州委常委、州委秘书长杨健等领导陪同考察。

省政协副主席马开贤到大理州巍山县考察民族宗教工作 5月25日，云南省政协副主席马开贤一行在州政协常务副主席毕熊光和巍山县四班子领导的陪同下，深入巍山县永建镇、大仓镇考察民族宗教工作，了解穆斯林群众的生产生活情况。

主席会议专题协商 6月8日，召开第42次主席会议，对加强水利基础设施建设进行专题协商；6月23日，召开第43次主席会议，对构建滇西医疗服务中心工作进行专题协商；7月28日，召开第45次主席会议，对苍山生态保护进行专题协商；8月30日，召开第47次主席会议，对创建“和谐寺观教堂”进行专题协商；9月29日，召开第50次主席会议，对依法治州工作进行专题协商。

举行纪念建党90周年活动 6月27日，州政协机关党总支召开党员大会，举行纪念建党90周年活动。纪念活动开展了党性党纪教育，表彰了1个“五好红旗党组织”、5名“五星先锋党员”、10名“优秀共产党员”和12篇纪念建党90周年“党在我心中”主题征文获奖论文，举办了庆祝建党90周年党史知识抢答。

会见泰国议会内务管理委员会主席蒙空斯里罕一行 7月15日，州政协主席袁爱光在龙山国际会议中心会见泰国议会内务管理委员会主席蒙空斯里罕一行。袁爱光向蒙空斯里罕主席一行介绍了大理州的历史文化及经济社会发展情况，回答了大理州贯彻中国共产党领导的多党合作和政治协商制度、民族区域自治制度方面的有关问题。州政协副主席毕熊光和各委室主任参加会见。

各民主党派工商联负责人座谈会 8月4日，州政协召开州级各民主党派工商联负责人座谈会，州政协主席袁爱光主持会议。座谈会上，州级各民主党派、工商联负责人各自介绍了履行职能情况和提出了进一步发挥民主党派工商联作用的意见建议。州政协副主席、州工商联主席寇铸勋，州政协副主席、民盟大理州委主委杨泽恒，州政协秘书长欧阳任出席会议。

“四群”教育动员会 12月23日，州政协机关召开开展群众观点、群众路线、群众利益、群众工作教育动员大会，州政协秘书长欧阳任主持会议、常务副主席毕熊光作动员部署。

新年茶话会 12月29日，州政协举行2012年新年茶话会。中共大理州委书记刘明出席会议并作重要讲话，州委副书记、州政府州长何金平，州委副书记杨健，州人大常委会主任字国顺出席茶话会。州政协主席袁爱光致辞，常务副主席毕熊光主持茶话会。大理州党委、人大、政府、政协四班子领导成员，各族各界代表共300多人出席茶话会。民主党派代表、经济界、教育界、驻地部队、台胞台属和归侨侨眷、宗教界代表在茶话会上发言。

【重要文件】

常务委员会工作报告（2011年2月14日）（摘要） 报告分三部分。

一、2010年工作回顾。（一）着力抓好学习，履职水平进一步提高。1. 突出学习重点。认真学习中共十七届四中、五中全会、胡锦涛总书记在人民政协成立60周年大会上的重要讲话精神，认真学习中共云南省委八届八次、九次全委会、中共云南省委政协工作会议和中共大理州委六届八次、九次全委会、中共大理州委政协工作会议精神，认真学习政协业务、经济、法律、科技等方面的知识，努力提高服务经济建设、政治建设、文化建设、社会建设和生态文明建设的水平。2. 讲求学习方法。切实发挥州政协常委会议、主席会议、理论中心学习组的带头作用，并通过参加专题讲座、集中学习、参加培训、在线学习、自我学习、委员活动月等多种形式深入开展学习活动，讲求学习方法，创新学习手段，增强学习实效。3. 注重学用结合。把学习与提高自身的工作能力结合起来，与促进本职工作结合起来，与专题协商、视察调研等履职活动结合起来，不断强化学习的目的性、针对性、实效性，切实提高履职能力。（二）不断开拓进取，为推动科学发展贡献力量。1. 专题协商富有成效。在州政协十一届三次会议上，分别召开州人民政府工作报告协商会议和州中级人民法院、州人民检察院工作报告协商会议，对“一府两院”工作报告进行了认真的协商，提出了具有针对性和实效性的意见建议。在州政协十一届十次常委会议上，对全州上半年经济运行情况进行专题协商，形成了协商意见，及时报送州委、州人民政府。在州政协十一届十二次常委会议上，对《政府工作报告》（协商稿）、《大理白族自治州国民经济和社会发展第十二个五年规划纲要》（协商稿）进行了认真协商，提出意见建议。以州政协主席会议的形式，分别对我州就业和再就业情况、土地整治情况、“出生缺陷预防”项目实施情况、进一步发挥侨界在对外开放中的积极作用等工作进行专题协商，提出意见建议，有力地推动了有关部门相关工作的开展。2. 提案工作不断加强。引导委员和支持州政协各参加单位，就全州经济社会发展中的重要问题和人民群众普遍关心的热点、难点问题，提出提案。加强与提案承办单位的联系、沟通，及时协调解决提案办理工作中的困难和问题。高度重视重点提案的督办工作，带动整体提案的办理落实，提案办理工作取得了良好成效。州政协十一届三次会议以来，共收到提案388件，经审查立案383件，在州委、州人民政府的高度重视和有关部门的大力支持下，通过提案者、承办单位的共同努力，所有提案均已全部办复。3. 视察调研深入扎实。精心选择视察调研课题，建言献策，发挥作用。认真组织了对海东开发情况、洱海流域“百村整治”工程实施情况、我州保障性住房建设情况、“平安创建”活动情况、民族团结示范村创建情况、广播电视村村通直播卫星覆盖工程建设情况等专题进行视察。扎实开展了对建立洱海流域低碳经济试验区、我州农民专业合作组织发展情况、国有资产监督管理全覆盖试点工作、历史文化古镇古村保护、生物制药产业发展、乡村垃圾处理等课题进行调研。州政协视察报告和调研报告报送后，州委、州人民政府主要领导分别作出重要批示，要求有关部门认真研究采纳，抓好落实。由于州委、州人民政府高度重视州政协视察调研工作，许多意见建议及时转化为决策依据和政策措施。4. 民主监督务实有效。为进一步推进旅游二次创业工作，在州政协十一届十一次常委会议上，对州旅游局2009年以来的工作进行了民主评议，对进一步加强州旅游局的工作和推动旅游产业发展提出了意见建议。在协商议政工作中，注重发挥民主监督作用，充分运用讨论、发言、提案等形式，提出意见建议，推动了相关工作的改进和顺利开展。扎实开展特约监督工作，被推荐担任特约监督员的政协委员，在聘请单位的大力支持下，深入基层，深入群众，了解社情民意，反映群众呼声，对政府有关部门工作和政法有关单位工作提出意见建议，较好地发挥了民主监督作用。5. 专项工作效果明显。根据州委、州人民政府主要领导安排，由州政协主要领导牵头，州、市县有关领导及州级有关部门、相关单位领导、专家参加，分别组成了环洱海沿岸建设项目顾问组、海东开发规划建设顾问组、大理省级经济开发区和大理省级旅游度假区工作调研组、大理木香坪风电场及旅游综合开发项目调研组，对相关工作进行了深入调研，及时提出意见建议，供州委、州人民政府决策参考。对顾问组和调研组提出的意见建议，州委、州人民政府高度重视，认真研究，分别下发了《关于环洱海沿岸保护和开发及下关城区改造提升有关工作的意见》《关于海东开发规划建设的意见》《关于进一步推动大理省级经济开发区和省级旅游度假区发展的决定》的文件和《大理木香坪风电场及旅游综合开发项目专题会议纪要》，有力地推动了有关工作的开展。6. 相关工作稳步推进。为了促进洱海保护治理工作，经广泛征集和认真整理，编辑出版了《大理文史资料——第十四辑（洱海保护）》；同时编印了《政协大理州第十一届委员会第三次会议文件汇编》《政协大理州第十一届委员会建言献策汇编（第三辑）》《大理白族自治州政协各县市委员会建言献策选编（第三辑）》，刊印《大理政协》1 至 4 期，文史资料工作进一步加强。根据州委、州人民政府的统一部署，扎实做好挂钩祥云县烤烟生产、千村扶贫开发百村整体推进定点挂钩帮扶村、领导班子挂钩联系扶贫综合开发示范园区重点乡镇和重点村、领导班子成员挂钩重大项目建设、领导班子成员挂钩洱海流域“百村整治”工程、洱海保护月活动以及在州政协机关中抽调 3 名正处级干部参加全州重点建设项目督查等工作。在州委、州人民政府的重视和关心下，在有关部门的支持下，州政协常委会议厅建成并投入使用，同时，州政协机关办公条件也有了较大改善，为更好地履行政协职能创造了良好的条件。认真配合全国政协、省政协到大理调研考察和省政协在大理召开全省政协经济委员会联系会议等工作，积极向全国政协、省政协反映我州的情况，努力推动我州相关工作的开展。加强与县市政协联系，共同开展联合视察调研，同时努力帮助县市政协解决工作中存在的一些困难。（三）凝聚各方力量，为促进社会和谐发挥重要作用。1. 坚持团结合作。加强与州级各民主党派、有关人民团体、无党派人士的团结合作，积极为州政协各参加单位参政议政创造条件、搭建平台。支持州级各民主党派认真开展调研，积极议政建言，州级各民主党派联合提出的《关于云南省“桥头堡”建设中大理州发展战略的建议》《关于大力推进我州低碳经济健康发展的建议》，得到了州委、州人民政府主要领导的重视和肯定。组织召开新年茶话会，各族各界代表人士欢聚一堂、议政建言、共谋发展。加强与海外华侨华人的联系，牵头召开了“五侨”联谊会议，激励侨界为我州经济社会发展多作贡献。2. 高度关注民生。注重发挥政协优势，推动委员广泛联系本界别群众，及时宣传党的方针政策和重大决策部署，了解和反映社会不同阶层的愿望和要求，积极做好稳定人心、凝聚力量的工作。面对百年不遇的严重干旱，州政协各参加单位、州政协委员结合各自工作实际，在积极投身到抗旱救灾第一线的同时，运用提案、调研报告等形式，围绕加大水利建设、抓好水源林保护、确保人畜饮水安全，提高抗旱减灾能力等方面积极建言献策，并踊跃捐款支援抗旱救灾工作。3. 着力促进和谐。及时收集反映社会不同阶层社情民意信息，认真处理来信来访，促成了一些人民群众关注的热点难点问题的解决。不断加强同少数民族、宗教界委员的联系，认真宣传贯彻党的民族宗教政策，围绕民族宗教工作中的一些重要问题，深入开展协商议政活动，发挥少数民族、宗教界代表人士在经济社会发展中的积极作用，促进民族团结进步，引导宗教与社会主义社会相适应，努力为维护社会和谐稳定贡献力量。（四）紧密结合实际，自身建设不断加强。1. 切实加强组织建设。加强州政协常委会建设，不断完善履职机制，切实发挥了表率作用。着力提高专委会组成人员的政治和业务素质，积极探索工作新思路，注重专委会之间的协作配合，增强了专委会的工作实效。在州政协机关党组织和共产党员中认真开展“创先争优”活动，共产党员的模范带头作用进一步发挥，大局意识、责任意识、服务意识明显增强。机关制度建设不断完善，勤政廉政建设不断加强，干部职工的业务素质和服务水平不断提高。2. 积极发挥界别作用。在州政协十一届三次会议期间，首次举行界别联组会议，州委、州人民政府领导到会听取各界别委员代表的意见建议，州委刘明书记在会上作了重要讲话，对进一步做好政协工作提出了新要求。在州政协十一届三次会议上，首次按照界别进行编组，进一步发挥了界别建言献策、参政议政的作用。以专委会为依托和以界别活动小组为单位，认真开展界别活动，通过界别提案和反映社情民意信息等形式，较好地发挥了政协界别作为扩大社会各界有序政治参与的重要渠道作用。3. 强化委员队伍建设。健全和完善委员学习制度、联系机制，以委员活动月为契机，以视察调研等为载体，为委员知情出力搭建平台，鼓励和支持委员深入实际、贴近群众，认真了解和反映社会不同阶层的愿望和诉求，为促进我州经济社会平稳较快发展和维护社会和谐稳定建言献策，切实发挥了政协委员在政协工作中的主体作用。

二、2011 年主要工作任务。（一）加强学习，不断提高履职能力。（二）围绕中心，为“十二五”开好局、起好步献计出力。1. 精心组织政治协商。2. 扎实推进民主监督。3. 认真开展参政议政。4. 切实做好相关工作。（三）发挥优势，为和谐社会建设作出积极贡献。1. 齐心协力凝聚力量。2. 以人为本关注民生。3. 同心同德共建和谐。

三、切实加强自身建设。（一）进一步发挥界别作用。（二）充分发挥政协委员的主体作用。（三）不断加强组织建设。1. 加强州政协常委会建设。2. 不断完善专门委员会工作机制。3. 进一步加强对县市政协工作的指导。4. 着力提高机关工作水平。

十一届四次会议决议（2011 年 2 月 18 日）　中国人民政治协商会议大理白族自治州第十一届委员会第四次会议，于 2011 年 2 月 14 日至 18 日在下关举行。会议听取和审议了《中国人民政治协商会议大理白族自治州第十一届委员会常务委员会工作报告》《中国人民政治协商会议大理白族自治州第十一届委员会常务委员会关于十一届三次会议以来提案工作情况的报告》。与会委员列席了大理白族自治州第十二届人民代表大会第四次会议，听取并协商讨论了《政府工作报告》，协商讨论了《大理白族自治州国民经济和社会发展第十二个五年规划纲要》《大理白族自治州中级人民法院工作报告》《大理白族自治州人民检察院工作报告》及有关报告，参观了云南力帆骏马车辆有限公司、大理滇西技师学院。会议期间，中共大理州委和州人民政府领导参加了界别联组会、专题协商会，与各民主党派、工商联、无党派人士、各人民团体和各族各界代表人士协商交流，共商大理发展大计。全体委员以高度负责的精神，围绕全州经济社会发展中的重大问题积极建言献策。会议民主、务实，团结、奋进，是一次统一认识、明确目标、凝聚人心的大会。

会议审议通过了袁爱光主席代表政协大理白族自治州第十一届委员会常务委员会所作的工作报告和孙珍玲副主席代表政协大理白族自治州第十一届委员会常务委员会所作的提案工作情况报告。

会议认为，2010 年是应对国际金融危机后续影响和抗击百年不遇的特大干旱，保持全州经济社会平稳较快发展和社会和谐稳定的重要一年。在中共大理州委的领导下，州政协常委会围绕州委、州人民政府的中心工作，按照州政协十一届三次会议明确的任务，牢牢把握团结和民主两大主题，认真履行政治协商、民主监督、参政议政职能，充分发挥人民政协协调关系、汇聚力量、建言献策、服务大局的重要作用，为促进全州经济社会平稳较快发展和社会和谐稳定作出了重要贡献。

会议赞同何金平州长代表州人民政府所作的《政府工作报告》，赞同黄为华院长代表州中级人民法院所作的《大理白族自治州中级人民法院工作报告》和普赵辉检察长代表州人民检察院所作的《大理白族自治州人民检察院工作报告》。

会议认为，“十一五”是我州发展进程中极不平凡的五年，是经济社会发展经受严峻考验并实现跨越发展的五年。面对国际金融危机冲击和地震、特大干旱等自然灾害，州委、州人民政府深入贯彻落实科学发展观，坚决贯彻中共中央、国务院和省委、省人民政府的决策部署，始终坚持加快发展不动摇，努力破解发展难题，倾心尽力抓落实，全力以赴抗大旱，千方百计保民生，通过全州上下的共同努力，“十一五”规划确定的主要目标任务圆满完成，经济社会发展取得瞩目成就，在自治州发展历程中写下了浓墨重彩的一页。

会议指出，“十二五”时期是我州全面建设小康社会、实现经济社会发展历史性跨越的关键时期。《大理州国民经济和社会发展第十二个五年规划纲要》符合科学发展要求，体现了中央和省委、省人民政府的精神，切合大理州情，反映了全州各族人民的根本利益和共同愿望，对于进一步统一全州各族干部群众的思想认识，按照“争当民族团结进步模范州、生态文明建设排头兵、旅游二次创业生力军、滇西城镇化进程领跑者、建设民族文化强省先行者”的要求，坚持“生态优先、农业稳州、工业强州、文化立州、旅游兴州、和谐安州”的发展思路，努力将大理建成中国面向西南开放桥头堡的滇西中心城市和独具特色的少数民族自治州具有十分重要的意义。委员们对未来五年的发展充满期望，对全面完成“十二五”期间的各项任务充满信心。

会议强调，2011 年是实施“十二五”规划的开局之年，也是加快转变经济发展方式，推进大理科学发展的重要一年。我们要深入贯彻落实科学发展观，认真学习贯彻中共十七届五中全会、中共云南省委八届十次全委会、中共云南省委政协工作会议精神，按照中共大理州委六届十次全委会和中共大理州委政协工作会议的决策部署，加强学习，不断提高履职能力；围绕中心，为“十二五”开好局、起好步献计出力；发挥优势，为和谐社会建设作出积极贡献；切实加强自身建设，努力提高工作水平。

会议号召，全州政协组织、政协各参

加单位和广大政协委员，紧密团结在以胡锦涛同志为总书记的中共中央周围，在中共大理州委的领导下，抢抓机遇，齐心协力，开拓创新，扎实工作，为在新的起点上奋力实现全州经济社会发展新跨越而努力奋斗！

袁爱光主席在州政协十一届四次会议闭幕会上的讲话（2011 年 2 月 18 日）（摘要）　一、紧紧围绕中心，全力推动科学发展。我们要牢牢抓住科学发展这一主题，突出加快转变经济发展方式这一主线，紧紧围绕州委、州人民政府确定的发展思路和目标任务，切实把州政协开展工作的立足点放在推进全州“十二五”发展目标的实现上，把议政建言的重点放在促进事关发展全局的重大问题的解决上，把协商监督的着力点放在推动“十二五”规划提出的主要任务和重大举措的落实上，精心组织政治协商、扎实推进民主监督、认真开展参政议政，努力为促进全州经济社会平稳较快发展贡献智慧和力量。二、发挥政协优势，服务和谐社会建设。我们要发挥人民政协的优势，扎实做好团结各界、凝聚人心的工作，共同为和谐社会建设贡献力量。要进一步加强州级各民主党派、有关人民团体和无党派人士在州政协工作中的合作共事，不断拓展各族各界人士参与州政协工作的广度和深度。要把服务民生贯穿到州政协工作的各个环节，多建反映民情的真言，多献改善民生的良策，多办顺应民意的实事，尽心尽力协助党委和政府做好新形势下的群众工作。要充分发挥民族、宗教界代表人士在州政协工作中的作用，协助党委和政府做好民族工作和宗教工作，维护大理民族团结、宗教和顺、社会稳定的良好局面。要关注不同阶层利益诉求，协助党委和政府妥善处理好各方面利益关系，团结和鼓励各阶层人士共同致力于和谐社会建设。三、坚持与时俱进，提高政协工作水平。我们要不断创新履行职能的形式和途径，推动州政协工作取得新的实效。要不断拓宽工作领域、丰富工作内容，使政协履行职能的各项工作开展得更加生动活泼、富有成效。要进一步健全完善提案、视察、调研、反映社情民意等经常性工作的制度，推进政协履行职能的制度化、规范化、程序化。要进一步发挥州政协党组在政协组织中的领导核心作用，充分发挥州政协常委会的表率作用，切实加强委员队伍建设，不断完善专委会的工作机制，全面推进政协机关的思想建设、作风建设、制度建设，抓好勤政廉政工作，不断提高服务能力和统筹协调能力。

【组织概况】

常务委员增选名单（2011 年 2 月 18 日州政协十一届四次会议选举通过）

倪永华（白族）

常务委员辞职名单（2011 年 2 月 18 日州政协十一届常委会议通过）

彭　智

委员增补名单（2011 年 1 月 13 日州政协十一届十二次常委会议通过）

倪永华（白族）

办公室、专门委员会主任、副主任任命名单（2011 年 1 月 13 日州政协十一届十二次常委会议通过）

李联鹏　任州政协办公室副主任

倪永华　任州政协人口资源环境委员会主任

熊添祥　任州政协经济委员会副主任。

【机构概况】

2011 年第十一届州政协工作机构设置两室七委，即办公室（下设秘书科、行政科、人事科、信访接待科、老干科、委员联络科、小车队)、研究室(下设综合科),提案委员会、经济委员会、人口资源环境委员会、教科文卫体委员会、社会和法制委员会、民族宗教和联络委员会、文史和学习委员会,每个专委会下设综合科。

【大理州、县(市)政协领导人名单】

大理州

主　席

袁爱光(回族)

副主席

毕熊光(彝族)　张树藩(白族)

孙珍玲(女)　孙　明

寇铸勋(白族)　杨泽恒(白族)

秘书长

欧阳任

县(市)政协主席名单

大理市　杨跃光

漾濞县　代罗新(彝族)

祥云县　杨以红

宾川县　曹建康

弥渡县　李正能(彝族)

南涧县　李德忠(彝族)

巍山县　马克伟(回族)

永平县　字绍军(彝族)

云龙县　字剑梅(女,彝族)

洱源县　尹作方(白族)

剑川县　尹福舟(白族)

鹤庆县　李玉梅(女,纳西族)

大理州各级政协委员和组织数

(截至2011年底)

<table>
<tr><th colspan="2">项　目
州(市)县</th><th colspan="2">委员数</th><th>组织数</th></tr>
<tr><td colspan="2">大理州</td><td colspan="2">341</td><td>1</td></tr>
<tr><td rowspan="12">各县区市</td><td>大理市</td><td>270</td><td rowspan="12">2226</td><td rowspan="12">12</td></tr>
<tr><td>漾濞县</td><td>147</td></tr>
<tr><td>祥云县</td><td>213</td></tr>
<tr><td>宾川县</td><td>190</td></tr>
<tr><td>弥渡县</td><td>187</td></tr>
<tr><td>南涧县</td><td>169</td></tr>
<tr><td>巍山县</td><td>189</td></tr>
<tr><td>永平县</td><td>160</td></tr>
<tr><td>云龙县</td><td>175</td></tr>
<tr><td>洱源县</td><td>189</td></tr>
<tr><td>剑川县</td><td>158</td></tr>
<tr><td>鹤庆县</td><td>179</td></tr>
<tr><td colspan="2">合　计</td><td colspan="2">2567</td><td>13</td></tr>
</table>

(编写:刘克纯　审稿:毕熊光)

政协德宏傣族景颇族自治州
委　员　会

【全体委员会议】

十届四次会议 2011年1月10～13日在芒市举行。应到会委员280名，实到242名。州政协主席龚敬政主持会议。副主席杨庆华、李有升、卜金富、杨丽云，秘书长管国照出席会议。会议听取和审议了龚敬政主席所作的常委会工作报告和杨庆华副主席所作的提案工作情况报告。列席州十三届人民代表大会第四次会议，听取并协商讨论州政府工作报告及其他报告。举行了《政府工作报告》、“十二五”规划纲要及计划财政报告协商讨论会和“两院”工作报告协商讨论会，35位委员在协商讨论会上发言。会议审议通过会议决议、常委会工作报告决议、提案工作情况报告决议和提案审查情况报告，通过了会议选举办法。会议补选肖占先为州政协第十届委员会副主席。会议收到提案112件，立案104件。州委书记赵金在会议结束时作重要讲话。州委副书记、州长孟必光，州人大常委会主任余麻约等领导同志出席会议。

十届五次会议 6月21日在芒市举行。应到会委员281名，实到215名。杨庆华常务副主席主持开幕会，龚敬政主席主持闭幕会并讲话。副主席李有升、董成宝、杨丽云、肖占先及秘书长管国照出席会议。会议审议通过《政协德宏州第十届委员会第五次会议选举办法》和本次会议决议；增选王兴明为州政协第十届委员会副主席，增补陈绍昌为州政协第十届委员会常务委员。州委书记赵金在会议结束时作重要讲话。州人大主任余麻约、州委副书记唐文祥、州长孟必光等领导同志参加会议。

【常务委员会会议】

第14次会议 4月28日在芒市举行。龚敬政主席，杨庆华副主席分别主持会议。会议听取审议了德宏姐告实施“境内关外”运行发展情况的调研报告、德宏州重大交通工程建设情况的视察报告；围绕德宏桥头堡黄金口岸和瑞丽重点开发开放试验区建设建言献策；听取州交通运输局工作情况汇报并进行民主评议。州政协副主席李有升、董成宝、杨丽云，秘书长管国照及十届政协常委会组成人员共53人参加会议。

第15次会议 6月20日在芒市举行。龚敬政主席主持会议。会议审议通过《关于召开政协德宏州第十届委员会第五次会议的决定》和会议议程、日程；协商增补委员及有关人事问题；审议通过《政协德宏州第十届委员会第五次会议选举办法（草案）》和会议秘书长、副秘书长名单、会议分组办法及各组召集人名单。会议决定，州政协十届五次会议于6月21日在芒市召开，会期1天；协商了增补副主席候选人和常务委员候选人；通过了有关干部任免。州政协副主席杨庆华、李有升、董成宝、杨丽云，秘书长管国照及十届政协常委会组成人员52人参加会议；州委常委、德宏军分区政委马福朝，州政协党组成员王兴明列席会议。

第16次会议 7月27～28日在芒市举行。龚敬政主席，杨庆华副主席分别主持会议。会议听取审议全州珠宝玉石产业发展情况的调研报告、全州老龄事业发展情况调研报告、全州城镇土地开发利用情况的调研报告和全州“村村亮”工程进展情况的视察报告；听取州水利局工作情况汇报并进行民主评议。州政府副州长苏洪涛在会上通报全州上半年经济运行情况。州政协副主席李有升、董成宝、王兴明、肖占先，秘书长管国照及十届政协常委会组成人员53人参加会议。

第17次会议 10月31日至11月1日在芒市举行。杨庆华副主席主持会议。

会议协商通过关于聂河云等9位同志不再担任州政协十届委员会委员的决定，增补孟必光同志为州政协十届委员会委员；听取和审议全州中缅边民通婚情况的调研报告、全州禁毒防艾视察报告、全州水产养殖视察报告、全州林权制度配套改革工作情况的视察报告；听取州扶贫办工作情况汇报并进行评议。州政协副主席李有升、董成宝、王兴明、杨丽云、肖占先，秘书长管国照及十届政协常委会组成人员41人参加会议；州政协党组书记孟必光列席会议。

第18次会议 12月28日在芒市举行。杨庆华副主席主持会议。会议听取《德宏州经济社会发展情况通报》；审议通过关于召开州政协十届六次全会的决定、秘书长、副秘书长名单，秘书处各工作机构及职责、会议议程、会议日程、出列席人员范围的决定、邀请出列席人员名单、分组办法和各组召集人及分组名单；讨论修改《政协常委会工作报告》《政协常委会关于提案工作情况的报告》和报告人建议名单；审议通过《关于接受龚敬政同志辞去州政协十届委员会主席职务的决定》《关于提名孟必光同志为州政协十届委员会主席候选人的决定》；讨论修改州政协第十届第六次会议选举办法；审议通过《关于撤销何继武州政协十届委员会委员资格的决定》和关于授权主席会议审定本次会议未尽事宜的决定。副主席李有升、董成宝、王兴明、杨丽云、肖占先，秘书长管国照及十届政协常委会组成人员52人参加会议；州政协党组书记孟必光，州委常委、组织部部长何汝利，副州长苏洪涛列席会议。

【专门委员会工作】

经济人口资源环境委员会 一、开展调研视察。开展“境内关外”发展调研；开展林权制度配套改革、全州水产养殖业、全州农村路灯“村村亮”工程的视察。二、组织民主评议。提前与相关部门沟通协调，保证州政协常委会对交通局、水利局、芒市机场、扶贫办等八个部门民主评议工作的顺利进行。

民族宗教侨务委员会 一、调研活动。配合省政协相关部门对我州“跨境旅游”和城市民族工作进行调研；对全州中缅边民通婚情况进行调研。二、密切与各族各界人士和相关部门的联系。

教科文卫体委员会 对全州老龄事业发展情况进行调研，形成《关于全州老龄事业发展情况调研报告》；与提案委一起对全州农村少数民族聚居区小学“双语双文”教学情况进行调研；参加由社会和法制委员会组织的对全州禁毒防艾工作视察；配合省政协完成了柠檬项目和医疗卫生科技下乡活动的调研。

社会和法制委员会 一、开展调研视察。对全州（2009～2010年度）城镇土地开发利用情况调研，撰写《关于加强和完善我州城镇土地开发利用的建议案》；对我州近年来毒品危害重点整治和防艾工作情况进行视察。二、协助省政协承办第四届民生论坛。

提案委员会 提案督办工作全面推进：一是加强与提案人的沟通联系；二是强化重点督办，扩大提案督办的影响和带动作用；三是通过调研视察，提升提案功效；四是跟踪督办，努力提高办理实效；五是认真组织召开了全州第四次提案工作座谈会。

文史资料委员会 一是参与组织德宏州纪念辛亥革命100周年系列活动，与相关部门联合编辑出版《德宏纪念辛亥革命100周年书画展作品选集》。二是开展全州文物保护与利用情况调研工作。三是征编《德宏傈僳族百年实录》一书文稿。

五是配合省政协完成“云南特有民族历史文化保护和利用”的调研。

【重要活动】

开展为盈江地震灾区献爱心活动 盈江“3·10”地震发生后，州政协迅速部署，州政协以龚敬政主席为领队组成工作组，第一时间赶赴地震灾区查看灾情，慰问受灾群众，全力为灾区倾情献力。驻德宏的省政协委员、州和县市政协委员及各级政协机关全体同志、离退休老同志积极捐款，表达爱心和真情，共捐款165万多元。

省政协副主席管国忠到我州调研跨境旅游工作情况 4月23～26日，省政协常务副主席管国忠率领调研组到我州调研跨境旅游工作情况。州委书记赵金、州长孟必光、州政协主席龚敬政等领导参加汇报会并陪同调研。

全国政协调研组就深化分配制度改革赴我州调研 4月20～22日，以全国政协常委、全国政协经济委员会副主任胡德平为组长的全国政协经济委员会“积极调整国民收入分配结构、深化收入分配制度改革”专题调研组赴我州就收入分配问题进行调研，并就我州在深化国民收入分配制度改革面临的困难与相关部门进行座谈。

省西促会会长孟继尧一行到我州调研 5月7～9日，由省政协原常务副主席、西促会会长孟继尧任组长的《新一轮西部大开发云南的重点、难点问题及对策研究》课题组到我州调研。州政协副主席杨丽云，州政府党组成员、州桥堡办常务副主任全洪涛等陪同调研。

全国政协调研组来德宏调研 5月12～14日，全国政协常委、社会和法制委员会主任、司法部原部长、党组书记张福森率调研组到我州调研律师在刑事诉讼中的地位和作用。省政协社会和法制委员会副主任黄炳文，州委副书记唐文祥、州政协主席龚敬政陪同调研。

全国政协调研组来德宏调研 6月12～14日，全国政协副主席王志珍率无党派人士界委员到我州调研生物特色产业发展，为我州生物特色产业发展把脉献策。省政协副主席曾华，我州党政领导赵金、杨跃国、孔勒干、杨丽云等先后陪同调研。

省政协副主席顾伯平来德宏调研 7月25～29日，省政协副主席顾伯平率省政协调研组到我州芒市等县市（区），专题调研云南特有民族历史文化保护和利用工作。州政协主席龚敬政、副州长陈德金、副主席杨丽云，等先后陪同调研。

缅甸珠宝玉石考察团来我州考察 9月2～4日，应省政府的邀请，以缅甸矿业部珠宝企业司司长吴登瑞为团长的缅甸矿业部、珠宝玉石协会和珠宝企业考察团一行13人，在省政协领导陪同下来我州考察珠宝玉石产业发展情况。州委副书记唐文祥，州政协主席龚敬政、秘书长管国照及有关部门负责人陪同考察。

州政协举行中秋茶话会 9月9日下午，州政协在芒市宾馆举行2011年芒市地区各族各界中秋茶话会，各族各界政协委员欢聚一堂，共度中华民族的传统节日——中秋佳节。州人大常委会主任余麻约，州委常委、常务副州长柳五三，州委常委、德宏军分区政委马福朝，德宏军分区司令员蒋健；州法院、州检察院主要领导；州级副厅级以上离退休老领导；驻芒市地区省、州、市政协委员和各族各界代表人士；中央、省属驻德宏各单位负责人等出席茶话会。

举行纪念辛亥革命100周年系列活动 10月10日上午，由州政协和芒市政协主办的纪念辛亥革命100周年书画展在州老年大学开展。州委书记赵金，州委副书记、代州长龚敬政，州政协党组书记孟必光，州政协副主席杨庆华、李有升、董成宝、王兴明、杨丽云，秘书长管国照和芒市政协领导等出席书画展开展仪式。下午，州政协在芒市会堂举行纪念辛亥革命100周年报告会。州政协党组书记孟必光主持报告会并讲话，州政协原主席张国龙作专题报告。州党政领导马福朝、郭志德、李燕兰、赵镇康、杨庆华、李有升、董成宝、王兴明、杨丽云等及副州级以上离退休老领导，驻芒市地区州政协委员共1000余人出席报告会。晚上，在芒市会堂举行了专场文艺晚会。

全国政协调研组来德宏调研 11月13~15日，全国政协人口资源环境委员会国家重点自然保护区建设专题调研组到我州调研。省政协人口资源环境委员会副主任龙贵祥，州政协党组书记孟必光，副主席肖占先等陪同调研。

【重要文件】

常务委员会工作报告（摘要）（2011年1月10日） 报告分两部分。

一、2010年工作回顾。在中共德宏州委坚强领导下，州政协常委会坚持以邓小平理论和“三个代表”重要思想为指导，深入贯彻落实科学发展观，认真学习贯彻中共十七届三中、四中、五中全会精神，按照州委的统一部署和要求，牢牢把握团结和民主两大主题，围绕促进发展、构建和谐、关注民生，认真履行政治协商、民主监督、参政议政职能，为促进我州经济社会和人民政协事业发展作出了积极贡献。（一）致力发展，为促进经济社会发展献计出力。常委会把握国家深入实施西部大开发、中国面向西南开放桥头堡和瑞丽重点开发开放试验区建设的重大历史机遇，紧扣党委政府的重大决策和工作部署，在促进经济社会发展中发挥积极作用。积极协商议政，为促进经济发展方式转变建言。在州政协十届三次会议上，委员们以高度的政治责任感和强烈的参政议政热情，认真协商讨论政府工作报告及其他报告，围绕全州经济发展方式转变、经济社会科学发展和人民群众普遍关注的问题，通过组织小组讨论，举行大会发言，召开协商会议等形式，积极参政议政、发表真知灼见，提出意见建议200余条，为促进德宏经济发展方式转变和经济社会又好又快发展起到了积极作用。广泛集中民智，为科学编制“十二五”规划献策。常委会把参与科学编制“十二五”规划作为履行职能的重要工作列入议事日程，在听取州发改委工作和编制“十二五”规划情况的基础上，召开政协离退休领导干部座谈会、政协委员座谈会、主席会议，并参加州委“十二五”规划建议征求意见会，开展广泛深入的协商讨论，向党政有关部门提出了“要以中国面向西南开放桥头堡黄金口岸建设为目标和重点来编制‘十二五’规划”等方面的意见建议50余条，为科学编制“十二五”规划起到了重要的参考作用。深入调查研究，为推进桥头堡黄金口岸建设出力。为贯彻落实胡锦涛总书记视察云南时提出要“使云南成为我国面向西南开放的桥头堡”的重要讲话精神，积极配合全国政协、省政协和国家、省有关部门调研组，到德宏开展国际大通道和桥头堡建设调研视察活动，主动汇报有关情况，争取上级大力支持，有力促进了桥头堡建设。为推动云南桥头堡建设和参与谋划德宏黄金口岸建设，组织政协委员和各界人士撰写文章，参加省政协举办的“各界共议大战略，全省同建桥头堡”恳谈会，我州参加论坛的文章多篇获奖，州政协被评为优秀组织奖。精心组织举办了“全州同议建设桥头堡黄金口岸”恳谈会，收到论文30余篇，与会政协委员和各界代表人士就如何建设桥头堡黄金口岸踊跃建言献策。（二）以人为本，为保障和改善民生履职尽责。选择劳动就业、重点工程移民搬迁、困难归侨危房改造等民生问题，组织委员深入实际开展专项视察，与有关部门共商对策，积极推动相关民生问题的解决。（三）协调关系，为维护边疆和谐稳定作贡献。一年来，通过开展宗教工作调研视察和“民族团结月”活动，召开民族宗教界委员、宗教团体、信教群众座谈会，开展对侨务工作专项调研视察，认真听取归侨侨眷、侨商侨领及侨务部门的呼声和诉求，州政协积极承担维护社会稳定的任务，与党政有关部门深入维稳工作第一线，了解改制企业引发的上访情况，宣传有关方针政策，解答相关问题，帮助理顺情绪、化解各种矛盾，维护团结稳定的局面，为建设富裕开放、和谐安宁的新边疆作出了积极努力。（四）求真务实，努力推进履行职能的各项工作。常委会按照州政协十届三次会议提出的工作任务，积极有效履行职能，着力推进重点工作，认真完成经常性任务。选好课题，调研视察取得新成果。从服务于全州发展大局出发，以党委政府的中心工作、关系国计民生的重要问题和经济社会发展重大建设项目为重点，对林产业、木材加工业、烟草产业、乡镇医疗卫生专业人才队伍建设等7个方面开展了重点调研，对边民互市贸易、个体私营经济等8个方面进行了专项视察，形成了相关的调研视察报告。围绕推进“生态立州、产业富州”战略，针对我州林业发展中存在大资源、小产业、低效益的状况和制约林产业、木材加工业发展的关键问题，在林产业发展方面提出了建立森林资源评估中心、林权流转服务中心、科技咨询中心和林木林产品交易市场，改革采伐制度管理、积极推进森林资产抵押贷款项目、探索森林资产保险、灵活经营森林资产、构建和谐林区等建议。在木材加工业方面提出了切实加强领导，力争将我州建成我省乃至我国西南地区重要的木材加工基地，加强管理、整合资源、着力培育地方优势品牌，优化投资环境、制定优惠政策、引领木材加工业科学发展，建立科学的木材加工管理服务体系等建议。这些建议得到了州委州政府的高度重视和积极采纳。突出重点，民主监督取得新进展。采取主席会议和常委会议等形式，听取州发改委、经济委、招商局、建设局、科技局、人事局、卫生局、国税局、地税局、工商局等10个部门的工作汇报，并开展民主评议，向有关部门提出书面评议意见，达到了帮助政府部门总结成绩、转变作风、改进工作、提高效能和政协知情明政、服务发展的目的。继续选派政协委员和机关干部参加州委、州政府组织的执法、综治维稳和禁毒防艾等专项检查和年终考核，担任领导干部公选、国家公务员招录、事业人员招聘笔试面试巡视员、监督员和司法机关、信访、工商等职能部门的人民陪审员、特约检察员及特约监督员、行风评议员等，较好地发挥了民主监督的作用。总结经验，提案工作水平有新提高。按照“围绕中心、服务大局、提高质量、讲求实效”的提案工作方针，坚持把提高质量作为提案工作的立足点。完善提案工作制度，制定了《关于提案人参与提案办理工作的办法》和《关于评选表彰优秀提案、办理提案先进单位和提案工作先进个人的办法》，推进了提案工作制度化建设。引导委员围绕中心、服务大局，在深入调查研究、了解社情民意、发挥自身优势的基础上，提出立意高、反映问题准、建议可行的提案。支持参加政协单位、团体立足自身优势，以服务发展、改善民生、促进和谐为切入点，提出多层次、多角度的“精品”提案。着力提高办理实效，加强与承办单位的联系、沟通，主动了解办理情况，及时协调办理工作，努力促进提案所提问题的解决，发挥了提案在经济社会发展和构建和谐社会中的重要作用。体现特色，文史、宣传、联谊工作有新推进。在继承和创新中进一步做好政协文史工作，出版了《梁河剿匪纪实》，征集了德宏世居少数民族系列丛书《德宏傈僳族百年实录》文稿。在办好德宏政协网站和《政协信息》的基础上，创办了《德宏政协》专刊，为党委政府了解社情民意拓宽了渠道，为各级政协履行职能、议政建言开辟了窗口，为广大委员学习交流搭建了平台。主动和党委宣传部门、各新闻媒体加强沟通与合作，鼓励广大政协委员和机关工作人员向《人民政协报》《云南政协报》《德宏团结报》《孔雀之乡网站》等新闻媒体投稿，全方位、多角度地宣传了中国共产党领导的多党合作和政治协商制度、各级政协发挥作用和广大委员履职尽责的生动实践。做好联谊接待工作，加强与全国各地政协的交往交流，密切与港澳委员、海外华侨华人的联系，积极介绍德宏区位资源优势、桥头堡黄金口岸和瑞丽重点开发开放试验区建设等情况，为扩大德宏对外影响、争取外来投资主动作为发挥作用。全年共接待来自各方面的调研视察团组 80 余批 900 多人次。（五）继往开来，推动政协工作再上新台阶。常委会以学习和贯彻落实中共云南省委政协工作会议精神为契机，积极协助中共德宏州委成功召开了政协工作会议。州委书记赵金和州长孟必光同志在会上所作的重要讲话，充分肯定了我州人民政协履行职能所取得的显著成绩，对进一步做好政协工作提出了更高更新的要求。会议期间出台的《中共德宏州委关于支持人民政协履行职能发挥作用的意见》，着重在把政治协商纳入决策程序、进一步强化民主监督、进一步完善参政议政工作机制、积极支持人民政协为全州经济社会又好又快发展献计出力、切实支持人民政协加强自身建设、加强党对人民政协的领导等方面，作出了一系列新的决策和规定，为政协履行职能开展工作，推动我州人民政协事业的发展提供了政策和机制保障。（六）固本强基，切实加强自身建设。常委会把加强自身建设作为适应新形势、开创新局面的重要基础工作，不断创新工作思路，切实加强制度建设、组织建设、委员队伍和机关建设，为提高履职能力奠定了重要基础。充分发挥委员主体作用。注重为州和县市政协委员知情明政、履行职能搭建平台，创造条件，通过举办培训班、报告会、学习讲座，提高广大政协委员的素质；通过为委员订阅报刊、寄发学习资料，落实相关待遇，组织政协委员参加学习研讨、协商议政、调研视察、建言献策、监督评议等活动，调动了委员履职尽责的积极性和主动性，主体作用得到进一步发挥。积极发挥专委会基础作用。努力为专委会开展工作提供保障，支持专委会从自身特点和优势出发，关注发展、关注民生、关注和谐，突出工作重点，组织界别委员抓好政治理论业务学习，开展调研视察和协商议政活动，提高专委会的履职能力和水平，发挥好基础作用。努力抓好制度建设。坚持把贯彻落实中共中央、地方党委关于加强人民政协工作的有关文件精神作为工作重点，按照政协章程和有关规定，对原有制度进行探索研究，对现行规章进行修改完善，为政协工作进一步走向制度化、规范化和程序化提供了制度保障。全面加强政协机关建设。按照胡锦涛总书记提出“努力造就一支政治坚定、作风优良、学识丰富、业务熟练的高素质政协工作干部队伍”的要求，以开展“感恩思进”和“创先争优”活动为载体，全面推进“学习型、服务型、创新型、务实型”和谐机关和干部队伍建设。加强政协机关干部政治理论和业务学习，学习外地经济社会发展的新思路、新举措和人民政协履行职能的新探索、新经验，丰富学识、拓宽视野，增强工作能力。加强机关作风建设，动员和组织干部深入基层、深入群众、深入实际，体察民情、了解民意、集中民智，强化机关服务基层、干部服务群众的意识，形成上下一致、同心同德、凝心聚力促发展的合力。

二、2011 年工作部署（一）围绕中心参大政，认真履职促发展。开展政治协商，为实施“十二五”规划建言献策；搞好调研视察，为党委政府科学决策提供依据；关注民生改善，积极献计出力；提高民主监督实效，促进部门工作落实。（二）增进各族各界团结，促进社会稳定和谐。（三）把握科学定位，做好经常性工作。努力提高提案工作水平；切实做好社情民意信息工作；积极做好政协文史工作；不断加强政协宣传工作；重视加强联谊接待工作。（四）抓好自身建设，提高履职水平。进一步加强理论武装，建设学习型政协组织；坚持与时俱进，推进制度建设；着眼政协事业发展，注重加强“两支队伍”建设。

十届四次会议决议 中国人民政治协商会议德宏傣族景颇族自治州第十届委员会第四次会议，于2011 年1 月10 日至13日在芒市举行。会议认真学习贯彻中共德宏州委五届十三次全会精神，听取和审议了《政协常委会工作报告》和《政协常委会关于提案工作情况的报告》。与会委员列席了德宏傣族景颇族自治州第十三届人民代表大会第四次会议，听取和协商讨论了《政府工作报告》《德宏州国民经济和社会发展第十二个五年规划纲要（草案)》及法院、检察院、计划、财政报告。会议期间召开了政府工作报告、“十二五”规划纲要协商讨论会及“两院”工作报告协商讨论会，补选了一名副主席，州委赵金书记在会议闭幕时作了重要讲话。全体委员以对人民高度负责的精神，认真履行职责，围绕德宏桥头堡黄金口岸和瑞丽重点开发开放试验区建设、科学制定“十二五”规划、保持德宏经济平稳较快发展与社会和谐稳定中的重大问题积极议政建言。会议隆重热烈、富有成效。是一次统一思想、和谐民主、团结鼓劲、开拓奋进的大会。

会议审议通过了龚敬政主席代表政协德宏州第十届委员会常务委员会所作的工作报告和杨庆华副主席代表政协德宏州第十届委员会常务委员会所作的提案工作情况报告。

会议认为，2010 年是全面完成“十一五”规划，科学制定“十二五”规划的关键之年。在中共德宏州委坚强领导下，德宏州政协坚持以邓小平理论和“三个代表”重要思想为指导，深入贯彻落实科学发展观，认真学习贯彻中共十七届三中、四中、五中全会精神，按照中共德宏州委的统一部署和要求，牢牢把握团结和民主两大主题，围绕促进发展、构建和谐、关注民生，认真履行政治协商、民主监督、参政议政职能，充分发挥协调关系、汇聚力量、建言献策、服务大局的作用，为促进我州经济社会和人民政协事业发展作出了积极贡献。

会议赞同孟必光州长代表州人民政府所作的《政府工作报告》，赞同《德宏州国民经济和社会发展第十二个五年规划纲要》，赞同州中级人民法院和州人民检察院的工作报告及其他报告。

会议认为，过去的五年，是德宏发展理念更加科学、发展思路更加清晰、发展成果更加显著的五年；是发展基础进一步夯实、发展瓶颈进一步突破、发展后劲进一步增强的五年；是经济社会发展最快、城乡面貌变化最大、人民群众得到实惠最多的五年；是全州经济建设、政治建设、文化建设、社会建设以及生态文明建设和党的建设取得重大进展的五年。“十一五”期间，州人民政府团结和依靠全州各族人民，坚定信心保增长、坚持不懈保民生、坚定不移保稳定，抢抓机遇，化危为机，迎难而上，顺势而谋，共克时艰，保持了全州经济的平稳较快发展与社会和谐稳定，圆满完成了“十一五”确定的目标任务。《政府工作报告》和《纲要》全面回顾了“十一五”期间所做的主要工作，客观分析了“十二五”期间面临的形势，明确提出要围绕全面建设小康社会这一目标，攻克毒品、艾滋病两个难关，打好农业、教育、交通三个基础，发展生物特色、旅游文化、水能电冶、外贸加工四大产业，实施生态立州、科教兴州、产业富州、开放强州、和谐稳州五大战略，全面提升开发开放质量和水平，进一步增强竞争实力，争当桥头堡建设排头兵，实现德宏经济社会跨越式发展的总体工作思路和目标任务，符合中央和省、州党委要求和德宏州情，对于进一步统一思想、坚定信心、振奋精神，实现“十二五”规划的良好开局具有重要的指导意义。

会议强调，2011 年是实施“十二五”规划的开局之年。做好今年的经济社会发展工作，对于全力推进桥头堡黄金口岸建设和瑞丽重点开发开放试验区建设，为“十二五”发展开好局、起好步，推动德宏经济社会跨越式发展至关重要。全州各级政协要进一步认清形势、明确任务，解放思想、开拓奋进，积极适应国际国内形势的新变化，围绕全州工作大局，着眼人民群众的新期盼，继承和发扬人民政协的优良传统和宝贵经验，认真履行职能，充分发挥作用，把人民政协事业不断推向前进，为进一步开创德宏科学发展新局面作出新的贡献。

会议要求，我州桥头堡黄金口岸和瑞丽重点开发开放试验区建设工作繁重、意义深远，维护社会稳定和改善民生责任重大、任务艰巨，州政协要围绕中心参大政，认真履职促发展；增进各族各界团结，促进社会稳定和谐；把握科学定位，做好经常性工作；抓好自身建设，提高履职水平，为全面完成各项工作任务提供坚强保障。

会议号召，全州各级政协组织、政协各参加单位和广大政协委员，要更加紧密团结在以胡锦涛同志为总书记的党中央周围，在中共德宏州委的领导下，深入贯彻落实科学发展观，团结奋进，认真履职，大干快上，为实现“十二五”规划的良好开局，建设富裕开放、和谐安宁的社会主义新边疆，推进人民政协事业不断向前发展而努力奋斗！

州委书记赵金在州政协十届四次会议闭幕会上的讲话（摘要）（2011 年 1 月 13 日） 这次会议是在全州上下深入学习贯彻中共十七届五中全会、中央经济工作会议、省委八届十次全会和州委五届十三次全会精神，抢抓机遇，凝心聚力，科学谋划，奋力拼搏，推动德宏跨越式发展的新形势下召开的。会议认真听取和审议了州政协常委会工作报告和提案工作报告，协商讨论了政府工作报告和法检两院工作报告。来自全州各条战线的政协委员，不负全州各族人民的期望和重托，以高度的政治责任感和使命感，紧紧围绕“十二五”时期我州经济社会发展的重大问题、桥头堡黄金口岸和瑞丽重点开发开放试验区建设以及全州各族群众关心关注的热点难点问题，认真协商议政，共谋发展大计，积极建言献策，提出了许多有价值、有深度的意见建议，充分展示了新时期政协委员的风采。会议自始至终充满了团结、民主、务实、和谐、奋进的气氛，是一次扩大共识、凝聚力量、坚定信心、鼓舞干劲、促进发展的大会，大会开得很成功。在此，我代表中共德宏州委，对大会的圆满成功表示热烈祝贺！向为政协工作作出积极贡献，因到龄退出政协工作的原政协副主席卜金富同志表示诚挚的感谢！向新当选副主席和委员的肖占先同志表示热烈祝贺！向出席会议的各位委员、同志们和大会工作人员表示亲切的问候！…长期以来，州政协在州委的领导下，牢牢把握团结和民主两大主题，紧贴党委政府中心工作，认真履行政治协商、民主监督和参政议政三大职能，为推动全州经济社会平稳快速发展作出了重要贡献。2010 年，全州各级政协坚持把推动德宏跨越式发展作为履职的第一要务，牢牢把握国家深入实施新一轮西部大开发战略、中国向西南开放桥头堡建设和瑞丽重点开发开放试验区建设的重大历史机遇，围绕“十二五”规划的编制，积极投身全州经济建设主战场，组织委员深入开展专题调研、专题视察、协商议政，加强民主监督，积极建言献策，在完善“十二五”规划、推进桥头堡黄金口岸建设、抓产业发展、挂钩联系乡镇、增进民族团结、促进宗教和顺、维护边疆稳定等方面做了大量富有成效的工作，发挥了重要作用。各级政协切实加强政协机关的自身建设，注重发挥常委会的引领作用、委员的主体作用、专委会的基础作用和政协机关的服务协调作用，以改革创新的精神推进政协工作的制度化、规范化、程序化。可以说，全州政协工作服务大局有高度、建言献策有深度、民主监督有力度、团结合作有广度，各级政协组织和政协委员谋党委政府之所想、议人民群众之所需，充分体现了“肝胆相照、荣辱与共”和“四个班子一条心、四个轮子一齐转”。这次两会和刚刚召开的州委全会明确了未来五年的主要目标和今年的重点工作任务，使命光荣，任务艰巨。实现新目标，完成新任务，需要全州广大干部群众切实增强“等不起”的紧迫感、“慢不得”的危机感、“坐不住”责任感，坚持抓基层、打基础、谋长远、快发展。各级党委要站在战略和全局的高度，切实加强和改善对政协工作的领导，高度重视和大力支持政协工作，切实把政协工作纳入工作总体布局，列入重要议事日程。希望全州各级政协组织和广大政协委员，进一步认清形势，明确肩负的历史使命，切实增强服务大局、推动发展的政治责任感，紧紧围绕团结和民主两大主题，认真履行政治协商、民主监督、参政议政三大职能，充分发挥政协的桥梁和纽带作用，积极创新委员的履职平台，不断提高委员的参政议政能力，积极协助州委、州政府做好协调关系、理顺情绪、化解矛盾、凝聚人心、维护稳定的工作。进一步加强政协机关自身建设，充分发挥协调关系、汇聚力量、建言献策、服务大局的重要作用，在更高层面上研究重大问题、提供决策服务，加快推进桥头堡黄金口岸和瑞丽重点开发开放试验区建设，促进人民政协事业取得新发展。

十届五次会议决议 中国人民政治协商会议德宏傣族景颇族自治州第十届委员会第五次会议，于 2011 年 6 月 21 日在芒市举行。会议认真学习贯彻全国和省州“两会”精神，总结回顾了上半年工作、对下半年工作提出了要求。委员们从讲政治的高度，认真协商讨论，充分发扬民主，圆满完成了人事选举工作任务，确保了省委、州委人事安排意图的顺利实现。

会议认为，2011 年是实施“十二五”规划的开局之年，也是推进德宏桥头堡黄金口岸建设和瑞丽重点开发开放试验区建设的关键之年。在中共德宏州委的坚强领导下，州政协坚持以邓小平理论和“三个代表”重要思想为指导，深入贯彻落实科学发展观，认真学习贯彻全国、省州“两会”和省委、州委政协工作会议精神，紧紧围绕促进发展、改善民生、构建和谐，认真履行政治协商、民主监督、参政议政职能，为促进我州经济社会和人民政协事业向前发展做出了积极努力。

会议强调，实施好“十二五”规划，扎实推进桥头堡黄金口岸、瑞丽重点开发开放试验区建设和建设美丽富饶的新盈江，是当前和今后一段时期我州经济社会发展的中心任务，也是人民政协履行职能开展工作的中心任务。全州各级政协要按照党委政府的重要工作部署，在履行职能中，围绕“十二五”规划实施、德宏桥头堡黄金口岸建设和瑞丽重点开发开放试验区建设来建言献策；围绕全州经济社会发展的重要方面和人民群众普遍关心的重大问题来调研视察；围绕全州重大项目落实、重大工程实施等来开展民主监督；围绕州政协十届四次会议提出的重点工作、目标任务和州政协 2011 年的工作计划要点来开展工作，发挥作用，作出贡献。

会议号召全州各级政协组织、政协各参加单位和广大政协委员，要更加紧密地团结在以胡锦涛同志为总书记的中共中央周围，在中共德宏州委的领导下，深入贯彻落实科学发展观，团结奋进，认真履职，为推进德宏桥头堡黄金口岸建设和瑞丽重点开发开放试验区建设，建设富裕开放和谐安宁的社会主义新边疆，推进人民政协事业不断向前发展而努力奋斗！

州政协主席龚敬政在州政协十届五次会议上的讲话（摘要）(2011 年 6 月 21 日)　会议的主要任务是：加强班子建设，搞好人事选举，总结上半年工作，对下半年工作提出要求。一、上半年工作情况。（一）为科学制定和实施“十二五”规划，促进德宏经济社会跨越式发展献计出力。在州政协十届四次会议上，委员们通过小组讨论、政府工作报告协商会和“两院”工作报告协商会等形式，以高度的政治责任感和对人民负责的态度，就科学制定和实施“十二五”规划以及各族群众普遍关注的问题，认真协商讨论，提出了完善“十二五”规划、推进桥头堡黄金口岸建设和瑞丽重点开发开放试验区建设、强化经济社会发展战略支撑、培育重点产业、推进新农村建设等方面的意见建议 69 条，报送州委、州政府及有关部门决策参考，受到州委主要领导的充分肯定。（二）高度关注民生，努力推进社会和谐稳定。主动参与抗震救灾。突如其来的盈江“3·10”地震不仅牵动着各级党委政府的心，同样牵动政协领导班子成员、机关干部、政协委员的心。州政协把参与抗震救灾作为最紧迫的任务，积极投入救灾抢险工作。灾情发生后，州政协领导班子成员迅速赶赴盈江县受灾较重的城镇村寨、农场和学校，查看灾情、慰问受灾群众，研究指导抗震救灾和做好稳定人心工作。州政协主要领导担任抗震救灾指挥部副组长、后勤保障和接待组组长，在深入灾区调研视察的基础上，积极为抢险救灾、后勤保障、恢复重建等工作出主意想办法，提出许多建议，得到了党委政府及抗震救灾指挥部的重视和采纳，有效地发挥了参谋助手作用。与此同时，州政协还通过召开干部职工大会、向委员寄送倡议书等形式，广泛动员政协委员、机关干部和社会各界捐款捐物，全州政协组织和政协委员共捐献 120 余万元资金，支持抗震救灾。（三）坚持学习创新，为切实履行职能打牢基础。深入开展创先争优活动。州政协把开展创先争优活动作为加强学习和自身建设、提高队伍素质和履职能力的重要工作来抓。二、确保选举任务顺利完成为加强政协德宏州委员会主席班子和常委会班子建设，省委和州委分别作出了增补州政协十届委员会一名副主席和一名常务委员会委员人选的决定。这是省、州党委对德宏州政协工作的关心、重视和支持。全体政协委员要从讲政治、顾大局的高度，充分认识省、州党委对加强德宏州政协领导班子建设的重要性，明确省、州党委关于州政协主席班子成员、常委会班子成员人事安排的意图，充分发扬民主，搞好协商，行使好民主权利，认真完成好本次会议安排的人事选举工作任务，确保省委、州委人事安排意图的顺利实现。三、下半年工作要求今年初，州政协十届四次会议对政协工作已作了全面的安排部署，当前主要是抓好落实。在此，我再着重强调以下三点。（一）深入学习全国和省州“两会”精神。（二）围绕中心，履行职能。（三）进一步抓好州委政协工作会议精神的贯彻落实。

【组织概况】

副主席补选名单（1 月 13 日州政协十届四次会议通过）

肖占先

副主席补选名单（6 月 21 日在州政协十届五次会议通过）

王兴明

专门委员会主任、副主任任免名单（6 月 20 日州政协十届十五次常委会议通过）

王圣春　任州政协社会和法制委员会主任，免去州政协提案社会和法制委员会主任职务

何　庆　任州政协提案委员会主任

岳秀英　任州政协提案委员会副主任，免去州政协提案社会和法制委员会副主任职务

李永兴　任州政协文史资料委员会副主任

常务委员增选名单（6 月 21 日在州政协十届五次会议通过）

陈绍昌

委员辞职名单（10 月 31 日州政协十届十七次常委会议通过）

聂河云　张云波　林　毅　黄春明
沈甸钦　白贤忠　尹可丽

委员自然减员名单（逝世）

张　宽　许连文

委员增补名单（10 月 31 日州政协十届十七次常委会议通过）

孟必光

不再担任主席名单（12 月 28 日州政协十届十八次常委会议通过）

龚敬政

撤销委员资格名单（12 月 28 日州政协十届十八次常委会议通过）

何继武

【机构概况】

德宏州政协机关内部设六委两室。六委为提案委员会、社会和法制委员会、经济人口资源环境委员会、文史资料委员会、教科文卫体委员会、民族宗教侨务委员会，委员会均设办公室；两室为研究室（目前未配工作人员）、州政协办公室（设秘书科、行政接待科、人事老干科和信息委员联络科）。

【德宏州、县（市）政协领导人名单】

德宏州

主　席

龚敬政（至 12 月 28 日）

副主席

杨庆华　李有升　董成宝　王兴明

杨丽云　肖占先

秘书长

管国照

县（市）政协主席

芒　市　　李茂文

瑞丽市　　岩　板

陇川县　　陈绍昌（5月当选）

盈江县　　王振泽

梁河县　　孙定发

德宏州各级政协委员和组织数

（截至2011年底）

州(市)县 \ 项目		委员数		组织数
德宏州		280		1
各县区市	芒　市	245	947	5
	瑞丽市	161		
	陇川县	173		
	盈江县	212		
	梁河县	156		
合　计		1227		6

（编写：杨常锁　审稿：杨丽云）

政 协 丽 江 市 委 员 会

【全体委员会议】

二届四次会议 2月21～25日在古城召开。应到委员291人，实到272人。市政协主席罗学军，副主席奚丽宏、和钺、贺国富、赵红、东宝·仲巴，秘书长彭明出席会议。会议听取和审议了罗学军主席作的常委会工作报告和和钺副主席作的提案工作情况报告；列席市二届人大四次会议，听取并协商讨论市政府工作报告、市“十二五”规划纲要及其他有关报告；会议补选了1名副主席、3名常务委员；表彰了二届三次会议优秀提案和承办提案先进单位。市委书记王君正、市长和良辉、市委副书记邢渭东、市人大主任王洪富、全国、省政协委员及部分副厅级以上离退休干部列席会议。

【常务委员会会议】

第14次会议 1月27日在古城召开。应到会50人，实到会42人。市政协主席罗学军主持会议，副主席奚丽宏、和钺、贺国富、赵红，秘书长彭明出席会议；副市长张仁彬应邀参加会议。会议听取市政府《关于市政协二届三次会议提案办理情况的报告》《关于加快我市新型工业化发展的建议办理情况的报告》《关于丽江农业生态产业发展的建议办理的报告》；审议通过关于召开市政协二届四次会议的有关事宜；协商通过有关人事事项。

第15次会议 5月31日在古城召开。应到会53人，实到会43人。市政协主席罗学军主持会议，副主席奚丽宏、和钺、贺国富、赵红，秘书长彭明出席会议；副市长张卫国应邀参加会议。会议传达学习市委政协工作会议精神，协商讨论《关于程海生态综合治理和保护工作视察报告》和《关于老君山和玉龙山森林资源保护和管理的调研报告》。

第16次会议 8月24～25日在古城召开。应到会53人，实到会46人。市政协主席罗学军主持会议，副主席奚丽宏、和钺、贺国富、赵红、高世祥，秘书长彭明出席会议；市人民政府副市长张仁彬应邀参加会议。会议传达学习市第三次党代会议精神，听取市人民政府上半年经济运行情况的通报；协商讨论《丽江市边屯文化保护研究开发调研报告》和《丽江市民族贫困地区集中办学情况调研报告》；协商通过有关人事事项。

第17次会议 10月29日在古城召开。应到会53人，实到会40人。市政协主席罗学军，副主席赵红、高世祥，秘书长彭明出席会议；市人民政府副市长杨一奔、杨静全应邀参加会议。赵红、高世祥受罗学军委托分别主持会议。会议传达学习中共十七届六中全会和省政协第十六次常委会议精神，协商讨论《关于我市殡葬改革实施情况调研报告》和《〈丽江城市总体规划〉实施情况视察报告》。

【专门委员会工作】

提案委员会 一是认真做好提案征集和服务工作。二届四次全会前致信政协委员和参加单位，就如何提高提案质量作了具体要求。全会期间共收到提案181件，立案173件，其中重点提案6件。二是注重对新时期提案工作的研究，撰写出《加大督办催办工作力度，促进提案办理质量提高》一文，参加省政协第二十次提案工作座谈会暨研讨会。充分利用内部刊物和新闻媒体，加大对提案工作的宣传力度，不断扩大了提案工作社会影响。三是加大提案督办催办力度。经常对各提案承办单位进行有效的督办催办，参加提案面商面复会议。主席、副主席和秘书长对分工督办的重点提案办理情况高度重视，深入承办单位了解情况，协调关系，创造条件促进提案所提问题的解决。截至今年11月中旬，181件提案和来信已全部办复完毕。

社会和法制委员会 一是组织开展视察活动。组织政协委员和有关部门负责人，对程海生态综合治理和保护情况进行视察，并形成专题视察报告，送市委、政府决策参考。二是组织开展委员活动。组织委员对云南省第四戒毒所的强制戒毒工作进行视察，使各位委员充分认识了强制隔离戒毒工作的重要性。三是积极配合市政协其他委室的调研视察活动。先后参加了民族和宗教委组织的对玉龙雪山和老君山森林资源保护和管理情况的调研及文史和联络委组织的对边屯文化保护、研究、开发情况的调研，四是主动扩大民主监督的范围和内容。积极组织委员参加法院和检察院对重大案件的审理和公诉的委员旁听活动，积极参与各有关部门制定规范性文件的听证工作，建真言、献实策。

经济委员会 一是以创先争优活动为契机，进一步深化理论学习。认真组织全委人员参加各类学习教育活动，不断提升履职能力和水平。二是围绕群众关注的民生问题，扎实开展视察调研。先后组织政协委员和市直相关部门负责人开展了丽江市上半年经济运行情况、《丽江市城市总体规划》实施情况视察调研；积极参与由市人大财经委组织开展的丽江市商品住宅专项维修资金收缴使用管理工作情况调研。委员们提交了《关于对公路沿线村民实施异地搬迁的建议》《关于对商品住宅维修资金加强管理使用的建议》等一批提案。三是结合职能作用的发挥，加强与委员的沟通联系。认真组织委员小组活动；参与完成二届市政协四次全会及其常委会等重要会议服务和相关接待工作；参与和协助完成《丽江市政协志》《使命》等文史资料的编撰和制作工作。

民族和宗教委员会 一是组织开展玉龙雪山和老君山森林资源保护和管理情况的调研，将专题调研报告经常委会议审议后形成了专题建议案送市政府。二是与教科文卫体委员会组织开展了全市民族贫困地区集中办学情况的调研。三是配合省政协民宗委做好丽江城市民族工作的调研；做好和谐宗教建设征文活动，共收集征文12篇，向省“和谐宗教建设论坛”推荐3篇。四是开展委员小组活动，组织委员到丽江东巴文化研究院视察，积极建言献策。五是加强协调联系，组织民宗委系统干部考察学习湖南、新疆、西藏等地民族和宗教工作的先进经验。六是加强对外联谊，接待了荷兰保宁社基金会、美国福音信义会、台湾阿尼色佛儿童之家、国内民族宗教工作人士等24人次；引进外援资金148.4万元，修建了宁蒗县西川乡青浦小学学生宿舍楼、玉龙县黎明乡堆美完小教学楼和宁蒗县基督教两会综合培训楼。

人口资源环境委员会 一是认真组织全委人员开展政治学习，参加有关活动。二是组织政协委员、相关委室和有关单位负责人对全市的殡葬改革实施情况进行专题调研，将形成的专题调研报告提交主席会议和常委会议审议通过后送市政府。三是组织市直相关部门，协助省政协完成了“兴水强滇”战略的丽江调研和丽江市水资源暨抗旱保民生工作专题调研；协助并全程陪同省政协副主席陈勋儒一行到我市开展的加强生态建设和保护情况调研。四是组织市县相关部门，积极配合协助省政协副主席白成亮一行到我市开展国家公园建设与管理滇金丝猴种群繁衍及保护情况视察；协助并全程陪同省政府九湖水污染综合防治督导组到我市开展督导视察工作。五是与教科文卫体委员会共同组织了两委界别委员30多人对丽江市体育中心和丽江民族中等专业学校进行了视察，较好地开展了委员活动。

教科文卫体委员会 一是认真组织全委人员开展政治学习，参加有关活动。二是组织政协委员、相关委室和有关单位负责人，分赴区县就民族贫困地区集中办学情况开展专题调研，将形成的调研报告提交主席会议和常委会议审议通过后送市政府，得到了市政府及有关部门的高度重视。三是积极配合省政协教科文卫体委调研组先后到市体育中心、古城区体育活动中心进行云南高原特色体育品牌调研。四是参与调研视察工作。先后陪同分管副主席到祥和街道办事处进行民情和群众工作调研，到玉龙县第一中学新校区视察建设进度情况。五是与人口资源环境委员会共同组织了两委界别委员30多人对丽江市体育中心和丽江民族中等专业学校进行视察，较好地开展了委员活动。

文史和联络委员会 一是精心组织，深入实际，调研边屯文化。牵头组成由相关部门和部分委员参加的调研组，深入永胜县对边屯文化进行调研，将形成的专题调研报告提交主席会议和常委会议审议通过后送市委、市政府。二是精心策划，编纂出版了《丽江政协文史资料——边屯文化专辑》，内容包括边屯文化的概念、源流、发展沿革、风尚习俗、以及大力发展文化产业等等，为进一步推动丽江边屯文化的保护、研究与开发，发挥了重要作用。三是为《丽江市政协志》的编纂出版做出了努力。主任李世明担任《丽江政协志》常务副总编，对书稿进行编审统改，将审定稿交出版社出版发行。四是结合工作职能，开展委员活动。组织委员视察、调研古城区大东乡的文化旅游开发项目，委员们对大东乡的文化旅游产业开发，出谋划策，提出了很好的意见和建议。

【重要活动】

郑万通、黄孟复等领导出席金安桥电站发电庆典仪式 3月26～28日，全国政协副主席郑万通、黄孟复，全国工商联副主席谢经荣、傅军，中国民间商会副会长谢柏阳，省政协主席王学仁，副主席顾伯平在市政协主席罗学军、副主席贺国富、赵红、高世祥，秘书长彭明的陪同下参加金安桥电站发电庆典活动。

王学智到永胜调研 3月30日，省政协副主席王学智在市政协主席罗学军的陪同下到永胜调研城市建设情况。

白成亮、和占钧参加玉龙县县庆活动 4月9～11日，省政协副主席白成亮、原副主席和占钧在市政协主席罗学军的陪同下参加玉龙纳西族自治县成立50周年庆典活动。

中共丽江市委政协工作会议 4月26日，中共丽江市委召开政协工作会议。市委书记王君正、市长和良辉、市政协主席罗学军作讲话，市委副书记和炳寿主持会议。会议认真贯彻落实省委政协工作会议精神，研究部署当前和今后一个时期政协工作的主要任务，出台了《关于支持人民政协履行职能发挥作用的意见》。

白立忱来丽视察 4月30日，全国政协副主席白立忱，省政协副主席白成亮在市政协主席罗学军的陪同下视察金沙江“一库八级”梯级电站开发建设情况。

省政协视察组来丽视察 7月8～10日，省政协副主席白成亮率领省政协视察组在市政协副主席赵红的陪同下，视察丽江老君山国家公园黎明丹霞地貌片区的建设与管理和滇金丝猴种群繁衍及保护情况并召开汇报会。市政协主席罗学军，市委常委、常务副市长杨浩东参加了汇报会。

李毅中来丽调研 8月25～29日，十七届中共中央委员、全国政协经济委员会副主任、原工业和信息化部部长李毅中来丽专题调研。市政协副主席高世祥全程陪同。25 日晚罗学军主席出席宴请李毅中晚宴。

曾华来丽出席九三学社丽江市委筹备组成立大会 9 月 19 日，九三学社丽江市委筹备组成立大会在丽江召开。省政协副主席、九三学社云南省委主委曾华，省政协副秘书长、九三学社云南省委专职副主委周勇，市领导王君正、和炳寿、罗学军、和继光、奚丽宏等出席会议。

倪慧芳来丽指导工作 10 月 31 日，省政协副主席、省人民检察院副检察长倪慧芳来丽参加云南省人民政府丽江市经济社会发展暨宁蒗县扶贫攻坚工作会议后，在市政协组织召开检察机关征询人大代表、政协委员意见建议座谈会，市政协副主席赵红、高世祥、东宝仲巴，秘书长彭明，部分省人大代表、省政协委员出席会议。

全省社会主义学院院长联席会议 11 月 21 日，全省第五次社会主义学院院长联席会议在丽江市委党校召开。会议深入贯彻中央和省委有关文件及会议精神，总结工作经验和做法。省政协副主席、民进云南省主委、省社会主义学院院长罗黎辉，省委统战部副部长、省社会主义学院党组书记苏红军，市政协主席罗学军，市委常委、常务副市长杨浩东，市委常委、组织部长陈继谷及市人大副主任和继光出席会议。

【重要文件】

常务委员会工作报告（摘要） 报告分为两部分。

一、2010 年工作回顾。（一）立足发展，着眼全局，政治协商扎实推进。第一，认真组织全体会议整体协商。市政协二届三次会议前，市政府主要领导专门到市政协征求《政府工作报告（征求意见稿）》的意见，市政协各委室负责人和部分市政协常委就政府工作提出了建议并得到吸纳，体现了协商在前的原则。会议期间，委员们协商讨论了《政府工作报告》和其他报告，在界别联组会上，对政府工作报告和“两院”报告进行建言献策，十名委员代表各界别进行了专题发言，提出的意见建议得到了市委、市政府领导的肯定和重视。第二，精心谋划常委会议重点协商。各专门委员会、政协各参加单位、各党派和许多委员，围绕编制我市“十二五”规划的一些重大问题深入开展调查研究，形成了一批有价值、有分量的意见和建议，在市政协二届十三次常委会进行了专题建言献策。常委们提出了转变经济发展方式、推进社会主义新农村建设、加快发展特色优势产业、加快交通等基础设施建设和重视丽江坝水资源再利用等建议，许多意见建议已吸收到我市“十二五”规划纲要中。市政协第十一、十二次常委会上还对推进新型工业化和丽江市农业生态产业发展情况进行了充分协商并形成建议案送市委、政府和有关部门，为市委、政府决策提供了依据。第三，积极推进专委会专题协商。各专委会继续拓展与市直相关部门的协商渠道，先后就提案办理、视察调研安排、委员开展活动等具体问题与有关部门开展协商，共同探讨工作措施，与对口部门互通情况、交换意见、邀请参加有关会议，为职能部门开展工作提供了有价值的参考意见，发挥了政协专门委员会的职能作用。（二）服务大局，拓展渠道，民主监督有序开展。第一，提案工作成绩突出。市政协二届三次会议以来，共收到提案材料 169 件，经审查立案 166 件。常委会切实把提案工作作为全局性的重要工作来部署和推进，采取提案督办和协商等方式，对禁止丽江坝周边沙石开采、九子海水源地保护、成立机构对丽江坝水资源进行调配、出版《丽江市回族简史》等建议进行跟踪推进，通过政府有关部门的采纳和实施取得了良好实效。对优秀提案和提案承办先进单位进行表彰，继续加大了对提案工作的宣传力度，在全省州市中率先实现提案管理电子化，为委员搭建了方便快捷的提案工作平台，进一步扩大了政协提案的社会影响。第二，社情民意反映及时。常委会把反映社情民意作为人民政协履行职能的一项重要工作，鼓励政协委员积极深入基层、深入实际，掌握了解社情民意，增强提案的针对性和实效性，提高反映民情、民生建议的质量。依靠委员、各族各界人士、各党派和区县政协，把一些基层的重要情况和群众的意愿呼声反映到党政部门。对来信来访中要求解决生活困难、利益诉求和改进部门工作作风等意见建议，市政协领导都认真对待，有的主动协调、有力化解，有的向市委、市政府及时反映，促成了一些问题的解决。第三，视察监督实效明显。由主席、副主席带队，相关专委会牵头，组织委员对创建国家园林城市工作、全市“五五”普法、市检察院反渎职侵权工作、丽江师专搬迁建设和玉龙雪山大索道改扩建工程等事关丽江发展关键性、全局性的问题进行了视察。提出了“创园工作要做到‘六个’结合，实现创园成功与城市建设长远发展的‘双赢’”和“总结好‘五五’普法经验，谋划好‘六五’普法，推进我市法制建设进程”等意见建议20多条，并分别形成视察报告送市委、政府和有关部门参考。在市政协第十三、十四次常委会上分别听取了市政府关于园林城市建设情况、市政协二届三次会议以来提案、建议案办理情况的通报。（三）发挥优势、建言献策、参政议政成效显著。第一，围绕重点调研课题扎实开展专题调研工作。市政协组织专家、学者和委员先后开展了农村文化建设、全市新型工业化建设、全市农业生态产业发展和古城环城北路建设等课题进行调研论证。撰写了一批内容翔实、观点鲜明、意见中肯、建议切实可行的调研、论证报告及建议案，为市委、市政府决策和付诸实施提供了参考。第二，围绕重点项目积极开展协调指导工作。根据市委、市政府的统一安排，市政协领导适时深入自己所挂钩联系的企业和重大项目建设现场，了解情况，督查进度，力所能及地协调解决发展、建设中存在的困难和问题。如，对市医院第二住院大楼建设资金不足等问题积极向市政府提出建议，得到了市政府领导的重视和支持，项目建设进展顺利。第三，围绕上级要求积极做好相关调研工作。市政协以全国政协、省政协和有关部门来丽视察调研为契机，积极参与了“文化产业立法”“泸沽湖、程海湖的保护和开发”“如何发挥政协专门委员会基础性作用，推进宁蒗县经济社会跨越式发展”等课题的调研，提出意见建议并做好调研的协调配合工作，在推进相关工作中发挥了积极作用。市政协相关委室在认真调研，精心准备的基础上，分别参加了省政协举办的民生论坛、外联工作会议及委室联席会议并报送相关材料，扩大了政协专委会的影响力，丰富了政协参政议政的形式和内容。（四）突出主题，凝心聚力，促进社会和谐。第一，加强团结合作。不断加强与民主党派、工商联、无党派和各族各界人士的联系，认真听取意见和建议，积极支持他们参政议政，保证在协商、视察、调研活动中发挥重要作用。重视发挥民族宗教界委员在民族团结和构建和谐社会中的积极作用，在重要的宗教节日深入基层和宗教场所，看望宗教界人士和信教群众，宣传党的政策、调动各界人士的积极性，尽可能使宗教活动与社会主义制度相适应，促进了和谐。第二，广泛开展联谊活动。各委员小组以创新、务实的精神，采取组织委员对老君山的开发、博物院建设等情况进行调研和到临近州市考察学习等多种形式，扎实开展了委员小组活动；完成了来丽国内外友人250多批的接待工作；召开了市区县政协联席会议，进一步加强了与各区县政协之间的沟通和工作指导；召开丽江政协成立60周年座谈会，讴歌60年来的光辉历程；组织政协委员和政协工作者参加省政协举办的“祥和彩云南书画摄影展”并取得多个奖项；市政协各参加单位联合开展了迎新春文体活动。第三，委员主体作用较好发挥。委员在任期内为社会办一件实事成效显著，目前共有153名委员，不同程度地为社会做了170多件实事，进一步树立了委员形象，展示了委员才干。其突出表现为：有的委员出资或引资为农村贫困户重建房屋、改善学校建设、支持新农村建设和组织高中教师到知名大学附属中学免费培训等等善行义举，谱写了济困、助学、奉献的和谐乐章；有的委员在履行职能的实践中，发挥个人特长，以求实创新精神积极投身经济社会发展的主战场建功立业，他们创造的事业，正成为加快丽江科学发展的新亮点；委员中许多企业家主动安排农民工、下岗工人、残疾人员就业，热心参与社会公益事业和光彩事业，捐资助学，扶危济困，展示了新时代政协委员的风采。第四，重视宣传和文史工作。重视开展人民政协基本理论的研究，就新形势下如何创新政协新闻宣传工作，加强和改进反映社情民意信息工作等专题进行了探索。年内共征编出版了《丽江政协》4期共1680册；编发了《政协工作动态》44期，刊出固定宣传栏4期；给每位委员征订了《云南政协报》《云南民族报》，为广大委员、政协工作者和社会各界人士提供了学习和研讨的平台。加强了对《云南政协报》驻丽江记者站的管理，在《云南政协报》上宣传丽江政协工作的稿件增多，还在《人民政协报》等影响较大的媒体上发表文章，扩大了丽江政协的宣传面。继续发挥人民政协文史资料工作在存史、资政、团结、育人方面的作用，编辑出版了《丽江市文史资料医疗卫生专辑》。以记录丽江政协60年光辉历程，激励后人奋发向上的《丽江市政协志》初稿已完成，该书将在年内出版；通过三年的努力，出版了《丽江民族民间文化荟萃》一书，弥补了我市综合性记录民族民间文化的空白。第五，努力为民办实事。常委会把外援项目与扶贫解困结合起来，通过积极努力，引进国内外非政府组织资金557.74万元，开展援建学校、科技培训、送医支教等活动；积极响应市委、政府号召，机关干部职工捐款3万元，支持抗旱救灾；筹措各类资金43万元分别用于扶贫挂钩点、社会主义新农村联系点、党内互助“八个一”联系点的抗旱救灾工作及扶贫点的道路、通电、沼气池建设和扶持种养殖业，使扶贫点的面貌有所改善，得到了社会各界的广泛好评。（五）完善机制，有序管理，提高自身建设水平。第一，加强思想理论建设。坚持把学习放在突出位置，着力丰富学习内容和形式，通过常委会议专题学习、中心组学习、机关学习和委员培训等方式，有计划、分层次、多形式地开展学习培训，为委员们更好地参政议政、履职尽责提供了帮助和启迪，不断深化对人民政协工作特点和重要性的认识，增强了做好政协工作的责任感和使命感。第二，加强委员队伍建设。经多方征求意见，并报市委领导同意后，市政协常委会审议通过了《政协丽江市委员会委员管理暂行办法》，进一步明确了委员的权利和义务，对委员纪律方面作出了具体规定。第三，加强政协机关建设。市政协机关以开展创先争优和“三个一”主题实践活动为契机、大力加强机关思想、组织、作风和制度建设，不断巩固和扩大学习实践科学发展观活动的成果，进一步提高了机关干部思想政治素质、政策理论水平和协调办事的能力，机关的服务水平、工作质量有明显提高，专委会的各项建设有所改善，与部门的对口联系加强，与委员的联系日趋紧密，工作活力和成效增强，专委会的作用得到发挥。重视加强政协老干部工作，支持西部发展研究促进会根据自身特点开展工作。第四，加强政协领导班子建设。始终坚持党的领导，坚持民主集中制原则，保持积极向上的健康心态，以良好的作风和清正廉洁的形象凝聚人心、推进工作。尊重、团结、支持班子中的非中共人士开展工作，营造了良好的工作氛围。第五，加强与区县政协的联系。市政协经常与区县政协交流工作，组织联合调研，关心区县政协办公条件的改善，邀请区县政协秘书长列席市政协常委会议，形成了市、区县政协相互学习、密切合作的局面，推动了全市政协事业共同发展进步。

二、2011 年工作要点。(一) 明确履职目标和方向，政协工作思路要有新开拓。(二) 促进科学发展，履行职能发挥作用要有新突破。(三) 突出两大主题，和谐社会建设要有新作为。(四) 创新思路，政协经常性工作要有新举措。(五) 完善机制，政协自身建设要有新提高。

二届四次会议决议 (2011 年 2 月 25 日) 中国人民政治协商会议丽江市第二届委员会第四次会议于 2011 年 2 月 21~25 日在古城举行。会议听取和审议了常务委员会工作报告和提案工作情况报告；与会委员列席了丽江市第二届人民代表大会第四次会议，听取并协商讨论了《政府工作报告》《丽江市国民经济和社会发展第十二个五年规划纲要》及其他有关报告；会议补选了 1 名副主席、3 名常务委员。会议期间，市委、市人大和市政府领导同志出席了开幕和闭幕大会，市委、市政府领导还参加了界别联组会议，与各民主党派、工商联、无党派人士、各人民团体和各族各界代表人士协商交流，共谋丽江发展大计。全体委员以高度负责的精神，围绕全市经济社会发展中的重大问题积极建言献策。会议团结、民主、务实，是一次统一认识、明确目标、凝聚人心的大会。

会议审议通过了罗学军主席代表政协丽江市第二届委员会常务委员会所作的工作报告，和钺副主席代表政协丽江市第二届委员会常务委员会所作的提案工作情况报告。会议充分肯定了过去一年常务委员会所取得的成绩，认为报告总结 2010 年工作全面客观，安排 2011 年工作体现了中央和省委、市委的决策部署，符合政协工作实际。会议要求常务委员会在新的一年里认真组织实施，扎实推进各项工作，努力开创政协工作新局面。

会议认为，过去的一年，是我市积极应对复杂多变的经济形势，抗大旱、保民生、抓生产、促发展，加快转变经济发展方式，经济社会发展取得显著成效的一年。在市委的领导下，常委会以邓小平理论和“三个代表”重要思想为指导，深入贯彻落实科学发展观，认真学习贯彻中共十七届四中、五中全会，中央经济工作会议，省委八届九次、十次全会和市委二届八次、九次会议精神，切实把推动丽江经济平稳较快发展作为履行职能的首要任务，把促进民生改善和社会和谐作为开展工作的着力点，以奋发有为的精神状态和求真务实的工作作风，认真履行政治协商、民主监督、参政议政职能，充分发挥协调关系、汇聚力量、建言献策、服务大局的重要作用，为圆满完成我市“十一五”的各项任务，科学制定“十二五”规划，实现经济社会又好又快发展作出了重要贡献。

会议一致赞同和良辉市长所作的《政府工作报告》，赞同《丽江市中级人民法院工作报告》和《丽江市人民检察院工作报告》。

会议认为，“十一五”是丽江发展史上极不寻常的五年。面对国际金融危机冲击、严重自然灾害等一系列困难和挑战，市委、市政府深入贯彻落实科学发展观，坚决贯彻执行党中央、国务院和省委、省政府的决策部署，紧紧围绕深入实施“六大战略”，加快生态产业基地、清洁能源基地、国际精品旅游胜地、中国面向西南开放“桥头堡”的重要窗口和国家生态安全的重要屏障建设，不断完善发展思路，加快转变经济发展方式，团结带领全市各族人民，迎难而上，扎实工作，全市综合实力显著增强，经济结构调整取得新的进展，保障和改善民生力度持续加大，文化建设扎实推进，生态文明建设步伐明显加快，改革开放不断深化，安定和谐局面进一步巩固，圆满完成了“十一五”规划的目标任务。

会议指出，“十二五”时期是我市全面建设小康社会、实现经济社会发展历史性跨越的关键时期。《丽江市国民经济和社会发展第十二个五年规划纲要》符合科学发展要求，体现了中央、省委的精神和丽江市情，反映了全市各族人民的根本利益和共同愿望，对于进一步统一全市各族干部群众的思想认识，凝心聚力推进丽江科学发展新局面具有十分重要的意义。委员们对未来五年的发展充满期望，对全面完成“十二五”期间的各项任务充满信心。

会议强调，2011 年是中国共产党成立 90 周年，是实施“十二五”规划的开局之年，也是加快转变经济发展方式、推进丽江科学发展的重要一年。全市各级政协组织要深入贯彻落实科学发展观，认真学习贯彻中共十七届五中全会和中央经济工作会议精神，按照市委二届九次全会和即将召开的市委政协工作会议的决策部署，紧紧抓住桥头堡建设和深入实施西部大开发战略的重大机遇，紧扣科学发展这一主题和加快转变经济发展方式这一主线，全力促进民生改善与和谐社会建设，认真履行政协职能，多建睿智之言，多献务实之策，更加重视政协自身建设，不断把人民政协事业推向前进。

会议号召，全市各级政协组织、政协各参加单位和广大政协委员，更加紧密地团结在以胡锦涛同志为总书记的中共中央周围，在市委的坚强领导下，开拓创新，真抓实干，以优异成绩迎接中国共产党成立 90 周年，为促进丽江科学发展作出新的更大贡献。

罗学军主席在二届三次会议闭幕式上的讲话（2011 年 2 月 25 日）(摘要)　一要进一步增强政治意识，坚定正确的政治方向。全市各级政协组织、各党派团体和广大政协委员要始终要坚持中国共产党的领导，确保党的路线方针政策在人民政协工作中得到全面落实。二要进一步增强责任意识，努力推进科学发展。全市各级政协组织要继续把推动科学发展作为履行职能的第一要务，选择具有综合性、全局性、前瞻性的重大课题，围绕转方式、调结构、促改革、惠民生方面的重点难点问题，积极开展专题调研与协商议政活动。三要进一步增强团结意识，共同维护社会和谐稳定。全市各级政协组织要加强与各党派团体和各界人士的沟通交流，坚持把理顺情绪、协调关系、化解矛盾、维护稳定作为履行职能的重要着力点，为促进政党关系、民族关系、宗教关系、阶层关系和谐发展发挥积极作用。

建议案

《关于进一步加强玉龙雪山和老君山森林资源保护和管理的建议》（2011 年 5 月 31 日市政协二届十五次常委会议通过）

【组织概况】

副主席补选名单（2 月 25 日市政协二届四次会议通过）

高世祥

常务委员增选名单（2 月 25 日市政协二届四次会议通过）

杨绍前　曹新春　关加·益西

委员增补名单（1 月 27 日市政协二届十四次常委会议通过）

高世祥　曹新春　徐占军　木成君
杨建福　赵向群　唐元德　关学强
杨佳部　刘保国　万家裕　陈云光
曾纪明

免去委员名单（8 月 25 日市政协二届十六次常委会议通过）

马文翼

【机构概况】

政协丽江市第二届委员会设办公室、研究室、提案委员会、社会与法制委员会、经济委员会、民族和宗教委员会、教科文卫体委员会、人口资源环境委员会及文史和联络委员会等 9 个工作机构（处级）。办公室下设秘书一科、秘书二科、行政科和项目办 4 个单位（科级），研究室、各专委会下设办公室（科级）。

【丽江市、县（区）政协领导人名单】

丽江市

主　席

罗学军（彝族）

副主席

奚丽宏（白族）
和　铖（纳西族）
贺国富（傈僳族）
赵　红（女，白族）
东宝·仲巴（藏族）　高世祥

秘书长

彭　明

县（区）政协主席名单

古城区　和志华（纳西族）
玉龙县　和秀琼（女，纳西族）
永胜县　和耀福（纳西族）
华坪县　雷玉菊（女）
宁蒗县　和建华（纳西族〈摩梭人〉）

丽江市各级政协委员和组织数

（截至2011年底）

<table>
<tr><th colspan="2">项　目
州（市）县</th><th colspan="2">委员数</th><th>组织数</th></tr>
<tr><td colspan="2">丽江市</td><td colspan="2">290</td><td>1</td></tr>
<tr><td rowspan="5">各县区市</td><td>古城区</td><td>177</td><td rowspan="5">929</td><td rowspan="5">5</td></tr>
<tr><td>玉龙县</td><td>225</td></tr>
<tr><td>永胜县</td><td>211</td></tr>
<tr><td>华坪县</td><td>160</td></tr>
<tr><td>宁蒗县</td><td>156</td></tr>
<tr><td colspan="2">合　计</td><td colspan="2">1219</td><td>6</td></tr>
</table>

（编写：关学强　审稿：罗学军　彭　明）

政协怒江傈僳族自治州委员会

【全体委员会议】

九届七次会议 2011年2月21～25日在六库举行，应到委员258人，实到221人。州政协副主席熊光藩主持开幕会，州政协主席刘泉，副主席朱文勇、彭兆清、茶超鸥、杨菊昌、木志英，秘书长和相全出席会议。会议听取并审议了刘泉主席所作的《政协怒江傈僳族自治州第九届委员会常务委员会工作报告》；听取和审议了朱文勇副主席所作的《政协怒江傈僳族自治州第九届委员会常务委员会关于九届六次会议以来提案工作情况的报告》；听取并协商讨论《政府工作报告》及其他报告；听取了《关于政协怒江傈僳族自治州第九届委员会第七次会议提案审查情况的报告》；审议通过本次会议决议。州委书记段跃庆，州委副书记、州长侯新华，州委副书记李四明，州人大主任和六中，州人民政府副州长赵志勇、陈建平、久贵才、迪友堆、卢文祥、李文辉、高玉成，州人大副主任何瑞琪、和玉花、斯大宝、和润才、朱发德及有关部门领导列席会议。

【常务委员会会议】

第24次会议 2011年1月26日在六库召开。应到37人，实到26人。会议由刘泉主席主持，州政协副主席朱文勇、彭兆清、茶超鸥、杨菊昌、熊光藩、木志英，秘书长和相全出席会议。会议原则通过了《政协怒江州第九届委员会常务委员会工作报告》（草案）；原则通过《政协怒江州第九届委员会常务委员会提案工作情况的报告》（草案）；各专门委员会提交《关于2010年工作情况及2011年工作计划的报告》（书面）；审议通过了有关人事事项。审议通过政协怒江州第九届委员会常务委员会《关于召开政协怒江州第九届委员会第七次会议的决定》（草案）；原则通过九届七次会议议程、日程、常委会报告报告人建议名单、提案工作情况报告人建议名单、各次大会执行主席及主持人名单、七次会议秘书长、副秘书长名单、列席人员名单、分组名单、秘书处机构设置、各次大会主席台就座建议名单等；并在会议中组织学习了怒江州委六届八次全委会审议通过的《中共怒江州委关于制定怒江州国民经济和社会发展第十二个五年规划的建议》，积极为协商讨论我州“十二五”规划纲要做好准备。州政协不是常委的处以上领导、州政协各专门委员会兼职副主任应邀列席会议。

第25次会议 2011年2月25日在六库举行，应到37人，实到24人。会议由刘泉主席主持，副主席朱文勇、彭兆清、茶超鸥、杨菊昌、熊光藩、木志英，秘书长和相全出席会议。会议审议了第六次会议提案审查情况的报告，原则通过；审议通过了常委会工作报告决议（草案）；审议通过了提案工作报告决议（草案）；审议九届七次会议决议（草案），原则通过；审议通过州政协2011年工作要点安排（草案）。州政协不是常委的处以上领导列席会议。

第26次会议 2011年4月29日在六库举行。应到37人，实到22人。会议由朱文勇副主席主持，州政协主席刘泉，副主席彭兆清、茶超鸥、杨菊昌、熊光藩、木志英，秘书长和相全出席会议。会议听取了《黄登电站、大华电站建设情况视察报告》《全州农田水利建设情况视察报告》《剑兰公路建设情况视察报告》《全州农业龙头企业发展情况视察报告》；审议讨论了《全州政协组织建设情况的调研报告》《对兰坪县白族支系“拉玛人”经济社会发展情况的调研报告》。州政协不是常委的处以上领导、州交通运输局、人力资源和社会保障局、民政局、水务局、农业局、发改委、中低产田改造领导小组办公室等部门负责人应邀列席会议。

第27次会议 2011年8月9～10日在六库举行，应到37人，实到23人。会议由熊光藩副主席主持，州政协主席刘泉，副主席朱文勇、彭兆清、茶超鸥、杨菊昌、木志英，秘书长和相全出席会议。会议学习了胡锦涛总书记“七·一”讲话；传达了怒江州委人大、政协工作会议精神；听取了怒江州人民政府关于2011年上半年经济运行情况的通报，听取了州政协提案委2011年提案办理情况的通报。通报了关于《2007年以来城镇保障性住房建设的重点视察情况》《关于六丙公路一期工程、六库怒江二桥交通环绕工程建设的重点视察情况》《关于赖茂河以北区域城镇开发及州民族体育馆建设的专项视察情况》《关于全州土地开发整理项目“十一五”实施情况及“十二五”规划的专项视察情况》《关于全州食品药品监管工作的专项视察情况》《关于全州城乡社会救助工作的专项视察情况》。审议了《全州小城镇建设情况的专题调研报告》《沘江河流域治理情况的专题调研报告》。怒江州人民政府副州长久贵才，州住房和城乡建设局、公安局、交通运输局、体育局、民政局、国土资源局、卫生局、城投公司、环保局等部门负责人，不是常委的州政协处以上领导，各专门委员会兼职副主任及两名基层政协委员列席会议。

第28次会议 2011年12月18日在六库举行。应到37人，实到30人，会议由朱文勇副主席主持，州政协主席刘泉，副主席彭兆清、茶超鸥、杨菊昌、熊光藩、木志英，秘书长和相全出席会议，州人民政府常务副州长陈建平应邀列席会议。会议审议通过了《怒江州政协十届委员会委员建议名单》《关于召开十届一次会议的决定》《九届委员会常务委员会工作报告》《九届委员会常务委员会提案工作情况报告》《九届常委会工作报告》报告人建议名单、《九届常委会提案工作情况报告》报告人建议名单；审议通过州政协十届一次会议议程、日程、主席团建议名单、秘书长建议名单、副秘书长建议名单、主席团常务主席建议名单、执行主席建议名单、大会列席人员范围建议、主席台就座人员范围建议、大会提案审查委员会建议名单、分组建议名单、各组召集人建议名单、会议筹备工作机构；会议听取了州政协各专门委员会和研究室2011年工作总结2012年工作计划；审议通过《关于独龙江乡整乡推进独龙族整族帮扶工作情况的视察报告》《关于全州卫生人才队伍建设情况的调研报告》；讨论《关于撤销王江平政协怒江州第九届委员会委员的建议》；审议通过《关于授权主席会议审定政协怒江州第九届委员会常务委员会第二十八次会议未尽事宜的决定》。

【专门委员会工作】

提案委员会 一年来，在州政协常务委员会的领导下，在省政协提案委的指导下，提案工作深入贯彻落实科学发展观，坚持“围绕中心，服务大局，提高质量，讲求实效”的方针，坚持以提案办理规范、提案服务效能为目标，强化督办，务求实效，为推动全州经济社会发展、民主政治建设、构建和谐社会，推进怒江“二次跨越”发展目标作出了积极贡献。州政协九届六次会议以来，共收到提案122件，经审查立案122件，立案率达100%。7月，州政协常委会又在对全州四县供销社工作情况进行专题调研的基础上，提出了《关于加强供销社工作的建议案》，建议案由州人民政府负责承办并作了答复。这些提案紧紧围绕我州“生态立州、科技兴州、矿电强州、文旅活州”的发展思路中具有综合性、全局性、前瞻性的重要问题，以及群众关心、社会关注的热点问题，选题准确，情况真实，分析客观，建言可行，具有较强的针对性和操作性，为党委、政府科学民主决策提供了参考，为推动科学发展、构建社会主义和谐社会发挥了积极作用。

教科文卫体委员会 一年来，教科文卫体委员会围绕全州工作中心和州政协总体工作安排及本委2011年工作计划，围绕中心、立足本职、与时俱进、开拓创新，努力探索新形势下履行职能的途径和方法，创新视察、调研等活动的思路和方式，组织委员开展专题调研、视察等活动，全面落实科学发展观，扎实有效地开展工作。4月参加全州龙头企业发展情况专项视察活动；5月组织部分州政协常委、委员，州、县食品药品监督管理局、州卫生局、州财政局、州人力资源和社会保障局、州教育局等相关部门领导及有关人员，对全州食品药品监管工作进行了视察并提出了六点具体建议。7月组织州卫生局、州人力资源和社会保障局等相关部门领导及有关人员组成调研组，在分管副主席木志英带领下，赴四县的医疗卫生单位、乡镇卫生院及村卫生院办等17个单位对医疗卫生机构专业技术人才队伍进行了一次深入细致的调查研究。8月组织驻福贡县州政协委员，在州政协副主席木志英的带领下进行委员活动，就城乡环境风貌整治、劳动力再就业培训、农民教育等问题提出了许多宝贵的意见和建议。视察活动组织有序、准备充分、选点准确，收得了较好的成效，得到了委员的一致好评和充分肯定。

经济委员会 一年来，经济委在常委会议和主席会议的领导下，加强学习，认真履职，深入基层，深入实际，积极开展调查、视察、考察等各项活动，较好地完成了常委会议安排的各项工作和主席会议交办的各项任务，充分发挥了专门委员会的基础性作用，为我州的经济发展、社会进步、生态文明、边疆稳定、民族团结作出了积极的努力。4月，组织驻六库的部分州政协委员和州县相关部门领导共30余人组织视察组，就全州农业产业化龙头企业发展情况进行了专题视察。7月，参加州政协组织的桥头堡建设考察组赴保山、德宏进行了为期五天的考察活动，并针对我州实际，就如何推进桥头堡建设，提出了加强区域合作等五条考察建议，撰写完成了考察组的考察报告。9月组织驻泸水县的州政协委员，围绕城镇建设与发展这一主题，采用实地察看，听取情况介绍，召开座谈会，委员提出意见建议等方式开展活动，充分表达了委员心声，反映了民意，收到了很好的效果。

民族和宗教委员会 2011年，州政协民族和宗教委员会深入学习实践科学发展观，认真学习贯彻州委六届七次全会和州政协第九届七次会议精神，切实履行专委会职能，为促进我州少数民族和民族地区的经济发展与社会进步，作出了积极的贡献，取得了一定成效。年初，对泸水县基督教协会100多人联名的上访件《关于对中共怒江州委宗教工作领导小组办公室调整怒江州基督教两会驻会人员的建议》情况进行调研。4月对兰坪县白族支系“拉玛人”生产生活经济社会发展情况进行了为期5天的调查研究，先后深入到石登乡拉竹河村和营盘镇连城办事处等地，与当地的党委政府举行座谈，与村委会干部群众交流，征求各方面意见建议。6月组织驻六库地区的部分州政协委员，就我州城乡社会救助工作情况进行了专题视察，视察采取入户察访，听取汇报，委员建言等形式，先后到泸水县六库镇重阳社区察访了城市低保户，到大兴地乡察访了农村低保户，到鲁掌镇察看了敬老院，并听取了州民政局关于全州社会救助工作情况的介绍。8 月组织驻兰坪的州政协委员到兰坪县的璋品村大棚蔬菜基地和大麦酒厂开展了委员活动。

文史委员会 一年以来，在州政协主席班子的领导下，在省政协文史委的指导下，坚持以邓小平理论、“三个代表”重要思想和十七届三中、四中全会精神为指导，坚持以科学发展观为统领，牢牢把握时代前进的主旋律，为州委和州人民政府的中心工作服务，切实履行人民政协工作职能，勤奋工作，以翔实记录反映怒江历史进程为主体，抢救、征集、编辑、出版和发行《怒江文史资料选辑》，填补档案材料空缺，为后人以史为鉴，鉴往知来，提供健康的精神食粮。并就我州电力建设规划发展情况进行了专题调研；积极参与了泸水县工业园区建设、关于怒江州实施《云南省残疾人优待规定》、怒江州省级文物保护、怒江州农业重点项目开展情况，林权制度改革工作情况，新农村建设情况等与怒江经济社会发展相关的视察活动，积极参政议政，热忱服务委员，努力做好史料征集出版工作，积极探索政协文史工作为社会、为现实服务的新途径，充分发挥文史资料的社会功能，为促进发展、构建平安和谐怒江和全面建设小康社会服务。

法制与环境资源委员会 州政协法制与环境资源委员会今年刚成立。一年来，在人员少，任务重，压力大的情况下，着力转变工作作风，提升工作效能，不断创新进取，积极主动开展工作，充分调动和发挥政协委员主体作用，尤其调动委员们履职热情，为加快推进怒江经济跨越发展做出了积极的贡献。一是积极开展视察，拓宽了民主监督的力度。组织委员开展了对十一五期间向全州土地开发地理情况及“十二五”土地开发整理规划，及贡山县特少民族搬迁新农村建设情况等专项工作视察活动，针对问题提出了意见和建议，对项目推进发挥了积极作用。二是关注民生进行调研，提升了建言献策深度。年 5 月组织部分委员和相关部门对兰坪县沘河流域治理情况进行专题调研，形成调研报告，助推了存在问题的逐步解决和工作落实，促进社会的和谐稳定。根据《贯彻落实中央 1 号文件推进“兴水强滇”战略实施》联合调研方案，组成怒江调研组在全州深入开展调研，调研报告经州政府领导，政协领导审定以后及时上报省政协人资环委。三是认真组织委员及相关部门参加省政协组织的民生论谈，共征集稿件达十多篇，其中有三篇在省政协民生论谈会获三等奖。

【重要活动】

视察黄登、大华桥电站建设情况 4 月 21 日，怒江州政协主席刘泉带领副主席朱文勇、杨菊昌、彭兆清等主席班子成员，组织州、县政协委员，邀请州县相关部门，联同兰坪县政协，先后到黄登、大华水电站枢纽工程建设区和库区，了解了水电站的建设、移民安置和征地补偿情况，认真观看了项目规划图，视察了正在建设的拦河坝工程、导流洞及业主营房区。视察组通过现场视察、听取汇报，指出，水电既是具有经济效益的资源，更是具有环境效益与社会效益的公益性事业。

视察食品药品监管工作情况 5 月 20 日，在州政协分管副主席木志英带领下，由州政协教科文卫体委员会牵头，组织部分州政协常委、委员、州县食品药品监督管理局、州卫生局、州财政局、州人力资源和社会保障局、教育局等相关部门领导及有关人员，对全州食品药品监管工作进行了视察。委员们还就进一步加强食品药品安全监管工作，从加强食品药品安全知识宣传、加强食品药品行业从业人员的培训管理、严厉打击贩售假冒伪劣食品药品行为、进一步明确各监管部门的职责、健全各部门协调联动的工作机制等方面提出意见建议。

调研沘江河流域 5月20～22日，怒江州政协副主席熊光藩率部分政协委员和相关部门负责人专程到兰坪县，就沘江河流域怒江州境内污染治理情况进行调研。调研组建议在下一步的工作中，要继续贯彻落实好省长秦光荣关于沘江河治理的重要指示精神，以此为动力，按照《云南省沘江河流域水污染防治规划》，全面推进治理工作。

视察全州旅游景区规划建设情况 6月15日，怒江州政协副主席杨菊昌率部分政协委员专程视察全州旅游景区规划建设情况，为怒江州旅游事业发展献计出力。委员们建议全州各部门要密切配合，齐心协力，搞好规划、实施，努力做好做强怒江旅游业，建议州旅游局紧紧抓住有利时机，加大基础设施建设，加强导游人员的培训，针对不同的游客做好导游工作，灵活讲解。

视察六库新城区建设 6月17日，怒江州政协副主席杨菊昌、茶超欧、秘书长和相全率领部分政协委员和怒江州城市投资公司、州体育局负责人，视察六库新城区怒江明珠项目建设及州民族体育馆建设情况。视察组建议项目建设方要创造性地解决好征地撤迁工作，要抓住机遇，顺势而谋，在建设新城区的同时谋化好老城区的改造，在现有的基础上，完善规划，用现代理念经营城市，推动城市建设，提升城市化水平，延伸城市发展产业链。视察组建议州体育局把体育馆建设与小城镇建设结合起来，积极向上争取资金，加大市场化动作的力度，充分吸纳社会资金，推进体育馆建设的进展。

视察保障性住房建设情况 6月23～24日，由怒江州政协常务副主席朱文勇带队，州政协副主席杨菊昌、木志英，部分政协委员、州住房和城乡建设局、州发改委、州财政局组成的视察组深入泸水县和福贡县部分乡镇；视察组对全州“十一五”期间保障性住房建设情况给予了充分肯定，并建议在下一步工作中，州、县职能部门牢牢抓住政策机遇，积极争取项目扶持力度；建立和完善“政府主导、财政补助、银行贷款、政企共建、群众自筹、市场开发”等形式，把解决中低收入家庭住房困难作为维护人民群众根本利益的重要工作，多渠道、多形式建设保障性住房，有效解决我州城镇低收入群体的住房困难问题。

视察全州城乡社会救助情况 6月27日，怒江州政协副主席杨菊昌、茶超欧率部分政协委员，对全州城乡社会救助情况进行了视察。视察组认为各级各部门一是要充分认识城乡社会救助的深远意义，建立健全长效的城乡社会救助体系，把城乡社会救助工作纳入常规工作；二是要加大对这一工作的宣传力度，做到家喻户晓；三是要把保障、救助与自力更生接合起来，引入“造血”机制，对救助对象进行勤劳致富、自强不息教育；四是要加强领导，深入基层，搞好建档立卡工作，不断调整救助对象；五是要重在落实，把有限的资金用在救助对象上，不搞“锦上添花”，做到“雪中送炭”。

国际专业服务机构（MSI）医疗专家到我州开展残疾人康复服务活动 国际专业服务机构组织（MSI）专家组，在州政协常务副主席朱文勇的陪同下，于7月7～12日对福贡、贡山两县的100名唇裂、马蹄内翻足、小儿麻痹、脑瘫、视力、智力等残疾的残疾人进行免费康复检查，其中，贡山县独龙江乡独龙族残疾人有21名，通过专家组的认真筛查，共确诊符合康复手术的有福贡县残疾人阿福妮、贡山县独龙族残疾人腊金香等20人，并定于在9月份在昆明为他们无偿做康复手术。此次活动专家组切实为我州残疾人解决实际困难，在去年工作的基础上，把工作重点扩大到了福贡、贡山两县，使更多的残疾人获益，为怒江州残疾人事业“十二五”发展提供了重大帮助。

召开六库地区各族各界中秋茶话会 9月8日下午，怒江州党政军领导，各族各界代表欢聚一堂，共庆中秋佳节。在茶话会上，中共怒江州委副书记李四明通报了上半年全州经济运行情况，并要求全州上下要同心同德，群策群力，努力实现今年各项目标任务，全力为“十二五”经济社会建设开好局、起好步。团结一切可以团结的力量，调动一切可以调动的积极因素，为建设富裕民主文明和谐生态怒江作出更大的贡献。

全州各族各界落实桥头堡战略研讨会在六库召开 为促进落实我州“桥头堡”战略，州政协集委员和社会各族各界智慧，积极为我州实施好“桥头堡”战略献计出力。9月13日，由怒江州政协组织全州各族各界及相关部门在六库召开落实“桥头堡”战略研讨会。研讨会上，与会人员站在不同的角度，从口岸基础设施建设、边贸发展方式、边贸经济合作、农业技术经济合作、战略性支柱产业、机制体制、金融贸易、边境管理等各个方面对加快怒江州实施“桥头堡战略”作了交流发言，并进行认真的讨论，提出了许多很好的意见和建议。

学习贯彻州委第七次党代会精神 州第七次党代会胜利闭幕后，州政协党组高度重视，结合政协机关实际，迅速对学习贯彻州第七次党代会精神作了周密的安排部署，并于9月27日，州政协召开机关干部职工会议，会上，刘泉主席就如何深入领会和准确把握州委第七次党代会精神实质，联系政协工作创造性地贯彻好州第七次党代会精神提出了明确要求。朱文勇常务副主席通报了州第七次党代会基本情况，和相全秘书长全文传达了州委书记段跃庆在州第七次党代会上所作的工作报告。

怒江州政协主席班子视察独龙江乡帮扶工作 独龙江乡整乡推进、独龙族整族帮扶工作的进展情况一直牵挂着怒江州政协主席班子的心，10月12日，怒江州政协主席班子专程到贡山县独龙江乡，视察独龙江乡整乡推进、独龙族整族帮扶工作及独龙江公路改建工作进展情况。视察组充分肯定了独龙江乡整乡推进整族帮扶开展以来取得的成就，并希望有关部门继续以科学发展观为指导，以更加有力的措施，更加扎实的工作，攻坚克难，积极有序的推进帮扶工作。怒江州委常委李坤珍、贡山县政协副主席江文新等陪同视察。

关注州政务中心建设运行工作 10月18日下午，州政协副主席茶超鸥、杨菊昌在州政府副秘书长、州政务服务中心主任潘正龙的陪同下，带领部分政协委员，了解我州政务服务中心建设运行情况。在座谈会上，委员们还就进一步改进服务质量、完善服务功能，强化制度执行、提高办事效率等方面提出对策建议：一要提高认识，加强领导，要高位推动；二是要对各服务窗口人员进行培训，提高整体素质。在考核上要细化，如制定服务反馈表，直接评分与本单位考核挂钩；三是建议加快建设政务服务管理局办公楼。

【重要文件】

常务委员会工作报告（2011年2月

21日)(摘要) 报告分两部分。

一、2010年工作回顾(一)围绕科学发展，为推动怒江经济社会跨越发展尽心尽力。拓展思路，政治协商内容更加深入。常委会围绕全州工作大局以及经济社会发展中的重大问题开展政治协商。一是通过全体会议的全面协商，解决政协工作的认识问题。二是通过常委会的专题协商，解决政协工作的衔接问题。三是通过专委会的对口协商，解决政协工作的疑难问题。政协专四是通过委员们的直接面商，解决政协工作的实效问题。关注民生，民主监督作用更加突出。常委会注重将民主监督贯穿于政协的各项工作之中，与视察和行业评议相结合，与反映社情民意相结合，有效推进民主监督工作。以主席班子的重点视察工作为抓手，对全州重大项目进行民主监督。以班子分工的专项视察工作为重点，对全州民生项目进行民主监督。以专门委员会的专题调研工作为依托，对全州社情民意进行民主监督。以委员的积极协商议政为载体，对全州行业作风进行民主监督。服务发展，参政议政成效更加显著。常委会牢固树立怒江必须科学发展、怒江更应该加快发展这个理念，积极参政议政和建言献策。全年组织各类视察、调研共45次，形成专题建议案10个，并专题召开协商座谈会，为编制怒江“十二五”规划纲要提出了100多条意见建议，赢得党委政府和有关部门的好评。参政议政上水平。常委会紧扣全州改革发展稳定中的重大问题，请州委政府点题、政协委员荐题、专委会选题、主席会议定题，重点选择了加快转变经济发展方式、加快推进生态文明建设、扩大对外开放水平等方面开展视察和调研，深入分析研究，认真撰写调研和视察报告。党委政府领导对政协调研、视察工作给予高度重视，作了具体批示和要求，督促相关部门认真落实。建言献策出效果。在认真开展调研和视察的同时，全方位进行了建言献策。通过社情民意收集，形成了一批高质量的良策建议、为党政领导科学决策、督促部门工作改进、推动民生落实，做了有益的工作。还认真组织相关部门召开专题协商座谈会，深入分析了“十二五”经济社会发展的机遇和优势，提出了很多针对性强的意见建议，力促与党政部门共议发展之策、共谋发展之道、共献发展之力、共绘“十二五”发展蓝图做了给力性的有效工作。提案办理有质量。常委会坚持把抓好提案工作作为促进发展、构建和谐社会的切入点，认真抓好提案的征集、审查和督办工作。九届六次会议以来，共收到提案122件，经各有关部门认真办理，办结回复率100%，提案办理质量不断提高，提案办理满意率上升，充分体现了政协委员的作用，扩大了提案工作的社会效应，提升了人民政协工作的社会影响。(二)加强自身建设，为促进社会和谐稳定尽职尽责。团结协作更加广泛。一是增进参加政协各团体的团结合作。坚持政协主席会议成员政协各参加单位联系制度，增进在共同政治基础上的团结合作。组织各参加单位、人民团体参加政协开展的调研、视察、座谈等活动，为他们知情、参政创造条件；鼓励和支持各参加单位、人民团体在政协会议上发表意见、提出建议，为他们建言议政畅通渠道、提供平台；注重吸纳新的社会阶层代表人士参加政协活动，扩大团结面，增强包容性。二是重视与各级政协的联系协作。积极配合省政协就我州贯彻落实《中共中央关于加强人民政协工作意见》《中共云南省委关于进一步加强人民政协工作实施意见》的检查；认真组织好省政协特聘艺术家赴怒江的采风活动，积极参加“祥和彩云南—云南省政协书画作品展览”活动，选送作品30件，获得一等奖1件，二等奖1件，三等奖5件，优秀奖6件，充分反映我州人文风情，展示我州发展成就；配合省政协在我州开展“充分发挥专委会基础作用”“进一步加强政协新闻宣传工作”“云南省少数民族传统体育保护与传承”等多项专题调研；积极参加各州（市）政协主席、秘书长、专委会主任联系会议和联谊会，交流新形势下加强政协工作的经验；成功举办云南省八自治州政协第二十二次横向联系会议，加强了与省内自治州政协之间的联系交流，广交了朋友，扩大了团结，推动了合作。排忧解难更加务实。常委会把关注民生、反映社情民意和化解社会矛盾作为履行职能、强化自身建设的重要工作。走进农村、走进基层、走进群众，倾听群众的呼声，反映群众的意愿，从多领域、多层次、多角度反映社情民意，真心实意地为群众排忧，尽职尽责地为党政解难。年内，共收集、处理有关教育公平、医疗卫生、房价稳定、社会保障、司法公证等群众关心、社会关注的社情民意信息200多条。这些社情民意和建议，引起了各级党政部门的关注和重视，多数建议州县领导作了批示和督促解决，有力推动了民生问题的解决。认真宣传贯彻党的民族，宗教政策，重视发挥民族宗教界委员作用，维护宗教团体合法权益，引导宗教与社会主义社会相适应，共同推动民主政治建设。全年共接待民族宗教人士咨询50多次，共处理社会各界来信、来访和诉求100多件次。站在怒江发展的大局，主动协调关系、尽心理顺情绪、努力化解矛盾，促进社会和谐。学习服务更加具体。常委会积极探索新时期政协工作的新思路、新方法。深入开展“学习型党组织建设”和“创先争优”活动，组织领导干部积极参与在线学习，不断提高政协机关的综合服务水平和统筹协调能力；积极为政协各参加单位、人民团体、界别和委员履行职责提供方便条件；重视扶贫联系工作，帮助贫困地区争取项目、争取资金，发动州政协机关干部职工捐款捐物和党员交纳特殊党费共6万多元；高度重视加强政协宣传工作，加强与新闻媒体的沟通联系，主动提供报道线索，共编写《怒江政协动态》30期，被《云南政协动态》采用了4条，《云南政协报》采用了63条，《怒江报》、怒江电视台和广播电台采用了50余条，扩大了政协的社会影响，为人民政协履职营造了良好的氛围。优势发挥更加突出。一是突出组织优势。扎实开展委员活动，积极组织常委和机关干部外出学习，及时向委员通报州委、州政府的中心工作任务、经济社会发展中的重大问题、社会关注的热点难点问题，尽力为委员纵向学习、横向联系和参政议政创造条件。全年共组织委员就地培训、视察500多人次，组织到省内外学习考察42人次。二是突出专业优势。注重利用政协委员知识面广、专业门类齐全的优势，组织专家、学者积极参加调查研究、委员视察、对口协商等经常性工作。有计划、有组织地收集、整理滞留于基层、散佚于民间的真知灼见，立足怒江实际，提出具有专业性、前瞻性的问题，供党委政府决策参考。三是突出联络优势。充分发挥政协联系面广的优势，做好对外交往工作，加强与省内外友好人士、民间友好组织的联系和往来；积极为怒江跨越发展的需要进行资金、技术、人才的引进工作，积极反映外来投资者的意愿和要求，为改善投资环境积极建言献策，为促进我州的对外开放和经济社会发展做了有益的工作。

二、2011年主要工作。（一）进一步贯彻落实省委政协工作会议精神，在新时期服从大局中再作贡献。（二）进一步推进科学履职，在团结和民主中发挥作用。（三）进一步推动跨越发展，在全州经济社会“调结构、转方式”中再创佳绩。（四）进一步关注民生问题，在“富民强州”的建设中促进和谐。（五）进一步强化自身建设，在发展大局的机遇期中有所作为。

九届七次会议决议（2011 年 2 月 25 日） 中国人民政治协商会议怒江傈僳族自治州第九届委员会第七次会议，于 2011 年 2 月 21～25 日在六库举行。会议听取和审议了《中国人民政治协商会议怒江傈僳族自治州第九届委员会常务委员会工作报告》《中国人民政治协商会议怒江傈僳族自治州第九届委员会常务委员会关于提案工作情况的报告》。与会委员列席了怒江傈僳族自治州第九届人民代表大会第七次会议，听取并协商讨论了《政府工作报告》、州中级人民法院工作报告、州人民检察院工作报告；协商讨论了《怒江州国民经济和社会发展第十二个五年规划纲要》、州国民经济和社会发展计划报告和地方财政报告。会议期间，中共怒江州委和州人民政府领导同志参加了分组讨论和界别协商会议，认真听取了委员们的发言，与工商联、无党派人士、各人民团体和各族各界代表人士协商交流，共谋怒江发展大计。全体委员以高度负责的精神，围绕全州经济社会发展中的重大问题积极建言献策。会议隆重热烈、民主务实，是一次统一思想、明确目标，凝聚人心、团结鼓劲的大会。

会议审议通过了刘泉主席代表政协怒江州第九届委员会常务委员会所作的工作报告和朱文勇常务副主席代表政协怒江州第九届委员会常务委员会所作的提案工作情况报告。

会议认为，过去的一年，是我州巩固和扩大应对国际金融危机冲击成果，积极抗大旱、保民生、促发展，加快转变经济发展方式，经济社会发展取得显著成效的一年。在中共怒江州委的领导下，常委会以邓小平理论和“三个代表”重要思想为指导，深入贯彻落实科学发展观，认真学习贯彻中共十七届四中、五中全会和中央经济工作会议精神，切实把促进怒江经济平稳较快发展作为履行职能的着力点，把促进民生改善作为开展工作的出发点，把促进社会和谐作为发挥优势的立足点，以奋发有为的精神状态和求真务实的工作作风，认真履行政治协商、民主监督、参政议政职能，充分发挥协调关系、汇聚力量、建言献策、服务大局的重要作用，为圆满完成我州“十一五”的各项任务，科学制定“十二五”规划，实现经济社会又好又快发展作出了重要贡献。

会议赞同侯新华州长代表州人民政府所作的《政府工作报告》，赞同滕鹏楚院长所作的《怒江傈僳族自治州中级人民法院工作报告》和周晓铭代检察长所作的《怒江傈僳族自治州人民检察院工作报告》，赞同《怒江州国民经济和社会发展第十二个五年规划纲要》《怒江州国民经济和社会发展计划报告》和《怒江州地方财政预算执行情况和地方财政预算报告》。

会议认为，过去的五年，是怒江历史上极不平凡的五年。面对发展基础薄弱、金融危机冲击、自然灾害频发、各种矛盾交织等诸多不利因素的制约和巨大挑战，州委、州政府深入贯彻落实科学发展观，坚持贯彻执行党中央、国务院和云南省委、省政府的决策部署，加快转变经济发展方式，团结带领全州各族干部群众，迎难而上，真抓实干，全州综合经济实力明显提升，经济结构调整取得新的进展，保障和改善民生力度持续加大，文化建设扎实推进，生态文明建设步伐明显加快，改革开放不断深化，民族团结、边疆安宁、社会和谐稳定的良好局面进一步巩固，胜利完成了“十一五”规划的各项目标任务。

会议指出，“十二五”时期是我州全面建设小康社会、实现怒江经济社会跨越发展的关键时期。《怒江州国民经济和社会发展第十二个五年规划纲要》符合科学发展要求，体现了中央、省委精神和怒江州情，反映了全州各族人民的根本利益和共同愿望，对于进一步统一全州各族干部群众的思想认识，凝心聚力推进“三基地、一品牌”发展目标和实现怒江“二次跨越”具有十分重要的意义。委员们对未来五年的发展充满期望，对胜利完成“十二五”期间的各项任务充满信心。

会议强调，2011年是实施“十二五”规划的开局之年，也是加快转变经济发展方式、推进怒江科学发展的重要一年。我们要深入贯彻落实科学发展观，认真学习贯彻中共十七届五中全会精神，按照州委六届八次全委会的决策部署，紧紧抓住桥头堡建设和中央深入实施西部大开发战略的重大机遇，牢牢把握政协工作的目标和方向，紧扣科学发展这一主题和加快转变经济发展方式这一主线，多建睿智之言，多献务实之策，全力服务于民生改善与和谐社会建设，更加重视政协自身建设，不断把人民政协事业推向前进。

会议号召，全州各级政协组织、政协各参加单位和广大政协委员，紧密团结在以胡锦涛同志为总书记的中共中央周围，以邓小平理论和“三个代表”重要思想为指导，深入贯彻落实科学发展观，在中共怒江州委的坚强领导下，立足新起点，实现新作为，同心同德，锐意进取，开拓创新，扎实工作，为促进富裕民主文明开放和谐生态怒江建设作出新的更大贡献。

刘泉主席在政协怒江州九届七次会议闭幕会上的讲话（2011年2月25日）（摘要） 各位委员，我们站在了“十二五”规划建设新的起点上，这是怒江继续打基础、加快调结构、转方式的重要时期，是加快推进怒江“二次跨越”战略的重点时期，是推动贫困地区向小康社会迈进的关键时期。面对着新的形势和任务，我们要自觉肩负起人民政协神圣的职责和光荣的使命，进一步强化政治意识、大局意识和团结意识，着眼于推动科学发展，着力于“十二五”战略目标的顺利实现，以更加坚定的信念、更加振奋的精神和更加扎实的工作，努力在科学发展上有新成效、在凝心聚力上有新作为、在协商监督上有新突破、在建言献策上有新提高。下面，我提三点要求。

一是发挥优势，更加坚决地维护核心。人民政协必须坚定不移地维护党的领导核心地位，这是人民政协的性质所决定，也是人民政协事业发展的根本保证。我们一定要认真学习和贯彻落实好州委六届八次会议和本次“两会”精神，用已经制定的目标任务来统一思想，用规划的宏伟蓝图来凝聚力量，不断筑牢参加政协的各团体、各族各界人士团结奋斗的思想基础，自觉维护党的领导核心地位，在党委总揽全局、协调各方的工作格局中明确职责、找准位置，与党委在思想上同心、工作上同步。要充分发挥自身优势，促进不同信仰、不同民族、不同界别群众在中共怒江州委的领导下，为推进怒江“二次跨越”而共同奋斗。

二是认真履职，更加自觉地服务中心。“十二五”时期，是怒江步入经济社会快速发展、推进“二次跨越”的关键时期。我们要继续紧紧围绕州委、州政府的中心工作，牢牢抓住科学发展这一主题，突出加快转变经济发展方式这一主线，切实把开展工作的立足点放在推进我州“十二五”发展目标的实现上，把议政建言的重点放在促进事关发展全局的重大问题的解决上，把协商监督的着力点放在推动“十二五”规划提出的主要任务和重大举措的落实上。充分发挥人民政协的优势，既立足当前，积极开展调查研究、建言献策，为推动党委政府的中心工作献计出力；又着眼长远，超前研究分析，多建睿智之言、多献务实之策，更加有效地服务全州工作大局、服务科学发展。

三是加强团结，更加有效地凝聚人心。按照新时期、新任务要求，坚持人民政协为人民，把实现、维护、发展好人民根本利益作为政协工作的出发点和落脚点，自觉站在最广大人民群众的立场上说话办事，高度关注群众最直接最现实的利益问题，多建反映民情的真言，多献改善民生的良策，多办顺应民意的实事，尽心尽力协助党委和政府做好新形势下的群众工作。进一步把增进团结、维护稳定放在政协工作的突出位置，充分发挥人民政协广泛代表性和巨大包容性的优势，努力把参加政协的各党派团体、各族各界人士的思想认识统一到州委的决策部署上来，把大家的智慧力量凝聚到“十二五”的发展蓝图上来，万众一心、团结一致开创我州科学发展新局面。

【组织概况】

研究室、专门委员会主任任命名单（2011 年 1 月 26 日州政协九届二十四次常委会议通过）

杨向群　任研究室主任

丁秀花　任环境与资源委员会主任

委员增补名单（2011 年 1 月 26 日州政协九届二十四次常委会议通过）

伍华三

撤销委员资格名单（2011 年 1 月 26 日州政协九届二十四次常委会议通过）

王生文

撤销委员资格名单（2011 年 12 月 18 日州政协九届二十八次常委会议通过）

王江平

【机构概况】

怒江州政协机关现设有处级机构 8 个，即办公室，研究室，提案委员会、经济委员会、教科文卫体委员会、民族和宗教委员会、文史委员会、资源环境委员会。办公室下设 4 个科级机构，即：秘书科、行政科、信访老干科、信息和委员联络科。2011 年 5 月，科室调整更名后，办公室下设 5 个科级机构即：综合科（原秘书科）、行政科、信访老干科、委员联络科、信息科。

【怒江州、县政协领导人名单】

怒江州

主　席

刘　泉

副主席

朱文勇　彭兆清　茶超鸥　杨菊昌　熊光藩　木志英（女）

秘书长

和相全

县政协主席

泸水县　陈江华

兰坪县　和玉根

福贡县　娜阿塔（女）

贡山县　李友祥

怒江州各级政协委员和组织数

（截至2011年底）

<table>
<tr><th colspan="2">项　目
州(市)县</th><th colspan="2">委员数</th><th>组织数</th></tr>
<tr><td colspan="2">怒江州</td><td colspan="2">256</td><td>1</td></tr>
<tr><td rowspan="4">各县区市</td><td>泸水县</td><td>139</td><td rowspan="4">497</td><td rowspan="4">4</td></tr>
<tr><td>兰坪县</td><td>149</td></tr>
<tr><td>福贡县</td><td>106</td></tr>
<tr><td>贡山县</td><td>103</td></tr>
<tr><td colspan="2">合　计</td><td colspan="2">753</td><td>5</td></tr>
</table>

（编写：高艳飞　审稿：和相全）

政协迪庆藏族自治州委员会

【全体委员会议】

十届六次会议 2011年2月21～25日在香格里拉举行。应出席委员211名，实到156名。州政协主席马向东主持开幕大会。副主席阿青、和根合、设孜·丹增确佩、杨文祥、肖托丁、崩主·鲁茸云丹，秘书长李力能出席会议。会议听取并审议了肖托丁副主席代表政协迪庆州第十届委员会常务委员会所作的常务委员会工作报告，阿青副主席代表政协迪庆州第十届委员会常务委员会所作的提案工作报告；列席了州十一届人大七次会议，听取并协商讨论州政府工作报告及计划报告、财政报告；协商讨论了州中级人民法院工作报告和州人民检察院工作报告；审议并通过了州政协十届六次会议决议。大会共收到提案38件，经审查立案36件。在闭幕大会上，州政协主席马向东作了讲话。州委书记张登亮，州委副书记、州人民政府州长黄政红等州委、州人大常委会、州人民政府领导及驻迪部队和州政协副厅以上离退休领导出席了开幕式和闭幕式。州各主要部委办局负责人和在迪的十届省政协委员列席了会议。

【常务委员会会议】

第18次会议 1月19日召开。应到33人，实到27人。州政协副主席阿青主持会议，州政协副主席和根合、肖托丁、杨文祥，秘书长李力能出席会议。会议听取了中共迪庆州委办公室关于督办党群政法系统办理州政协十届五次会议以来提案的情况通报以及迪庆州人民政府关于州政协十届五次会议以来提案办理情况的通报；审议通过了《常务委员会工作报告（草案）》《提案工作情况的报告（草案）》，讨论了召开政协迪庆藏族自治州第十届委员会第六次会议的相关事宜。

第19次会议 8月7日召开。应到33人，实到28人，州政协副主席阿青主持会议，州政协副主席和根合、杨文祥、布主·鲁茸云丹、肖托丁，秘书长李力能出席会议。会议学习了胡锦涛总书记在庆祝中国共产党成立90周年大会上的讲话；听取了迪庆州人民政府上半年经济运行情况的通报；审议通过了《关于撤销邱正忠政协迪庆州第十届委员会委员资格的决定》和《关于撤销余德全政协迪庆州第十届委员会委员资格的决定》；审定了《关于香格里拉县城镇化建设重点项目建设情况的调查报告》和《关于全州农业水利建设情况的调查报告》；并在会上征求对《迪庆州第七次党代会工作报告》的意见。

第20次会议 11月28日召开。应到33人，实到26人，州政协副主席阿青主持会议，州政协副主席和根合、设孜·丹增确佩、杨文祥、肖托丁，秘书长李力能出席会议。会议征求了拟在十一届一次会议作的《常务委员会工作报告（草案）》和《提案工作情况的报告（草案）》的修改意见；审议通过了《关于对香德、德维塔二级公路建设情况的视察报告》。

第21次会议 12月30～31日召开。应到33人，实到29人，州政协副主席阿青主持会议，州政协副主席和根合、设孜·丹增确佩、杨文祥、布主·鲁茸云丹、肖托丁，秘书长李力能出席会议。会议听取了中共迪庆州委办公室关于督办党群政法系统办理州政协十届六次会议以来提案的情况通报和州人民政府关于州政协十届六次会议以来提案办理情况的通报；协商讨论《政府工作报告（草案）》；审议通过了《常务委员会工作报告（草案）》和《提案工作情况的报告（草案）》，讨论通过了关于召开十一届一次会议的相关事宜。

【专门委员会工作】

提案法制委员会 一是加强提案工作，通过严格提案审查制度，把好立案质量关；抓住关键环节，努力提高提案质量；坚持“两会”制度，努力促进提案办理落实；加强提案跟踪督办，增强提案落实效果；主动协调联系，增强提案工作的宣传力度等有效手段，提案质量、提案办理质量、提案服务质量都得到了提高。一年来，共收到以提案形式的意见建议38件，经审查立案36件，立案率为94.7%。委员对提案办理情况满意的35件，占97.22%；二是参加5月29日至6月1日在文山召开的云南省政协第二十次提案工作座谈会暨提案工作研讨会，进行了以《认真贯彻提案工作条例 切实提高提案督办方法》为题的交流发言；三是征集到《调研迪庆民族区域自治与立法演绎的地方法治》等六篇论文，于8月19～21日参加了省政协第四届民生论坛会议，得到了省政协社会法制委员会的充分肯定；四是积极配合和协助省政协提案委完成在我州提案工作调研任务。配合协助省政协视察组对迪庆生态文化、旅游文化及其产业发展情况的视察调研工作；五是2011年10月18～26日，组织全州政协提案委负责人到保山、怒江、大理和丽江考察学习提案工作先进经验；六是认真完成常委会和上级交办的抽调人员参加“千名干部进村入户促进步”活动等工作任务。

经济委员会 一是于2011年6月10日至7月30日对全州农业水利建设情况进行调研，并形成调研报告；二是积极参加各类学习培训、公务员招考录用的监督工作以及“千名干部进村入户促进步”等各项工作。

教科文卫体与人资环委员会 一是于6月中旬至6月底组织开展了《关于香格里拉县城镇化建设重点项目建设情况的调研》活动，并形成调研报告；二是积极协助省政协人口资源环境委员会《关于对云南省国家公园建设与管理、滇金丝猴种群繁衍及保护情况》进行了视察；三是于2011年5月至11月先后组织、协调有关部门协助省政协专委会开展了4次调研活动；四是积极完成其他日常工作。

民族宗教委员会 一是参加省政协民宗委关于和谐宗教建设研讨会，形成两份研讨材料上报省政协民族和宗教委员会；二是召开各族各界人士座谈会，以走访形式与各族各界委员沟通交流，真正让界别委员知政议政；三是加强同州、县相关部门的联系，并做好联络联谊等机关安排的各项工作。

文史委员会 一是通过分发、赠送共发送了1300多册第八辑文史资料，引起了较好的社会反响；二是开始十届政协资料的征编工作；三是认真完成机关和办公室安排的全州公务员招考监督以及接待、培训等工作任务。

【重要活动】

开展“千名干部进村入户促进步活动” 3～4月，州政协根据中共迪庆州委的安排部署，共抽调了3位副主席、2名处级干部和1名工作人员参加了为期40天的“千名干部进村入户促进步”活动。其间，各工作组深入到各乡镇、村、组向各族群众宣传中央、省委和州委的强农惠农政策，深入开展以“三建三带三创”为主要内容的基层党组织建设，为农村出思路谋发展，努力推进各族人民和睦相处、和衷共济，和谐发展的良好局面，为全州社会稳定作出了重要贡献。

配合州委召开政协工作会议 4～5月，为配合州委筹备会议，常委会抽出2位副主席和3名处级干部、1名科级干部分别跟随州委领导到香格里拉县、德钦县和维西县开展州委政协工作会议会前专题调研工作，代州委起草了《中共迪庆州委关于支持人民政协履行职能发挥作用的意见（草案）》，确保州委政协工作会议的顺利召开。

开展调研视察 一是组织了对全州农业水利建设情况、香格里拉县城镇化建设重点项目建设情况的调研，形成了一批具有务实精神和负责态度的调研报告，为州委、州人民政府科学决策提供了依据。配合省政协认真完成了对边疆民族县科技发展现状、加强生态建设和保护、贯彻落实中央1号文件精神、迪庆州传统饮食发展情况的调研活动，提出了许多具有参考价值的意见建议。二是组织部分省州政协委员重点视察了香德、德维塔二级公路建设情况，对存在的问题和困难向州人民政府提出了意见和建议；三是组织州政协机关全体干部职工分两批分别到东三省和沿海省市考察学习，组织全州政协提案委负责人到保山、怒江、大理和丽江考察学习提案工作先进经验。

做好扶贫联谊工作 一是心系扶贫点。2011年，州政协为扶贫挂钩点争取了人马钢架桥和乡村硬化路面项目，总投资480多万元。解决党员生活困难户和群众贫困户资金9500元；二是加强对外联谊工作。参加了云南省八自治州政协第二十三次横向联系会议、省政协经济委组织召开的工作联系会、云南省政协第二十次提案工作座谈会暨提案工作研讨会、省政协第四届民生论坛会议、全省政协系统秘书长、办公室主任联系会议、“云南省八州政协文史资料横向联系第五次会议”等省政协和兄弟州市政协组织的会议活动。三是做好接待工作。2011年全年共接待全国政协和各省市区以及省内州市政协来迪庆参观考察指导工作的代表团312批，2800余人。

【重要文件】

常务委员会工作报告（2011年2月21日）（摘要） 报告分为两部分。

一、2010年工作回顾。2010年，是我州加快转变经济发展方式，经济社会继续保持平稳较快发展的一年。一年来，在中共迪庆州委的领导下，常委会以邓小平理论和“三个代表”重要思想为指导，用科学发展观统领政协工作，深入学习贯彻中共十七届四中、五中全会和中共迪庆州委六届八次、九次全会精神，坚持团结和民主两大主题，紧紧围绕建设“示范区”战略目标，把推动经济社会平稳较快发展作为履行职能的首要任务，把促进民生改善作为开展工作的着力点，以奋发有为的精神状态和求真务实的工作作风，认真履行政治协商、民主监督、参政议政职能，为圆满完成我州“十一五”的各项任务，科学制定“十二五”发展目标，实现经济社会又好又快发展作出了重要贡献。（一）发挥政协优势，为保持经济平稳较快发展献计出力常委会牢牢把握我州推动科学发展的新要求，紧紧抓住关系迪庆经济社会发展大局的重要问题开展协商议政活动，努力为促进我州加快发展、科学发展贡献智慧和力量。调研建言助推发展。按照高起点谋事、高水平建言、高质量献策的要求，政协选择党政部门关注、人民群众关心和经济社会发展重大问题，深入开展调查研究，积极建言献策。先后组织政协委员就迪庆州旅游产业发展情况、迪庆州非公有制经济发展现状及人力资源培训需求情况、迪庆州开展第三次全国文物普查工作情况和香格里拉县城市公共交通运行管理情况等工作进行了专题调研，撰写了有情况、有分析、有建议的调研报告，提出25条意见和建议，为州委、州人民政府科学决策提供了参考依据。如对香格里拉县城市公共交通运行情况，调研组反复咨询探讨，积极建言，努力做到发现问题准确真实、有理有据，建议切实可行，从而增强了建言献策的科学性、针对性和可行性，收到了显著的效果。视察献策促进发展。坚持把开展视察活动作为履行职能的重要载体，由州政协主席带队，省州县三级政协委员联合视察了开发区工业经济运行情况。通过深入实际察看了解，充分肯定工作成绩，指出存在问题，提出了“抢抓机遇，积极争取和对接好发展工业经济的各种项目、资金；加大招商引资力度，实施大企业带动战略；加快推进技术创新，促进产业结构优化；进一步集约利用土地资源；建立完善促进工业经济发展激励机制；优化工业经济人才使用机制”等建议，得到了州委、州人民政府的重视和采纳，促进了相关的工作落实。专题协商谋划发展。为科学制定我州“十二五”规划，州政协常委会充分发挥政协人才荟萃、智力密集优势，及时组织委员围绕制定“十二五”规划座谈研讨，献计献策。广大政协委员结合迪庆发展实际，围绕农业产业化、新型工业化、城镇化、教育现代化、社会主义新农村建设、发展香格里拉旅游产业、加大基础设施建设等“十二五”时期重大问题提出了意见和建议，受到有关部门的重视。在十届政协第十六次常委会议上，听取了州人民政府关于2010年上半年经济运行情况的通报，与会常委就我州经济运行中的一些问题及时向州人民政府提出了意见和建议。州政协十届五次全委会议期间，委员们在认真听取《政府工作报告》、“两院”工作报告及其他报告的基础上，本着认真负责的态度，围绕政府工作报告及全州经济社会发展的重大问题，与党政领导、部门负责同志直面交流，建言献策，受到了州委、州人民政府的高度重视，充分体现了人民政协在全州政治生活中的重要作用。（二）切实关注民生，努力促进和谐社会建设。常委会始终把关注和改善民生作为履行职能的出发点和落脚点，积极协助党委政府解决人民群众生产生活中的实际困难，为民生改善和社会和谐稳定作出了贡献。增强提案工作实效。州政协十届五次会议以来，共收到提案材料65件，经审查立案65件，截至2010年11月，全部提案已书面办复完毕。常委会切实把提案工作作为全局性的重要工作来部署和推进，提案质量和服务水平进一步提高，办理实效进一步增强。如《清理整治农村生活生产垃圾，搞好农村的环境卫生》的重点提案，得到了州人民政府的高度重视，有力推进了我州的农村环境卫生整治工作。在十届五次全会期间召开了全州优秀提案表彰会，共表彰了十届一次会议以来的优秀提案33件、先进承办单位36个、先进承办工作者6人和先进提案工作者5人，加大了对提案工作的宣传力度，进一步扩大了提案工作的社会影响。努力促进团结和谐。坚持把发扬民主、增进团结、协调关系、化解矛盾作为履行职能的重要着力点，积极推动各人民团体和各族各界人士的大团结大联合。认真贯彻党的民族、宗教政策，围绕加快少数民族地区经济社会发展、加强宗教管理等问题，积极参与省政协组织的加快民族地区“十二五”规划专题调研，组织召开了《云南省迪庆藏族自治州民族团结进步条例》颁布实施座谈会，邀请各族各界人士畅谈促进民族团结进步的重要意义，为巩固民族团结进步和保持社会持续稳定建言献策。始终坚持党的领导，州政协班子成员积极参加了“千名干部进村入户促进民族团结进步”活动，先后有四名厅级领导干部按照州委的安排部署，深入到全州相关乡镇，积极排查各种矛盾隐患，引导宗教与社会主义社会相适应，为维护我州社会和谐稳定作出了重要贡献。第六届康巴艺术节暨迪庆州民族团结节筹备期间，州政协机关有7位领导干部参与了筹备工作，分别承担了综合协调保障等具体工作，为成功举办第六届康巴艺术节暨迪庆州民族团结节作出了积极贡献。关注不同阶层的利益诉求，通过政协例会、座谈会、举办新年茶话会和来信来访等渠道，广泛了解和反映人民群众的意愿和要求，协调各种关系，营造团结和谐氛围。切实维护群众利益。发挥政协委员联系广泛的优势，动员委员深入基层，深入群众，体察民意，为构建和谐社会献计出力。积极协助州委、州人民政府为群众办实事、求实效，组织委员通过各种渠道为群众办好事、解难题。我省特大旱灾期间和青海玉树地震后，州政协委员和州政协机关干部职工在第一时间捐款捐物，支持抗旱和抗震救灾。同时，为认真做好扶贫点帮扶工作，州政协办公室在深入扶贫点开展调查研究，与扶贫点党支部和党员建立结对帮扶的基础上，为扶贫挂钩点协调争取了“游牧民安居工程”项目，有效改善了扶贫点村容村貌。（三）激发工作活力，不断增强履行职能的实效。常委会突出政协工作的广泛参与性，坚持发挥各方面的作用，切实调动政协各参加单位的主动性和创造性，推动各项工作取得新的成效。重视发挥整体优势。努力为工商联和各人民团体、各界人士参政议政搭建平台、创造条件，不断拓展工商联和有关人民团体参与政协工作的广度和深度，积极支持工商联和各人民团体与州政协办公室、专门委员会开展联合调研活动。进一步发挥专门委员会在政协履行职能中的基础性作用，积极探索专门委员会开展工作的新思路、新途径，不断增强专门委员会工作的活力和成效。按照常委会的要求，各专门委员会把调研视察作为履行职能的重点工作，结合各自的特点和优势，组织了4次专题调研视察活动，形成调研视察报告4份。同时，围绕全面履职的要求，各专门委员会还开展了多种形式的协商活动，对全州经济、科技、法制、教育、文化、卫生、民族、宗教等方面的一些重点问题进行了对口协商。精心编撰文史资料。文史资料工作是人民政协工作的重要组成部分，具有鲜明的政协特色和统战特色。按照政协常委会年初的工作部署，精心编撰出版了《迪庆文史资料》第八辑，全书共收录了38篇资料，约32万字，从不同角度反映历史事件和历史人物，具有较高的史料价值和收藏价值，受到了广大政协委员以及社会各界读者的肯定。积极加强联系协作。努力争取省政协支持和指导，精心组织驻迪省政协委员开展活动，认真配合省政协赴迪视察调研，拓宽了反映迪庆经济社会发展情况的渠道。积极参与省政协和其他州市政协组织的会议活动，加强了与省内州市政协之间的交流合作，全年共接待了全国各地政协系统考察团队135批，共2680多人次。加强与基层政协的联系和指导，州政协办公室与县政协开展联合调研，组织县政协专委会工作人员外出学习考察，积极向省政协和州委、州人民政府反映基层政协工作中的实际困难和问题，帮助基层政协改善工作条件，密切了我州各级政协组织的联系和交流，提高了全州政协工作的整体合力和实效。

（四）坚持学习创新，努力提高工作能力和水平。常委会按照中共中央、中共云南省委和中共迪庆州委关于加强人民政协工作的新要求，着眼于人民政协事业的长远发展，不断夯实履职基础，推动政协工作不断向前发展。抓理论武装，提高思想认识。坚持把学习科学理论摆在突出位置，着力丰富学习内容和方式，通过常委会议专题学习、中心组学习和专题报告会等形式，有计划、分层次、多形式地组织学习。一年来，结合开展创先争优和创建学习型党组织活动，重点学习了胡锦涛总书记在庆祝人民政协成立60周年大会上的重要讲话和省委政协工作会议精神，进一步提高理论水平，不断加深对人民政协工作性质、任务、作用和职能的把握，深化了对政协工作重要性的认识，切实增强了做好政协工作的责任感和使命感。抓制度建设，推动工作创新。坚持以制度建设为抓手，以工作创新为动力，不断提高政协工作的科学化水平。结合贯彻落实《中共中央关于加强人民政协工作的意见》和《中共云南省委关于支持人民政协履行职能发挥作用的意见》的要求，按照州委的统一部署，对全州贯彻落实中央和省委文件精神情况进行了广泛深入调研，在充分吸纳十届以来州政协机关“三化”建设经验的基础上，从切实加强党对人民政协工作的领导等六个方面向中共迪庆州委提出了《关于支持人民政协履行职能发挥作用的实施意见》建议草案。抓机关建设，提高服务水平。在机关党员中开展了创先争优活动，以创建“五个好”基层党组织和争做“五带头”党员为主要内容，以党风廉政建设为抓手，以创建平安文明单位为目标，从政协机关工作的实际出发，改进工作，务实创新，形成了团结奋进、风清气正的工作氛围，机关的服务意识、工作效率、保障水平和综治能力进一步提高。2010年，州政协机关被全国总工会命名为“模范职工之家”，州政协办公室被中共迪庆州委表彰为“民族团结进步先进单位”，有8位机关干部职工在“千促”和“两节”结束后受到了州委、州人民政府的表彰。进一步加强干部队伍建设，全年共组织选派了12名干部参加了各种学习培训，干部思想理论素养与工作能力明显提高。重视加强老干部工作，制定出台了《州政协机关老干部管理办法》，在政治上尊重老干部，在生活上关心老干部，保障了老干部政治、生活待遇的落实。

二、2011年的主要任务。（一）加强理论武装，在服务大局上更加有为。（二）紧扣加快经济发展方式转变，在履职献策上更加有为。（三）始终高度关注民情民生，在凝心聚力上更加有为。（四）重视政协自身建设，在创先争优上更加有为。（五）扎实做好州政协十一届一次会议筹备工作，在夯实基础上更加有为。

十届六次会议决议（2011年2月25日） 中国人民政治协商会议迪庆藏族自治州第十届委员会第六次会议，于2011年2月21～25日在香格里拉县城举行。会议听取和审议了《中国人民政治协商会议迪庆藏族自治州第十届委员会常务委员会工作报告》《中国人民政治协商会议迪庆藏族自治州第十届委员会常务委员会关于提案工作情况的报告》。与会委员列席了迪庆州第十一届人民代表大会第七次会议，听取并协商讨论了《政府工作报告》《迪庆州国民经济和社会发展第十二个五年规划纲要（草案）》《迪庆藏族自治州中级人民法院工作报告》《迪庆藏族自治州人民检察院工作报告》及其他有关报告。会议期间，中共迪庆州委和州人民政府领导同志出席了大会开、闭幕会，参加了分组讨论，与各族各界代表人士协商交流，共谋迪庆发展大计。全体委员以高度负责的精神，围绕全州经济社会发展中的重大问题积极建言献策。会议团结、民主、务实，是一次统一认识、明确目标、凝聚人心的大会。

会议审议通过了肖托丁副主席代表政协迪庆藏族自治州第十届委员会常务委员会所作的工作报告和阿青副主席代表政协迪庆藏族自治州第十届委员会常务委员会所作的关于提案工作情况的报告。

会议认为，2010 年，是加快转变经济发展方式，经济社会继续保持平稳较快发展的一年。一年来，在中共迪庆州委的领导下，政协迪庆藏族自治州第十届委员会常务委员会以邓小平理论和“三个代表”重要思想为指导，用科学发展观统领政协工作，深入学习贯彻中共十七届四中、五中全会和中共迪庆州委六届八次、九次全会精神，坚持团结和民主两大主题，紧紧围绕建设“示范区”战略目标，把推动经济社会平稳较快发展作为履行职能的首要任务，把促进民生改善作为开展工作的着力点，以奋发有为的精神状态和求真务实的工作作风，认真履行政治协商、民主监督、参政议政职能，为圆满完成“十一五”的各项任务，科学制定“十二五”发展目标，实现经济社会又好又快发展作出了重要贡献。

会议一致赞同州人民政府州长黄政红所作的《政府工作报告》，赞同《迪庆藏族自治州中级人民法院工作报告》和《迪庆藏族自治州人民检察院工作报告》。

会议强调，2011 年是建党九十周年，是实施“十二五”规划的开局之年，做好 2011 年的各项工作，对保持全州经济社会又好又快发展，实现“十二五”良好开局具有十分重要的意义。全州各级政协要高举中国特色社会主义伟大旗帜，以邓小平理论和“三个代表”重要思想为指导，深入贯彻落实科学发展观，认真贯彻中共中央、中共云南省委和中共迪庆州委重要会议精神，以理论武装为先导，以促进经济发展方式转变为中心，以团结民主为主题，以创先争优为抓手，以奋发向上、大有作为的精神状态，认真履行政协职能，总结提炼实践经验，为完成州委六届十次全会提出的各项目标任务作出积极贡献。

会议号召，全州各级政协组织、政协各参加单位和广大政协委员，更加紧密地团结在以胡锦涛同志为总书记的中共中央周围，在中共迪庆州委的坚强领导下，发扬民主，增进团结，致力发展，关注民生，开拓创新，真抓实干，以优异成绩迎接中国共产党成立 90 周年，为把迪庆建设成为全国藏区跨越发展和长治久安示范区，谱写迪庆政协事业发展新篇章作出新的更大贡献。

马向东主席在州政协十届六次会议闭幕会上的讲话（2011 年 2 月 25 日）(摘要) 刚刚过去的“十一五”，是极不平凡的五年。在以胡锦涛同志为总书记的党中央正确领导下，中共迪庆州委团结带领全州各族干部群众，深入贯彻落实科学发展观，改革创新、扎实工作，努力应对各种新情况和新问题，开创了全州科学发展的新局面，增强了迪庆经济社会发展的新优势，为“十二五”乃至更长一个时期加快发展奠定了坚实的基础。“十一五”期间，州政协自觉服务迪庆改革发展稳定的大局，广泛团结广大政协委员和各族各界人士，抓住关系迪庆经济社会发展的重大问题开展协商议政，围绕群众关心的热点难点问题进行调研视察，努力推动科学发展、促进社会和谐，人民政协事业不断开创出新局面。

在接下来的工作中，我们要在中共迪庆州委的领导下，按照十届六次会议决议的要求，自觉肩负起人民政协神圣的职责和光荣的使命，进一步强化政治意识、大局意识和服务意识，着眼于推动科学发展，着力于“十二五”战略目标的顺利实现，以更加坚定的信念、更加振奋的精神和更加扎实的工作，努力在促进发展上有新成效、在凝心聚力上有新作为、在协商监督上有新突破、在建言献策上有新提高，在不断推进全国藏区跨越发展和长治久安示范区建设的伟大实践中，创造新业绩、作出新贡献。

一要坚决维护核心，高举伟大旗帜不动摇；二要紧紧围绕中心，推动科学发展不折腾；三要努力顺应民心，促进和谐稳定不懈怠；四要积极凝聚人心，夯实履职基础不放松。

州政协过去五年的工作已经融入迪庆“十一五”的辉煌成就之中，人民政协事业更加美好的前景正等待着我们去创造。我们要牢记人民的期望和社会的重托，充分认识肩负的责任，主动适应形势任务的新变化、顺应经济社会发展的新要求、回应人民群众的新期盼，进一步加强学习、注重实践，不断提高政治把握能力、参政议政能力、合作共事能力，深入实际、走向基层，带着感情去倾听群众的呼声，带着责任去关心群众的疾苦，珍惜政治荣誉，热爱政协工作，胸怀全局，立足本职，努力推动科学发展、促进社会和谐，积极为人民政协事业贡献智慧和力量。

【机构概况】

设办公室、提案法制委员会、科教文卫体与人资环委员会、民族宗教委员会、文史委员会。

【迪庆州、县政协领导人名单】

迪庆州

主　席

马向东

副主席

阿　青　和根合　设孜·丹增确佩

杨文祥　肖托丁　崩主·鲁茸云丹

秘书长

李力能

县政协主席

香格里拉县　汪国忠

德钦县　培　初

维西傈僳族自治县　朱孟光

迪庆州各级政协委员和组织数

（截至2011年底）

州(市)县 \ 项目		委员数		组织数
迪庆州		211		1
各县区市	香格里拉县	177	403	3
	维西县	145		
	德钦县	81		
合　计		614		4

（执笔人：田凤仙　审稿：和根合）

政 协 临 沧 市 委 员 会

【全体委员会议】

二届三次会议 1月12～16日在临翔召开。大会应到委员348名，实到313名。市政协副主席杨老三主持开幕会，市政协主席李建昌，副主席杨仕俊、曾廷菊、陈新、龚国富、杨鹏飞，秘书长林俊出席会议。会议听取和审议了《政协临沧市第二届委员会常务委员会工作报告》《政协临沧市第二届委员会常务委员会关于二届二次会议以来提案工作情况的报告》；听取了市人民政府《关于政协临沧市二届二次会议以来政协委员提案办理情况的说明》；列席了临沧市第二届人民代表大会第四次会议，听取并协商讨论了《政府工作报告》《临沧市中级人民法院工作报告》和《临沧市人民检察院工作报告》及其他有关报告。会议审议通过了《政协临沧市第二届委员会第三次会议决议》《政协临沧市第二届委员会第三次会议关于政协临沧市第二届委员会常务委员会工作报告的决议》《政协临沧市第二届委员会第三次会议关于政协临沧市第二届委员会常务委员会提案工作报告的决议》《政协临沧市第二届委员会关于二届三次会议提案审查情况的报告》。市人民政府副市长张中义在会议上作了《关于政协临沧市二届二次会议以来政协委员提案办理情况的说明》，市政协主席李建昌在闭幕会上讲话。二届三次会议以来收到提案137件，经提案委员会审查立案102件。会议期间，市委书记杨洪波，市委副书记、市长锁飞等市委、市人大、市政府领导和市直有关部门的负责人到会，听取委员对“十二五“规划”、《政府工作报告》和“两院”报告的协商意见建议。

【常务委员会会议】

第9次会议 1月15日在临翔召开。应到会53人，实到会47人。会议由李建昌主席主持，副主席杨老三、杨仕俊、曾廷菊、陈新、龚国富、杨鹏飞、秘书长林俊出席会议。会议审议和通过了《政协临沧市第二届委员会常务委员会第九次会议议程》（草案）、《政协临沧市第二届委员会常务委员会工作报告决议》（草案）、《政协临沧市第二届委员会常务委员会关于市政协二届二次会议以来提案工作情况报告决议》（草案）、《政协临沧市第二届委员会第三次会议决议》（草案），决定了本次全会立案提案；审议了《政协临沧市第二届委员会关于市政协二届三次会议提案审查情况报告》（草案）。市政协副秘书长、办公室主任，各委室主任、副主任，政协参加单位及市政协机关非市政协常委的副处级以上领导列席会议。

第10次会议 5月6日在临翔召开。应到会53人，实到会44人。李建昌主席主持会议并讲话，副主席杨老三、杨仕俊、曾廷菊、陈新、龚国富、杨鹏飞、秘书长林俊出席会议。会议传达了省政协十届十四次常委会议精神；审议通过了《政协临沧市委员会关于全市新家园行动计划旧村旧房改造工程实施情况视察报告》，听取市新农办《全市新家园行动计划旧村旧房改造工程实施情况汇报》。市新农办、市政协参加单位及市政协机关非市政协常委的副处级以上领导列席会议。

第11次会议 8月3～4日在临翔召开。市政协主席李建昌主持会议并讲话。副主席杨老三、杨仕俊、曾廷菊、陈新、龚国富、杨鹏飞出席会议。会议传达学习了省政协十届十五次常委会议精神；听取和审议了《政协临沧市委员会关于对全市蔗糖产业发展情况调研报告》《政协临沧市委员会关于对全市规模以上工业企业销售收入达100亿元情况视察报告》《政协临沧市委员会关于对全市就业和保障性住房建设情况调研报告》《政协临沧市委员会关于全市上半年国民经济运行情况调研报告》；听取市人民政府《2011 年上半年经济运行情况和“三个一百”及财政工作目标任务落实情况通报》；会议通过了相关人事事项（接受林俊同志要求辞去政协临沧市委员会秘书长职务的请求；接受肖云强同志要求辞去政协临沧市委员会副秘书长职务的请求）；省政协常委文史委主任傅仕敏到会作了题为《新时期如何发挥基层政协作用》的专题讲座。市政府副市长李华松应邀参加会议

第 12 次会议　10 月 31 日至 11 月 1 日在临翔召开。市政协主席李建昌主持会议并讲话。副主席杨老三、杨仕俊、曾廷菊、陈新、龚国富、杨鹏飞出席会议。会议学习了中共十七届六中全会精神；听取和审议了《政协临沧市第二届委员会常务委员会第十二次会议议程》《政协临沧市委员会关于民主评议市国土资源局工作情况的报告》《政协临沧市委员会关于民主评议市住房和城乡建设局工作情况的报告》《政协临沧市委员会关于民主评议市质量技术监督局工作情况的报告》《政协临沧市委员会关于巩固提升蔗糖产业发展的调研报告》《中国人民政治协商会议临沧市委员会提案工作条例》《2011 年全市保障性住房督查报告》；通过了相关人事事项（杨章贵同志任提案委员会副主任，杨宝凤同志任三胞和外事委员会副主任）。

第 13 次会议　12 月 27 ~ 28 日在临翔召开。市政协主席李建昌主持会议并讲话。副主席杨老三、杨仕俊、曾廷菊、陈新、龚国富、杨鹏飞出席会议。会议传达学习了省政协常委会第十六次会议精神（书面）；审议通过《政协临沧市第二届委员会常务委员会第十三次会议议程》《政协临沧市第二届委员会常务委员会工作报告》（草案）、《政协临沧市第二届委员会常务委员会关于政协二届三次会议以来提案工作情况的报告》（草案）、《政协临沧市第二届委员会常务委员会 2012 年工作要点》（草案）、《政协临沧市第二届委员会第四次会议人员分组名单》（草案）、《政协临沧市第二届委员会第四次会议议程》（草案、《政协临沧市第二届委员会第四次会议日程》（草案）、《政协临沧市第二届委员会常务委员会工作报告》报告人建议名单（草案）、《政协临沧市第二届委员会常务委员会关于政协二届三次会议以来提案工作情况的报告》报告人建议名单（草案）、《政协临沧市第二届委员会第四次会议大会秘书长、副秘书长建议名单》（草案）、《政协临沧市第二届委员会第四次会议提案截止时间》（草案）、《政协临沧市第二届委员会第四次会议邀请人员、列席人员范围》（草案）、《关于授权主席会议审定政协临沧市第二届委员会常务委员会第十三次会议未尽事宜的决定》（草案）；市政协办公室、研究室、各专门委员会报告 2011 年工作（书面）；通过有关人事事项。

【专门委员会工作】

提案委员会　一、切实抓好提案征集、审查立案、交办工作。一是认真把好提案入口关。二是严把提案审查立案关。三是及时交办提案。对立案的 104 件提案，及时召开提案交办会，将 99 件提案（会后立案 5 件总计 104 件）交由 26 个单位办理；没有立案的 27 件提案材料作为书面意见转有关部门按委员来信办理。在《临沧日报》对交办的 99 件提案的提案者、承办单位、责任领导、责任人进行了公示。二、强化提案督办。一是加大提案督办力度。以临协办发〔2011〕16 号文件下发《市政协领导和专委会联系督办政协临沧市委员会二届三次会议提案分工

意见》；二是加强对重点提案督办服务；三是认真执行提案办理情况通报制度；四是深入提案承办单位走访座谈；五是认真做好“面商会”的指导、服务工作；六是加强会后提案督办，有效促进会后提案的落实。截至12月5日，立案的104件提案（其中会后提案5件），办复104件，办复率为100%。其中，提案所反映的问题或建议已经解决或已纳入政府及其部门决策，即已经落实了的65件，占62.5%，落实率比上一次会议提高了8.5个百分点。三、做好“双向”评议的相关工作。一是将提案落实率、面商率、办复率及承办单位痕迹管理进行百分制量化考核；二是组织部分提案者、政协委员对承办提案较多的10个市直单位进行视察；三是召开“双向”评议会；四、抓好全市提案工作座谈会。五、认真做好《中国人民政治协商会议临沧市委员会提案工作条例》（试行）的修订。六、按期完成主席会议交办的各项工作任务。七、抓好宣传工作，共有3篇提案工作的报道刊登在《云南政协报》，6篇刊登在《临沧日报》，22篇刊登在市政协《政协工作动态》和《政协网站》。

经济委员会 一、围绕中心参与政治协商。一是协商政府工作报告，提出6个方面的建议；二是协商“十二五”规划，提出十一个方面的建议；三是协商市委党代会报告，提出八个方面十二个单项的修改意见。二、突出重点抓实调查研究。一是参与对孟定片区行政管理体制和干部管理体制的调研，参与起草向市委提交的《关于孟定片区管理体制专题调研情况报告》；二是参加福建平潭、广西凭祥、云南河口边境经济合作区考察组实地考察，参与起草《关于对福建平潭综合实验区、广西凭祥、云南河口边境经济合作区的考察学习报告》；参与起草并形成了《中共临沧市委市人民政府关于加快耿马（孟定）边境经济合作区建设的若干意见》（征求意见稿）；三是组织蔗糖产业发展情况的调研，形成《政协临沧市委员会关于巩固提升蔗糖产业发展的调研报告》。三、紧扣软环境建设开展民主评议。负责牵头组织民主评议市国土资源局工作，形成《政协临沧市委员会关于民主评议市国土资源局工作情况的报告》。四、紧扣重要工作推进抓实督查。一是抓重要工作督查，形成督查专报16期；二是抓保障性住房建设督查；三是抓提案督办，负责督办的20件提案，截止11月25日已经全部办复。五、完成领导交办的工作。抓好广西南宁与南华集团在临沧新建40万吨林浆纸重点项目建设的调研和协调工作。六、加强与委室和对口部门的联系协作。七、加强自身建设，积极参加机关组织的创先争优、软环境建设、“三个一”主题实践、向杨善洲同志学习等活动。

人口资源环境委员会 一、抓实调研视察督查工作。一是全力组织委员开展对全市规模以上工业企业实现销售收入达100亿元情况专题视察，形成了《政协临沧市委员会关于对全市规模以上工业企业销售收入100亿元目标完成情况的视察报告》；二是开展对市农业局民主评议的跟踪督查工作；三是抓好重点提案督办；四是抓实对四个部门9项重点工作的督查，形成督查专报二期；五是积极开展对全市农村环境保护情况的调研，形成了《关于对全市农村环境保护情况的调研报告》。二、密切上下联系，联动推进工作。一是与省政协人口资源环境委共同开展《贯彻落实中央1号文件，推进“兴水强滇”战略实施》联合调研；二是积极配合省政协调研组在我市开展优生促进工程调研；三是积极参加全省州市政协人口资源环境委员会工作会议。四、积极主动，完成领导交办工作。参与新家园行动计划和城乡居民收入倍增计划推进情况调研、建立健全孟定管理体制的外出考察、临沧市党政考察团赴广西洋浦南华糖业集团考察的前期服务工作；参与二届三次全会、全省政协秘书长办公室主任联席会、市政协常委会及其他重要会议的筹备和服务工作。

教科文卫体委员会　一、完成对全市就业情况的专题调研，形成《关于全市就业情况调研报告》。二、完成对全市保障性住房建设情况的专题调研，形成《关于对保障性住房建设的协商意见》。三、牵头组织对市住房和城乡建设局工作开展民主评议，形成《关于民主评议市住房和城乡建设局工作情况的报告》。四、负责草拟市政协领导参加省政协常委会的“深化文化体制改革，繁荣边疆文化事业”的会议材料。五、对修改完善十二五规划中的社会事业部分、市第三次党代会报告提出意见建议。六、对18件提案的办理情况进行督查，并负责组织对3个单位的提案办理情况进行视察。七、负责组织对8项重大项目和重点工作的推进情况进行专项督查。八、负责组织好对凤庆县、永德县和市直第三小组的市政协委员进行培训。九、对保障性住房建设情况开展专项督查。十、与省扶贫基金会联系，为社会事业发展争取资金扶持。

社会和法制委员会　一、积极组织对全市实施新家园行动计划旧村旧房改造情况进行视察，形成《关于对农村旧村旧房改造情况的视察报告》。二、积极做好民主评议国土资源局工作，形成《政协临沧市委员会关于民主评议市国土资源局工作情况的报告》。三、组织参加省政协第四届民生论坛，收到征文28篇，审定上报26篇，临沧市政协荣获组织奖。四、积极开展提案督办工作，负责督办的提案共21件。五、关注民生和社会弱势群体，促进社会和谐。一是认真处理群众来信来访；二是参与市关工委组织的“唱红歌、颂党恩、跟党走”广场文艺活动，走访单亲家庭、残疾儿童家庭、留守儿童家庭并送去慰问金；三是为庆祝建党90周年，纪念辛亥革命100周年，组织全市大中专学校、八县（区）中学启动“中华魂”读书活动，共有2万多名学生参与此项活动；五是积极协调省关工委，争取16万元资金，对临沧市235名困难家庭的小学、初、高中生给予资助。六、组织开展对市公安交警支队工作进行视察。七、配合省政协到临沧市视察政法机关规范文明执法和水资源暨抗旱保民生工作。八、积极做好综治维稳工作。九、切实做好全市2011年度重点工作督查，负责督查的重点项目共11项。

民族和宗教委员会　一、完成调研、视察和督查任务。一是牵头完成对“十二五”规划开局暨上半年国民经济运行情况的调研和协商，形成《政协临沧市委员会关于对“十二五”规划开局暨上半年国民经济运行情况的协商报告》；二是组织完成佤族发展问题专题调研，形成《临沧市佤族发展问题调研报告》；三是完成对耿马、沧源、双江自治县2011年度保障性住房建设情况的督查，形成督查报告上报督查领导小组；四是紧扣重要工作、抓实重点项目的督查，形成督查专报3期；五是配合省政协民宗委、沧源自治县政协完成了全省政协民族和宗教工作座谈会的筹备工作；六是完成了驻沧源、双江自治县市政协委员的培训工作；七是开展提案督办活动，负责的15件提案全部答复。二、协助职能部门做好民族宗教工作。一是积极参加对口部门的一些重要会议；二是主动与市委统战部（民宗局）、市人大民工委、八县（区）政协民宗委加强联络和沟通；三是积极参加民族宗教节日活动，了解情况，开展工作。三、按时完成领导交办的工作。一是积极参与迎新春茶话会的筹备工作；二是参与走访慰问民族宗教界代表人士；三是积极参与做好市政协二届三次会议的筹备和会期的宣传和服务工作；四是参与完成《政协临沧市二届三次会议协商发言材料汇编》的编辑、印刷等相关工作。

三胞和外事委员会 一、围绕中心，提升履职实效。一是开展民主评议市质量技术监督局工作，形成《政协临沧市委员会关于民主评议市质量技术监督局工作情况的报告》；二是对“三个一百”重点项目实施情况进行督查，完成4个部门十一项重点项目的督查，编辑督查专报二期；三是认真开展提案督办和视察。二、积极建言献策。一是在二届三次全会期间建言献策；二是认真撰写材料、提案，理论文章和心得体会，在全委会、常委会、主席研讨会、主席会等会议上发言，在《创新》等刊物上发表。三、加强交流，拓展外联领域。一是积极参与迎新春茶话会的筹备工作和春节慰问活动；二是继续开展“四个一活动”；三是加强联系，凝心聚力。积极参加全市涉外部门联席会、专题会，市政协全会、常委会，加强与统战、对台、侨务、外事、商务等对口部门以及港澳台侨人士的联系和沟通。四、搭建平台，发挥委员作用。一是积极组织委员开展学习座谈活动，协调委员在履职过程中遇到的困难和问题、对市政协工作的意见建议；二是调整充实专委会组成人员，夯实专委会履职基础。五、积极完成政协领导交办的其他工作，全力以赴参与市政协二届三次全会的筹备和会议期间的服务工作。

文史委员会 一、认真征集整理、编辑出版文史资料。编辑、发行了临沧文史资料选辑第六辑《滇缅铁路史料专辑》1000册；征集临沧文史资料选辑第七辑《旅游文化专辑》资料280多篇，已开展编辑工作；为市档案馆、图书馆提供资料3000万字。二、积极配合省政协文史委完成调研工作。协助省政协完成对临沧市拉祜族、佤族、傣族等少数民族的历史文化保护和利用调研工作。三、认真完成市政协安排的各项工作任务。一是完成功举办建党90周年市政协履职成就展；二是根据市政协重点工作督查方案，对市直5个督查单位7个方面12项重点工作推进情况进行了全面督查，刊发督查专报两期；三是积极配合教科文卫体委对市住房城乡建设局工作开展民主评议；四是做好提案办理视察工作，对市直三个部门进行了提案办理工作视察；五是组织专委会委员实地视察保障性住房和新家园建设、学习培训、开展联谊活动，为委员履职创造条件；六是做好宣传工作，撰写宣传政协工作的文章在媒体刊登，积极为临沧政协网和期刊提供稿件；七是加强与县区政协文史工作的联系和与省内州市政协文史工作的交流。

【重要活动】

召开“十二五”规划纲要暨政府工作报告征求意见建议座谈会 1月5日市政协召开“十二五”规划纲要暨政府工作报告征求意见建议座谈会。市政协主席李建昌主持会议、副主席、秘书长、副秘书，市政协各委室主任、副主任、调研员，市政协参加单位主要领导，在临部分省、市政协常委、委员参加了会议。会议听取了市人民政府《政府工作报告（征求意见稿）》和《十二五规划纲要（草案）》起草情况说明；政协领导及政协常委共11名同志在会上进行了协商发言；

市人民政府市长锁飞出席会议并讲话。

全省政协民族宗教工作座谈会 3月27~28日，全省政协民族宗教工作座谈会在临沧市沧源自治县召开，省政协副主席白成亮莅临指导，省政协民宗委主任郭秀文、副主任陈永生，各州市政协分管民宗委工作的副主席、民宗委主任，市政协主席李建昌，沧源自治县四班子领导参加会议。市委常委、统战部长刀文彩到会致辞。

省政协副主席白成亮在临沧调研 3月28~30日市政协主席李建昌陪同省政协副主席白成亮在镇康、永德、云县调研。

省政协副主席陈勋儒在临沧调研 3月30日，省政协副主席陈勋儒在临沧市对文化工作进行调研，并召开农工民主党座谈会。市委书记杨洪波，市委副书记、市长锁飞，市委副书记张泽军，市政协主席李建昌分别陪同调研。市政协副主席杨老三参加农工民主党座谈会。

全省政协系统秘书长、办公室主任联席会议在临沧召开 4月20~21日，全省政协系统秘书长、办公室主任联席会议在临沧召开。会议围绕“贯彻落实省委政协工作会议精神，进一步推动我省人民政协工作”主题，畅谈体会、互通信息、交流经验，研究探讨如何加强新时期政协工作的新思路、新途径、新方法。省政协常务副主席管国忠，省政协秘书长车志敏出席会议并讲话，临沧市委副书记张泽军到会致欢迎词。

省政协副主席管国忠在临沧调研 4月20~22日，省政协副主席管国忠在市政协主席李建昌的陪同下，先后深入临沧市临翔区、云县、凤庆县就“新家园行动计划”实施情况进行调研。

中共临沧市委召开政协工作会议 9月15日，中共临沧市委政协工作会议在临沧召开，市委出台了《中共临沧市委关于进一步支持人民政协履行职能发挥作用的意见》。市委书记杨洪波，市委副书记、市长锁飞出席会议并讲话。市委副书记张泽军主持会议并就贯彻会议精神进行部署。市人大常委会主任查映伟出席会议，市政协主席李建昌对全市政协组织学习贯彻会议精神作安排。四班子领导出席了会议。各县（区）委、政协、统战部，市委各部委，市级国家机关各委办局，各人民团体、大中专学校、企事业单位，中央、省属驻临单位，驻临军警部队主要负责人参加会议。

省政协副主席倪慧芳在临沧调研 10月23~27日，省政协副主席倪慧芳率省政协部分委员组织调研组，深入临沧视察政法机关规范文明执法工作和水资源暨抗旱保民生工作。

【重要文件】

常务委员会工作报告（摘要） 报告分为两个部分。

一、2010年主要工作（一）围绕中心，服务大局，为科学发展献计出力。按照“服务发展主动融入、推动发展发挥作用、参与发展献计出力”的履职理念，紧紧围绕全市发展大局和扎实推进“三个一百”、实施新家园行动计划等重点工作认真履职，建言出力。着眼大局，政治协商有实效。紧贴市委、市政府的中心工作和事关全局性、战略性、前瞻性的重大问题进行重点协商。二届二次全会期间，组织委员就农业产业发展、工业提质增效、软环境软实力建设、农民持续增收、社会主义民主政治建设、司法公正、重视民生、构建和谐社会等重大问题组织协商建言，提出意见建议48条，为全市经济社会平稳较快发展建言献策。面对百年一遇的特大旱灾，在充分调研的基础上，以

“抗大旱、保发展、保民生、保稳定”为主题，召开专题常委会议，充分肯定全市“一抗三保”取得的成效，围绕抗旱救灾最突出、最关键、最集中的问题，突出对保发展的艰巨性、解决问题的针对性、对策措施的实效性进行协商建言，提出了夯实水利基础、增强抗灾能力、坚定发展信心、强化责任落实等方面的意见建议 57 条，为党委、政府决策提供了有益参考，为夺取抗旱救灾的全面胜利发挥了积极作用。围绕“十二五”规划的编制，突出指标怎么定、方式怎么转、结构怎么调和实现规划的支撑体系等专题，组织了 8 个专题小组深入调研、研究论证，经主席会议研究，提出了正确处理四个关系，即：处理好发展方式与发展观念的关系；发展速度与发展效益的关系；经济发展与社会发展的关系；县域经济发展与全市一盘棋的关系，12 位委员对应高度重视的保持规划上下衔接、加大以交通和水利为主的基础设施建设力度、软环境建设、扎实推进产业优化升级、实现农业经济主导型向工业经济主导型转变的落实、保障体系建设等 10 个问题，在市政府协商会议上进行了发言，为“十二五”规划纲要的编制充分发挥作用。突出重点，民主监督有拓展。完成市委交办的“三个一百”和重大项目督查 15 个大项 24 个小项工作目标是今年民主监督的重点。为确保督查实效，我们将督查内容细化到领导，责任到委室，突出督查重点，改进督查方法，有针对性地深入有关单位、责任部门和项目现场实地督查，通过深入调研，既充分肯定成绩，又指出存在问题，提出针对性较强的意见建议，形成《全市“三个一百”推进情况的调研专报》报市委，市委高度重视，主要领导作出重要批示，并主持召开市委专题会议，形成市委《专题会议纪要》下发各县（区）、各部门，要求对存在的不足和问题进行整改，为全市“三个一百”的圆满实现发挥了积极作用。按照市委“调优一产、调强二产、调快三产”的发展战略，围绕推进农业产业化和“工业强市”战略和“调结构、转方式、快发展、上水平”的要求，对市经委、市农业局开展民主评议，形成评议报告报市委，对 2009 年开展的民主评议临沧工业园区整改情况进行跟踪督查，民主评议工作得到市委充分肯定、市政府有力支持、部门紧密配合，达到预期目的，取得明显成效。组织委员对全市贯彻落实消防法情况开展视察，针对存在的主要困难和问题，形成建议案送市人民政府研究，一些主要问题逐步得到解决。开展了对交警执法情况进行视察，有力促进执法部门执法水平和服务质量的提升。高度重视提案工作。我们确立“抓提案就是抓发展、就是抓民生、就是抓和谐”的理念，不断创新提案工作机制，实行常委会决定立案提案办法，试行提案质量和提案办理质量“双向评议”制度，坚持提案工作视察、办理回头看制度，重点提案领导挂帅督办制度，提案办理和办理结果媒体公示制度，提案质量和提案办理质量大幅提升，2009 年的 B 类提案落实率和 2010 年的 A 类提案的数量大幅增加。截至 2010 年 12 月底，2010 年 150 件提案办复率 100%，已经解决和基本解决的 A 类提案 81 件，占 54%，比 2009 年上升 25.5 个百分点；2009 年列入正在办理的 B 类提案 96 件，由于市委、市人民政府高度重视和承办部门扎实工作，已落实 86 件，占 89.6%，提案的面商率、落实率、满意率跃上了新的台阶，一批长期以来群众迫切期盼解决的困难和问题得到了有效解决。深入调研，参政议政有提高。围绕产业发展重点，对全市茶叶产业进行专题调研、组团专赴印度、斯里兰卡和福建安溪县进行茶叶产业发展考察，认真总结提炼印度、斯里兰卡和福建安溪县茶叶产业发展的成功经验，深刻剖析我市茶叶产业发展现状、主要差距和原因，有针对性地提出了“围绕一个目标、突出两个重点、实施三大工程、建立四大体系”的茶叶产业发展建议，形成了《关于临沧市茶叶考察团赴印度斯里兰卡福建安溪考察的报告》报市委，市委主要领导对报告作出重要批示，为巩固提升临沧茶叶产业发展起到了积极的推动作用。针对全市澳洲坚果产业发展情况，组成调研组对全市澳洲坚果产业发展取得的主要成效、发展的条件、存在的主要困难和问题进行了深入的调研，提出了“因地制宜、科学规划、合理布局、稳步推进”的澳洲坚果产业发展思路、发展目标、发展原则、发展规划、发展机制、政策保障等建议，形成了《关于加快发展澳洲坚果产业有关建议的报告》报市委，为市委、市政府发展澳洲坚果产业布局提供了翔实的依据。围绕把临沧融入全省建设中国面向西南开放“桥头堡”大格局的战略，配合省政协开展“桥头堡”建设调研工作，调研报告得到了省政协和市委、市政府领导的充分肯定。牵头完成了全市旅游产业发展课题调研，提出旅游产业发展思路、发展目标、发展重点，为制定全市“十二五”旅游产业发展规划发挥了作用。配合省政协就贯彻落实《中共中央关于加强人民政协工作的意见》的情况、少数民族地区义务教育情况、“十二五”社会事业协调发展问题、边民通婚情况等进行专题调研，调研成果为省委、省政府的决策提供了重要参考，为省委、省政府、省政协了解临沧、支持临沧尽责出力。围绕招商引资重点项目的生产经营和运行情况，对世纪金源智慧源核桃深加工项目、南华9.5万吨蔗渣浆纸厂、澳华食品公司三户招商引资重点企业的生产、经营情况进行视察，全面了解三户企业的项目推进和生产经营情况，深入分析存在的主要困难和问题，提出了务必高度重视企业原料基地建设、高度重视落户企业的生产经营运行分析、高度重视部门责任落实和高度重视招商企业的绩效评估等意见建议，市委、市政府高度重视，主要领导对视察提出的问题作出了明确的批示和要求，政府领导和部门负责同志深入企业进行现场办公，一些制约企业发展的问题逐步得到缓解。融入中心，尽责出力有作为。紧紧围绕市委、市政府的中心工作，充分发挥自身优势，做到在服务中参与、在参与中支持。在抗旱救灾关键时刻，把抗旱救灾作为履行职能最重要的任务，动员广大政协委员把精力集中在抗旱保增长、抗旱保民生、抗旱保稳定上。从事“三农”的农村委员积极组织和帮助群众开展生产自救，努力把市委、市政府提出的“小春损失大春补、粮食损失经作补、农业损失非农补”的举措落到实处，为农村稳定、粮食增产、农民增收作出了贡献；企业委员发扬“致富思源、富而思进、发展企业、回馈社会”的光彩精神，积极向灾区捐款捐物，以实际行动帮助困难群众战胜旱灾、渡过难关；机关委员转变作风，身体力行，向灾区献爱心，为保发展、保增收、保稳定发挥了应有的作用围绕市委、市政府“三个一百”重大决策的实施，我们提出“完成目标向上攀登、督查工作向下深入”的明确要求，广大政协委员积极响应。政协领导、担任政协常委的部门负责人切实转变观念，积极向上争取资金，坚决完成部门任务；担任企业和商会负责人的政协常委、委员，积极开展以商招商、以会招商，上项目，抓资金，破难题，干实事，为完成“三个一百”目标任务作出了重要贡献。围绕全市重点项目的落实，直接参与林浆纸板一体化产业项目的落地和推进、沧源民用机场筹建、滇缅铁路遗址园景点建设等重点工程项目，为项目的推进作出了积极的努力。围绕中小学校舍安全工程、农村医疗卫生、扶贫工作和改善基层政协办公条件等问题，深入少数民族地区、挂钩村和扶贫挂钩联系点，调查研究，协调资金，解决困难，为扶贫帮困和扎实推进新家园行动计划尽心出力。积极向省政协汇报，四个县政协改善办公条件得到资金支持，主动与省扶贫基金会协调资金，提前实现了三个县的两个村级完小教学楼和食堂、一个村的老年活动中心和卫生室建设计划，为改善边疆民族地区群众生产生活条件办实事、出实力。（二）把握主题，广交朋友，为科学发展凝聚力量。以实现大团结、大联合为目标，坚持把发扬民主、增进团结、协调关系、化解矛盾作为履行职能的着力点，以协商座谈、调研走访、联络联谊等方式，积极推动各党派团体和各族各界人士的大团结大联合，努力为保持经济平稳较快发展营造宽松和谐的社会氛围。坚持走访慰问民族宗教代表人士和“三胞”界爱国人士，与他们交流思想，增进了解。召开驻临商会负责人座谈会，向他们通报市委、市政府优化软环境增强软实力和实施“三个一百”等重大决策，听取意见，鼓励驻临商会发挥好桥梁和纽带作用，为临沧经济社会发展作出更大贡献。加大与兄弟省、州、市政协的联谊交往力度，周到接待省内外政协到我市就新家园行动计划、泡核桃发展、山区农业综合开发、市镇建设、佤族文化打造等进行考察，对宣传临沧、展示临沧、推介临沧产生了有力的助推作用。切实加强与民族、宗教界代表人士的团结联谊，发挥他们在促进民族团结、宗教和睦中的重要作用，不断巩固发展和谐的民族关系、宗教关系。注重发挥政协优势，支持委员广泛联系本界别群众，及时宣传党的方针政策和重大决策部署，了解和反映社会不同阶层的愿望和要求，积极做好稳定人心、凝聚力量的工作。联系工作进一步加强。主动向市委汇报工作，自觉维护市委的领导，坚决贯彻落实市委的决议、决定。加强联系，邀请市政府及有关部门的领导通报情况、听取意见，及时准确把握党委、政府的工作重点，提高履职的针对性和实效性。召开了全市政协主席座谈会，认真探索新形势下人民政协工作的新思路、新方法、新举措，深入研讨人民政协“想事、干事、成事”的举措和机制。积极争取省政协支持和指导，与县（区）政协开展联合调研，进一步密切了省、市、县（区）政协的联系。（三）强化基础，增强活力，为科学发展作贡献。着力开展“创先争优”、“一面旗、一团火、一盘棋”主题实践活动和“优化软环境增强软实力”活动。制订活动方案，创新活动载体，动员和组织广大政协委员和机关干部积极参与，领导干部的表率作用、政协委员的主体作用、专委会的基础作用得到进一步发挥，大局意识明显增强。充分发挥各民主党派、工商联和无党派人士在政协组织中的重要作用，邀请各民主党派、工商联和无党派人士参加政协组织的重大调研视察和重要活动，积极为党派团体和无党派人士参政议政创造条件、搭建平台。重视委员队伍建设，加强和改进对委员的服务和管理。坚持政协常委年度述职和政协委员提交年度工作总结制度；创新委员培训方式，丰富委员活动内容，全年组织委员培训 12 场次，采取通报情况与征求意见相结合、学习知识与视察重点项目相结合，委员的履职意识、履职素质明显提升；积极推荐和支持委员担任特约监督员，参加有关部门组织的检查、督查、听证等活动，为委员履行职责创造条件。着力提高专委会组成人员的政治和业务素质，增强专委会的协作配合，专委会基础作用有了新的提升。以思想作风建设为着力点，着力提升机关干部综合素质，努力营造“想事、干事、成事”的氛围，机关工作作风有了明显转变，服务水平有了新的提高。加强对政协新闻宣传工作的领导，注重统筹策划，拓宽宣传领域，重视宣传导向，突出宣传重点，创新宣传形式，努力办好《临沧政协》《政协工作动态》和临沧政协网站，依托省、市新闻媒体的优势，努力营造政协事业发展的良好氛围。全年共有186篇新闻稿件和理论文章被国家、省、市新闻媒体和刊物采用。编辑出版了文史资料第6辑“滇缅铁路史料专辑”。接受群众来信来访，处理群众来信和反映社情民意建议意见200多条，为市委、市政府了解民情、解决民忧发挥了积极作用。

二、2011年主要工作意见。（一）立足履职抓学习，努力提升工作能力。（二）立足主题主线抓履职，努力提升工作实效。（三）立足常规工作抓突破，努力提升工作质量。（四）立足优势抓稳定，努力提升工作本领。（五）立足职能抓服务，努力提升工作效率。

二届三次会议决议（2011年1月16日） 中国人民政治协商会议临沧市第二届委员会第三次全体会议于2011年1月12日至16日在临沧举行。会议听取并审议了《政协临沧市第二届委员会常务委员会工作报告》《政协临沧市第二届委员会常务委员会提案工作情况报告》，听取了市人民政府《关于政协临沧市二届二次会议以来政协委员提案办理情况的说明》。与会委员列席了临沧市第二届人民代表大会第四次会议，听取并协商讨论了《政府工作报告》《临沧市国民经济和社会发展第十二个五年规划纲要（草案）》及其他报告。会议期间，中共临沧市委、市人大常委会、市人民政府领导和有关部门负责同志到会听取了委员对“十二五”规划纲要和“一府两院”工作报告的协商发言。全体委员以对人民高度负责的精神，围绕转变发展方式和结构调整、保障民生、促进和谐、实现全市经济又好又快发展的重大问题积极建言，会议隆重热烈、富有成效，是一次团结民主、求实鼓劲、凝聚力量、开拓奋进的大会。

会议审议通过了李建昌主席代表市政协常委会所作的工作报告和龚国富副主席代表市政协常委会所作的提案工作情况报告。

会议认为，2010年，市政协常务委员会在中共临沧市委的坚强领导下，高举中国特色社会主义伟大旗帜，坚持以邓小平理论和“三个代表”重要思想为指导，深入贯彻落实科学发展观，牢牢把握团结和民主两大主题，按照中共临沧市委的统一部署，把突出主旋律、增强凝聚力、提高执行力、实现全市经济社会又好又快发展作为履职的首要任务，把保障和关注民生作为履职的重要内容，把促进社会和谐稳定作为重要职责，团结和带领全市各级政协组织、各民主党派、政协各参加单位和全体政协委员，紧紧围绕全市经济社会发展大局，认真履行政治协商、民主监督、参政议政职能，在服务发展中主动融入，在助推发展中发挥作用，在参与发展中积极作为，为促进全市经济社会又好又快发展作出了重要贡献。

会议赞同锁飞市长代表市人民政府所作的《政府工作报告》，赞同《临沧市国民经济和社会发展第十二个五年规划纲要》（草案），赞同鲍康院长所作的《临沧市中级人民法院工作报告》和杨永华检察长所作的《临沧市人民检察院工作报告》和其他报告。

会议认为，过去五年，是临沧发展史上极不平凡的五年。面对国际金融危机冲击和百年不遇的自然灾害，在中共临沧市委的坚强领导下，市人民政府团结和带领全市广大干部群众，攻坚克难、共克时艰、奋力前行，坚定不移保发展，坚定不移保民生，坚定不移保稳定，特别是过去一年，强势推进“三个一百”，固定资产投资、财政支出、招商引资实际到位资金实现了历史性突破，基础设施建设进一步加快，新家园行动计划全面实施，新型工业化、农业产业化、城镇化、教育现代化扎实推进，优化软环境增强软实力活动取得实效，全市呈现出经济发展、社会进步、文化繁荣、民族团结、边疆稳定、人民生活水平不断提高的可喜局面。“十一五”规划以突出的成效圆满收官，成绩令人鼓舞，经验弥足珍贵。

委员们高度评价“十二五”规划纲要，对规划纲要提出的发展思路、发展重点、战略布局和发展目标，以及2011年经济社会发展的目标、工作措施给予充分肯定，委员们认为，全市“十二五”规划纲要集中体现了科学发展观要求，集中体现了以人为本的执政理念。符合中央、省委和市委要求，符合临沧实际，符合全市各族人民的意愿。委员们对未来五年的发展充满期望，对胜利完成今年的各项任务，实现“十二五”规划圆满开局充满信心。

会议指出，2011年是实施“十二五”的开局之年，做好今年的各项工作，具有十分重要的意义。全市各级政协组织、政协参加单位、广大政协委员要按照中共临沧市委二届十次全会的决定和部署，把转变发展方式、突出结构调整作为履职重点和主攻方向，把改善民生、构建社会和谐作为履职的重要内容，着眼临沧发展的新目标，着眼人民群众的新期盼，更好地服从和服务于发展大局，紧紧围绕由农业经济主导型向工业经济主导型转变，实现特色产业化、新型工业化、城镇化和教育现代化战略性推进，发展观念、发展机制战略性突破，软环境软实力战略性提升等重大课题开展调研视察，为实现全市经济社会又好又快发展献计出力，把人民政协事业不断推向前进。

会议强调，面对新的形势和任务，全市各级政协组织要坚持把思想理论建设放在首位，切实用中国特色社会主义理论体系武装头脑，指导实践，推动工作，主动适应新形势、新任务的要求；要坚持围绕中心，服务大局，自觉围绕市委、市政府的工作大局谋划工作，紧扣党委、政府的工作重点开展工作；把关注民生、体察民情、反映民意作为履行职能的重要内容；充分发挥人民政协联系广泛的优势，努力做好协调关系、化解矛盾、理顺情绪、凝聚力量的工作；要把握时代主题，自觉以时代要求审视人民政协的经常性工作，以改革创新精神推动新时期政协工作，要坚持求真务实，切实加强自身建设，为有效履职提供坚强保障，不断开创我市政协工作新局面。

会议号召，全市各级政协组织、政协各参加单位和广大政协委员，要更加紧密团结在以胡锦涛同志为总书记的党中央周围，在中共临沧市委的坚强领导下，高举中国特色社会主义伟大旗帜，不辱使命、扎实工作，同心同德、开拓奋进，为全市经济社会又好又快发展作出新的更大的贡献。

李建昌主席在市政协二届三次会议闭幕会上的讲话（2011年1月16日）（摘要）　全市各级政协组织、政协参加单位、政协委员和政协工作者要把市委二届十次全会和本次“两会”精神传达好、领会好、贯彻好、落实好，真正把思想和行动统一到市委、市政府的决策部署上来，把人心、力量和智慧凝聚到全市经济社会又好又快发展的大局上来，切实把围绕中心、服务大局贯穿于履职的全过程。一、强化政治意识，更加自觉地维护核心。中国共产党是中国特色社会主义事业的领导核心。维护核心是政协工作的灵魂。各级政协组织、广大政协委员必须始终高举中国特色社会主义伟大旗帜，坚定中国特色社会主义的共同理想，坚持党的基本理论、基本路线、基本纲领、基本经验不动摇，坚定不移地走中国特色社会主义政治发展道路，坚定不移地坚持和完善中国共产党领导的多党合作和政治协商制度。始终不渝地用中国特色社会主义伟大旗帜来统一思想、坚定信念、凝聚力量，促进不同党派、不同信仰、不同民族、不同界别的群众在中国共产党的领导下，为推进中国特色社会主义伟大事业而共同奋斗。要自觉在党委的领导和支持下开展政协工作，积极在党委总揽全局、协调各方的工作格局中明确政协职责、找准政协的位置，及时向党委汇报重大活动安排和工作计划，保证政协的各项活动体现党委的意图，确保政协工作与党委的工作在总体目标上相一致、在工作部署上相协调，确保党的路线方针政策和重大决策部署在政协得到贯彻落实。要充分发挥人民政协在组织上的广泛代表性、政治上的包容性、工作方法上的灵活性，切实履行好各项职能。要广泛凝聚各方智慧，积极提出真知灼见。要充分利用人民政协联系面广的优势，广泛宣传党的方针政策，积极引导群众准确理解和把握党委的决策部署，努力把党委的主张和意图转化为广大政协委员及各界群众的广泛共识和自觉行动。要深入了解民情，广泛汇集民意，准确传递群众呼声，及时反映社会发展中带有普遍性、全局性的重大问题，为党委全面了解群众的意愿发挥作用。二、强化大局意识，更加自觉地服务中心。围绕中心、服务大局是政协工作必须坚持的基本要求。我们要把“打基础、强产业、建生态、惠民生、促开放、上水平”作为服务中心的主要内容和履行职能的工作重点，把协商的着眼点放在实现“十二五”规划的实施和良好开局上，把监督的着力点放在优化软环境增强软实力上，把议政建言的重点放在实施新家园行动计划、城乡居民收入倍增计划和实施“三个一百”等事关全市发展大局的重大问题上，真正做到政治协商为发展服务，民主监督为发展聚力，参政议政为发展献策。要不断增强把握大局的能力，善于从党委、政府的重大决策部署中理解大局，从党委、政府的中心工作中把握大局，自觉把政协的全部工作放在大局中谋划、在大局下行动。准确把握服务大局的角度，找准工作的结合点，不断增强服务大局的主动性、针对性和有效性。要牢牢抓住服务大局的重点，立足政协的职能和优势，坚持有所为、有所不为，紧紧抓住党政所需、群众所盼、政协所能的关键问题开展调研视察、协商议政、建言献策。要围绕建设“一带、两区、四通道、六大产业”、由农业经济主导型向工业经济主导型转变的最突出、最紧迫、最重大的问题，推进“农业产业化、新型工业化、城镇化和教育现代化”中的重点和难点问题，充分发挥人民政协的优势，积极开展调查研究、协商议政、建言出力。三、强化团结意识，更加有效地凝聚人心。团结和民主是政协工作的两大主题。我们要把凝聚人心、凝聚智慧、凝聚力量作为履行职能的重要使命，团结一切可以团结的力量，调动一切积极因素，努力营造聚精会神搞建设、一心一意谋发展的良好氛围，营造倍加顾全大局、倍加珍视团结、倍加维护稳定的良好氛围，把各界人士的思想和行动统一到市委、市政府确定的发展思路上来，把各方面的智慧和力量集中到“突出主旋律、增强凝聚力、提高执行力”的工作方针上来。要充分发挥人民政协的职能作用，团结各族各界代表人士，主动协助党委、政府做好民主党派工作、民族宗教工作、港澳台侨工作、非公有制经济人士和党外知识分子及群众工作，积极凝聚各界人心、协调各方面力量，努力促进政党关系、民族关系、宗教关系、阶层关系和海内外同胞关系的和谐。围绕群众思想认识上的困惑点、利益关系的交织点、现实矛盾的易发点，积极协助党委、政府做好教育引导、协商疏通、化解矛盾的工作，进一步增进各界群众的团结和谐。要始终以维护人民的利益作为政协工作的宗旨，切实把关注民生、改善民生贯穿到履行职能的各个方面，多做排忧解难、雪中送炭的工作，努力为人民群众办实事、做好事、解难事，使政协工作真正符合群众的意愿。要拓宽反映社情民意的渠道，经常深入基层、深入群众，了解真实情况，迅速准确地向党委、政府反映人民群众最盼望、最直接、最关注、最急需解决的问题，搭建党和政府密切联系群众的桥梁，努力推动党委、政府改善民生、造福民众的重大决策和部署落到实处、取得实效。四、强化责任意识，更加坚定做好政协工作的决心。要充分认识政协组织肩负的使命，进一步增强履行职能的责任感，积极落实党委、政府对政协工作提出的新要求。要着力提高工作创新水平，使政协工作常做常新、永葆活力。要坚持把加强政协自身建设作为政协工作继往开来、创新发展的重要基础，要以科学发展观统领政协工作，积极推进人民政协的制度创新、方法创新和工作创新，尽力以科学理论指导政协工作，以科学制度保障政协工作，以科学方法推进政协工作，不断提高政协履行职能的科学化、制度化、规范化、程序化水平。要建立健全规范有效的学习制度，努力使广大政协委员的知识、能力适应新形势下人民政协事业发展的新要求。要着力提高专委会组成人员政治素质和业务素质，积极探索专委会工作新思路、新方法，不断增强专委会工作活力和工作成效，切实发挥专委会基础作用。要继续提高政协机关的大局意识、服务意识、效率意识、责任意识、反腐倡廉意识和统筹协调能力，更好地为全市发展大局服务、为政协开展工作服务、为委员履行职责服务。政协委员是人民政协履行职能的主体。政协委员不仅是荣誉，更是责任。政协委员要得到社会的认可和支持，必须牢固树立有为才能有位的理念，切实增强“一岗双责、双岗奉献”的履职意识和责任意识，主动为党委、政府分忧、为群众排忧解难，以有位展示作为，靠有为树立形象，以扎实的履职成效让党委放心、政府支持、社会认同、人民满意。

《中国人民政治协商会议临沧市委员会提案工作条例》（试行）（11 月 1 日在市政协二届十二次常委会议通过）

【组织概况】

不再担任委员名单（12 月 28 日市政协二届十三次常委会议通过）

杨老三　李　梅

委员增补名单（12 月 28 日市政协二届十三次常委会议通过）

丁华云　吴　杰　王　军

【机构概况】

临沧市政协内设机构为 2 室 8 委，即：办公室（下设秘书科、综合科、行政科、老干人事科），研究室（下设综合科）、提案委员会、经济委员会、人口资源环境委员会、教科文卫体委员会、社会和法制委员会、民族和宗教委员会、三胞和外事委员会、文史委员会（8 个专委门委员会下设综合科）。

【临沧市、县（区）政协领导人名单】

临沧市

主　席

李建昌

副主席

杨老三（景颇族　任职至12 月）

杨仕俊　曾廷菊（女）

陈　新（佤族）　龚国富（白族）

杨鹏飞（白族）

秘书长

林　俊（任职至8 月）

县（区）政协主席名单

临翔区　黄　丽

云　县　何春华

凤庆县　字清华

永德县　何国清

镇康县　徐淑娟

耿马县　王　军

沧源县　姜永星

双江县　刀　力

临沧市各级政协委员和组织数

（截至 2011 年底）

州(市)县 ＼ 项目		委员数		组织数
临沧市		350		1
各县区市	临翔区	205	1422	8
	云　县	195		
	凤庆县	205		
	永德县	174		
	镇康县	149		
	耿马县	191		
	沧源县	158		
	双江县	145		
合　计		1772		9

（编写：字　力　审稿：吴　杰）

附：

全省州市政协组织和委员数统计表

（截至2011年底）

级别 项目 州市	州市		县（区、市）		合计	
	组织数	委员数	组织数	委员数	组织数	委员数
昆明市	1	476	14	2799	15	3275
昭通市	1	369	11	1927	12	2296
曲靖市	1	405	9	2169	10	2574
玉溪市	1	310	9	1432	10	1742
保山市	1	320	5	1124	6	1444
楚雄州	1	346	10	1767	11	2113
红河州	1	392	13	2369	14	2761
文山州	1	368	8	1624	9	1992
普洱市	1	277	10	1709	11	1986
西双版纳州	1	264	3	516	4	780
大理州	1	341	12	2226	13	2567
德宏州	1	280	5	947	6	1227
丽江市	1	290	5	929	6	1219
怒江州	1	256	4	497	5	753
迪庆州	1	211	3	403	4	614
临沧市	1	350	8	1422	9	1772
合计	16	5255	129	23860	145	29115

引领世界锡业的百年云锡

云南锡业集团（控股）有限责任公司（以下简称云锡）是世界锡行业“历史最悠久、资源最丰富、产业链最长、产业门类最齐全、全球市场份额最大”的锡生产、加工企业。云锡至今已有129年的历史，是中国企业500强之一，云南省重点培育的十大企业集团之一，代表着中国锡工业的领先水平，具有较强国际竞争力。

云锡现有40多个全资、控股子公司，有云南锡业股份有限公司、贵研铂业股份有限公司及在澳大利亚上市的YTC资源有限公司三个上市公司，公司总资产397亿元。

云锡产品以精锡、焊锡及锡材、锡化工系列为主，同时生产铜、铅、锌、镍、贵金属材料及有色化工产品等共25个系列1474个品种。主导产品锭锡是“中国名牌产品”“国家质量免检产品”；云锡“YT”和“贵研SPM及图”被认定为“中国驰名商标”。“YT”商标在伦敦金属交易所注册，是国际知名品牌，国内市场占有率为50%，国际市场占

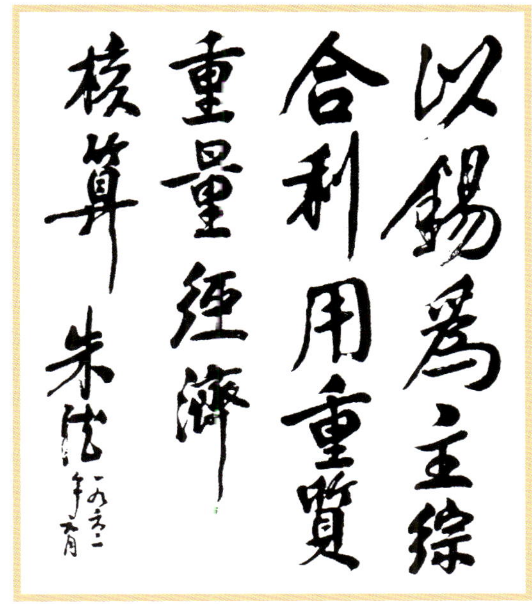

1962年6月，时任中共中央副主席、全国人大委员长朱德视察云锡时的题词

云锡集团公司第十九届矿工节文化月开幕式

有率达 20%。

云锡拥有国家级的企业技术中心和全国最大的锡业研究开发机构，拥有世界著名的昆明贵金属研究所。云锡在锡冶炼、锡化工、锡材深加工、贵金属研究等方面具有全国乃至世界领先的技术开发能力。现有高级专业技术人员 546 人，其中 31 人享受政府特殊津贴；有博士生导师 5 人、博士研究生 14 人、硕士研究生 183 人、高级技师 42 人。近年取得了 400 多项科研成果，其中国家级 52 项、省部级 404 项、国家专利 122 项。

云锡先后荣获全国“守合同、重信用”“全国质量先进企业”“全国用户满意企业”“全国最具影响力企业”“中国最具创造力企业”“中国大企业集团首届竞争力 500 强”等荣誉称号。

云锡以科学发展观为指导，全面实施“1188656”的发展纲要，坚持走云锡特色新型工业化道路，大力推进“三年倍增五年跨越”的发展目标，着力打造销售收入千亿元企业集团，以“四转六调”为主线，加快转方式调结构的步伐，不断深化体制改革，完善法人治理结构，加快构建和完善战略决策体系、生产经营物流运营体系、要素支撑保障体系，全力提升学习力、执行力、凝聚力，健全和完善激励约束机制、教育培训机制、监督检查机制，全力打造战略和投资管控中心、利润中心、成本中心的科学管理体系。近四年来，云锡的销售收入、员工收入、净资产分别增长 80 % 以上。

云锡持续推进大企业大集团和国际化经营战略，以打造国际一流矿业企业为愿景，弘扬“坚韧不拔，超越自我，自强不息，金易成锡”的企业精神，秉承“忠诚、责任、创新、共享”的核心价值观，愿与国内外大企业强强联合，优势互补、互利共赢。

科技引领发展

云锡大力实施“自主研发，积极引进，加速转化，创新发展”的科技创新战略，以科技创新引领企业的发展。“十一五”期间，累计投入科技活动经

2011年12月6日，省委副书记、代省长李纪恒到云锡指导工作，云锡控股公司董事长雷毅等班子成员陪同

铅工程生产出第一炉粗铅

锡库

铅工程110万吨铅系统技改扩建工程远眺

费22.40亿元，申请专利170项，制定技术标准123项，研究成果分别获国家及省部级奖，拥有国家专利122项，其采选冶设备分别出口英国、巴西、马来西亚、玻利维亚等国。金属高纯材料、特种功能材料等成为“神七”飞船的首选材料。

做强做大主业

云锡坚持走集约化、规模化、专业化和现代化路子，进一步做强做大锡产业，加快铜铅锌镍等相关产业的发展，充分发挥技术、品牌、管理、资源、文化等优势，不断优化产品结构，延伸产业链。锡产量已连续六年保持世界第一。球形焊粉、锡化工等一批高新技术产品走俏国际高端市场。

打造六大产业

云锡全面推进“主业超强，相关多元，多业支撑，科学发展”的产业发展战略，不断加快产业结构调整升级步伐，大力发展循环经济，在做强做大有色金属产业的同时，做优做精新能源产业、稀贵金属产业、房地产及建筑产业、优势特色产业和新兴产业六大产业板块，企业的综合经济实力、经济运行活力、市场竞争能力显著提高。

实现跨国经营

云锡积极实施走出去战略，着力提升国际化经营的能力和水平，近四年来，先后投资成立了澳大利亚投资控股公司、云锡澳大利亚TDK有限公司和澳大利亚TYC资源有限公司，构建了澳大利亚矿产资源投资开发平台，成功收购了澳大利亚雷尼森锡矿项目，国际化经营的步伐不断加快。

云南创新股权投资基金管理有限公司

Yunnan Innovation Equity Investment Fund Management Co., Ltd.

为破解我省中小企业融资难问题，在省委、省政府的直接支持下，由云南省工商联、云南省民营企业家协会联合发起，由省内知名民营企业共同参股、投资，按照自主经营、自担风险、自负盈亏、自我发展的原则设立了云南金控股权投资基金及云南创新股权投资基金管理有限公司。

基金与受托银行签订《银企合作协议》取得授信额度。参股企业组成联保体，对企业项目的用款需求提供股权投资、小额贷款、担保承兑汇票、融资租赁、企业债券等多种金融服务，共同承担联贷联保责任。既能取得银行3~5倍放大贷款，又能减少担保抵押不足的信用障碍，有利于提高放贷效率。

公司通过全新的投资理念与投资模式，合理运用基金功能，与国内外基金合作，开展多种形式的融资和资本运作，介入具有高新技术含量及发展前景的成长型项目，公司并为其提供经营管理、财务顾问、企业并购、咨询服务和扶持被投资企业上市融资。旨在发掘中小企业的潜质，加快企业成长。同时为省内众多民营企业提供多种融资服务，有利于实现中小型民营企业“抱团取暖、共同成长”的目标，为投资者创造良好的收益，为推动和促进省内民营企业发展，加快产业升级和结构调整，为富民兴滇作出贡献。

资金+服务的投资模式

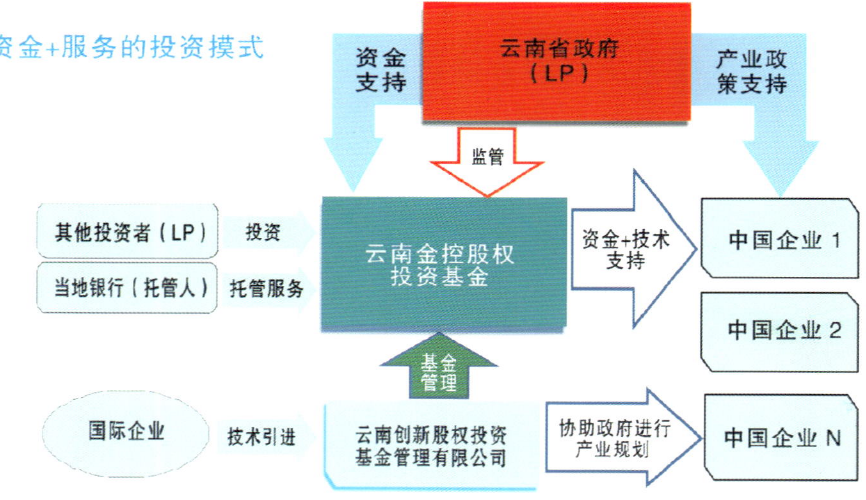

公司地址：云南省昆明市东风西路280号文贸大厦19层
电话：（0871）5358865
传真：（0871）5303009
邮编：650031
邮箱：yncx@yunxfund.com
网址：www.yunxfund.com

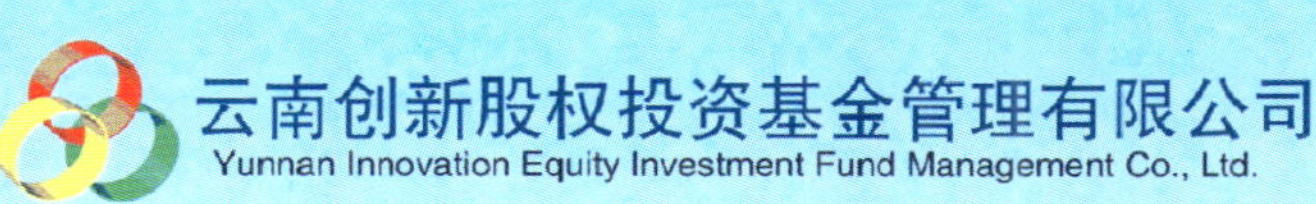

云南创新股权投资基金管理有限公司是一个由省工商联、省民营企业家协会倡导发起，云南省知名工商界民营企业家入股，以支持中小企业发展的一只专业化基金管理公司。意在通过政府产业政策支持和资金支持，引进本地闲置资本参与，加速引进国际国内先进技术和先进管理经验，提升本地企业的产业升级，培养一批龙头企业。

公司的盈利模式

支持公司运行的主要现金流来源

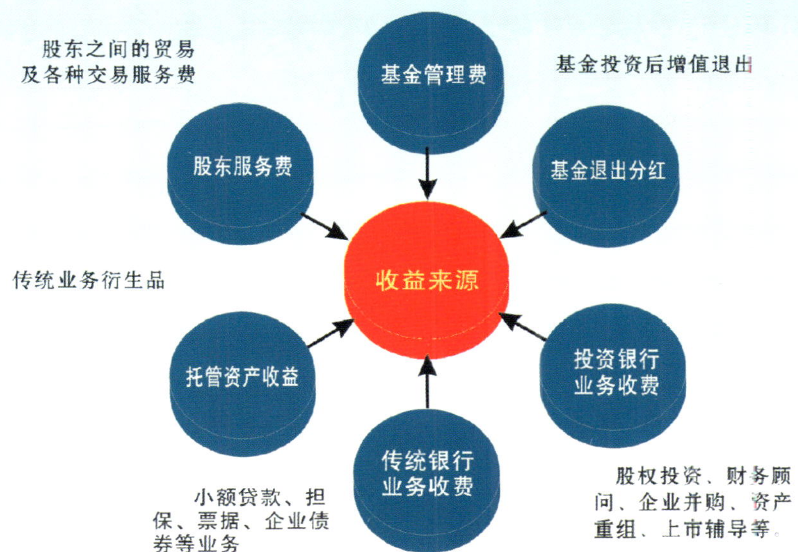

股东企业

云南红酒业有限公司
柏联国际（集团）有限公司
云南集成广福房地产开发有限公司
云南三鑫集团有限公司
云南华丰集团股份有限公司
云南汇和（集团）贸易有限责任公司
云南陆劲集团
云南鑫宝油品集团有限公司
云南百集龙实业集团有限公司
云南竞达运通房地产开发有限公司
云南东骏药业有限公司
昆明天宝兴盛资产管理有限公司
云南锦康投资开发集团有限公司
云南吉鑫园餐饮有限公司
云南南方教育投资有限公司
云南志城企业集团
昆明叁斗家私有限公司
云南广众实业有限公司
云南小松工程机械有限公司
云南昊龙集团
云南毅人投资集团
云南金马源房地产开发（集团）有限公司
云南大不同食品有限公司
云南昌兴被服有限公司
云南和盛陶瓷有限公司
云南工程机械商会
高深（集团）有限公司
云南三石投资有限公司
云南龙京投资有限公司
云南嘉信和纸业有限公司
大理州祥龙能源开发有限公司
云南民生昭通天麻商贸有限公司
大理市中川化工有限公司
云南金航实业有限公司
云南优选广告有限公司
云南伟圣投资有限公司
丽江天鹰志实业有限公司

AUTREN 奥宸地产

中 国 房 地 产 百 强 企 业

历练十六年

国际起点、深耕西南、迈向全国

奥宸地产集团创立于1996年，是一家以房地产开发为龙头，集商业运营、物业管理于一体的大型民营企业集团，具有国家一级房地产开发资质。

历经十六年发展壮大，企业规模达总资产180亿元，净资产90亿元。企业具有综合全面的地产开发能力，开发经验丰富，在美国洛杉矶等城市开发了30万平方米的高尚居住社区和酒店，在中国区域已完成开发建筑面积500万平方米，正在开发建筑面积450万平方米，土地储备占地面积约1500万平方米，成为“中国房地产百强企业”之一。企业在推动产业进步，促进城市发展、提升城市价值等方面成绩斐然。

集团总部设于深圳，目前已在深圳、北京、昆明、南京、惠州、洛杉矶等地设立区域公司。

热销项目

0875-5837888

0871-4607988

奥宸·橙中央 ORANGE CENTRAL

0871-7278668

奥宸·中央广场 Central Plaza ◎新昆明商圈◎压轴作品

0871-7491488

在建与规划项目

奥宸·奥宸中心
开发时间：2011年；
地址：昆明市广福路与前卫西路之间。

奥宸广场
开发时间：2011年；
地址：昆明市五华区，东临大观商业城，西有大观公园，距翠湖公园1.5公里。

北京西山国际文化小镇
开发时间：2009年；
地址：北京西山刘娘府片区。

奥宸·芒市国际文化旅游小镇
开发时间：2012年；
地址：云南德宏州芒市。

奥宸·抚仙湖国际文化旅游小镇
开发时间：待开发；
地址：云南玉溪江川抚仙湖西岸，距昆明市约58公里。

奥宸·汤池国际旅游小镇
发时间：待开发；
地址：宜良县汤池镇境内。

奥宸·晋宁欢乐世界
开发时间：待开发；
地址：昆明市晋宁滇池南岸。

集团荣誉

2012

中国房地产百强企业

中国房地产开发企业100强

《宸曦》中国房地产企业“最佳企业文化表现内刊”

最佳企业品牌形象奖

2011

旅游地产特色领先企业

“奥宸·纳帕溪山”喜获“中国旅游地产新地标”

中国房地产百强企业

中国房地产百强企业融资能力TOP10

2010

中国房地产百强企业

中国中西部房地产公司品牌价值TOP10

2009

中国房地产百强企业

中国农业银行总行优质客户

2008

云南最具社会责任感品牌企业

昆明市经济发展先进企业

2007

中国房地产开发品牌企

建设部中国房地产名企

中国房地产AAA级诚信经营示范单位

云南最具影响力十大创新房企

云南省诚信建设先进单位

2006

中国房地产名牌企业

昆明市纳税先进企业、纳税光荣户

昆明市最具社会责任感十大地产企业

2005

昆明市房地产开发先进企业

昆明市守合同重信用企业

联系方式

集团总部

地址：深圳市福田区新洲11街139号中央西谷大厦20F
电话：0755-2398 2799

云南奥宸房地产开发有限公司

地址：深圳市福田区新洲11街139号中央西谷大厦20F
电话：0871-3632 555

惠州市奥宸房地产开发有限公司

地址：广东省惠州市麦地路30号麦雅大厦402号
电话：0752-2382 089

深圳市奥宸房地产开发有限公司

地址：深圳市福田区新洲11街139号中央西谷大厦19F
电话：0755-2398 2788

北京奥宸房地产开发有限公司

地址：深圳市福田区新洲11街139号中央西谷大厦19F
电话：010-8498 0620

南京市奥宸房地产开发有限公司

地址：南京市虎踞北路金源大厦22楼

Achieve the Housing Legend of the World

成就世界人居梦想

责任、荣誉及企业
Responsibility, Honour and EnterprisE

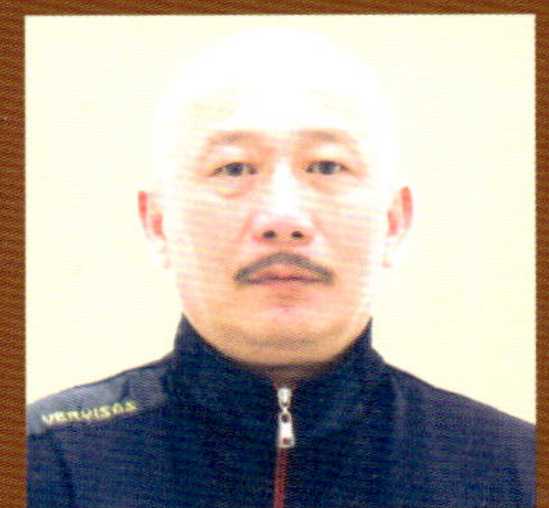
云南省政协八、九、十届委员；
玉溪市人大常委；
玉溪市龙马集团总裁——薛志斌

●**1985**年龙马集团在玉溪市创立。同年创办龙马家具厂、新兴装饰配套厂，1986年即成为当地家具、装饰装修行业的领军企业。

●**1993**年全额投资2300万元建盖玉溪市第一家私营二星级酒店。

●**1998**年全额投资1.1亿人民币建盖玉溪市地标性建筑四星级酒店“龙马大酒店”。

●**2000**年公司进入房地产业，开发成功了多个有影响的楼盘，为推进玉溪房地产业健康向上的发展作出了较大的贡献，曾获省建设厅颁发云南省“十五”房地产开发“先进企业”。

●**2003**年在玉溪4A景区禄充投资建盖三星级酒店“非常阳光酒店”，是该景区最具口碑的酒店。

●**2007**年投资1.1亿元人民币参与新平县政府新农村建设。

●**2008**年投资建盖玉溪市第一家大型经济型酒店“龙马快捷酒店”。优越的区位、优秀的管理团队，取得了良好的社会效益和经济效益。

●**2011**年全额投资1.3亿人民币为玉溪师院量身打造，新建学生公寓4万多平方米，解决了长期困扰师院4000多师生的住宿问题。

●**2011**年公司在香港成立宝丽投资股份有限公司，公司开始跨地域发展。

●**2011**年经省政府批准成立玉溪红塔区龙马小额贷款股份有限公司，公司以“契约铸就基石，信用开拓未来”为理念，在该行业有口皆碑。

●**龍馬**集团以年纳税3000万-4500万元连续多年获玉溪市的纳税先进企业，玉溪市重点保护企业。

●**龍馬**集团现有职工500多人，公司资产数亿元人民币，公司早在1998年就已进入云南省政府重点保护、扶持企业，及云南省优秀私营企业100强第8强，公司在经营过程中坚持“立足企业、回报社会”的宗旨，多次向慈善机构、各类教育基金、扶贫基金及文化体育事业等捐款资助，历年来用于各类公益事业捐赠1000多万元人民币，建盖光彩、希望小学12所。2012年云南大旱，公司再次捐资100万元抗旱救灾。

良好的口碑，优秀的团队，铸就了龙马集团健康发展的基石。

1998年云南省私营企业10C
2005年云南省企业100强
2006年全国工商联上规模

龍馬同仁

强（排序第8强）
（排序76强）
民营企业收入总额（排序第2818位）
风雨28年...

云南省分公司简介

中国人寿保险股份有限公司是中国最大的人寿保险公司，总部位于北京。中国人寿与中华人民共和国同龄，是国内最早经营保险业务的企业之一，肩负中国寿险业探索者和开拓者的重任。

中国人寿拥有比肩全球的雄厚实力。截至2011年12月31日，作为国内首家“三地上市”的金融保险企业，中国人寿集团合并总资产接近2万亿元，位居国内寿险行业榜首，连续九年入选《财富》“世界500强”，蝉联中国500最具价值品牌第5位，品牌价值超千亿元，市场份额连年第一。

中国人寿在寿险行业始终保持专业领先的竞争优势。公司拥有强大的产品研发与创新能力，是国内最大的机构投资者之一。公司依托覆盖全国城乡的服务网络，致力于为社会最广泛的大众提供优质的保险产品和服务。

公司悠久的历史、雄厚的实力、专业领先的竞争优势及世界知名的品牌赢得了社会最广泛的信赖，始终占据国内保险市场领导者的地位，被誉为中国保险业的“中流砥柱”。

中国人寿云南省分公司是中国人寿保险股份有限公司在云南省的分支机构。截至2011年年末，公司总资产达到133 亿元，保费收入近50 亿元，市场份额遥遥领先，是省内最大的人寿保险公司。

中国人寿云南省分公司服务网点遍布城乡。公司在编职工超过2000人，个人代理人19000多人，网点兼业代理人员3700多人。公司在全省各州（市）、县均设有分支机构，在全省近三分之一的乡镇设有营销服务部，农村保险先进村创建点达到3300多个，拥有最广泛的客户群体和最完善的销售服务网络。

中国人寿云南省分公司面向全省，为个人及团体提供人寿、意外和健康保险产品，涵盖生存、养老、疾病、医疗、身故、残疾等多种保障范围。在2011年度，公司共拥有245万份有效的个人和团体人寿保险单、年金合同及长期健康险保单，为全省2000多万人（次）提供了专业的寿险、健康险、意外险和企业年金服务，全面满足客户在人寿保险领域的保险保障和投资理财需求。

中国人寿云南省分公司积极支持社会公益事业，主动担当企业社会责任。公司和公司员工努力践行“撒播爱心、造福社会”的价值理念，捐款捐物，扶贫助困。截至2011年，公司先后捐建国寿希望小学23所，国寿希望中学1所，捐建三所“国寿博爱卫生院”，并向昭通市捐赠了100万元慈善救助基金。

中国人寿云南省分公司以雄厚的实力、优质的服务得到了全省民众的高度赞誉，连续两年荣获全省“最受百姓信赖的保险品牌”荣誉称号。未来，公司将继续创新发展，不断扩大保险覆盖面，一如既往地履行好社会责任，全心全意为我省各族人民群众服务，与各级政府协手投入到云南社会和经济建设中，为构建社会主义和谐社会作出更大的贡献。